河南社科名家文库

李伟昉卷

李伟昉 著

河南人民出版社

图书在版编目(CIP)数据

河南社科名家文库．李伟昉卷／李伟昉著．— 郑州：河南人民出版社，2019.11
ISBN 978-7-215-12120-1

Ⅰ．①河… Ⅱ．①李… Ⅲ．①社会科学-文集 Ⅳ．①C53

中国版本图书馆 CIP 数据核字(2019)第 273830 号

河南人民出版社出版发行
(地址:郑州市郑东新区祥盛街 27 号 邮政编码:450016 电话:65788055)
新华书店经销　　河南瑞之光印刷股份有限公司印刷
开本　710 毫米×1000 毫米　1/16　印张　32
字数　460 千字
2019 年 11 月第 1 版　　2019 年 11 月第 1 次印刷

定价：96.00 元

李伟昉　1963 年 1 月生，河南开封人，文学博士，中国语言文学博士后，二级教授，博士生导师，河南大学学报编辑部主任、主编。中国外国文学学会教学研究会副会长，中国比较文学学会教学研究会副会长，教育部中国语言文学类专业教学指导委员会委员，河南大学中国语言文学博士点一级学科带头人，河南省优秀青年社科专家，河南省学术技术带头人，河南省高等学校教学名师，河南省高层次人才特殊支持“中原千人计划”教学名师，河南省杰出专业技术人才，英国剑桥大学、美国哈佛大学访问学者。

学术成果　主要研究方向为比较文学与世界文学，在比较文学理论、梁实秋莎评研究、中西小说比较、英国哥特小说研究等领域具有重要创新性贡献。主持完成2项国家社科基金项目、4项省部级项目，主持在研1项国家社科基金重点项目，国家社科基金重大项目首席专家。出版学术专著7部，译著1部，在《中国社会科学》《文学评论》《外国文学评论》《外国文学研究》等重要刊物上发表论文多篇。主持主讲国家级精品资源共享课程“比较文学”和国家级视频公开课“莎士比亚在近现代中国”。

获奖情况　获国家“万人计划”哲学社会科学领军人才、中宣部“文化名家暨‘四个一批’人才”、“新世纪百千万人才工程”国家级人选、“国家级有突出贡献中青年专家”、享受国务院政府特殊津贴专家等荣誉称号。2007年获教育部全国百篇优秀博士学位论文奖、河南省第四届文学艺术优秀成果奖一等奖，2005年、2018年先后两次获“河南省社会科学优秀成果奖一等奖”，2006年、2017年先后两次获“河南省社会科学优秀成果奖二等奖”，2012年、2016年先后两次获“河南省社会科学优秀成果奖三等奖”，2012年获“河南省优秀教学成果奖一等奖”。

耕耘理论沃土　绽放出彩华章

习近平总书记在哲学社会科学工作座谈会上的讲话中指出，一个没有发达的自然科学的国家不可能走在世界前列，一个没有繁荣的哲学社会科学的国家也不可能走在世界前列。坚持和发展中国特色社会主义，哲学社会科学具有不可替代的重要地位，哲学社会科学工作者具有不可替代的重要作用。为深入贯彻落实习近平总书记在哲学社会科学工作座谈会上的重要讲话精神，大力实施以育人育才为中心的哲学社会科学整体发展战略，更加有效地发挥社科理论研究服务全省大局的重要作用，中共河南省委宣传部、省社科联组织了“河南社科名家”评选和“河南社科名家文库”（以下简称“文库”）的编纂工作。

“文库”收录了韩国河、余丽、张先飞、刘志伟、陈忠海、孙先科、李恒、李伟昉等八位首批“河南社科名家”的代表性理论研究成果，内容涵盖考古、古代文学、现当代文学、比较文学、国际政治、档案管理、区域经济等多个领域，集中展示了首批“河南社科名家”漫漫科研路上的不断求索和丰硕成果，从整体上看，“文库”主要体现了以下几个鲜明特点。

一是聚焦学术前沿问题。理论思维的起点决定着理论创新的结果。“文库”坚持马克思主义指导地位、坚持以人民为中心的研究导向，立足于我们所经历的伟大时代变革，以强烈的使命担当，敏锐的学术自觉，感知、关切、探究、解答各自学术研究领域的核心性、关键性、前沿性问题。有从理念、方法到技巧方面对考古学的学科建设探索，有对现代中国关于人的形而上思考、“人间”本位的解析，有从中华文化观念发生视角对中华文化思想起源发展的探究，有对中西方文学比较研究、比较文学实证方法与审美批评之间的辩证关系研究等。这些都充分体现了“文库”作者用思想观照时代、观照现实的探索精神，为河南社科理论界专家学者严谨治学、开拓创新的品格作出了生动注解。

二是聚焦重大现实问题。问题是创新的起点、理论的生长点。马克思曾深刻指出:“主要的困难不是答案,而是问题。”与时代同步伐,与人民共命运,关注和回答时代和实践提出的重大课题,是马克思主义永葆生机活力的奥妙所在。“文库”收录的研究成果充分利用河南文化优势、区位优势,对源远流长、博大精深的中原优秀传统文化进行了追本溯源和创新创造。同时,扎根于中原更加出彩的伟大实践,坚持问题导向,解决实际问题。或以经济发展与转型为主题,从区域、产业和农村三大领域探究我国经济发展和转型的过程、性质、结构和绩效;或深挖中原文化潜力,以传承创新华夏历史文明和建设全国重要文化高地为己任,推进中原优秀传统文化创造性转化创新性发展。这些研究最大限度地遵循规律、探究缘由、寻找对策、服务现实,以河南社科理论界专家学者的实干担当,为中原出彩贡献了自己的力量。

三是聚焦思想舆论问题。当前,世界正处于百年未有之大变局,中国与世界的关系正在发生历史性变化。身处大变局中,我们既有木秀于林的骄傲,也有风必摧之的风险;既有乘风破浪的自信,也有积羽沉舟的忧患。“文库”收录的成果以学术的方式,参与到当代中国思想文化领域重要问题的讨论中:通过剖析20世纪中国人与全人类不断觉醒、共同进步的心灵探寻历程,以及中国人对“人学”新观念的话语建构与实践创造,不断塑造着热切追求进步与崛起的百年中国人的精神世界与生活方式;通过分析阐释互联网与国际政治的内在逻辑,对互联网在国际政治中的作用与应对策略、网络空间国家大数据主权安全保障和治理机制进行了探索性和前瞻性研究,提出了全球网络空间“观念治理”的中国方案等。这些研究聚焦思想文化领域重要问题开展深入思考,对一些错误思潮进行了批驳,为社会注入了更多的正能量,巩固壮大了主流思想舆论。

习近平总书记强调:“这是一个需要理论而且一定能够产生理论的时代,这是一个需要思想而且一定能够产生思想的时代。”“文库”的出版,对于进一步激发河南社科理论界专家学者干事创业热情,推出更多名家大家、精品力作，在围绕中心、服务大局中出新出彩，很有价值、很有意义。

一是有助于加快构建中国特色哲学社会科学。新时代哲学社会科学发展的重要使命是加快构建中国特色哲学社会科学，其重中之重是加快构建中国特色哲学社会科学学科体系、学术体系、话语体系。在一定意义上讲，“文库”的出版，是河南省加快构建中国特色哲学社会科学的积极探索。从学科体系上看，体现了深耕厚植中原历史文化这一传统优势学科与积极探究区域经济、国际关系等新兴学科的有机结合；从学术体系上看，反映了从古今中外丰富的学术思想中汲取营养、推陈出新与从改革开放的实践中挖掘新材料、发现新问题、提出新观点、构建新理论的辩证统一；从话语体系上看，是立足当代中国社会变革伟大实践的理论探索，在一定程度上为解读中国实践、构建中国理论贡献了新概念、新范畴、新表述。

二是有助于发挥“河南社科名家”的引领示范作用。构建中国特色哲学社会科学是一个系统工程，需要统筹各方面力量协同推进，更需要加强顶层设计，发挥高端人才的引领示范作用。“文库”的出版，既是对“河南社科名家”的重要宣传推介，也是对河南哲学社会科学事业不断发展和壮大的阶段性成就展示。实践没有止境，理论创新也没有止境。实现“两个一百年”奋斗目标、实现中华民族伟大复兴的中国梦需要中原更加出彩，需要“河南社科名家”再接再厉，主动担当、积极作为，提高为党和人民述学立论、建言献策的责任感、使命感和理论自觉，在为国为民、立德立言中成就自我、实现价值。

三是有助于激励社科工作者投身中原更加出彩的伟大实践。党的十八大以来，习近平总书记三次亲临河南视察指导工作，并参加全国人代会河南代表团审议，充分体现了对中原人民的关怀厚爱、对河南工作的肯定支持。实现总书记对中原更加出彩的殷殷嘱托，为理论创造、学术繁荣提供了强大动力和广阔空间，也为河南哲学社会科学工作者聚焦重大理论和现实问题指明了方向。“文库”的出版，将进一步增强河南社科界的政治责任感和时代使命感，激发更多的专家学者在把握时代脉动、面向实践需求、解决实际问题的具体实践中，不断去深思、去体悟、去实践，为河南经济社会发展提供更多既有理论高度又有实践深度的研究成果。

神州大地风雷激荡，中原出彩潮水澎湃。站在新时代的起点，广大哲学社会科学工作者要高举习近平新时代中国特色社会主义思想伟大旗帜，树牢“四个意识”、坚定“四个自信”、做到“两个维护”，以“为天地立心，为生民立命，为往圣继绝学，为万世开太平”的社会责任感，把实现中华民族伟大复兴中国梦与中原更加出彩紧密联系起来，勇于立时代之潮头、通古今之变化、发思想之先声，努力成为先进思想的倡导者、学术研究的开拓者、社会风尚的引领者、党执政的坚定支持者，共同推动哲学社会科学建功新时代、展现新作为、书写新篇章。

刘伟

2019 年 10 月

目录 CONTENTS

学术小传

代表性学术成果

学术年谱

◆学术小传

2019年3月14日，经《河南日报》公示后，自己有幸正式入选河南省首批“河南社科名家”。实事求是地说，自己真没有想到会在中共河南省委宣传部、省社科联组织的首批“河南社科名家”评选中胜出，能忝列8位“社科名家”，既颇为惭愧，又感慨良多。忽然想起梁实秋在回忆自己历经40年翻译完成《莎士比亚全集》后说的话：翻译40卷《莎氏全集》是当初想都不敢想的事。但梁实秋终于成为中国第一个也是迄今为止唯一一个独自翻译《莎士比亚全集》的翻译家。这完全源于其坚忍执着、誓不言弃的努力。自己当然无法与梁实秋相比，只是想说，自己能取得今天这么一点微不足道的成绩，也与持之以恒、不懈进取密切相关。

由于中共河南省委宣传部、省社科联拟编撰《河南社科名家文库》，将每位入选者的代表性学术成果汇集成册，并要求附有学术自传和学术年谱，我才有机会静下心来，较为系统地来梳理自己的成长历程与学术人生，这自然勾起我对许多往事的回忆。

一

1982年读大学之前，有两件事对我后来的成长有重要影响，令我终身难以忘怀。

第一件事是20世纪70年代末开封师范学院（今河南大学）中文系资料室给我的震撼。1978年初冬，经父亲一位朋友引荐，我开始跟随中文系李博教授学习古典文学与写作。当年，我们家还住在开封市鼓楼区四面钟附近的馆驿街一道胡同，距离学校还是比较远的。每周末的下午或晚上，我都会骑自行车去李老师家上一次课。李老师住在大礼堂后面的排房里。房间不大，到处堆放的都是书。去上课的时候，李老师有时不在家，我就会在对面的白本松老师家里等候。那个时候跟着李老师学习是不收任何费用的。李老师第一次带我走进中文系资料室，就给我留下了深刻印象，我完全被资料室丰富的藏书震撼了。回到家里，我就把自己当时激动的心情与感受写进了《走进资料室》这篇作文里，至今我还珍藏着这篇作文。

走进资料室,就像走进了一个新天地。站在书架下,我觉得自己正在饱览一望无际的大海,顿觉心旷神怡。我情不自禁地喃喃自语:“能把这些书看完就好了。”什么时候能把它们看完呢?我虽然知道这是不可能的事,但怎能抑制住自己此时的激动呢?看到这些书,我觉得它就是“粮食”,吃下去就会增添无穷的力量。

以前,像刘白羽、杨朔、秦牧等作家的散文集都是我久已渴望读到的书,可是借不到,现在抚摸着这些书,真是爱不释手!

一时间,一些感想在脑海里形成。我现在还应该把语文的基础知识再扎得牢固些,不要好高骛远,不然会变成空中楼阁。确实,看到这些书,我求知的欲望更强烈。我想,现在自己能博览群书,把各家之长学到手,变为己有,是漫长的过程。我乐意走过这条漫长的征程。书架下,我下定决心,永远与书交朋友;书架下,我更坚定了自己的信心:成为一名人民的文学工作者。过去自己老发愁没书看,现在我已不愁了,愁的是怕看不完哩!

我对中外不少文学名著的最初阅读就是在那个时候开始的,想当作家的念头也是那个时候萌芽的。至今回想起这件事,我依然心潮澎湃。资料室丰富的藏书唤起了我强烈的求知渴望,它让我和书开始真正建立起一种终生的联系,成为我在任何环境中须臾离不开的亲密的朋友。正是书,在无形地推动着我成长、进步,潜移默化地塑造着我的精神之魂与丰盈的人生。

也许真的就是冥冥之中注定的一种缘分,后来我不仅在河南大学中文系读本科,而且毕业后在这里扎下了根,累计学习、工作已长达37个年头,其中任副院长3年,院长10年。我的青春、我的理想,都奉献在了这里。这里,已真正成为我的梦想放飞之地。

第二件事是潘万岭老师为我改名字。1982年,我毕业于开封市第25中学,班主任是河南省中学语文特级教师潘万岭。在我的印象中,潘老师上课严谨有序,思路开阔,幽默风趣,启发性强。当我的作文屡屡被印成铅字成为开封市中学生学习的范文时,他既褒扬鼓励,又时时鞭策。老师的敬业精神、渊博学识和做人风范，成为我生命中最值得珍藏的记忆！当然，给我留下永久记忆的，还是潘老师为我改名字这件事。1982 年 5 月，就在高考前夕，我获得了河南省中学生历史竞赛第一名。潘老师对我说："我想给你改名字，你看如何？"我当时心里嘀咕：老师何以有此想法呢？名字怎么能说改就改呢？老师猜出我的犹豫，微笑着说："'李伟'这个名字叫的人太多，你应该有一个更有意义的名字，可以考虑在'伟'字后面加一字。"几天后，潘老师把书写端正的"李伟昉"三个字放在我面前，满怀期望地解释说："'昉'字有两个含义，一是'明亮'，二是'起始''开始'。这个名字蕴含着希望你今后能走上一条光明的人生之路，而且又代表着光明的开始。祝愿你努力进取，成为栋梁之材吧！"这时我才恍然大悟——名字寄托着老师的殷殷期盼，体现着老师激励学生进取的良苦用心。春来秋去，花开花落，随着个人的不断成长，我对当年的记忆越来越清晰，对老师的用心越来越感动。近 40 年来，我不敢忘记老师的教诲，虽然在前行的道路上也遇到过坎坷与波折，但我总是告诫自己不断向上，自强不息！

还记得我刚做文学院院长的时候，潘老师听说后，为了证实这个消息，已经退休多年的他专门来到河南大学文学院。那天上午，我正在办公室与几个副院长商量工作，他隔着半掩着的门缝看到了我，便悄悄地离开了。事后，他打电话告诉我："我在你的办公室门口看见你了，你正忙，没有打扰你。真为你高兴！"我听后禁不住热泪盈眶。我在国外期间，得知老师去世的消息，十分悲痛。历历往事，不禁又浮现在眼前，仿如昨日。

李博老师和潘万岭老师是我中学时代最重要的两个引路人。

二

1986 年 7 月，我从河南大学中文系毕业并留校任教。当时，系里要求新毕业留校的年轻教师必须在教研室相关指导教师的指导下认真备课，两年后才能为本科生讲课。教研室主任卢永茂教授是我的指导教师，要求严格。幸运的是，刚工作半年，教研室和系领导便同意我在1987年上半年为三年级本科生上课,实际上是试讲,内容是17世纪欧洲文学。最后两节课讲莫里哀,系主管教学的王芸副主任与教研室的老师们全到场听课。两节课下来,大家都很满意。本来安排我那个学期只讲17世纪文学,但听完课后又同意我继续讲授18世纪欧洲文学。

我们刚毕业留校,就接到上级部门的指示精神,要求新任年轻教师必须下基层学校任教一年。河南大学定点支教处是信阳市潢川县教育局。第一年我没有申请。1987年5月,学校又安排此项工作,我报名参加。1987年9月初,河南大学支教团一行37人来到潢川县。我和杜宏记、宋秋安、郭宝来被县教育局统一安排到传店乡初级中学任教。这所学校位于乡村公路边一大块空旷的场地上,周边没有其他任何建筑,唯一的一座三层教学楼孤零零地矗立在那里,楼前有一方池塘,楼后是教师和学生的宿舍。我们几个人就住在二楼的一间宽敞的教室里。学校分配给我的教学任务主要是初三的语文课,不过时常又会被安排上一些其他课程,例如政治、历史、地理和英语课。我们毕竟是来自大学的教师,被这里的领导十分看重,特别希望我们能以自己的学识积极开启学生的智慧,开阔学生的视野。自然,我当全力以赴,愿为落后的乡村教育奉献出自己的一份绵薄之力。

初来乍到,我深感这里条件艰苦,生活单调。我最不适应的就是饮食,食堂一日三餐只有米饭、米汤、大锅菜。我们吃的米饭是学校厨师把从池塘挑来的水倒进大锅里焖出来的。我们早晚洗漱用的都是池塘里的水。记得郭宝来第一次从家里返回时扛回来了一大袋面,这让我们几个人高兴坏了。这一袋面让我有机会隔天就给大家做拉面、蒸馒头,改善生活。在有面的那段日子,我们开心极了,也增添了不少情趣。春节后,我们返回传店。这个时候我们用上了井水,每天可以去井边打一次水。乡政府为了让我们及时收看全国两会新闻,特意为我们添置了一台电视机。平日里到了晚上,茫茫一片漆黑笼罩在周边,静得可怕,冷清至极。这台电视机的出现,一下子让这个简陋的小学校沸腾了,我们的住室顿时也成为学校的中心。特别是到了晚上,住校的老师和家属、学生自带板凳,不约而同地齐聚在我们住室的电视机前，欢声笑语，热闹不已。从此，我们的晚上不再冷清寂寞。

就是在这种单调、平凡的环境里，我们几个人在一起工作、生活，默默地送走了秋、冬、春、夏，就此结下了深厚的友情，也留下了不少温馨的回忆。

结束支教回到学校后，我便一直忙于上课，无暇考虑攻读硕士学位的事情。久而久之也就觉得，把课教好，科研不落后，到点儿能评上职称就行，读不读学位无所谓。当时的想法就这么简单和短视，所以几乎整个90年代里，我看着身边的老师、朋友甚至学生一个个走出去攻读博士而后归来，竟然没有任何羡慕的感觉。面对知己老师的“读博士很重要”的善意提醒，我也是一笑了之，根本未曾意识到，在社会飞速发展的进程中和时代对人才高标准要求的大趋势下，一个没有研究生学历，特别是博士研究生学历的高校老师，该何以自处！我依旧从容地生活在一个在我看来并无紧迫压力的工作氛围里。

不久，一个偶然的机会，经时任上海师范大学中文系主任的杨国华教授介绍，我报名参加了经教育部批准、1990年9月—1991年6月在上海师范大学举办的“世界文学助教进修班”。这是我大学毕业后第一次接受较为系统的专业学习。学习期间，诸如著名翻译家和学者的方平先生、王智量先生、郑克鲁先生、包文棣先生，还有梅希泉先生、杨国华先生等都为我们开设了专业课。特别是每周我们都会去方平先生、王智量先生和包文棣先生家里上课，不拘形式，自然轻松，启发问答，其乐融融。这一年我过得很充实，收获也颇多，不仅结合具体文学经典通览了多种外国文学史著作和相关研究专著，而且认真研读了20世纪西方文学理论，同时写出了几篇论文的草稿。后来发表的论文《镶嵌在瑰宝上的明珠》《关于20世纪外国文学教学现状的反思》《循环:〈等待戈多〉的结构特征》《物本主义:罗伯·葛利叶理论主张的核心》《论法国新小说派文学的倾向性》《一幕人格异化的惨剧》，就是在这些草稿基础上修改完成的。其中，《循环:〈等待戈多〉的结构特征》《论法国新小说派文学的倾向性》还分别被人大复印资料中心《戏剧研究》《外国文学研究》全文转载。另外，收在这个集子里的两篇文章《阿尔比的〈动物园的故事〉》和《奥斯本的〈愤怒的青年〉》，是1989年下半年至1990年年初为教研室副主任冉国选教授主编的《二十世纪国外戏剧概观》一书而写的。这是我进入高校工作以来最早完成的两篇文章。上述几篇论文，今天看起来，确实还比较稚嫩，但毕竟是自己进入研究领域最初的思考成果，是反复细读的结晶，总是让我体会到当初写作的不易。选入这几篇论文，主要是因为它们记录着我学术成长的最初经历，也留下了那个时代的印记。

回想那个时候做教师，心无旁骛，只求把课教好，让学生满意。为了备好课，每讲一个作家，都要把该作家的相关作品反复认真研读，反复体味，而且力争做到对每堂课的内容烂熟于心，脱开讲稿上课。不少作品我在中学时代就已浏览过，如《堂吉诃德》《哈姆莱特》《少年维特之烦恼》《欧也妮·葛朗台》《复活》等。读大学时，我更是偏爱外国文学，不仅读了大量的外国文学作品，而且其中不少名著都是再次阅读，印象、感受更深。也是从大学时代起，我就养成了这个习惯：每天晚上11点寝室熄灯后，就会背着书包去学校十号楼。当时，十号楼一楼是中文系，二楼是历史系，三楼是教育系。我习惯上二楼，站在走廊昏黄的灯光下，一直读书到凌晨两点才回去。中学时代和大学时代如饥似渴地博览群书，给自己打下了扎实的基础，很多文学名著都烂熟于心。因此讲起课来才可以信手拈来，旁征博引，如数家珍。就这样，在课堂上给学生讲解作品的时候，又常常会生出一些新的感受，下了课就会马上把这些感受记下来。慢慢积累，这些感受渐渐就成为研究论文的思路与写作材料。收集在文集中的《试论伏伦斯基的情感世界》和《蕴丰富于瞬间》两篇论文的初稿，其实都是我在大学三年级完成的。《试论伏伦斯基的情感世界》还刊发在当时中文系主办的油印期刊《创作与研究》上，《蕴丰富于瞬间》还获得了中文系毕业论文二等奖。这两篇文章在教学与思考的过程中，不断修改，投出去，被退回来，又修改，再被退回，已经记不清被退回来多少次了。我深知自己研究水平和能力有限，但我愿意通过不断努力把论文修改得更好。这些论文已成为我人生经历、教学经历中非常重要阶段的难忘记忆。我深深地认识到，阅读作品才是最重要的，离开作品，不深入研读作品，不会产生属于自己的感受和认知，自然而然，研究和创新也就无从谈起。

"问渠那得清如许,为有源头活水来。"每念及此,我也更加感激李博老师和潘万岭老师对我重要的人生启蒙。

记得1994年冬天,河南大学外语学院高继海教授、文学院袁若娟教授提议翻译出版一套18世纪的英国哥特小说丛书,包括《奥特朗托城堡》《尤道弗之谜》《瓦塞克》《修道士》《弗兰肯斯坦》等。袁老师告诉我,上海师范大学图书馆有原版小说《修道士》,让我跑一趟复印一本回来,由我翻译。没想到,这成了我与哥特小说结下不解情缘的开始,深刻影响了我后来的学术研究方向。

从上海带回来复印本《修道士》后,我就开始慢慢地认真阅读。马修·刘易斯19岁创作的这部经典哥特小说一下子就吸引了我。我被神秘、恐怖的哥特世界震撼了。这部小说融合了超自然性、恐怖性和情欲等因素,以16世纪西班牙首都马德里卡普琴斯修道院为背景,讲述了一个关于野心、暴力、乱伦和谋杀的故事,对纵欲和兽行作了英国小说中史无前例的大胆描写。虽然此后由于种种原因,翻译出版哥特小说的计划搁浅了,但我并未停止翻译。我翻译这部小说,已经不再是为了出版,没有丝毫急功近利之图,而完全是为了自己细腻阅读、欣赏和思考,为了领悟一种特立独行的小说类型的魅力,为了扩展自己的认知视野。2001年春节后,经教研室梁工老师的询问和鼓励,我试着给上海译文出版社寄去了一份《修道士》简介。万万没想到,出版社一个编辑电话联系我,让我再写一份详细的小说介绍并附一章小说译文寄给他。后来才知道,打电话的编辑是出版社英美编辑室张建平主任。大概过了一个月,张老师让我把小说全译稿和原版小说复印本一并寄给他。又一月有余,张老师打电话告诉我注意查收出版合同。放下电话,我欣喜若狂,激动得潸然泪下。原本就是一试,无人引荐,一个人不认识,压根儿不敢奢望在这么高规格的著名专业出版社出书,然而,速度之快,效果之好,完全是我始料不及的。能遇到如此认真负责的编辑和出版社,怎不叫我激动万分,又肃然起敬呢!况且这还是对我译文工作的莫大肯定啊!

装帧精美的翻译小说《修道士》2002年出版面世。2011年,出版社又出了新版《修道士》。这部翻译小说成为我写作博士学位论文的基础。

三

读博士前，自己的学术研究应该说比较散，随兴而写，缺少一个长远的学术计划和目标。在学术上真正有想法，是从读博士开始的。攻读博士学位是我学术人生的重要转折点。大学毕业后，我主要从事外国文学教学与研究，学术视野还相对狭窄。一路走来，我越来越意识到高学历高学位对一个高校教师的重要性。记得 1998 年下半年，我申报省教育厅青年教师骨干项目。经过评审，我作为唯一入选者被中文系上报至学校，但最终落选，因为不符合申报的基本条件：申报者需具有硕士以上学历。这对我无疑是一次致命打击！这次挫折让我真正认识到，没有高学历，将来难以在高校立足，必须与时俱进。经过慎重考虑，我准备报考四川大学曹顺庆教授的博士研究生。说来也巧，1999 年春天，时任中文系副主任的孙克强教授邀请曹顺庆教授来河南大学讲学，我有幸参与接待。其间，我把自己的考博想法告诉了曹老师，他非常高兴地鼓励我报考。我开始认真备考。不过，2000 年虽然报了名，但临考前，我还是放弃了，因为自己总是觉得还没有准备充分，害怕考砸。2001 年，我终于以第一名的优异成绩被录取，跟随曹老师开始了博士研究生的学习生涯。

我当初之所以报考曹老师的博士，主要目的有两个，一是系统学习研读比较文学理论，二是希望尽可能调整自己的知识结构，弥补在中国古典文论和儒家元典知识方面的欠缺，以利于今后更好地展开中西文学的跨文化比较研究。因此读博期间，我研读《十三经》，背诵《文心雕龙》及学习外文西方文论经典，皆十分勤奋、刻苦、用功。记得曹老师讲《十三经》前，就要求我们选用更具学术价值的中华书局出版的《十三经注疏》，也因其繁体、竖排、没句读，便于学习者了解《十三经》的原本状态，可以起到锻炼并提高学习者感知和阅读古典文献的功力，所以不主张我们看简体、横排、标点本的《十三经注疏》。每次上课，他都会按照一定的顺序，让我们通过阅读的方式把握相关的学习内容，寻找语感加以句读，再依次让我们进行解释和评点，然后他总结讲授。起初学习时，确实有阅读障碍，颇感费劲，但渐渐地就适应了，得到了锻炼，确实受益匪浅。曹老师总是说，如果我们连老祖宗留下来的文化遗产都不认识，都如此隔膜，还谈什么继承与创新啊！

博士学位论文《英国哥特小说与中国六朝志怪小说比较研究》就是学习中国古典文论、《十三经》、比较文学理论以及调整完善知识结构后初步的收获。该论文2004年被收入“中国社会科学博士论文文库”，由中国社会科学出版社出版。该成果先是获得了2004年度河南社会科学优秀成果一等奖，2007年又入选全国优秀博士学位论文，我也成为中国比较文学与世界文学学科领域第一个全国百篇优秀博士学位论文奖获得者。教育部《中国研究生》杂志2008年第6期对我作了专题采访报道并配发了封面照片。

围绕博士论文的研究，我先后发表的代表性学术成果主要有：《试论〈修道士〉的“哥特式”特征》（《外国文学评论》2002年第2期）、《崇高理论：哥特式小说创作的思想基础与理论渊源》（河南大学学报2003年第3期）、《〈诗学〉：哥特式小说创作的理论渊源》（《四川大学学报》2004年第4期）、《英国哥特小说与六朝志怪小说的可比性及其研究价值》（《河南大学学报》2004年第4期）、《略论六朝志怪小说的两大叙事特征》（《社会科学研究》2004年第5期）、《〈弗兰肯斯坦〉叙事艺术论》（《外国文学研究》2005年第3期）、《西方叙事理论观照下的中国六朝志怪小说》（《河南社会科学》2005年第5期）、《怪诞：英国哥特小说与六朝志怪小说审美比较论》（《英语研究》2006年第3期）、《〈奥特朗托城堡〉文本价值论》（《四川大学学报》2009年第6期）等。

回顾当初开题报告通过时，我拟定的并不是《英国哥特小说与中国六朝志怪小说比较研究》这个题目，而是《比较文学视域中的英国哥特小说研究》。当时之所以选择这个课题，主要是因为我翻译出版了哥特小说《修道士》，对这方面的文献资料也有了一些积累，更为重要的是，国内学术界尚缺乏对哥特小说的系统研究。2001年10月，入学一个月后，我就从四川大学来到北京图书馆查阅外文资料。馆内5毛钱一张的资料复印价格，总计花了近三千块钱，一次就把大提箱装了个满满实实。在查阅资料的过程中，我萌生了英国哥特小说和“丛残小语”的六朝志怪小说比较研究的念头，并隐约感觉到对两者进行比较研究有着更为广阔的跨文化的学术价值。但当时要把这一课题作为博士学位论文进行深入研究，我认为自己的积累还不够，况且两者之间虽有一些相似处，但是否真正具有可比性价值，我一时没有把握，考虑也不成熟，也就未敢轻易触碰它。此后也就集中精力开始“比较文学视域中的英国哥特小说研究”的写作。写作进展还是比较顺利，很快就完成了十万余字的初稿。不过，比较研究英国哥特小说与中国六朝志怪小说的想法，却一直深藏在心，牵肠挂肚，挥之不去。

2002 年 9 月至 2003 年 1 月，我在曹老师的联系和安排下，赴台湾佛光大学做访问研究，并为研究生讲授“莎士比亚研究”和“西洋戏剧史”两门课程。课余之时，我主要是在学校图书馆查资料、看书。有时，仅仅只是将馆内一排排书架上的书名看过去，对我都有莫大的启发，让我感悟到学术研究中竟然可以有这么多新颖的思考和独特的角度。过去的学术积淀以及萦绕在脑中的学术问题，在新的氛围中，渐渐地都被激发出来。更重要的是，我开始站在新的视角重新审视自己的选题方向，下决心挑战自我。在认真梳理了近百年来学界对哥特小说和六朝志怪小说的研究文献后，我更加坚信这两种小说之间确有可比性，并且具有原创性的比较的价值和意义。于是我马上改变思路，调整论文题目为《英国哥特小说与中国六朝志怪小说比较研究》。2002 年 12 月的一天，我从台湾电话联系曹顺庆老师，告诉他我的决定，并征求他的意见。导师鼓励我说：“从比较文学的视域研究哥特小说，在国内已经是一个很新的题目，不过如果你将六朝志怪小说与哥特小说加以比较研究，这个选题无疑更具有开创性和跨文化视野。但其中的难度也是显而易见的，你要有充分的思想准备。”

现在回想起来，着实有些后怕。后来的事情也越来越让我意识到，确定一个有价值的题目不易，要把这个题目写好更是十二分的难。这个题目的变动，不是局部的调整，而是从研究思路、研究对象、研究立场、研究方法到研究材料的根本性调整，加之这些年来自己又一直主要从事西方文学的教学和研究，对六朝志怪小说以及中国古代文论等没有任何先期研究储备，难度可想而知。事实上正是如此。在这一课题的写作过程中,我不止一次地遇到困难,不止一次地有写不下去要半途而废的感觉。面对电脑,长时间写不出一个字,着急、发虚、冒冷汗,是常有的事。有时候甚至非常后悔自己的这一改变,并萌发重新回归原来论题的念头。但六朝志怪小说的魅力及其研究中存在的问题,又不断诱惑着我去思考,使我欲罢不能。既然选择,就无怨无悔;既然前行,就一往无前。经过365个日夜通宵伏案、浑然忘我地求索和研究,我终于在规定的时间2003年12月底完成了论文初稿。这期间的辛苦、痛苦与波折,真可谓冷暖自知,难以言表。那真是一段拼命三郎般的生活:每天晚上10点开始写作,一直持续到凌晨6点。妻子也很关心我的论文进展情况。每天凌晨两点左右,她都会起来给我做一碗鸡蛋汤面补充营养与体力,以示支持。这令我非常感动,更给了我写好论文的动力和决心。白天睡几个小时后又继续查阅资料,酝酿思路,到了晚上又开始在电脑前敲击键盘。我在书的后记中写道:"正是在这种状态下,自己吃力地把学位论文写成了现在这个样子。虽然深感论文完成后研究才真正开始,虽然论文还有这样或那样的不足,但也权且是向导师、向社会交上一份也许还不成熟却属于自己的答卷,作为三年来读书、思考的小结。""写作过程的艰辛、思考过程的痛苦以及成稿后的轻松、喜悦都已化为难忘的回忆,并将成为自己今后学术生涯中一笔值得珍视的财富。"

专著《英国哥特小说与中国六朝志怪小说比较研究》首次对英国和中国两类小说及其背后不同的文化底蕴作了富有成效的比较研究,对中西小说比较研究领域具有原创性的重要贡献,在该学科研究领域产生了广泛影响。中国社会科学出版社2011年和2017年又分别重印了两次。该著的重要学术价值突出表现在两大方面。

第一,研究选题具有原创性。产生于18世纪后期的英国哥特小说,因其黑色性质与位居边缘等原因,国内外国文学界一直对它的思想内涵和艺术价值缺乏深入系统地探讨,明显处于滞后状态。而国内对六朝志怪小说的研究虽已有长足的进展,但又受其"丛残小语"的束缚难有较大的突破,特别是缺乏将它作为有叙述意味的小说文本加以细密考察的学术成果。本课题敏锐地发现了英国哥特小说与中国六朝志怪小说这两个看似风马牛不相及的对象中所蕴涵的同质性及其研究的可能性，进而运用比较文学平行研究的方法，附以阐释学、接受美学、叙事学等理论，本着跨异质文化平等对话与沟通互补的原则，从背景、情节、主题、人物、叙事等方面，将两者互为参照，既彰显其各自的文学特色，阐明各自的文学传统及其存在价值，由浅层次的异同比较进入到深层次的跨文化探源，又探寻它们作为鬼怪小说创作所共有的审美本质与基本规律。

第二，该著在下面两个方面进行了可贵的探索：一是对两者的怪诞、恐怖的表现形态及其审美内涵作了较为详尽的梳理和文化阐释；二是在比较中，不仅较为系统地探讨了英国哥特小说的思想价值、艺术成就及其在西方文学史上的重要影响，而且对六朝志怪的若干经典小说作了全面的细密的叙事学分析，充分展示了它们的文学成就与长期被遮蔽的艺术魅力，提出了许多新颖独到的见解，改变了学界过去那种“丛残小语”的六朝志怪难具叙事艺术意味的看法，对六朝志怪小说在深、广两方面的深入研究起到了推进作用。

该著对英国哥特小说与中国六朝志怪小说这一个案的比较研究，既是为了寻求建构平等多彩、互通有无的世界文学的路径，也旨在证明中西方民族虽然信仰不同、文化传统迥异，但仍然拥有共同性原则以及相互理解的心理基础；这也说明文学新质的生长点往往不在中心，而在边缘。不受拘束的边缘往往是文学的生命力最活跃、最旺盛之处。同时强调指出：以故事情节取胜的作品并不仅仅是作为小说发展历程中的一个阶段而存在，还以小说的一种表现形态而存在，应该重新审视以情节取胜的小说的价值，以确立它在文学史上应有的地位。

该著的学术创新性价值获得了国内同行著名学者的高度评价。已故著名比较文学学者、上海师范大学孙景尧教授评价道：

论文既涉及相关的概念困惑，又触及了传统的一些定论圄见等问题和难题，其选题的重要理论意义和现实认识价值，是显而易见的。论文对两类文本不仅作了集中细致的梳理辨析，而且进行了理据结合的逻辑论证，结构合理，层次分明，行文流畅并时有新见。尤其对两者的怪诞与恐怖表现形态的内涵及其美学意义、对叙述视角同异及其特点的论述，均为新识并具启迪。

著名学者、湖南师范大学肖明翰教授评价道：

论文视野开阔，持论公允。特别是作者没有把两种小说之间的相似处进行简单肤浅的类比，而是既认真分析它们因人类文明的共性而产生的相同之处，又深入到它们各自文化传统的深层结构中探本溯源，细腻分析它们的差异，并提出了许多很有见地的观点。这是一篇很有学术质量的博士学位论文。

著名学者、北京外国语大学郭栖庆教授评价说：

论文把英国哥特小说与中国六朝志怪小说放到比较文学的视野下进行研究，选题意义重大，填补了中国在这一研究领域的空白，是一篇很有价值的高水平的博士学位论文。

著名学者、南开大学王志耕教授认为：

论文首次较为系统地论述了英国哥特小说在文学史上的地位与美学价值，同时在这一视野上重新检视了中国六朝志怪小说的艺术特征，为中国文学的研究提供了一个很好的参照系统。

川大读博，是奠定我后来学术研究渐趋成熟的一个十分重要的关键时期。我原来做研究比较杂，涉及的范围比较宽，英国的、法国的、德国的、俄国的、美国的都在做，结果每个方面都不深入。师从曹老师读博士后，我知道了应该凝聚精力攻其一处，尽量在一个相互关联的点上做好学问，然后再逐步拓展。每每面临困惑与迷惘之时，他一席话的启发性点拨，都会让我柳暗花明、豁然开朗，如同拨云见日一般。

曹老师古典文论功底深厚，学术比较视野开阔，常能给我以新的理念，使我能自觉立足于一个新的角度、一个更为广阔的空间去梳理、提出问题，学会了力求站在学术前沿思考问题，追求创新。我开始深切地体会到，只有不断地积累知识，让知识触类旁通，并且不断激发跨界思维，才有可能站在学术前沿，才有创新可言，否则就总是步人后尘，无法走出别人的观点，更难以创造自己的精彩。自己能取得一点成绩，就源自自己学术研究中强烈的问题意识和创新意识，围绕一个中心展开研究，围绕学术兴趣逐渐建立自己的知识体系和学术体系，不再东一榔头西一斧。同时，我也感到，若要取得学术进步，必须要沉下心来，耐得住寂寞，做到心无旁骛，专心致志。当我获得全国百篇优秀博士学位论文奖时，不少亲朋好友纷纷祝贺，表达羡慕之情，我总是回答自己幸运而已。的确，我是幸运的。不过，回顾过往的一切，又深感，所谓的幸运，都是前期努力与付出的结果。哪儿有不劳而获的幸运啊！我相信天道酬勤，痛苦尽头便有希望。

另外，我特别留恋怀念的是，在川大的时候，我们一届的同学几乎每周都有一两次聚会，边喝茶边讨论学术问题，一聊甚至就是一天，相互间交流切磋，互相启发，彼此受益。这种交流，不仅学术上相互促进，互补有无，取长补短，而且我们彼此间结下了很深的情谊，令我温暖难忘。

四

由于早在答辩前，我已将博士论文书稿交由中国社会科学出版社出版，所以在等待答辩以及答辩后的一段闲暇时间里，我开始整理过去给本科生讲授莎士比亚研究选修课的讲稿和已有的英国哥特小说研究成稿。这就是中国社会科学出版社 2004 年年底出版的《说不尽的莎士比亚》和 2005 年年初出版的《黑色经典：英国哥特小说论》。

《说不尽的莎士比亚》主要由三部分组成：第一部分是莎士比亚十四行诗选析；第二部分是莎士比亚戏剧精彩独白选析；第三部分是西方莎士比亚批评史略。所以这样安排，我在后记里有以下详细交代：

"首先,在中国对莎士比亚的介绍和研究中,戏剧往往是学者们关注的中心和焦点,这方面的研究成果可谓汗牛充栋,引人瞩目。不过,比较而言,对莎士比亚十四行诗的评析与探讨则相对薄弱。虽然一些学者对莎士比亚个别重要的十四行诗作过精彩的分析和评论,但就莎士比亚的154首十四行诗来说,范围明显过窄,甚至迄今还没有一部莎士比亚十四行诗评析方面的著作问世。莎士比亚十四行诗的中心主题是爱情和友谊,抒发诗人对爱情、友谊、青春和美的理解和看法;不少诗中还表达了诗人对文艺创作的审美理想的执着追求,这是理解诗人艺术观的重要文献。显然,扩大选评十四行诗的范围,有助于莎士比亚诗歌的普及,有助于人们从诗的角度更全面更感性地认识莎士比亚的伟大与深刻。其次,从戏剧人物独白的角度来认识、分析莎士比亚也极有意义。莎士比亚戏剧中有许多令历代读者耳熟能详、传诵不衰的精彩独白。这些独白往往是剧中人物在特定的情景下,对自己源于生命的真诚情愫的诗意倾诉或对社会人生真谛的顿悟的哲理表达。它们不仅有助于我们深入了解人物的思想与性格,而且有助于我们理性认知整个作品的意义和价值,从而领略莎士比亚运用独白塑造人物、表达思想的高超技艺。第三,西方莎士比亚批评史最能显示'说不尽的莎士比亚'的内涵。莎士比亚是人类文化史上的一个伟大奇迹,他的戏剧作品是一座巨大而神奇的艺术宝库,是欧洲戏剧发展史上第二个高峰的伟大代表。他的作品自问世迄今,获得了历代学者、评论家、作家等广泛而深入地研究和评价,其中有赞赏、有指责,甚至夹杂着恶意的诋毁。从根本上说,这些评论浓缩了不同时代人们的审美观念、欣赏趣味和价值理想。回顾这段漫长而有意味的批评史和接受史,不仅有助于我们全面、完整地理解莎士比亚艺术的本质和特色,而且有助于我们掌握文艺批评的规律,提高我们的鉴赏水平和理论水平,同时也让我们更清楚、更理性地感知'经典'诞生的风雨历程。"后来,该书成为河南大学、首都师范大学等高校莎士比亚研究课程的选用教材。2007年,《说不尽的莎士比亚》获"河南省第四届文学艺术优秀成果奖"。

《黑色经典:英国哥特小说论》是国内第一部英国哥特小说研究专

著，在国内首次较为系统地论述了英国哥特小说在西方文学史上的重要地位与美学价值。该著对哥特小说的生成背景与学术研究史进行了较为细致地梳理，揭示出英国哥特小说虽然不在理想社会和价值观念上作正面表现，而是竭力渲染、暴露社会罪恶，赤裸裸地展示人性的阴暗与丑陋，但是善作为一股道义力量从未泯灭，始终与恶冲突搏斗，透露出积极的道德探索诉求。这使哥特小说在恐怖黑暗的背后又蕴含着一种向善向美、惩恶扬善的思想精神，无疑是黑暗惨淡中的一缕亮色，也正是英国哥特小说最重要的研究价值之所在。它是我们认识世界、观照人生、洞悉人性的一面特殊的镜子，具有其自身不容忽视的审美意蕴和独特的“净化”功能。

该著被陆建德、聂珍钊等著名学者认为代表着中国在哥特小说研究方面的重要成果，居国内领先水平。黄禄善先生2012年在其专著《境遇·范式·演进：英国哥特小说研究》中认为，《黑色经典：英国哥特小说论》“是中国第一本英国哥特小说研究专著，具有开拓意义，其中不少探讨颇有启发性”。2016年出版的12卷本《中国外国文学研究的学术历程》中的“英国卷”评价该著说：“此书意在为哥特小说正名，并在深入探析其特有的渗透性与影响力的基础上，填补了国内尚未出版过英国哥特小说研究专著的空白。”发表在《株洲师范高等专科学校学报》2006年第4期的论文《国内哥特小说研究述评》，对本人的相关学术观点做了大段引述和评论。笔者的观点近年来也多被国内学界引用。《黑色经典：英国哥特小说论》获“2005年度河南省社会科学优秀成果奖二等奖”。

五

2004年6月，我从四川大学博士毕业返回母校河南大学。我扪心自问：接下来要做什么呢？我深知，学术研究无止境，创新也永无止境。一点成绩面前，我不敢沾沾自喜，也不能放松歇脚，止步不前，应该向着下一个目标继续努力。

结合自己的学术积累，我想继续对哥特小说进行进一步的深入研究，拟翻译一部英国哥特小说，翻译一部西方学者关于哥特小说的研究论著，自己再写一部专著《西方哥特小说史》，算是对这个研究领域作一个暂时的总结。这就是我准备进入中国社会科学院博士后科研流动站继续博士后研究的大致规划。当时，学校基于留住人才的考虑，希望我能留在本校的刚设站不久的中国语言文学博士后科研流动站继续研究工作。时任分管人事工作的黄亚彬副校长与我促膝长谈，并敞开心扉给我讲他在美国的经历和感受，其情着实令我感动。于是，我 2004 年 12 月入站，并选择关爱和教授做我的博士后合作导师。

可是，问题摆在面前。关爱和教授的研究领域主要是中国近代文学，他也是中国近代文学研究界的领军人物。既然跟随他做博士后研究，我认为选择一个相近的方向才比较合适，所以不得不将哥特小说研究计划暂时放下。经过慎重考虑，我选择了"梁实秋莎评研究"作为学术攻坚的课题。梁实秋是中国现代著名学者、文学批评家、散文家和翻译家，不仅是《莎士比亚全集》的翻译者，也是著名的莎评专家，著有《雅舍小品》，还有《英国文学史》等。他的翻译与相关评论，对我们吸收人类优秀文化成果、推动中国莎学的健康发展功不可没。然而，我发现，无论是中国现代文学界，还是比较文学界，对梁实秋在近现代中国莎士比亚接受与批评史上的贡献和意义还都缺乏应有的学理探讨。例如，究竟是什么原因让梁实秋付出近 40 年的宝贵年华去执着地翻译和研究莎士比亚，他的莎评主要涉及哪些内容，有什么特色，其价值和意义是什么，等等，都是值得关注和研究的问题。我希望把梁实秋莎评置于中国近现代莎士比亚接受史的大背景下，去探讨他对莎士比亚接受的个性特征及其意义。在 2005 年举行的博士后报告开题论证会上，我的研究设想得到了华东师范大学陈子善教授，清华大学王中忱教授、解志熙教授，中国现代文学馆吴福辉研究员，河南大学刘增杰教授、刘思谦教授等著名学者的充分肯定。其间，在一个莎士比亚学术研讨会上，我有幸认识了上海戏剧学院教授、原中国莎士比亚研究会副会长的曹树钧先生。曹先生是中国著名的曹禺研究、莎士比亚研究专家。得知我正在作梁实秋的莎评研究，他特别兴奋地告诉我，当年作为中国莎士比亚研究会会长的曹禺就对包括他在内的几位副会长说："梁实秋值得重视，他对莎士比亚的研究以及莎士比亚在中国的译介做出了重要贡献。"并且叮嘱我一定要做好这项有意义的工作。他的这一席话，更增添了我完成梁实秋莎评研究的信心和力量。2006 年年初，我以"梁实秋莎评研究"为课题先后申报了国家社科基金项目和中国博士后科学基金项目，当年均获得了立项。这一课题不仅是我从事研究工作以来获得的第一个国家社科基金项目，也是河南大学博士后科研流动站建站以来拿到的第一个中国博士后基金项目，实现了零的突破，为此学校新闻网作了专题报道。

按原定计划，我受国家留学基金资助，拟于 2006 年 9 月赴英国牛津大学英语系进行为期一年的访学研究。因河南大学在 2007 年上半年接受教育部教学评估，我又是文学院分管教学的副院长，所以院校领导都希望我为了学校大局能推迟一年访学计划。在这种情况下，我联系牛津大学，申请访学计划推迟一年，但对方回复我，计划都是事先安排好的，2007 年的访学名额已满，无法推迟。无奈，我只得放弃牛津大学，转而抓紧时间联系申请剑桥大学英语系。大约 4 个月后，剑桥大学同意了我的申请，并寄来了访学邀请函。后来，教学评估推迟到 2007 年 10 月中下旬进行。评估工作结束后，我才于 11 月初飞赴英国，开始自己梦寐以求的剑桥大学的访学生活。

2007 年 5 月，我先以报告形式完成了"梁实秋莎评研究"，并申请出站，此后书稿不断得以增补与修改。2011 年，《梁实秋莎评研究》一书由商务印书馆出版。该课题的部分阶段性研究成果此前先后发表在国内一些重要学术期刊上，例如《梁实秋与莎士比亚的亲缘关系及其理论意义》(《外国文学研究》2008 年第 1 期)、《中国初期莎士比亚评论的重要界碑》(《河南大学学报》2008 年第 1 期)、《梁实秋莎评特色论》(《外国文学评论》2010 年第 2 期)、《梁实秋莎评的人性论特征及其意义》(《外国文学研究》2011 年第 2 期)、《接受与变异：莎士比亚在近现代中国》(《中国社会科学》2011 年第 5 期)等。其中，《梁实秋莎评特色论》被《新华文摘》2010 年第 16 期全文转载。

《梁实秋莎评研究》填补了国内梁实秋莎评研究的空白，在比较文学研究领域和中国现代文学研究领域都具有创新性价值。该成果在宏阔的中西方莎士比亚接受与批评史的比较视野下，在国内首次对梁实秋对莎士比亚的独特接受及其莎评作了较为详尽、系统的学理研究，揭示了梁实秋莎评的内涵与特色，探讨其译文形态与批评态度的内在联系，公允评价其在中国莎士比亚传播与批评史上所做出的贡献和意义，并探讨其莎评研究所表现出来的试图将西方文学批评精神与中国传统文学思想加以沟通、融合且付诸实践的可贵的批评思想，无论在探讨中国学人对外国作家的接受批评规律方面或者在推动国内进一步的梁实秋研究方面，均具重要理论价值与实践意义，对于当下中国文学批评界也不无借鉴和启迪意义。著名学者、时任中国社会科学院文学研究所所长、《文学评论》主编的陆建德研究员认为，该书"将梁实秋的莎评置于特定的文化语境之中，追溯其来源，讨论其特色，评价其意义，体现出很强的历史意识，不愧为中国莎评史上的个案研究力作"。著名英美文学专家聂珍钊教授认为，该书"是一项极有价值的比较文学研究成果"，"在三个方面具有重要开拓性价值"。2012年第4期《外国文学研究》刊发《梁实秋莎评之于中华莎学——评李伟昉的〈梁实秋莎评研究〉》，2012年5月2日《中国社会科学报》刊发《梁实秋：翻译和写作互相生发——〈梁实秋莎评研究〉评介》，2012年11月21日《文艺报》刊发《中国莎学弥久常新》，2012年11月14日《中华读书报》刊发《如何评价梁实秋的莎译、莎评》，分别对《梁实秋莎评研究》的学术贡献给予了高度评价。

屈指数来，从博士毕业至《梁实秋莎评研究》出版，7年又过去了。有时候觉得，7年里出了一本书，写了几篇文章，实在是不值一提。与学界一些同道与朋友相比，我挺惭愧的。可转念一想，自己能力有限，启动原本就慢且迟，难以求多，更不可能遍地开花，能集中精力做好一件事也值得欣慰，只要没有虚度光阴，只要还走在探寻的路上。实际上，我从读博士的2001年至博士后出站以来的2011年，学术上有轨迹可寻的线路，就是以英国文学中的哥特小说与莎士比亚为基础，从比较文学角度分别将中国古代文学和近现代文学的相关内容纳入研究视野去探讨和思考，借以不断拓宽认知领域，切切实实努力提高自己中外文化文学的综合素养,进而力求在一个更高的基点上更好地履行教学与科研任务。

六

2012年2月至5月,我应邀赴美国哈佛大学东亚系做访问研究。这一年,我获批了第二个国家社科基金项目“比较文学实证方法与审美批评关系研究”。

比较文学实证方法与审美批评关系问题,是一个值得高度关注、认真梳理的重要学术课题。但这一重要而又最基本的理论问题却被长期忽视了。在比较文学发展史上,法国学派与美国学派两个学派之争,是比较文学是实证批评还是审美批评的关键问题。要说清楚这个问题,就离不开,或者说,就必须聚焦比较文学法国学派与比较文学美国学派本身及其相互关系。法国比较文学以对不同国家文学之间实际存在过的精神交往与联系作实证性考察为鲜明特色并著称于世,这一特色更因20世纪50年代末美国学者韦勒克向法国比较文学发难的《比较文学的危机》的文章而进一步被强化、突显。由此人们普遍认为:法国比较文学是影响研究,影响研究就是注重事实求证,排斥审美批评;而美国比较文学则是平行研究,平行研究淡化事实求证,强调审美价值判断。这种二元对立的思维定势,把法国比较文学与美国比较文学区分得过于泾渭分明,甚至把它们放在了相互割裂、彼此不容的位置,致使人们错误地认为比较文学中的实证研究与审美批评研究完全分属两种不同的研究类型,两者不仅各异其趣,而且互不关联。

同时,研究比较文学实证与审美批评关系问题,还直接涉及以下两个互为关联的问题:第一,比较文学研究究竟是属于文学批评还是文学史分支,还是两者兼而有之?第二,如何认识跨学科研究与影响研究的关系?全面、辩证理解比较文学研究中实证与审美批评之间的关系,是无法绕开这两个问题的。长期以来,学界缺乏对上述问题的专题研究,很少认真思考、客观梳理实证与审美批评这两种不同的研究类型之间实际存在着的一致性和辩证关联，疏于对研究中实证与审美批评并重的有效倡导，致使比较文学实证与审美批评关系问题长期未能从根本上得到合理解决，结果在比较文学批评实践中也造成了学术研究的混乱。因此，实证与审美批评关系这一问题，并未随着比较文学法国学派与美国学派理论纷争的渐渐平息而获得根本解决，而且，国内通行的各种版本的比较文学教材也有意无意地回避了这一问题，所以有进一步探究的必要。

关于这个理论问题，我早在读博士时已经开始关注和思考了，只不过对它的认识有一个不断深入、全面的过程。我前后独立发表的相关代表性论文主要有《关于比较文学法国学派的反思》（《四川大学学报》2002 年第 4 期）、《比较文学中的实证方法与审美批评》（《文学评论》2005 年第 5 期）、《比较文学：文学史分支的学理依据》（《文学评论》2010 年第 5 期）、《论跨学科研究与影响研究的关系》（《汉语言文学研究》2013 年第 2 期）、《论林纾对莎士比亚的接受及其文化意义》（《文学评论》2016 年第 1 期）、《论朗松对比较文学影响研究的奠基性贡献》（《外国文学研究》2016 年第 2 期）、《雨果莎评及其特色论》（《河南大学学报》2016 年第 3 期）等。其中，《论跨学科研究与影响研究的关系》被《新华文摘》2013 年第 19 期全文转载。

2016 年下半年，我与已经成为大学教师的自己的学生一同完成了国家社科基金项目“比较文学实证方法与审美批评关系研究”并且结项。2017 年，该专著由中国社会科学出版社出版。该著在考察法国学派与美国学派比较文学观的基础上，实现了三个“首次”，具有突出的学术创新性与开拓性。

第一，在国内学术界首次较为全面地梳理、探讨了比较文学实证与审美批评之间的辩证关系，不仅精细入微地考察了法国学派实证批评中所蕴含的审美精神，而且稳健扎实地阐析了美国学派审美批评中的实证精神，从理论上澄清了多年来人们对法国比较文学实证方法认识上的误区，客观、公正地揭示了法国学派和美国学派之间的相容性与共通性，并对误解、偏见产生的历史背景及相关原因进行深层次探源。同时，还注意挖掘、辨析法国学派与美国学派发展中的矛盾性及其意义，探寻学派之争与学派融合的事实及其价值，旨在证明比较文学研究中，实证方法与审美批评相互依存，缺一不可。只有当实证方法与审美批评完美结合的时候，比较文学研究才能体现出它真正的价值与品位。

第二，首次深入翔实地探讨了比较文学作为文学史分支这一法国学派核心观点的学理依据。法国学派真正关注的是在不同国家文学之间影响关系研究的基础上，能够描绘、呈现出国际文学间相互影响的网络图，实现真正意义上的你中有我、我中有你的世界文学的理想；比较文学有别于国别文学史，而且不会取代国别文学史，它是要扩大国别文学史的范围，弥补国别文学史关注不到的范围和领域，最终把各个不同的国别文学史原来各自独立的世界打开一个窗口，从影响的层面将它们有机地联系起来。

第三，首次对以审美批评为特色的比较文学美国学派研究中的实证因素，特别是跨学科研究与影响研究的关系进行较为全面深刻地剖析，指出美国学派的平行研究和跨学科研究无法摆脱实证方法，特别是跨学科研究从方法论上讲仍然是一种影响研究，进而提出跨学科研究本质上是一种跨学科的影响研究这一新见。

值得一提的是，以往国内学界在介绍法国学派理论的形成历史时，很少提到朗松的名字，更少提到他在这方面的具体贡献。因此，该著从与影响研究直接相关的基本理路、实证与审美、影响与独创等三个层面，详尽地探讨了朗松的比较文学思想及其对影响研究这一批评范式的形成所做出的奠基性学术贡献。特别是朗松对审美批评、独特个性、独创性均有清晰的阐述，并理所当然地成为影响研究中重要的有机组成部分。认识朗松的比较文学思想，有助于完整、全面、客观、准确地把握比较文学法国学派丰厚的理论内涵。同时，首次从比较意识与整体思维层面探究了雨果莎评的比较文学方法特色。总之，该成果不仅有助于人们摆脱二元对立的思维定势，站在一个客观公正的立场上理解法国学派与美国学派或者实证与审美的相融性和共通性，而且有利于推进学术界对比较文学研究的本质和意义的全新理解，具有开拓性创新价值。

2017年12月13日《中华读书报》刊发书评《比较文学法美学派的有效嫁接》,2018年第2期《外国文学研究》刊发书评《科学实证与审美批评的辩证融通——李伟昉〈比较文学实证方法与审美批评关系研究〉评介》,分别高度评价其开拓性学术贡献。该著获“2018年度河南省社会科学优秀成果奖一等奖”。

2017年,我申请的国家社科基金重点项目“比较视域中的哥特小说创作传统及其文化意蕴研究”又获批立项。时隔15年后,我终于又重新回到了哥特小说研究课题上。之所以执着接着做这个课题,是因为依然有许多问题值得继续深挖。

自20世纪90年代以来,国内学术界对哥特小说的研究获得了长足的可喜进展,且呈现多元态势,不仅梳理、探讨英国哥特小说的产生与发展,而且从多维角度深入解读经典哥特小说文本,还对哥特小说的美学理论及其渊源进行追溯和探究,从比较文学角度,将英国哥特小说与中国志怪小说加以比较研究,产生了一批重要成果,例如《英国哥特小说与中国六朝志怪小说比较研究》《黑色经典:英国哥特小说论》《哥特小说:社会转型时期的矛盾文学》《境遇·范式·演进:英国哥特小说研究》等。而且近年来,英语语言文学和比较文学与世界文学专业的研究生学位论文有不少都涉足哥特小说研究。伴随着国外哥特小说研究的复兴,“哥特式”也逐渐成为我国外国文学研究的热点问题之一。尽管如此,总体而言,国内对哥特小说的研究仍然处在零碎散乱、重复雷同、视野受限的状态,特别缺乏对哥特小说创作传统及其文化意蕴作深入系统地梳理、探究与整体观照。国外学界同样对这个问题缺乏系统全面的总体研究。有鉴于此,我设想突破狭隘的文学史断面研究和零碎散乱的具体作品研究,将哥特小说这一独特的文学现象置于西方文学和文化发展史的大叙事传统中,从比较视域中考察其文学传统的渊源、形成与流变,探究其创作与古希腊罗马文化、基督教文化、北欧日耳曼文化的内在关系,以及这些不同文化对哥特小说创作所产生的深刻影响,并且在文学本体层面共时性探寻哥特小说的政治、文化、人性、生存本质等层面的普遍性意义,从而集中、深入、系统地探究西方哥特小说的创作传统及其文化意蕴。哥特元素已经构成西方文学文化的一种常态，是支撑西方文学文化传统的重要支柱之一。缺少、忽视了这一文化因子、文化常态的研究，就不能完整地、理性地认知西方文学与西方文化，客观上也就割裂了西方文学与西方文化的完整性。因此，该课题研究不仅可以丰富、深化对哥特小说内涵的认知和理解，而且可以强化对西方文学文化传统的全面把握和深入理解。这也是课题相对于已有研究的独到学术价值所在。目前，这一课题研究正在顺利进展中。

总之，十几年来，自己的主要学术成果及社会影响，主要集中在英国哥特小说、莎士比亚研究、梁实秋莎评研究以及比较文学理论等方面，再概而言之，主要就是英国文学与比较文学研究。因此，我先后荣获“新世纪百千万人才工程”国家级人选、“国家级有突出贡献中青年专家”、享受国务院政府特殊津贴专家、中宣部“文化名家暨‘四个一批’人才”、国家“万人计划”哲学社会科学领军人才等荣誉称号。

七

最后说说教学与行政工作，因为它们与我的学术研究也是分不开的。

从1986年本科毕业留校至今，我始终工作在教学第一线，从未缺席过那三尺讲台。我为本科生主讲“比较文学”“外国文学史”等课程，为研究生开设“比较文学典籍要读”“莎士比亚批评史”“英国哥特小说研究”“中西小说比较研究”“经典阐释与比较方法”等课程。担任院长后，尽管行政工作繁忙，但我仍然坚持每年为本科生上课。我认为教课是自己最根本的工作，教好课是自己最大的快乐。大学的首要使命就是人才培养，而人才培养的关键则是一线的教师。教师应该对教学怀有敬畏之心。

文学院的优良传统一直潜移默化地、深刻地影响着我。学院老一辈学人不仅学术造诣精深，而且道德人品高尚。他们严谨治学、锐意求新的执着精神，他们一丝不苟、精益求精的教学风范，他们忍辱负重、默默奉献的人格魅力，都时时激励着我，成为我学习的榜样。我认为，讲好课首先要搞好科研，必须有科研做支撑，教学与科研是相辅相成的。我总是力求做到把研究心得融入教学中，这样既能提高课堂教学的质量和内涵，又能实现科研成果的师生共享。教学是一个教学相长的过程。课堂上，收获知识的不仅是学生，还有自己。我的学术灵感不少都是在课堂上被激发出来的。

作为教师，必须坚持以学生为中心，坚持课程育人理念，加强对学生探究新问题的研究能力、创新意识的培养和训练，真正成为引领学生进步的良师益友。教师不应该只是知识的“灌输者”，更应该成为学生的“引路人”，不断开阔学生的认知视野，启迪学生的心灵智慧。我一直秉持着这样的理念，并将其落实在具体教学工作中。课堂教学是教师教学工作的中心环节，知识积累、知识创新都应该体现在这个环节上。教师是课堂秩序的维护者，是课堂氛围的营造者，是课堂质量的把关者。为此，我在课堂上强化“四种意识”，即启发意识、问题意识、方法意识、求新意识；注重“三个结合”，即力求让学生在成长过程中逐步实现科学知识与人文素养相结合，本土意识与国际视野相结合，继承传统与创新精神相结合，旨在把学生培养成为学贯中西、德才兼备的创造性优秀人才。

在剑桥做访问学者期间，我走访了西欧、北欧、中欧、南欧等地的17个国家，欧洲著名的博物馆、人文古迹都参观过，在实地考察中感受，在感受中体味和思考，力争使自己知行合一，在实践中验证真知并收获新知。在剑桥时，我应剑桥中国学联的邀请，做过“游历：通往历史和文化的走廊”的学术报告，用生动具体的文化感知赢得了剑桥中国师生的好评。回来后，我又以《点滴剑桥》为题，从教与学等方面为河南大学学生讲述了自己在域外的深切体会和启示。2012年，我从哈佛大学访学归来后，以《哈佛大学·国旗意识·文化建设》为题，再次在河南大学的“名家讲坛”上与学生分享自己的思想收获。我把哈佛大学与国旗意识、文化建设联系起来，既让学生开阔视野，又使其思想政治境界、文明教养意识得以自然而然的提升，由此激发起学生自觉的爱国意识，增强国家认同感。

由于这些年对教学的倾情与奉献，我也收获了不少荣誉嘉奖，先后被评为开封市优秀教师，河南省高等学校教学名师，既是国家级教学团队核心成员，也是河南大学“师德标兵”和河南省高等学校优秀教学团队首席专家。2010 年，我主持主讲的“比较文学”课程获批国家级精品课程；2013 年，该课程又被评为国家级精品资源共享课；同年，主持主讲的课程“莎士比亚在近现代中国的接受”获批国家级精品视频公开课。2018 年，新主持主讲的课程“莎士比亚在近现代中国”获省级精品在线开放课程，正在积极准备申请国家级精品在线开放课程的认定。同年，入选首届河南省高层次人才特殊支持“千人计划”中原教学名师，荣膺教育部 2018 年—2022 年新一届中国语言文学类专业教学指导委员会委员。荣誉面前，更感压力与沉甸甸的责任。

2008 年 11 月—2018 年 7 月，我任河南大学文学院院长，现转任河南大学学报编辑部主任、主编，为河南大学中国语言文学博士点一级学科带头人。

2008 年 11 月，我从剑桥大学访学归来后被任命为文学院院长。在学院就职大会上，我郑重表态：“非常感谢老师们对我的信任，感谢河南大学领导对我的信任，我会把这份珍贵的信任化为今后工作的动力，继续发扬文学院的优良传统，努力提升教学质量，优化师资队伍，强化学科建设，创新科研成果，营造充满人文关怀、凝聚人心士气的和谐氛围，竭尽全力推动文学院各方面的工作，扎扎实实再上一个新台阶。”我是这么承诺的，此后也是这么做的。作为院长，既要积极做好学院规划、管理、服务事项，又要做好自己的教学与科研工作，起到带头作用，繁忙、辛苦、紧张，自不待言。在院长任上，我与院领导班子一起带领全院教职员工，凝心聚力，共谋学院发展。白天在办公室忙于处理各种事务，无暇顾及科研，学术研究只能放到晚上进行，常常是从晚上 10 点看书写作至凌晨 3 点。这已经成为我的工作规律。每当朋友、老师问及工作如此繁忙怎么还能保持科研不落后这个问题时，我总戏称是靠榨取自己的绝对剩余价值来谋求学术发展的。即使在出差的旅途中、等候飞机或火车的间隙，我也没有忘记随时记录自己构思的习惯。不少文章的初稿多是在这种状态下完成的。

在我任院长的近 10 年间，也是学院飞跃式发展的时期。这期间，学院在国家教学质量工程建设、学科建设等方面都取得了可喜的突破性进展。继汉语言文学专业成为国家级特色专业后，该专业又相继获批两门国家级精品课程，两门国家级精品资源共享课程，两门国家级视频公开课程，1个国家级教学团队，1个国家级教学名师，1个国家教学综合改革试验点。2010年，中国语言文学学科成功获批为博士学位授权一级学科点，取得汉语国际教育和学科教学（语文）两个专业硕士学位授权点。中国语言文学学科的硕士学位授权一级学科点和博士学位授权一级学科点均为河南省重点一级学科，此后又进入河南省优势特色学科的行列。在2013年教育部公布的第三轮全国高校学科评估中，河南大学的中国语言文学学科全国排名由此前的第32位提升至第26位，较上一次学科评估跃进了6个位次。在2017年教育部公布的第四轮全国高校学科评估中，该学科提升至第15位，又前提了11个位次，与清华大学、华中师范大学、陕西师范大学、吉林大学、暨南大学等著名重点高校并列。该学科8年间共前提了17个位次，成为河南大学实力最强的3个B+学科之一，也是河南省最好的学科之一。

我在河南大学这片历史悠久、学术积淀厚重的土地上已经坚守了33个年头，将自己前半生的宝贵青春年华都奉献给了河南大学、奉献给了文学院。其间虽然取得了一些成绩，获得了多项荣誉，但这始终和学校长期以来对我的培养和支持是分不开的。2009年，在河南大学庆祝第25个教师节大会上，我作为教师代表发言时说："作为一名毕业于河大、工作于河大，在河大学习、生活和工作了27年的河大人，我每时每刻都在感受着河南大学清新自由的学术气息，真切地体会着明德新民、止于至善的精神风范，实实在在地见证着河南大学生生不息、奋斗不止的前进历程。我不仅亲历目睹了这所饱经风霜、历尽坎坷的老校在新时期的振兴与发展，而且我个人的成长和进步也与河南大学的发展息息相关。为此，我感谢河南大学对我的培养，更感谢河南大学为我的成长提供的平台。我为古老的河大而骄傲，为河大的不断发展和进步而骄傲，更为是一名河大人而自豪！"

在过去的10年中，先后有多所全国重点高校希望以高层次人才引进我，但最终还是因河大情结留了下来。一次次的荣誉并没有让自己的生活发生改变，白天上课、忙于公务，晚上潜心科研，追求自我提升，依旧无怨无悔地在平淡而凡俗的岁月里，在河大这片我挚爱的土地上继续耕耘未来。

2019 年 5 月 1 日

◆代表性学术成果

第一编
作家作品与流派阐释

试析伏伦斯基的情感世界

列夫·托尔斯泰为我们创造了许多性格鲜明而复杂的人物形象。这种复杂性不仅体现在主要人物身上,即使是次要人物,也表现得十分突出。《安娜·卡列尼娜》中的伏伦斯基就是其中一个矛盾复杂的形象。可惜,多年来,许多论者多是注重于对安娜性格的研究,而为了肯定安娜,就对伏伦斯基,特别是他对安娜的爱情作了简单粗暴的否定。似乎这个纨绔贵族青年对安娜纯系玩弄,仅仅是逢场作戏,为了满足其情欲和虚荣心而已。果真如此,那就会产生这样两个无法得到完满解答的问题:第一,安娜这么一个有着美好追求的女性,为什么会发疯地爱上一个并不真心爱她的纨绔子弟呢?难道她从卡列宁的令人窒息的贵族家庭中解脱出来之后,又要投入到另一种毫无意义的庸俗的生活中去吗?这显然和安娜自己所说的“爱对我有太多意义”不符;第二,如果说托尔斯泰只是为了把安娜写成一个上当受骗的女人,才这样塑造伏伦斯基,那么安娜这个闪烁着夺目光彩的艺术形象的内涵和意蕴岂不是大大削弱了吗?因此,我们不能简单看待伏伦斯基对安娜的爱情。托尔斯泰对伏伦斯基的塑造是匠心独运的,他赋予了这个人物形象以更深、更复杂的内涵。唯其如此,才能深化安娜与伏伦斯基爱情悲剧的社会意义。

托尔斯泰认为,“人不是一片湖泊,而是一道河流,而且是草原上的河流,有的地方干涸无水。因此,这道河流有的地方宽阔,有的地方泥淖,有的地方清澈,有的地方湍急,有的地方平缓,但总是这道河流”。有鉴于此,他认为“完整地描写人”,并“写出人物性格的流动性”,“是艺术家和艺术的重任”,为此必须了解人的“坏和好的方面”,反对“只会用一种色调”描写人。作家在塑造伏伦斯基这一艺术形象的过程中,特别是在描写他与安娜的感情纠葛过程中,具体、鲜明、清晰地体现了这一创作思想。

伏伦斯基是彼得堡贵族青年的典型代表。他是皇帝的侍从武官,有钱有势,显赫富裕,又和蔼可亲,还很有学问,但他从未有过真正的家庭生活。他母亲年轻时是个有名的交际花,婚后有过多次轰动社交界的“桃色事件”。他受教于禁卫军,后进入贵族军人界,过着纸醉金迷、放荡奢侈的生活。他具有他们的习惯,赞同他们的观点,他喜欢他们生活的整个环境,同他们的整个生活方式紧密地结于一体。由于受上流社会的“做丈夫总是处于被欺骗位置”的腐化风气的影响,故而他“不喜欢家庭,特别是丈夫这个角色”,这是一种“无缘的,可厌恶的,尤其可笑的东西”。在他生活的彼得堡世界里,人被分成极端相反的两类:一类是“粗俗的、愚蠢的、特别可笑的”人,他们认为“丈夫应当和他的合法妻子同居”,“少女要纯洁,妇人要端庄,而男人要要威风,自制和坚强”等;另一类则是真正的人,他们“优雅、慷慨、勇敢、快乐,毫不忸怩地沉溺于一切情欲之中,而嘲笑着其它一切”。伏伦斯基正是属于后者,这也正是他性格中突出的特点。他认为,恋爱和婚姻是两件无关的事,他不想有真正的家庭生活,更不想承担家庭义务,恪守家庭信条和道德准则。基于此,他虽以自己的殷勤和魅力赢得了吉提的爱,却根本无意娶她,只是玩弄感情,满足其虚荣心,就是对安娜,最初也是出于这种动机。不过,他对安娜的态度有一个细致的变化过程。第一次见到安娜,他就被安娜迷人的美貌深深吸引住了,“使他在生理上感情上舒爽和兴奋,心中充满了狂喜”。在他看来,安娜是一个有地位、有美貌风姿的出众年轻贵妇，能“不顾一切，冒着生命危险去引诱她到手”，他的地位“就是有几分优美和伟大”。因而他感到现在的一切幸福和“生活的唯一意义就在于看见她和她说话”。这的确是要安娜去满足他的虚荣心。在培特西家，伏伦斯基向安娜表白爱情，还确是逢场作戏，不过是想满足他那唯一的性欲冲动罢了。他迫不及待地求告安娜满足他炽烈的肉欲，说什么“我不能把您和我自己分开来想；您和我在我看来是一体”。作家这样写他当时的心理：“不管谋杀者对于遭他毒手的尸体感到如何恐怖，他还是不能不把那尸体砍成碎块，藏匿起来，还是不能不受用他的谋杀得来之物”，“那被他剥夺了生命的躯体就是他们的恋爱，他们的恋爱的初期”。作家在这里显然是要揭露、批判伏伦斯基的。

伏伦斯基得知安娜有孕的一刹那间的心理活动，也足以证明在此之前他没有打算要真心爱安娜：“我要是叫她离开丈夫，那就等于叫她把她的生活和我结合在一起，我有了那样的准备吗？……”他开始真心爱上安娜，是在得知安娜有孕之后，尤其是他看到安娜为了他，不顾社会舆论的压力，毅然和他结合在一起。他真的被她的坦诚、真挚震慑了，感动了。他发现安娜“是一个把自己的爱情献给了他的可敬的女人，而他也爱着她，所以在他看来她是一个应受到同合法妻子同样的、甚至更多的尊敬的女人。他如果让自己用语言、用暗示来侮辱了她，或甚至没有对她表示出一个女人所企望的那样的尊敬的话，他是会宁愿先把自己的手割断的”。从此，他和安娜的关系“不再是玩笑、消遣，而是更严肃、更重要的事件”了。作家所说的，在他和安娜之间发生的一种“新的内在关系的”，正是伏伦斯基对她的真心相爱。促使他从玩弄、单纯的性欲升华到爱欲的转变契机不是别的，正是安娜的无畏的胆量和行动、美好的心灵和情感。它所产生的力量不可能不对伏伦斯基发挥作用。正是这种生活的多变性，促使了伏伦斯基的变化，一定程度上改变了他的思想、感情和生活。尽管这种变化是有限的，但终归是变化了。而正是这种变化，才使安娜的爱情有所附丽。

我们说，尽管伏伦斯基染有贵族青年军官的一切恶习，比如放荡、尽情享乐、挥金如土，有十足的贵族派头和自傲，但他身上毕竟又有许多高出周围人的品质,诸如英俊潇洒,富有教养,热情真挚,为人慷慨,有同情心、自我牺牲精神。他曾从水中挽救了一个女人的生命,把两百卢布捐赠给被火车轧死的路警的妻子,还将自己的年收入几乎全部让给了债台高筑的哥哥等。这正是安娜爱伏伦斯基的重要原因。作家以他敏锐的观察力精微地描写了安娜的爱情产生的经过。“她越是了解伏伦斯基,就越是喜欢他……他在她身边总是使她感到愉快,使她对他的性格了解得越来越多,对他性格中的每个特征都感到亲切。”可见,安娜爱上伏伦斯基有其基础,绝非偶然。

不少论者认为,伏伦斯基既然真心爱安娜,为什么当安娜在歌剧院受到嘲弄和围攻时,他不去帮助安娜摆脱窘境而置之不理呢?我们不能脱离具体情况要求伏伦斯基这样做或那样做。从特定场合看,当初,安娜提出要去看歌剧,伏伦斯基就劝她不要去。为什么?原因很清楚,怕她遭冷遇。他知道,就她当时的处境,到那里就肯定会遭到社交界的围攻。伏伦斯基的这一行动,表现出对安娜的爱是毋庸置疑的。但是安娜坚持要去。在剧场,伏伦斯基开始不知道安娜在那里发生了什么事,焦虑万分。当他明白一切之后,不顾母亲和哥哥的阻拦,就匆匆下楼。“他觉得他应该做些什么,但不知道做什么才好。他恨她把她自己和他弄得这样尴尬,同时又可怜她的痛苦遭遇。”注意,作家在这里说:“他恨她把她自己和他弄得这样尴尬”,并没有说:“他恨她把他自己和她弄得这样尴尬”。可见,伏伦斯基首先想到的还是安娜,他对安娜的受辱绝不是无动于衷的。当然,关键时刻他没有主动帮助安娜摆脱困境,我们自然要承认他有软弱的一面。但是,从客观上看,他即使去帮助安娜,也无济于事,相反会使安娜的处境更加窘迫,因为他俩的结合毕竟不是合法的,他不过是她的情夫,而上流社会攻击安娜的正是这一点。这并非说明那些上流社会的人比安娜更纯洁!安娜不爱她的丈夫,不愿与他继续保持毫无爱情、名存实亡的夫妻关系,更不愿过上流社会那样虚伪的、荒淫无耻的两重生活,大胆追求自由真挚的爱情,这正是她的光彩照人之处。正因为她的纯洁和真诚,才触怒了上流社会。因此,问题的关键不在于谴责伏伦斯基的怯懦——难道说伏伦斯基稳重而坚强起来,就能够避免上流社会对安娜的攻击吗？——关键是上流社会太可恶、太卑鄙、太腐朽、太黑暗了！更何况安娜去剧院也不仅仅是为了看歌剧，重要的是她敢于蔑视上流社会，执意要大胆地、公开地表示自己的爱情。她说："我爱你，别的我都无所谓。"伏伦斯基没有能够真正理解安娜的用意，所以她很伤心。但应该说，他并没有做什么真正有意伤害安娜的事。伏伦斯基对安娜的爱情不能说是不真挚，而在于他根本就配不上安娜，他没有安娜那样丰富而纯洁的精神世界，他对社会、对人生的见解不能和安娜相提并论。安娜把人的尊严、个性解放，把对幸福的向往以及要求主宰自己命运的理想寄托在她和伏伦斯基的爱情里，这是伏伦斯基不可能想到的，他对安娜的认识一开始就非常肤浅，或者说完全是以己心度君子之腹的，他不可能帮助安娜实现她的追求，带给她一种崭新的生活，在这一点上，他是平庸的、可悲的。他的全部过错就在于，他是彼得堡上流社会的青年，他无力摆脱自己所习惯的纸醉金迷、花天酒地的生活，不会过一种真正的有内容的生活。正是在这里，显示出安娜与伏伦斯基之间的悲剧是一个无法避免的社会悲剧。

人的精神生活是一个五彩斑斓、光怪陆离的复杂世界，关注并描写这个世界最深刻、最幽微的表现具有重要意义。托尔斯泰指出："艺术是一架显微镜，艺术家用它来对准自己灵魂的秘密，并且把这些人所共有的秘密展示出来。"①伏伦斯基对安娜的爱情，起初是在他感兴趣和向往的东西之外发展起来的。因此，当他与安娜开始建立了一种"新的内在关系"之后，也便开始了强烈的情爱与执着的功名心的剧烈冲突和尖锐矛盾的心路历程。功名心是他从青少年时代就怀有的巨大抱负。他在社交界和军界的第一步是成功的，但两年前，由于他急于要表示自己的独立性和上进心而拒绝了给他一个位置的提议，结果错过了一次升迁的机会。虽然他深为懊悔，但表面故意对"功名"装得毫不介意，恬然自得，而实际上早在他去莫斯科时就无快乐的心境了。安娜的爱情，"暂时镇住了咬啮着他的那功名心的蠕虫"。但是，在与谢尔普霍夫斯科依的交谈中，他深深地为这位在中等武官学校的同窗

---

① 转引自程正民：《俄国作家创作心理研究》，百花文艺出版社 1990 年版，第 153 页。

好友的飞黄腾达所触动。他的这位同窗在中亚细亚服役几年后,连升两级,已获得将军的军衔,而他本人却仍不过是个骑兵大尉,这使那“功名心的蠕虫”又以新的顽强的力量再度觉醒。朋友和熟人都预言他在仕途上将有光辉的前程,他自己也看到有实现它的愿望和力量。谢尔普霍斯科依告诉他:“女人是男子的前程的绊脚石。爱上一个女人,又要做一番事业,这很难。既要避免障碍又要随心所欲地爱上一个女人,只有一个办法,就是结婚……”结婚,目前根本不可能!怎么办?现实生活要他作出选择:要么为了安娜而离开军界,牺牲功名心,要么为了在他面前展开的远大前程而抛弃爱情。二者不可兼得。托尔斯泰对这一矛盾进行了生动而细腻的描写。伏伦斯基是那样强烈地感到自己对安娜的深深依恋之情。但在读卡列宁给安娜的信时,他的脑海里“又闪过了刚才谢尔普霍夫斯科依对他说的话以及他自己早晨所想的念头——最好不要使自己受到束缚……”。这一次,爱情在功名心的诱惑面前退却了,但爱情又以强烈的魅力左右着、控制着他,影响着他对现实的态度。他在陪同外国亲王参观的时候,清醒地感到贵族的高傲态度是荒谬的,同时对贵族上流社会那种腐化无聊的生活深感厌恶。他从外国亲王的某些性格特点及其行为方式中看到了原来的自己。“‘笨蛋!难道我也是这样的吗?’他想。”这个印象同其他无聊气味的生活中的印象一起,又使他那猎取功名的计划退居次要地位。“他觉得他走出那个把一切都规定得很明确的活动范围,完全沉溺在爱情里,这爱情愈来愈紧地把他和她联系在一起了。”

然而,在伏伦斯基的精神世界的深处,爱欲与功名心的较量并不曾泯灭,而是仍在激烈地进行着。作家描写他旅居意大利期间内心的隐痛时,准确地把握了他的性格和思想趋向的这一特点。伏伦斯基虽然“实现了他的夙愿,却并不觉得特别幸福。不久他就觉得,这种欲望的满足只是他所期望的幸福中的沧海一粟……在他同她结合,改穿便服的初期,他尝到了以前没有尝到过的自由的快乐,因此感到很满足,但不久就觉得心灵里产生了一种最难满足的欲望,一种百无聊赖的情绪。”这种“百无聊赖”的产生正是由于爱情排挤了他的功名心,使他失去了上流社会的社交生活。他渴望在爱情以外做些什么填补日常生活的空虚。显然,爱情毕竟只是生活的一部分,把对爱情的追求视为终生追求,即使再崇高、再圣洁的爱情之花也会枯萎凋零,这一点对任何人都是真理。伏伦斯基也不例外,更何况他还是一个有着历史局限的贵族青年呢。伏伦斯基没有将爱情的追求视为终极追求。于是,他"就像一头饥不择食的动物,不由自主地忽而研究政治,忽而阅览新书,忽而从事绘画"。

不过,伏伦斯基生活中的巨大变化是与悲剧性事件、尖锐的心理冲突的发展联系在一起的。卡列宁令人吃惊的宽厚行为,使伏伦斯基突然第一次感到了自己在他们夫妻关系中扮演了一个极不光彩的、可耻的角色,那么卑鄙和渺小!最使他悲痛难言的是,"当他开始了解她,而且恰如其分地接受她的时候,他却在她面前受了屈辱,在她心中关于他除了留下可耻的记忆以外再没有留下什么,就永远失去她了"。他没有理由不让安娜重新回到卡列宁的怀抱里。在准备断绝与安娜的关系之际,他曾醉心的功名、社交界和宫廷全部失去了其原有的魅力而变得毫无意义。绝望之时,他企图寻求最后解脱——开枪自杀,可是他并没有死。最后他下定决心,永远不再置身于悔悟了的安娜和她丈夫之间,并准备接受一项重要使命。当与安娜辞行时,他终因不能从记忆里"抹去那以全部魅力萦绕着他的幸福的瞬间",竟又一次抛弃了升官的幻想,拒绝重任,"并且发觉上级对他这种做法很不满意,就立刻退伍了"。而这"照他以前的见解看来,会是可耻的,办不到的"。值得注意的是,在小说中,安娜的病重,同卡列宁的谈话,以及自杀的企图等情节,是被托尔斯泰当作一系列使伏伦斯基精神上受到震撼的事件来描写的。而且伏伦斯基自杀的情节是作家在修改描写他与卡列宁和安娜见面之后的情况那一章时加写的。这一情节对说明伏伦斯基生活中后来的变化的心理依据来说,必不可少。如果伏伦斯基没有经受此次深刻的震撼,他就不可能跨出最困难的、也是关键性的一步——离开军界,抛弃功名,把对安娜的爱情视为其真正幸福的源泉。从伏伦斯基心理过程的矛盾性和多层性,我们强烈地感受到他对安娜的不容置疑的爱情。

不过,在伏伦斯基的爱情里又缺乏真正的理解。他所能理解的就是安娜的痛苦和不幸，所能做的也就是劝说安娜与卡列宁离婚，建立他们两人的合法的婚姻关系，并认为这是改变她与他的屈辱地位的唯一出路。然而，离婚是安娜不愿谈及的话题，因为提出离婚就意味着向卡列宁低头认错，而她没有错（实际上，对丈夫的内疚感和负罪感一直作用于她的内心深处），此其一。其二，也是最重要的原因，她不愿因离婚而失去儿子，特别是想到儿子"以后怎么样对待她这个抛弃父亲的母亲时，她对自己的行为感到十分害怕"。因此，她说"世界上我只爱这两个人（指儿子和伏伦斯基——笔者注），可是他们互相排斥。我不能把他们两个联结在一起。可是把他们联结在一起，却是我唯一的愿望。这一点要是办不到，一切也就都无所谓了"。一个堕入情网的女人安娜对幸福的强烈而执拗地追求，和一个深念、眷念儿子的母亲安娜的感情之间的冲突，在情感宇宙的深层领域里表现、爆发出来了。这是伏伦斯基不能理解的复杂感情。他每次"试图引她商量她的处境问题"，她回答得总是"不着边际，使人不得要领。……仿佛一谈到这事，她，真正的安娜，就隐藏起来，出现了一个他所陌生的古怪的女人。……处处同他作对"。因此，他为安娜的这种矛盾态度深为苦恼。同时，他也有自己更为难言的苦衷。他对安娜说：我们已经有了一个女孩，可"在法律上不是我的女儿，而是卡列宁的"，"我受不了这样的作弄"。如若明天再生一个儿子，在法律上仍然属于卡列宁，"他既不能用我的姓，也不能继承我的财产。不论我们在家里过得多幸福，不论我们有多少孩子，我同他们都没有关系"。不久，他开始以另一种眼光来看待安娜的爱情和自己对她的爱情。他爱安娜，但不愿让安娜妨碍他的事业，更不愿因此束缚自己的自由。他为安娜参与他所从事的事情，并很快掌握了各方面的知识而高兴。他常常"就农业、建筑、甚至养马、运动等方面的问题向她请教"。他"对她的知识和记忆力感到惊讶，开头还不很相信她，要她提出证据。于是她就从书本里找出他需要的地方，指给他看"。在许多事情上，她不仅为他帮忙，而且亲自安排。可是，安娜并不想真心发挥自己的才能和力量，她的思想都集中在如何精心修饰打扮、讨取他的欢心上。正如作家指出的："她最关心的毕竟还是她自己，关心怎样博得伏伦斯基的欢心，怎样补偿伏伦斯基为她牺牲的一切。她生活的唯一目标，就是不仅讨他欢心，而且曲意奉承他。”对此，法国著名作家罗曼·罗兰有过精彩的评论：“无法抑制的情欲逐步蛀蚀着这个高傲的女子的整个精神大厦。她身上优秀的东西，她勇敢的真诚的心灵瓦解了，毁灭了；她没有力量去对抗上流社会的虚荣心；她的生活除取悦她的情人再没有别的目标；……嫉妒折磨着她，征服了的肉欲迫使她的举止、声音、眼神中处处弄虚作假；她堕落到要使任何男子都为之着迷的女人之列。”①伏伦斯基既感到幸福，又为情网的束缚而苦恼。“我什么都可以为她牺牲，就是不能牺牲我男子汉的独立性。”于是他撇下安娜，按自己的意志开始行事。他开始修建自己的富丽堂皇的大庄园，用巨资资助医院，他的功名心，深感“我还得有我的事业”。可是，伏伦斯基每一次外出参加活动，安娜都深为不满，特别是当卡列宁拒绝离婚的要求，并不允许她再看望儿子后，她深恐再失去伏伦斯基。这时的安娜在险恶的环境的重压下，产生了变态心理。她把爱情当作了生活的全部希望和唯一的精神支柱，对伏伦斯基的要求更加苛刻，希望他能更多地献身于自己，一旦没有满足，就脾气暴躁，猜疑嫉妒，往往凭蛛丝马迹就认为他另有所爱了。而伏伦斯基认为自己为她陷入苦恼的境地，她不仅不来减轻他的苦恼，反而火上加油，这使他感到她的爱情变成了“沉闷的使人觉得累赘的爱情”。伏伦斯基和安娜在生活兴趣、感情性质方面的差别，加深了他们之间的分歧。感情上的破裂不可逆转地发展着，甚至违反了伏伦斯基本人自觉的愿望。他无法阻止事情的悲剧性发展，正如看到在他们之间正在形成一条鸿沟的安娜也无法加以阻止一样，安娜终于在绝望中卧轨自杀。这个悲剧的酿成，不是因为伏伦斯基不爱安娜，也不是因为他做出了什么侮辱她的行为，而是黑暗、卑鄙的上流社会迫害的结果。伏伦斯基和安娜渴望过正常人的爱情、婚姻生活，然而残酷的环境无情地一步步剥夺了安娜赖以生存的一切权利，使安娜的性格发生了可怕的扭曲和极度的变形，这也致使伏伦斯基对

---

① 中国社会科学院外国文学研究所：《欧美作家论列夫·托尔斯泰》，中国社会科学出版社 1983 年版，第 57—58 页。

她的爱情日渐冷淡。他们是不幸的,不幸就在于他们有爱情,却不能正常发展这种爱情,不能享受这种爱情。

安娜死后,伏伦斯基没有另觅新欢,而是沉浸在难忘、痛苦的回忆中。他“想起了她,想起了那天他像疯子一样冲进车站看见她所剩下的一切:一张桌子上,在一群陌生人的围观下,那不久前还充满生命的血肉模糊的尸体,不知羞耻地横陈着;那盘着浓密发辫、鬓角上覆着几绺卷发的完整的脑袋向后仰着;那张美丽的脸上,嘴唇半开半闭,凝聚着一种异样的神情——嘴唇悲怆凄凉,那双没有闭上的凝然不动的眼睛动人心魄,仿佛在说他们吵嘴时她对他说的那句可怕的话:‘你会后悔的!’”。他不能不“竭力回忆第一次——他在车站上——见面时她的模样:神秘、妩媚、热情,自己追求幸福,也赐给人幸福……他竭力回忆同她在一起的幸福时刻……”。注意,托尔斯泰不是立即客观地描写安娜死时的场面,而是借伏伦斯基的回忆将其展示出来的。这样写实乃出于精心的安排:不仅给读者补叙出这一悲剧场面,唤起读者对她的无限同情和对迫害她的俄国上流社会的愤怒控诉,更重要的是,也细腻地折射出伏伦斯基对安娜的留恋、怀念以及自责的心态。安娜的惨死,使他丧失了一切人生欲望,忘掉了许多他曾经认为对他来说至关重要的和有意义的东西。他说:“人生对我已没有什么愉快的事了。”“他那双眼睛依旧流露出愤恨痛苦的神情。”托尔斯泰借奥勃朗斯基之口这样评论他:“尽管他有许多缺点,也不能不为他说句公道话。不论怎么说,这个人的遭遇太使我感动了。”

车尔尼雪夫斯基曾经指出,托尔斯泰的作品并不局限于揭示心理活动过程的结果,“使他感兴趣的是过程本身”。可以说,作家对伏伦斯基这一形象感兴趣的,并给予细腻描写的正是他的情感世界的发展过程本身。这个过程经历了四个阶段:第一,花花公子阶段,即认识安娜前的荒唐生活以及初识安娜的性欲阶段;第二,爱欲阶段,即真心爱安娜;第三,双方的分歧使伏伦斯基从情感上疏远安娜;第四,爱的回归阶段。作家为我们清晰地勾画了伏伦斯基情感世界发展的轨迹。通过这四个阶段,我们可以清楚地认识到:伏伦斯基对安娜的爱情的确有其真挚的一面,绝不是逢场作戏,玩弄感情。他在他所能达到的高度上深深地爱着安娜。他爱安娜，又不真正理解安娜。安娜早就对他说过："爱对我有太多意义，远非你所能了解的。"他爱安娜，但是在强大的黑暗的上流社会咄咄逼人的攻势面前，又是软弱无力的，缺乏安娜那样的反抗性。他虽曾为安娜一度冲破了他的旧日的生活道德和生活行为规则的樊篱，一度使爱情和社会对立，但终究经受不住上流社会长期的敌视和压力，更摆脱不了上流社会的生活方式对他的影响。他爱安娜，实际上又配不上安娜。他不属于那种能够一直走自己独立道路的人，他不能在习惯的生活概念之外找到自己生活的内容，更不可能帮助安娜实现她的追求，带给她一种崭新的生活。他曾为安娜脱离军界，放弃功名，如今又为安娜的死自愿去前线，唯求一死。从这个意义上说，伏伦斯基也是一个悲剧人物。这个悲剧人物，不是更能加深我们对安娜悲剧的进一步理解吗?!

（原文刊载于《外国文学研究》1994 年第 4 期）

一幕人格异化的惨剧

——简评《地下室手记》

《地下室手记》是俄国著名批判现实主义作家陀思妥耶夫斯基于1864年创作的一部哲理小说,具有独特的认识价值和审美价值。

追求平等,渴望尊严,这是每一个人都应有的权利。然而,当平等被剥夺,尊严受到损害,人们将会怎么办呢?不外乎两种情况:要么挺直胸膛,不屈不挠地奋起抗争;要么失败之后,陷于绝望,沉沦堕落。《地下室手记》的主人公走的是最后一条路。这部作品就是陀氏以生动的、富有感情色彩的笔调描写了一个出身微贱的人,追求平等、渴望尊严而不得,最终被扭曲、沉沦为彻底绝望的失败主义者和否定一切的虚无主义者的一场悲剧。

《地下室手记》分两章,第一章由内心独白构成,如作者在序言中说:"在这篇以'地下室'为标题的片段里,这个人物介绍了他本人、他的观点,也仿佛想说明他之所以会出现和必然要求出现在我们中间的原因。"①第二章"漫画潮雪"则是主人公对自己昔日几段生活经历的追述,其中较详细地叙述了他如何受到有钱有势者的侮辱和鄙视,以及如何残酷地侮辱一个可怜无助的妓女丽莎。在这两章中,第二章尤为重要,它是帮助我们把握极具病态思想、分裂性格的主人公的关键,也是理解第一章所呈现的复杂纷乱的意识的前提。

① [俄]陀思妥耶夫斯基著,伊信等译:《地下室手记》,商务印书馆1995年版,第3页。

主人公原是彼得堡一个八等文官，40岁，智力超群，生性敏感，经常剖析自我的内心世界。20岁的时候，他获得一个远房亲戚的一笔六千卢布的小小遗产后，便辞职蛰居在与世隔绝的、肮脏阴暗的“地下室”里。他为何要疏离社会，逃向地下室呢？小说在第二章有详细的介绍：他一生命运坎坷，充满了痛苦和屈辱，内心积郁了太多的怨愤。他从小就失去父母，“是在没有家的情况下长大的”，这种缺乏关爱的经历使他变得性格孤僻，自尊心极强。后来他被远亲“塞进”一所学校，从此开始了“学生时代那苦役式”的生活。贫穷和卑贱的他备受富家子弟恶毒而残酷的非人待遇，使他内心充满了对环境和他人的无限仇恨，并以自己的方式与之抗争。他或拼命读书，以学识修养蔑视他人，显示自尊与高傲；或远离他人，不屑与之来往。

然而，自尊心和人格一开始就是社会的产物，“自我”只有在“他我”中才能得到证实。正如费尔巴哈所说：“自我意识只有在一个别的自我意识中才能获得它的满足。”①作为一个人，“地下人”在其潜意识的王国里，又渴望与他人交往，在交往中获得他人对自己人格的承认和尊重。尤其是长久以来人格被侮辱、自尊被损害的经历，使他比正常人更加渴求把自己放在与他人平等的社会地位上去，同时也期盼自己被他人作为人而不是苍蝇来对待。可是，当他渴望这种自尊在周围人中获得承认时，得到的却是相反，因为他没有大衣，没有鞋子，他寒酸透顶。在那个社会里，人的价值在于他有什么，而不在于他是什么。而“地下人”恰恰是一无所有。渴望获得别人承认的强烈自尊感，化成一种战战兢兢的、唯恐别人蔑视自己的病态敏感。社会的沉重挤压，使他的心理、人格被扭曲，他越是得不到的，就越是拼命地、不择手段地利用一切可能的机会去取得，以至于达到了仇恨、征服、卑劣、自贱、疯癫和歇斯底里的程度。小说的第二章突出地展示了主人公这一变化轨迹。当他从西蒙诺夫处得知几个过去的同学要为升迁的维尔柯夫举办饯行会餐时，尽管他清楚地知道大家并不屑让他参加，但他还是主动地、甚至是下贱地要求付钱参加。在饯行晚宴上，所有的来宾

① 转引自徐葆耕：《西方文学：心灵的历史》，清华大学出版社1990年版，第343页。

都轻视他，他一面在内心轻视他们，一面又在他们面前周旋应付。最后大家离开他到另一边喝酒聊天。这使极其敏感的他越发想要在鄙视他的人们面前，显示自己的尊严以及自己对他们的轻蔑。为了“想占上风，征服人家”，他故意装出没有他们也无所谓的神态，同时又故意把靴子跺得通通响，以迫使他们注意他。然而“一切都是费劲”。这使他感到这是一生中“最肮脏、最可笑和最可怕的时刻”。

可是，一旦机遇向他提供了侮辱和征服的对象，他便又不遗余力地从残酷的虐待和征服中获得一点点自尊的满足。和妓女丽莎相遇后，他俨然是一个人生的导师，故意幸灾乐祸地向丽莎描述妓女的肮脏生活和悲惨凄凉的下场，以此摧残、折磨她的心，正如叶尔米洛夫所言：“在世界文学中，再没有比《地下室手记》中描写主人公跟他在妓院里认识的不幸的少女丽莎之间残酷不仁的故事更阴暗、更绝望了。”①而他这样做的全部目的只是，“在这以前人家欺侮了我……需要把我受的侮辱移到另一个人身上，自己占上风。你出场了，我就把怨恨对你发泄，讥笑你。人家侮辱我，那么我也要侮辱你……”照理说，他侮辱并占有了丽莎，他的心理应得到了平衡，应该有了满足感，可是，正是丽莎，特别是丽莎出现在他的“叫花子窝”般的住所，看到他衣衫褴褛、狼狈不堪的景象时，他突然清醒地意识到，一度在丽莎面前充当了强者、英雄、体面者的他，瞬间陷入一个非强者、非英雄、非体面者的窘境，他的自尊心再度遭到毁灭性的打击，歇斯底里道：“我是混蛋，下流坯、自私自利者、懒汉”，“一只小癞皮狗”。他意识到无论是作为被侮辱者还是侮辱者，他都无法找到平等和尊严，更无法改变自己非人的境地。因此，他痛感“已经无路可走，已经永远不能再变为另一个人了”，“不但不能改造，而且也简直无办法可想”。于是，他只能无可奈何地逃避现实，泯灭希望，隐居地下，并认为自我折磨、屈服沉沦、无所事事便是他的正常状态。他的心里也就出现了小说第一章中所呈现的纷乱的嘈杂和病态颓废的思想，最终走向否定崇高的社会理

---

① ［俄］叶尔米洛夫著，满涛译：《陀思妥耶夫斯基论》，新文艺出版社 1957 年版，第 133 页。

想，无视任何道德原则，宣扬个人绝对自由的自我中心主义者的绝境。杜勃罗留波夫曾在《逆来顺受的人》一文中指出："在陀思妥耶夫斯基的作品中，我们找到一个共同特征，这个特征在他所写的一切作品中多少总可以发现，这就是他为了这种人而哀痛：他们承认自己没有力量，或者最后竟至承认自己没有权力做一个真正完美而独立的人，名副其实的人。"①地下人正是这样。这种绝对的失败感、自我否定感和虚无厌世感构成地下人性格的重要特征。

那么，陀思妥耶夫斯基通过地下人形象要说明什么呢？他曾在《巴黎圣母院》俄译本序言中说，"19 世纪一切艺术的基本思想，就是复兴被环境压迫、时代积习和社会偏见不公正地压倒、垂死的人……为屈辱的以及人人抛弃的人请命"。《地下室手记》在很大程度上正是表达了这种思想。一方面，作者对侮辱人、损害人、扼杀人的丑恶的社会环境和邪恶的等级偏见发出了愤懑的抗议和谴责，指出它使人丧失了人的本质，成了非人；另一方面，作者怀着人道主义的同情心表现了地下人对平等、尊严和个性权力的渴求，显示出一个不仅被别人而且也被自己视为"抹布"的人，一旦遇到某种机会，便会顽强地意识到自己做人的尊严。不过，值得注意的是，作者对地下人的同情又是有限的。在谈及该人物的塑造时，作者曾说，"……地下人的悲剧性在于经受苦难，在于自我折磨，在于看清了美好的事物而不可得。而最主要的是这些不幸的人们有一种明确的观念，认为所有的人都是如此，因此，也就不求改正自己……"②。显然，作者对他经历屈辱和苦难之后不是觉醒和奋起抗争，而是丧失意志、屈服沉沦的精神状态及其病态颓废的思想是持批判和否定的态度，并且明确指出这种病态人格的消极危害性："从这里再向前一步，那就是极端的腐化、犯罪（谋杀）。"③

《地下室手记》也体现了陀思妥耶夫斯基世界观的深刻矛盾性。

---

① ［俄］杜勃罗留波夫著，辛未艾译：《杜勃罗留波夫选集》第 2 卷，上海译文出版社 1983 年版，第 468—469 页。

② 转引自《世界文学》1982 年第 4 期。

③ 转引自《世界文学》1982 年第 4 期。

19 世纪 60 年代,俄国正处在新旧交替的动荡时期。在这种新旧交替阶段,作者由于不能从阶级的、社会的发展变化去观察和分析社会,全盘地否定资本主义,用资本主义制度来代替“旧秩序”的一切进步的东西,连同它的全部灾难和惨祸一起丢掉。其结果就是不可避免地陷入极端的悲观主义,完全缺乏在客观历史发展中前进的任何支柱和希望。加之他年轻时曾濒于精神病的边缘,苦役、流放的生活使他的人格和心灵遭受过极度的凌辱,精神上的消沉更加重了他的癫痫。于是他怀着一颗病态善感的赤裸裸的心,在经历了痛苦的思想心理过程之后,再不相信有通过斗争改变现实的可能,甚至他怀疑“人的天性”,怀疑人有用自己的力量、自己的理性意志改造生活的本领。因此,他虽然也强调地下人渴望摆脱被侮辱、被损害的非人生活,确立自己作为人的个性、权力和尊严,但他又无法为地下人找到光明的出路,结果只能把他描绘成一个病态的、扭曲的、对人生悲剧绝望而躲在地下室里的人,从而深刻地表现作者处在一切旧生活基础崩溃时期,被卷入资本主义的急流而一筹莫展、苦闷彷徨的特点。

《地下室手记》在艺术上的最大特色表现在对人物心灵世界的深层次描写上,尤其是对人物的精神分裂性的描写已触及人物灵魂和意识的深处,写到了微观的层次。这种分裂性使人物自身的观念成分极强、极敏感,随时都在作内省和分析,以至有时自己也弄得纠缠不清,甚至痛不欲生。而这种描写,作者主要是靠独特的叙述方式完成的,即运用了对话性的独白。这是一种包含了潜在对话的独白。在这种独白的语调里,有着明显的不安和紧张,有看不见但听得到的别人的反应和感觉得到的别人的议论和影响。因此,地下人的独白又是一种有论辩色彩、但不见论辩对象的对别人反应的反应。譬如“地下人”开场就说,“我是个有病的人……”,大概是想引起别人的同情和怜悯,可又觉得这会让别人瞧不起他,所以,稍作停顿和考虑,便立即改口,故作凶态说:“我是个凶狠的人。”可是这样一来,又似乎觉得引起了别人的厌恶和疏远,更伤害了他的人格和自尊,故又自我辩解道:“我的凶狠到底主要表现在哪点上呢?这可就是整个问题的所在了,而问题的最糟糕之处也就在于:经常地、甚至在最强烈的愤愤的时刻,也可耻地自我意识到我不仅不凶狠，而且甚至不是一个能凶狠得起来的人。”前后矛盾，互相否定，其间微妙心态，变化难测。再如，“地下人”认为“在任何情况下，地下室更为有利些”，“地下室万岁”。可是，他觉得别人听到这话又会反诘他，嘲笑他的无能和说谎，于是又紧接着自我解嘲道：“嘿！可是在这儿撒谎呀！我撒谎是因为我自己像二二得四一样地明白完全不是地下室，而是某种别的东西，完全不同的东西更好些，这东西是我所渴望的，但又是怎么也找不到的！让地下室见鬼去吧！”这种对人物精神分裂性的描写，突出地显示了人之所以为人而非物的精神世界和内在情绪，同时也巧妙地折射出那个混乱动荡的时代的特征。而这种叙述方式，发展了作者早期作品《孪生兄弟》中主人公内心独白的艺术手法，对20世纪西方现代派文学都产生了重大影响。

（原文刊载于《外国文学研究》1997年第2期）

循环:《等待戈多》的结构特征

一只狗来到厨房
偷走一小块面包。
厨子举起杓子
把那只狗打死了。

于是所有的狗都跑来了
给那只狗掘了一个坟墓——
还在墓碑上刻了墓志铭
让未来的狗可以看到:

一只狗来到厨房
偷走一小块面包。
…………①

这是《等待戈多》中主要人物之一弗拉季米尔在第二幕出场后高唱的一支歌。这支歌讲述了一个没有结局的、反复循环的故事。初看上去,颇感荒诞滑稽,殊不知,它正是剧作循环结构的一个绝妙暗示。

---

① [爱尔兰]贝克特著,施咸荣译:《等待戈多》,载袁可嘉选编:《外国现代派作品选(第三册)》(上),上海文艺出版社1984年版,第62页。

在这部剧作中，贝克特为了更充分地表现、更突出地强调人的荒诞无意义的生存状态和精神面貌，他摒弃了以往文学剧作以对白为基础的传统戏剧格式，打破了戏剧所特有的展示矛盾——激化矛盾——解决矛盾的结构模式，别出心裁地构思了一个没有情节发展和结局的故事在重叠反复中循环的独特结构。这种结构主要表现在两个方面：第一，幕与幕之间的重叠反复，如场景、时间、出场人物等前后如出一辙；第二，人物的语言和动作的重叠反复。

先谈第一个方面。《等待戈多》的第二幕基本上是第一幕的重复，时间相同，地点一致。两幕戏沿着相同的顺序展开剧情：路旁等戈多——遇见波卓和幸运儿——小男孩捎来戈多的歉意和明天将至的诺言。黄昏，秃树，一条荒凉的乡间小路旁，衣衫褴褛、浑身腥臭、名叫爱斯特拉冈和弗拉季米尔的两个流浪汉相遇。原来他们都在等待一个叫戈多的人。戈多却一直未来，等得他们两人十分烦躁和苦恼。为了消磨时光，一个不停地把靴子脱下穿上，另一个则一会儿摘下帽子一会儿又戴上；两个人嘴里东扯西拉，话题一会儿一变，上下毫不连贯。过了一阵子，弗拉季米尔才突然想起他们是在等一个叫戈多的人，似乎前一天也在这儿等过他。又胡聊一阵，忽闻人声，原来是波卓和仆人幸运儿两人来到。爱斯特拉冈和弗拉季米尔误把波卓当成了戈多，事实上波卓也不认识戈多。波卓加入了他们的胡言乱语，唯有幸运儿一声不吭，麻木不仁地听从主人的吩咐。波卓主仆走后，爱斯特拉冈和弗拉季米尔继续等待戈多。终于来了一个小男孩，是戈多的信使，他报告说戈多今晚不来了，但明晚准来。两人决定明日再来等待。

第二幕。次日黄昏，地点依旧，只是秃树上长出四五片叶子。爱斯特拉冈和弗拉季米尔又来到这里等戈多。他们反复追忆昨日的事情，但一切都模糊不清。两人百无聊赖，对骂解闷儿，又突发奇想，决定演戏。正在这时，波卓主仆两人再次出现，不过波卓已成盲人，幸运儿变成了哑巴。后来那个男孩儿又出现了，宣布说戈多今晚不来了，明晚准来。爱斯特拉冈和弗拉季米尔绝望得去上吊，可是没带绳子，裤带又不顶用，于是共同决定明天再上吊。

剧中的细节也是重复的。例如，爱斯特拉冈和弗拉季米尔一上场，均要先议论一番他们的重逢，接着抱怨他们的苦难，互相怜悯，继而又想分道扬镳，最终又在甜言蜜语中和解，彼此依伴，共同消磨时间。他俩还不时回忆往事，述说着对未来的希望，表白着对时间、地点和话语的怀疑。他们在同一条乡间路旁，同一棵枯树下等待戈多的到来。第一幕是等待，第二幕还是等待，剧情没有发展，结尾是开端的重复。而且，“等待”这一戏剧环节重复多次，构成了剧作的主旋律。另外，两幕结尾时，都描写了主人公的欲死不能，并交替重复同一对话：“嗯，咱们走不走？好，咱们走吧”，但他们谁也未走。

简单的重复意味着单调，但贝克特的重复却以其独特的艺术魅力深深吸引着我们。他的高明之处在于：重复中有变化，且重复的内容与观众的心理状态息息相关。就剧作的长度而言，第二幕比第一幕要短。第二幕的秃树上竟一夜间长出了几片叶子，这仿佛表明世界的荒诞，难以把握，不可思议。另外，第二幕中的波卓瞎了，幸运儿成了哑巴。这又给人一种朦胧而又清晰的感觉：事物有一种正日渐萎缩之势。作者曾这样说过：“一幕过少，三幕嫌多。”显然，一幕不足以表现重复。如果再多写一幕，那就必然要出现或者推进这一趋势，或者扭转这一趋势的结局，而作者却无意这样明确无误地道破天机，故“三幕嫌多”。于是，剧作便呈现出这种没有结局的循环结构。

再谈第二个方面，人物的语言和动作的重叠反复。剧中台词主要是一些片言和短语，其中有不少是经常反复的。

> 爱斯特拉冈：咱们走吧。
> 弗拉季米尔：咱们不能。
> 爱斯特拉冈：干吗不能？
> 弗拉季米尔：咱们在等待戈多。①

① ［爱尔兰］贝克特著，施咸荣译：《等待戈多》，载袁可嘉选编：《外国现代派作品选（第三册）》（上），上海文艺出版社1984年版，第13页。

重复最多的要数“咱们走吧”和“我要走了”这两句话。“消磨时间”也被不厌其烦地重复了多次。有些问句,如“咱们怎么办呢?”也反复出现。另外,剧作中还常出现一些“有变化的重复”。

爱斯特拉冈:奋斗没有用。
弗拉季米尔:天生的脾气。
爱斯特拉冈:挣扎没有用。
弗拉季米尔:本性难移。
爱斯特拉冈:毫无办法。①

特别是幸运儿的一段长达1200字的冗长独白,更是采用了很别致的重复手法。波卓命令幸运儿表演“思想”,来给弗拉季米尔和爱斯特拉冈解闷消愁。幸运儿便极尽揶揄嘲弄之能事,对哲学思想家做了一番模仿。这番模仿云遮雾绕,洋洋洒洒,用了不少学者名流的大号和冷僻的字眼作装饰,但弄巧成拙,以至于支离破碎,最后仅仅剩下几个词一遍又一遍地重复:

……我接下去讲不知什么原因尽管有网球事实俱在但时间将会揭示我接下去讲哎哟哟总之一句话石头的住所谁能怀疑我接下去讲但是别这么快我接下去讲头颅要萎缩衰弱减少与此同时尤其是不知什么原因尽管有网球胡子火焰球队石头那么蓝那么平静哎哟哟头颅头颅头颅头颅在康纳马拉尽管有网球未完成的徒然的劳动更加严肃的石头的住所总之我接下去讲哎哟哟徒劳的未完成的头颅头颅在康纳马拉尽管有网球头颅哎哟石头丘那德(混战,最后的狂喊)网球……石头……那么平静……丘那德……未完成的……②

---

① [爱尔兰]贝克特著,施咸荣译:《等待戈多》,载袁可嘉选编:《外国现代派作品选(第三册)》(上),上海文艺出版社1984年版,第23页。

② [爱尔兰]贝克特著,施咸荣译:《等待戈多》,载袁可嘉选编:《外国现代派作品选(第三册)》(上),上海文艺出版社1984年版,第49页。

这段独白，没有一个标点符号，不讲任何语法结构，简直就是痴人说梦般的一堆词语杂乱无章的堆砌。

剧中的出场人物几乎还都做着重复循环的动作。波卓不止一次地“从袋里掏出一个小小的喷雾器，对准自己的喉咙喷了几下，把喷雾器放回衣袋，清了清喉咙，吐了口痰，重新拿出喷雾器，又朝自己的喉咙喷了会儿，重新把它装进衣袋”。特别是爱斯特拉冈和弗拉季米尔更是在重复着一系列的古怪动作。比如，爱斯特拉冈总是习惯于脱下靴子，往里瞧瞧，伸手进去摸摸，再把靴子口朝下倒倒，又往地上望望，看看是否有什么东西从里面掉出来……然后又往靴内摸。弗拉季米尔也多次脱下帽子往里瞧，接着伸手进去摸摸，又在帽顶上敲敲，往帽里吹吹，最后重新戴上帽子。作者还集中对爱斯特拉冈和弗拉季米尔循环接替戴脱帽子举动的场面进行了一次几乎令人不堪忍耐的连篇累牍式实录。这段实录一如本文开头提到的那首歌一样，也形成了一种独特的典型的循环。乍看上去，我们会被他们两人无休止的“游戏表演”弄得眼花缭乱、莫名其妙。不过，细加观察，即可了然。开头两句与末尾两句正暗示出一个可以无限循环的开放式结构。在这个结构中，弗拉季米尔和爱斯特拉冈分别三次整理自己头上的帽子；爱斯特拉冈先后三次将自己的、弗拉季米尔的和幸运儿的帽子递给弗拉季米尔，而弗拉季米尔也先后三次将自己的、爱斯特拉冈的和幸运儿的帽子递给爱斯特拉冈；他们各自又都有三次戴、脱帽子的动作。在这个迷宫般的“游戏”里，作者强调的显然不是谁给谁帽子以及谁将哪一顶帽子给谁的问题，而是这千篇一律的动作本身。因此，这种循环不仅仅体现在剧作的结构中，甚至也出现在剧作的一些段落里。

那么，作者何以对这些重复的对话和乏味无聊的动作始终这样热衷，并乐此不疲呢？也就是说，作者为什么在剧中建构了一种如此独特的循环结构呢？

被公认为存在主义创始人的海德格尔指出，时间是个人存在的形式。那么，人又是以怎样的形式存在着呢？贝克特认为，人生就是一场悲剧，人的存在状态，或称存在状态的展开，就是一种毫无意义的

“等待”。我们知道,20 世纪以来,生活在西方社会的许多人曾遭受过经济危机带来的贫困、失业、饥饿的痛苦,也遭受过战争带来的骨肉分离、侮辱、杀戮、文明的破坏以及死亡的威胁。第二次世界大战后,即使是西方经济逐步复苏,资本主义制度所带来的暴力行为、局部战争并没有也不可能结束;在许多西方人心中,核战争更是一块巨大的、挥之不散的阴影,超级大国军备竞赛从来也没有停止过。发达工业社会的污染、种种公害也在困扰着人们。尤其是资本主义物质文明的畸形发展使人的精神遭受前所未有的压抑,昔日那些坚定的信仰彻底瓦解了,希望、理想破灭了,安全、稳定的感觉消失了,人类惶恐地感到自己被抛入了一个陌生、冷酷、不可捉摸的世界。纵使人们过上了宁静、富庶、五彩的现代化生活,也遮掩不了西方社会人与人之间的冷漠以及先进科学技术对人的控制等社会问题。贝克特清醒地看到了这一点。为了更好地表达他对世界和人生的看法,他接受了现象学理论的影响。在现象学大师胡塞尔看来,现象学企图不带任何左右我们的先见、臆度,去描述我们来自经验的东西,他的格言是“朝向事物本身”。现象学的意义就是设法让事物替它自己发言。作者为了更准确地把握“朝向事物本身”,一反自亚里士多德以来的传统戏剧模式,把称为戏剧艺术的基础和灵魂的行动降到了最低限度,以敏锐的观察力和丰富奇特的想象力,开辟了“过去艺术家从未勘探过的新天地”①——没有开头,没有结尾的独特的循环结构。于是,“这个时代的每种文化类型都找到了它独特的艺术表现形式”②,而荒诞派剧作家则“公然放弃理性和推理思维表现他们意识到人类处境的毫无意义,如果说,萨特或加缪以传统方式来表现了新的内容,荒诞派戏剧则更前进了一步,力求做到它的基本思想和表现形式的统一”③。由此可见,贝克特采用这种结构,绝不是偶然的,而是他自己世界观的反映。荒诞派戏剧理论家马丁·埃斯林指出:“恰恰相反,这里涉及的每位作家都把自己

---

① 张英伦:《贝凯特》,载张英伦等主编:《外国名作家传》(上),中国社会科学出版社 1979 年版,第 117—122 页。

② [英]马丁·埃斯林著,陈梅译:《荒诞派之荒诞性》,《外国戏剧》1980 年第 1 期。

③ [英]马丁·埃斯林著,陈梅译:《荒诞派之荒诞性》,《外国戏剧》1980 年第 1 期。

视作孤独的局外人，与世隔绝，孑立于自己的小天地之中。每个人都有他自己对待主题和形式的独特态度；有他自己的根基、源泉和背景（重点号为笔者所加）。假如与此同时，他们违背自己的意愿而形成了大量鲜明的共性，那是因为他们的作品都敏锐地反映了西方世界里他们很大一部分同代人的偏见与焦虑，思想与感情。”①这段评论深中肯綮地指出了荒诞派剧作家和他们的作品及其作品结构的内在关系。

因此，作者如此布局，从表层结构上看是荒诞的，可从深层结构上看，却潜藏着深刻的现实，饱含着作家的嘲弄与激愤。这种荒诞的结构形式揭示了荒诞的内容，且使人们从荒诞中看到荒诞。于是，这种循环结构也就具有了独特的认识价值和审美价值。

首先，它将荒诞性推向极致，强化了悲剧的氛围。存在主义作家加缪指出，荒诞产生于人和世界的关系，这种关系是一种分裂的对立。具体说：“荒诞不在人，也不在世界，而在两者的共存。”所谓“共存”，其表现形式正是人类社会。荒诞的存在，是以人为前提的，离开了人，荒诞也即消失。一方面是人类对于清晰、明确和同一的追求，另一方面是世界的模糊、矛盾和驳杂。换言之，对于人类追求绝对可靠的认识的强烈愿望，世界报以不可理喻的、神秘的沉默，两者处于永恒的对立状态，而荒诞正是这种对立状态的产物。尤奈斯库指出：“荒诞是指缺乏意义，……人和宗教的、形而上学的、先验论的根源隔绝之后，就不知所措，他的一切行为就变得没有意义，荒诞而无用。”②在荒诞派剧作家看来，人生活在一个荒诞不经、毫无价值的世界上，他的行为注定毫无意义。贝克特之所以运用循环结构这一独特的艺术形式，正是为了夸张地强调这个世界已经彻底丧失了蓬勃的生机和旺盛的生命力，而且在这个没有希望的世界上，作为“宇宙的精英，万物的灵长”的人，也变得日益渺小，渐趋萎缩，仅能说一些相同的无聊话语，做一些同样的滑稽动作。这种无限的日常琐碎动作和语言的机械循环就是

---

① ［英］马丁·埃斯林著，陈梅译：《荒诞派之荒诞性》，《外国戏剧》1980 年第 1 期。

② ［爱尔兰］萨缪尔·贝克特著，施咸荣等译：《荒诞派戏剧集》序言，上海译文出版社 1980 年版，第 7 页。

人生。从表面上看，剧中人物似乎对人生、世界还存有一线希望——等待戈多的拯救，然而，正是由对戈多的永恒等待中透露出显然是毫无结果的极度绝望。最后他们无可奈何而又十分沮丧地说出，“咱们没什么可干的”，完全“生活在空虚之中”。因此，他们只有用这些连其本人都认为是“越来越无聊”的话语和动作来自我安慰、自我麻醉，填补内心的空虚和寂寞，达到“消磨时间”的目的。在他们两人看来，“消磨时光”竟“也是一种工作，一种休息，一种娱乐”。至此，荒诞感被推向了极限状态，悲剧的气氛更加浓重。

其次，这种结构上的循环还象征了等待的无休止、无意义，人类生活的苦难与无望是永无尽头的。循环本身就暗示了苦难的延续，人的毫无出路。在作者看来，这种循环不啻希腊神话中的西绪福斯，他被天帝罚以推运一块巨石上山顶，可巨石将至山顶时便滚落下来，屡推屡落，反复而至于无穷。正如《泰晤士报》的评论指出的那样：“它……从无聊的意识中抽拔出最真切的悲哀和令人销魂的喜剧。《等待戈多》的主题本身是对人类生活本质的一种绵延又悬而未决的暗喻。它也是这样一种暗喻：是对笼罩着战后欧洲那种普遍的迷惘、惆怅气氛一次特殊的挑战。”如果说，戏剧行动是悲剧的原则和灵魂，其根本意义在于表现戏剧的主题，那么，在《等待戈多》中，没有行动，就是剧本的基本行动。美国批评家 L. C. 普朗柯说：“能够把一个所谓静止的戏，‘什么也没有发生’的戏写得自始至终引起我们的兴趣，这正是贝克特的才能。正如西班牙批评家阿尔逢斯·萨斯特尔所说：‘难道你不认为这本身就是一个不小的成就吗？什么也没有发生，这正是《等待戈多》的迷人之处。’从这个意义上看，它清楚地表现了虚无的存在，我们不能否认，许多用伏线写成的戏，里面事情发生了一大堆，我们看得却冷冰冰的，而《等待戈多》什么也没有发生，倒一直吸引着我们。”①

的确，《等待戈多》这种反复重叠的循环结构，魔术般地使这出

① [美]普朗柯著，柯楚译：《贝克特的〈等待戈多〉》，载《现代文艺理论译丛》第 5 期，人民文学出版社 1964 年版，第 171 页。

“没有发生什么”的戏确乎“发生了些什么”，无意义中也确是蕴含了一些深刻启示。可以说，《等待戈多》正是靠这种独特的循环结构，才巧妙地折射出人生的痛苦、虚幻与无望，深刻地揭示了人类在一个荒谬的宇宙中的尴尬处境，从而使人们看到战后西方社会生活一个真实的侧面。

（原文刊载于《河南大学学报》1993 年第 2 期）

奥斯本的《愤怒的回顾》

20世纪50年代初，英国文坛崛起一个新的文学流派——“愤怒的青年”。这派青年作家愤世嫉俗、口诛笔伐，反对种种社会弊端以及旧的清规戒律、传统的道德信条。约翰·奥斯本就是这一文学流派的创始人之一，战后英国戏剧新方向的代表作家。奥斯本（1929—1994）1929年出生于伦敦的一个工人家庭，父亲是商业性的艺术家，母亲是酒吧间的女招待。他的童年是在贫困和疾病中度过的。第二次世界大战期间，其父病逝，生活全靠母亲的微薄薪水维持。16岁那年，由慈善机构的资助，奥斯本进入圣迈克尔大学就读，后因冒犯学校校长被迫退学。离开学校后，他先是在一家商业性报馆里当记者，后到一个普通的剧团里当演员，也干过儿童演员指导、舞台监督等工作。但他一直默默无闻，仅靠微薄的收入糊口。第二次世界大战后，奥斯本开始了剧本创作的生涯。他与人合写了《心中的魔鬼》（1950）、《个人的敌人》（1955）和《乔治·迪伦的墓志铭》（1958）。其中，只有《乔治·迪伦的墓志铭》公开出版，但这部作品并没有引起评论界的重视。直到1956年，他发表了《愤怒的回顾》才使他声名鹊起，享誉英国及其他国家。此后他不断有新剧问世。《演唱者》（1957）描写了处于社会中下层的阿基·莱斯一家的不幸经历。阿基·莱斯是音乐厅的喜剧演员，生活穷困，债台高筑，妻子跟着他也备受煎熬。他们有二子一女。长子迈克在英埃战争爆发后应征入伍，二儿子弗莱克却因拒绝应征参战，而被下狱做苦役。一直到结尾时，他们才得知长子死于战场的噩耗，全剧在悲凉哀伤的气氛中落幕。阿基·莱斯是战后英国中下层人民不幸经历和悲剧命运的象征。剧本对于苏伊士危机、英帝国的摇摇欲坠等也均有所影射。

另外，奥斯本还著有《保罗·斯利基的世界》(1959)、《路德》(1961)、《为英格兰而写的剧》(1962)，两部独幕剧《班伯格一家的血》和《明白借口》、《不能接受的证据》(1965)、《我心中的爱国者》(1966)，《当代》(1968)、《苏伊士以西》(1971)、《离别感》(1972)、《请看，这一切是怎样破灭的》(1975)等。此外，他还创作了若干电视剧，如《丑闻和关注的问题》(1960)、《友谊的礼物》(1972)、《吉尔和杰克》(1974)、《妈妈，请别看着我》(1978)等。1981 年，他发表自传《中间阶层》，叙述了自己自 1929 年至 1956 年间的经历。

三幕剧《愤怒的回顾》是奥斯本的代表作品，也是“愤怒的青年”文学的扛鼎之作。其情节非常简单：主人公吉米·波特尔是个出生于工人家庭的青年，25 岁左右，受过大学教育，他痛恨资产阶级，却与出身于资产阶级家庭的艾丽森小姐结婚，这桩婚事遭到了艾丽森家族的强烈反对。由于吉米没有工作，也没有钱，加之艾丽森的个人财产被母亲剥夺，因此他们婚后的生活十分艰苦，只好寄居在好友休·泰勒的家里。休也是一个不满现实的青年，全靠他那一生清苦勤劳的母亲摆糖果摊过活，休和吉米玩世不恭，经常去艾丽森家有钱的亲戚朋友那里混饭吃，讹诈钱财，自称是与资产阶级进行斗争。后来休认为英国没有前途，只身出国去了。吉米则在休的母亲的帮助下靠摆糖果摊度日，另一个工人子弟克里弗做他的助手。

吉米对生活中的一切都是满腹牢骚，他经常烦躁不安，拿妻子泄愤。尤其是阴雨的星期天，吉米和克里弗除了翻阅报刊，便无事可做，而艾丽森则总在熨那些熨不完的衣服。在这种场合，吉米总要大闹一番。有一次，吉米突然丢下手中报纸，发起牢骚来，他抱怨生活没有变化，骂克里弗与艾丽森“没有生气，没有一点普通人的热情”等。克里弗无法忍受，与他扭打起来，吉米存心报复妻子，疯狂地将克里弗推倒在艾丽森的身上，结果熨斗烫伤了她的胳膊。吉米走后，艾丽森告诉克里弗，她实在忍受不下去了，而且说自己怀了孕，也不敢把实情告诉他。吉米回屋后，向妻子赔礼道歉，两人又言归于好。艾丽森正想趁机告诉他怀孕之事，这时电话说她那当女演员的好友海伦娜要来借住几天，结果又引起吉米大发雷霆，因为他讨厌这些养尊处优的妇女，包括他妻子在内。海伦娜在他家住了一个时期，了解到艾丽森的痛苦，就劝说艾丽森走出这个“疯人院”，同时又通知艾丽森父亲把她接回家去。而海伦娜却出于好奇心留下来与吉米同居，海伦娜告诉他，艾丽森已经怀孕，吉米却指责妻子看不起休的母亲。

后来，艾丽森流产，突然回来。她对海伦娜与吉米同居毫不责备，这反使海伦娜感到羞愧可耻而决定离去。海伦娜走后，吉米骤然感到强烈的痛苦。他责备艾丽森对休的母亲的病死竟无动于衷，并回忆起他们相爱的情景。艾丽森痛苦地啜泣着说：“我错了，我错了！”两人又心心相印，拥抱在一起。

该剧首次在伦敦皇家剧院上演，即轰动全城，成为戏剧界的爆炸性事件，当时英国的舆论界称其为“当代最优秀的戏剧”。接着，它又在欧洲许多国家和美国等地上演，均受到观众普遍的赞誉。在“愤怒的青年”文学运动消失之后，人们还念念不忘该剧的主人公吉米·波特尔的形象，并且直到 1980 年，《愤怒的回顾》仍在纽约百老汇的一些剧院上演。

那么，这一剧本何以引起如此多的西方人的思想共鸣，并且几十年来一直盛而不衰呢？

关键原因在于，剧本塑造了吉米·波特尔这样一个“愤怒的青年”的典型形象。这一形象渗透了第二次世界大战后，在英国乃至整个西方世界的青年中普遍存在的消沉、沮丧和极度绝望的情绪。

吉米是一个出身于工人家庭，受过高等教育的小资产阶级知识分子。他性格复杂，如作品中所说，“既诚恳而又如笑面虎一般刻毒，既热情又和海盗一样残酷……”。一方面，他对穷人和被压迫者充满了友爱、真诚和同情。这一点最明显地表现在他对休·泰勒大娘的态度上。泰勒大娘是一个生活在社会底层的老年妇女，是她在吉米结婚后，主动让他和妻子住在自己的家里。当吉米失业时，她又让吉米盘下了甜食铺。因此吉米对泰勒大娘充满了深深的感激之情。而妻子艾丽森根本不把泰勒大娘当回事的势利态度，令吉米愤怒。特别是当妻子拒绝前往探望垂危的大娘时,他更是怒不可遏。这些都表现出吉米的阶级同情心。另一方面,他对代表上层资产阶级的人恶言咒语,残酷无情。当他谈及其生母的势利和她对丈夫的不义时,语言充满了鄙夷;吉米对妻子的家庭及其亲戚充满了刻骨仇恨,甚至对妻子本人也毫不留情。在吉米看来,让妻子彻底摆脱家庭,就意味着把她从资产阶级罪恶肮脏泥淖中解救出来。可是,当他发现自己无法使妻子与家庭彻底决裂时,就怒斥她背叛,并百般嘲讽辱骂她,甚至对艾丽森怀孕之事也极尽挖苦。

但是,纵观全剧,不难看出,吉米的主要性格特征就是愤怒、仇恨,对一切都表示不满。那么他何以如此愤怒和仇恨呢? 他自己曾这样说:“有那么一天……我可以写一部书来专门描写我们这些人……我要用一万丈的火焰来写,……帮助我回忆的是火,是血。是我自己的血。”这又是怎样带血含火的回忆呢?

首先,父亲的悲惨命运对吉米的影响。他 10 岁的时候,父亲在西班牙战场身负重伤,被遣送回国。面对即将死去的父亲,全家除吉米一人无比悲痛伤心外,都表现得十分冷漠,无动于衷,“全等着他死去”。最使吉米惶惑和难忘的是,“我妈妈,整天就只想到一件事,那就是,她不幸和这样一个人搅在一起了——这个人仿佛一生做的事没有一样不错”。因此,只有幼小的吉米终日陪护在病榻边,独自倾听父亲诉说他一生的辛酸和不幸。尽管当时他对父亲所讲的话“几乎连一半也听不懂”,但他却分明恐惧地感觉到“一个垂死的人的绝望和痛苦”。他亲睹自己的父亲有一腔为正义而献身的热情和衷肠,结果却不仅一事无成,而且落得被无情遗弃的悲惨境地。这使他深感“他们献出了自己的前途”,但“他们不过是在那儿自己骗自己”,“咱们用不着羡慕他们。咱们倒应该替他们感到难过”。吉米还对冷酷无情、自私势利的妈妈,以及她永远愿意跟“有派头的少数时髦人物站在一起”的立场颇感厌恶。这就使他过早的成熟,过早地认识到世态的炎凉。他后来无不痛苦地回忆说:“我可真是在极小的时候就已经知道了什么叫做愤怒——愤怒而又束手无策。这一点我是永远不会忘记的。说到关于什么爱情……不义……和死亡,我在 10 岁时候就已经知道了——也许比你们一生所能学到的还要多得多。”显然,这件事在吉米幼小的心灵上投下了浓重而悠长的阴影,埋下了他日后成为一个愤世嫉俗的青年的种子。

其次,吉米所受的高等教育,使他清醒地认识到资本主义的罪恶和现行教育体制的反动性和不人道。第二次世界大战后,英国政府关于资助贫民子女的教育作过大量允诺,吉米就是在那种政府资助的大学里受的教育。但是,这是什么样的学校呢?不仅建筑和设备简陋,而且学术水平低劣,实乃误人青春之所。吉米常常为此而深感愤激。然而,更不能使他容忍的是贵族和资产阶级的纨绔子弟,即使是平庸无能之辈,却也能进第一流大学,享受各种教育特权。吉米嘲讽妻子的哥哥尼格尔从没有从那“一顶帽子下面的那玩意儿里,流出过那么多有教养的废话”。他还气愤,气愤那种旧的教育体制所培养出来的都是愚弄人民、掠夺人民财产的剥削者和统治者。他清楚地看到,像他这样来自社会底层的人虽可以得到接受高等教育的机会,但根本改变不了经济上受剥削、社会上遭压迫的地位。

再次,是个人不公平的生活遭遇对吉米的影响。吉米和资产阶级家庭出身的小姐艾丽森相爱,竟使艾丽森的家人感到“惊愕和愤怒”,继而横加干涉,竭力反对。艾丽森的母亲认为吉米胆敢跨越等级观念的鸿沟追求一个阔小姐,简直“就是一个罪犯”。所以,她不惜雇用私人侦探调查、监视吉米。这使吉米的极强而敏感的自尊心大受伤害,从而激起他对艾丽森一家的敌意。他诅咒妻母是“一头吃得过饱的专横跋扈的老母狗”,“是蛆虫的一席丰盛的酒宴”。

最后,吉米由个人的不幸经历,又想到了像泰勒大娘那样备受社会欺凌和艰辛磨难的底层人民。泰勒大娘劳累了一生,可是,最终却还是孤苦伶仃的死于贫病交加、痛苦煎熬之中。她生前把吉米和艾丽森视为亲骨肉,虽身居贫困之中,却仍是无微不至地关怀他们。吉米对她充满了敬意。但与别的资产阶级小姐一样势利的妻子,根本不为之动心,甚至拒绝赴医院探望垂死的老人。妻子对垂死的泰勒大娘一如自己的母亲对临死的父亲一样冷漠无情、无动于衷。这令人窒息残酷的现实使他不禁愤然疾呼:“事情的不合理简直到了极点!不该挨饿的人挨着饿,不该有人爱着的人有人爱着,不该死的人死了!”

面对此状,他仇恨,他愤怒,他骂政府,骂宗教,骂资本家,骂等级森严、反对腐败的教育制度,骂华而不实的报纸和书评,骂压抑他的一切社会势力,并试图奋起反抗造成这些悲剧的罪恶的现行体制。但是,他终究没能变愤怒、仇恨为力量,把个人反抗引向变革社会的实践。尽管他不满现状,痛苦“咱们像从来没有向前挪动一步……永远就是这个固定不变的一套”,可又深感“愤怒而又束手无策”,无所作为,于是他只能停留在喋喋不休的叫骂声和无穷尽的恶作剧中。他明知每天的报纸千篇一律,无聊乏味,并自责“干吗总要花费半个星期天读这些报纸呢”?可是他仍然要读,也许他总希望报纸上的内容能有所变化,并能从中看到英国的新变化,然而结果总令他失望。同时这也说明他完全不知道自己真正该做些什么。因此,吉米只得哀叹:“咱们的青春就这么慢慢消磨尽了。”吉米虽然也曾指责过自己的好友休不该走出国门,临阵逃脱,可他自己呢,也由盲目地反抗一切,变为消极的发泄,最终导致精神大崩溃,彻底跌进悲观绝望的泥潭。他歇斯底里地喊出:“我总想咱们这一代是不可能再去为了什么崇高事业而牺牲自己的性命了。……到了这会儿可已经再没什么崇高的勇敢的事业剩下来。如果那山崩地裂的一声终于来到,所有咱们这些人全都送了性命,那也绝不会对那一套过时的、宏伟的结构有什么好处。得便宜的只能是那些勇敢的新的乱七八糟的玩意儿,一切也不过像踏进了一辆公共汽车的前轮一样,毫无道理,也毫无意义。”可见,吉米的愤怒,只是因为自己在社会上无地位、遭压抑,穷困潦倒,他的反抗也根本没有一个明确、坚定的政治目标。

因此,吉米的向社会挑战,连妻子艾丽森和海伦娜都看出不会有什么结果。他一面嚷着要和社会认真较量,一面却在想返回人类的原始状态,“变做长着一点昏乎乎的头脑和毛乎乎的小动物”,以逃避人间的罪恶与烦恼。吉米对妻子说,“咱们俩一定要在咱们的狗熊洞和咱们的松鼠窝里永远相守在一起,咱们要靠吃蜜和干果子过日子,大堆大堆的干果,咱们要为自己歌唱,为温暖的树丛和舒适的窝巢歌唱,整天躺在太阳地里睡觉”。这就是说,吉米终于遁迹于狗熊和松鼠的幻想世界，躲藏在自己狭小的爱情天地里，顾影自怜，苟且偷生。“愤怒的青年”终于不再愤怒了，永远销声匿迹于这个罪恶的现实里。剧作的这一结局，意在宣告愤怒青年的最后归宿。

不管怎样，我们在认识吉米这一形象时，不能忽略一点，即吉米不能适应现存的生活环境，他与这一生活环境中存在的各种虚伪的价值标准格格不入。然而，他却又找不到一个知音来分担他的孤独无援，甚至他的妻子也不能与之沟通感情、交流思想。于是他大声疾呼：“我多么渴望能够有那么一点点普通人的热情。就一点热情——那就够了。我多么渴望听到一个温和动人的声音……我是活人！……是真正活着。”吉米是个有才智的人，他不能想象自己处于消极状态，但他的才智在这个世界上却无用武之地。吉米就是处于这样的困境中。剧中的海伦娜一针见血地指出其生存悲剧的实质：“他生的不是时候。在现在的这个世界上，已经再没有他那种人的地位了——不管是在性爱上、在政治上或任何其他方面，这也就是他所以显得那么没作为的原因。有时候，听他讲着话，我感到他简直认为自己正活在法国大革命的时代。当然，他也的确应该活在那样的时代才对。他根本不知道自己所处的时代，也不知道自己该朝哪个方向走。所以他肯定绝不会再有什么作为，将来也不可能有什么结果的。”但是，吉米在绝望愤怒之余，喊出了同时代人的焦虑，代表了同时代人的心情，向一个敌对的世界发出响亮、强烈的抗议！

《愤怒的回顾》的演出之所以成为英国文坛上爆炸性的事件，就在于它具有强烈的时代性和危机感。第二次世界大战后的英国，损失惨重，满目疮痍，国外殖民体系土崩瓦解，国内经济萧条，劳资矛盾严重，社会失业现象严重。当年称霸全球的大英帝国，已是黄昏落日，沦为二等国家，成了英国人生活在“美国人的时代”。20 世纪 50 年代，英国的社会危机导致了人们的精神危机，剧中这样概括到，“当前英国没有一个人动脑子，谁都什么也不在乎，没有信仰、没有信念、没有热情”。吉米就是 20 世纪 50 年代英国青年的典型写照。作者借人物之口抨击了社会，遣责了现政府，向旧的社会结构、伦理道德、价值观念和生活方式提出了严峻的挑战，表达了一代人所积聚的不满情绪。

在艺术上,《愤怒的回顾》也颇具特色。

1. 剧作基本上采取了自然主义的表现手法。它没有特别尖锐的矛盾冲突,没有错综复杂的情节,更没有强烈、外在的舞台效果,一切都如生活那样平淡无奇、琐碎细微。剧情自始至终都发生在英国中部一大市镇中波特尔家的独间楼房里。阁楼天花板从左到右的急剧倾斜,窗户的低矮狭小,家具的简陋破旧,书籍、报纸等什物放置得乱七八糟,都真实地反映出了一个沉闷冷落、寒酸不幸的知识分子家庭的面貌。这间阴忧而狼藉的阁楼,宛如一张愤怒的口,对观众倾诉着主人公内心的痛苦和愤懑。在这里,作者强调的不是环境本身,而是通过对这一令人窒息的环境描写,揭示出人物之间政治的、社会的、心理方面的矛盾冲突。表面看去,这里没有熙熙攘攘的大千世界,场面有限,人物极少。出场人物总是读报、争论、吸烟、喝茶、拥抱、怒骂、扭打、熨衣服、吹喇叭……词锋激烈,语无中心,不断变换话题。尤其剧中几次描写吉米与克里弗翻滚扭打的场面,在现实主义剧作中极为少见。但这又恰是人物之间剧烈的思想斗争的折射,是生活在那一特定环境中的特定人物必然产生的心理状态。

2. 剧作中充满了象征和寓意。在第一幕启幕时,作品这样提示:"艾丽森站在台右食品框的前面。她正俯身在一张熨衣服的案子边工作。身旁堆着大堆大堆的衣服。……屋子里静静的,烟雾弥漫。唯一可听到的声音是艾丽森的熨斗碰在案子上的喳喳声。"作品中的艾丽森总是在熨那些熨不完的衣服。见此状,吉米总要大闹一番。在第三幕启幕时,作者再次这样提示,海伦娜已替代艾丽森"站在台的右前方,身子靠着熨衣服的案子,旁边堆着一小堆衣服"。这种贯穿剧本始终的相似场面,实在是出自作者的着意安排和精心布置,它暗中象征了无聊而且毫无变化的生活。其中虽然也有些微变化,如海伦娜替代艾丽森,但这并没有真正改变旧有的生活轨道。这一仅有的变化,更加强化、突出了生活的滞重感与不变性。正是在这种令人沉闷窒息的背景里,作者完成了对主人公吉米性格的塑造。又如,剧作在介绍吉米的年龄、穿着与性格特征时,突然冒出这么一句:"一团团的浓烟从他抽着的烟斗里冒出来,弄得满屋里烟雾腾腾。"这一笔也绝非闲笔。

它巧妙而不露痕迹地暗示出吉米愤怒的主要性格本质。由于他的愤怒,常常使家庭战云密布,气氛紧张。再如,剧作不止一次地提示,吉米高一阵低一阵吹出喧嚣的喇叭声。这喧嚣的喇叭声正是吉米躁动不安、愤世嫉俗的性格的"外化"。

另外,剧作开头描写吉米居室的摆设时,还特别交代床前的五屉柜上放置着"一个很大的破旧的玩具熊和一只软绵绵的用毛皮做的松鼠"。在剧情发展过程中,吉米和妻子各以狗熊和松鼠相称,经常玩"狗熊和松鼠,松鼠和狗熊"的把戏,并"彼此以动物的关系相处"。剧终时,作者又强调他们终于躲进了可怜的狗熊和可怜的松鼠的幻想世界。由此可见,玩具熊和松鼠在剧中绝非可有可无的道具,它们和人物之间有着内在的密切联系,是揭示人物性格和命运归宿的象征物,具有深刻的寓意。首先,它们暗示了吉米和妻子出身不同,性格迥异,彼此心灵隔膜,思想难以沟通;其次,玩具熊暗示了吉米的最终归宿。吉米虽然愤世嫉俗过,但最后变成了意志消沉、一蹶不振的弱者。他不过是一只"玩具熊",终究不能像"真熊"那样对罪恶的现实和不合理的秩序,发挥出真正巨大的破坏力。

3. 比喻生动形象,幽默诙谐。例如,剧中有这么一段描写:"那两个丫头甚至简简单单地蹲一回马桶,那声音也像是中世纪大军围城的气派。""轰隆轰隆地关门,咯噔咯噔地磕着鞋高跟儿,叽里咣当地扔着熨斗和铁锹——这种女性无休止的喧闹,简直赛过地狱里的烈火。"又如,克里弗说吉米之"所以跟我合得来,就因为我平庸。平庸的像泥土一样"。再如,艾丽森的父亲是一个缅怀过去、极端保守的顽固分子。吉米愤怒的时候,便对妻子骂他"就是从爱德华时代的荒野中存留下来的一些结实的老树,他就不明白如今的太阳为什么不放光了"。

(原文收录于冉国选主编《二十世纪国外戏剧概观》,河南人民出版社 1991 年版)

阿尔比的《动物园的故事》

阿尔比(1928—2016)是继美国20世纪40至50年代现实主义喜剧大师田纳西·威廉斯之后,20世纪60年代崛起的美国“荒诞派”戏剧杰出代表作家。他于1928年3月28日生于华盛顿,自幼不知生身父母,由剧院老板百万富翁里德·阿尔比抚养成人,这使得阿尔比从小就受到了戏剧艺术的滋养和熏陶。1940年,他进入中学,就创作出一个以少年生活为题材的剧本,嘲讽了英国绅士的荒唐可笑。他这时只喜爱戏剧和音乐,其他功课均不及格。后在康涅狄格州完成高中,1946年进入三一学院,但翌年即辍学。20岁时,他对一切都漫不经心,放荡不羁,被养母斥责,从此离家出走,他先后干过各种不同的工作,当过办公室仆役、旅馆酒吧的兑酒师、商品推销员,当过秘书,为广播电台编过音乐节目,等等。他在业余时间仍勤奋地从事着自己的文学创作。1952年,他在意大利旅行期间,创作了一部旅行小说,但未能问世。1955年,他返回美国纽约,当过通讯员,自1958年他专事剧本创作。

20世纪50年代,荒诞派戏剧风靡欧洲,在美国却影响甚微。当时用荒诞派手法写作的阿尔比在美国根本找不到演出单位。这主要是第二次世界大战的胜利带来的短暂的欢心,使美国社会暂时尚未失去信心和幻想之故。但历史的航船驶入20世纪60年代后,美国社会潜伏的一系列危机日益显露,并逐渐尖锐化,特别是社会风气败坏,抢劫、暗杀、酗酒、吸毒等成为寻常事,使人对社会和人生感到茫然,信心动摇,幻想破灭。因此,荒诞剧的影响随之增加。1962年,阿尔比的三幕剧《谁怕弗吉尼亚·伍尔夫?》首次公演,便被选为该年度最佳戏剧,成为荒诞派戏剧在美国产生重大影响的一个显著标志。阿尔比也因此被视为美国当代公认的最重要的荒诞派戏剧作家,获得多项重要的文学奖。

阿尔比对美国社会有较为深刻的观察和感受,对资本主义社会畸形发展的物质文明对人类精神文明的腐蚀、对人本身的异化表示出极大的不满和愤慨。他旗帜鲜明地表明,他的创作是"给时代画像","当众捅破我们国家里一切美好无比的神话",使人们能清醒地"面对自己的真实处境"。他认为荒诞派作为一个真正的当代现实主义剧作流派,能正视人的现实,能够最充分地表现人在全面异化的社会中的尴尬处境和精神状态。他的作品以夸张的、扭曲的、漫画式的荒诞形式,通过大量的象征、寓意、暗喻手法,将美国社会阴暗腐朽的一面以及人们精神上的极度空虚、苦恼、压抑、孤独赤裸裸地表现出来,具有一定的社会意义和认识价值。但是,当阿尔比企图借助其创作来反映现实并使观众认识这个生存环境时,他又以存在主义的观点掩盖了现实矛盾的本身,表现出否定人类生存价值的虚无主义倾向。

阿尔比的主要作品有《动物园的故事》(1959)、《贝西·史密斯之死》(1960)、《沙箱》(1960)、《美国之梦》(1961)、《谁怕弗吉尼亚·伍尔芙?》(1962)、《悲惨的咖啡店》(1963)、《小爱丽丝》(1964)、《脆弱的平衡》(1966)、《匣子和毛泽东主席语录》(1968)、《一切皆成过去》(1971)、《海景》(1975)、《听着》(1976)、《计算着方法》(1977)等。

《贝西·史密斯之死》是阿尔比唯一以种族歧视为题材的剧作,剧情取材于20世纪30年代美国南方发生的真实事件。当时著名黑人女歌唱家贝西·史密斯遇车祸受重伤,由于白人医院拒绝接受黑人,贝西不能得到急救终因流血过多而死在医院门外。这本来是一个种族歧视的典型悲剧,理应对种族歧视做愤怒的控诉和强烈的抨击,但作者偏偏绕过这一尖锐问题,而着意把它写成表现存在主义哲学人的痛苦的问题。全剧分为八场,以灯光来表示时间的变化,剧中人除了死者及其司机外,均以职业名称代替那个人姓名。

《美国之梦》是阿尔比又一部重要剧作。该剧描写一个富裕家庭,应有尽有,一切如意,但美中不足的是,这对老夫妇缺少一个代表家庭未来希望的后继者。于是他们先是收孤儿院里的一个孩子做养子,随后发现这孩子不听话,便残忍地挖其双眼,剁其双手,并阉割了他。后来他们又收养了一个青年,长得魁伟英俊,潇洒漂亮,是个“典型的美国气派”的青年,被剧中“祖母”称之为“美国之梦”。实际上,他表面强壮,而内里干枯空虚。除了追逐金钱外,他对其任何东西都没有感觉,没有感情,没有心肝,而且“永远就是这样了”。该剧以荒诞的艺术形式,对富裕的美国社会进行了一次大胆地解剖,振聋发聩地指出了它的金玉其外、败絮其中,尖锐地揭露和抨击了美国社会道德的沦丧,家庭关系的瓦解和自我陶醉的虚伪恶习。作者在该剧前言中指出,“这出戏是对美国景象的一个考察,是对我国社会以假代真的一个攻击,是对自满、残酷和空虚的一个诅咒,也是对颂扬我们土地上一切美丽的那些神话的反拨”。这是作者迄今为止全部创作中最具讽刺意义和社会价值的作品。

《谁怕弗吉尼亚·伍尔芙?》被公认是阿尔比的代表作,被奉为美国戏剧中的“现代名著”。全剧分三幕,以家庭之间的荒谬关系为题材。主人公为两对夫妇,即乔治、玛莎和涅克、霍尼。乔治和玛莎夫妇刚从校长家举行的周末晚会回到家里,玛莎向乔治宣布,他邀请的两位贵客即将到来。不久涅克和他的妻子霍尼来到,四人在一起闲谈,逗笑调情,饮酒作乐。乔治是一个大学历史系的教授,其岳父为该校校长。玛莎满心希望丈夫乔治成为一个出众人物,可乔治未能使她满意。由于生活无聊,常常以拌嘴吵架来解闷取乐,他还幻想出一个在外地上大学的儿子,但在幻想中的儿子也莫名其妙的死于车祸。乔治劝慰妻子,不要生活在美丽的幻想中,不要害怕现实。但玛莎还是害怕。剧落时她还低声地说:“我,怕,乔治,我怕。”据作者自称,“谁怕弗吉尼亚·伍尔芙,就是谁怕大黑狼呢?大黑狼就是没有幻想的真实。所以剧题的意义是谁怕没有幻想的真实呢?”剧本通过完整的故事情节,个性鲜明的人物,反映出现实与幻想的矛盾冲突,表达了这样一个思想:人不应害怕、逃避可怕的真实世界,更不能在空想和虚幻中过着自欺欺人的生活。幻想应该破灭,荒谬无聊的生活应当结束。剧本还展示出美国社会中人与人之间，夫妻之间、甚至自我之间，都以假象来掩藏，用幻想进行自欺和欺骗的真实图景。在艺术表现手法上，剧本脱离了荒诞派戏剧的反戏剧传统，结构完整，形象丰富，个性突出，语言生动，意趣盎然。剧本上演后，评家蜂起，褒贬不一。有人说它是“充满了智慧和才能的作品”，是美国戏剧里程碑；从对戏剧语言的无与伦比的运用上，阿尔比堪称是“一位戏剧艺术大师”。也有人说“这出戏的演出是瘟疫，必须制止”，“它低级趣味，离奇古怪，是对历史、对美国社会、对哲学和心理学的歪曲”。不管评价如何分歧，该剧的演出毕竟轰动了纽约，被称为1962年纽约戏剧界的一件大事，获得了纽约戏剧评论界的奖金。从此，阿尔比就被公认为20世纪60年代美国的重要剧作家。

《动物园的故事》是阿尔比的第一部戏剧，也是确立他在美国当代剧坛地位的一部力作。该剧完成于1959年，同年在柏林演出，获得空前成功。后在英国、德国、奥地利、荷兰等国演出，也深受观众的赞誉。1960年始才在美国纽约上演，并获得弗农·赖斯文学奖。

这部独幕剧的剧情并不复杂。夏季的一个星期天下午，彼得坐在现纽约中央公园里的一条长凳上悠然自得地看书，杰利走上前来，主动与彼得攀谈。他告诉彼得，他去过动物园了，接着又喋喋不休地询问彼得的家庭、日常生活等情况。彼得对此颇感烦恼，但出于礼貌，只好勉强作答。之后杰利在彼得面前滔滔不绝地自我介绍起来，他详尽琐碎地描述了他所在的那幢乌烟瘴气、简陋下等的寄宿公寓里的情况：有的人专搞同性恋；有一位太太整天在屋里哭泣；房东太太“又肥又丑又小气又愚蠢，又邋遢又低贱，是个愤世嫉俗，醉醺醺的废物”，她竟想把杰利作为自己“那发着臭汗的性欲的对象”。杰利还谈到他有两个相框，里面是空的，因为他生活中没有一个值得纪念的人。于是他又带着厌恶蔑视之情谈起他在“南方各州搞巡回通奸活动的母亲”和丧生在车轮下的父亲，以及他的孤独龌龊的生活。杰利的描述，使彼得感到颇不自然，然而杰利却不容他不听下去。杰利又津津有味地讲，他怎样和房东太太的狗打交道的故事。这条狗一直与他为敌，他便用各种手段，从喂牛肉饼，直至下毒，想和狗“沟通思想”，但是失败了，最后，双方只是达成了一种既无爱也无恨的妥协。杰利讲到这里，才首次在长凳上坐下，并开始讲述动物园的故事，他说自己去动物园是为了更深入观察了解人和动物共存，共同生存的方式。他发现所有的动物之间都有栅栏隔开，而人和动物也总是互相隔开。杰利一边讲一边捅捅彼得的胳膊，叫他往旁边挪，直至急得彼得缩在长凳的边上。杰利仍不罢休，直到把彼得挤下长凳。彼得终于要为争得长凳上的一席之地，同杰利争吵起来。杰利掏出一把短刀扔在彼得脚旁边，让他拿起刀子维护自己的尊严。这时杰利猛然扑向彼得持刀的手上，让尖刀刺进自己的身体。彼得吓呆了，杰利却微笑着安慰他，"谢谢你，彼得。我现在真心诚意非常感谢你，你失去了你的长凳，但是维护了自己的荣誉"，并催促彼得快逃。他模仿彼得的声调叫了声"我的上帝"，随即死去。

该剧共出现两个人物，即彼得和杰利。彼得 40 余岁，"既不胖也不瘦，说不上漂亮，也不算丑陋"，是一位中产阶级人物，在一家小出版社里管点事，每年大约有 18000 美元的收入，有幸福和睦的家庭，这一切都让他心满意足。每逢星期天，他就怡然自得地来到公园，独自一人坐在这条长凳上看些正经书。显然，他不爱热闹，不喜欢广交朋友，谨慎经心地自我封闭着，似乎从来都不曾想要与人沟通。他怕别人了解自己，也不愿意真正地认识自我。当杰利主动与他交谈时，他感到莫名其妙，"你跟我讲这个故事干什么？"接着就心不在焉，继之则冷淡，不情愿、厌烦。他信奉循规蹈矩、知足常乐的哲学："人可以拥有他想要的一部分东西，但是不可能一切都有。"是杰利促使他觉醒，让他从麻木不仁的状态走出，开始对外界、对自我都有了新的认识。一向认为事事如意的彼得不得不承认自己在生活中也有不顺心之事，比如他想要个儿子，却只有两个女儿。特别是杰利将他从长凳上挤下去的行动，更使他清醒地认识到，长久以来，他心目中从未动摇过的"我的长凳"竟是那样不牢固，终于迫使他为争得长凳上的一席之地而奋起搏斗。在作品里，彼得是一个循规蹈矩、冷漠无情、精神空虚、过着自我麻醉式生活的人物。作者通过这个人物，巧妙地嘲笑和抨击了美国上层社会。

而杰利则是荒诞意识的代表者。他三十六七岁，竟然随便马虎地寄居在纽约市区一个糟透了的下等公寓里。在这个世界上，他孑然一身，孤独寂寞。他有两个相框，里面却是空的，因为他没有任何亲人或朋友的相片可放。长期以来，他备受着孤独感的折磨和煎熬。杰利说，“我是一个永恒的过客”，显然，这种可怕的孤独感已经渗透并弥漫了他的生活空间。他是多么渴望着去理解和尽可能地被理解。他对彼得说，“……每隔一阵子，我就想跟某个人谈谈，好好的谈一谈。想了解某个人，了解关于他的一切”。这与自我封闭、不愿同别人沟通的彼得恰形成鲜明对比。然而在这个荒诞的现实社会中，杰利根本无法满足这一原本属于最基本、最合理的要求。于是，他幻想着能和房东太太的那只丑八怪似的瘦得皮包骨头的黑狗“沟通思想”，但狗总是对他怀有相当大的敌意。结果他的努力完全失败了，他和狗之间只是达成了一种“既没有爱，也没有恨”的妥协。这样杰利无比痛苦，他十分悲戚地说：“那时用肉喂狗是一种爱的表现吗？或者说，狗企图咬我不是一种爱的表现吗？如果我们能那么误解，那么，为什么我们要首先创造‘爱’这个字呢？”

同彼得的对话中，杰利多次强调自己去过动物园了。他为何要去动物园？他讲得再清楚不过了：“我去那儿是为了更深入了解人和动物共同生存的方式。由于所有的生物都用栅栏彼此隔开，动物之间绝大部分是相互隔开的，人和动物也总是隔开的，我这样的考察可能是不够典型，但是既然是个动物园，情况就是这样了。”这里表达了存在主义哲学的世界观：社会与人的对立，人的孤单，以及人与人之间沟通的困难性。杰利从动物园出来，一直朝北走，就是想找一个能一起互相交流思想的人，企图能打破横亘在人与人之间的“栅栏”。他找到了彼得，所以主动与他交谈，几乎是强迫彼得听和答话，并用胳膊捅他，把他挤下长凳，还辱骂他，甚至将短刀递给彼得，自己猛扑向尖刀，所有这些都是为了换取和赢得自己同彼得之间的沟通和理解。杰利的目的达到了，因此他带着满足的微笑，投入死亡的怀抱。

《动物园的故事》以其荒诞的情节、冷峻的幽默笔调，表现了人在社会中的苦闷、无望和孤独，人与人之间像动物园的动物一样，被栅栏所隔开。要打破人与人之间的这种隔绝状态，摆脱孤独，使人的思想互相沟通，是极为困难的，甚至要付出死亡的代价。

这部作品虽然宣扬了存在主义的哲学观，但是由于从特定的角度，以特殊的方式深刻地揭示出杰利的荒诞意识是荒诞的社会的产物，他的心理的变态、扭曲完全应由社会负责，同时还暴露了美国社会生活中的种种肮脏龌龊、令人作呕的现象，以及人们精神生活中的极度空虚，从而使这部作品带有强烈的社会批判色彩和一定的审美价值。

在艺术表现手法上，该剧也极有特色。

首先，该剧具有强烈的象征性和暗比性。例如，"动物园"就极富象征性，它处处提醒人们，人和人也像动物园的动物一样总是相互隔离，各自生存在自己的栅栏里。那条长凳象征人在世界上的地位，杰利将彼得挤下长凳，就象征着彼得所占的社会地位并不稳定。杰利刺激彼得与他搏斗，又暗示出社会中人与人相互争权夺利、彼此残杀的客观存在。此外，作者还用两只空相框，暗示出杰利在生活中的孤独；以狗的占有欲暗比人的占有欲，狗的本性暗比人的本性。这种强烈的象征性和暗比性也是荒诞派戏剧的共同特征。

其次，喜剧性和悲剧性的巧妙融合是该剧的又一特点。荒诞派剧作家始终把悲喜剧的融合作为自己的艺术追求。他们认为，生活本身就是悲喜并存的，因为"按照现代人的批判精神来说，什么都不值得认真对待，又不能掉以轻心"①。在荒诞世界里，"一切事物都变得无关紧要"，"生活的全部，世界的全部历史都变得毫无价值。毫无意义，而变得不可能存在了"②。在这样的世界里，人变成了可怜的"无法召回的流放者"。喜剧性则是对"毫无意义"的存在的直觉，或是人面对尴尬处境的粲然一笑。现代人的生活是悲喜掺和、难解难分的。诚如一位荒诞派戏剧作家所说："人若不是悲剧性的，他必是可笑而又痛苦

① 参见《外国现代剧作家论剧作》，中国社会科学出版社 1982 年版，第 169 页。
② 参见《外国现代剧作家论剧作》，中国社会科学出版社 1982 年版，第 169 页。

的，实际上是‘喜剧性的’，而通过暴露他的荒诞，就可以创作出某种悲剧。”[①]《动物园的故事》就是成功地用喜剧的形式表现了悲剧主题的一部作品。例如，杰利一出场，就在麻木不仁、不愿与人沟通的彼得面前喋喋不休，反复说他去过动物园了，搅得他无法安静地看书。彼得显出漫不经心、漠然处之的态度。杰利却强迫性地让他听自己的讲述，并呵痒他、捅他、挤他，这本身就是滑稽可笑的，带有喜剧色彩。杰利企图和狗沟通思想，更是荒诞不经。但在这荒诞滑稽的背后透视着一种深沉浓重的悲哀，这是一种深刻的具有严肃意义的荒诞。杰利仅仅是为了实现原本是作为一个人最起码的精神需求——相互了解，沟通思想——竟需要付出死亡的代价。这是一个怎样荒诞的社会！他的死就是对这一荒诞的社会现实的强烈抗议！

（原文收录于冉国选主编《二十世纪国外戏剧概观》，河南人民出版社 1991 年版）

① 参见《外国现代剧作家论剧作》，中国社会科学出版社 1982 年版，第 303 页。

蕴丰富于瞬间

——茨威格心理描写方法一瞥

斯蒂芬·茨威格(1881—1942)是西方现代文学史上驰名世界的奥地利杰出作家,其独特的心理描写赋予了他的小说以极强的艺术魅力,赢得了包括高尔基、罗曼·罗兰在内的许多艺术大师的极高赞誉。他有一首题为《壮丽的瞬间》的叙事诗,紧紧抓住陀思妥耶夫斯基临刑前那不寻常的瞬间,并把他的内心世界加以展示,从而深深感染了读者。笔者认为,这种蕴丰富于瞬间的心理描写手法正是茨威格与欧洲其他作家相区别的、独具个性的鲜明特色之一。

茨威格擅长细腻的心理分析。他说:"我在写作上的重要志趣,一直是想从心理角度再现人物和他们的生活遭遇。"①然而,茨威格还惯用一种、也是常被人们所忽略的巧妙手法来展示人物的心理活动。这种心理描写不同于普希金的心理描写,主要是通过人物的行动来勾勒性格的轮廓,也不同于莱蒙托夫,他对人物琐碎的、瞬息变化的心理感受和情绪,不多花笔墨,而主要集中于对人物思想的系统性剖析,更不同于托尔斯泰以冗长的篇幅重在展示人物的心理过程,茨威格极少用人物内心独白的方式来揭示人物的内心世界活动,而是像画家拉斐尔、伦勃朗那样敏锐地、精细地捕捉人物那瞬间即逝的外部表象或感觉,来展示人物的最隐秘的思想感情和微妙的精神世界。《家庭女教

① 参见张玉书《斯·茨威格小说选》译本序,外国文学出版社 1982 年版,第 3 页。

师》写一个普通女教师被一个富家子弟引诱又被抛弃的爱情悲剧在一对天真少女心灵中所引起的激荡,也从一个司空见惯的生活侧面,揭示出资本主义社会温情脉脉的面纱下掩盖的虚伪、冷酷和欺骗。其中有这样一个情节:当姐姐告诉妹妹,她听到女教师对奥托说“我不是有了你的一个孩子吗”时,小说写道:“妹妹像闪电似的吓了一跳:‘孩子!一个孩子!这不可能啊!’”作家迅速地抓住瞬间即逝的“闪电似的吓了一跳”,这既表现了妹妹莫大的好奇心,也准确地反映了一个女孩子天真、幼稚、单纯的心理。在妹妹看来,只有结过婚的女人才有孩子,自己和女教师在一起这么久了,她并不曾结过婚呀,怎么会有个孩子呢?所以她不明白,以她小小的年龄怎么能吃得透这世间的现实呢?因此,这样一个面部表情使我们进入另一个新领域,心灵的领域——“微相世界”。我们可以通过这一个面部表情看到可见的面部表情外更多的东西,即脸上的“言外之意”。又如,在中篇小说《恐惧》中,伊莲娜太太因一个女人抓住她与自己情人幽会的把柄而深怀恐惧,害怕再被敲诈勒索。但是,她最后打定主意,若再遇那个女人,就“保持泰然自若的态度,一切都矢口否认,冷静地坚持说对方搞错了,在某种情况下,她还可以告对方勒索,因为不像在当时当地,对方几乎拿不出什么证据来证明那次去过她情人家的事”。伊莲娜太太果真不再恐惧了吗?不是。请看,作家是这样描写的:当她未到家门时,“有人碰了一下她的肩膀。她转过身去。‘您……您又要我干什么?’当她突然看到这张苍白的脸时,大吃一惊,结结巴巴地说,她更加吃惊的是,听见自己说了这句不祥的话。她本来已经盘算过,万一再碰上这个女人,就装作不认识她,一切都矢口否认,和这个诈骗勒索者针锋相对……现在太晚了”。这种心口不一的矛盾,真可谓内蕴丰富,妙不可言。尽管她有所准备,但恐惧感毕竟已深深地弥漫、积淀于她的意识底层,随时都可能以某种方式不可抗拒地爆发出来。一个“大吃一惊”的神情,一句结巴不畅的话语,恰恰折射出她那在极度的震颤和恐惧下的不由自主、言不由衷的微妙心态。别林斯基在《同时代人》中说:“艺术性在于:仅用一个特征,一句话,就能够把你写上十来本书也无法表现的东西生动而充分地表现出来。”①这句话用来说明果戈理的《鼻子》固然是有根据的,但移用来说明茨威格的蕴丰富于瞬间的心理描写特色亦颇为恰当。

别林斯基在《智慧的痛苦》这篇论文中说:“性格的艺术刻画就在于:如果诗人给你描写出来他的生活的特定瞬间,你就能讲述在这个瞬间以前和以后他的整个生活。”②一个人生活中任何瞬间都是一生的组成部分,都和其他部分有这样那样的联系。然而,并不是任何瞬间都能够充分地反映这个人的整个生活,因为有许多瞬间只是整个生活的链条上不重要的环节,未能牵一发而动全身,所以,必须是特定的瞬间。这特定的瞬间,通常是人物命运、思想、生活的关键性时刻,或者是人物一生中其他具有重要意义的时刻,在这特定的瞬间,人物心灵的窗户完全敞开,内心的奥秘都显露无遗。德国的文艺理论家莱辛在《拉奥孔》一书中也说过:“既然在永远变化的自然中,艺术家只能选用某一顷刻,特别是画家还只能从某一角度来运用这一顷刻,既然艺术家的作品之所以被创造出来,并不是让人一看了事,还要让人玩味,而且长期地反复玩味;那么,我们就可以有把握地说,选择上述某一顷刻以及观察它的某一角度,就要看它能否产生最大效果了。最能产生最大效果的只能是可以让想象自由活动的那一顷刻了。我们愈看下去,就一定在它里面愈能想出更多的东西来。我们在它里面愈能想出更多的东西来,也就一定愈相信自己看到了这些东西。”③因此,作家“就要选择最富于孕育性的那一顷刻,使得前前后后都可以从这一顷刻中得到最清楚的理解”。茨威格就善于抓住那“特定瞬间”和“最富于孕育性的那一顷刻”,并赋予它以永恒的意义。在《家庭女教师》中有这样一段描写:“最近一个时期,小姐完全变了。有时候,一个女孩子跟她说话,她就一哆嗦,好像从睡梦中惊醒。她的目光也总要

① [俄]别林斯基著,满涛译:《别林斯基选集》第1卷,上海译文出版社1953年版,第294页。

② [俄]别林斯基著,满涛译:《别林斯基选集》第1卷,上海译文出版社1953年版,第357页。

③ [德]莱辛著,朱光潜译:《拉奥孔》,人民文学出版社1979年版,第18—19页。

先彷徨片刻，才从远方慢慢地收回来。她常常一连坐上几个小时，呆呆地望着前方出神。”这里的“一哆嗦”，就把这位可怜的姑娘那丰富复杂、悲凉凄苦的内心世界和盘托出，读者不难从这“哆嗦”的瞬间，猜测出她以后的整个生活。她爱那个青年，可她上当受骗了，她所委身的人原来是一个灵魂卑污的伪君子。在他玩腻她之后，就遗弃了她，她虽痛苦却又无能为力，想到一旦事发，就会被主人赶走，心里十分恐惧。因此，这一哆嗦，是对自己即将面临的不幸命运的战栗，揭示出这位被侮辱、被玩弄、被损害和被遗弃的家庭女教师的悲哀。

作家善于抓住人物在瞬间的异样感觉来展示心理活动。中篇小说《保守不住的秘密》，以男孩子埃得加的单纯无知，衬托出一个帝国官吏和纨绔子弟勾引埃得加母亲的卑劣无耻。作家正是通过埃得加瞬间的感觉来展示他的心理活动的。晚上“九点了，然而母亲并没有打发他上床去，他变得不安了”。因为他和母亲刚认识男爵时，晚上很早就分手了。不久，母亲总是一早就打发他上床睡觉。他感觉到，开始男爵很喜欢和他在一起。可是渐渐地，母亲和男爵总是把他支开，不愿意让他和他们在一起。母亲和男爵之间一定发生了什么关系，但他并不知道是什么关系。但今天的情况有点特别，他疑惑不解：“往常她可是一板一眼的，今天怎么这么和气呢?”更令他不安的是，才十点钟，母亲突然起身同男爵告辞。真奇怪，以往母亲的早离总会使男爵感到惊讶，继而殷勤地挽留，可今天他对母亲的早离却无动于衷，也不像前几次那样挽留她。他在这一秒钟内，从母亲给男爵的一个秘密的目光中，突然明白了。他们“这么早就分手了，原来是为了今天哄哄他，让他放心，明天就不会再妨碍他们了”。男爵一开始之所以亲近他，那只不过是他达到接近母亲的一种卑鄙手段。他心中愤怒极了。他们原本想哄骗孩子，不料孩子从他们反常的行为中猜出了他们的企图。又如，在《一个陌生女人的来信》中，著名小说家 R 读完“陌生女人”的吐露肺腑、诉说衷情，但又充满无限幽怨和深沉激愤的信后，感觉到一些感情上的蛛丝马迹，可是怎么也回想不起她是谁。他想起信中“谁还会在你的生日老给你送白玫瑰”的话，顿时发现，这些年来第一次在他生日这天花瓶里没有插花。他悚然一惊，仿佛觉得有一扇看不见的门突然被打开了，阴冷的穿堂风从另外一个世界吹进了他寂静的房间。他感觉到死亡，感觉到了不朽的爱情："百感千愁一时涌上他的心头，他隐约想起了那个看不见的女人，她漂浮不定，然而热烈奔放，犹如远方传来的一阵乐声。"空花瓶使他"悚然一惊"，从而引发出其"百感千愁"，使读者瞥见其灵魂深处最幽微、最隐秘的角落，感觉到其灵魂最精微的震颤。这"感"与"愁"，作家虽略加点染，便戛然而止，但言浅意深，曲尽其妙，令人回味咀嚼，叹为观止！

茨威格还擅长借助于某一人物在特定的场合下的外部表象来触发另一个人物瞬间的心理活动。比如，在《保守不住的秘密》中，"她（母亲——引者注）小心翼翼地斜眼瞧他（埃得加——引者注），不禁吃了一惊，原来她突然间，也是头一回发现，这孩子紧抿嘴唇的样子，酷似她丈夫在受刺激被惹怒时的模样"。作家抓住孩子"紧抿嘴唇"这一富有戏剧性、讽刺性的特征来展开母亲的心理活动。"这个念头真是大煞风景，偏偏在这时，在她玩弄冒险游戏的当口，让她联想到自己的男人。这个孩子，以及他的暗中探究着的眼睛和掩护窥伺的苍白的前额，使她觉得活像一个幽灵，一个良心的守护神，而且就在这狭窄的马车里，离她只有一尺多远，使她加倍地感到不堪忍受。"作家并不直接描写母亲瞒着自己的丈夫和儿子同男爵幽会而感到不安的灵魂世界，而是通过儿子的"紧抿嘴唇"酷肖其丈夫这一瞬间的念头，揭开这位母亲内心深处的骚动和不安。再如，《夜色朦胧》主要写一青年深深爱上玛尔哥特，却又被另一自己所不爱的姑娘痴情追求的复杂情绪。当这个青年意识到不会得到玛尔哥特的爱情时，便不顾伊丽莎白姑娘的追求而毅然辞行。"等到拉车的马一起步，他看见玛尔哥特无动于衷地转过身去，走上台阶，而在伊丽莎白的眼里突然闪现出一道泪光，她使劲地把身子靠在台阶的扶手上，这时，他新近的种种经历一下子全部涌上心头，他不由得像个孩子似的泪如泉涌。"

诸如此类的例子在茨威格的作品中俯拾即是。那么，作家何以如此重视、偏爱"蕴丰富于瞬间"的表现手法呢？要认识这点，我们有必要了解作家所处的时代及其生活态度、创作思想。

在第一次世界大战时，茨威格服过役，在战争文献馆和战争新闻发布局工作。战争的狂热宣传，民族沙文主义的喧嚣从未使他失去理性和良心。就在战争期间，他发表了一篇题为《致外国朋友书》的公开信，希望和外国的同行共建欧洲文化。他和罗曼·罗兰、维尔哈仑等进步作家、知识分子一道，激烈地反抗民族间的杀戮，要求民族间的和睦。“用我的躯体反对战争，用我的生命维护和平”，就是他发出的誓言。在第一次世界大战期间，茨威格本人还没有饱尝战争之苦、历经战争之害。作为一个正直的、有道义感和责任感的著名作家，他情绪激昂地投入反战的洪流，抨击战争。1933 年，希特勒上台后，欧洲被蹂躏、故国沦亡，人民遭受屠杀，法西斯势力在欧洲泛滥，这使他人道主义、博爱的理想都化为泡影。在残酷、血腥的现实面前，他感到无能为力。他痛恨法西斯，但悲观失望的情绪无法使他提高自己抗击邪恶势力的声音。历经第一次世界大战的他，不愿再一次目睹惨绝人寰的杀戮，不愿再一次经受精神上的折磨，终于导致自杀的悲剧。他的死不是信念的丧失，也不是怯懦的表现，而是对惨遭屠杀的人民极度同情而又爱莫能助的表现，是对法西斯主义的一种抗争。他的这种生活态度和强烈的人道主义思想，在其创作里留下了深深的印记。他的作品暴露了资本主义制度的罪恶、帝国主义之间的战争给人民带来的痛苦，抨击了法西斯的暴虐，揭示出资产阶级的精神空虚、道德沦丧和腐朽没落。值得注意的是，他的小说并不取材于重大的题材，而都是撷取于日常生活中的小人物的生活和命运。他对这些小人物的悲惨不幸寄寓了无限深切的同情。他注重从心理的角度再现人物，再现他们的思想、内心深处的矛盾斗争、悲哀和痛苦、欲望和憧憬。然而，过多的、不厌其烦的内心刻画使作品显得臃肿、拖沓，不够洗炼，有时令读者厌倦。如《奇妙三夜》《一颗心的沦亡》等，均有此弊。他在给高尔基的一封信中写道：“我总是责怪自己心理描写太多，缺少你们俄国作家具有的那种伟大的率真。”①他决心不断重新探索艺术创新之路。他认为：“在艺术中勇气和信仰是起着至为重要的作用的。”在创作实

① 臧乐安等译：《三人书简：高尔基、罗曼·罗兰、茨威格书信集》，湖南人民出版社 1980 年版，第 142 页。

践中，他发现并采用了蕴丰富于瞬间的手法。这一手法不仅对表现其人物具有独到之处，而且也避免了描写的冗赘烦琐。因此，可以说创作内容决定了作家要运用这种艺术表现手法。

另外，茨威格的蕴丰富于瞬间的描写手法之根深藏于现实生活的沃土之中。从心理学角度来看，生活中的每个人都会有各种各样的绚丽多彩的一纵即逝的瞬间，这种瞬间又常常是下意识的活动，因此又常被人们所忽略。即便有人意识到了，也未必能准确地表达出来。而真正有进取心、创造性的作家，总是要苦心孤诣地将生活中难以触摸、难以捕捉，甚至难以言喻的东西熔铸在自己的作品中。茨威格敏锐地发现了在那瞬间之中所蕴涵的内容的宏深。他善于通过细致的观察，迅速地捕捉人物那最富于孕育性和生发性的动人瞬间，用凝练的白描将其精确完美地表现出来。因此，这种瞬间描写的突破，也就具有了社会生活意义的普遍性。读者通过作家那探幽发微的描写，细腻超卓的表现，可以从中发现或找出自己曾有过的与作品中人物相似的瞬间，不能自已地同主人公一道去经历、去感受。掩卷之后，读者面前就会浮现出一个令人惊悸的灵魂。高尔基在称赞茨威格作品的独特手法和感染力时说道："您写得真好！由于对您的女主人公的同情，由于她的形象及其悲剧的心曲使我激动得难以自制，我竟丝毫不感羞耻地哭了起来。"①正是这种描写手法才使得读者与作品中的人物产生了某种程度的共鸣，达到了交流融合的效果。在这种简洁含蓄的描写中，作家尤其给我们以联想的广袤的空间与驰骋想象的天地，从而拓展了绰约多姿的艺术审美意境。因此，这不单是一个表现技巧的问题，也不单是一个创作思想方法问题，更是一个能否把读者的想象力纳入其创作与构思之中的问题。这实质上是一个是否相信读者的艺术鉴别力、观赏力，是否让读者参与二度创作的表现。有的作者恐怕读者不能领会其创作意图，不留给他们思索、回味的余地，常常是心理分析过于冗赘，造成作品浅、露、直的弊病。故在艺术创作中，有时描

① 臧乐安等译：《三人书简：高尔基、罗曼·罗兰、茨威格书信集》，湖南人民出版社 1980 年版，第 139 页。

写得愈少、愈典型，表现得就愈多，愈能反映事物的本质。茨威格正是在这个方面作出了自己卓有成效的努力，形成其独特鲜明的风格，从而以德语创作的作品“赢得了不让于英、法语作品的广泛声誉（托马斯·曼语）”①。

黑格尔在谈到艺术的魅力时曾说：“在自然界本来是消逝无常的东西，艺术却使它有了永久性。例如一阵突去的微笑，嘴唇上一阵突然起来的狡猾的表现，一种眼色，一阵浮光掠影，以至于人的生活中精神的表现，许多来来往往、一见即忘的事件——这一切在瞬间存在中，都被艺术家摄取去了，就在这个意义上说，艺术家也是征服了自然。”②茨威格就是这样一位能够征服自然的才华独具的文学大师。

（原文刊载于《河南大学学报》1995 年第 2 期）

① 参见张玉书《斯·茨威格小说选》译本序，外国文学出版社 1982 年版，第 1 页。

② ［德］黑格尔著，朱光潜译：《美学》第 1 卷，商务印书馆 1979 年版，第 210 页。

论法国新小说派文学的倾向性

大凡一切文学作品都烙有一定的倾向性和社会意义的印迹。法国新小说派文学自然也概莫能外。尽管新小说派作家曾公开宣称要革除小说的倾向性和社会意义，然而，只要略加注意新小说派的理论宣言，并具体联系他们的创作实践，我们又会发现，问题并非完全如此简单、如此绝对。

新小说派的重要作家在其理论宣言中都不同程度地谈及小说要反映现实的看法。罗伯・葛利叶在《自然、人道主义、悲剧》中说："在这个充满了物件的宇宙里，物件对于人来说不是别的，而是无限地反映着人本身形象的镜子。"[①]布托尔在《对小说技巧的探讨》一文中也提出："作品是我们人的状况的镜子。"[②]他在《作为探索的小说》中还说，小说是"研究现实以什么方式在我们面前或者可能以什么方式呈现在我们面前的绝妙场面"，"探索容纳能力较大的新的小说形式，对我们认识现实来说，具有揭示、探索和适应的三重作用"。[③] 娜塔丽・萨洛特在《怀疑的时代》一文中也认为："一切艺术最终在于表现生活。"[④]既然小说还要

---

① ［法］罗伯・葛利叶：《自然、人道主义、悲剧》，载柳鸣九编选：《新小说派研究》，中国社会科学出版社 1986 年版，第 82 页。

② ［法］布托尔：《对小说技巧的探讨》，载柳鸣九编选：《新小说派研究》，中国社会科学出版社 1986 年版，第 148 页。

③ ［法］布托尔：《作为探索的小说》，载柳鸣九编选：《新小说派研究》，中国社会科学出版社 1986 年版，第 89—90 页。

④ ［法］娜塔丽・萨洛特：《怀疑的时代》，载柳鸣九编选：《新小说派研究》，中国社会科学出版社 1986 年版，第 32 页。

继续反映“人的状况”,并具有揭示现实的功能,又怎可能不或多或少地具有某种倾向性呢?萨洛特的小说几乎都是写日常生活、家庭琐事,根本没有重大的社会题材,小说中发生的一切都没有具体的社会背景,加上情节扑朔迷离,人物模糊不清,我们很难发现作品的倾向性。但是,只要潜心细读,仍会发现,她的很多作品都在表现现代社会人与人之间难于沟通这样一个社会性的主题。例如,《马尔特洛》的潜在主题。小说是以第一人称来叙述的。当“我”得知叔父想在乡下买一所房子时,就建议他去找马尔特洛帮忙,因此人们皆知马尔特洛办事可靠。但只因“我”把买房子的钱交给了马尔特洛而没有收条,叔父为此责怪“我”,“我”也对马尔特洛产生了怀疑。其实,马尔特洛把一切都办得非常妥当,而马尔特洛竟为此失信于人。后来马尔特洛“为了进行必要的修理”而住在买下的房子里。这也招来叔父等人的怀疑和憎恨。总之,马尔特洛的每一个行为非但不能为人所理解,反而引起相反的结果。人与人永难沟通。布托布在创作方面致力于各种技巧的实验,而不重在反映和评价社会生活,但他又认为“新小说派作家其实也触及了很多社会问题,只不过采取迂回的方式,通过对具体事物的思维方式,以不同的形式触及社会现实……它之所以做到了这点,是因为它所描写的人物的思想方式,都深深打上了社会问题的烙印”①。他的小说《变》中的主人公莱昂乘夜车从巴黎到罗马,想借此机会把他在罗马的情人赛西莉带回巴黎,以后再跟妻子昂里埃特离婚,但在小说结尾时他却完全改变了原来的主张。这种变化的背后,可以感到作者对人生、对人的存在和现实的关系的思考。小说中有这样一段:“这本书里的某一个地方,应该有一个处于困境的男子,不管篇幅怎样少,怎样地不真实,怎样地不怀好意,他还是想自拔,他作了一番跋涉,发现他选取的道路不能把他带到想去的地方,他好像在一片沙漠里,或是一片荆棘地里,或是一片森林里迷了路……”莱昂厌恶巴黎平凡乏味的生活,向往“罗马神话”世界。然而这个世界又会令他莫测,使他困惑。他正在走的路并不能将他引向他真正

① 柳鸣九:《新小说派作家访问记》,载柳鸣九编选:《新小说派研究》,中国社会科学出版社 1986 年版,第 597—598 页。

要去的地方，他无法自拔。这种不安于现状，又找不到一种可以坚信不疑的理想的尴尬处境，使我们看到了生活于其中的当代西方社会的众多知识分子，看到了他们对人的存在状态、人与其处境的关系的种种疑窦，看到了他们面对当今资本主义世界的重重矛盾，更加惶惑不安和无能为力。

追求纯客观性的新小说家罗伯·葛利叶也声称排斥作品意义，但很难说他的作品就没有任何倾向性和思想意义。他说："深刻的哲学意义当然是有的，就像政治的、心理的或道德的意义一样。不过把尽人皆知的意义讲上一遍，这和文学基本要求是背道而驰的。至于以后小说对将来的世界会有什么意义，最明智的办法（同时也是最诚实、最巧妙地办法）就是现在不加以考虑。"①显然，葛利叶并不否认文学实际上有很深的蕴藉，而且大声疾呼为文学在历史的发展中要求一个重要位置："不过我们知道，也许只有这门毫无意义的艺术能够与工会和街垒一道，在人民的历史中获得它们的地位。"②这就是说，文学不是毫无意义的活动。他的《窥视者》中的马弟雅思对一切都不流露出一点看法和态度，不论是看到店主强奸女店员抑或是动手杀人都无动于衷，特别是连在海边窥视凶手在行凶地点毁灭证据时，他那双眼睛也"好像是没有感觉的，甚至瞎掉的"。小说中人物的这种超然静视所达到的冷漠程度，简直可怖。也许作者追求的也正是这种冷漠效果。西方资本主义工业化社会生产方式引起人的异化和精神崩溃，物质生产发展也与精神生活成了反比，吸毒、酗酒、卖淫、凶杀、绑架等充斥社会，举目可见，以至于人们对这种无法根治的司空见惯的现象已见怪不怪，麻木冷漠了。恰恰在这种冷漠的背后，谁又能说没有深藏着作者的深沉的激愤呢？这种避免表示态度，又何尝不是一种态度呢？他的小说《橡皮》虽然不是一部"社会小说"，但作者较真实地记录了一系列生活细节，因此我们还是能隐约看到作品的意义。杜邦遭枪击

---

① ［法］雅克·里拉尔：《"新小说"与社会》，载柳鸣九编选：《新小说派研究》，中国社会科学出版社 1986 年版，第 527 页。

② ［法］雅克·里拉尔：《"新小说"与社会》，载柳鸣九编选：《新小说派研究》，中国社会科学出版社 1986 年版，第 528 页。

后，找不到可靠的人帮忙，甚至连其密友马尔萨也弃他逃之夭夭。他伤心地说："眼下这个城市里实在不知道有谁可以信赖"，"在这九天里，有九个人连续死于暴力"。这显然表现了西方世界人与人之间的冷漠与仇恨的社会现实。作者在卷首题词中说："时间，自己决定一切，不由你做主，它就已经提供了问题的解决方案。"正是西方现代人在不可理解的现实面前惶惑不安、茫然无措的心理的真实反映。

可是，所谓客观，完全是相对的而不是绝对的。世界上不存在无任何思想观点的人，也就不存在不具有任何思想意义的文学。新小说派的作家们在创作时，并非处于完全随意的无目的状态，为了达到某种目的和效果，在写什么、怎样写的问题上同样要进行思考、选择。正如布托尔在《小说的空间》中所言："小说家如果把他的画架或摄像机放在他所描绘的空间的一个点上，画家所遇到的取景、画面安排和透视之类的种种问题，他也会遇到。"①为了表现深景，小说家同画家一样可以在许多手法中进行选择。

文学，作为意识形态领域的一个分支，它必然或多或少地反映一定的社会现实。传统小说由于强调、重视塑造典型，描写人与人之间的关系，因此总是从不同角度、以不同方式揭示出一定的社会意义，作家在作品中也自觉或不自觉地评价了社会生活中的是非曲直，表露出自己的伦理道德观念。中外古今任何名著都蕴涵了一定的社会意义，这种意义的深刻程度和作品的价值往往成正比。传统作家均重视文学反映社会生活的作用。莎士比亚认为"最好的戏剧也不过是人生的一个缩影"，莱辛说喜剧应该"作为生活的镜子"，司汤达也主张文学是时代的一面镜子。由此可见，反映社会生活，赋予作品以社会意义，这是传统小说的内在品格。新小说派虽然极力抛弃所有的文学传统，却又难以完全摆脱传统的一切因素而不受其影响。新小说派在文学是反映现实的"镜子"的认识方面，不是同传统文学有着明显一脉相承的继承关系吗？葛利叶在其《未来小说的道路》的重要宣言中也不无

① ［法］布托尔：《小说的空间》，载柳鸣九编选：《新小说派研究》，中国社会科学出版社1986年版，第115页。

感慨地承认:“作家本人,尽管想独立,却还是置身于某种精神文明与文学之中,即已写成的、过去的文学之中。他无法完全摆脱一个他本身就是其产物的传统。”①显然,新小说派文学的确有其倾向性和一定的思想意义,尽管这种倾向性和意义是极其隐蔽的。

那么,新小说派的倾向和意义是怎样暗示出来的呢?

一、借物寓意。传统作家笔下描写的对象主要是人,他们致力于人物典型性格的刻画,视能否塑造出栩栩如生、呼之欲出的人物形象为小说艺术成败的关键。即便是他们在描写事物、场景时,也是为了服务于人物性格的塑造。而新小说派另辟蹊径,别开生面。萨洛特认为,小说中的人逐步失去了一切,“特别严重的是他失去了其中最宝贵的一项:只属于一个人所特有的个性”②。罗伯·葛利叶也认为“描写人物的小说已成为历史的陈迹”,这是因为在过去,个人处于“至高无上的地位”,而“当今的时代是一个抹杀个性的时代”,首先在经济结构里,并由此而在整个社会生活里,取消了个人以及个人生活的一切基本意义。因此,他们要描写和表现的现实已大异于 19 世纪小说家所要描写和表现的现实,现代社会一切都“物化”了。鉴于此,他们极为重视写物,并将物作为小说创作的重要课题。读者在这派作家的作品中,随处可见一系列详尽而繁琐的对视觉印象的记录和一连串冗长而又精细的对物的描绘。在传统小说中,事物往往是人类感情、情绪的渗透物和折射板,它们是被动的,或者是人类情感的组成部分。这就构成了传统小说“物我一致,物我同心”的特征。但是,在新小说中很难看到这一特征。因为他们冷峻地发现,“人看着世界,而世界并不回敬他一眼”③,因此,面对如此冷酷的现实,作家“必须毅然决然地站在物之外,站在它的对立面。我们既不能把它的变成自己的,也不能

① [法]葛利叶:《未来小说的道路》,载柳鸣九编选:《新小说派研究》,中国社会科学出版社 1986 年版,第 61 页。

② [法]萨洛特:《怀疑的时代》,载柳鸣九编选:《新小说派研究》,中国社会科学出版社 1986 年版,第 29 页。

③ [法]葛利叶:《自然、人道主义、悲剧》,载柳鸣九编选:《新小说派研究》,中国社会科学出版社 1986 年版,第 74 页。

把某种品质加诸它们。它们从来就不是人,它们总是超出我们所及的范围,始终都不会成为我们的天然的盟友”①。新小说对物事领域的开拓具有一定的积极意义和认识价值。它带给读者一种压抑、沉重、凝滞之感,在读者面前展示了一个“物”充斥一切的世界。那个曾经是“宇宙的精英,万物的灵长”的大写的“人”,如今已处在物质的包围之中,几乎被“物”吞噬掉,一定程度地折射出西方物质文明高度发达的资本主义社会中人与世界的现实关系,同时也含蓄、曲折地反映了新小说派作家对西方现代物质文明社会的怀疑和愤懑、无奈和绝望。

二、以新的表现手法来暗示倾向。无疑,新小说派最大的努力在于对小说形式的探索。之所以如此,是为了适应迅速发展变化的复杂斑斓的现实世界。布托尔说,“研究小说的形式具有头等重要的意义”,因为“小说主题或小说题材,是与其表现方式和表达形式分不开的。同新的形势、同对小说的新认识,对小说与现实之间关系的新认识相适应的,是新的主题,以及无论哪方面——语言也好,文体也好,技巧也好,写法也好,结构也好,都是新的形式。反过来,对新形式的探究由于揭示了新的主题,从而也揭示了新的关系”②。因此,小说形式的创新并不是“与现实主义相对立的”。

新小说在表现手法上标新立异,丰富多彩,其中最富创意,也值得一提的是:第一,在人称运用上独出心裁,别开生面。布托尔的《变》的突出特色及魅力所在就是运用第二人称的叙述手法。这种介于第一和第三人称之间的叙述方法起到两个作用:其一,在叙述人和主人公之间建立了一种亲密融融、相互信任的关系,这种坦诚相见、同情理解的关系可使主人公完全松弛下来,抛开一切禁忌而吐露被压抑的心声。而主人公的心声正是我们通过第二人称叙述人之口而间接得知的。其二,它还具有无所顾忌地剖露和充当无情的证人的功能。主人公因外遇产生的种种难言之隐、不轨行为和矛盾复杂的真实心迹,正

① [法]葛利叶:《自然、人道主义、悲剧》,载柳鸣九编选:《新小说派研究》,中国社会科学出版社1986年版,第83页。

② [法]布托尔:《作为探索的小说》,载柳鸣九编选:《新小说派研究》,中国社会科学出版社1986年版,第92页。

是叙述者以对话的形式予以曝光的,从而使作品的倾向得以自然流露。第二,复现手法的运用,即对某一场面、物象作多次描述,但前后并非雷同,而是在反复描写中细微巧妙地融进新内容,以表现人物的精神状态,暗示作品倾向。例如,葛利叶的《窥视者》中关于咖啡店的卧室的描写即颇为典型。最初,这个卧室是"地板上铺着黑白色瓷砖,一张宽大而低矮的古床,床头右边有一张小桌垂直地贴着墙壁,桌上放着一张梳妆台,台上镶着一面椭圆形的镜子,床口有一块羊毛地毯,供下床时踏脚用"。第二次提该卧室时,就添进了新内容:床头桌上的灯亮着,灯下出现个香烟盒,那张床"呈现出一种挣扎的景象,原来铺在床上的深红色床单给弄得凌乱不堪,它的一边从床沿上一直拖到地板上"。再后来描写这间卧室时,又有新变化,女招待出现了。她战战兢兢地坐在那张凌乱的床的边沿上,赤裸的脚搁在羊毛毯上。再后来店主又出现了。一段细节描写,上述几次出现的画面的意思点明了。原来,这一切都是从来岛上推销手表的马弟雅思的目光和思想中展示出来的。作者借这种场景的反复描写评价了马弟雅思。他上岛来想的不是自己的推销业务,而总想在女人和对女人的玩弄上打主意。他原来不认识咖啡店老板和女招待,更无从得知他们的暧昧关系,只是根据自己看到的女招待的战战兢兢态度、油画上跪在床前的小姑娘、床上的凌乱、店主的威严等,想象了一段店主与女招待的情事,以寻求心理刺激,陶醉其中。可见,他是一个喜欢窥视他人隐私的"窥视者",一个心术不正、心理阴暗、贪恋女色的人。

另外,"嵌入法"也是新小说中常见的一种表现手法,即在小说中插入一个带有关键性的细节或物件,使之成为小说的象征或隐喻之物。对理解全书具有启示作用的可以是一个情节或事件,也可以是一个场景或画面,有时甚至是一句话或一个字。

三、在作品与读者的关系上大做文章。新小说派认为,传统小说家好像全知全能的神,把小说中的事件的来龙去脉、因果关系安排得周密严谨,将人物的行为、隐秘的内心活动解释得清清楚楚,谁善谁恶,即使作者不直截了当地告诉读者,也要明白地暗示出来,连人物的肖像描写也常常表现出作者的爱憎。读者始终是被动的接受者。新小说派主张彻底改变现状，要求读者积极、主动地参与小说创作，努力建立作者、作品和读者的新关系。萨洛特认为，现在小说的主要问题在于从读者那里收回他旧有的贮存，尽一切可能把他吸引到作者的世界中来，并明确指出现代的读者不能再在小说中寻求轻松的消遣。葛利叶也认为读者应该积极调动自己丰富的生活经验和所掌握的探索手段，深入到作家提供的作品的深处，并发掘出其中的奥秘。为此，新小说派抛弃了诱导和解释，有意将小说写得颠倒错乱、含糊不清、残缺不全，故意在作品里留下“空缺”和“漏洞”，以便让读者根据作品提供的一切信息，运用自己的丰富生活经验去补充、思考、梳理、整合，从而得出自己的结论。可以设想，如果新小说完全排斥小说的倾向和意义，那他们所津津乐道的读者参与创作的主张岂不成了一句空话？看来，他们是把更多的东西留给了读者。

当然，我们在探讨新小说派文学的倾向性和思想意义的同时，又不能忽略它确有贬斥小说的倾向性和社会意义一面。葛利叶曾坦言：“新小说不是一种理论，而是一种探索。”①既然是一种探索，就难免会有这样或那样的失误和局限。而且新小说派的探索，显然也有一些并无多少实际意义，违反了艺术规律，在反传统的道路上走得太远，致使作品晦涩难解，味同嚼蜡。但是，新小说同其他一切文学艺术一样，都是一定观念形态的附属品，不可能脱离某种具体的特定的社会现实而独立存在。而存在主义和现象学则是其产生的哲学诱因。由于它在一定程度上反映了资本主义社会中关于人和物的价值观念的变化，也体现了作家对于适应变化了的现代社会的现代小说表现方式的最为新奇独异的构想，故具有强烈的时代色彩和社会意义。仅此而言，新小说并没有独立于社会之外，更未能彻底摆脱文学赖于存在的总体规范。

（原文刊载于《河南大学学报》1997 年第 3 期）

---

① ［法］让·里加尔：《新小说派书目介绍》，载柳鸣九编选：《新小说派研究》，中国社会科学出版社 1986 年版，第 648 页。

物本主义：
罗伯·葛利叶理论主张的核心

作为法国“新小说”派的重要代表作家，罗伯·葛利叶提出了“小说革命”等一系列理论主张。这些主张集中体现在其论著《为了一种新小说》中，其中，《未来小说的道路》和《自然·人道主义·悲剧》等论文被视为“新小说”派的纲领和宣言。那么，他的理论主张的核心是什么？又如何客观公正地认识和理解它呢？

罗伯·葛利叶在《未来小说的道路》一文中，对几百年来通行的以表现人为中心的小说观念，即“巴尔扎克的观念”深为不满。他认为这种观念已经主宰了作品的构思、人物的描写和情节的开展。“从此以后，一部好的小说一直就是对于一定环境下一定激情的研究，不是激情的冲突便是激情的缺乏。大多数的当代传统小说作者，也就是说，那些博得读者赞赏的作家，可以把《克雷夫公主》或《高老头》中大段大段的文字插入自己的作品而毫不会引起囫囵吞枣的读者的疑心，作家至多只需在这儿那儿换一个表达方式、改动某些句子的结构、采用一个新字一个大胆的比喻或一个妙语就可以传达出自己的特点……他们都觉得，几百年来作家都是这样从事自己的行当，一点都不觉得这有什么不正常。”①他认为当代作家仍囿于这种过时的观念，从而使小说艺术落入“陷坑”之中。为此，他旗帜鲜明地提出“要铲除陈旧的深度童话”，而自巴尔扎克甚至拉·法耶特夫人以来的小说艺术始终

① 参见柳鸣九编选：《新小说派研究》，中国社会科学出版社1986年版，第59—60页。

局限在这种“陈旧的深度童话”的基础上；但是“今天已经有一种新的因素彻底把我们和巴尔扎克，同样把我们和纪德、拉·法耶特夫人区别开来”①。这种“新因素”就是20世纪的新现实、新观念。葛利叶在分析这种“新因素”时说：“巴尔扎克的时代是资产阶级的上升时期，资产阶级的道德伦理与当时它的处境地位是相符合的，它当时并不认为自己是剥削阶级，它具有意义上的自信；但是，在20世纪，资产阶级被认为是压迫阶级，而且并不是永世长存的，在当代法国资产阶级社会里，大家对现今的价值标准、道德、伦理都不相信。19世纪对我们来说，是已经失去了的天堂。”②20世纪是一个‘不稳定的’‘浮动的’‘令人捉摸不定的’世纪，在这样的条件下，“我们当然不能沿用表现过去天堂的方法来表现现在”③。倘若我们不能另辟蹊径，探索新路，在“前人把话都说尽了”的情况下，依然步其后尘，将无所作为，一事无成。所以他强调“小说是创造，而不是一成不变的老套”④。而他后来的一系列主张就是企图把小说的演变继续下去的一次新的尝试，新的努力。

葛利叶认为，创造新的文字，必须反对那种在传统小说中统治一切的人本主义。针对物质世界人格化的“世界是人”的人本主义观点，他提出了自己新的见解：“世界既不是有意义的，也不是荒诞的，它存在着，如此而已”⑤，“事物就是事物，人只不过是人”⑥。他要求作家纯客观地观察和描写物体的“既无虚伪的光彩也不透明的”“表层”，并且单纯地注重物体的物理属性，它的度量、位置，它与另一物的距离等。为了强调物件形象的客观性和确定性，葛利叶甚至排斥对物件色彩的描绘，因为“色彩会随着光线、背景和看它的人的不同而有所区别”。葛利叶的这一观点，被西方评论家概括为“物本主义”。葛利叶

① 参见柳鸣九编选：《新小说派研究》，中国社会科学出版社1986年版，第64页。
② 参见柳鸣九编选：《新小说派研究》，中国社会科学出版社1986年版，第568页。
③ 参见柳鸣九编选：《新小说派研究》，中国社会科学出版社1986年版，第568页。
④ 参见柳鸣九编选：《新小说派研究》，中国社会科学出版社1986年版，第648页。
⑤ 参见柳鸣九编选：《新小说派研究》，中国社会科学出版社1986年版，第64页。
⑥ 参见柳鸣九编选：《新小说派研究》，中国社会科学出版社1986年版，第605页。

在阐述自己"物本主义"这一独特主张时,极力反对各种反对派对他的"否定人本身""非人"的责难。他一再强调,他的意图仅仅是在于证明世界上有某些东西,它们不是人,它们对人没有任何表情,我们既不能把它们变成自己的,也不能把某种品质加诸它们。它们总是超出我们所能及的范围,始终都不会成为我们的天然盟友。因此,在他看来,真正的人道主义,不应片面地强调"世界是人",而应"容纳一切",即充分意识到物的客观存在,从人以外的客观世界获取"可靠的动力"。

基于此,葛利叶坚决反对那种通过主观去认识世界,并从人的角度去解释万物的传统做法,他"简直像人与物之间'精神桥梁'一样,首先保证了这二者的相辅相成"①。这完全不符合客观现实。而客观现实又是怎样的情况呢?即"人看着世界,而世界并不回敬他一眼"②。这种物与人的隔膜与对立,让人感到无比的尴尬和难堪!人与物已不可能像在传统文学里那样被表现得水乳交融,亲密无间。"人与人之间的距离,人与自身的距离,人与世界的距离,世界与自身的距离,……一切都扯开了,撕裂了,分崩离析了。"③作者深感人"陷入了一个完全悲剧化的宇宙"。

因此,葛利叶率先倡导对"物"的描写,并对"物"情有独钟,绝非偶然。在《未来小说的道理》一文中,他指出:"我们必须制造出一个更实体、更直观的世界,以代替现有的这个充满心理的、社会的和功能意义的世界。让物体和姿态首先以它们的存在去发生作用,让它们的存在继续为人们感觉到,而不顾任何企图把它们归入什么体系的说明性的理论,不管是心理学、社会学、弗洛伊德主义,还是形而上学的体系。"④在《自然·人道主义·悲剧》中,他更是清楚不过地指出:"在这种条件下,自称为物而写、与物同在、置身物内,就等于否定它们的现实性,它的不透明状态。结果,在这个充满了物件的宇宙里,物件对于

① 参见柳鸣九编选:《新小说派研究》,中国社会科学出版社 1986 年版,第 68 页。
② 参见柳鸣九编选:《新小说派研究》,中国社会科学出版社 1986 年版,第 74 页。
③ 参见柳鸣九编选:《新小说派研究》,中国社会科学出版社 1986 年版,第 76 页。
④ 参见柳鸣九编选:《新小说派研究》,中国社会科学出版社 1986 年版,第 63 页。

人类来说不是别的，而只是无限地反映着人本身形象的镜子。”①原来，他如此钟情于物的描写，竟旨在反映人本身。也就是说，他主张从一个崭新的视角——物的视角而非人的视角去反映现代人的生存状况。他还重申，他倡导的物本主义小说“关心的仅仅是人及其在世界上的处境”②。当然，物本主义小说不像以往的倾向性鲜明的传统文学，它并“不提出现成的意义”，而是客观地、冷峻地从物的角度，曲折含蓄地泄露出一种向我们隐瞒了的真实，这种真实恰是需要我们在种种物象下面探寻的隐秘的真实。例如，他的代表作之一的《窥视者》即这一主张的具体实践。小说叙述了一个叫马弟雅思的旅行推销员回到他孩提时代住过的小岛上兜售手表，在挨户走访时，他发现了一个13岁的牧羊女雅克莲与自己的女友长得极为相像。这天牧羊女正在海边偏僻处放羊，马弟雅思骑车经过，下车用拾来的绳子将她捆住，强奸后杀害，又将尸体抛入海中。尸体被发现后，马弟雅思心虚，回到现场毁灭物证，却发现他的犯罪经过已经被雅克莲的男友于连窥见。于连当面揭发马弟雅思，证实他目睹了犯罪经过，但他却并不想告发马弟雅思。马弟雅思安然在小岛上住了两天，然后无事一般回到了陆地。但我们对《窥视者》的情节概括已大大违背了作品的原意和特点了。原作有意打乱了传统小说故事情节的完整性、连贯性和逻辑性，用写物来代替写人。小说描写的实际上是通过主人公眼睛所看到的一百余个场面，而这些场面又由各种物象构成。因此，任何以传统的鉴赏原则来概括小说的故事情节的做法，都将使读者离原作越来越远，最终只好将作品简单粗暴地予以否定。然而，事实上，《窥视者》这一典型特征正好反映了第二次世界大战后社会生活动荡不安、变化多端，青年一代精神空虚、前途暗淡的现实，更重要的是预示了人类的“物化”现象日趋严重，人类已不再是“宇宙的精华，万物的灵长”了。

总之，物本主义是葛利叶一系列理论主张的核心，是我们认识、把握其理论探索和创作实践的一把钥匙。物本主义的出现有其深刻的

① 参见柳鸣九编选：《新小说派研究》，中国社会科学出版社1986年版，第82页。

② 参见柳鸣九编选：《新小说派研究》，中国社会科学出版社1986年版，第648页。

历史背景和现实依据。正如法国当代评论家布阿德福尔在《新小说派概述》一文中所分析的那样，其根源“在于这半个世纪中发生的悲剧里”。两次世界大战“留下了残酷的痕迹：欧洲的躯体遍体鳞伤，欧洲的精神受到了无法磨灭的警告。在集中营被摧毁之后，原子弹在广岛爆炸造成的后果是阴暗的预兆。人道主义幻想的破灭证实了当代世界的脆弱”①，在这样的大背景下，“康德离他们太远了，19 世纪理想的道德观在他们的心目中不复存在了。何况人自己迟早要死去，而且谁也没有为了要去拯救人去操心。作家们丧失了信仰：世界不再使他们觉得是必要的了。在他们眼里，‘荒诞’成为被摆明了的真理，它如昨日上帝的存在一样，是无须讨论的。他们对传统艺术形式之否定是和他们对‘敏感的世界之真实性’及人的精神之能量提出质疑同时出现的”②。因此，葛利叶的物本主义也就必然具有一定的积极意义和审美价值。它反映了资本主义世界中关于人和物的价值观念的变化，也体现了作家对于现代小说表现视角的最为新奇独特的构想。它带给人一种压抑、沉重、凝滞之感，展示了一个“物”充斥一切的世界。那个曾经是“宇宙的精华，万物的灵长”的大写的“人”，如今已处在物质的重重包围之中，几乎被“物”吞噬掉，一定程度折射出物质文明高度发达的西方资本主义社会中人与世界的现实关系，同时也含蓄、曲折地反映了作家对西方现代物质文明社会的怀疑和愤懑、无奈与绝望。

当然，葛利叶的主张也有其不足，譬如对物的过分强调使作品晦涩难解，甚至笼罩上了一层浓浓的不可知的色彩；有些主张还违背了艺术规律，在反传统的道路上走得太远等。不过，我们能认识到他的物本主义存在的价值，并为他表现出来的开拓的意识和创新的勇气给予理解、肯定，就足以使我们获益匪浅。

（原文刊载于《外国文学研究》1999 年第 2 期）

① 参见柳鸣九编选：《新小说派研究》，中国社会科学出版社 1986 年版，第 494 页。
② 参见柳鸣九编选：《新小说派研究》，中国社会科学出版社 1986 年版，第 494 页。

关于20世纪
外国文学教学现状的反思

20世纪以来，世界的剧变和发展，引起了文学的突变，一系列新的文学现象、美学观念和表现手段纷然杂陈，各展其能，使世界文学呈现出波诡云谲、色彩斑斓的复杂景观。其中，无产阶级文学和现代派文学异军突起，傲立于世界文学之林，并日益产生重大影响。面对这种新的文学格局，中国的外国文学教学本应关注这一变化，及时将其有影响的新的代表作家作品介绍给学生。然而，纵览近年来出版的主要外国文学教材，不难看出，20世纪外国文学所占的比重非常小，很多重要的代表性作家作品都没有摆在教学应有的位置上。例如，无产阶级文学部分，教材多是偏重于十月革命前后的苏联文学的介绍和分析，对其他国家的无产阶级文学却着墨甚少。尤其是忽视了对布莱希特这样一位在现代世界戏剧史上占有重要地位的德国杰出叙事剧作家及其作品的介绍和分析。例如，对《欧洲文学史》（杨周翰等主编）、《外国文学教程》（王忠祥等主编）只字未提；朱维之等主编的《外国文学史》（欧美部分）只是略点其名；24所高等院校编的《外国文学史》中，仅有30行的文字简介，还不集中。而批判现实主义文学也仅仅局限于对罗曼·罗兰、萧伯纳、德莱塞、海明威等作家的介绍。至于五颜六色、光怪陆离的现代派文学，在教材中所占分量更是微乎其微。翻开《外国文学简编》（朱维之等主编），我们根本看不到现代派文学的内容；《欧洲文学史》（杨周翰等主编）仅以10行的笔墨介绍了表现主义，并未谈到象征主义诗人里尔克和表现主义先驱斯持林堡；《欧美文学简编》(刘念兹等编)则只提到福克纳和奥尼尔二位作家。其他不少教材也多是对现代派文学作总体介绍,缺少具体作家作品的具体分析。如对《外国文学史》(24 所高等院校编)的介绍均星散于第四至第八各章的“概述”中,没有以专节的篇幅突出分析一些重要作家作品。对普鲁斯持、卡夫卡、艾略特这样的大作家,只有寥寥十几行的概括介绍。朱维之等主编的《外国文学史》(欧美部分)对普鲁斯特、乔尹斯、卡夫卡及其作品作了专节分析,这是可贵的,但对其他重要流派和作家仍未涉及。特别是 20 世纪的拉丁美洲文学,在我们的教学日程表上是一个空白,迄今尚未具体体现在主要教材中。这不能不说,我们目前的教学仍在受过去教学大纲和传统教学体系的影响。

值得高兴的是,近年来出版的《新编外国文学教程》(胡正学等主编)、《外国文学史新编》(黄源主编)等教材在充实 20 世纪文学内容方面作了有益的尝试和改革。这说明 20 世纪外国文学正在被逐步重视。

但是,目前从总体上看,20 世纪外国文学与古典外国文学之间存在着严重的不平衡,几乎处于一种受冷落的境地,成为教学中的一大薄弱环节。这种极不正常的现象,应该尽快地改变,以便使广大学生对 20 世纪外国文学能有一个整体的而不是零碎的、正确的而不是片面的认识。

重视并讲好 20 世纪外国文学具有重要意义。

首先,20 世纪外国文学是整个外国文学发展史中一个不可分割的重要组成部分。它开拓了新的文学内容,提供了新的文学形象,丰富了文学的表现技巧,取得了古典文学不可替代的成就。20 世纪以来,一系列重大的历史事件,诸如两次世界大战、经济危机、国际工运、民族解放运动以及各阶级的社会情绪、各阶层的心理状态等,都生动真实、淋漓尽致地珍藏于现当代外国文学作品中。特别是占有相当比重的、以两次世界大战为题材的作品,从不同角度、全方位深刻地表现了帝国主义战争给人类带来的深重灾难,用血淋淋的事实控诉了帝国主义者的欺骗宣传,表达了人民反对战争、向往和平的诚挚心声和强烈愿望。在一些优秀的现实主义作品中,劳动人民已不再是听任摆布、逆来顺受、让人怜悯的小人物，而成为敢于主宰自己命运、争取自由解放斗争的强者。这些作品达到了传统批判现实主义文学未能达到的思想高度和艺术高度。值得重视的是，20世纪涌现出一大批著名的无产阶级文学作品，塑造了不少光彩照人的共产党员形象，极大地丰富了世界文学的人物画廊。

20世纪文学在艺术上，既继承了古典文学的优良传统，又广采博纳，富于创新；同时还糅合进电影电视等新型艺术的表现手段和传记、新闻等非艺术门类的写作形式，以其独特的风格、多彩的形式呈现于世。例如，法国现实主义作家莫里亚克将意识流手法同弗洛伊德的理论糅合在一起，对人物心理描写进行了新的探索。贝娄、伦茨、伯尔等将意识流和电影技法移入小说，突出地显示了现代小说的场景多变、情节跳跃、时空自由的特色。在戏剧领域，布莱希特别开生面，独树一帜，首创"叙事体戏剧理论"，率先在传统欧洲戏剧中引入叙事成分，并吸收了叙事文学灵活多样的概括手法，从而突破了传统戏剧侧重描写个人命运遭际和家庭纷争冲突的框框，使戏剧深入到纷繁多变、规模宏巨的社会历史题材中去，形成其史诗般的风貌。他的戏剧改革，扩大了戏剧的观念，丰富了戏剧的表现力，对现代欧洲戏剧创作和戏剧理论作出了新贡献，产生了深远的影响。

而现代派文学在艺术上的成就更为显著。它第一次涉及了人类的全部意识范围，在描写人物心理活动的流动性、飘忽性、复杂性、多变性方面，尤其对于变态病态心理、无意识领域的开拓方面，确实填补了过去文学的一项空白。不仅如此，它在表现方法上也作了颇多有益的探索和革新，创造了一系列表现社会与人物的新手法、新形式和新技巧，大大拓展了文学的表现力。

总之，20世纪外国文学给学生提供了一个陌生而新鲜的认知空间，通过讲授，就可以扩大学生的视野，从而使其清晰完整地了解现当代外国文学的发展脉络及其成就。

其次，在当前的时代背景下，重视、加强20世纪外国文学教学，对广大学生无疑能起到有益的启迪和积极的教育作用。不少学生对今日西方社会了解不多，却仅因高度发达的物质文明便对其产生盲目崇拜的心理。殊不知,他们只是看到了问题的一些表层现象。那里果真是一个令人神往的人间乐园吗?现当代外国文学作品为我们启开了一个一窥其全景真貌的绝好的窗口。现代派文学就对现代资本主义这个异化世界作了尖锐而突出的反映,成功地表现了一个令人惊异巨悸的畸形的社会制度和在这种社会制度里被扭曲了的人物群像,对我们极具认识价值和教育价值。例如,被西方评论界誉为“把二十世纪表现得最好的作家”的卡夫卡,其作品鲜明地揭示了现代资本主义社会普遍存在着的异化现象,并在许多方面触及资本主义社会的本质问题。他的代表作《变形记》,就是通过一个推销员变成甲虫的荒诞故事,形象地表现了资本主义社会给人带来的重压、不幸以及人性的扭曲与变形。又如,荒诞派戏剧大师尤奈斯库的《犀牛》,通过人变犀牛的荒诞情节,象征性地表现了畸形发展的西方文明对人的异化,物的绝对统治肢解了人的个性,现代社会和官僚机器压迫人不能自如地发展人的本质。而他的《秃头歌女》则更为形象地揭示了资本主义社会里人的苦闷、孤独和绝望,特别是人与人之间的陌生感和隔膜感。因此,通过有选择地讲析现当代外国文学的一些经典作品,不仅有助于学生对其成就获得一个较为具体的感性认识,而且通过对作品中人物被异化的悲剧命运和人际关系的冷酷无情等的描写,启发学生全面、正确和理智地了解今日西方社会,不再盲目崇外,从而自觉联系中国现实,从本质上认识到社会主义制度的优越性及光明前途。同时,也真正行之有效地而不是流于空谈地将爱国主义思想意识具体地、自然地渗透、熔铸进外国文学教学的过程中,充分体现出这门学科的现实感和教育性。

我们还必须清醒地看到,随着中国经济、文化的开放,大量的现当代外国文学作品潮水般地被不断译介过来,生活在改革开放、知识爆炸的环境中的青年大学生,由于对新知的强烈渴求,使得他们在缺乏正确引导的情况下盲目地、无选择地吸收了西方现当代文学中一些颓废的、不健康的东西,并产生了明显的消极情绪。这与我们目前在教学中厚古薄今、回避矛盾的倾向不无关系。要解决这一现实问题,就需要我们高度重视、切实加强 20 世纪外国文学的教学,面对现实,进行具体、正确的引导。尽管20世纪外国文学光怪陆离，内容驳杂，但是，我们相信，只要我们教学的指导思想正确，教学方向端正，讲授它定能收到良好的教育效果。

最后，重视并讲好20世纪外国文学，也有助于学生更深刻、更完整、更全面地认识我们本民族的现当代文学。20世纪20年代，法国著名批评家朗松这样说过："就我们法国人而言，重要的不是原封不动地照搬外国文学及其思想，而只是汲取对于我们有用的东西。我们只是为我所用。我们不是仅仅为了去探求外国文学本身的价值，而主要是为了求得我们文学自身的价值。我们是为了更好地表现自己而学习外国文学的。"①我们中国人又何尝不是如此呢！其实，"五四"新文学的先驱者和杰出代表鲁迅、郭沫若、茅盾在其创作中，早就极为成功地借鉴了现代派的一些表现手法和技巧。例如，鲁迅的《狂人日记》即对西方意识流手法的一种独具匠心的改造，从而使其很好地服务于正义的历史要求和先进的时代精神。我们透过狂人胸中那种浩然无涯、斡浪而迁的思想流水，听到了"不得吃人""救救孩子"的觉醒的呐喊，看到了当时正在中国大地上激荡的民主思想的狂飙。鲁迅的巨笔搅动了中国国民心中沉寂已久的思想的潮水，叫它流，叫它涌，叫它不断掀起巨澜，发出怒吼！为了充分发挥这神功效，《狂人日记》在形式上也颇为考究。其基本格局是意识流的，但其逻辑与文法相当缜密，主观印象与客观事物极为协调，思想的跳跃和画面的衔接也甚为稳妥，在疯狂中显示出深刻的理性，在散漫不拘中又有迹可循。因此，人物性格清晰鲜明，对现实的反映独到深刻，完全摒弃了西方意识流小说那种混乱烦琐、朦胧神秘、晦涩难懂的短处。在洪琛、曹禺、田汉、郁达夫等卓有成就的现代作家的作品中，也可以找到现代派的影子。洪琛的话剧《赵阎王》与美国现代最负盛名的表现主义戏剧大师奥尼尔的《琼斯皇》，在情节结构和表现手法方面，就有颇多相似之处。譬如，赵阎王仓皇逃遁森林，最终被追捕杀死的情节相似于《琼斯皇》：森林中

① 参见大冢幸男著，陈秋峰、杨国华译：《比较文学原理》，陕西人民出版社1985年版，第28—29页。

昏暗、幻影、鬼魂的出现，四起的“咚”的鼓声，以及赵阎王在森林中幻觉的描写，都吸收了该剧的表现手法，成为渲染气氛、表现戏剧冲突，揭示人物心理变化的不可或缺的有机组成部分。曹禺的代表作《雷雨》的情节及结尾的紧张、惊惧气氛，《原野》中仇虎逃入丛林的场景，和第三幕第四场的处理，明显受到奥尼尔的影响。《日出》第三幕妓院的场面中，采用“拉帐子”的方法，将舞台一分为二，在同一时间内演出两样戏，也是取法于奥尼尔的戏剧。

中国当代作家王蒙，在《春之声》《夜的眼》和《买买提处长轶事》等作品中，也借鉴了意识流和“黑色幽默”等表现手法，在题材和形式上进行了新的大胆的开拓与创新，改变了一代人的审美方式和审美习惯，对当代文学的走向产生了积极的影响。可以说，他是中国借鉴现代派手法，“取精用宏，化为自己血肉”的、运用得最纯熟、最有成就的当代作家。他把继承、借鉴和创造三者有机地结合起来进行创作。他清醒地认识到“不能以不变应万变，也不能用代入法把汉族甚至欧美某一个民族的什么样式直接代入，那是不行的，要经过消化，在本民族特点的基础上，有所借鉴，扩大我们的眼界”①。特别是在意识流手法的运用上，他一扫西方意识流小说“泛性欲”的心理描写，划清了东西方在社会道德规范方面的界限。他虽然也表现潜意识，但与西方意识流小说以表现人的迷离恍惚的潜意识为中心，把人物写成受潜意识支配迥然不同，这就划清了把人作为“理性支配的人”与作为“生物本能的人”的界限。而且他的人物的意识流动源于历史和现实生活的感受，与西方意识流往往把人物与现实生活隔离开来更是大相径庭，这就又进一步划清了意识流手法运用的“唯物”和“唯心”立场的分水岭。

另外，还有宗璞和韩少功、莫言等作家的创作也分别受到卡夫卡和魔幻现实主义的影响。特别是近年来活跃在文坛上的、十分引人注目的“新潮作家”，如刘索拉、王安忆、张辛欣、高行健等，更是受到现代派的影响。

---

① 参见《青春》1982 年第 4 期。

在这种态势下,让学生及时了解现当代外国文学的长处和局限,可以更加清醒、主动、自觉地认识中国现当代文学,特别是当代文学创作,在吸收借鉴方面的成败得失和经验教训,也更有益于他们在今后的阅读和创作中,提高审美能力,辨清莨莠,改善思维方式,拓展思路,启迪智慧,少走弯路。

20世纪即将过去了。如果我们外国文学教学的主要内容仍停留在100年以前,不愿关注现当代,那么,这一落后现状将与中国的改革开放和中外文化交流日益频繁的局面大不相适应,对加强中国同世界各国人民之间的相互了解和友谊,有分析地汲取各国文学的长处,以及深入认识各国社会的现实亦尤为不利。因此,重视、加强20世纪外国文学教学意义重大,刻不容缓。外国文学教学的改革是时代的要求,势在必行。我们呼吁有关方面,重新编写一部外国文学史,将20世纪文学作为重要内容列入教材,对有影响的代表性作家、作品进行具体介绍和分析。同时,对古典外国文学的内容作相应的、适当的调整和精简,使"古""今"的比重趋于平衡、合理,从而使外国文学课充满新时代的活力,真正为扩大学生视野,丰富学生知识,了解现代异邦国情,振奋民族精神,为推动中外文化的交流作出新贡献。

(原文刊载于《许昌师专学报》1991年第2期)

百年学术史探寻与总结的里程碑

——评12卷本《中国外国文学研究的学术历程》

近年来,越来越多的学者开始自觉致力于相关学科领域的学术史研究,例如,已经出版的《中国20世纪文艺学学术史》《20世纪中国古代文学学术史》《中国比较文学百年史》《新中国60年外国文学研究》等,而且还有对一个作家的学术史研究,如《塞万提斯学术史研究》等。对学科学术史的探寻是学术研究发展到一定阶段的必然要求,是学科意识由出现到成熟、由自发到自觉的体现。回顾、梳理学科学术史是为了全面总结已有成绩与不足,更好地寻求新的问题意识和学术新高度的突破。

新近面世的由陈建华做总主编、多位学者历经数年、含辛茹苦共同参与完成的12卷本《中国外国文学研究的学术历程》①就是探寻20世纪中国外国文学学术史研究的又一个标志性的里程碑,具有重要的创新性学术开拓价值。这部鸿篇巨制是国内第一部以国别研究为主要切入点的外国文学研究史著作,它“从各自的角度对长达百余年的中国的外国文学研究进行了全面观照,在充分展示中国外国文学研究所取得的成绩的同时,也从方法论的角度指出了研究中存在的问题”②。本丛书既是国家社科基金重大招标项目结项成果,又是国家

---

① 陈建华总主编:《中国外国文学研究的学术历程》,重庆出版社2016年版。

② 陈建华总主编:《中国外国文学研究的学术历程》导言,重庆出版社2016年版,第9页。

重点图书出版项目立项成果。

《中国外国文学研究的学术历程》装帧精美，赏心悦目，有颇多值得让人称道之处。不过，首先让学界瞩目的，是它汇聚了一大批该专业领域的著名大家与中坚力量，首次对20世纪中国外国文学研究进行了全方位、多层面地系统梳理与深入探讨，其涉及范围之广、跨度之大，规模之巨，角度之新、史料之丰，梳理之细，均为国内首次。从内容上看，它大气磅礴，层次清晰，几乎覆盖了主要国外文学研究，分别由“总论卷”“外国文论卷”“国别卷”和“国别综合卷”四类组成，总计500余万字。第1卷、第2卷为“总论卷”，主要讨论理论方法层面的问题，带有宏观层面的整体把握性质。第1卷“外国文学研究方法论问题”分上下编，上编主要探讨外国文学研究的方法论问题，涉及形式理论与社会/历史学转向、外国文学研究的元方法论问题、“本土”实践与世界文学、新媒体时代外国文学研究方法的调适等；下编以10年为一个时期，具体梳理了百年中国外国文学研究不同批评话语的转型及原因，清晰地勾画了启蒙思想话语、文学革命话语、阶级论话语与学术分析、各种话语的杂糅并存，以及新中国成立以来研究话语的重建、转换与多元话语建构的发展轨迹。第2卷“外国文学研究的多维视野”同样分上下两编，上编从宗教学、社会学、文化人类学、译介学、叙事学、文学伦理学批评、生态批评、女性主义、世界文学等层面探讨外国文学研究中的方法选择与运用，鲜明地呈现出了批评主体在理论与方法上的创新追求；下编梳理、评论外国文学史范式建构、外国文学课程设置与学科发展等相关问题。第3卷为“外国文论研究”，该卷以马克思主义文论、俄苏文论、英美文论与欧陆文论等四大板块结构为一个整体，以每10年为一个时段，以学人、学说、学刊为经纬，客观阐述中国几代学人在这四大领域的译介与研究情况，完整清晰地勾勒了外国文论在中国的传播与接受轨迹。第4卷至第10卷是“国别卷”，分别就中国对美、英、法、俄、德、日、印度等7国文学研究的学术历程作了系统考察，内容翔实，精彩纷呈。第11卷与第12卷为“国别综合卷”，其中，第11卷是对美、英、法、俄、德等5国之外的欧美文学研究情况的综合梳理，涉及古希腊罗马文学、北欧文学、东欧文学、西班牙文学、加拿大文学、拉美文学、澳大利亚文学、新西兰文学等。第12卷从国家整体文学研究与重要作家作品研究两大层面，对日本和印度之外的亚非重要国家和地区的文学研究情况进行了整体观照，涵盖了蒙古文学、朝鲜—韩国文学、菲律宾文学、新马泰文学、印度尼西亚文学、越南文学、缅甸文学、孟加拉文学、斯里兰卡文学、尼泊尔文学、巴基斯坦文学、阿富汗文学、波斯(伊朗)文学、土耳其文学、希伯来—以色列文学、阿拉伯文学、埃及文学、撒哈拉沙漠以南的非洲文学等。

需要指出的是，这套皇皇巨著所涉及的论域也是相当全面的，包括作家作品译介、重要著作与研究者评析、专题研究、文学案例分析、研究热点分析、比较研究、外国文学课程设置与学科发展、学科研究队伍、文学史教材编写、学术制度、研究机构、学术团体、报刊专号、学术期刊、重要学术会议与国际交流、研究展望等，构成了一幅层次丰富、立体交错的全景图像，充分显示了丛书作者广博的学术视野与深厚的学术功力。如此全面系统地从宏观视野、整体层面对外国文学研究进行综合梳理和概括，此前实属罕见，极大地拓展了学术认知视野的广度与深度，填补了20世纪中国外国文学学术史研究领域的空白。

其次，丛书最能体现学术自觉之处，是其所具有的鲜明的学术史意识。观照20世纪中国外国文学研究的学术历程，不可能只是简单的线性脉络梳理和描述，还要有见解、下判断、做评价，需要对不同历史阶段的重要学人与研究著述的成就与不足做出恰如其分、实事求是的定位与评判。因为重要学人与著述是学术史研究最核心的构成要素，缺失或淡化这一环节，也就谈不上是严格意义上的学术史研究。本丛书的作者对此有明确的认知。总主编陈建华在导言中就指出：“写好一部研究史需要对相关的学科领域进行科学的梳理，要记录下众多学者以生命和智慧构建的知识系统和范式体系，要善于从纷繁复杂的现象中把握重要的学术问题，要有理性的反思精神，难度是相当大的。它不仅需要研究者尽可能详尽地占有资料，更需要研究者具备较高的学术境界与创造力。”[①]王向远也坦承：“写学术研究史的主要任务，除了建构学术谱系外，主要是对著作人及其著作的评论。”[②]叶隽更是致力于从学术制度、学人、著述三个层面进行学术史研究，强调“必须关注著作和学术背后的那些‘活生生’的人，他们有崇高理想、学术雄心，也有七情六欲、柴米油盐，必须在具体的社会生活中完成其知识创造和学术使命”；而且“也决不能忽略并非由学者主体主动建构的制度本身，这既意味着学人不得不将具体的个人生活置于其中的社会语境，也指向更为复杂的时代背景下整体制度建构问题”。[③] 通观这套丛书，处处可见对重要学人与著述等方面的明确判断和真知灼见。这些见解显示了论者可贵的学术眼光、胆识与气魄，充分彰显了严谨求实、客观理性的学术评价精神。

例如，作者对曾为学界领袖、特别是德语文学领域第二代学人的冯至所取得的成就、遗憾及其对德文学科所具有的不可替代的意义等，就有精彩独到的论述与评价。作者认为，冯至的《德国文学简史》和《论歌德》两部著作最值得关注，“除此之外，冯至虽然也做了不少事情，诸如关于德语文学的零散文章，对海涅、布莱希特的介绍等，但都可以说不成系统，未成大文章。而这两部著作，前者见其通识之大，后者显其沉思之深，可以作为代表作来讨论”。在比较中追问并充分肯定冯至的学术贡献的同时，作者又客观指出，“作为一个学科领袖，作为一名深得学界期待的大学者，冯至的学术实绩实在是太过有限。且不说质量上如何出类拔萃，就是在数量上也太过寥落”，这“当然有时代背景等不得已的制约，但个体生性这方面的欠缺也是其中一个因素”。[④] “遗憾更在于，冯至尚未及大展身手，匆匆而来的时代变革已

---

① 陈建华总主编：《中国外国文学研究的学术历程》导言，重庆出版社 2016 年版，第 10 页。

② 陈建华总主编：《中国外国文学研究的学术历程》第 9 卷，重庆出版社 2016 年版，第 342 页。

③ 陈建华总主编：《中国外国文学研究的学术历程》第 8 卷，重庆出版社 2016 年版，第 10 页。

④ 陈建华总主编：《中国外国文学研究的学术历程》第 8 卷，重庆出版社 2016 年版，第 117 页。

将其不容分说地席卷进去”,这“都要求冯至将主要精力投入到更广阔的西语系乃至多学科的整合工作中去,而非德文学科的专门建设上”。“旋即而至的‘文化大革命’,更使得任何学术理想成为泡影,遑论一个德文学科和冯至个体了。这就是冯至的悲哀,一个无法展现学术理想和使命的学科领袖的悲哀。”①这种将学者置于学科史、时代环境、个体生性中,考察其成就与局限的评价,必然显得特别切实厚重,深刻有力。作者评价杨武能的学术贡献、地位与不足,同样鞭辟入里:“在我看来,其学术史贡献主要有三:其一是开辟出新时期中德文学关系史研究的学域”,他“在中德比较文学研究领域的开拓,既是他的学术起点,也是他一生学术成绩的最高峰”;其二,开辟了歌德的中国接受史的创新领域;“其三是对思想史意识的发覆”②,明确提出了以德国文学为主体的德语文学是思想者的文学这一观点。而其遗憾之处在于:“在学术实绩上未能够乘胜追击,数量都在翻译文学上了;在学术方法论上,若能更重视实证研究的方法,或可更上层楼;在翻译实践与理论思考基础上,虽不乏洞见,但却未能够提炼出更有贡献的翻译学理论创发,因为道理很简单,德诗汉译既已有如此丰富的实践经验积累,那我们就有理由期待其在理论上的水到渠成。当然,没有能够打通现有各领域,形成一种大家通识,可能是最让人可惜的。杨武能的各个研究领域虽都不乏关联性,但缺乏有效地联通维度,更缺乏自觉地主动建构的大家意识。”③这些评价正因为言之有物,针对性强,所以才能彰显出富有内涵的学术史意义。

尤其是研究者对第二代至第四代德语学人的传承、流变及其学术范式选择的论断与总结,更是高屋建瓴,简洁精辟,充分显示了研究者通观全局、整体把握的能力与见识。这段话不妨选录于此,以备参考。

---

① 陈建华总主编:《中国外国文学研究的学术历程》第8卷,重庆出版社2016年版,第135页。

② 陈建华总主编:《中国外国文学研究的学术历程》第8卷,重庆出版社2016年版,第172—173页。

③ 陈建华总主编:《中国外国文学研究的学术历程》第8卷,重庆出版社2016年版,第181页。

从陈铨到杨武能到卫茂平，我们可以看出中德比较文学研究的学科史轨迹在第二、三、四代学者中是如何流变的。当然这里涉及的还不仅是德文学科本身，更多其实关乎比较文学领域，就此而言，从学术范式的选择上我们可以感到一条最明显的轨迹链，就是"弃平行而选影响"，……如果说第一代德文学者如杨丙辰等基本上还未在此层面用力；那么第二代学者中冯至、陈铨恰恰选择了不同的两极，陈铨在基尔大学完成的博士论文，明显受到德国学者的影响，取求实的路径，努力讲求实证，乃是一部非常有学术价值的著作；冯至同样接受标准的德国学术训练，可日后涉猎比较文学领域，却以《歌德与杜甫》为题，进行平行研究。虽然他因在歌德研究、杜甫研究上都已有相当积淀，此文仍颇为出彩，但此类研究作为一种基本的方法论，却难以持久，故此篇基本也成为他在中德比较文学领域研究的'绝响'。而作为第三代学者代表人物的杨武能，虽然是冯至的及门弟子，但在学术范式的选择上并未萧规曹随，而是明显地接近陈铨路径。其《歌德与中国》，前半部分主要还是对德国学者研究的综述；而后半部分则开辟出新的学术领域，即关于中国的歌德接受史。应该承认，就学者成长的通途来说，选择影响研究作为基本的方法论，乃是不易之道。这一点，由陈铨—杨武能—卫茂平的路径可以表现得很清楚。①

又例如，在评论王晓平的《近代中日文学交流史稿》时，研究者认为该著"将文献学与文学批评、文学理论结合起来"，"以传播与影响研究为基本方法，对近代中日文学双向交流的线索、途径和方式，做了清晰的描绘。由于作者能够得心应手地驾驭和运用材料，在传播与影响的描述和考辨中，时有画龙点睛的理论分析，表现出作者的独到的识见，……为比较文学的传播与影响研究提供了成功的范例。书中所涉及的20个论题，在此前的中文著述中，大都没有人专门论述过，填

① 陈建华总主编:《中国外国文学研究的学术历程》第8卷，重庆出版社2016年版，第213—214页。

补了一连串的研究空缺，后来其他学者关于这个领域的研究，大都是在王晓平这部书的基础上加以细化和深化的。可以说，这部书是中日近代文学关系研究的奠基之作”。同时，研究者也对这部著作的不足做出了具体而微的客观评价，避免了言不及义、空洞无物的通病：“一方面，在全书论述的范围上，能否将明清时代与江户时代文学关系的相关论题纳入‘近代’的范畴，是值得商榷的；在全书各章的逻辑上也有不甚顺畅之处，如第十章‘《牡丹灯记》和《怪谈牡丹灯笼》’插在以政治小说为论题的第九章与第十一章之间，对于文气结构的贯通似有妨碍。近代中日文学交流中还有大量相关问题该书未能涉及，这当然主要是因为篇幅规模的限制，更重要的原因似乎是因为作者只在此前缺乏研究的领域里确定论题，而对研究较多的领域（如鲁迅、周作人兄弟与日本文学）则略而不论。由于涉及的问题点较多，有些问题在有限的篇幅内难以充分地展开和深化。另外，作为一部严谨的学术著作，……光有脚注还不够，还应该通过‘参考文献’加以清理和说明。”①这些评价同样贯穿着理据结合、严谨求实的学术勇气与品格。

第三，把文学史编写纳入学术史研究视野来考察，这是丛书值得注意的又一个亮点。丛书对20世纪中国外国文学史编写范式的发展与变化、特点及其原因、成就与不足等都做了总体评说。研究者将外国文学史编写划分为两大阶段，第一个阶段：中华人民共和国成立以前和中华人民共和国成立后至1978年。中华人民共和国成立以前外国文学史编写的特征主要表现为：第一，文学史观多受到进化论和社会文学史观的影响；第二，以编译、介绍和复述为主，原创性内容较少；第三，多由个人编撰，编写者兼具多重身份，研究领域宽广，学术兴趣广泛。中华人民共和国成立后至1978年，这个时期开始出现集体编纂的外国文学通史，且带有阶级斗争或图解政治的烙印。其共同特征是：在内容方面，现代俄苏现实主义文学和社会主义文学被定位为经典文学；无产阶级文学，尤其是弱小社会主义国家的民族文学得到重

① 陈建华总主编：《中国外国文学研究的学术历程》第9卷，重庆出版社2016年版，第303—304页。

视，不论其成就高低，均列专章处理。第二个阶段：1978 年以来。该阶段也可分为两个时期，20 世纪 80 年代和 20 世纪 90 年代以来。20 世纪 80 年代外国文学史编写特征主要是：首先，文学观和文学史观上还未完全摆脱旧有的二元对立的思维模式，文学史编写中他律论的编写模式是主导，多用马克思主义文艺理论来阐释文学史现象。在经典甄选上，现实主义文学，尤其是现代俄苏现实主义文学和社会主义文学被奉为经典。其次，外国文学史多由集体编写，编写者大多是该专业领域的专家和教师，标志着学术共同体已初步形成。第三，以教学需求为重，教学类外国文学史的数量远超其他类型的外国文学史。而 20 世纪 90 年代以来的文学史编写范式，则出现了一些重要变化：第一，编著标准渐由政治性转移到审美性和文学性，文学史观念更为开放和多元化，文学史家开始使用新的自律论方法如文本批评、形式主义方法等进行编写；第二，文学史的学术共同体已正式形成，从事外国文学史编写的队伍渐趋壮大与成熟；第三，在对待古今文学的态度上，多采取厚今薄古、详尽略远的原则，更加重视 20 世纪外国文学，同时，学者专论型文学史开始涌现，这类文学史因意识形态性的弱化和个人意识的张扬而更富有学术个性；第四，一些具有代表性的外国文学史呈现出强烈的精神史特征，注重从纷乱杂呈的文学史现象中，寻找出精神变化和思想发展的线索，并凸显出文学中的“人性精神”和“人文色彩”。把文学史编写范式的建构与变化作为外国文学研究历程的重要组成部分来加以梳理、比较和评价，不仅有助于我们较为全面翔实地了解百年来中国学人编写外国文学史的演化过程和可循规律，而且更有利于我们深入理解对外来作家作品、思潮流派接受的重点与评价的变化，进而积极推动外国文学史编写更上一层楼以及外国文学学科建设的健康发展。

另外，丛书作者全面梳理中国外国文学研究的历史轨迹，自然离不开运用比较文学的视野和方法细密考察外国作家作品在中国的传播和接受，所以研究者特别强调接受与研究过程中本土经验的重要作用。本土经验是“由传统文化、心理结构、思维模式、道德规范、时代精神等诸种因素综合而成的‘集体无意识’”，是“一种既有相对于过去的历时性的继承与发展，又有相对外来民族的共时性的借鉴与吸收”，它是影响中国外国文学接受与研究的深层因素。① 因此,研究者能积极发挥主体意识,自觉探索本土经验,用中国人的观点来理解外国文学研究的学术历程。例如,研究者将中国法国文学的接受与不同时期社会政治环境的变化结合起来加以考察,并以经典作家作品诸如罗曼·罗兰、巴尔扎克、《红与黑》等在不同历史时期的研究为案例,运用影响研究方法来考察法国文学在中国的接受命运,从而折射出文学研究与社会政治、意识形态等诸多因素的关系。

丛书的研究方法也有创新之处。例如,丛书除主要采用比较实证等方法外,还采用了直观感性的数据统计和图标分析的方法,对外国文学的译介、研究等状况进行定性和定量分析,力求得出比较客观与科学的评价,让读者一目了然。关于未来研究展望,丛书也从问题意识的角度给出了足资借鉴的建议。例如,继续加强外国文学研究中的学术自信和反思意识;强调学者提高西方文史哲等方面的综合性学术素养与跨学科研究能力;倡导思想史语境中的文学经典阐释策略,力求避免"方法+文本"研究模式的不足;在东方文学领域,加强区域性研究、整体研究、比较研究、东方文学与东方文化研究交融等。

当然,书中不足之处在所难免。例如,个别章节中的内容介绍不是很协调。第 2 卷"中国台湾地区的外国文学研究"部分,作者认为"台湾的外国文学研究首重英美方向,而研究美国文学的成果又超越了英国文学"。可是,实际上作者介绍英国文学的研究成果多达 28 页,而介绍"超越了英国文学"的美国文学则仅占 10 页。显然,美国文学研究成果的介绍文字偏少,不成比例。

总之,瑕不掩瑜。这套洋洋大观的 12 卷本《外国文学研究的学术历程》,是对 20 世纪中国外国文学研究进行全面系统梳理与总结的学术史研究巨著,在该学科学术史研究领域具有划时代的意义。

(原文刊载于《外国文学研究》2017 年第 1 期)

---

① 陈建华总主编:《中国外国文学研究的学术历程》第 4 卷,重庆出版社 2016 年版,第 110 页。

略论六朝志怪小说的两大叙事特征

一、限知叙事特征

毋庸置疑，全知视角叙事是六朝志怪小说的主导性叙事模式，不过，限知视角叙事在六朝志怪小说中同样有着相当广泛、自然的应用。它主要是站在作品中某一人物的角度，即通过他的眼光和意识来叙述其他的人物和事件。《搜神记》中的《宋定伯》《赵公明参佐》《都尉驸马》《卢充》《汉谈生》《秦巨伯》等都是这一视角叙事的代表作。在《宋定伯》①这篇脍炙人口的降鬼名篇中，作者一开始就将叙事聚焦在主人公宋定伯身上并且始终以他的视角为叙事视角。宋定伯和鬼"共递相担"，作者只写宋定伯担鬼的感受——"鬼略无重"，而不写鬼担宋定伯的感受，鬼的感受是通过宋定伯听鬼说"卿太重，将非鬼也"的描写而实现的。同样，宋定伯与鬼一起渡河，"定伯令鬼先渡，听之，了然无声音"，而"定伯自渡，漕漼作声"，也是写他自己耳中所闻。作者借这一视角，不仅写了鬼，而且塑造了宋定伯这个不怕鬼、以智勇胜鬼的生动形象，相比而言，后者给人的印象更为深刻。

这一叙事特征在洞穴仙境类志怪小说中表现得也颇为典型，《搜神后记》中的《桃花源》《袁相根硕》和《幽明录》中的《黄原》《刘晨阮肇》就是其代表作品。例如，在《黄原》②这篇相当规范的限知视角叙

① 干宝著，汪绍楹校注：《搜神记》，中华书局1979年版，第199页。

② 干宝著，汪绍楹校注：《搜神记》，中华书局1979年版，第468—469页。

事作品中，叙事者的视角就是人物的视角，叙事者所叙述的一切均出自黄原这一视角主体："忽有衢，槐柳列植，垣墙回匝"，是黄原追鹿入一穴后所见，"列房栊户可有数十间，皆女子，姿容妍媚，衣裳鲜丽；或抚琴瑟，或执博棋"，是黄原入门后所见，"至北阁，有三间屋，二人侍直，若有所伺"，不仅写黄原所见，而且写到他的心理活动。显然，当他看到站立在自己面前的这两个侍婢，已在猜测她们"若有所伺"。所伺者谁也？"此青犬所致妙音婿也"和"太真夫人白黄郎：'有一女年已弱笄，冥数应为君妇'"，是黄原所闻，这一"闻"不仅解答了他"若有所伺"的猜测，而且知道了自己将成为众侍所伺的妙音的丈夫的身份。所以后面"妙音"这一名字的出现，也就自然而然地是出自黄原的视角。试想，如果没有侍婢对"妙音"这一人物信息的透露，黄原就不会知道妙音这个人，那么"妙音容色婉妙"的叙述就完全超越了限知视角的范围，而变成了全知视角叙事。因此，小说在叙事视角中始终保持着一元化的统一。

《幽明录》中的《薛重》，也是一篇值得称道的限知视角叙事的典范之作。

> 会稽郡吏鄮县薛重得假还家，夜，户闭，闻妻床上有丈夫鼾声，唤妻，妻从床上出，未及开户，重持刀便逆问妻曰："醉人是谁？"妻大惊愕，因苦自申明，实无人意。重家唯有一户，搜索了无所见，见一大蛇，隐在床脚，酒臭，重便斩蛇寸断，掷后沟。经数日，而妇死，又数日，而重卒。经三日复生，说始死时，有神人将重到一官府，见官寮，问："何以杀人？"重曰："实不曾行凶。"曰："寸断掷在后沟，此是何物？"重曰："此是蛇，非人。"府君愕然而悟曰："我常用为神，而敢淫人妇，又妄讼人！"敕左右召来吏卒乃领一人来，著平巾帻，具诘其淫妻之过，将付狱。重乃令人送还。①

这篇作品在叙事上的最大特点，就是采用了薛重这一人物视角的

① 鲁迅：《古小说钩沉》，《鲁迅全集》第8卷，人民文学出版社1973年版，第409页。

叙事策略。深夜还家的薛重听到妻床上有男人鼾声，便持刀追问妻："醉人是谁"？显然薛重也闻到了室内浓浓的酒味，故发此问。然而一番搜查之后，"了无所见"，仅"见一大蛇，隐在床脚，酒臭，重便斩蛇寸断，掷于后沟"。那么在薛重回家之前，到底发生了什么事呢？由于薛妻不自知，薛重更不知，所以叙述者对超出人物所知范围的内容只字未提。后来死而复生的薛重说死时有神人告其犯有杀人罪，他辩解"实不曾行凶"，也不知那神人就是被他斩杀的蛇妖。正是作者成功地运用了限知叙事视角，才使故事扑朔迷离，含蓄有味。同样，薛重这一人物形象也给人留下了较为深刻的印象。

另外，地狱类志怪小说也常采用这一视角叙事。在《幽明录·赵泰》中，叙述者就是从人物赵泰的角度叙述他初死时被带到地狱经历种种可怕景象的。离开人物的眼光，地狱里的一切都将无法展现。

其实，对六朝志怪小说中这一视角的运用，已受到不少学者的关注。石昌渝是较早关注这一问题的学者之一。他认为，志怪小说的作者为了加强故事的真实效果，较多使用第三人称限知视角叙事，而且这一角度是志怪小说中"最常见的叙事方式"①。石玉良也认为，把各种怪异之事置于某人或某些人所见所说或所接触的前提之下的叙事方法普遍出现在各种志怪书中，"见""闻""遥见""视""听""觉"等知觉性词语随处可见，很少涉及超出人物所知范围的内容，说明现代小说家所推崇的"次知视角"或"有局限的叙述角"，已在六朝志怪小说中得到自然而然的运用。② 陈文新则明确指出，大量采用第三人称限知视角叙事，是"搜神体"志怪小说对古代叙事文体所作的一大贡献。③ 显然，这一视角的出现不是偶然的。志怪作者为了证明"神道之不诬"，鬼神乃实有，使他们记录、讲述的非生活常态的怪异之事取信于读者，既继续使用全知方式标举时间、地点和人物籍贯姓氏，又开始有意识地打破全知叙事模式，放弃全知作者的特权，用某个人见到、

---

① 石昌渝：《中国小说源流论》，生活·读书·新知三联书店 1994 年版，第 125 页。
② 李修生等主编：《中国分体文学史》（小说卷），上海古籍出版社 2001 年版，第 13 页。
③ 陈文新：《文言小说审美发展史》，武汉大学出版社 2002 年版，第 141 页。

听到或接触到怪异的方式,把现实中的人拉进去作为见证人来见证所发生的一切。这样就很自然地选取故事中的人物为叙事视角,并进入这个观察主体的内心世界,第三人称限知叙事也就应运而生。

值得一提的是,在这一视角叙事中,许多见证怪异的见证人,往往又同时是作品着力描写的主要人物。换言之,作者在描写怪异现象的同时,并没有将这些见证人置于次要位置。前面分析过的《宋定伯》《黄原》《薛重》篇都能说明这一点。

然而,其中最为重要的两个问题也随第三人称限知叙事的产生而出现了。这两个问题分别是叙事者和虚构的问题。这两个问题并非互不相关,而是有着密切的内在联系。先谈第一个问题。关于叙述者的问题,中外许多理论家都作过精辟论述,因为它是叙事学中一个极为重要的理论问题。英国理论家比尔兹利指出:"文学作品中的说话者不能与作者画等号,说话者的性格和状况只能由作品的内在证据提供,除非作者提供实在的背景或公开发表声明,将自己与叙述者联系在一起。"①法国理论家罗兰·巴特认为,叙述者是"纸上的生命","一部叙事作品的(实际的)作者绝对不可能与这部叙事作品的叙述者混为一谈"。② 德国理论家凯瑟也认为:"对于叙事艺术来说,叙事人从来就不是作者,无论人们知道与否,叙事人只是一个作者创造并接受了的角色。"③中国学者赵毅衡也指出:"小说叙述文本是假定作者在某场合抄下的故事。作者不可能直接进入叙述,必须由叙述者代言,叙述文本的任何部分,任何语言,都是叙述者的声音。叙述者既是作品中的一个人物,他就拥有自己的主体性,就不能等同于作者,他的话就不能自然而然当作作者的话。"④那么,何以要如此认真地区分叙述者与作者呢? 道理很简单,两者对叙述的人物和事件所持有的态度、价值观念等有可能并不相互吻合。可见,就叙事理论而言,对真实作者和叙述者的区分是非常重要的,前者是写作主体,后者则是叙述主

---

① 参见罗钢:《叙事学导论》,云南人民出版社 1994 年版,第 213 页。

② 参见张演德编选:《叙述学研究》,中国社会科学出版社 1989 年版,第 29 页。

③ 参见王泰来等编译:《叙事美学》,重庆出版社 1987 年版,第 111 页。

④ 赵毅衡:《苦恼的叙述者》,北京十月文艺出版社 1994 年版,第 26—27 页。

体,这一叙述主体只是一个作者创造并接受了的角色,是所谓"'表达出构成文本的语言符号的那个行为者'或其他媒介中与之相当的行为者"①。

六朝志怪小说中的叙述者则呈现着较为复杂的形态。一般情况下,也就是说,六朝志怪小说的叙述者和作者基本上是一致的。有学者称志怪小说的叙述者为"史官式"叙述者,这种叙述者的一大特征就是作者与叙述者相统一,因而对于所要叙述的人或事无所不知,无所不晓,并且这种叙述不需要借助任何中介,完全由叙述者独立完成。②这主要是由于志怪小说是在史传文学的母体内孕育而出的,并受史传文学"无征不信"的"实录"原则的深刻影响,所以叙述者在讲述虚构的故事时,也总是依照"史官"历史的叙述法则来完成小说的叙述。

不过,当作者一经选取故事中的人物为叙述视角、为意识中心的时候,就实际上不由自主地发生了一种奇妙的转换,这种转换实际上认可了作者所选取的视角人物是作者自觉创造的产物,即罗兰·巴特所说的"纸上的生命"。自然,这个"纸上的生命"的奇遇更是作者创造的产物。由此,我们又面临着绕不开的第二个问题:在六朝志怪作者的写作中是否已有了自觉明确的创造意识,即虚构意识呢?这是问题的关键。明代著名小说史家胡应麟认为,六朝志怪小说多属"传录舛讹,未必尽幻设语","至唐人乃作意好奇,假小说以寄笔端"。③ 这段话常常被引用,作为否定六朝志怪小说创作的明证之一。其实,"大多数研究者在引用胡氏这段论述时,往往忽略了'多是传录舛讹,未必尽幻设语'的确切含义。实际上胡应麟在这里是明明白白地承认魏晋小说的虚构意识的,只是他重点强调'传录舛讹'者多,虚构者少,不是全部虚构('尽幻设语')之作罢了"④。这可以与他另外一段话相印证:"小说,唐人以前纪述多虚而藻绘可观,宋人以后论次多实而彩艳

① 谭君强:《叙事理论与审美文化》,中国社会科学出版社 2002 年版,第 50—51 页。

② 王平:《中国古代小说叙事研究》,河北人民出版社 2001 年版,第 11 页。

③ 胡应麟:《少室山房笔丛》,上海书店出版社 2001 年版,第 371 页。

④ 宁宗一:《中国小说学通论》,安徽教育出版社 1995 年版,第 114 页。

殊乏。”[1]对六朝小说的自觉虚构观念，早在唐代的刘知几就有过论述。他说：“逸事者，皆前史所遗，后人所记，求诸异说，为益实多，及妄者为之，则苟载传闻，而无铨择，由是真伪不别，是非相乱，如郭子横之《洞冥》、王子年之《拾遗》，全构虚辞，用惊愚俗，此其为弊之甚者也。”[2]虽说他对《洞冥》《拾遗》类小说充满鄙视，却指出其“全虚构辞”的小说本质。

鲁迅在《中国小说史略》中曾引述过胡应麟上面的那段话。不过，他对六朝志怪小说作了不同的阐发：

> 其书有出于文人者，有出于教徒者。文人之作，虽非如释道二家，意在自神其教，然亦非有意为小说，盖当时以为幽明虽殊途，而人鬼乃皆实有，故其述异事，与记载人间常事，自视固无诚妄之别矣。[3]

自鲁迅做出六朝志怪“非有意为小说”的论断后，各种文学史、小说史、教材几乎一致认定，中国真正意义上的小说创作始于唐代，此前的所谓志怪小说并不是自觉的小说创作，而只是将鬼神之事作为一种真实存在而“实录”传播下来，与写史无异。

然而，如果仔细看一看这位被公认为是代表六朝志怪小说创作最高成就的小说家兼史学家干宝的《搜神记序》[4]，就不难发现，他对在其后相当漫长的时期里为众多理论家、评论家所纠缠不清的历史事实与史书记载、正史与小说的关系问题作了精辟而简洁的回答。他明确指出，即使是正史，因为所用史料或“考先志于载籍”，或“收遗逸于当时”，均非撰史者耳闻目睹，谁也不敢保证“无失实”，都符合历史的真貌。虽然同一事件《左传》就不同于他书，《史记》则并存两说，可见作

---

① 胡应麟：《少室山房笔丛》，上海书店出版社 2001 年版，第 283 页。

② 参见黄霖、韩同文选注：《中国历代小说论著选》上册，江西人民出版社 2000 年版，第 38 页。

③ 鲁迅：《鲁迅全集》第 9 卷，人民文学出版社 1973 年版，第 183 页。

④ 干宝著，汪绍楹校注：《搜神记》序，中华书局 1979 年版，第 2 页。

者也弄不清谁是谁非，何虚何实。显然，这个难题由来已久，根本无法解决。既然“书赴告之定辞，据国史之方策”都难免有不实之处，那么，作为“缀片言于残阙，访行事于故老”的小说，就更难免有“虚错”之处了。针对自己创作的《搜神记》，他坦言：“今之所集，设有承于前载者，则非余之罪也。若使采访近世之事，苟有虚错，顾与先贤前儒分其讥谤。”注意，干宝在这里已经十分明确地承认了自己作品中“虚错”的存在。既然知道有“虚错”而又无意改之，并愿“与先贤前儒分其讥谤”，这就说明他在创作小说前已经意识到小说本身的虚构特性，并自愿为小说这一与生俱来的天然特性鼓与呼，显示了他不怕讥谤的勇气和精神。身为正史家的干宝显然清楚“虚错”对于正史著作意味着什么。既然他在小说序言中提出“虚错”不可避免论，公开承认小说中有虚构，那么他对《搜神记》与正史著作的区别必然有清醒的认识。从我们对《搜神记》经典篇目的考察分析中也清楚看到，他对虚构问题的认识不仅属于理论的层面，并且已经将其认识贯彻在他的创作实践的层面。[①]《晋书·干宝传》概括《搜神记》的特点是“博采异同，遂混虚实”[②]，就从客观上肯定了干宝在创作实践中对虚构原则的自觉贯彻。刘义庆《世说新语·排调》载：“干宝向刘真长叙其《搜神记》，刘曰：‘卿可谓鬼之董狐’。”[③]董狐是古代良史，以“书法不隐”而著称，刘真长称干宝为“鬼之董狐”，也从侧面赞扬了干宝是栩栩如生描写鬼神故事的虚构天才。

王嘉也是六朝志怪小说中一个颇为典型的例子。他作《拾遗记》，便具有将传说和历史小说化的特征，他“殊怪必举”，“博采神仙之事”。[④] 后人因其内容与史书不合，多斥其怪诞。例如，《四库全书总目·拾遗记》就斥“其言荒诞，证以史传皆不合……亦刘勰所谓‘事丰奇伟，辞富膏腴，无益经典，而有助文章’者欤”[⑤]。王瑶认为：“以史法

---

① 宁宗一：《中国小说学通论》，安徽教育出版社1995年版，第111页。

② 参见侯忠义编：《中国文言小说参考资料》，北京大学出版社1985年版，第153页。

③ 余嘉锡：《世说新语笺疏》，上海古籍出版社1993年版，第798页。

④ 参见侯忠义编：《中国文言小说参考资料》，北京大学出版社1985年版，第151—152页。

⑤ 纪昀总纂：《四库全书总目》第142卷，中华书局1965年版，第1207页。

和道德来绳方士之言，当然是不可能的；因为这本是街谈巷语的小说。而且照近代‘小说’的观念说，这也许是魏晋时比较最接近‘小说’的一种。”①

我们这里想说的是，第三人称限知叙述视角的运用，其实正是六朝志怪小说作者虚构原则下的结果。他们借助限知视角叙述人物这个“纸上的生命”，既可以尽情奔放自己丰富奇特、大胆诡谲的想象，实际摆脱“实录”传统的束缚，又不失为是对这个“纸上的生命”的经历的“实录”。他们完全是将“虚构”的东西作为真实的东西“实录”下来，是真正借“实录”之名行“虚构”之实，这样也可以避免因直接描写虚构之事而招致“非议”。在这里，作者巧妙地调和了“实录”与“虚构”这一对原本紧张的矛盾关系。因此，第三人称限知叙述视角的出现与运用，绝不仅仅是一个叙述视点更新的问题，更为重要的是一种叙述策略，其本质上暗含着对传统“实录”原则的挑战与颠覆。

二、客观性叙事特征

如上所述，六朝志怪小说主要源自史传文学，这一特点决定了它们在叙事过程中深受史官修史时所持有的“不隐恶，不溢美”的客观态度的影响。这种影响在小说中的具体体现是，叙述者对所叙故事不进行干预，决不随意在情节进展中插入议论，不公开表明自己的观点，而是将故事按照生活实际发生的那样一幕幕展现给读者，读者在接受故事时几乎没有感觉到有一个讲述者在场。叙述者只是偶尔在故事结尾处做些简单的评论或解释，呈现出最大程度的隐蔽。这种叙述者的内隐，决定了六朝志怪小说客观性的叙事特征和接受效果。

叙述者对故事所做的评论或解释，我们通常称之为叙述干预。从理论上说，叙述干预一般是通过叙述者对人物、事件、甚至文本本身加以评论、解释的方式来进行的。查特曼将干预分为对故事的干预和对话语的干预两种。赵毅衡认为查特曼的分法“忽视了叙述者对内容的

---

① 王瑶：《中古文学史论》，北京大学出版社 1998 年版，第 128—129 页。

控制能力”，故又将它分为“指点干预”（对叙述形式的干预）和“评论干预”（对叙述内容的干预）两种。[①] 评论干预直接涉及道德规范、文化精神、价值信仰等意识形态方面的判断。志怪小说中出现的主要是评论干预，但不多见。如上所述，六朝志怪小说的评论干预主要放在文本末尾，其优长就是不会造成叙述流的中断，能够使叙述自然顺畅地一气呵成，且能彰显主旨。例如在《搜神记》中的《王道平》篇里，叙述者讲完女主人公死而复生与恋人终成眷属的故事后，才发表“实谓精诚贯于天地，而获感应如此”的评论，显得水到渠成，画龙点睛，没有丝毫累赘之嫌，而且整体的客观性叙事特征及其效果并未受损。至于小说中出现的一些证实性和解释性的文字，本来就是叙述者应有的证实性和解释性评论功能的具体表现，在此不多论述。

我们前面分析过的几篇六朝志怪小说都具有明显的客观性叙事特征。当然，这种客观叙述决不意味着作者对其讲述的故事和人物持超然于是非爱憎之外的冷漠态度。“在小说创作中，作者的彻底的客观态度显然是一种幻象”[②]，叙述者或者代表作者的叙述者，叙述什么以及如何叙述，其实都是有所选择的，这种叙述选择本身就带有一定的主观倾向性。况且，“叙述”这一概念就暗含着鉴别、判断、阐释等因素[③]，说到底它是意识形态在话语中的反映，或者说是意识形态生成的重要手段。因此，叙述者“对于自己笔下的人物和事件都有自己的观点，并且在叙述中渗透着自己的美学评价，客观叙述只不过将自己的评价隐藏在情节结构和隐喻象征中，让读者通过情节自己去领悟而已”[④]。中国史传叙事传统中所谓“秉笔直书”“直书其事，褒贬自现”，实际上从材料组合、修辞方法、语境语调等方面均隐含着一定的思想价值取向，也就是说文本自身内部存在着一个“既有视界”，读者必须通过对情节、人物言行、细节、象征寓意、语境语调等进行多角度、多层面的细读，方能与文本视界沟通，达成一致，于隐晦微妙处读出作者的

---

① 赵毅衡：《苦恼的叙述者》，北京十月文艺出版社 1994 年版，第 29 页。

② ［美］塞米利安著，宋协立译：《现代小说美学》，陕西人民出版社 1987 年版，第 38 页。

③ ［美］希利斯·米勒著，申丹译：《解读叙事》，北京大学出版社 2002 年版，第 44 页。

④ 石昌渝：《中国小说源流论》，生活·读书·新知三联书店 1994 年版，第 45 页。

思想倾向。《左传·成公十四年》在评价《春秋》时说:"《春秋》之称:微而显,志而晦,婉而成章,尽而不汙,惩恶而劝善。"①讲的就是这个意思。以《韩凭夫妇》为例。

> 宋康王舍人韩凭,娶妻何氏,美,康王夺之。凭怨,王囚之,论为城旦。妻密遗凭书,缪其辞曰:"其雨淫淫,河大水深,日出当心。"既而王得其书,以示左右,左右莫解其意。臣苏贺对曰:"'其雨淫淫',言愁且思也;'河大水深',不得往来也;'日出当心',心有死志也。"俄而凭乃自杀。
>
> 其妻乃阴腐其衣。王与之登台,妻遂自投台下,左右揽之,衣不中手而死。遗书于带曰:"王利其生,妾利其死。顾以尸骨,赐凭合葬。"王怒弗听,使里人埋之,冢相望也。王曰:"尔夫妇相爱不已,若能使冢合,则吾弗阻也。"宿昔之间,便有大梓木生于二冢之端,旬日而大盈抱,屈体相就,根交于下,枝错于上。又有鸳鸯,雌雄各一,恒栖树上,晨夕不去,交颈悲鸣,音声感人。宋人哀之,遂号其木曰相思树。相思之名,起于此也。今睢阳有韩凭城,其歌谣至今犹存。②

开头两句"宋康王舍人韩凭,娶妻何氏,美,康王夺之。凭怨,王囚之,论为城旦",概述了故事的人物关系、背景、起因。接下来故事主要由三个场景组成:失去自由的韩凭读了妻子写给他的信后伤心而死;何氏闻知丈夫自杀,也趁"与王登台"之机跳楼自杀;两株盘根错节、互相盈抱的大树与树上一对哀鸣的鸳鸯。最后又概述"相思树"的来历,并以"睢阳有韩凭城,其歌谣至今犹存"为证,说明所述故事的真实性。总之,小说的"概述"与"场景"部分,均保持着叙述的客观性,作者没有站出来发表评论,阻断情节,使情节能够连贯发展,一气呵成。然而,作者的倾向性却是十分清楚的。首先,作者采用了史家惯用的"春

① 杜预:《春秋经传集解》第 2 册,上海古籍出版社 1988 年版,第 735 页。
② 李剑国:《唐前志怪小说辑释》,台湾文史哲出版社 1995 年版,第 247 页。

秋笔法”，一字寓褒贬。小说中的“夺”“怨”“囚”“怒”四个字，字字千斤，爱憎在焉。夺妻囚夫，掠要私书，还不允许夫妻死后葬在一起，足见宋康王之荒淫好色，残暴霸道。其次，冢墓生树相依相抱、魂化鸳鸯交颈悲鸣的意象，既寄寓着对韩凭夫妻不幸遭遇的满腔同情，又是对他们爱情忠贞壮烈的礼赞，更是对造成这一悲剧的杀人暴君的愤怒抗议！这一意象，借用欧内斯特·鲍曼的话说就是“修辞幻象”。“修辞幻象唤醒了参与者的情感，因此幻想主题分析过程也说明了情感感应过程。”①尤值一提的是，《韩凭夫妇》重点是写韩凭的妻子，即何氏，因此她写给丈夫的书信和留下的遗书，就成为我们解读其心理世界与性格特征的最重要、也是唯一的依据。前者含蓄地抒发了一个柔弱不幸的妻子对丈夫的思念之苦与抗拒淫威的必死之志；后者表达了死后的愿望。但是，对这一重要内心世界的清晰解读，却是在“王得其书，以示左右，左右莫解其意”的情况下，由朝臣之口完成的。这在客观上就不仅是对国王粗野无知、缺乏人性的讽刺与嘲弄，而且借朝臣之口又为描写何氏内心世界的凄苦添加了浓浓的一笔，同时又不失其叙述的客观性特征。这不能不说是作者的精心安排，充分显示了作者叙事技巧的精湛。塞米利安在评论福楼拜时曾说：“福楼拜在《包法利夫人》这部小说的写作中，提出了一种小说美学：作品中处处都可应窥见作者的影子，但处处又看不到他的出现。”②借用这段话说明包括《韩凭夫妇》在内的六朝志怪小说的叙事效果，也是颇为精当的。

综上所述，尽管六朝志怪小说长期以来被视为丛残小语、尺寸短书，属于中国小说的雏形，但恰恰在这一所谓雏形中蕴涵着后来中国小说一系列叙事模式的胚芽，限知性叙事和客观性叙事就是其中颇值得重视的两种叙述范式（其他重要范式将另文探讨），它们透露出的重要信息，对于我们重新认识六朝志怪小说的叙事艺术及其价值具有重要启示意义：

---

① 参见大卫·宁等著，常昌富等译：《当代西方修辞学：批评模式与方法》，中国社会科学出版社1998年版，第91页。

② ［美］塞米利安著，宋协立译：《现代小说美学》，陕西人民出版社1987年版，第38页。

首先,第三人称限知叙述视角的运用,是六朝志怪小说作者自觉虚构意识下的结果。这一视角的出现,不仅仅是观察点易换的问题,更为重要的是一种叙述策略的展示,其本质暗含着对传统"实录"原则某种程度的挑战与颠覆。

其次,六朝志怪小说由于受史传文学的影响,从一开始就具有明显的客观化叙事特征,这种客观化叙事特征给那些经典文本带来了审美的艺术张力,也为读者留下了许多艺术想象与思考的空间。这一被现代西方小说美学极为崇尚的创作理念,在中国早期的小说创作中就已初露端倪。可惜的是,这一优长并未在后来的小说发展中发扬光大,而是逐渐被强烈的主观性倾向所替代。但这一经历至少说明了中国小说并非一开始就是主观性叙事的事实。

(原文刊载于《社会科学研究》2004 年第 5 期)

第二编
莎士比亚接受研究

莎士比亚作为“哥特诗人”的形成及其文化意义[1]

英国作家霍勒斯·沃波尔1764年创作的《奥特朗托城堡》,以遥远的中世纪的异国他乡为背景,以哥特城堡为主要场景,描写了一个充满神秘恐怖的故事。这部小说后来被誉为西方哥特小说的开山之作。作为哥特小说之父,沃波尔把古代与现代传奇融为一体,将超自然与恐怖纳入小说叙述的主要对象,试图挑战18世纪中期英国文学中表现日常生活的现实主义原则,重建新的文学规范。1765年4月,他在小说第二版序言中高调称赞莎士比亚是真正的独创天才和富有想象力的文学典范,并且坦承:“自然的伟大主人,莎士比亚,就是我模仿的对象。”[2]通观《奥特朗托城堡》,我们不难看到莎士比亚戏剧中阴森的城堡、复仇、恐怖的死亡、坟墓,以及鬼魂、预兆、女巫和幻象等重

---

① 本文系作为第二作者与周口师范学院文学院副教授马衡合作完成的学术成果。

② E. J. Clery and Robert Miles, *Gothic Documents: a Sourcebook 1700–1820*, Manchester and New York: Manchester University Press, 2000, p. 124.

要超自然因素的描写对沃波尔创作的深刻影响。沃波尔从英格兰“最聪明的天才”莎士比亚身上为他的文学试验找到了有迹可循的依据。在《奥特朗托城堡》之后，莎士比亚的戏剧因素便以各种各样的方式融入哥特小说创作之中，以至于“任何一部哥特小说的深处都有莎士比亚的影响”①。1769 年，伊丽莎白·蒙太古夫人在《论莎士比亚的创作与天才》一文中，从文学审美批评角度阐述了莎士比亚戏剧的超自然因素，并把莎士比亚尊为“我们的哥特诗人”②。自此，为获得文学上的合法性，哥特小说家们与相关的文学批评家根据自己的美学原则不断地发掘、解释莎士比亚的作品与哥特文学之间的内在关系，并在 18 世纪英国历史文化语境中完成了对莎士比亚“哥特诗人”的形象构建。因此，莎士比亚在作为“哥特诗人”的构建过程中扮演着重要角色，具有不可低估的深远的文化意义。关于这个问题，国内学界迄今尚缺乏正面的系统深入的研究，所以本文拟从莎士比亚作为“哥特诗人”的形成及其文化意义的层面详加探析。

一、莎士比亚作为“哥特诗人”的形成与哥特小说创作

在莎士比亚戏剧作品中，有两部戏剧与哥特人直接相关：《皆大欢喜》和《泰特斯·安德洛尼克斯》。在《皆大欢喜》中，当试金石发现自己身处亚登森林，周围都是淳朴的乡下人时，他说：“我在这里陪着你和你的山羊，就像那最富幻想的诗人奥维德在一群哥特人中间一样。”③在这里，试金石用奥维德与哥特人的比喻来说明文明与野蛮的对照。《泰特斯·安德洛尼克斯》叙述了罗马人与哥特人恩怨的历史故事。戏剧以哥特皇后和罗马大将的复仇为主要情节，形成了罗马人与哥特人的对立。戏剧中的“哥特人”指的是居住在欧洲北部的民族。

① Jerrold E. Hogle, *The Cambridge Companion to Gothic Fiction*, Cambridge and New York: Cambridge University Press, 2002, p. 30.

② E. J. Clery and Robert Miles, *Gothic Documents: a Sourcebook 1700–1820*, Manchester and New York: Manchester University Press, 2000, p. 37.

③ 朱生豪译：《莎士比亚全集》（增订本）第 5 卷，译林出版社 2016 年版，第 144 页。

像文艺复兴时期意大利人文主义者那样，莎士比亚认为，哥特人是与罗马人敌对的存在，是罗马文化的腐蚀者和破坏者。如果罗马人代表着文明进步，哥特人就是野蛮落后的象征。“哥特与罗马的对比并置，是各种用法中不变的因素，可能也是唯一恒定的因素。”①所以，莎士比亚笔下的哥特人是一种历史存在，与18世纪中后期的“哥特式小说”本不相同。

西方有学者指出：“莎士比亚变成‘哥特式’这个词语的任何一个现代意义，仅仅在于或通过挪用的行为。这是由沃波尔、蒙太古夫人、理查德·赫德等以及哥特复兴的其他倡导者于18世纪发起的一个文化重估的运动。在18世纪末和19世纪初，许多超自然小说不断复制莎士比亚作品的各个方面，使得这一过程得到巩固。”②换言之，莎士比亚作为“哥特诗人”的形成是由两方面的因素促成的：一方面，在借鉴莎士比亚的优秀遗产时，小说家自觉地有选择地将莎士比亚创作中相关的因素融入自己的小说中并加以强化，使莎士比亚因素化作早期哥特小说的重要文学特征，客观上又让莎士比亚的戏剧带有了现代意义上的哥特式色彩，成为哥特小说创作之源；另一方面，文学批评家对莎士比亚的价值进行重新评估，给莎士比亚打上“哥特诗人”的鲜明印迹，使其成为反古典主义的典范。总之，“哥特诗人”莎士比亚是哥特小说家与文学批评家不断提高莎士比亚的声名，合力塑造的结果。由于英国文学批评家对莎士比亚作为“哥特诗人”的推崇，同法国启蒙思想家、批评家伏尔泰围绕莎士比亚的论战密切相关，也更为直接地彰显着其中的文化意义，所以该部分内容我们放在稍后的第二部分与文化意义一并论述。这里仅集中探讨第一个方面的问题。

早期哥特小说家之所以不断借鉴莎士比亚的戏剧，是因为他们自身的需求以及莎士比亚戏剧的特点与其需求的内在契合。在哥特小说兴起的18世纪，古典主义是文学创作与批评的主流。它模仿古代

---

① David Punter, *A New Companion to the Gothic*, Malden: Blackwell Publishing Ltd., 2012, p. 26.

② David Punter, *A New Companion to the Gothic*, Malden: Blackwell Publishing Ltd., 2012, p. 43.

的美学原则，要求一切文学作品都以古代经典为标准，即使是原创作品也需要古代经典的庇护。早期的哥特小说家在古典主义美学原则的范畴中进行创新。莎士比亚所处的文艺复兴时代恰恰“是启蒙思想家向往的一个较近的古代”①。17 世纪的欧洲迈入“现代”的初期，新与旧交织、光明与黑暗相伴、进步与衰落并存。莎士比亚生活的时代正是欧洲中世纪神秘主义与现代理性文明相混融的时代。莎士比亚受到转折时期思想、文化的影响，其作品不可避免地体现出中世纪的、天主教的思想文化与文艺复兴时期人文主义思想的碰撞与融合，积极地回应着当时的社会问题。莎士比亚也往往被认为是具有广泛包容性的作家，他跨越社会界限与文化思想界限，将各种观念融为一体。莎士比亚的戏剧既是精英文化所探讨的剧场中的宗教改革，反映了从亨利八世到伊丽莎白女王统治时期天主教与新教之间的矛盾，同时它又反映了中世纪大众文化中民间谣曲、口头文学中流传的鬼魂传说对彼岸世界的认识。莎士比亚是伊丽莎白统治神话的重要组成部分。他的戏剧遵循都铎神话，构建着英国中世纪民族历史，充斥着强烈的民族主义情绪。“对莎士比亚而言，中世纪特指英国的中世纪，它与同时代的民族主义运动相连。同时代的民族主义运动首次坚称，英国能够与欧洲最好的国家和古典时代并驾齐驱；英国性的关键因素是它自己的过去，是从中世纪继承而来的本国传统。”②在民族主义国家兴起的背景之下，莎士比亚对中世纪的重塑让他成为英国民族文化的象征。

此外，在 18 世纪，莎士比亚戏剧集的不同版本编辑出版，中等教育和高等教育开始普及莎士比亚的戏剧，公共场所树立起了莎士比亚的纪念碑和雕像，莎士比亚的戏剧被不断改编演出。1769 年，著名演员和经纪人大卫·盖利克首次在埃文河畔的斯特拉福德组织纪念莎

① 范昀：《艺术与启蒙：十八世纪欧洲启蒙美学研究》，浙江大学出版社 2013 年版，第 39 页。

② Helen Cooper, *Shakespeare and the Medieval World*, London: Bloomsbury Arden Shakespeare, 2010, p. 3.

士比亚的活动。[①] 这些活动进一步将莎士比亚变成英国民族主义的偶像,他"不只是一个作家,他是一个名人,民族神话的一部分"[②]。因此,莎士比亚在18世纪的文学批评、戏剧演出、纪念活动中得到了全面重估,其代表的英国性被不断强化和扩大,成为英国流行的民族文化典范。

在内容上,莎士比亚戏剧十分喜爱鬼魂、坟场、死亡用品、活动雕像、神秘变化等一切非理性的人类经验[③];在戏剧形式上,悲喜剧混杂,不合规范,"为那些希望利用超自然和迷信思想的人所效仿,也为那些希望忽视新古典主义所强调的'规范'的理性界限的人所效仿"[④]。哥特小说家在莎士比亚的遗产中不仅发现了语言、形象、主题、结构等可以模拟的丰富资源,而且也找到了突破新古典主义规范、建立新的美学原则的合法依据。所以,哥特小说家在莎士比亚作品中寻找庇护时,莎士比亚的戏剧材料与哥特小说融为一体,难解难分。例如,在《奥特朗托城堡》的序言中,沃波尔称:"我所说的所有结果,是把我自己的勇敢掩盖在至少是这个国家所产生的最聪明的天才创作的真实作品之下。"[⑤]沃波尔要以莎士比亚为范本进行写作,"《奥特朗托城堡》是《哈姆莱特》的一个改写版"[⑥],而且是有明确选择性的改写版。在内容上,《奥特朗托城堡》中的谋权篡位、乱伦、恐怖的死亡、鬼魂显现等都呼应了《哈姆莱特》。

沃波尔之所以选择《哈姆莱特》作为模仿对象,是因为该剧在18世纪的影响力和剧中恐怖气氛的营造。《哈姆莱特》是18世纪英国讨

---

① Dobson Michael, *The Making the National Poet*: *Shakespeare*, *Adaptation and Authorship*, *1660–1769*, Oxford: Oxford University Press, 1992, p. 3.

② Emry Jones, *The Origins of Shakespeare*, Oxford: The Clarendon Press, 1977, p. 1.

③ 黄禄善:《境遇·范式·演进——英国哥特式小说研究》,上海外国语教育出版社2012年版,第94页。

④ Chrsty Desmet and Anne Williams, *Shakespearean Gothic*. Cardiff: University of Wales Press, 2009, p. 87.

⑤ E. J. Clery and Robert Miles, *Gothic Documents*: *a Sourcebook 1700–1820*, Manchester and New York: Manchester University Press, 2000, p. 124

⑥ John Drakakis and Dale Townshend, *Gothic Shakespeares*. London and New York: Routledge, 2008, p. 4.

论最多和演出场次最多的戏剧,它“在18世纪的有史可查的演出就有601场以上;该戏剧不仅以单行本的形式,而且还在连续的作家全集中重复刊印”①。《哈姆莱特》已经占据戏剧舞台的中心,坟场、死尸、骷髅和鬼魂的意象,使整个作品弥漫着哥特小说家所欣赏的恐怖氛围。哈姆莱特在墓地遇到两个掘墓人,他们唱着歌,扔着骷髅。他觉得那可能是政客的头颅、朝臣的头颅、律师的骷髅、男人或女人的骷髅;还有“这一个骷髅,先生,是国王的弄人郁利克的骷髅”②。所有这些都是“死亡之舞”的排演,骷髅们拉着国王、朝臣、弄人、律师、恋人和婴儿跳进坟墓。哈姆莱特利用郁利克的骷髅调侃人们的容颜老去,不可避免的死亡;即使是亚历山大,在地下也是这副形状,有同样的臭味,也会化成泥土。③ 哈姆莱特还对尸体腐烂的时间感到好奇,小丑谈论腐烂的尸体;当哈姆莱特杀死波洛涅斯时,他想到蛆虫在波洛涅斯身上大快朵颐,国王和乞丐只是蛆虫的两道不同的菜。④ 莎士比亚描绘骷髅、腐烂的尸体、蛆虫等死亡的形象,演绎人类不可避免的死亡结局,制造恐怖的氛围。“他使人感受到正当精力充沛然而却得知自己即将死亡时那种可怕的不寒而栗的感觉。在莎士比亚的悲剧中,不论是儿童还是老人,也不论是罪恶的家伙还是有美德的人,都有一死,他们把人之将死的种种自然的状态都表现出来。”⑤

鬼魂来自死后的世界,是死亡形象的延续,也是莎剧众多超自然描写中最突出的形象。在复仇剧《理查三世》《裘力斯·恺撒》《哈姆莱特》《麦克白》和《辛白林》中,莎士比亚精心塑造了一系列鬼魂的形象,其中最有魅力的形象是老哈姆莱特的鬼魂。格林布拉特认为,鬼魂是预兆的形象,是历史噩梦的形象,是内心深处困扰的形象。事实上,在他看来,鬼魂的形象是天主教与新教在剧场中的较量。而且,

---

① Marcus Walsh, *Shakespeare, Milton, and Eighteenth-century Literary Editing*. Cambridge and New York: Cambridge University Press, 1997, p. 113.

② 朱生豪译:《莎士比亚全集》(增订本)第5卷,译林出版社2016年版,第384页。

③ 朱生豪译:《莎士比亚全集》(增订本)第5卷,译林出版社2016年版,第385页。

④ 朱生豪译:《莎士比亚全集》(增订本)第5卷,译林出版社2016年版,第361页。

⑤ 杨周翰:《莎士比亚评论汇编》(上),中国社会科学出版社1979年版,第361—362页。

“在所有这些形象中半隐蔽的是第四重图景：鬼魂是戏剧形象。”[①]莎士比亚将鬼魂的形象作为戏剧中的审美形象，并非舞台上的装饰，对恐怖氛围的营造和故事情节的推动都有重要意义。莎士比亚通过时间安排、人物内心感受以及事件来营造鬼魂出没时的恐怖气氛。在时间选择上，老哈姆莱特的鬼魂连续两天都在午夜出现，“夜晚总是充满了无限的神秘感和恐怖感”[②]。在第一幕第一场厄耳锡诺城堡前的露台上，一连两个晚上，勃那多和马西勒斯都在午夜看到已故国王的鬼魂。霍拉旭也是在不早不晚的寂静时辰看到了鬼魂。在看到鬼魂时，他说，“它使我充满了恐惧和惊奇”[③]，以至于浑身发抖，脸色惨白。霍拉旭向哈姆莱特讲述了鬼魂显现时勃那多与马西勒斯的恐惧：鬼魂浑身上下身披甲胄，像是前国王的人形，迈着庄重的步伐来到他们身边，“在他们惊奇骇愕的眼前，他三次走过去，他手里所握的鞭杖可以碰到他们身上；他们吓得几乎浑身都瘫痪了，只是呆立着不动，一句话也没有对他说”[④]。虽然鬼魂没有跟他们说话，但是他们认为这是预兆，是凶兆，暗示丹麦内部有社会矛盾、奸人当道，外部与挪威失和。在第一幕第四场中哈姆莱特见到鬼魂时，他说：“你这已死的尸体这样全身甲胄，出现在月光之下，使黑夜变得这样阴森，使我们这些为造化所玩弄的愚人充满了不可思议的恐怖。”在第一幕第五场中，鬼魂引哈姆莱特到露台的另一侧，向他讲述了恐怖的事件：鬼魂在硫磺烈火里的煎熬，谋杀的惨案，背德的乱伦。在这里，“哈姆莱特父亲的阴魂却是来要求报仇，来揭露秘密的罪恶：它既不是没有意义，也不是硬被拖上来的；它被用来证实有一种主宰自然的看不见的力量”[⑤]。也就是说，老哈姆莱特的鬼魂是一种超自然的存在，是激发哈姆莱特复仇的动力。在第四幕第三场中，老哈姆莱特的鬼魂最后一次出现在乔特鲁德的卧室里，阻止哈姆莱特伤害王后，提醒他复仇的责任。“莎士比亚剧中的鬼

---

① Stephen Greenblatt, *Hamlet in Purgatory*, Princeton: Princeton University Press, 2001, p. 157.

② 李伟昉：《英国哥特小说与中国六朝志怪小说比较研究》，中国社会科学出版社2004年版，第135页。

③ 朱生豪译：《莎士比亚全集》（增订本）第5卷，译林出版社2016年版，第281页。

④ 朱生豪译：《莎士比亚全集》（增订本）第5卷，译林出版社2016年版，第289页。

⑤ 杨周翰：《莎士比亚评论汇编》（上），中国社会科学出版社1979年版，第353页。

魂出现在庄严的时刻,引人恐怖的夜的寂静中,它是真正从阴间来的,能激起观众的恐惧与怜悯。"[①]老哈姆莱特的鬼魂一再出现于霍拉旭、勃那多、马西勒斯和哈姆莱特面前,时隐时现,萦绕盘旋,阴森凄厉。它"是行走在现实世界的真实幽灵,是一种具有可见性的存在"[②],制造无尽的恐怖氛围,让"信鬼或不信鬼的人都会毛发悚然"[③]。

哈姆莱特遇见鬼魂的场景成为沃波尔表现"恐怖"的模板。他在小说中三次表现鬼魂,与老哈姆莱特的鬼魂形成了对应。第一次,当曼弗雷德企图霸占伊莎贝拉时,曼弗雷德"祖父的肖像,画中的人像发出一声长长的叹气,并挺起了他的胸膛"。"曼弗雷德看见画中人从画幅中走了出来,带着严厉而阴沉的神气,并示意要他跟自己走"[④]。沃波尔描述的曼弗雷德祖父的画像与老哈姆莱特的鬼魂相似,有神态描写,并且用手势示意曼弗雷德。曼弗雷德遇到移动的画像与哈姆莱特遇到父亲的鬼魂形成对应。第二次,杰罗姆密会西奥多,向他揭露真相,并且告诫他奥特朗托城堡的危险,要求他采取行动。在西奥多心目中,杰罗姆已经去世很久,杰罗姆的出现犹如鬼魂一样。西奥多与杰罗姆的关系就如老哈姆莱特与王子的关系。第三次,在希波莉塔的房间里,骷髅鬼魂出现。这与老哈姆莱特的鬼魂出现在乔特鲁德的卧室又形成对应。通过这些对应,沃波尔不仅将莎士比亚戏剧中的恐怖因素融入自己的作品,而且把"恐怖和害怕作为自己的主要描写对象"[⑤]。

另外,沃波尔在自己的作品中大量引用莎士比亚的典故,并借鉴莎士比亚作品中违反古典主义原则而富有争议的内容。通过莎士比亚富有民族性的文学因素,沃波尔建立了适合操作的文学规则。"他成为将'Gothic'使用在小说题目中的第一个英国作家,标志着一个新

---

① 杨周翰:《莎士比亚评论汇编》(上),中国社会科学出版社 1979 年版,第 233—235 页。

② 张薇:《当代英美的马克思主义莎士比亚评论》,中国社会科学出版社 2018 年版,第 115 页。

③ 杨周翰:《莎士比亚评论汇编》(上),中国社会科学出版社 1979 年版,第 233 页。

④ [英]瓦尔浦尔著,伍厚恺译:《奥特朗托城堡》,四川人民出版社 2005 年版,第 10 页。

⑤ 李会芳:《沃波尔的〈奥特朗托城堡〉及其文化意味》,《外国文学评论》2007 年第 4 期。

的融恐怖的暗示、死的超自然意象与传统的骑士和浪漫主题于一体的小说类型的产生。”[①]《奥特朗托城堡》在创作上遵循混杂性原则，在体裁上把中世纪传奇与现代小说相结合，“在风格上大多亦庄亦谐，在恐怖、阴森中夹杂有仆人们近乎荒唐可笑的愚蠢与啰唆”[②]。

其他早期哥特小说家，例如安·拉德克利夫、刘易斯等人也不断对莎士比亚戏剧进行摹写。安·拉德克利夫对莎士比亚众多作品的引用、模仿和化用，让她有“传奇作家的莎士比亚”[③]之称。刘易斯的《修道士》全书题辞有三分之一出自莎士比亚的戏剧，开篇题辞和主人公安布罗斯阅读莎士比亚的戏剧表现了作者对莎士比亚的敬意。《修道士》中的修士、修女和魔鬼等人物以及变装、诱奸等情节，都是对《一报还一报》的改写。奥斯汀的《诺桑觉寺》也是对哥特小说的戏拟。主人公凯瑟琳沉迷于哥特小说，尤其对《尤多尔弗的奥秘》情有独钟。她对城堡和寺院浮想联翩，诺桑觉寺在她看来就是莎士比亚戏剧中的麦克白城堡，其中有谋杀老王邓肯的隐秘事件或者有梦游的麦克白夫人；同时它又更像是《哈姆莱特》中老哈姆莱特的鬼魂出没的厄耳锡诺城堡。凯瑟琳要做女主角，需要读很多书，其中就有莎士比亚的作品。记住莎剧中的名言警句，可以“应付熟悉多变的人生，也可以聊以自慰”，还可以“从莎士比亚那里学到大量知识”。[④]

可见，盛行于18世纪后期至19世纪初的哥特小说既不是哥特人创作的小说，也不是有关哥特人的作品，而是当时的哥特小说家从莎士比亚的戏剧作品中汲取丰富的材料来源，是对莎士比亚戏剧的场景、情节、结构、主题进行重写的产物。因此，当哥特式文学批评确立之后，“莎士比亚不仅自己是哥特式的，而且是其他人的哥特风格的起因。在更大的环境中，莎士比亚致力于超自然的资源，把对幽灵、坟墓的热爱以及死亡、移动的雕像、神秘的变形、对非理性的强调当作人类

---

① 李伟昉：《西方文学经典与比较文学研究》，复旦大学出版社2016年版，第79页。

② 苏耕欣：《哥特小说：社会转型时期的矛盾文学》，北京大学出版社2010年版，第37页。

③ E. J. Clery and Robert Miles, *Gothic Documents: a Sourcebook 1700 – 1820*, Manchester and New York: Manchester University Press, 2000, p. 162.

④ ［英］奥斯丁著，孙致礼译：《诺桑觉寺》，译林出版社1997年版，第6页。

的一种经历，从而使他的戏剧被描述为‘哥特式的’”①。

二、莎士比亚文学批评中的“哥特诗人”及其文化意义

莎士比亚作为“哥特诗人”形象的形成，除了上述哥特小说家在创作中努力拉近与莎士比亚的关系外，还与英国文学批评家对作为“哥特诗人”的莎士比亚的推崇和强调密切相关。而英国文学批评家之所以推崇和强调莎士比亚，又与围绕以法国伏尔泰为代表的倒莎活动而展开的针锋相对的辩论直接关联。18世纪以前，莎士比亚被奉为英国的民族诗人得到大力宣传，原因之一就在于他的戏剧已经具有了早期民族主义萌芽的特点，例如其历史剧表现了英法百年战争中的爱恨情仇，正契合着18世纪英法之间的紧张关系。英国的民族认同感是“一种反对法国文化的产物”②，是在英法之间对照关系的基础上产生的。莎士比亚自然成为英法之间争夺文化声誉的主要对象。

作为启蒙思想家和晚期新古典主义的杰出代表，伏尔泰对莎士比亚及其英国文化所持的态度是复杂的。在1726年—1728年旅居英国期间，伏尔泰不仅广泛接触了英国的政治、经济和文化，而且与英国贵族和文学界名人多有交往。在《哲学书简》(1734)中，伏尔泰以启蒙思想家的世界主义思想及宽容心态，向法国介绍了莎士比亚和英国文化。不过，伏尔泰在旅居英国期间已经形成了他在戏剧上的古典主义原则。因此，在他的介绍中，虽然对莎士比亚充满崇敬之情，称赞他“具有充沛的活力和自然而卓绝的天才”，但又基于古典主义立场贬斥他“毫无高尚趣味，也丝毫不懂戏剧规律。我可以告诉您一件偶然巧合的事情，但这是真实的：那就是这位作家的功绩断送了英国的戏剧；他那些通常被人们称为悲剧的怪异的笑剧，穿插了一些美丽的场面和

---

① John Drakakis and Dale Townshend, *Gothic Shakespeares*, London and New York: Routledge, 2008, p. 1.

② 陈晓律：《1500年以来的英国与世界》，生活·读书·新知三联书店2013年版，第101页。

伟大而恐怖的片段，从而使这些剧本在演出中总是获得很大的成功……"①。伏尔泰对莎士比亚戏剧的批评主要集中在文类混杂、得体说和规范性（三一律）等方面。他认为《哈姆莱特》"是个既粗俗又野蛮的剧本"。例如，情节安排不合理，人物身份和行为不得体，剧中人物疯疯癫癫，王子与小丑一样插科打诨说着脏话，国王、王子和王后唱歌、争吵、厮打，简直就是"一个烂醉的野人凭空想象的产物"②。随着莎士比亚在法国的流传，伏尔泰于1761年发表《向欧洲各民族呼吁》，号召全欧洲反对莎士比亚。他在文中反复强调，"仅仅在本土受人欢迎的一位作者（如莎士比亚或者洛佩·德·维加），不可能是真正伟大的、规范的"③。在他看来，莎士比亚不符合古典主义的规范，其名声也只能限于英国本土。到了18世纪70年代，伏尔泰对莎士比亚的批评已经不限于美学原则方面，还对他进行了人身攻击，痛斥莎士比亚是"怪物""野蛮的戏子""乡村丑角""有一定想象力的野蛮人"。④

伏尔泰在18世纪的声誉，不仅迟滞了法国读者对莎士比亚的接受，而且破坏了莎士比亚作为民族诗人在英国最初建立的神话。然而，伏尔泰的倒莎活动在英国却产生了巨大的反作用，成为激励英国文学批评界统一思想的动力。英国批评家与伏尔泰展开了针锋相对的辩论，从而拉开了英国民族诗学的序幕。

英国的18世纪被认为是转型时代，在文学和文化发展中也表现出转型的特点。在文学中，自文艺复兴以来，新古典主义一直是18世纪欧洲文学批评的主流。然而，由于英国远离欧洲大陆，英国新古典主义文学思想并没有完全复制法国的原则。即使在古典主义兴盛的17世纪，英国学界的古典主义思想仍充满争论。受英国当时的历史、社会状况、政治意识形态的影响，英国文学批评家往往通过文学来阐释文化理论及政治问题。其中，伏尔泰对莎士比亚的诋毁便首先成为

---

① 杨周翰：《莎士比亚评论汇编》（上），中国社会科学出版社1979年版，第347页。

② 杨周翰：《莎士比亚评论汇编》（上），中国社会科学出版社1979年版，第352页。

③ ［美］韦勒克著，杨自伍译：《近代文学批评史》第1卷，上海译文出版社2009年版，第47页。

④ ［美］韦勒克著，杨自伍译：《近代文学批评史》第1卷，上海译文出版社2009年版，第38—39页。

英国文学批评的靶子。在驳斥伏尔泰的批评时，蒙太古夫人、沃波尔等人明确提出“我们的哥特诗人”这个概念，努力为莎士比亚辩护，提高莎士比亚的声望。“哥特诗人”中的“哥特”具有与古典主义分庭抗礼的特定意义。莎士比亚的“哥特诗人”形象不仅体现了莎士比亚自身的开放性与多义性，而且扮演了改变文学批评原则的角色，动态地反映了18世纪中期英国文学批评转型的特点，蕴含着深刻的民族主义情绪。

在1766年到1799年期间，英国文学批评家对伏尔泰的回击主要集中在整一性、得体说、悲喜剧的混杂和无韵对话等方面。在《关于骑士精神与传奇文学的书简》中，理查德·赫德论述了文学发展的连续性，强调英国古代民族文学对后世作家的影响，重估了中世纪文学文化的价值。他认为，哥特式美学原则与古典主义美学原则形成对照，具有独立合法的理论体系。哥特文学艺术所遵循的美学原则完全不同于古典主义美学原则，评价标准也应自成一体。哥特式所指的就是民族传统，天然的英国民族性。赫德旨在通过比较证明哥特式美学原则优于古典主义原则。他承认古典文学对英国作家的重要影响，认为正是由于荷马和维吉尔对英国文学的影响，才让英国文学成为世界文学的一部分。但是，他强调，哥特式的影响远远超过古典主义的影响。斯宾塞、弥尔顿和莎士比亚正是由于受到本民族超自然因素的滋养，并在本民族传统中写作，才成为真正优秀的作家。

赫德特别看重哥特式的表现手法和技巧的长处。他认为，优秀的诗人善于运用表现手法。荷马与莎士比亚之所以比其他诗人优秀，不在于他们发现新的形象，而在于他们极高的天赋使他们能够熟练运用有说服力的表现手法来传播古老的内容。他坚持认为，如果将哥特式的手法与古典主义技巧、表现手法加以比较，就能够发现前者更有优势：“我对莎士比亚无话可说，因为他天才的崇高性（神性：如果其他词语不适合描述他，那就姑且这么说吧）不是记录特定的人群，而是不顾一切风险涉足人类生活和方式的所有领域。因此，即使经过充分思考，我们也几乎无法指出他喜欢什么，或他拒绝什么。然而，有一件事是清楚的：与使用古典主义手法和技巧相比，他在使用哥特式手法和技巧上甚至更加伟大。这就让我们回到了同样的观点:在创造崇高上,由于其性质和倾向,前者拥有后者的优点。"①所以,赫德说,骑士的表现方式和哥特式的迷信思想比古希腊英雄时代的表现方式和神话故事更富有诗意。"哥特诗人"中的"哥特"与古典主义形成对照的意义,不仅是表现手法和技巧上的,也是民族性上的。

蒙太古夫人在《论莎士比亚的创作与天才》中认为,文艺批评必须摆脱教条主义,评价作品不应该以三一律形式为准则,而应注重作品的艺术效果。作品应该表现人的真挚情感而不是表面上的得体。她指出,伏尔泰批评莎士比亚是魔鬼式闹剧的作者,把他的野蛮和无知归于他的民族,原因在于英国和法国对戏剧有着不同的认识。"每个英国绅士所受到的教育都让他早早熟悉古代的作品","伦敦剧院每个看戏的观众可能听到在雅典讲话的悲剧缪斯,和正在巴黎或在意大利讲话的缪斯"。② 英国人能够认识不同国家的古典主义的不同表现形式,并且能够"识别她在人心中表达的自然语言和仿造的方言"③。法国戏剧对亚里士多德的整一性亦步亦趋。蒙太古夫人认为,正是由于莎士比亚的原创性,才让他摆脱了古典主义整一性的束缚。莎士比亚的天才让他超越规则,并且先于规则。她相信亚里士多德的本意并不是要求剧作家只有遵循他的悲剧法则,才能创作出好的悲剧。莎士比亚违反法国古典主义规则是"自然"的体现,这让他成为独特的英国天才。莎士比亚自由的精神是自然与想象共同作用的结果。她还把莎士比亚对历史的利用和他的天才联系起来,认为莎士比亚的天才就是举起镜子照自然。"哥特诗人"莎士比亚完全没有遵守高乃依和拉辛所代表的法国新古典主义规范,这也是莎士比亚的戏剧优于法国古典主义戏剧之所在。莎士比亚的戏剧在形式上就像"一座古老威严的哥

---

① E. J. Clery and Robert Miles, *Gothic Documents: a Sourcebook 1700-1820*, Manchester and New York: Manchester University Press, 2000, p. 74.

② Brian Vickers, *William Shakespeare: the Critical Heritage* Vol. 5, London and New York: Routledge, 2005, p. 245.

③ Brian Vickers, *William Shakespeare: the Critical Heritage* Vol. 5, London and New York: Routledge, 2005, p. 246.

特式的建筑”，庄严宏伟，虽然要经过黑暗、古怪和陌生的走廊，但最终可以进入纷繁富丽、绚烂夺目的殿堂。① 所以，“哥特诗人”中的“哥特”，同样指向莎士比亚创作的自由及其作品在形式上不受约束的自然。

莎士比亚戏剧中的超自然因素被普遍认为是英国民族传统的表现。蒙太古夫人没有为莎士比亚戏剧中的超自然因素进行辩解，而是认为它本来就是不列颠民族流行传统的表现，莎士比亚深深根植于这个传统之中。她说，“在哥特式野蛮的黑暗阴影笼罩下，莎士比亚没有其他材料，只有行走于无知和迷信之夜，或触及民间愤怒与不睦潜在的激情。当他唤起残忍的幽灵或者竖起战争的旗帜时，他肯定能最好地取悦他暴躁而野蛮的观众。如果我们考虑到他生活的时代，便会知道他对这些主题的选择是明智的；他对这些主题的处理如此巧妙，以至于他在所有时代都将受到尊敬”②。蒙太古夫人对中世纪的看法和文艺复兴以来的态度一致，认为哥特时代是迷信、野蛮、无知的时代。从作家创作来看，作者的生活时代决定了他取材的内容。从读者接受的角度来看，哥特时代的观众喜欢奇迹、血腥的内容，他们的接受趣味决定莎士比亚对戏剧主题的选择。莎士比亚作品中的超自然内容，是其天才与自由想象的创造力的结合，这让他获得了所有时代的尊敬。所以，“哥特诗人”中的“哥特”又具有内容上的意义。莎士比亚是“我们的哥特诗人”，在某种意义上代表着英国本土的文学传统，或者是英国本土文学传统的缩影；其戏剧的超自然性继承了英国“民族迷信思想”，远远超过埃斯库罗斯古典的超自然性。③

蒙太古夫人运用古典主义拟古原则，通过比较莎士比亚与古代诗人，来确定其文学地位。“莎士比亚明白流行的迷信对古代诗人们多

---

① Brian Vickers, *William Shakespeare: the Critical Heritage* Vol. 3, London and New York: Routledge, 2005, p. 303.

② Brian Vickers, *William Shakespeare: the Critical Heritage* Vol. 5, London and New York: Routledge, 2005, p. 250.

③ John Drakakis and Dale Townshend, *Gothic Shakespeares*, London and New York: Routledge, 2008, p. 68.

么有用：他觉得它们是诗歌本身必须的……鬼魂、仙女、妖怪和精灵对莎士比亚同样是有益、有帮助的，同时为他的虚构作品增添了许多崇高和奇迹的色彩，就像古代吟游诗人作品中的仙女、撒提尔、小鹿、三体怪兽、革律翁。我们的诗人没有将他的超自然因素带出流行传统的界限。毫无疑问，他大胆地施展他的诗歌天赋和魔法圈里（除了他，还从没有人敢于涉足其中）的令人神往的力量，但是他既明智又大胆，将自己纳入其中。”①她认为，莎士比亚已经意识到，英国的传统迷信思想对古代诗人产生了影响，成为文学创作不可或缺的因素。莎士比亚遵循诗歌根植于民族传统的原则，运用自己的天赋和技巧，把民族传统中的奇迹因素融入自己的作品。因此，莎士比亚对超自然因素的使用不仅让他拥有了和古代吟游诗人同样重要的地位，也增加了莎士比亚作品的崇高性。

尽管蒙太古夫人、赫德等文学批评家对莎士比亚的评论仍然未能完全超出古典主义的文学原则，“哥特”仍带有原始野蛮的贬义色彩，但是，在对伏尔泰观点的驳斥中，他们赋予了“哥特诗人”中的“哥特”以形式、内容、表现手法和技巧、民族性的丰富内涵。他们对原创、自然、天才和想象的讨论已彰显出探索英国民族诗学特征的自觉。

值得一提的是，沃波尔对伏尔泰的反击已经不仅仅局限于文学批评的领域。克莱德·基尔比系统论述了沃波尔对伏尔泰作为作家、历史学家、批评家和作为人的全面批评。② 沃波尔指出，作为作家的伏尔泰，文学能力不足；作为历史学家，他对英国历史一知半解；作为批评家，他的文学批评仅仅出于个人的智慧而缺乏批评的能力，过于强调古典主义的规范。关于莎士比亚悲喜剧混杂的特点，沃波尔为莎士比亚辩护说：“不妨把本·琼生的喀提林与莎士比亚加以比较。前者满是迂腐和华而不实。鬼魂、王后或哈姆莱特的皇家尊严被各种来自普通生活的熟悉事件降低了吗？这些普通生活事件是悲剧的开始。如

---

① Brian Vickers, *William Shakespeare: the Critical Heritage* Vol. 5, London and New York: Routledge, 2005, p. 263.

② Jess M. Stein, "Horace Walpole and Shakespeare", *Studies in Philology*, 1934, p. 31.

果亚里士多德、博苏不允许这些情感发生,那么他们的规则都是荒唐愚蠢的。"[①]沃波尔在讽刺伏尔泰的英语时说道,虽然伏尔泰的英语比其他任何一个外国人都要好,但要让他来评价英国最伟大的作家或者说是世界最伟大的作家,那么他是不胜任的,因为他没有准确的读写能力。作为一个人,伏尔泰充满嫉妒。他早年因为嫉妒本国的作家,而将莎士比亚介绍到法国;现在莎士比亚功成名就,他又嫉妒、贬低莎士比亚。沃波尔对伏尔泰的评价未必完全客观公允,但与伏尔泰对莎士比亚的批评一一照应。沃波尔犀利而准确地击中了伏尔泰的弱点,"英国人很快将他的对手逼入绝境"[②]。

沃波尔对莎士比亚"哥特诗人"形象的论述本身也具有复杂的政治文化意义。沃波尔是辉格党的成员,辉格党的自由政治思想影响了他为莎士比亚辩护的观点:"莎士比亚常是一个自由想象力的保护者形象,一个来自黄金时代的声音,那时代表新古典主义专制的清规戒律和统一性尚未到来。对于沃波尔,他也是英国美学自由的象征,是抵御伏尔泰操控的法国专制规范的盾牌。"[③]莎士比亚作为民族诗人的身份受到以伏尔泰为首的法国批评家的攻击,是法国专制统治下权力错位的牺牲品,也是以法国趣味和时尚为中心的偏见与不公的牺牲品。沃波尔是一个爱国主义者,"巴黎重新点燃了我内心深处那份与生俱来的激情,即对祖国荣誉的爱"[④]。他的文学态度源于爱国主义的情绪,是文化民族主义的表征。

从背景看,18 世纪中后期英国学界关于新古典主义的论争已经与初期大不相同。18 世纪初期,新古典主义学者的争论集中于是否以亚里士多德所建立的整一性为标准来衡量莎士比亚作品的价值;到了 18 世纪中后期,英国的莎评已经带有明确的政治意识形态意义。新古典主义常常与代表贵族和大资产阶级利益的价值观相联系,莎士比亚则

---

① Clyde S. Kilby, "Horace Walpole on Shakespeare", *Studies in Philology*, 1941, p. 38.

② Jess M. Stein, "Horace Walpole and Shakespeare", *Studies in Philology*, 1934, p. 31.

③ 苏耕欣:《哥特小说:社会转型时期的矛盾文学》,北京大学出版社 2010 年版,第 123 页。

④ [英]埃德蒙兹、艾丁诺著,周保巍、杨杰译:《卢梭与休谟:他们的时代恩怨》,上海人民出版社 2016 年版,第 67 页。

常常与代表新兴中产阶级利益的价值观相联系。在英国国内,1688 年“光荣革命”之后,英国完成了社会政治体制的转型,走上了资本主义蓬勃发展的道路。1707 年苏格兰与英格兰合并,联合王国建立,“这是一个新型的、代表英国工商业利益的民族国家。在爱国主义的旗号中,无论男人还是女人都能够在某种程度上参与利益的分享”①。从1689 年到 1760 年的 70 多年里,英国国会的统治力量都是代表商业金融资产阶级和资产阶级化的贵族利益的辉格党。在辉格党执政期间,英国的政治局势相对稳定,经济进入急速发展和扩张期。18 世纪中叶以来,金融资产阶级和殖民地商人成为辉格党中的强大力量;英国成为工商业资产阶级的民族国家,倡导英国制造。“中产阶级力量的崛起得益于光荣革命后英国灵活的、开放性和流动性较强的社会结构,正是在这样一种宽松的社会环境中成长和壮大起来的中产阶级成为推动近代英国社会变革的重要力量。”②同样,中产阶级也需要在文学和文化上寻找代言人。在社会问题的论争中,辉格党人将莎士比亚视为民族身份的象征,莎士比亚的作品也随之成为阐释当代政治问题的例证。

蒙太古夫人、赫德、沃波尔等人对伏尔泰的抵制体现了“民族之间批评传统的差异,显然和不同的政治制度及历史事件相联系,即英国抵制法国体制是基于爱国主义的动机”③。在英国综合国力不断增强的背景下,英国的民族性在 18 世纪开始正式产生。英国对外执行强硬的扩张政策,不断发动对外战争,民族意识得到强化。尤其是在1756 年—1763 年的英法七年战争中,英国民族主义爱国情绪高涨,民族意识浓厚。在对外关系的文化较量中,英国与法国的争论主要是为了争夺民族文化的声誉。为了打破法国文化长期霸居欧洲的优势,英

① 陈晓律:《1500 年以来的英国与世界》,生活·读书·新知三联书店 2013 年版,第 91 页。

② 曹瑞臣:《18 世纪英国中产阶级崛起研究》,《合肥工业大学学报》(社会科学版)2012 年第 3 期。

③ [美]韦勒克著,杨自伍译:《近代文学批评史》第 1 卷,上海译文出版社 2009 年版,第 14 页。

国需要建立自己迥异于法国的文学传统。于是,莎士比亚成为英国的文化符号和英国民族性的象征,“17世纪下半叶至18世纪,莎士比亚的天赋诗才得到德莱顿、蒲柏、约翰逊、扬格等人的肯定。这些著名诗人、文学文化批评家延续并发扬了琼生表达的民族自豪感。他们为英国本土作家、为莎士比亚的诗名辩护,将莎士比亚视为民族的骄傲”①。显然,莎士比亚满足了英国日益增长的民族主义情绪和对外文化扩张、输出的需要。

三、民族主义与世界主义张力下的“哥特诗人”

18世纪,西欧近代民族主义与世界主义的同时兴起,深刻地影响了英国文学批评对莎士比亚形象的建构。近代民族主义强调民族自身的光荣和伟大,“赞美民族的文化传统,抵御外来文化的侵蚀,对本民族怀有着一种强烈的自豪和优越感”②。而世界主义“指涉一个总体的世界,而非关注个别的地区或社群”,旨在打破民族—国家的界限。虽然它与民族主义、爱国主义并非全然对立,却是截然相对的存在。当民族主义的相对性与世界主义的普遍性被用于文学批评时,就会表现出不同的立场,并得出相异的结论。文学批评家站在民族主义的立场上,“往往强调该作品在特定的民族文化中的相对意义和价值”;世界主义“则更注重其在世界文学史上所具有的普遍意义和普世价值”。③ 英国哥特文学批评与法国伏尔泰对莎士比亚的批评,就鲜明地呈现出了这种两极的立场。

“18世纪三四十年代,一场声势浩大的反世界主义的中产阶级运动在英国轰轰烈烈地开展起来,这对艺术史影响重大。”④这场运动拒

① 王守仁、林懿:《莎士比亚何以成为英国最具代表性文化符号》,《外语研究》2014年第4期。

② 李宏图:《西欧近代民族主义思潮研究——从启蒙运动到拿破仑时代》,上海社会科学出版社1997年版,第8页。

③ 王宁:《西方文学关键词:世界主义》,《外国文学》2014年第1期。

④ [英]克拉斯克著,彭筠译:《欧洲艺术:1700—1830》,上海人民出版社2016年版,第115页。

绝法国宫廷趣味，反对单纯用世界性的眼光来看待文艺作品。莎士比亚批评正是在英国民族主义浪潮中进行的。莎士比亚戏剧对英国中世纪的建构、浓厚的宗教气息、自由的形式以及丰富的民族语言，在当时的文学批评家看来，都彰显了英国民族性特征。“哥特诗人”莎士比亚鲜明的民族性，让他超越了文学批评的范畴，逐渐变成民族主义崇拜的对象。而世界主义正是法国启蒙思想家所倡导的思想，“绝大多数启蒙思想家的立场不是爱国主义和民族主义的，而是世界主义的”①。伏尔泰的世界公民观念，体现了他的世界主义思想。他在《哲学书简》《天真汉》中明确表达了这种观念：反对狭隘民族主义的爱国者将自己局限在本国的范畴之内，仇视他国，制造战争。在文学批评方面，他认为莎士比亚的名声也仅仅局限于本国，不具有普遍的意义。正因为如此，伏尔泰批评英国人崇拜莎士比亚是狭隘的爱国主义。

英国文学批评对伏尔泰的回应，也是英国中产阶级对贵族的不满情绪的宣泄。伏尔泰旅居英国的经历让他与贵族阶层联系密切。他广泛接触了各个领域的重要人物，例如文学界的蒲柏、康格里夫、斯威夫特等；政治领域的重要人物，如英国国王、内阁首相、王子、公主以及公爵等；他还结识了科学领域的皇家学会会员，这使他在“伦敦的上流社会和知识分子之间广受欢迎”②。英国贵族对伏尔泰的礼遇，对世界主义的津津乐道，体现了他们对法国风尚的痴迷。所以，世界主义与民族主义之间的对立暗含了英国贵族精英与英国中产阶级之间的对立，法国与英国的对立。莎士比亚的“哥特诗人”身份是英国中产阶级发动的反对世界主义运动的结果，也是英国贵族价值观的衰落和资产阶级价值观兴起的表现。从这个意义上说，“哥特诗人”中的“哥特”体现了民族主义与世界主义、英国诗学与法国诗学之间的对立关系，“哥特风格展示了英国本民族传统的建立如何依靠英格兰和法兰西之间的对照。英国人将英国与自由联系起来，将法国与专制联系起

① 范昀：《艺术与启蒙：十八世纪欧洲启蒙美学研究》，浙江大学出版社 2013 年版，第 65 页。

② ［美］杜兰著，幼狮文化公司译：《世界文明史》，东方出版社 1999 年版，第 310 页。

来，从而影响它们相互之间所有的文化比较，从文学的巨人到他们对待自然的态度。莎士比亚与伏尔泰的区别呼应了自然自由生长于其中的野生的英国哥特式花园（按照英国园丁们的说法，他们也把它用于英国和政府的形象）和抑制自然的人工的法国古典主义大花园之间的对照”①。“哥特诗人”莎士比亚不仅呈现了独特的英国民族的文化价值，而且通过彰显民族性成功地跻身于世界文学之林。

顺便指出的是，莎士比亚无论是作为了不起的“我们的哥特诗人”，还是作为英国的杰出戏剧家，他能成为世界文学宝库中的经典，乃至世界文学经典的中心，再次深刻地演绎了民族文学与世界文学的关系：没有脱离民族性的世界性，世界性由民族性中而来；世界的首先是民族的，只有民族特征鲜明的作家和作品，才有可能真正走向世界，为众多民族所接受而赢得世界性的声誉。正如美国著名学者丹穆若什所强调的那样，一切文学作品都是在不同的民族文学的范畴内诞生的，即使这些文学作品“进入了世界文学的传播中，它们身上依然承载着源于民族的标志，而这些痕迹将会越来越扩散，作品的传播离发源地越远，它所发生的折射也就变得越尖锐”②。因此，“世界文学具有多样性特征，并没有一套固定的模式，有多少种民族的视角，就有多少种世界文学”③。至于说到世界主义与民族主义，两者也不应该是简单的泾渭分明的对立关系。倡导世界主义，不能无视、甚至泯灭民族主义，任何无视民族主义的世界主义都只能是无法实现的空中楼阁。

总之，莎士比亚作为“哥特诗人”的形成是英国哥特小说家与文学批评家不断提高莎士比亚的声名、合力建构的结果。英国哥特小说家从莎士比亚的戏剧中获得丰富的戏剧资源，并不断对其加以改写，使莎士比亚因素成为早期哥特小说的重要文学特征，莎士比亚的戏剧也因此成为哥特式的。英国的文学批评家企图通过对莎士比亚“哥特诗

---

① Maggie Kilgour, *The Rise of the Gothic Novel*, London and New York: Routledge, 2006, p. 228.

② ［美］丹穆若什著，查明建等译：《什么是世界文学？》，北京大学出版社 2014 年版，第 311 页。

③ 李伟昉：《人类命运共同体的价值理念与全球化视野的结构转向》，《河南大学学报》（社会科学版）2018 年第 6 期。

人”形象的塑造，突破法国新古典主义在文学上的统治，并确立英国自由美学的原则。“哥特诗人”中的“哥特”不仅具有“野蛮”“中世纪”和“超自然”三种含义①，还包含英国的民族性，是政治、文化上的自由与文学创作上的自然的表征。莎士比亚作为“哥特诗人”的形象在文学批评上具有内容与形式的意义，也富含政治和文化的深层意蕴。“哥特诗人”莎士比亚是18世纪英国社会转型的一个标志性事件，也是经济繁荣、国力强盛、政治稳定的象征。它强调了英国的民族身份，体现了英国中产阶级对本民族文化高度的认同感。它不仅是英国中产阶级与上层贵族之间、英国与法国之间较量的结果，也是民族主义与世界主义等各种张力综合作用的产物。凡此种种，都体现了18世纪英国中产阶级的文化自信。

（原文刊载于《河南大学学报》2019年第2期）

① 李伟昉：《黑色经典：英国哥特小说论》，中国社会科学出版社2005年版，第3页。

雨果莎评及其特色论

——以《莎士比亚传》为中心

西方浪漫主义文学运动旗手、法国文坛巨匠雨果发表于1864年的研究专著《威廉·莎士比亚》①,被认为是自英国戏剧家本·琼生以来莎士比亚艺术最伟大的颂歌。这部著作不仅淋漓尽致地彰显了雨果汪洋恣肆、气势磅礴的浪漫气质,而且纤毫毕现地展示了雨果作为研究者的开阔视野与渊博学识。这部皇皇巨著分三部分:第一部分,共五卷,主要从文学历史发展过程考察莎士比亚;第二部分,共六卷,主要是对莎士比亚的具体分析和评价;第三部分,即结论,共三卷,主要谈莎士比亚对后世的深远影响。早在1827年,雨果就在自己的《克伦威尔》序中认为,作为近代诗最高形式的戏剧,在莎士比亚手中发展到了巅峰,即"以同一种气息融合了滑稽丑怪和崇高优美、可怕和可笑、悲剧和喜剧"②,因而称他为戏剧界的天神。在后来的流放生涯中,雨果一方面创作了《悲惨世界》等不朽作品,另一方面又钟情于对莎士比亚的学术研究,相信"莎士比亚之上没有任何人。莎士比亚有平起平坐者,却没有高于其人者"③。可见,莎士比亚在雨果心目中有着不可替代的崇高地位,足以说明莎士比亚对他的持久影响力。

---

① 雨果的《威廉·莎士比亚》在2005年由北京团结出版社以《威廉·莎士比亚传》书名出版,本文引文均出自该译本。

② 伍蠡甫等:《西方文艺理论名著选编》(中),北京大学出版社1986年版,第134页。

③ [法]雨果著,丁世忠译:《莎士比亚传》,团结出版社2005年版,第253页。

不过,对于雨果的莎评,百年来学界仍然缺乏具体的深论,特别是忽视了对雨果关于莎士比亚四大悲剧的观点及其莎评特色的观照,甚至对它尚存有误解或偏见。例如,西方著名文学批评家雷纳·韦勒克就批评雨果的《莎士比亚》"是一系列互不连贯、浮艳佻巧的沉思录,其中废话连篇,专以堆砌辞藻为事,令人难以置信,读起来叫人十分头痛。作为一部莎学论著,可以把它撇置一边,因为仅有一小部分内容涉及莎士比亚"①。因此,本文从雨果莎评贡献、对四大悲剧的个性阐发及其莎评特色等三个方面,来探讨《莎士比亚传》的价值和意义。

一、雨果莎评的重要贡献

在《莎士比亚传》中,雨果从多方面对莎士比亚作了概括性的评论。这些评论实际上主要是对欧洲新古典主义批评家对莎士比亚创作不真实、不道德、以恐怖为乐趣、荒诞不经、滥用对比等一系列责难的有力驳斥,是对莎士比亚艺术成就最真诚、最激情、最具震撼力的辩护,是在他梳理、比较了西方文学史上一系列伟大作家、诗人之后得出的深刻结论。雨果莎评的贡献突出体现在两大方面。

(一)莎士比亚是诗人、历史学家和哲学家三位一体式的杰出天才

雨果把莎士比亚看作是集诗人、历史学家和哲学家于一身的天才,这同时兼具的三重身份使莎士比亚在文学史上获得了至高无上的地位。他"属于天才精英中最高尚的一批","抵得上百万大军。以他单枪匹马,他就抵得上我们法国辉煌的 17 世纪、或差不多抵得上 18 世纪"。② 当然,雨果评价莎士比亚是历史学家与哲学家,还是基于文学的立场,是诗化的历史学家与哲学家,透过他艺术的生花妙笔,我们可以窥视深邃的历史和精妙的哲理。他认为莎士比亚是哲学家,是因为他想象,"莎士比亚首先意味着想象力……想象力就是善于深入。

① [美]韦勒克著,杨自伍译:《近代文学批评史》第 2 卷,上海译文出版社 1997 年版,第 309 页。

② [法]雨果著,丁世忠译:《莎士比亚传》,团结出版社 2005 年版,第 254—255 页。

思想的任何能力都不及想象那样深沉、那样刨根问底，想象是伟大的潜水员”①。“这便是为什么莎士比亚能如此随心所欲地操纵现实并使他自己主观的偏好可以和现实并行不悖的原因。”②在雨果看来，哲理源于想象，而真正的想象根植于对现实的深度把握，恰似“艺术中的复杂图案一如大自然中的植物”，它塞满天际，又打开新的视野，“在复杂图案后面可以辨出整个哲学；植物生长，人即泛神、即大自然；在崇峻之中体现着无穷；在这‘不可思议’与‘实实在在’结合在杰作中，人的灵魂感动不已，那是一种不求闻达而又崇高伟大的激情”。③ 莎士比亚还是历史学家，乃是由于诗人不仅叙述，而且要证实。“在这富饶得流汁的一切中，有分析、有综合、有生动活泼的创造”，还有“一切人物的样本”，因而阅读他的作品，“立即感到一阵强劲的风，从人世间的一个豁口呼啸着吹来。天才的灿烂光辉射向东南西北，这就是莎士比亚”④。

雨果最推崇的还是莎士比亚作为诗人的过人之处。他认为莎士比亚身上带着一面反光镜，那是观察；又有一个聚光器，便是激情。从这里，就有了他脑海中的灿烂光谱，照准了人类黑暗的长城，放射出万丈光芒。他“令你感动、惊愕、震骇，然后又恢复常态，或者颓然若失，常常与你的期待背道而驰，以想象不到的情节掏尽你的灵魂”⑤。而“善于挖掘人的灵魂”，即“人的内心世界”，则是“莎士比亚的专长”，“他无时无刻不从中造就出意外情节。他从意识中掏出全部不可思议的东西。在此种心理探索中，难得有诗人超过他。他指明了人类灵魂最奇特的一些特点。在复杂剧情的外表下，他巧妙地透露出形而上学的单纯事实。连自己也不敢承认的事，那始以惧之、终以渴求的朦胧之物，却正是天真少女与杀人犯的联结点，也是他们的心灵不期而遇的汇合处，比如朱丽叶的心灵和麦克白的心灵。少女害怕而又渴望爱

① ［法］雨果著，丁世忠译：《莎士比亚传》，团结出版社 2005 年版，第 133 页。
② 杨周翰编选：《莎士比亚评论汇编》（上），中国社会科学出版社 1979 年版，第 411 页。
③ ［法］雨果著，丁世忠译：《莎士比亚传》，团结出版社 2005 年版，第 133—134 页。
④ ［法］雨果著，丁世忠译：《莎士比亚传》，团结出版社 2005 年版，第 135—136 页。
⑤ ［法］雨果著，丁世忠译：《莎士比亚传》，团结出版社 2005 年版，第 128—129 页。

情，正如罪犯也这样对待野心。向幽灵送去偷偷的一吻，在前者是心地光明的一吻，后者则是暗伏凶兆的一吻”①。显然，雨果相信，在灵魂探索方面很少有人能超越莎士比亚，并且他深刻地影响了后世众多作家的创作。正如当代美国著名文学理论批评家、莎士比亚研究专家布鲁姆在《西方正典》中所言，“莎士比亚首开心理分析的先河，而弗洛伊德仅仅是编撰者”，“或许弗洛伊德的精神分析学就是某种莎士比亚情结。作为研究文学影响的学者，我自认为并没有高估莎士比亚对弗洛伊德的影响。这种影响与莎士比亚对歌德、易卜生、乔伊斯以及本书论及的其他许多作家所产生的强大影响相比，仅有程度而没有类型的差异”。② 他甚至认为，莎士比亚对心理世界的分析“极大地损伤了弗洛伊德的原创性”③。

（二）雨果深刻揭示了莎士比亚创作中无处不在的对照原则

在《克伦威尔》序中，雨果已经提出了滑稽丑怪和崇高优美等相互对照的创作观念，并认为莎士比亚典型地体现了这一特征。到了《莎士比亚传》中，雨果首次从本质上精准而集中地揭示、阐发了莎士比亚戏剧创作的对照原则，这种对照原则的运用，不仅“显示了一种至高无上的能力，足以看到事物的两个侧面”，而且实际上是对宇宙万物永恒而普遍的矛盾的反映，是二律背反的普遍性。雨果指出：莎士比亚的伟大之处是“在对偶中倾其全力”，“对偶相辅，浑成一体”，他“把对偶提升到最高的力度”④。他细腻地表现了整个自然、整个生活中各种矛盾的因素以及各种各样人物的对照，诸如生与死、冷与热、善与恶、爱与恨、喜与悲、闪电与阳光、山谷与山峰；光明与畸形、伟大与渺小、正义与不义、天使与魔鬼、宽厚与忌妒、灵与肉、自我与非我，等等。这种对照“在人类的一切习惯中比比皆是。它存在于寓言中、存在于历史中、存在于哲学中、存在于语言中”⑤。正因为莎士比亚具有从正反

① ［法］雨果著，丁世忠译：《莎士比亚传》，团结出版社 2005 年版，第 134—135 页。
② ［法］布鲁姆著，江宁康译：《西方正典》，译林出版社 2005 年版，第 44 页。
③ ［法］布鲁姆著，江宁康译：《西方正典》，译林出版社 2005 年版，第 294—295 页。
④ ［法］雨果著，丁世忠译：《莎士比亚传》，团结出版社 2005 年版，第 136 页。
⑤ ［法］雨果著，丁世忠译：《莎士比亚传》，团结出版社 2005 年版，第 138 页。

两方面去观察一切事物的那种至高无上的才能，才使得他剧中的“每句话都有形象；每句话都有对比；每句话都含有白昼与黑夜”①。这一审美的价值判断对于莎士比亚戏剧创作实践而言，的确是切合实际、言之有理的，甚至可以说颇为精当经典。雨果不仅这样评价莎士比亚，而且他自己的文学创作就呈现出强烈的对照原则，从中不难看出莎士比亚对他的深刻影响。

概言之，雨果用极其形象的诗化语言阐释了莎士比亚作为天才人物所具有的丰富、力量、繁茂和博大的特点：“莎士比亚是富饶、是力量、是丰腴、是膨胀的乳房、是泡沫四溅的酒樽、是盛得满满的食盘、是过剩的精华、是奔腾的熔岩、是呼之欲出的幼芽、是普降的生命之雨，一切都成百上千、一切都以千万百万计；没有障碍、没有修补、没有删节，那是创造者的挥霍，毫无节制、却宁静安详。”②他还“像原始森林”，“像波涛汹涌的大海”。③ 这些评价充分表达了浪漫派把莎士比亚当作一个世界来景仰的惊喜之情，难怪他与歌德一起被誉为欧洲浪漫派莎评的双星。

二、雨果对“四大悲剧”的个性阐发

在《莎士比亚传》中，雨果非常看重莎士比亚的《哈姆雷特》《麦克白》《奥瑟罗》《李尔王》等四大悲剧，认为这四部悲剧中的主人公“高踞在莎士比亚的大厦中”④。因此，他从人性与道德的角度，对四部悲剧中的主人公作了集中而颇具个性的阐发。

雨果对哈姆雷特的评论，有两点值得注意。首先，他认为“哈姆雷特虽然多病，却表现了人的一种经常状态”，“在他身上有许多人性、也有许多神秘的成分”，他“代表着灵魂的不舒适，因为生活未能完全适

---

① ［法］雨果著，丁世忠译：《莎士比亚传》，团结出版社2005年版，第144—145页。
② ［法］雨果著，丁世忠译：《莎士比亚传》，团结出版社2005年版，第144页。
③ ［法］雨果著，丁世忠译：《莎士比亚传》，团结出版社2005年版，第149页。
④ ［法］雨果著，丁世忠译：《莎士比亚传》，团结出版社2005年版，第166页。

应他的需要”。[1] 所以，“在众多诗人创造的各种形象中，没有比哈姆雷特更令人痛心、更令人焦虑的了”[2]，“他留下了一个巨大无比的问号。他令人惊骇，复又使人不知所措。从来还没有人想象出过更令人透不过气来的戏剧”[3]。在哈姆雷特的内心深处，“是猜疑、是整套的思想、是骇人听闻的表面现象、是血淋淋的回忆、是对幽灵的崇敬、是仇恨、温情，是行动还是不行动的焦虑；还想到父亲、母亲、他那彼此相反的义务，总之，是含义深沉的暴风雨。他脑子里浮现的是犹豫，犹豫又表现为铁青的色调。莎士比亚是神奇的造型诗人，他几乎让人清楚地看见这灵魂苍白的色调。哈姆雷特几乎可以将自己命名为‘忧郁’。”正是这种“忧郁”，使他的“一切行动都有表现出来的‘梦游症’。我们几乎可以把他的大脑看成一种特殊结构：其中一层是苦难、一层是思想，再有一层是梦幻。他是通过梦幻层来感觉的，并且借以学习、察觉、饮水、进食、发怒、嘲笑、哭泣和说理。在他与生活之间有一个透明体，那是梦幻之墙，可以瞥见墙内，却无法跨过这堵墙。一种云雾式的障碍从四面八方围绕着哈姆雷特”。因此他被一系列的问题所折磨，是在清醒的状态承受着噩梦，其中夹杂着现实和梦幻，“那是最大强度的自我孤立”。他“离群索居，但其身上却有代表着他们所有人的什么东西。在某些时刻，如果我们摁一下自己的脉搏，我们会感到他在发烧。不管怎样，他那奇特的现实也就是我们的现实”[4]。从这个角度看，“《哈姆雷特》是梦幻悲剧的杰作”[5]。

其次，雨果不认为哈姆雷特装疯是为了掩盖自己的思想。尽管他也说“为了酝酿一个重大的图谋，表面的疯傻可带来从从容容的环境；被假定为‘白痴’的人可以不慌不忙地向着‘目标’前进”。不过，他指出：“哈姆雷特装疯是为了自身安全”，这一点，“迄今批评家们还没有予以指出”。他分析道：“哈姆雷特通过幽灵的暗示，知道了克劳狄斯

---

① ［法］雨果著，丁世忠译：《莎士比亚传》，团结出版社 2005 年版，第 165 页。
② ［法］雨果著，丁世忠译：《莎士比亚传》，团结出版社 2005 年版，第 164 页。
③ ［法］雨果著，丁世忠译：《莎士比亚传》，团结出版社 2005 年版，第 162 页。
④ ［法］雨果著，丁世忠译：《莎士比亚传》，团结出版社 2005 年版，第 164—165 页。
⑤ ［法］雨果著，丁世忠译：《莎士比亚传》，团结出版社 2005 年版，第 162 页。

的罪行，从此就处境危险。诗人兼有高级历史学家的气质，在这里有所反映。从莎士比亚身上可以感到：他对古老深沉的王室秘密有深刻的了解。在中世纪或更古老的时期，谁要是发现国王犯下的谋杀或下毒罪，谁就一定会倒霉。知道国王是杀人犯，这本身就是冒犯皇上的弥天大罪。谁要是自诩'目光锐利'，谁就不懂权术。被看出正在'怀疑'王上的人，注定要完蛋。他只有一条出路：装疯。装成'清白无辜'的样子。大家不当他一回事，于是一切妥当。历史上有许多类似的实例。"《李尔王》中也有相同的暗示，伯爵之子同样以装疯为藏身之地。可见，"弄清莎士比亚的思想是有一把'钥匙'的"①。

雨果对哈姆雷特的评论，一方面是想揭示一个心怀志向的人在遭逢大难打击后所处于一种特定的反常精神状态，这种特定的反常精神状态中又折射出某些普遍性的东西，包含着痛苦、悲伤、愤怒、孤独、无助、彷徨、幻觉，以致患有神思恍惚的"梦游症"等，"忧郁"最终构成哈姆雷特性格特征的主色调，由此呈现了人性的复杂性与神秘性。另一方面，雨果不想故弄玄虚，旨在揭示哈姆雷特装疯背后的基本历史真相，在他看来，保证不了自身安全，一切使命无从谈起。这也是雨果所说的莎士比亚"兼有高级历史学家的气质"的具体缘由所在。

谈到麦克白这一形象时，雨果认为他是饥饿与恐怖的化身。他说："麦克白就是饥饿。什么饥饿？要吞食丑怪的饥饿：这丑怪有可能始终在人身上存在。某些灵魂长着牙齿。不要唤醒它们的饥饿。"麦克白又为何是恐怖呢？因为"贪欲易变为暴力、暴力易变为罪行、罪行又易变为疯狂；这种发展过程便是麦克白。……他只是一种没有意识的精力，粗暴地向'恶'冲去。从此再也没有任何法律观念；贪欲就是一切"。麦克白的可怕之处在于他"以弑父开始，……他迈出第一步后，崩塌就开始了。这是雪崩。麦克白在滚动。他被急忙推着走。他摔倒，又从一桩罪行跳到另一桩罪行，越落越低。那是一种阴森可怖的重力，由于物质浸透了灵魂，他变成了破坏一切的物体。他是废墟的石头、战争的火焰、作诱饵的动物，是灾害。……麦克白违背一切规

① [法]雨果著，丁世忠译：《莎士比亚传》，团结出版社2005年版，第162—163页。

矩、越过一切界线,破坏了一切、砸烂了一切"①。总之,麦克白代表了不可控制的贪欲对社会规矩、法律观念、道德界限的挑战和破坏,是人性之恶的极度膨胀。

而奥瑟罗则"代表黑夜"。雨果说:"黑夜爱恋白昼。奥瑟罗把苔丝德梦娜当成了光明和狂恋的对象。因此,他是多么容易忌妒啊!……忌妒心一发作,英雄立刻变成魔鬼。"他认为黑暗有两种形式,一种是黑夜,一种是恶。"在代表黑夜的奥瑟罗身边,还有象征'恶'的埃古。'恶'是黑暗的另一种形式。黑夜不过是世界的夜晚;'恶'则是灵魂的黑夜。背信弃义和谎言是何等的黑暗!……黑暗的这两种化身,一个怒吼、一个冷笑,它们谋划了对光明的扼杀。"②无疑,雨果是在这里提醒人们,务必对黑暗的两副面孔保持高度警觉,代表"黑夜"的忌妒如不加控制,肆意泛滥,最终会成为"恶"的帮凶。

对于《李尔王》这部悲剧,雨果也有自己的见解。他认为,该剧真正的主人公不是李尔王,而是李尔王的小女儿科第丽霞,李尔王只是"由头""借端"和"衬托"。在他看来,科第丽霞象征"母性"和"孝顺":"女儿对父亲表现出母性,这是多么深刻的主题!这是值得崇敬的母性,……这象征孝顺的乳房,即是科第丽霞"③。他阐发道:"有些大教堂的圆塔,内中有种种结构和陈设,最终在顶端置放一个长着金翅膀的天使。"《李尔王》就体现了这种结构:李尔王"所充当的是一种衬托,目的在于突出妙不可言的天国造物科第丽霞。这一大堆罪行、弊端、狂乱和灾难,就使德行的'脱颖而出'有了理由。"当李尔被大女儿和二女儿逐出家门、流落暴风雨中的荒野后,"科第丽霞开始哺育这痛苦的灵魂:它正在仇恨中因虚弱而奄奄一息。科第丽霞以爱来哺育李尔,于是勇气复至;她以尊敬哺育他,于是微笑再现;她给他唤起希望,于是信心重生;她晓之以智慧,于是理智又来了。李尔在康复,身体日渐好转,逐步恢复了生机。孩童又变成老人。这可怜虫现在变得很幸福。戏剧高峰就在这光明再现的时刻。真可惜:有叛贼、有发伪

① [法]雨果著,丁世忠译:《莎士比亚传》,团结出版社2005年版,第166—167页。
② [法]雨果著,丁世忠译:《莎士比亚传》,团结出版社2005年版,第168页。
③ [法]雨果著,丁世忠译:《莎士比亚传》,团结出版社2005年版,第169页。

誓者、有杀人犯。科第丽霞死了。没有比这更令人痛心的了。老人十分吃惊:他不明白了。他抱着女儿的尸身断了气。他在死者身上死去"①。雨果把科第丽霞视为《李尔王》中真正的中心人物来解读,突显了他对仁爱、孝道的看重。显而易见,如果没有仁爱、孝道,没有人伦秩序,这个世界将陷入无尽的痛苦和灾难之中。所以,即便是韦勒克认为雨果"关于剧本的零星评语也可置之不顾,因为难以理会'麦克白是饥饿'或'奥瑟罗是黑夜'这类说得神乎其神而又严肃正经的话究竟是什么意思"②,但也不得不承认,"当他描述起莎剧中镜照般的场面、对应性情节安排的手法、哈姆雷特与雷欧提斯、李尔与弄人或李尔与葛罗斯特的关系,或者当他情不自禁地追忆起《李尔王》最后一场,谈到'考狄利娅少女的乳房紧挨着她父亲的银须',这时雨果才算对于莎剧有了具体的洞见"③。

从雨果对上述四部悲剧中的主人公的阐发,我们不难发现他重点关注的是人物形象中所蕴含的思想主题的意义。如果说雨果强调莎士比亚戏剧创作的对照原则,旨在说明他并非滥用对比,而是有其合理合法的依据,那么,细腻微观四大悲剧,显然是想探寻震撼我们心灵的复杂的人性深渊,以及启人深思的永恒的道德价值,正是雨果"开始较多地从社会效果的角度来考虑文学"④的具体表现。

三、雨果莎评的特色

雨果莎评主要体现出两大鲜明的学术理路与特色,即比较意识与整体思维。

---

① [法]雨果著,丁世忠译:《莎士比亚传》,团结出版社 2005 年版,第 170—171 页。

② [美]韦勒克著,杨自伍译:《近代文学批评史》第 2 卷,上海译文出版社 1997 年版,第 309 页。

③ [美]韦勒克著,杨自伍译:《近代文学批评史》第 2 卷,上海译文出版社 1997 年版,第 311 页。

④ [美]韦勒克著,杨自伍译:《近代文学批评史》第 2 卷,上海译文出版社 1997 年版,第 309 页。

（一）自觉的比较意识

《莎士比亚传》自始至终贯穿着自觉的比较意识。雨果在批评实践中已经使用了被后来称为比较文学学科的研究方法来审视莎士比亚，理应是比较文学研究的先驱之一。他反对那种流于表面的比较，看重有实质性内容的比较；他关注影响，但更强调独创。他善于在比较中发现问题，在比较中探寻作家的创新与独到之处，进而突显其不可取代的“这一个”。他对莎士比亚和埃斯库罗斯创作的比较最能体现这种用心。

针对莎士比亚抄袭埃斯库罗斯而缺乏独创性的观点，雨果为莎士比亚作了富有成效的辩护。他认为，人们比较埃斯库罗斯与莎士比亚通常是从《奥瑞斯忒斯》和《哈姆雷特》开始的。这两部悲剧的剧情的确很相似，“题材没有更相似的了”①。但是，如果仅凭两部悲剧有雷同之处，便以为莎士比亚有抄袭之嫌，那就大错特错了。“哈姆雷特跟在奥瑞斯忒斯后面，奥瑞斯忒斯是因孝子之心而弑父。这是一种浅显的、流于表面而无实质的比较。”②莎士比亚“不是抄袭、不是重复、也不是老调重弹”，而是“心同而曲异”。“每位大艺术家都按自己的形象重铸艺术”，因此，“哈姆雷特是带有莎士比亚印迹的奥瑞斯忒斯”。③ 至于埃斯库罗斯对莎士比亚的影响，雨果指出：“奥瑞斯忒斯这位哈姆雷特的悲惨先行者，并不是埃斯库罗斯与莎士比亚之间的惟一联系。我们指出了《普罗米修斯》与《哈姆雷特》之间的关系，那比较不容易觉察。两位诗人，通常是借助的共同点在一个细节上显示出来，那是许多观察家和评论家未曾注意的。”“普罗米修斯创造了人、也创造了精灵。传说和童话中的一系列精灵就是他的后裔。这出色的童话，带着深刻的含意，将天体般的宏伟与显微镜下的细微联结在一起，将无穷大与无穷小凑拢到了一块儿。就这样，莎士比亚纤细的网络与巨人埃斯库罗斯相连。莎士比亚笔下的仙女竟然以高加索的巨

① ［法］雨果著，丁世忠译：《莎士比亚传》，团结出版社2005年版，第158页。

② ［法］雨果著，丁世忠译：《莎士比亚传》，团结出版社2005年版，第159页。

③ ［法］雨果著，丁世忠译：《莎士比亚传》，团结出版社2005年版，第92页。

人为祖先。他的另一人物提坦尼娅,那字源就是'巨人提坦',这样莎士比亚就有埃斯库罗斯做来源。"①

虽然有蛛丝马迹表明,莎士比亚接受了埃斯库罗斯创作的影响,但那毕竟是次要的,差异和创新才是莎士比亚的主导因素。例如,雨果强调哈姆雷特与普罗米修斯这两个形象就有本质的区别:"普罗米修斯是行动。哈姆雷特是踌躇不决。在普罗米修斯身上,障碍来自外界;在哈姆雷特,障碍出自内心。……普罗米修斯要获得自由只需战胜一个上帝;哈姆雷特则须打破自己的枷锁、进而自己战胜自己。普罗米修斯可以站立起来,无非是举起一座大山;而为了使哈姆雷特重新站立,他就必须移动自己的思想。普罗米修斯必须驱赶胸口的鹰鹫;哈姆雷特必须赶走自己胸臆中的哈姆雷特。普罗米修斯与哈姆雷特,这是两个裸露的心肝:一个流淌着鲜血,一个溢出的是怀疑。"②

雨果研究的可贵之处在于,他不仅敏锐地发现了哈姆雷特与普罗米修斯两个形象的不同,而且言简意赅地探析了莎士比亚与埃斯库罗斯创作风格的异同:"埃斯库罗斯和莎士比亚仿佛生来就是为了证明:相反的东西是可赞可叹的。一方面的起点与另一方面正是南辕北辙。埃斯库罗斯是集中;莎士比亚是分散。应当欢迎这一位,因为他精炼集中;也应当欢迎另一位,因为他零零散散。埃斯库罗斯是统一完整;莎士比亚是包罗万象。他们两人就分享了上帝。而且,因为这样的智慧永远是全面的,你可以感到在埃斯库罗斯的戏中跃动着自由的情欲;而在莎士比亚散漫的剧本里,所有的生命之光都在聚拢。一位是从统一出发而达到多样;另一位从多样出发而达到统一。尤其当你对照《哈姆雷特》与《奥瑞斯忒斯》时,这一点是非常显而易见的。它们是奇特的双面纸,是同一种思想的正反两页,仿佛写来就是为了证明:两位做同一件事的不同天才,实际上在做两件不同的事。"③从这一比较可以看出,雨果总是能居于一种高度,把两个风格不同的作家聚拢

① [法]雨果著,丁世忠译:《莎士比亚传》,团结出版社2005年版,第197—198页。
② [法]雨果著,丁世忠译:《莎士比亚传》,团结出版社2005年版,第158页。
③ [法]雨果著,丁世忠译:《莎士比亚传》,团结出版社2005年版,第200页。

在一起，同时又能使他们明显区别，彼此对照，相得益彰。

（二）突出的整体思维

这种整体思维主要体现在以下三个维度上。

1. 雨果不孤立封闭地研究莎士比亚，而是有意识地把他置于宏阔的文学史上已有的大家系列中加以相互观照，观照中既说明共性，又突出差异，使莎士比亚以极其鲜明的特色和罕见的丰富性呈现出来，进而彰显其在文学史上无与伦比的价值和地位。例如，他在探讨莎士比亚是一个具有什么样内涵的作家时，就把他与荷马、卢克莱修、但丁、拉伯雷、塞万提斯等著名作家放在一起，相互映衬，相互生发，让读者不仅深刻全面地领悟莎士比亚的魅力，而且连带了解其他相关作家，拓展开阔了文学史知识的视野。

我们先来看莎士比亚与古罗马诗人卢克莱修的比较。雨果认为莎士比亚"就是整个大地"，"是地球"，他关注"生存"，认知大千世界，探索人生秘密；而卢克莱修则是"大气层"，他强调"生物"，"作品里有许许多多晦暗不明"：

> 在大气层里什么都有；在地球上有人类。这里是外部的秘密；那里是内在的秘密。卢克莱修是生物，莎士比亚是生存。因此，在卢克莱修作品里有许许多多晦暗不明；在莎士比亚作品中有那么多跃动的情节和人物。莎士比亚肯定不受空间限制。大地看得见、并且遍游天空；它从两个方面熟悉了天空：黑暗与光明、怀疑与希望。生命往返于死亡之中。人的一生就是秘密，是处于诞生和弥留之间的谜语式插曲，从睁开两眼到闭目归去一直如此。这秘密，莎士比亚琢磨它。卢克莱修在那里；莎士比亚生活着。在莎士比亚作品中，百鸟在歌唱，灌木在抽叶，人们心心相印、息息相通；云彩在游荡，天气时冷时热，晨钟暮鼓，朝发夕至，森林窃窃私语，人们促膝交谈。广阔而永恒的梦轻轻飘浮。液汁与鲜血、多样形态的事实、种种行动与思想、人与人类、活着的人们及其生活、孤独的境界、大小城池、钻石珍珠、粪土垃圾、人群的熙来攘往、人群去留的足迹……，所有这一切都在莎士比亚身上、

都在莎士比亚心中。①

我们看雨果对莎士比亚与但丁的比较。他形象地指出，但丁为鬼魂创作了史诗："他在地球上挖了个洞；在这令人丧胆的黑洞里，他放进了撒旦。然后他又通过净界把人间推往天国。在那里一切都告终结。但丁从那里开始。但丁超越了人类。"②因此，但丁在创作上"体现了全部超自然主义"，而莎士比亚则"体现了全部大自然"：

这天才既然是大地，死者就是从它里面走出来的。莎士比亚某些阴暗的方面有幽灵在其间游荡。莎士比亚是但丁的兄弟。他们相互补充。但丁体现了全部超自然主义，莎士比亚体现了全部大自然。我们觉得这两者迥然相异，但在绝对之中它们却是一个单位。但丁与莎士比亚如此大相径庭，却仍总然胼手胝足，在实质上相通；但丁的作品中也有人，莎士比亚的作品不乏鬼魂。死人的头骨从但丁手上转到莎士比亚手上。乌戈林啃咬它，哈姆雷特向它提问。也许后者得到更深刻的教益。莎士比亚摇晃它，并抖落下许多星星来。莎士比亚笔下的处所，也像但丁的"七层"地狱闪耀着遐想的返光。"我知道什么？"这半幻觉、半真相的东西时有显露。莎士比亚像但丁一样让你看到日暮时分的地平线。在两者身上都有"可能"：它是梦想朝着现实洞开的窗口。至于现实，让我们强调：莎士比亚作品中的"现实"四处溢流。到处都是活生生的血与肉；莎士比亚有激情、有本能、有真诚的呐喊、有正义的声调，有吵吵嚷嚷的整个人群。他的诗歌既是他莎士比亚，同时也是你。③

在这里，雨果不仅强调了莎士比亚和但丁创作各自的特色与差

① ［法］雨果著，丁世忠译：《莎士比亚传》，团结出版社 2005 年版，第 64 页。

② ［法］雨果著，丁世忠译：《莎士比亚传》，团结出版社 2005 年版，第 55 页。

③ ［法］雨果著，丁世忠译：《莎士比亚传》，团结出版社 2005 年版，第 64—65 页。

异，而且指出“这两者迥然相异”中的“实质上相通”之所在，显示了雨果敏锐精细的洞察力。

我们再看莎士比亚与荷马、拉伯雷和塞万提斯的比较。在雨果看来，荷马不同于后来其他任何诗人，他属于“伟大的孩童诗人”，他歌唱的是新诞生的世界，他是“黎明中的飞鸟”，“具有早晨圣洁的憨厚”，“几乎不知阴暗为何物”。① 不过，荷马、拉伯雷、塞万提斯和莎士比亚都是“周而复始的天才”，都是具有历史标志性的人物，“在人类所有重大危机的时刻他们都会出现；他们总结各个阶段，并且实现革命”，然而在具体使命及内涵方面又有所区别：

> 在文明方面，荷马标志着亚洲的终结和欧洲的发端；莎士比亚标志着中世纪的终结。结束中世纪，拉伯雷和塞万提斯也做了这件事。但由于他们仅限于冷嘲热讽，就只反映了事物的一面；莎士比亚的精神是一个整体。像荷马一样，莎士比亚是一位周而复始的人物。这两人关上了野蛮时期的头两扇门：古代的门和哥特时期的门。这便是他们的使命，他们完成了使命；这便是他们的任务，他们完成了任务。②

2. 把作家的创作作为一个内在有机整体来审视。雨果善于将莎士比亚的不同作品有意识地放在一起，去寻找它们之间相关性的共通特征，进而使不同作品在某一点上相互联系，相互印证，形成一种整体性认知。雨果特别强调“莎士比亚的主要作品不是《哈姆雷特》”，而是“整个莎士比亚”，其庄严性就在于“这个整体”。③ 例如，他将《哈姆雷特》《奥瑟罗》《罗密欧与朱丽叶》的相关情节置于一起，进行勾连式思考。他阐发道：

---

① ［法］雨果著，丁世忠译：《莎士比亚传》，团结出版社 2005 年版，第 32 页。

② ［法］雨果著，丁世忠译：《莎士比亚传》，团结出版社 2005 年版，第 66 页。

③ ［法］雨果著，丁世忠译：《莎士比亚传》，团结出版社 2005 年版，第 165 页。

哈姆雷特是猜疑的化身，是莎士比亚作品的核心；两极则是爱情，罗密欧的晨之恋与奥瑟罗的暮之恋。哈姆雷特是整个的灵魂，罗密欧和奥瑟罗则是全部的肺腑。在朱丽叶尸衣的皱褶中尚有光明；但在奥菲丽亚和苔丝德梦娜的尸布上就只剩下了阴暗，她们一个被轻侮、一个被猜忌。这两位与爱神失之交臂的无辜者永无慰藉。苔丝德梦娜吟哦着柳之歌，也正是在这柳荫掩映下，河水载着奥菲丽亚悠然远去。她们是素昧平生的姊妹，通过灵魂相逢在一处，虽然各有各的曲折经历。柳枝在这两人的上方摇曳。被诬陷的那一位唱着神秘的歌归去，而那溺水者正是在这歌声荡漾中披头散发地漂流而下。①

又例如，雨果发现，莎士比亚的戏剧有一个显著的共性特征，即"戏当中有双重情节，有一条线是对主线的次要反映"。他说这是迄今为止最权威的评论家未曾注意到的现象，虽然有个别评论家看到了这种双重情节，却极不认可，"给予了严厉的批评"。他认为，"思想反映思想，较小的剧情模仿并且陪伴主要的剧情；情节还有自己的'月亮'相随，有另一个次要情节与之相仿佛"，这正是"莎士比亚独有的剧情"，"绝对具有个性的特征"，"是莎士比亚的'特异体质'。"这种剧情无论在埃斯库罗斯还是莫里哀那里都不会出现。他进一步分析指出，这种具有双重情节的剧情其实"是16世纪的烙印"，反映了16世纪的特点："16世纪的精神在于多重镜面；一切文艺复兴的思想都有双重性。请看教堂中的祭廊。文艺复兴以美妙而奇特的艺术，在祭廊里以《新约》反映《旧约》。那里处处是双重情节。象征物重复人物的姿势，从而给予了解释。《圣经》里的故事常以类似的方式重复一次"。因此，莎士比亚在《哈姆雷特》中设计了双重报父仇；在《李尔王》中有"双重"可怜的父亲，他们都看不见光明，一个成了疯子，一个变为盲人。而且"在《李尔王》中，相互并列并且彼此面对的也有两组人物：李尔王两类女儿的孝与不孝；以及另一类人物的两个儿子也是如此"。

① [法]雨果著，丁世忠译：《莎士比亚传》，团结出版社2005年版，第131—132页。

这种创作特征正是“莎士比亚忠于他那个时代的精神”①的反映。

3. 通过以莎士比亚为中心辐射其他作家的点面相结合式研究，试图从中探寻文学创作共有的普遍性规律。例如，雨果经过细致考察发现，模仿总是劳而无获，且质量低劣；伟大的艺术作品都是不可模仿的，贵在“保持自身面貌”，其“规律在于：诗人从自身出发，最终达到我们身边。这就是使诗人不可效仿的原因”②。莎士比亚就体现了这一规律。他“是最高级的人类普遍性天才”，“同时也是一位独具特色和个性的才智之士”，“他向艺术发号施令，当然是在其作品的限度之内。因为无论埃斯库罗斯的艺术、亚里斯多芬的艺术、普劳图斯的艺术、马基雅维利的艺术，或是卡尔德隆的艺术、莫里哀的艺术、博马舍的艺术，或是任何一种形式的艺术，它们每一种都经历了一位天才特定的生活，因而不会服从莎士比亚的发号施令。如此理解的艺术，就是广泛的平等，就是深刻的自由；就是平等者的领域、自由人的场所”。莎士比亚的伟大之处，“其一就是不可能充当样板”，“翻开他的任何一部剧本，那始终是、首先和第一是莎士比亚”。这一认识，用雨果自己的话说，即“让我们回到总体的观点上来”③。

结　语

综上所述，雨果的莎评博大精深，蕴含丰富，在西方莎评史上别具一格，意义非凡。作为一代浪漫主义大师，他把浪漫派对莎士比亚伟大之处的感悟和体验酣畅淋漓地表达了出来，也使得莎士比亚自身所拥有的浪漫梦幻气质显露无遗，充分彰显了他在文学史上无与伦比的崇高地位。值得注意的是，雨果非常看重莎士比亚戏剧，特别是其四大悲剧所揭示的人性罪恶与道德主题，他的真知灼见不仅驱散了笼罩在莎士比亚作品上荒诞不经、不讲道德的雾霾，而且深化了莎士比亚创作的思想意义。雨果的研究方法对我们当下从事学术研究也颇具

① ［法］雨果著，丁世忠译：《莎士比亚传》，团结出版社 2005 年版，第 192—193 页。

② ［法］雨果著，丁世忠译：《莎士比亚传》，团结出版社 2005 年版，第 201 页。

③ ［法］雨果著，丁世忠译：《莎士比亚传》，团结出版社 2005 年版，第 201—202 页。

借鉴价值，启发我们在宏阔的文学史视野下用比较意识、整体思维审视研究对象，使其意义和价值得以多维度、立体化、深层次地呈现与敞开。

（原文刊载于《河南大学学报》2016 年第 3 期）

莎士比亚：弗洛伊德精神分析学的隐秘之源

——以布鲁姆《西方正典》为中心

美国著名学者哈罗德·布鲁姆在其专著《西方正典》中对莎士比亚有着极高的评价。他认为“在认知的敏锐、语言的活力和创造的才情上”，莎士比亚“都超过所有其他西方作家”而成为“经典的中心”①；“莎士比亚位居经典核心的秘密部分地在于其非功利性”，在于“不受任何意识形态的约束”②。由于具有这些特征，“莎士比亚仍将继续重新占据西方经典的中心”③。尽管如此，布鲁姆仍在继续深入追问：“什么是莎士比亚的特异之处，使得只有但丁、塞万提斯、托尔斯泰以及少数几个人成为他的美学同侪？提出这个问题就是在探寻文学研究的最终目的，即探寻能够超越一时社会需求及特定成见的某种价值观。”他认为：“莎士比亚作品中一个普遍的基本特质是多元文化性，它在所有语言中能被普遍地感觉到，所以也就在全球实际上构建了一种文化多元主义，这比以政治化的笨拙努力去实现这一理想要高明得多。”并且“莎氏独特的伟大在于对人物和个性及其变化多端的表现能力”，所有这些都让莎士比亚凝结为“一种世界经典雏形的中心，而不是仅仅属于西方或东方”。④ 在布鲁姆看来，作为经典中心的莎士比

① [美]布鲁姆著，江宁康译：《西方正典》，译林出版社2005年版，第33页。
② [美]布鲁姆著，江宁康译：《西方正典》，译林出版社2005年版，第41页。
③ [美]布鲁姆著，江宁康译：《西方正典》，译林出版社2005年版，第39页。
④ [美]布鲁姆著，江宁康译：《西方正典》，译林出版社2005年版，第45—46页。

亚,不仅意味着西方文学史上高不可攀的巅峰,而且还在于他所具有的异常强大的辐射力与影响力。莎士比亚对弗洛伊德(1856—1939)的影响,就是20世纪跨学科领域极具代表性的案例。

在《西方正典》中,主要有两篇文章涉及弗洛伊德与莎士比亚的关系,一篇是《经典的中心:莎士比亚》,另一篇是《弗洛伊德:莎士比亚式解读》。前者提出了莎士比亚影响弗洛伊德的观点,后者则集中探讨了弗洛伊德对莎士比亚的接受。布鲁姆指出,对西方许多大家而言,莎士比亚的作品就是文化的世俗中心,寄托着人类理性荣光到来的希望,但是对作为西方心理学家、精神分析学派创始人的弗洛伊德来说却不仅如此。从某一层次上说,莎士比亚"颠覆了弗氏所宣称的:'我发明了精神分析,因为此前并无文献记载'"①。布鲁姆循着弗洛伊德理论的蛛丝马迹发现,实际情况并非完全如弗洛伊德自己所说。因为,虽然此前没有被称为"精神分析"的理论,但不等于没有以精神分析或心理分析见长的文学作品,换言之,文学史上已有的以心理分析见长的文学经典,无疑也是弗洛伊德创立精神分析学的重要来源之一。莎士比亚就是善于挖掘人的灵魂,细腻展示人的复杂内心世界的最杰出的天才,在这方面很少有人能超越他。布鲁姆从弗洛伊德精神分析学中看到了莎士比亚的影子,为我们清晰地勾勒了弗洛伊德接受莎士比亚影响的基本事实,从而揭开了这个鲜为人知的秘密。

那么,布鲁姆是如何发现弗洛伊德与莎士比亚之间的这一隐秘关系呢?

一、莎士比亚对弗洛伊德精神分析学的影响

弗洛伊德在自己一生的著述中曾多次谈论到莎士比亚的戏剧创作,例如《梦的解析》(1900)、《戏剧中的精神变态角色》(1905—1906)、《米开朗基罗的摩西》(1914)、《心理分析工作中遇到的一些性格类型》(1916)、《三个匣子的主题》(1913)、《陀思妥耶夫斯基与弑父者》

① [美]布鲁姆著,江宁康译:《西方正典》,译林出版社2005年版,第44页。

(1928)、《精神分析纲要》(1940)等。其中,《梦的解析》《戏剧中的精神变态角色》《米开朗基罗的摩西》《陀思妥耶夫斯基与弑父者》《精神分析纲要》等,都直接论及悲剧《哈姆莱特》。他在《戏剧中的精神变态角色》一文中说:“第一个这样的现代戏剧是《哈姆雷特》。这部戏剧是以这样的方法作为主题:一个人长期地处在不正常状态中,最后变成了神经症患者,这应归因于他所面对的任务的特殊性质,这个人,就是一个在他身上的一种迄今为止被成功地压抑的冲动的努力开拓使它自己变成行动的人。”[①]在《精神分析纲要》中他评价道:“莎士比亚笔下的哈姆雷特,即另一个戏剧性英雄之谜,按照俄狄浦斯情结多么容易就能够得到解答。因为王子遭遇的不幸超出了对别人的处罚,这与他自己的俄狄浦斯愿望相吻合。”[②]在《米开朗基罗的摩西》一文中,弗洛伊德更是明确地指出:“我们来研究一下莎士比亚的代表作《哈姆莱特》吧,这部剧作至今已有三百年的历史了。我一直密切地关注着精神分析文学,并接受了它的观点,即只有当悲剧素材被追溯到恋母情结这一主题思想时,莎剧的感染力之谜才能最终得以解开。”[③]上述所引都说明,弗洛伊德是把《哈姆莱特》作为精神分析性质的文学作品来看待的,是其构建精神分析理论的文学素材,并且“接受了它的观点”。显然,莎士比亚对弗洛伊德的影响是一个基本的事实存在。

布鲁姆坚持认为,弗洛伊德后来“论述《哈姆莱特》的文章都不过是在无谓地重复俄狄浦斯情结一说”[④]。所以他得出结论:“弗洛伊德实质上就是散文化了的莎士比亚,因为弗洛伊德对于人类心理的洞察是源于他对莎剧并非完全无意识的研读。这位精神分析学的奠基人毕生在研读英文的莎士比亚著作,并承认莎士比亚是伟大的文豪。莎士比亚一直萦绕着弗洛伊德,如同他仍萦绕着我们一样;弗洛伊德发现自己在交谈、写信和创作心理分析文学时,总是会有意无意地引用

---

① [奥地利]弗洛伊德著,常宏等译:《论文学与艺术》,国际文化出版公司2001年版,第95页。

② 车文博主编:《弗洛伊德文集》(五),长春出版社2004年版,第233页。

③ 车文博主编:《弗洛伊德文集》(七),长春出版社2004年版,第124—125页。

④ [美]布鲁姆著,江宁康译:《西方正典》,译林出版社2005年版,第302页。

（或误引）莎士比亚。”布鲁姆由此强调弗洛伊德对莎士比亚的接受而产生的影响远比《圣经》要大得多，莎士比亚“是他的隐秘权威，是他不愿承认的父亲”①。“精神分析学在许多方面都是对莎士比亚简约化的戏拟，莎士比亚的魂灵至今萦绕不去，可以认定，莎士比亚就是某种超验的精神分析学。当他笔下的人物因倾听到自己内心的声音而发生变化，或希望自己发生变化时，他们总是预示着心理分析的情形，在这样的情形中，患者不得不在向心理分析医师倾诉的同时倾听自己的声音。弗洛伊德之前，莎士比亚是关于爱欲及其变迁的主要权威，或者说深谙本能冲动变化之道；不言而喻，他至今仍是引导我们的权威，也从未停止过指导弗洛伊德。”②弗洛伊德酷爱并研究莎士比亚，并钦佩莎士比亚是位伟大的作家，这是接受影响的最可靠的基础。然而，莎士比亚究竟何以让弗洛伊德情有独钟呢？这种影响又是如何具体展开的呢？布鲁姆认为，正是莎士比亚对人物心理富有深度与张力的艺术描写和探索深深地吸引了弗洛伊德，并且极大地启发了他的思维与灵感。“莎士比亚通过发现心理活动而发明了精神分析”后，“弗洛伊德才能认知和描述它”。③

布鲁姆主要从“情感与认知矛盾”或“情感矛盾”描写的角度，细致地揭示了莎士比亚对弗洛伊德的启发与影响。在研究中，布鲁姆把弗洛伊德作为一个作家，把精神分析学视为文学，认为弗洛伊德揭示人性的精妙之处，“就是他的心灵内部存在战争的见解”④。而莎士比亚对弗洛伊德的影响，起于弗洛伊德对《哈姆莱特》的解读。作为20世纪最早关注莎士比亚的杰出心理学家，1900年弗洛伊德在《梦的解析》中，首次用“俄狄浦斯情结”阐释了莎士比亚笔下悲剧人物哈姆莱特延宕的原因。他分析指出，《哈姆雷特》主要刻画了主人公为父复仇时的重重顾虑和内在痛楚，却“并未提到这犹豫的原因或动机，而各种不同的解释也均无法令人满意”。他尤其不同意歌德所提出的颇为流

---

① ［美］布鲁姆著，江宁康译：《西方正典》，译林出版社2005年版，第291页。
② ［美］布鲁姆著，江宁康译：《西方正典》，译林出版社2005年版，第307页。
③ ［美］布鲁姆著，江宁康译：《西方正典》，译林出版社2005年版，第44页。
④ ［美］布鲁姆著，江宁康译：《西方正典》，译林出版社2005年版，第295页。

行的一个观点,即哈姆莱特生性就是一个偏重智力活动的优柔寡断的性格。哈姆莱特能杀死波洛涅斯及谋害他的两个朝臣的两次果断行动,可以证明他并不天生犹豫。弗洛伊德认为,哈姆莱特之所以迟迟不能除掉他的叔叔克劳狄斯,“唯一的解释便是这件工作具有某种特殊的性质”,准确地说,是因为克劳狄斯的所作所为恰恰是他自己潜意识中长年压抑着的幼年欲望的实现。哈姆莱特心中这一杀父娶母的隐秘,使他带有了一种沉重的负罪感,因此他可以做任何事情,但对谋杀其父、篡其王位、娶其母亲的人却无能为力,“于是对仇人的恨意被良心的自谴所取代,因为良心告诉他,自己其实比这弑父娶母的凶手并好不了多少”①。布鲁姆认为,弗洛伊德虽然是在详细阐释《俄狄浦斯王》之后才论及《哈姆莱特》,而且指出只有追溯到俄狄浦斯主题,才能最终解开《哈姆莱特》的感染力之谜,不过,“我所怀疑的是,弗洛伊德真正关注和感兴趣的是《哈姆莱特》而非《俄狄浦斯王》,而他选用的术语却不是‘哈姆莱特情结’”,“但事实上这是哈姆莱特情结”。②“我坚信问题不是俄狄浦斯情结,而是哈姆莱特情结。”③因为俄狄浦斯完全是在毫不知情的情况下杀死了父亲而后又娶了母亲的,他根本没有恋母妒父、甚至杀父的冲动。那么,弗洛伊德为什么要刻意回避“哈姆雷特情结”呢?从根本上说,就是因为“哈姆莱特情结会把令人畏惧的莎士比亚过近地拉进精神分析学这个母体”,“将俄狄浦斯嫁接到哈姆莱特身上,主要是为了掩盖自己受益于莎士比亚的事实”。“索福克勒斯笔下的俄狄浦斯可能带着稍许哈姆莱特情结(我将这种情结界定为思考不太多,但异常深刻),但那个斯特拉福小子创作的哈姆莱特绝对没有俄狄浦斯情结。”④不是《俄狄浦斯王》影响了弗洛伊德,而是《哈姆莱特》,《哈姆莱特》才是“弗洛伊德的专爱”⑤。“哈姆莱特未

---

① [奥地利]弗洛伊德著,赖其万等译:《梦的解析》,中国民间文艺出版社 1986 年版,第 191 页。

② [美]布鲁姆著,江宁康译:《西方正典》,译林出版社 2005 年版,第 298 页。

③ [美]布鲁姆著,江宁康译:《西方正典》,译林出版社 2005 年版,第 301 页。

④ [美]布鲁姆著,江宁康译:《西方正典》,译林出版社 2005 年版,第 296 页。

⑤ [美]布鲁姆著,江宁康译:《西方正典》,译林出版社 2005 年版,第 298 页。

曾有过俄狄浦斯情结，而弗洛伊德显然具有哈姆莱特情结，或许他的精神分析学就是某种莎士比亚情结！”①

因此，布鲁姆分析道，弗洛伊德自认为“俄狄浦斯情结”这一概念是他的首创，是他所谓“矛盾情感”的杰作，但是，他所首创的仅仅是“俄狄浦斯情结”这一概念本身，而这一概念的内涵却实实在在地来自哈姆莱特。可是，“究竟为何弗洛伊德会发现文学作品中情感与认知上的独特矛盾呢?”在布鲁姆看来，哈姆莱特情结意蕴丰富，在西方所有文学作品中再也找不出比这个角色更加复杂多变的人物了。四百年来，“哈姆莱特已将爱恨交织的矛盾情感呈现于欧洲及世界观众的面前，而弗洛伊德是几个世纪后才出现。弗洛伊德在解读哈姆莱特方面并未提交出一份合格的答卷；而哈姆莱特却对弗洛伊德的主题做出了最好的阐释，至今无人能及”②。所以，“弗洛伊德将哈姆莱特解读作俄狄浦斯，这足以表明他对莎士比亚的抵制”③。这一事实不得不让布鲁姆感到：“莎士比亚真正发明了情感与认知的矛盾反讽并使之左右了弗洛伊德。我日益吃惊地发现，莎士比亚的出现会使弗洛伊德的原创性消失。”④也就是说，“莎士比亚首开心理分析的先河，而弗洛伊德仅仅是编撰整理者”⑤。莎士比亚是一个“更具原创性的思想家”⑥。从这个角度讲，莎士比亚“极大地损伤了弗洛伊德的原创性”⑦，无疑颠覆了弗洛伊德“我发明了精神分析”的豪言。

值得一提的是，弗洛伊德虽然明确地把《哈姆雷特》看成揭示矛盾情感的罕见的伟大作品，但是，布鲁姆从中又看到了弗洛伊德这一观点本身所存在着的矛盾性。他指出，弗洛伊德一方面宣称：“一切真正具有创造性的作品都不会是作者脑海中单一动机、单一冲动的产物，也不可能只有一种解释”；另一方面又明确表示，他的“单一解释”就

① ［美］布鲁姆著，江宁康译：《西方正典》，译林出版社 2005 年版，第 295 页。
② ［美］布鲁姆著，江宁康译：《西方正典》，译林出版社 2005 年版，第 297 页。
③ ［美］布鲁姆著，江宁康译：《西方正典》，译林出版社 2005 年版，第 304 页。
④ ［美］布鲁姆著，江宁康译：《西方正典》，译林出版社 2005 年版，第 55 页。
⑤ ［美］布鲁姆著，江宁康译：《西方正典》，译林出版社 2005 年版，第 292 页。
⑥ ［美］布鲁姆著，江宁康译：《西方正典》，译林出版社 2005 年版，第 295 页。
⑦ ［美］布鲁姆著，江宁康译：《西方正典》，译林出版社 2005 年版，第 44 页。

是要直指“作者充满创造力的思想中最深层的冲动”。布鲁姆则认为，“思想中并不存在最深层”，“在每一个深层下又有一个更深层开启着”，[1]不可能有什么唯一解释。显然，布鲁姆不认同弗洛伊德“仅把莎剧中最具复杂性的人物简化为俄狄浦斯情结的牺牲品”[2]，把“莎士比亚伟大的悲剧沦为精神分析治疗法的个案”[3]的做法。在布鲁姆看来，弗洛伊德一方面接受了莎士比亚的创作的启发和影响，另一方面又把莎士比亚作为阐发自己理论的注解和工具，继而先是把哈姆雷特丰富复杂的内涵“简化为俄狄浦斯情结的牺牲品”，最终将其“沦为精神分析治疗法的个案”。这一成功的移植成就了弗洛伊德，却降低甚至遮蔽了莎士比亚作为西方经典中心的真正价值，完全误导了人们对哈姆莱特这一丰富复杂人格的多元理解。这也是他想极力回避莎士比亚的主要原因。恰恰也正是这一点，弗洛伊德挑战了布鲁姆关于莎士比亚“不受任何意识形态的约束”、“能够超越一时社会需求及特定成见的某种价值观”、具有“多元文化性”的价值判断，是布鲁姆所不能容忍的。所以布鲁姆说：“如果矛盾情感（或者说它的表现）是莎士比亚的而不是弗洛伊德的概念，那么这个矛盾情感已事实上变成了弗洛伊德的概念，原因仅在于他对莎士比亚的体验，那么他就不得不误读或厌恨莎士比亚对这种矛盾情感的最杰出表现，即四部伟大的家庭悲剧：《哈姆莱特》《奥赛罗》《李尔王》《麦克白》。”[4]应该说，布鲁姆理清了莎士比亚对弗洛伊德的影响细节。

另外，布鲁姆还从“焦虑”的角度提到了莎士比亚对弗洛伊德构建焦虑理论的启发。他认为，弗洛伊德1926年出版《抑制、症状与焦虑》一书之前，相信神经性焦虑与现实性焦虑可以相互区分：现实性焦虑来自真实的危险，而神经性焦虑则产生于受阻的利比多或不成功的压抑，因而不涉及心灵的搏杀。他提出压抑先于焦虑，焦虑是压抑导致的结果。此后，弗洛伊德不再相信利比多可以转化为焦虑，焦虑反被

① ［美］布鲁姆著，江宁康译：《西方正典》，译林出版社2005年版，第300—301页。
② ［美］布鲁姆著，江宁康译：《西方正典》，译林出版社2005年版，第292页。
③ ［美］布鲁姆著，江宁康译：《西方正典》，译林出版社2005年版，第302页。
④ ［美］布鲁姆著，江宁康译：《西方正典》，译林出版社2005年版，第305页。

视为先于压抑而生，是压抑的动机。“在修正后的理论中，弗洛伊德彻底抛弃了真实恐惧与神经性焦虑之间的因果区分。弗洛伊德早年的理论应用到莎士比亚的戏剧世界中如鱼得水，尤其在弗洛伊德偏爱的几部主要悲剧中，焦虑与矛盾情感一起居于首要地位。”不过，“比较弗洛伊德关于焦虑的两个理论，我认为修订后的阐述似乎比先前遭拒的假说更具有莎士比亚色彩”①。他针对莎士比亚的四大悲剧分析说：“哈姆莱特所处的艾尔西诺堡，伊阿古所处的威尼斯，李尔与爱德蒙所处的不列颠，以及麦克白所处的苏格兰：所有这些地方都笼罩着焦虑的气氛，这种气氛在剧中人物出场前或事件发生之前观众或读者就可以感觉到。如果哈姆莱特/俄狄浦斯情结是反映情感矛盾的杰作，那么我想把反映焦虑的杰作称为麦克白情结，因为麦克白究竟是神武盖世还是恶贯满盈，一直是莎士比亚最烦心的问题。在麦克白情结中，恐惧无法与欲望区分，想象既无懈可击又邪恶有害。对麦克白而言，幻想即意味着跨越意志的沟壑，落在夙愿得偿的彼岸。事件接二连三地发生，直到麦克白被杀，甚至在他篡夺权位之前，现世的不祥之兆就已在他的王国里一再变为现实。如果哈姆莱特/俄狄浦斯情结中隐藏着自立为父的焦虑，麦克白情结中则暴露出自我毁灭的欲望。”②麦克白因听信妖言以及妻子的怂恿，产生弑君称王的冲动，为此焦虑不已，又无法压抑野心的膨胀，最终嗜杀成性，走向毁灭。所以布鲁姆称之为“麦克白情结”，是反映焦虑的杰作。弗洛伊德的焦虑理论无疑从中汲取了鲜活的素材与灵感。布鲁姆由此指出：“莎士比亚是审美自由与原创性的完美典范。弗洛伊德因莎士比亚而感到不安，因为他从莎士比亚那里了解到了焦虑，正如他在自我中了解到了矛盾情感、自恋与自我分裂一样。爱默生对待莎士比亚更自由、更具创造性，因为他从后者那里看到的是野性与陌生性。与同样经典的弗洛伊德相比，爱默生的话更适宜在这里作为结语：‘现在，文学、哲学及思想都已经莎士比亚化了。莎士比亚的心灵就是地平线。在地平线之外还有什么

① ［美］布鲁姆著，江宁康译：《西方正典》，译林出版社2005年版，第307—308页。

② ［美］布鲁姆著，江宁康译：《西方正典》，译林出版社2005年版，第308页。

我们尚无法看到。’”①

二、布鲁姆的探讨对我们的启示

在《西方正典》中，布鲁姆对弗洛伊德精神分析学的莎士比亚来源，作了精彩而富于启迪性的探讨。这一探讨不仅极具学术价值，而且颇有现实意义，其彰显出来的问题意识与哲理深度值得我们深思。

第一，善于发现问题，敢于质疑并挑战权威，是学术研究最难能可贵的品质和精神，没有质疑，就没有发展动力，没有挑战，就无法引领创新。这是学术生命得以延续的活源泉，是社会不断进步的助推器。弗洛伊德是20世纪精神分析学派的创始人，具有广泛而深刻的影响。布鲁姆敢于质疑、挑战弗洛伊德的权威，并且经过文献梳理、文本细读后，发现并揭示出了弗洛伊德与莎士比亚之间微妙的精神交往与事实联系。在对问题的梳理与研究过程中，布鲁姆坚持把严谨求实的实证方法与美学家的审美批评精神相结合，既显现出了客观审慎的态度，又展示了精细阐释的情怀。胡适曾经强调，学术探究离不开大胆假设，但需要小心求证。布鲁姆的可贵之处就在于，当他作出莎士比亚让弗洛伊德精神分析理论的原创性遭到重创甚至消失的大胆假设后，不是随便找到几个证据，泛泛而论，草草做结，这样做是没有说服力的。因为要证明莎士比亚对弗洛伊德的影响，仅凭指出弗洛伊德喜爱莎士比亚、经常引用莎士比亚还远远不够，必须依据具体事实，并合理地运用事实说明弗洛伊德与莎士比亚之间内在的逻辑精神关联。“在形式逻辑的每一步推理之后，都必须返回事实，从事实中取得充分的资料以决定下一步该如何进行。千万不要未予极度的警惕就从推论中得出推论。”②布鲁姆紧紧抓住哈姆莱特的所谓“俄狄浦斯情结”名实不符这一核心问题，层层剖析，步步深入，由此既揭示出哈姆莱特/俄狄浦斯情结实乃具有普遍性价值的反映“情感与认知矛盾”的真正

① [美]布鲁姆著，江宁康译：《西方正典》，译林出版社2005年版，第309页。

② [法]朗松著，徐继曾译：《朗松文论选》，百花文艺出版社2009年版，第23页。

蕴含，又直指弗洛伊德刻意回避莎士比亚的内在动因："再没有人比这位精神分析学创始人更为影响的焦虑所苦，弗洛伊德始终觉得莎士比亚先他而立，他常常感到无法正视这一令他蒙羞的事实。"[①]可见，质疑、挑战不能臆测随性，必须落到实处，必须有赖于文本细读与实证方法的运用。文本细读与实证方法的运用，是质疑、挑战的起点，对于审美批评、提升研究结果内涵的可信度具有决定性意义。

布鲁姆的探讨涉及了比较文学影响研究中的一个敏感话题，即影响与接受的实证问题。历史上不乏这样的情况，有些作家对自己的创作所受到的影响表现得很坦诚，但有些作家不愿意公开承认或刻意回避接受影响的事实，或对接受过的影响含糊其辞，不置可否。作为以影响研究著称的比较文学法国学派，便十分强调实证是影响研究的逻辑起点，并在此基础上提出了流传学、渊源学、媒介学等为学界广泛使用的基本研究范式。比较文学美国学派虽然以审美批评挑战法国学派实证研究，大大拓展了比较文学研究的疆域，重视无影响的平行关系研究，但其倡导的跨学科研究却"无法从根本上绕过影响研究的范式及其实证方法"，"跨学科研究不仅与影响研究相互关联，而且从方法论上讲仍然是一种影响研究，或者说是一种跨学科的影响研究"。[②]布鲁姆的探讨既属于渊源学研究，又属于文学与精神分析学的跨学科研究。这就需要研究者严谨细致地采集一切可能的事实加以求证，谨防信口开河，随意推论。弗洛伊德虽然在极力小心翼翼地回避莎士比亚，但布鲁姆也在极力小心翼翼地还原弗洛伊德极力回避的事实，细腻探讨弗洛伊德精神分析学的莎士比亚来源。他认为："弗洛伊德处处显露出莎士比亚的影子，尽管有时并未提及他，却比引证他时更甚。弗洛伊德将他对莎士比亚最基本的态度称为'否定'（Verneinung），这是指先前受到压抑的思想、感情或欲望只有通过被否认才能进入意识领域，只有这样，防御或压抑才能继续下去。受到压抑的东西可以从理智而非情感上被接受。弗洛伊德接受了莎士比亚的种种观念，虽然

---

① ［美］布鲁姆著，江宁康译：《西方正典》，译林出版社 2005 年版，第 306 页。

② 李伟昉：《论跨学科研究与影响研究的关系》，《汉语言文学研究》2013 年第 2 期。

他矢口否认这一源泉。弗洛伊德自我保存的本能冲动驱使他不得不否定莎士比亚,然而,他又从未停止过将自己认同于哈姆莱特。"①布鲁姆确信:"作为研究文学影响的学者,我自认为并没有高估莎士比亚对弗洛伊德的影响。这种影响与莎士比亚对歌德、易卜生、乔伊斯以及本书论及的其他许多作家所产生的强大影响相比,仅有程度而没有类型的差异。"②

第二,作为文学理论大家、批评家的布鲁姆,重视文学经典,善于从审美层面探讨经典作家与经典作品的普遍意义。他的这一批评特色,实际上是对西方文学理论界重理论轻文本、甚至脱离文本的"泛理论"倾向的无声反驳,这一点尤其值得引起我们文论界的注意与反思。自20世纪80年代,受欧美国家文学理论界的影响,中国学界兴起一波又一波五花八门、形形色色的西方理论热潮,理论不断占据显赫的中心位置,文学却被不断边缘化。一时间,阔谈理论者变得高大上,分析文学文本者则显得低能弱智。追随西方理论,从理论到理论,最终导致了业内不少学者所诟病的两种不良结果:一是生搬硬套西方理论,即便是文学作品在场,已经沦为佐证文学之外各种理论有效性的素材与附庸被随意搬用,出现"强制阐释"的现象,也致使一些研究者对文学文本阅读、分析与审美研究能力的下降或弱化。二是"一些理论家研究理论以文学为对象,谈的是文学理论,但其结论并不是或者并不适用于文学本身,而是文学之外的各种思想与学说,诸如文化学、哲学、人类学、语言学、历史学、政治学、心理学、社会学等"③,日趋招致所谓的文学理论偏离了文学,变成了与文学无关的理论,与文学审美和价值的探讨渐行渐远,南辕北辙,显得无病呻吟,缺乏明白清晰的文学问题意识。如此一来,文学理论变成了与文学脱节的纯理论自足。其实,"文学研究与文学批评不同于纯粹的理论研究。理论研究是一种认识性活动,其目的是将经验归纳中所涉猎的非系统的知识,

---

① [美]布鲁姆著,江宁康译:《西方正典》,译林出版社2005年版,第306页。

② [美]布鲁姆著,江宁康译:《西方正典》,译林出版社2005年版,第295页。

③ 蒋承勇:《"理论热"后理论的呼唤——现当代西方文论中国接受之再反思》,《浙江大学学报》2018年第1期。

遵照对象物的内部关系和联系给出合逻辑的概括与抽象,使之成为系统的有机整体,并将其提升为一种普遍性真理。与之不同,文学研究与文学批评是一种实践性活动,其目的是将普遍性真理(也即理论)用之于客观对象物(也即文本及各种文学现象),并在对象物中得以合规律的阐发,其方法不是演绎归纳和思辨性的,而是分析性和阐释性的。我们在借鉴西方文论展开文学研究与文学评论时,不能简单地把这种理论研究的演绎推理和思辨的方法直接套用到文学批评与文学研究中来,从而混淆理论研究和文学批评及文学鉴赏之间的差别"[①]。布鲁姆的批评恰好启示我们,文学批评的核心始终是文学,是文学之所以为文学的本质属性,不能把文学作品变成佐证各种理论有效性的附属品,正如不能把"莎士比亚伟大的悲剧沦为精神分析治疗法的个案"一样,而是要重新回归文学文本,重温经典品质,以深厚的理论素养、宽阔的文学史视野、娴熟的文本驾驭能力,将文学文本与有深度的理论阐释结合起来,相互生发,彼此照应,进而突显经典的价值。布鲁姆不满意弗洛伊德的地方,正在于他将莎士比亚蕴含丰富、充满张力的戏剧作品完全变成了注释自己精神分析理论的材料,从而遮蔽了莎士比亚自身的价值光辉。

第三,布鲁姆崇尚创新,尤其推崇原创性。他认为,莎士比亚之所以具有经久不衰的艺术魅力,能够成为公认的世界经典的中心,就在于他是一个"更具原创性的思想家",他能凭借着自己揭示人性深处律动与内涵的完美超绝的艺术表现手段,不断地启发、影响着后来众多著名作家的创作,堪称"是审美自由与原创性的完美典范"。原创性应该属于创新领域中的顶级指标。在前人所做工作基础上或前人虽有提及却未充分展开研究情况下所进行的新拓展,都属于创新,而原创性则注重前所未有的崭新研究,属于一个此前从无人涉及的全新领域,是被第一个关于吃螃蟹的人开拓出来的新视野,它能对未来研究提供新的启示与新的方向。因此,没有创新,特别是缺乏原创性的贡

---

① 蒋承勇:《"理论热"后理论的呼唤——现当代西方文论中国接受之再反思》,《浙江大学学报》2018 年第 1 期。

献，就不能提升，不能超越和引领，就更不可能拥有完全属于自己的声音和地位。这一点，无论是对于学术研究，还是目前国家文化发展的战略要求，都至关重要，有着不容忽视的现实针对性。习近平总书记在全国哲学社会科学工作座谈会上的讲话中就明确提出，当下“我国哲学社会科学在国际上的声音还比较小，还处于有理说不清、说了传不开的境地”，“在学术命题、学术思想、学术观点、学术标准、学术话语上的能力和水平同我国综合国力和国际地位还不太相称”，所以提醒我们必须“着力构建中国特色哲学社会科学”，“注意加强话语体系建设”，“要善于提炼标示性概念，打造易于为国际社会所理解和接受的新概念、新范畴、新表述，引导国际学术界展开研究和讨论”。[①] 这里再清楚不过地强调了构建中国特色话语新体系、引导国际学术界潮流的原创性思想的重要性，这也是中国文化、中国学术走出去战略中必须高度重视并做好做强的工作。

当然，任何创新成就的取得都离不开继承和借鉴。汲取一切有用的材料为我所用，进而提出创新思想，这是继承创新的客观规律。弗洛伊德虽然接受了莎士比亚的影响，但也不能因此小视弗洛伊德精神分析学的开创性贡献。从某种程度上说，布鲁姆的探讨有些言辞苛刻，过多地片面强调了莎士比亚对弗洛伊德的影响，显然有失公允。这一点也需要引起我们的注意，否则就无法全面认知和评价弗洛伊德。无论如何，弗洛伊德终究还是弗洛伊德，世界只有一个弗洛伊德，他对20世纪心理学和文学的精神分析批评流派的影响是不容低估的。客观而言，布鲁姆的研究并非要彻底解构弗洛伊德，因为他也没有否认“同样经典的弗洛伊德”，而是旨在说明一个影响的重要事实，从而突显莎士比亚作为文艺复兴时代的巨人，也是作为世界经典中心的影响力与渗透力。

（原文刊载于《人文杂志》2018年第7期）

① 习近平：《在哲学社会科学工作座谈会上的讲话》，人民网2016年5月17日。

接受与变异:莎士比亚在近现代中国

引　言

莎士比亚是举世公认、享有盛誉的西方经典作家,自19世纪中后期开始,不少国家都先后用自己的语言翻译了他的全集,其作品成为名副其实的“世界的文学”。然而,在近现代中国,对这位西方经典作家的接受却经历了一个曲折过程:从“传奇作家”到“精神斗士”再到“争议人物”,再到“伟大的现实主义剧作家”。这种一波三折的命运沉浮和转折,构成了近现代中国莎士比亚的接受史。莎士比亚在中国的接受主要由翻译、演出和评论三个方面构成。就目前情况看,有关莎士比亚的作品在中国翻译和演出的历史早有不少学者做过梳理和专论,对1949年后莎士比亚的评论也不乏学者关注和研究。不过,关于1949年之前莎士比亚的评论尚乏专论,尤其是在一些相关的重要问题上迄今还没有进行深入细致地探讨,也未给予足够的价值评估。究其原因,这主要是人们往往过于将莎士比亚置于“启蒙教化”的语境下进行考察,而对于其独特性与重要性估价不足。事实上,莎士比亚虽不像有些外来作家那样,一经翻译便产生了强烈影响,成为家喻户晓、妇孺皆知的人物,但也绝非昙花一现、生命力短暂的作家,他属于那种渐渐产生影响并能保持长久生命力的作家。笔者将1949年之前近现代中国对莎士比亚的接受大致分为两个时期:第一个时期是19世纪30年代至20世纪20年代,这是最初对莎士比亚的接受期,其中出现了四种莎士比亚的接受视角;第二个时期是20世纪30年代至新中国成立前夕，这是莎士比亚在中国形成的命运大转折期。本文将以几个重要的代表人物为中心线索，概略地梳理莎士比亚在近现代中国的接受境遇，探讨其内在成因，并对这段接受史给予客观的评述和理性的思考。

一、近现代中国对莎士比亚的接受

（一）19世纪30年代至20世纪20年代的莎士比亚接受

据载，莎士比亚的名字第一次被介绍到中国是在19世纪30年代，并与近代史上著名的民族英雄林则徐有关。1838年，林则徐被道光皇帝任命为钦差大臣前往广东查禁鸦片。1839年3月10日，林则徐到达广州，即派人将英国人慕瑞所著的《世界地理大全》编译成《四洲志》，以便于研究当时西方国家的情况。① 该书记载了世界五大洲30多个国家的地理和历史，是近代中国第一部较为系统的外国地理志。其中的第二十八节谈到英国文学情况时，提到“沙士比阿、弥尔顿、士达萨、特弥顿”等四人，说他们“工诗文，富著述”。② 这里的“沙士比阿”即为莎士比亚。可见，莎士比亚的名字最初是随着《四洲志》的问世被偶然引入中国的。但这种引入，从一开始就表现出中国人渴望了解世界、励精图治、振兴华夏的强烈愿望。第一个介绍莎士比亚的中国人则是驻英公使郭嵩焘（1818—1891）。他在1877年8月11日（光绪三年七月初三）的日记中写道，他在参观英国印刷机器展览会时，看到展出的一些著名作品的刻印本，“在这些印本中最著名者，一为舍克斯毕尔（Shakespeare），为英国二百年前善谱剧者，与希腊人何满（Homer）得齐名”。1879年1月18日（光绪五年腊月廿六），他观看了《哈姆莱特》演出后，在日记中写道：“舍克斯毕尔戏文，专注装点情

① 《简明不列颠百科全书》第5卷，中国大百科全书出版社1985年版，第327页。

② 葛桂录：《中英文学关系编年史》（上），生活·读书·新知三联书店2004年版，第88页。

节，不尚炫耀。”[①]郭嵩焘对莎士比亚的评论被认为是“中国最早的莎评”[②]。

此后，清末一些著名人物，如曾纪泽、严复、梁启超等也都较早地提到过莎士比亚。[③] 1903 年，上海达文社用文言文翻译出版了题名为英国索士比亚著的《澥外奇谭》，译者未署名。《澥外奇谭》并非莎士比亚的作品，而是改译英国散文家查理士·兰姆和他的姐姐玛丽·兰姆《莎士比亚故事集》中的十个故事，其意义在于第一次把莎士比亚的戏剧故事介绍给中国读者。1904 年，商务印书馆又出版了林纾和魏易用文言文合译的同一著作的全译本，题名为《英国诗人吟边燕语》（简称《吟边燕语》）。时隔 17 年后的 1921 年，田汉在《少年中国》杂志第 2 卷 12 期上发表译作《哈姆雷特》，这标志着中国第一次出现具有完整的戏剧形式、并用白话文翻译的莎士比亚作品。

总的来说，莎士比亚从最初被引入后的近 90 年里，中国对他的接受显得格外迟缓，进展不大。并且，莎士比亚不但没有获得好运，还遭到明显的排斥。晚年的鲁迅就曾指出：“严复提起过‘狭斯丕尔’，一提便完；梁启超说过‘莎士比亚’，也不见有人注意；田汉译了这人的一点作品，现在似乎不大流行了。”[④]不过，根据现有的史料，我们还是可以大致客观地梳理出几种对莎士比亚的接受情况。

1. 莎士比亚是一位传奇作家

这种看法 1902 年已经出现。这一年，梁启超在《中国唯一之文学报〈新小说〉》中开宗明义地说：“本报宗旨，专在借小说家言，以发起

---

① 郭嵩焘：《郭嵩焘日记》第 3 卷，湖南人民出版社 1982 年版，第 267—268、743 页。

② 阮珅：《中国最早的莎评》，《武汉大学学报》1989 年第 2 期。

③ 清末外交官曾纪泽在 1879 年 3 月 29 日（光绪五年三月初七）的日记中，记载过他在英国观看莎剧《哈姆莱特》的情况：“所演为丹麦某王，弑兄、妻嫂，兄子报仇之事。”这是中国人最早谈论《哈姆莱特》的情节。（见曾纪泽：《使西日记》，湖南人民出版社 1981 年版，第 66 页。）严复在其译作《天演论》的《进微》中说：“词人狭斯丕尔之所写生，方今之人，不仅声音笑貌同也，凡相攻相感不相得之情，又无以异。”（见赫胥黎：《天演论》，严复译，商务印书馆 1981 年版，第 39—40 页。）梁启超 1902 年在《饮冰室诗话》中说：“希腊诗人荷马，古代第一文豪也。其诗篇为今日考据希腊史者独一无二之秘本，每篇率万数千言。近世诗家，如莎士比亚、弥儿敦、田尼逊等，其诗动亦数万言。伟哉！勿论文藻，即其气魄固已夺人矣。”（见梁启超：《饮冰室诗话》，人民文学出版社 1998 年版，第 4 页。）

④ 鲁迅：《“莎士比亚”》，《鲁迅全集》第 5 卷，人民文学出版社 1981 年版，第 559 页。

国民政治思想，激励其爱国精神。"[①]在他列举的小说类型中有"传奇体小说"，莎士比亚被认为是传奇小说家的代表。从时间上看，梁启超的这篇文章是启发《澥外奇谭》和《吟边燕语》的译者翻译莎士比亚故事的重要原因之一。可以肯定的是，《澥外奇谭》和《吟边燕语》影响了读者对莎士比亚传奇作家身份的认同，因为两者的书名及其中的篇名都明显具有渲染奇异、神怪的倾向。《澥外奇谭》的译者在叙例中认为，莎士比亚是一位擅长构思奇谭故事的海外作家，不仅编写剧本，而且创作小说，因国人从未读过他的作品，所以他要译介莎士比亚，给中国作家的创作"增一异彩"，提供借鉴。[②] 林纾在译序中也认为，莎士比亚"立意遣词，往往托象于神怪"，是一个深受西方人喜爱的"好言神怪"的传奇作家，他的作品"直抗吾国之杜甫"[③]。这种并不准确的译介为莎士比亚罩上了一层神秘、离奇、怪诞的色彩，虽然严复、梁启超等人也介绍莎士比亚是一个在国外广有影响、深受欢迎的大作家，但毕竟太过空泛抽象，远不及《澥外奇谭》《吟边燕语》的具体译介来得生动形象，易于接受。

尤其是《吟边燕语》，它让当时不少接受者认为，莎士比亚就是一个传奇作家，产生了深刻影响。例如，顾燮光看了《吟边燕语》后，在《小说经眼录》中写道："书凡二十则，记泰西曩时各佚事，如吾华《聊斋志异》《阅微草堂》之类。作者莎氏，为英之大诗家，故多瑰奇陆离之谭。译笔复雅驯隽畅，遂觉豁人心目。然则此书殆海外《搜神》，欧西述异之作也夫。"[④]郭沫若在《我的童年》(1928)里说："Lamb 的《Tales from Shakespeare》，林琴南译为《英国诗人吟边燕语》，也使我感受着无上的兴趣。它无形之间给了我很大的影响。后来我虽然也读过《Tempest》《Hamlet》《Romeo and Juliet》等莎氏的原作，但总觉得没

① 陈平原等编：《二十世纪中国小说理论资料》第 1 卷，北京大学出版社 1997 年版，第 59 页。

② 葛桂录：《中英文学关系编年史》(上)，生活 · 读书 · 新知三联书店 2004 年版，第 127—128 页。

③ 林纾译：《吟边燕语》序言，商务印书馆 1981 年版，第 1 页。

④ 阿英编：《晚清文学丛钞 · 小说戏曲研究卷》，中华书局 1960 年版，第 539 页。

有小时候所读的那种童话式的译述来得更亲切了。”①钱钟书在《林纾的翻译》中也回忆说：“商务印书馆发行的那两箱《林译小说丛书》是我十一二岁时的大发现，带领我进了一个新天地，一个在《水浒》《西游记》《聊斋志异》以外另辟的世界。……接触了林译，我才知道西洋小说会那么迷人。”②

2. 莎士比亚是凝聚国家民族力量的精神斗士

这一看法的代表人物是鲁迅。鲁迅早在 1907 年完成的《科学史教篇》《文化偏至论》和《摩罗诗力说》三篇长文中都提到莎士比亚。其中，他在《科学史教篇》中指出：“盖使举世惟知识之崇，人生必大归于枯寂，如是既久，则美上之感情漓，明敏之思想失，所谓科学，亦同趣于无有矣。”所以，他呼吁“人群所当希冀要求者，不惟奈端（即牛顿）已也，亦希诗人如狭斯丕尔（Shakespeare）……凡此者，皆所以致人性于全，不使之偏倚，因以见今日之文明者也”③。强调科学技术是当时举国之共识，但敏锐的鲁迅却又看到了问题的另一面，认为科学并非万能。他把莎士比亚视为文学界的泰斗，并与科学界的巨擘牛顿相提并论，表明他对发展健全人格的重视。鲁迅在此所表达的，在“推崇科学技术的同时，不应偏废人文社会科学”的思想，不仅在当时而且在当下也有发人深省的意义。在《摩罗诗力说》中，他又引用英国历史学家、作家卡莱尔《论英雄和英雄崇拜》中的话，称赞莎士比亚等是诗人中的英雄，因为他们的作品“得昭昭之声，洋洋乎歌心意而生者，为国民之首义”，最终能使国家“自振其精神而绍介其伟美于世界”④。因此，鲁迅是把莎士比亚作为凝聚国家民族力量的精神斗士来看待的，期盼中国能出现像莎士比亚那样伟大的作家，来提升民族的自信心和国际威望。鲁迅接受莎士比亚主要是出于社会政治及其思想改造的需要，是借用莎士比亚而表达自己的社会政治与思想主张。不过，该观点在当时并未产生多少影响，可谓应者寥寥。

---

① 郭沫若：《少年时代》，人民文学出版社 1979 年版，第 114 页。

② 钱钟书：《七缀集》，上海古籍出版社 1985 年版，第 170 页。

③ 鲁迅：《科学史教篇》，《鲁迅全集》第 1 卷，人民文学出版社 1981 年版，第 35 页。

④ 鲁迅：《摩罗诗力说》，《鲁迅全集》第 1 卷，人民文学出版社 1981 年版，第 64—65 页。

3. 莎士比亚是有争议、遭排斥的作家

“五四”前后，在中国学者中曾引发过一场翻译什么作品有益于社会政治变革的争论。这场争论虽不是直接针对莎士比亚的，却对他有所涉及。知非在1919年发表于《新青年》上的《近代文学上戏剧之位置》中认为，莎士比亚创作的戏剧例如《哈姆莱特》“绝非人类社会中所可有之事”，除了让人受到“极强的刺激”，别无他用。① 1921年，郑振铎发表文章《盲目的翻译家》，明确表达外国文学作品的翻译应基于现实需要的看法，指出当时翻译但丁的《神曲》、莎士比亚的《哈姆莱特》、歌德的《浮士德》有些不经济，因此呼吁翻译家先睁开眼睛看看原书，看看当下中国的现实，然后再从事翻译。② 一年后，他再次强调：“现在的介绍，最好是能有两层的作用：（一）能改变中国传说（传统）的文学观念；（二）能引导中国人到现代的人生问题，与现代的思想相接触。而古典主义的作品，则恐不能当此任。所以我主张这种作品，如没有介绍时，不妨稍为晚些介绍过来。”③

当然也有人持不同看法。例如，署名万良浚的读者投书《小说月报》反驳说：“有人谓时至今日，再翻译歌德之《浮士德》、但丁之《神曲》、莎士比亚之《哈孟雷德》未免太不经济，鄙人认为此种论调，亦有不尽然者。盖以上数种文学（作品），虽产生较早，而有永久之价值者，正不妨介绍于国人。”④然而，《小说月报》编者在给这位读者的复信中却明显支持郑振铎的看法：“翻译《浮士德》等书，在我看来，也不是现在切要的事；因为个人研究固能惟真理是求，而介绍给群众，则应该审时度势，分个缓急。”这个编者不是别人，正是署名“雁冰”的茅盾。身为《浮士德》译者的郭沫若，在《论文学的研究与介绍》一文中，对郑振铎的观点同样不以为然。他认为凡是文学杰作都有超时代的影响，有永恒的生命，都值得介绍。他说：“为什么说到别人要翻译《神曲》《哈姆雷德》《浮士德》等书，便能预断其不经济、不切要，并且会盲了什么

① 《新青年》1919年第6卷第1号。
② 《文学旬刊》1921年6月30日第6号。
③ 《文学旬刊》1922年8月11日第46号。
④ 《小说月报》1922年7月10日第13卷第7号。

目呢?”①茅盾不甘示弱,又发表《介绍外国文学作品的目的——兼答郭沫若君》一文与郭论辩,指出翻译作品“除主观的强烈爱好心而外”,还要有“适合一般人需要”“足救时弊”等观念作动机。他说:“我觉得翻译家若果深恶自身所居的社会的腐败,人心的死寂,而想借外国文学作品来抗议,来刺激将死的人心,也是极应该而有益的事。”②显然,茅盾强调以社会的实际需要为译介外国文学作品的指向,注重外国文学作品的现实意义和价值;也并非有价值的作品就可译介,“应该审时度势,分个缓急”。周作人致“雁冰”的信里也表达了同样的意思,认为莎士比亚剧的一二种“似乎也在可译之列”,但译者若放下“现在所做最适合的事业”,“那实在是中国文学界的大损失”。③

有意思的是,就连留学美国、20世纪30年代拟积极组织力量翻译《莎士比亚全集》的胡适,这时也曾表现出对莎士比亚的不喜欢甚至贬抑的态度。他在1921年6月3日的日记中,谈论“三百年来——自萧士比亚到萧伯讷——的戏剧的进步”的话题时认为:“萧士比亚在当日与伊里沙白女王一朝的戏曲家比起来,自然是一代的圣手了;但在今日平心而论,萧士比亚实多不能满人意的地方,实远不如近代的戏剧家。现代的人若虚心细读萧士比亚的戏剧,至多不过能赏识某折某幕某段的文辞绝妙,——正如我们赏识元明戏曲中的某段曲文——决不觉得这人可与近代的戏剧大家相比。他那几本‘最大’的哀剧,其实只当得近世的平常‘刺激剧’(Melodrama)。如Othello(《奥赛罗》)一本,近代的大家决不做这样的丑戏!又如那举世钦仰的Ham-let(《哈姆莱特》),我实在看不出什么好处来!Hamlet(哈姆莱特)真是一个大傻子!”④

4. 莎士比亚是杰出的现实主义戏剧家

王国维和朱东润是这个观点的代表人物。1907年10月,王国维

① 《时事新报》副刊《学灯》1922年7月27日1—2版。
② 《文学旬刊》1922年8月1日第45号。
③ 《小说月报》1921年2月10日第12卷2号。
④ 胡适:《胡适全集》第29卷,安徽教育出版社2003年版,第282—283页。

在其主编的《教育世界》杂志第159号上发表《莎士比传》(《莎士比亚传》)。① 该传对莎士比亚的生活经历、每个创作分期的特点及其成因都一一做了详细介绍,且列有莎士比亚的创作年表,每一戏剧后都注明林纾的译名。尤其难能可贵的是,王国维相当准确、深刻地把握和揭示了莎士比亚现实主义与浪漫主义相互交融的总的创作特色,认为莎士比亚的创作"一面与世相接,一面超然世外,即自理想之光明,知世间哀欢之无别,又立于理想界之绝顶,以静观人海之荣辱波澜"。不仅如此,他进一步指出莎士比亚的作品博大浩瀚,"愈咀嚼,则其味愈深,愈觉其幽微玄妙",任何人想"据一己之见以解释其著作"都会以失败告终,因为"莎氏与彼主观的诗人不同,其所著作,皆描写客观之自然与客观之人间,以超绝之思,无我之笔,而写世界之一切事物者也。所作虽仅三十余篇,然而世界中所有之离合悲欢,恐怖烦恼,以及种种性格等,殆无不包诸其中"。王国维高度赞扬莎士比亚的作品是"第二之自然""第二之造物"。这就在看到莎士比亚浪漫主义色彩的同时,又明确确立、突显了莎士比亚创作不同于"主观的诗人"的鲜明的现实主义特性。王国维在当时能如此较为全面、精辟地阐释莎士比亚,可见其睿智和敏锐。这篇《莎士比传》,名为"传",实则评,这是笔者所看到的最早的中国人作出的最有价值的莎士比亚评论。

朱东润连续发表在《太平洋》杂志1917年第1卷第5号、第6号、第8号和1918年第9号上的4篇《莎氏乐府谈》,是现在所能看到的篇幅最长、最早独立成章的完整的莎士比亚评论。综观这4篇洋洋两万余言的长篇论文,至少有两大方面值得关注。第一,高度评价了莎士比亚的文学地位和艺术成就:"莎氏乐府为世所艳称久矣,非特英人崇视莎士比亚,恍如天神;即若法若德诸国人士,莫不倾倒于其文名之下,以为非国人所能及。"莎士比亚戏剧在人物塑造方面,"人人具一面目,三十五种剧本之中,即不啻有几百几十人之小照。在其行墨之间,而此几百几十人者,又无一重复,无一模糊,斯真可谓大观也已"。他

① 王国维:《莎士比传》,《王国维文集》第3卷,中国文史出版社1997年版,第392—397页。

对莎士比亚戏剧的语言艺术同样赞不绝口，认为其“言词变化入神，文笔亦如天来游龙，夭矫屈伸，诚文学之大观。读莎氏原文者，于此不可不留意也”。第二，从比较文学视野自觉地将莎士比亚与中国文学加以比较认识。例如，他认为李白和莎士比亚“皆天才磅礴，此其所同也”；其不同之处乃在于“李氏诗歌全为自己写照，莎氏剧本则为剧中人物写照”。他还将《铸情记》（即《罗密欧与朱丽叶》）和《孔雀东南飞》相互映照，认为“果以文境论之，则吾读《恺撒传》时，恍惚如读史公诸传；至于《铸情记》者，乃如读《孔雀东南飞》之篇。觉其文境绵邈幽咽，不得不为焦仲卿夫妇与罗密欧与朱丽叶等放声一叹也”①。

王国维的《莎士比传》和朱东润的《莎氏乐府谈》在中国近现代莎士比亚接受史上具有开拓性意义，标志着中国学界从学术学理层面接受和探讨莎士比亚的开始。

（二）20世纪30年代至新中国成立前夕的莎士比亚接受

20世纪30年代是莎士比亚在中国命运的一次大转折。其标志是，翻译、评论莎士比亚渐次形成一个引人瞩目的热潮。不少翻译者如顾仲彝、曹未风、梁实秋、朱生豪、曹禺、孙大雨、杨晦都加入到译莎的队伍中来，莎士比亚的重要作品在短短十几年中都被翻译进来。其中，梁实秋翻译出版莎剧8部，曹未风翻译出版11部，朱生豪翻译出版27部。莎评文章明显增多，有学者统计，这个时期发表的莎评文章约有130篇。其中，仅梁实秋一人就发表莎评文章20余篇，是这个时期国内撰写莎评文章最多的学者。莎士比亚还是这个时期中国文艺期刊上辟有个人专号最多的西方作家。② 凡此种种，均与前期莎士比亚的接受状况形成了鲜明对比，表明莎士比亚作为伟大的现实主义戏剧家已成共识，他的现实主义价值和意义开始得到普遍重视和积极发掘。

尤其值得注意的是，前期一些对莎士比亚颇有微词的学者和作家

① 参见孟宪强：《中国莎学简史》，东北师范大学出版社1994年版，第227页。

② 王建开：《五四以来我国英美文学作品译介史（1919—1949）》，上海外语教育出版社2003年版，第155页。

也开始认同并大力推介莎士比亚，例如郑振铎、胡适和茅盾等。郑振铎对莎士比亚态度的转变比茅盾、胡适稍早一些。他在1927年上海商务印书馆出版的《文学大纲》中就开始认为："莎士比亚是所有伊丽莎白时代作家中的最伟大者，也是文艺复兴时期的三大作家之一。莎士比亚在英国文学史上的地位，较之中国的伟大诗人杜甫在中国文学史上的尤为重要，而且影响更大。他所遗留于世界文库里的宝藏是任何作家所不能企及的。"①在谈到人物形象的塑造时，他认为莎士比亚"剧本里的人物极为复杂，有的是日常遇到的人，有的是历史上的人物，有的是人间的英雄，有的是超人间的神仙。而他写来都栩栩欲活，各个时代的生活，各种社会的里面，也都极真切地表现于读者之前。很少作家写作的范围有他这样广漠而且复杂。他的作品里所具有的是最飘逸的幻想，最静美的仙境，最广阔的滑稽，最深入的机警，最深挚的怜悯心，最强烈的热情，以及最真切的哲学"②，"他的超绝的艺术手腕诚然是无有可与并肩的！"③他说《哈姆莱特》"是世界最伟大的悲剧之一"，它"感动了无量数读者的心，使之凄然欲泣"④。这些看法与他1921年翻译莎士比亚《哈姆莱特》"有些不经济"的观点已截然不同。

1930年，胡适就任由庚子赔款建立的中华教育文化基金董事会翻译委员会主任委员一职后，也改变了以往对莎士比亚不屑一顾的偏激看法。根据之一就是他把莎士比亚戏剧翻译赫然列入其庞大的翻译计划，并在1931年的日记中多次提及与梁实秋、闻一多、叶公超等人讨论莎士比亚的翻译事宜。梁实秋公开过胡适曾写给他的谈论翻译莎士比亚全集的几封信，说明胡适对这个工作的积极倡导与热心扶

---

① 郑振铎：《文学大纲》第2卷，载《郑振铎全集》第11卷，花山文艺出版社1998年版，第208页。

② 郑振铎：《文学大纲》第2卷，载《郑振铎全集》第11卷，花山文艺出版社1998年版，第209页。

③ 郑振铎：《文学大纲》第2卷，载《郑振铎全集》第11卷，花山文艺出版社1998年版，第215页。

④ 郑振铎：《文学大纲》第2卷，载《郑振铎全集》第11卷，花山文艺出版社1998年版，第212—213页。

持。其中一信说:"实秋兄:两信都收到了。编译事,我现已正式任事了。公超的单子已大致拟就,因须补注版本,故尚未交来。顷与Richards谈过,在上海时也与志摩谈过,拟请一多与你,与通伯,志摩,公超五人商酌翻译Shakespeare全集的事,期以五年十年,要成一部莎氏集定本。此意请与一多一商。重要的是决定用何种文体翻译莎翁。我主张先由一多志摩试译韵文体,另由你和通伯试译散文体。试验之后,我们才可以决定,或决定全用散文,或决定用两种文体。报酬的事当用最高报酬。此项书销路当不坏,也许还可以将来的版权保留。"①可见胡适考虑之周到细致,用心良苦。梁实秋后来不无感慨地说:"若没有胡先生的热心倡导,我根本不会走上翻译莎翁的路。胡先生自己对于莎士比亚并无深入的研究,但是他知道翻译莎翁之重要,并且他肯负责的细心的考虑这一个问题。"②他还说:"幸而胡适之先生提议翻译莎氏全集,使我有了翻译的方向。"③显然,从实际效果看,胡适较前期对莎士比亚不仅有了态度上的变化,而且以言行深刻地影响了梁实秋对莎士比亚的译介。

茅盾对莎士比亚的接受在这个时期最具代表性。茅盾早期对莎士比亚也并不感兴趣。1921年12月他在《新文学》上发表《近代文学体系的研究》一文,认为莎士比亚是一个"迎合贵族的趣味""得着女士的喜欢"、本身并没有多少深刻、内在思想的媚俗作家,他不过是"贵族阶级的玩好"罢了。我们需要的"是社会的工具,是平民的文学","是大多数平民要求人道正义的呼声","是向前的猛求真理的文学",而莎士比亚不能发挥文学作为"社会的工具"的作用。④ 但到20世纪30年代,他对莎士比亚的态度却有了根本性改变,其证据主要见于

① 梁实秋:《关于莎士比亚的翻译》,载梁实秋主编:《莎士比亚诞辰四百周年纪念集》,台北国立编译馆1966年版,第562页。

② 梁实秋:《关于莎士比亚的翻译》,载梁实秋主编:《莎士比亚诞辰四百周年纪念集》,台北国立编译馆1966年版,第567页。

③ 梁实秋:《"岂有文章惊海内"——答丘彦明女士问》,载《梁实秋文集》第5卷,鹭江出版社2002年版,第537页。

④ 茅盾:《近代文学体系的研究》,载《茅盾全集》第32卷,人民文学出版社2001年版,第450—452页。

《西洋文学通论》(1930)、《莎士比亚与现实主义》(1934)、《莎士比亚的〈哈姆雷特〉》(1935)、《莎士比亚出生三七五周年纪念》(1939)等论著中。茅盾这个时期将莎士比亚定位于现实主义作家,所以积极倡导对莎士比亚的传播与研究,对莎士比亚现实主义价值的看重成为他接受莎士比亚最引人注目处。1934 年,茅盾以“味茗”为署名发表在 8 月 20 日《文史》第 1 卷第 3 号上的《莎士比亚与现实主义》一文,成段转述苏联专家狄纳莫夫 1933 年的论文《再多些莎士比亚主义》的主要观点,认为马克思和恩格斯称“莎士比亚是伟大的现实主义者”,“莎士比亚的基础是周围的世界,是现实的世界而不是空想出来的世界”。茅盾第一次向中国读者介绍了马克思、恩格斯对莎士比亚的评价,第一次借马克思、恩格斯的评价将莎士比亚与现实主义联系起来,为当时和后来莎士比亚在中国的接受定下了基调。值得注意的是,正是在这篇文章里,茅盾第一次向中国读者介绍了“莎士比亚化”这一重要术语及其内涵。他说:“所谓苏维埃作家的‘莎士比亚化’,就是要能够找出活的真实的意象,以表现那正在进行中的发展和运动”;“就是要升到现代思想的顶点,彻底了解什么是科学,什么是知识,文化,以及马克司(马克思),恩格尔(恩格斯),列宁,斯太林(斯大林)的学说,然后思想不会枯窘,然后作品的内容将同时既清楚而又繁复,就像活的语言那样同时明快而又繁复”;“就是做自己阶级的勇烈的战士,以艺术为武器”;“就是站在人生的头阵,战斗著,创造著,工作著,挣扎著”;“就是找寻新的更有力的艺术创作的形式,抛弃那‘炫奇斗巧’的空虚的装饰主义,创造出思想与形式两俱完善的艺术品”。① 其实,“莎士比亚化”是一个内涵丰富的词汇,现实主义只是其中一个重要的方面。茅盾当时将“莎士比亚化”趋同于现实主义化的接受倾向,充分表现了他对来自红色社会主义国家的声音的坚信。

1939 年 10 月,茅盾在《文艺月刊》第 2 卷第 2 期发表《莎士比亚出生三七五周年纪念》一文,更为明显地遵循着苏联莎评家“从今日的现

---

① 茅盾:《莎士比亚与现实主义》,载《茅盾全集》第 33 卷,人民文学出版社 2001 年版,第 316—318 页。

实的各大课题及明日的目的”的思路，从三个方面阐述了莎士比亚作为一个伟大的现实主义作家的现实意义。第一，莎士比亚对人类的愚昧、残暴、偏见、虚伪、嫉妒、奸诈“从来不抱冷淡的旁观者的态度”，他所表现出来的“为求真理的胜利而不惜牺牲个人的精神”，“正是各时代的求进步的人们所亲切而可爱的德行”。他塑造的不朽人物“唤起了对于更光明的未来的要求，他们主张着个性的更充分自由的发展。这就是莎士比亚的作品虽然是三世纪前的人生写照，但至今仍保有活力而且为我们所爱好的原因了”。第二，他用“深刻的观察和犀利的笔尖，剥落了他那时代的一切虚伪者的面具”，而“剥落这一切的面具，还是现代的文艺战士的任务，这又是莎士比亚的作品为什么对于我们是亲切的原因了”。第三，“在今日，法西斯的群魔比起莎士比亚所写的那些‘恶棍’，更其野蛮，更其没有人性。现在也是一个‘黑暗时代’，一切的虚伪，残暴，愚昧，偏见，在到处横行，然而同时，莎士比亚‘理想’的那些为了光明而斗争的英雄们，在今日已是现实的人，而且在世界各处，这斗争的火花已经预示着最后胜利的必然性。在今日纪念莎士比亚的三百七十五周年的生平，学习莎士比亚以加强我们的反法西斯的文化斗争的力量，是我们的主要课题”①。在此，茅盾把莎士比亚的现实价值和意义发挥到淋漓尽致的程度，尤其是表明，在莎士比亚三百七十五周年时纪念他，就是为了“学习莎士比亚以加强我们的反法西斯的文化斗争的力量”，让人们对“最后胜利的必然性”充满信心。

与茅盾相比，梁实秋对莎士比亚的接受呈现出另一种状态，可将之看成对王国维和朱东润等学者学术性接受理路的接续。从 1932 年至 1939 年，在他发表莎评文章 20 余篇中，让日趋社会政治色彩化的莎士比亚阐释又展现出一幅别样的面目，梁实秋也成为 20 世纪上半叶从学术层面一以贯之地研究莎士比亚的个性独具的莎评专家。

梁实秋首先认为，莎士比亚之所以伟大并历久不衰，是由于他的

---

① 茅盾:《莎士比亚出生三七五周年纪念》，载《茅盾全集》第 33 卷，人民文学出版社 2001 年版，第 469—471 页。

作品表现了基本的具有普遍意义的人性。① 他的重要作品“没有一部其主题不是与人生有密切关系的。莎士比亚把握人的基本情感，所以他才成为‘不是某一时代的，而是为一切时代的’”②。由此，他坚决反对把莎士比亚归属到某一个阶级里面的狭隘做法。在他看来：“把一个作家硬派到某一阶级，从而断定其为某一阶级的代言人，从而断定其作品必系忠于某一阶级，更从而断定其任务必为拥护某一阶级并且反对与某一阶级对抗之阶级，其实是很牵强的。”③因为一篇作品当中，究竟哪一段是作者自己的意见，哪一段是作家描写别人的，很不可容易判断。特别“像戏剧小说之类，内中便颇多客观的描写，我们万万不可断章取义，硬派定某一句某一段是作者的自白”。他认为：“莎士比亚作品的一个特殊处即：在作品中他很少鲜明的流露他个人的意见。……莎士比亚是给社会人生竖起了一面镜子，他不是一个主观的、抒情的、自我中心的诗人。”④他辩证地看到：“莎士比亚作品中之讽刺的成分是有的，他的讽刺是向人性的缺陷及社会的不公道而发，这期间并无阶级的限制。任何伟大作家，对于人间疾苦都不能没有深厚的同情，然而他们的胸襟是廓大的，他们的同情是超阶级的。”⑤“任何阶级都有他的弱点，那弱点便都是可以成为文学家的讽刺的对象的。”⑥梁实秋的独特之处在于，他强调文学自身的独立性和本真性，反对基于实用的考虑将文学作为工具来使用，尤其反对把文学仅仅变为表现阶级性、政治性的工具。他指出：“文艺与道德有密切的关系，但那关系是内在的，不是目的与手段之间的主从关系。我们可以利用戏剧而从事社会教育……但是我们必须注意，这只是借用性质，借用

① 梁实秋：《莎士比亚之伟大》，载《梁实秋文集》第 8 卷，鹭江出版社 2002 年版，第 660 页。

② 梁实秋：《李尔王》辩，载《梁实秋文集》第 1 卷，鹭江出版社 2002 年版，第 694 页。

③ 梁实秋：《关于莎士比亚》，载《梁实秋文集》第 8 卷，鹭江出版社 2002 年版，第 642 页。

④ 梁实秋：《作品与自传》，载《梁实秋文集》第 8 卷，鹭江出版社 2002 年版，第 615—616 页。

⑤ 梁实秋：《关于莎士比亚》，载《梁实秋文集》第 8 卷，鹭江出版社 2002 年版，第 644—645 页。

⑥ 梁实秋：《莎士比亚与劳动阶级》，载《梁实秋文集》第 8 卷，鹭江出版社 2002 年版，第 648 页。

就是借用,不是本来用途。”[①]这一与众不同的己见,使他处在与当时许多人对立的位置,也被排斥在主流之外。

其次,梁实秋不是理性至上主义者,更非感情至上主义者,他不极端,他追求的终极境界是情与理的和谐状态。他没有把莎士比亚简单地框定在古典主义或者浪漫主义或者现实主义的流派里作狭隘的理解,而是从和谐、中庸的理念出发来感知、评论,认为他艺术地表现了情与理两者不可偏废的共融一体的深刻的辩证思想。梁实秋说,“莎氏的思想走的是一个中间路线,一个实际可行的路线,很稳当”,他的戏剧所描写的“合于中庸”。[②] 正是这一点,深深吸引了梁实秋的注意力。这使得他的评论在一个以个性自由为标志、以反传统破秩序为使命的特定语境里而求常态、求和谐,就显得有些不合时宜,但也恰恰形成了他接受莎士比亚的个性特征。现在学界有一种看法,认为梁实秋所持有的是以理制情的情理观。其实,在情与理之间,梁实秋虽然给予理性以更重要的地位,但并不意味着突出理性至上的地位,而是为了使其起到制衡的作用,以便达到情理和谐的自然状态。正是在这个意义上,他认为:“新古典主义者偏重理性敌视情感是不对的;卢梭推崇情感排斥理性,是同样的不对。”[③]

第三,梁实秋基于学术立场的莎评常旁征博引、左右逢源,显示了对西方莎学如数家珍的博大视野。他在20世纪30年代就能从学术史研究角度,审视和梳理西方莎士比亚的研究成果,较为系统、翔实地介绍莎士比亚创作的方方面面,让当时的中国读者极为新鲜、也较全面地认识了莎士比亚的魅力以及西方莎学的发展概况,大大开阔了读者的阅读与认知视野。如他对海涅关于《威尼斯商人》中夏洛克的著名观点的介绍,对西方学界著名的“哈姆莱特问题”的引入等都是如此。有意识地译介西方的莎评成果,是20世纪五六十年代的事。杨周翰主编的《莎士比亚评论汇编》上下卷则是在1979年和1981年才

---

① 梁实秋:《文艺与道德》,载《梁实秋文集》第3卷,鹭江出版社2002年版,第141页。

② 梁实秋:《莎士比亚的思想》,载《梁实秋文集》第1卷,鹭江出版社2002年版,第665页。

③ 梁实秋:《文艺批评论》,载《梁实秋文集》第1卷,鹭江出版社2002年版,第277页。

先后出版的。

此时期，著名翻译家朱生豪在莎士比亚关于“人性”描写方面的某些见解与梁实秋也是不谋而合的。朱生豪在为其所译的《莎士比亚戏剧全集》写的《译者自序》及第一、二、三辑提要中，不仅从世界文学史角度高度评价了莎士比亚戏剧的伟大成就极其重要地位，而且明确指出莎士比亚之所以能“足以笼罩一世、凌越千古”，远在荷马、但丁和歌德之上，乃是因为他“所发掘者，实为古今中外贵贱贫富人所具之人性”，尤其是他的悲剧“直抉人性的幽微，探照出人生多方面的形象，开拓了一个自希腊悲剧以来所未有的境界”，“故虽经三百余年以后，不仅其书为全世界文学之士所耽读，其剧本且在各国舞台与银幕上历久搬演而弗衰，盖由其作品中具有永久性与普遍性，故能深入人心如此耳”。① 朱生豪已深刻意识到，莎士比亚的作品之所以能“深入人心”，并“具有永久性与普遍性”，实乃其“直抉人性的幽微”，淋漓尽致地揭示出“古今中外贵贱贫富人人所具之人性”。这一认识在当时是难能可贵的，因为它同样是基于文学内在的审美原则来探究莎士比亚戏剧的魅力的。

美国著名的比较文学学者韦斯坦因说过，在接受中一个特别的问题就是作品的“声誉”问题，它是“衡量作品受欢迎程度的尺码”②。莎士比亚及其作品在这个时期所受的欢迎程度已与前期不可同日而语，标志着莎士比亚在中国的真正崛起。

二、近现代中国接受莎士比亚的价值取向

近现代中国接受莎士比亚可概括为两种不同的倾向，即社会政治诉求层面的接受与学术学理探究层面的接受。前者包括梁启超、鲁迅、郑振铎、茅盾等人，其中，茅盾最具代表性；后者包括王国维、朱东润、梁实秋等，以梁实秋最为突出。但从实际接受的情况看，社会政治

① 孟宪强编：《中国莎士比亚评论》，吉林教育出版社 1991 年版，第 102—106 页。

② 韦斯坦因著，刘象愚译：《比较文学与文学理论》，辽宁人民出版社 1987 年版，第 47 页。

诉求层面的莎士比亚接受倾向明显居于主导地位。莎士比亚被接受的命运的每次变化,可以说都是这种社会政治诉求左右的结果。

被誉为中国20世纪初思想启蒙运动主将和文学界革命首倡者的梁启超,一生以文学新民、救亡图存为使命,“企望在输入欧洲之精神思想的前提下,推动二十世纪中国知识学术体系的转型,在民族精神的改造与重建工程中,促进中国政治的渐进和社会的文明之化”①。他之所以在《中国唯一之文学报〈新小说〉》中推重莎士比亚,正是因为莎士比亚契合了他一贯的精神追求和政治使命感。他敏锐地感到莎士比亚的作品能发挥“为中国剧坛起革命军”的作用,可以激励国民的政治思想和爱国精神。② 他感兴趣的不是莎士比亚的传奇作家身份,而是借对莎士比亚的解读抒发其文学新民、救亡图存的政治情怀。林纾翻译《吟边燕语》,也有其现实政治动机的一面。他在译序中认为:“欧人之倾我国也,必曰识见局,思想旧,泥古骇今,好言神怪;因之日就沦弱,渐即颓运;而吾国少年强济之士,遂一力求新,丑诋其故老,放弃其前载,维新之从。”照此推理,文明的西方人应将“思想之旧,神怪之托”的莎士比亚“焚弃禁绝,不令淆世知识”。然而他们对莎士比亚“坦然不以为病也”。相反,“彼中名辈,耽莎氏之诗者,家弦户诵,而又不已;则付之梨园,用为院本;士女联襼而听,唏嘘感涕,竟无一斥为思想之旧,而怒其好言神怪者”。他感叹道,“英人固以新为政者也,而不废莎氏之诗。余今译莎诗记事,或不为吾国新学家之所屏乎?”③言外之意就是,西方国家并没有因为崇尚莎士比亚而与先进、发达无缘。既然西方人都这样喜欢莎士比亚,我们有什么理由拒斥他呢?这里隐含了国家发展无须丢弃传统的道理,显示了林纾维护传统的立场。在此,他借助莎士比亚,显然是要表达对当时一些维新之士只言维新而鄙薄自身传统的不满。仅此一点,当然无可厚非,但引人深思。

莎士比亚被边缘、遭到排斥同样与政治功用性有关。众所周知,

---

① 关爱和:《中国近代文学论集》,中华书局2006年版,第222页。

② 陈平原等编:《二十世纪中国小说理论资料》第1卷,北京大学出版社1997年版,第63页。

③ 林纾译:《吟边燕语》序言,商务印书馆1981年版,第1页。

后来顽固守旧的林纾遭到了众多五四新文学家的批判，他译介的莎士比亚自然也跟着倒了霉。这除了因为林纾采用的是胡适所说的“半死的文字”文言文译介外来文学，更重要的是其翻译倾向及其所秉承的译介理念与五四时期所追求的文学理念格格不入。例如，他把《威尼斯商人》译为《肉券》，把《哈姆莱特》译为《鬼诏》等，“表面看这不过是标题的变化，细看却带有中国旧式小说（如鸳鸯蝴蝶小说及谴责小说）的痕迹，是取悦市民心理、供其消闲的旧文学观的延伸，把外国文学作为娱乐品对待”①。发挥文学救世功能是五四新文化运动的显著特征之一，也可以看作是那个特定时期的时代特征。而林纾秉承的文学译介理念被斥为消遣与怡情，不能发挥文学改造社会政治的功用。我们从林纾等人的翻译由最初的受欢迎到后来遭批判的经历，不难感受到“五四”前后时期中国社会在价值理念、道德理想、现实需要等方面的变化。因此，在破旧立新、反对传统、张扬文学革命思想的环境下，莎士比亚作为一个以古代传奇作家身份被林纾等人错位的译介，自然也就成了远离现实需要、渲染神怪刺激、旨在消遣娱乐的旧文学传统的代表，而受到后来不少人的轻看。

胡适贬抑莎士比亚，我们也可从他1921年6月3日的日记中的两处话中找到原因。第一处是：“戏剧所以进步，最大的原因是十九世纪中欧文学受了写实主义的洗礼。到了今日，虽有神秘的象征戏如梅特林（Meterlinck）的名剧，也不能不带写实主义的色彩，也不能不用写实主义做底子。现在的妄人以为写实主义已成过去，以为今日的新文学应谈‘新浪漫主义’了！这种懒人真不可救药！”②第二处是：“卓克说，易卜生的《娜拉》一剧颇不近人情，太头脑简单了。此说有理，但天下古今多少社会改革家大概多有头脑简单的特性；头脑太细密的人，顾前顾后，顾此顾彼，决不配做革命家。娜拉因为头脑简单，故能决然跑了。”所以，胡适虽然以为“易卜生的《娜拉》，以戏本论，缺点甚多，远

---

① 王建开：《五四以来我国英美文学作品译介史（1919—1949）》，上海外语教育出版社2003年版，第31页。

② 《胡适全集》第29卷，安徽教育出版社2003年版，第283页。

不如《国民之敌》、《海妲》等戏”①,但还是从社会改革的角度肯定《娜拉》的价值,因为它是写实主义的。这两处表明,胡适不认为莎士比亚的创作是写实主义(即现实主义)的,故否定莎士比亚。

20世纪30年代,莎士比亚在中国开始受到重视,更与鲜明的政治功用性有密切关系。促成重视的主要原因是:第一,马克思主义莎评传入中国。中国学人通过对马克思莎评的翻译和对苏联莎评的译介,知道了马克思对莎士比亚的态度。例如,梁实秋根据马克思《1844年经济学—哲学手稿》中《货币》一节翻译的译文《莎士比亚论金钱》(1934),第一次明确指出了“马克思是很崇拜莎士比亚的”②。接着,茅盾也发表文章《莎士比亚与现实主义》,介绍马克思和恩格斯对莎士比亚的评价。《译文》杂志从1934年至1936年也发表6篇莎评译文,其中4篇为苏联著名莎学专家的文章,均涉及马克思、恩格斯对莎士比亚的评论内容,并从不同角度阐释了莎士比亚戏剧的现实意义。第二,译介莎士比亚“被提到关系国家荣辱的高度,成为民族能力的标志”③。戏剧家余上沅从报载获悉日本文学家坪内逍遥译毕莎士比亚全集的消息后,在《翻译莎士比亚》感喟说“这件努力是极可钦佩,极可叫我们中国人惭愧的”,因之“切望国内有心人物一致主张,促进翻译莎士比亚的实现”,并且希望“中国新诗的成功,新戏剧成功,新文学成功,大可拿翻译莎士比亚做一个起点”。④ 朱生豪也把翻译莎士比亚看作是与强烈的民族自尊心紧密相关的事业。1936年他曾写信给宋清如说:“你崇拜不崇拜民族英雄?舍弟说我将成为一个民族英雄,如果把Shakespeare译成功以后。因为某国人曾经说中国是无文化的国家,连老莎的译本都没有。”⑤因此,1944年他在为自己的莎士比亚戏剧集所写《译者自序》中说:“莎士比亚为世界的诗人,固非一国所可独占;倘因此集之出版,使此大诗人之作品,得以普及中国读者之

---

① 《胡适全集》第29卷,安徽教育出版社2003年版,第282页。

② 《文学》1934年5月第1卷第2期。

③ 王建开:《五四以来我国英美文学作品译介史(1919—1949)》,上海外语教育出版社2003年版,第94页。

④ 《新月》1931年4月10日3卷5、6号合刊。

⑤ 参见吴洁敏等:《朱生豪传》,上海外语教育出版社1990年版,第108页。

间，则译者之劳力，庶几不为虚掷矣。”①可见，从政治信念与政治功用上说，马克思、恩格斯的言论和倾向决定了我们对莎士比亚的选择与态度；而现实需要与民族自尊心又促使一些民族精英痛感，翻不翻译莎士比亚已不再是一个简单的是否愿意接受和喜欢外来作家的问题，而是已变成一个极为敏感的是否愿意与日本相抗衡、显示民族自信心和精神能力的政治问题。这两个原因合在一起，遂引发了这个时期翻译、评论莎士比亚的一次热潮，莎士比亚成为毫无争议的极具价值的伟大现实主义戏剧家。

茅盾的莎士比亚评论，更能让我们感受到他对莎士比亚现实主义接受的偏重。如果再细细考察，我们发现，茅盾对莎士比亚的认识除了现实主义层面，还有两个视角。一是浪漫主义的视角。他在《西洋文学通论》中指出，莎士比亚是“‘浪漫主义’文学的先锋。他是超时代的！”②不过，他并没有对作为浪漫主义文学先锋的莎士比亚的创作特征作深一步地具体阐释，而是强调莎士比亚为笔下的“历史人物都安上一颗现代的心，所以如《哈姆雷特》到现在还是有生气”③。我们从他的表述里分明既感受到，他对莎士比亚浪漫主义气质的自觉意识，又流露出他对这一气质的某种倾向性的遮蔽。由此推断，茅盾真正看重莎士比亚的并不是他“‘浪漫主义’文学的先锋”的特征，而是这个浪漫主义作家具有的强烈的现实倾向性。二是人性的视角。茅盾在《西洋文学通论》中认为莎士比亚笔下的“哈姆雷特是人性的一种典型的描写。他永久厌倦这世界，但又永久恋着不舍得死；他以个人为本位，但是他对自己也是怀疑的；他永久想履行应尽的本分，却又永久没有勇气，于是又在永久的自己谴责”④。在茅盾看来，作为“伟大的天才”的莎士比亚之所以是超时代的，与其对人性的典型描写和深刻揭示密不可分。这是茅盾首次从人性角度谈论莎士比亚及其著

① 孟宪强编：《中国莎士比亚评论》，吉林教育出版社1991年版，第103—104页。

② 茅盾：《西洋文学通论》，载《茅盾全集》第29卷，人民文学出版社2001年版，第254—255页。

③ 茅盾：《西洋文学通论》，载《茅盾全集》第29卷，人民文学出版社2001年版，第255页。

④ 茅盾：《西洋文学通论》，载《茅盾全集》第29卷，人民文学出版社2001年版，第255页。

名悲剧形象哈姆莱特，虽然他没有展开论述，但已注意到这个问题的重要。1935 年，茅盾在《莎士比亚的〈哈孟雷特〉》一文里又认为，莎士比亚之所以享有不朽的盛名，“皮相者每夸其诗句之美妙，及戏曲的技术之高妙，而其实则因他广泛地而且深刻地研究了这社会转型期的人的性格；嫉妒，名誉心，似是而非的信仰，忧悒性的优柔寡断，傲慢，不同年龄的恋爱，一切他都描写了。他的作品里有各种的生活，各色的人等，其丰富复杂是罕见的”①。如果说茅盾在前一文中没有对人性作具体解释，而在这里就涉及了莎士比亚描写人性的一些基本内容，例如“嫉妒”“名誉心”“优柔寡断”“傲慢”等。他在《莎士比亚出生三七五周年纪念》中进一步认为，莎士比亚的作品暴露和抨击了“虚伪，偏见，嫉妒，迷信，残酷等人性的污点”，对于“创造优善健康的新人性”具有不可低估的意义，这也是人们对其“起了莫大的爱好与热心”的重要原因，由此也“才真正估定了莎士比亚的价值，把他的伟大和优点发扬了出来”②。

我们从茅盾文章中摘引出上述观点，特别是有关人性的观点，是有意义的，因为我们没有从这个角度解读过茅盾的莎评。鲁迅曾痛批梁实秋的人性论观点，因为人性论观点与其改造国民性的思想相冲突，如果人性真如梁实秋所说是永久不变的，那么对国民性的改造也就成了一句空话。茅盾与鲁迅关系极为密切，他们之间的友谊和配合达到了相当默契的程度，对人性等问题的看法都保持一致。因此，以我们过去的看法来看，茅盾不大可能认同人性话题。然而，作为一个现实主义作家，茅盾不可能不为莎士比亚对人性触目惊心的描写和揭示所触动，他不仅看到了莎士比亚的作品“反映了旧的贵族文化和新的商业资产者文化的冲突”③，表现了他那时代的时代精神和社会环

① 茅盾：《莎士比亚与〈哈孟雷特〉》，载《茅盾全集》第 30 卷，人民文学出版社 2001 年版，第 308—309 页。

② 茅盾：《莎士比亚出生三七五周年纪念》，载《茅盾全集》第 33 卷，人民文学出版社 2001 年版，第 468—469 页。

③ 茅盾：《莎士比亚与〈哈孟雷特〉》，载《茅盾全集》第 30 卷，人民文学出版社 2001 年版，第 308 页。

境，而且看到了莎士比亚因对人性的描写所具有的跨越作者时代的普遍性与永恒性。但人性问题的敏感性使他或多或少显示了一种内心矛盾：既想表达莎士比亚人性描写的价值和意义，又极为谨慎地试图调和人性与现实性两者的关系，于是出现其文中人性与现实性交融在一起的微妙表述。最终，茅盾的现实政治需要抑制了文学的内在学理探究与考量，现实主义的接受自然取代了浪漫主义和人性等其他视角的接受。

茅盾对莎士比亚前后判然有别的两种态度以及接受中的价值取向，都鲜明地烙上了社会政治功用性的印记。作为“文学研究会”“左联”的重要成员和“为人生而艺术”的文坛领袖之一，茅盾对人生、社会、政治有一种自觉的强烈的责任感与使命感。早在 1919 年，茅盾在《我们为什么读书》一文中宣称：“我们读书是欲求学问，求学问是欲尽‘人’的责分去谋人类的共同幸福。”[①]1920 年，他在《现在文学家的责任是什么?》一文中更明确指出：“文学是为表现人生而作的。文学家所欲表现的人生，绝不是一人一家的人生，乃是一社会一民族的人生。”[②]因此茅盾认为，文学家的责任就是让“文学成为社会化”[③]。有学者指出，这样的表述从艺术哲学的高度看，是将所谓的“人”与“人生”作了相对狭隘的理解，实际上是有问题的，不过，这在特定时代又往往有正当的理由，那就是民族本位的启蒙，亦即在爱国前提下的人的解放。[④]

茅盾从社会政治层面接受莎士比亚，充分表现了他关注现实的救世情怀。正因此，包含着太多的社会政治诉求的茅盾莎评，在中国莎评史上具有了一种不可替代的重要历史意义。第一，通过译介的方式

---

① 茅盾：《我们为什么读书》，载《茅盾全集》第 14 卷，人民文学出版社 2001 年版，第 52 页。

② 茅盾：《现在文学家的责任是什么?》，载《茅盾选集》第 5 卷，四川文艺出版社 1985 年版，第 3—4 页。

③ 茅盾：《现在文学家的责任是什么?》，载《茅盾选集》第 5 卷，四川文艺出版社 1985 年版，第 5 页。

④ 李继凯：《全人视境中的观照：鲁迅与茅盾比较论》，中国社会科学出版社 2003 年版，第 149 页。

将莎士比亚定位为伟大的现实主义作家。他主要不是具体评价莎士比亚的作品,而是试图从宏观角度为中国接受与传播莎士比亚找到一个最佳的最具诱惑力的理由。第二,揭示莎士比亚作为现实主义剧作家的不朽价值和现实意义。通过介绍苏联观点,尤其是通过马克思恩格斯对莎士比亚观点的介绍,来扩大莎士比亚在中国的影响,提升他的伟大地位,从而为当时中国作家的文学创作提供一个学习的光辉榜样,以促使文学更有益于中国社会历史的变革。当然,我们透过茅盾前后不同的莎评基调,也可以看到莎士比亚在现代中国命运的变化与转折。

综上所述,鲜明的社会政治诉求已然成为近现代中国接受莎士比亚的一个决定性的价值标准和主流倾向。这一价值标准和主流倾向的产生,归根结底,源于近代以来中国特定的社会历史境遇,赋予了饱经忧患且久受"文以载道"思想传统影响的中国知识分子和文学以改造社会、革新政治的不可推卸的神圣使命。"五四"前后,特别是20世纪30年代以后,受救亡图存、变革社会的历史语境的影响,现实主义文学思潮在译介过来的众多文学思潮中独领风骚,当时的文学创作、译介、研究等领域表现出了强烈的社会政治功用性倾向,中国知识精英们对现实主义文学的接受和推崇,无疑多自觉地与社会政治使命紧密相连。梁启超的《论小说与群治之关系》一文或许可以看成那个时代呼吁文学对世道人心和群治的影响力量与载道功能的最强音。他在文中宣称:"欲新一国之民,不可不先新一国之小说。故欲新道德,必新小说;欲新宗教,必新小说;欲新政治,必新小说;欲新风俗,必新小说;欲新学艺,必新小说;乃至欲新人心,欲新人格,必新小说。何以故?小说有不可思议之力支配人道故。"①弃医从文的鲁迅同样是引领时代主流倾向的典型代表。他曾说:"我们在日本留学时候,有一种茫漠的希望:以为文艺是可以转移性情,改造社会的。因为这意见,便

① 梁启超:《论小说与群治的关系》,载黄霖、韩同文选注:《中国历代小说论著选》(修订本)下册,江西人民出版社2000年版,第41页。

自然而然地想到介绍外国新文学这一件事。"[①]于是他"当然要推文艺"成为"我们的第一要著",以便完成改变国民精神的任务。[②] 这也是他将自己的短篇小说集命名为"呐喊"的原因。

正是基于此,鲜明的社会政治诉求这一价值标准和主流倾向不仅左右了近现代中国对莎士比亚的接受,而且成为近现代中国接受其他主要外来作家的共同规律。易卜生、雨果、托尔斯泰等大作家在20世纪初能被迅速接受,广为人知,无一不是这个规律作用的结果。这些作家作品中强烈的批判精神、旨在疗救的人道主义情怀等思想内涵,都契合了当时中国社会的需要,提供了引以为用的政治资源,有助于国民的思想启蒙和社会改造的开展。例如,针对易卜生,胡适就说:"我们注意的易卜生并不是艺术家的易卜生,乃是社会改革家的易卜生。"[③]茅盾也说:"易卜生和我国近年来震动全国的'新文化运动'是有一种非同等闲的关系,六七年前,《新青年》出'易卜生专号',曾把这位北欧大文学家作为文学革命、妇女解放、反抗传统思想……新运动的象征。那时候易卜生,这个名儿萦绕于青年的胸中,传述于青年的口头,不亚于今日之下的马克思和列宁。"[④]梁启超、鲁迅、胡适和茅盾等人的主张,都充分显示了那个时代迫切的社会政治需求作为首要需求对外来文学的接受所起到的指引作用。

历史地看,这种指引无疑是正确的,无可厚非。赋予文学以鲜明的社会政治诉求使命是任何国家、任何时代都客观存在的一种事实,特别是当社会处在特定历史语境下的时候,这种政治诉求就显得更为强烈、更为直接。这种情况并不独独发生在中国。众所周知,处于历史重要转折关头的18世纪欧洲启蒙文学就具有鲜明的政治倾向性,要求文学为现实服务,强调文学的教育作用,以唤起民众推翻封建专制。它不仅是启蒙运动的重要组成部分,而且是启蒙运动直接影响的结果。伏尔泰、狄德罗、卢梭等既是启蒙运动的领袖人物,又是启蒙文

---

① 鲁迅:《域外小说集》序,载《鲁迅全集》第10卷,人民文学出版社1981年版,第161页。

② 鲁迅:《呐喊》自序,载《鲁迅全集》第1卷,人民文学出版社1981年版,第417页。

③ 胡适:《论译戏剧》,载《新青年》第6卷第3号,1919年3月15日。

④ 沈雁冰:《谭谭〈玩偶之家〉》,载《文学周报》1925年6月7日第176期,第38页。

学的杰出代表,他们从创作到批评都引领了那个伟大的启蒙时代。这是任何人任何时候都无法否认的历史事实,充分体现出了文学对社会变革发展与政治文明建设进程积极干预和推动的存在价值。

当然,辩证地看,过于使文学服从现实,完全服务于现实需要,文学自身的独立性价值与艺术魅力自然会受到损伤,势必造成对文学认识上的某种偏差,从而限制、妨碍人们对文学本质的全面认知,不利于开放与多元研究空间的自由拓展。在一定程度上说,这是"削"文学丰富性之"足",来"适"现实需要之"履",局限之处显而易见。受特定历史环境制约,过去我们多是从政治和现实角度来接受莎士比亚,使莎士比亚的现实主义价值和意义发挥得淋漓尽致,而学术学理探究层面的莎士比亚研究则显得比较薄弱,在传播与影响方面远不及社会政治诉求层面的莎士比亚研究,致使莎士比亚现实主义以外其他方面的许多重要信息受到遮蔽。梁实秋莎评曾长期得不到重视,除众所周知的政治原因外,就在于和当时的社会需要与主流价值取向不合拍。不过,从对莎士比亚价值的丰富性多元性探讨而言,梁实秋莎评值得肯定。梁实秋坚持学术探究,自觉地从剧本本身出发探询其初始意义,进而进行人性阐释,既看到莎士比亚现实主义的一面,又重视其浪漫主义的特质,对莎士比亚的伟大给予充分认知,又毫不讳言他的瑕疵。他力求客观探寻莎士比亚戏剧创作的普世价值与艺术魅力,表现出了可贵的学术品格。他的人性论观点以及反对把文学作为工具来使用的态度,虽然不适合那个特殊时代,但使他的莎士比亚接受呈现出更多的学术审美意义。他的莎评是中国莎评史上不可分割的有机组成部分,是一份值得珍视的宝贵遗产,在中国莎士比亚评论的初期于学术学理探究方面具有引导、启蒙的意义,同样推动了莎士比亚在中国的传播和研究。关注梁实秋对莎士比亚的接受,不仅有助于我们探讨他的莎士比亚研究的价值和意义,而且通过他的研究可以展示莎士比亚在20世纪上半叶一个中国学者那里的存在状态,一种不同于现实政治功用接受的命运礼遇,也可以启示我们保持开放心态,使文学接受在多元化视角下,获得更加稳健有序而又多姿多彩的发展。

三、近现代中国接受莎士比亚的意义

检视近现代中国莎士比亚接受史,对提升我们文学批评的价值坚守意识,培养我们跨文化接受的成熟心态,具有重要的借鉴价值和启示意义。

首先,"价值与意义一样,都不内在于事物本身。只有靠我们的信念的强度,靠在通过行动征服或维护这些事物时所投注的热切程度,这些事物才获得价值与意义"①。任何接受者在接受外来文化与文学时,总是根据现实需要和自我需要而去挖掘那些被认为最有价值的东西为我所用。这是我们接受一切外来文化和文学的基本原则。近现代中国对莎士比亚的接受始终坚持这一原则。我们前面提到的梁启超、鲁迅、茅盾等人是这样做的,还有不少人也能自觉坚持这一点。例如,1942 年 1 月,张天翼在《文艺杂志》创刊号上发表长篇论文《谈哈姆雷特》认为,哈姆雷特所体现出来的精神就是"现代精神",其核心是"怀疑和否定",现代中国需要用这种"怀疑和否定"精神去反对独断主义。同年 12 月,导演《哈姆雷特》的焦菊隐从不同角度阐释哈姆雷特的现实政治意义,认为哈姆雷特是一个"犹疑不决,始终不把所看清的表现在行动上"的人,这"对于生活在抗战中的我们,是一面镜子,一个教训",他的悲剧告诉我们:"抗战的胜利系于全国人们的和谐的行动,更系于毫不犹豫地马上去行动。"②显然,无论前者赞扬哈姆雷特的"怀疑和否定"精神,还是后者批判哈姆雷特的"犹疑不决"的性格,都是基于反蒋和抗战的现实政治的目的。所以,近现代中国接受莎士比亚的积极意义是不可忽视的。莎士比亚由传奇作家到争议人物再到现实主义大师,可以说,在一次又一次的阐释与争鸣中,莎士比亚由表面走向内在,由疑问走向神圣,由通俗走向经典,他不仅为中国新文化的建设和作家的创作带来了积极影响,而且也间接地对中国革

① [德]韦伯著,钱永祥等译:《学术与政治》,广西师范大学出版社 2004 年版,第 94 页。
② 参见孟宪强:《中国莎学简史》,东北师范大学出版社 1994 年版,第 242 页。

命历史发展进程发挥了积极作用。我们在此重申吸收外来文化文学为我所用的原则,也是针对弥漫在当下缺乏严肃思想和价值引导的接受倾向而发的。在消费文化盛行、喧嚣炒作普遍、价值迷失、思想缺席的语境里,学界对外来文学批评理论和作家作品的接受缺乏必要的碰撞和争鸣,显得沉闷拘谨,没有活力。多元开放的时代不仅需要百花齐放,更需要百家争鸣。争鸣是观点的对峙,碰撞是思想的交锋。价值和意蕴总是在接受者不断的碰撞与争鸣中逐渐得以敞开和确立的。任何共识和真理的达成,都是碰撞争鸣的结果。我们从莎士比亚在中国的接受史实看,接受中充满了激烈的碰撞和争鸣,这种接受的曲折性和争鸣碰撞的激烈性,与当时其他众多外来作家难以相比,也构成莎士比亚在近现代中国接受的独特性。这种曲折的突出性与碰撞的激烈程度,充分彰显了接受者对所关注对象价值与意蕴的诉求,说明接受者绝不盲从的积极主动立场。因此,强调价值坚守,增强学术研究的问题意识、责任意识,对健康的当代文化建设和跨文化接受具有十分重要的意义。

同时,莎士比亚这一典型接受个案说明,一切不同文化背景下的文学交流与接受普遍存在着一个共同规律,即变异现象。这种变异现象与本土传统文化、社会历史、现实语境、接受者的文化心理结构等因素密不可分。因为异质文学之间的交流和接受从来都不是在一对一的完全吻合状态下进行的,而是接受者基于内在需求的驱动,并在本土文化、现实语境与自身审美趣味等导引下对异质作家作品进行的主动选择、改造、移植和扬弃。在这一过程中,外来作家作品就常常会在异质文化中出现与其原质原貌错位或者有所不同的现象。这就是文化过滤。“接受本身就是批评。每一次接受,接受者都有意无意地作了选择,而文化框架在文学接受中默默起着过滤作用。”[①]因此,导致变异现象发生的文化过滤是异质文学之间接受与交流过程中的必然规律。莎士比亚在近现代中国的曲折接受历程,正是这一必然规律的生动反映。

---

① 金丝燕:《文学接受与文化过滤》,中国人民大学出版社 1994 年版,第 2 页。

其次，莎士比亚是一位从不在某种理念的规定下进行创作的杰出作家，他以博大的胸襟、天才的想象展示了一系列生动鲜活、性格复杂的人物形象，这些人物形象渗透了他对人生和人性的思考，从而使他成为一个极富张力的作家。一千个读者心中的一千个哈姆莱特造就了莎士比亚的说不尽，他作品中包括思想性、现实性、宗教性、艺术性等方面内涵的丰富性，更是决定了接受者对他的接受不可能一步到位，也不可能一次穷尽，而是需要反复地、持续地、多元化视角地去发掘。这就是为什么他在西方世界历经近400年的批评和接受后依然具有无穷魅力的原因。正如德国狂飙突进运动的领袖人物赫尔德所说，莎士比亚是一个自然与人生的伟大创造者，他的戏剧里激荡着自然与历史的汹涌澎湃的大海，“这里不是诗人！是造物主！是世界历史！”①雨果也盛赞莎士比亚具有丰富、有力、繁茂、博大的特点：“莎士比亚丰富、有力、繁茂，是丰满的乳房、泡沫满溢的酒杯、盛满了的酒桶、充沛的汁液、汹涌的岩浆、成簇的萌芽、普赐生命的甘露，他的一切都以千计、以百万计，毫不吞吞吐吐，毫不牵强凑合，毫不吝啬，像创造主那样坦然自若而又挥霍无度。”②他“好像原始森林”，又“好像滔滔的大海”。③ 莎士比亚在近现代中国的接受经历显示，不同的接受者对莎士比亚的态度见仁见智，同一个接受者，在不同时期对莎士比亚的看法也可能会出现较大差异。这让我们看到，对作家作品的理解不是一次就能完成的，需要接受者反复地咀嚼和体会。如果将一个接受者在不同时期对同一接受对象的批评观点，放在贯通的整体视野下去审视，就有可能发现某些前后不一致的矛盾性。接受主体在不同的具体语境下的意图选择所显示出的价值倾向，必然使理解具有某种鲜明的针对性，这种针对性天然地带着有限性特征。这是接受本身体现出

---

① ［德］赫尔德：《莎士比亚》，载杨周翰编选：《莎士比亚评论汇编》（上），中国社会科学出版社1979年版，第276页。

② ［法］雨果：《莎士比亚论》，载杨周翰编选：《莎士比亚评论汇编》（上），中国社会科学出版社1979年版，第416页。

③ ［法］雨果：《莎士比亚论》，载杨周翰编选：《莎士比亚评论汇编》（上），中国社会科学出版社1979年版，第421页。

来的客观规律。因此,我们明白了接受中客观存在的阶段性与有限性认知特点,就会冷静对待接受外来作家作品过程中产生的曲折性与矛盾性,并采取实事求是的客观理性态度,表现出应有的长远开放的眼光和宽容豁达的胸怀。

第三,梳理莎士比亚在近现代中国的接受,有助于我们进一步反思并恰当地处理好现实政治功用与学术学理探究的关系问题。"从功利和道德的观点看待文学,对文学作品的意义和价值就总是提出唯一的解释和唯一的标准。承认阐释自由使我们能够摆脱这种狭隘观念,充分认识到鉴赏和批评是一个百花盛开的园地,那儿艳丽缤纷的色彩都各有价值和理由。"①文学研究探讨文学之所以为文学的那些质的规定性,探讨那些能引起历代读者共鸣和吸引力的具有超时空普遍意义的因素,更多的是审美范畴的研究。但学术研究者毕竟生活在一个具体的社会生活环境中,现实的责任和文明的理想使他希望通过对作品思想的揭示,发挥作品的政治思想教育功能,影响读者的价值观和人生选择,从而间接推动社会进步。我们需要文学的政治意义的研究,也需要文学的艺术魅力的探究。政治功用与学术探究是一种既不能相互取代又彼此渗透互补的关系。政治追求现实,坚持方向,原则性强;学术研究注重学理探究,倡导精神独立自由,视野广阔没有禁区,但两者都实事求是,追求价值。"让学术与政治之间的沟通能够建设性地进行,从而达到'价值探讨'的典型意义"②,是我们从事研究的理想目标。过去,我们的文学批评总是在两个极端上徘徊,试图在寻找合适定位而又飘忽不定。我们曾经使社会历史批评定于一尊,其极端做法致使文学批评变成了庸俗的阶级分析和政治批评,文学自身的主体性受到了轻视甚至损害。前面我们已引述过的茅盾对"莎士比亚化"的介绍,从一个侧面看,就有过于现实政治化解读的倾向,他认为"莎士比亚化"就是"要升到现代思想的顶点,彻底了解什么是科学,

---

① 张隆溪:《诗无达诂》,载北京师范大学中文系比较文学研究组编选:《比较文学研究资料》,北京师范大学出版社 1986 年版,第 479 页。

② [德]韦伯著,钱永祥等译:《学术与政治》,广西师范大学出版社 2004 年版,第 147 页。

什么是知识，文化，以及马克司（马克思），恩格尔（恩格斯），列宁，斯太林（斯大林）的学说"，就是"以艺术为武器"，"做自己阶级的勇烈的战士"等。这种解读因过于受苏联影响而导致政治化的认识倾向，事实上遮蔽了"莎士比亚化"丰富的学术内涵，把本来是学术的莎士比亚研究涂上了浓厚的政治色彩。我们更应铭记20世纪五六十年代把反右派政治斗争和莎士比亚研究联系起来，给中国莎学专家带来巨大灾难的那段惨痛历史。新时期以来，随着西方各种形式主义文学理论的引入和运用，我们的文学接受又出现了用张扬文学独立价值来消解社会历史批评的倾向，颠覆其原有的合理价值，在某种程度上造成了文学批评中精神与道德的缺失，使得原本合理需要的审美性变成了失根的片面追求。这是文学批评不成熟的表现。可见，学术学理探究与现实政治功用的关系问题，是每一个研究者永远都要面对并需要不断探讨加以解决的重要问题。

总之，经过历史的曲折迂回和中国莎评家长期不倦的辛勤努力，无论从现实政治功用层面，还是学术学理探究层面，我们对莎士比亚的价值和意义都已有了更为深刻、多元的认识，越来越多的中国莎学者开始走向世界，让国际莎学界听到了来自中国的声音。我们应该继续开放视野，关注并吸纳国外莎学新成果，积极开创21世纪中国莎士比亚研究的新局面。

（原文刊载于《中国社会科学》2011年第5期）

论林纾对莎士比亚的接受及其文化意义

在跨文化阅读与接受中，理解所以更为重要，是因为它直接决定着来自异域的作家作品的面貌、形态及其意义。一般而言，读者总是沿着某个特定的价值方向理解作家作品的，这种理解与社会现实语境、历史文化积淀相联系。换言之，接受者在接受外来文学时，总是基于自身阅读经验、阅读习惯以及主客观需要去积极主动地挖掘那些被认为是最有价值的东西，为我所用。因此，作家作品在被解读过程中出现一些变异现象，正是文化过滤的结果，也是阅读本身的客观规律。就艺术的形象文本而言，任何读者的阅读都存在误读的可能。因为文本一经产生便成为客观存在，其自身意蕴的开放性和多义性特征，使读者难以把握其全部意义，他只能从某些角度不断地接近文本，而无法完全契合文本。即使是创造文本的作家，他对已经出版发行进入公共领域的自己的文本，也只能拥有一家之言，并不一定具有绝对的权威性。就读者而言，他对文本的每一次阅读都自信是真实的、有效的。没有谁会承认自己的阅读是误读，只存在阅读感受的不断补充和深入。

晚清著名的翻译家林纾从志怪传奇层面翻译《吟边燕语》，解读莎士比亚，就是跨文化接受的一个典型案例。

一

1904 年，不懂外语的林纾在魏易的口述下，用文言文翻译了《吟边燕语》。在这一翻译过程中，莎士比亚被林纾理解为一个志怪传奇诗人。他不仅在译本序言中是这么界定的，而且在具体翻译中，他在对每个篇名的翻译用词以及在神怪离奇氛围的渲染上，无不着意强调突出着莎士比亚志怪传奇的创作特征。但是，这种理解长期以来被普遍认为是误读。那么，林纾是否误读了莎士比亚呢？让我们先看看《吟边燕语》的译序是怎么说的：

> 欧人之倾我国也，必曰识见局，思想旧，泥古骇今，好言神怪；因之日就沦弱，渐即颓运。而吾国少年强济之士，遂一力求新，丑诋其故老，放弃其前载，维新之从。余谓从之诚是也，顾必谓西人之夙行夙言，悉新于中国者，则亦誉人增其义，毁人益其恶耳。英文家之哈葛得，诗家之莎士比(亚)，非文明大国英特之士耶？顾吾尝译哈氏之书矣，禁蛇役鬼，累累而见。莎氏之诗，直抗吾国之杜甫；乃立义遣词，往往托象于神怪。西人而果文明，则宜焚弃禁绝，不令淆世知识。然证以吾之所闻，彼中名辈，耽莎氏之诗者，家弦户诵，而又不已；则付之梨园，用为院本；士女联襼而听，唏嘘感涕，竟无一斥为思想之旧，而怒其好言神怪者，又何以故？……盖政教两事，与文章无属。政教既美，宜泽以文章。文章徒美，无益于政教。故西人惟政教是务，赡国利民，外侮不乘，始以余闲用文章家娱悦其心目。虽哈氏、莎氏，思想之旧，神怪之托，而文明之士，坦然不以为病也。①

林纾明确指出莎士比亚的创作“立义遣词，往往托象于神怪”，是一个深受西方人喜爱的“好言神怪”的传奇诗人，其作品“直抗吾国之杜甫”。他为什么这么认为呢？实际上，林纾不是这一观点的发端者。这种认识至少应该得益于《中国唯一之文学报〈新小说〉》一文和《澥外奇谭》的译者。1902 年，《新民丛报》十四号上刊发新小说报社的《中国唯一之文学报〈新小说〉》，其中提到了莎士比亚被作为传奇小

① 林纾：《吟边燕语》序言，商务印书馆 1981 年版，第 1 页。

说家被国人接受的事实。文内列举的小说类型中有“传奇体小说”，并指出：“本社员有深通此道、酷嗜此业一二人，欲继索士比亚、福禄特尔之风，为中国剧坛起革命军。”[①]1903年，上海达文社首先用文言文翻译出版了题名为英国索士比亚著的《澥外奇谭》。翻译这本书的译者没有署名，所以译者身份不详，但从“澥外奇谭”的译名看，译者显然是把莎士比亚作为海外一位擅长构思奇谭故事的作家来看待的。[②] 林纾把莎士比亚视为传奇诗人，同样有着鲜明的现实考量和政治动机。把握住这一点是非常重要的。林纾在序言中开宗明义：欧洲人将中国的沦落衰败归因于见识短浅，思想古旧，喜古薄今，好言神怪。就是说，西方人认为一个国家的落后衰败与思想古旧、好言神怪等有直接的因果关系。这让林纾疑惑不解。因为在翻译哈葛得、莎士比亚作品的时候，他敏锐地发现，外国人针对中国的断言与西方自己的实际情况出入颇大，西方人的观点是自相矛盾的。因为按照西方人的逻辑，文明发达的他们应该将“思想之旧，神怪之托”的莎士比亚“焚弃禁绝，不令淆世知识”才对，但实际上却是对莎士比亚“坦然不以为病也”。相反，“彼中名辈，耽莎氏之诗者，家弦户诵，而又不已；则付之梨园，用为院本；士女联襟而听，唏嘘感涕，竟无一斥为思想之旧，而怒其好言神怪者”。可见，西方人并不认为思想古旧、好言神怪可以误国毁邦。既然西方并未因喜欢“思想之旧”“好言神怪”而影响其进步、发达与文明，那为什么偏偏就把中国的落后归罪于此呢？对西方人在这个问题上的出尔反尔以及所持有的双重价值标准，林纾颇所警觉，他意识到了西方人恃强凌弱的优越感和不由分说的霸道。他不能接受这种论调。在他看来，“思想之旧”“好言神怪”与文化传统的层面有关，任何求新与发展不能以丢弃自身文化传统为前提和代价，守护文化传统应该是中西方国家赖以发展、共同遵从的规律。在这里，林纾提出了“新”与“旧”、“发展”与“继承”辩证关系的重要命题，也体现了他希望

① 新小说报社：《中国唯一之文学报〈新小说〉》，载陈平原、夏晓红编：《二十世纪中国小说理论资料》第1卷，北京大学出版社1997年版，第63页。

② 参见葛桂录：《中英文学关系编年史》，生活·读书·新知三联书店2004年版，第127—128页。

与西方平等对话的诉求。

不过，林纾并未到此止步，他还想进一步探究：既然西方人如此喜欢“思想之旧”“好言神怪”，为什么就没有导致西方国家的落后衰败呢？他认为，政教发展与文学创作之间没有必然的因果关系，政教发展好会有益于文学，而文学再美也无助于政教发展。明乎此，西方人才特别注重发展政教，强国富民，然后在无外敌入侵之虞的情况下，方有闲暇以文学家的作品来爽心悦目，自得其乐。林纾的这一看法正确与否姑且不论，但有一点是十分清楚的，他主要想借此说明，国运衰败与政治教育、社会发展有关，与喜爱“思想之旧”“好言神怪”的文学作品无涉。这证明西方人针对中国的观点站不住脚。至于“文章徒美，无益于政教”之说，林纾本人其实也不认同，否则与他热心翻译《吟边燕语》等外来文学作品的初衷大相径庭。这一点容后再议。

值得注意的是，让林纾精神上受到莫大刺激的，不仅仅是西方人对我们的讥笑，而且更在于自己同胞的西化倾向。他不明白，西方人的观点明明不可信，为什么一些“一力求新”的维新之士，竟然也跟从“欧人”的观点诋毁自身传统，妄自菲薄呢？他不反对“维新之从”，但反对“丑诋其故老，放弃其前载”。他反对西方人对我们的否定，更反对自我否定。在国门洞开、西风东渐之时，认为西方一切皆好的结果，只能是愈赞美、羡慕西方，也就愈加矮化、丑化自己。当时不少维新之士的这种接受心态，林纾特别不能容忍。这种接受心态是有害的，带着这种心态学习西方，无法让自己充满自信，更难以使自己变得强大。因此，林纾异常清醒地反复告诫人们“不必心醉西风，谓欧人尽胜于亚”①，西方“虽文明者亦施我以野蛮之礼”，故“勤求新学”，只为“振作士气，爱国保种”②。但是，不是外来的“新”都是好的、先进的，也不是自身的“旧”都是坏的、落后的。林纾的“不必心醉西风”以及新与旧辩证关系的稳健观点，使他在稍后即将来临的五四新文化运动中，

① 林纾：《块肉余生述》前编序，载陈平原、夏晓红编：《二十世纪中国小说理论资料》第1卷，北京大学出版社1997年版，第349页。

② 林纾：《黑奴吁天录》跋，载陈平原、夏晓红编：《二十世纪中国小说理论资料》第1卷，北京大学出版社1997年版，第44页。

保持了不激进不偏颇的所谓保守态度，也让这位曾为新文化运动的发生作过奠基性突出贡献的“领军人物”，很快成为新文化运动的“绊脚石”和众矢之的。“在一个要求变革的时代，‘激进’往往成为主导的价值。但是‘保守’则对‘激进’发生一种制约作用，警告人不要逞一时之快而毁掉长期积累下的一切文化业绩。”①林纾的“保守”未能对“激进”产生制约作用，这不是他的过错，却是历史的遗憾。

然而，实事求是地说，林纾并非不倡导新文化和新文学，只是不赞成一刀切地反对旧文化和旧文学。因为在一个民族源远流长、自上而下接续而来的文化传统基因中，不乏许多精粹宝贵的东西，怎么能不加选择、不加辨别一股脑地否定掉呢？如果吸收、发展新的东西，就必须抛弃、否定过去旧的一切，那么新从何处来？这个民族还会有悠久文化传统可言吗？可见，后来学衡派提出的“昌明国粹，融化新知”的文化观，或许也受到了林纾“旧者既精，新者复熟，合中、西二文熔为一片”②观点的影响吧。

二

那么，让我们还是回到论文前面提出的问题上来：林纾是否误读了莎士比亚？从林纾的角度看，不是误读。林纾选择《吟边燕语》来翻译，并把莎士比亚理解为“好言神怪”的传奇诗人，有其明确的为我所用、服务当下的意识，旨在借莎士比亚的传奇身份表达对当时国内一些维新之士为学西方而否定自身传统倾向的不满，从而彰显其传统文化坚守的立场。假如林纾对莎士比亚的认识仅仅停留在传奇的层面上，我们或许可以说他真的误读了莎士比亚，或者至少说他对莎士比亚的认识是片面的。不过，他并没有完全把莎士比亚视为传奇诗人，虽然莎士比亚的作品具有明显的传奇色彩。他对莎士比亚的认知远

① 余英时：《中国近代思想史上的激进与保守》，载余英时：《现代儒学的回顾与展望》，生活·读书·新知三联书店2004年版，第36页。

② 林纾：《洪罕女郎传》跋语，载陈平原、夏晓红编：《二十世纪中国小说理论资料》第1卷，北京大学出版社1997年版，第182页。

远超越了传奇诗人的层面，所以他才说莎士比亚的作品“直抗吾国之杜甫”。请注意，林纾在这里拿杜甫与莎士比亚相比本身，就颇耐人寻味。为什么偏偏把莎士比亚与作为“诗圣”的杜甫相比，而不是与作为“诗仙”的李白相比呢？说莎士比亚的作品“直抗吾国之李白”不是更恰如其分吗？以林纾这样的大家，绝不会犯如此比较不当的常识性错误。显然，林纾本能、敏锐而清醒地意识到了莎士比亚传奇作品中所蕴含的深广的现实内涵及其意义，并且借莎士比亚传奇诗人的身份来张扬具有“现代性”的思想观念。因此，他是有感而发，不是受猎奇新鲜、消愁解闷的驱使而翻译，而是借翻译来表达自己的主张。他感叹道：“英人固以新为政者也，而不废莎氏之诗。余今译莎诗记事，或不为吾国新学家之所屏乎？”[①]既然先进、发达的西方人都这样坦然地喜欢莎士比亚，我们的维新之士们还有什么理由拒斥莎士比亚呢？林纾的言外之意，就是以翻译莎士比亚来试探“吾国新学家”的态度的。这一反问，亮出了林纾中西比较的问题意识与服务现实的价值立场。仅此一点，引人深思。

其实，作为中国传统文人，林纾深受文以载道思想的濡染。如前所述，若真的相信林纾的“文章徒美，无益于政教”，就无法解释他不遗余力翻译外国文学作品的真实动机。梁启超曾说：“有林纾者，译小说百数十种，风行于时，然所译本率皆欧洲第二三流作者；纾治桐城派古文，每译一书，辄‘因文见道’，于新思想无与焉。”[②]梁启超虽然对林纾的评论过于苛刻，颇不符合实情，但明确认可林纾“因文见道”的倾向。这无疑是对的。我们仅从林纾翻译《吟边燕语》，就可感受到其让文学有益于政教的考量。结合具体语境看其“文章徒美，无益于政教”，不是说文学无用，它确有娱悦读者心目的功能，有教化读者思想的作用，但无论如何不该蓄意扩大文学的能量，更不会直接起到衰亡国家的作用，真正起作用的还是政治经济。然而，文学应该发挥它应有的作用。如果我们细品林纾其他译序，就能发现其爱国情愫、强国之志淋漓尽

① 林纾：《吟边燕语》序言，商务印书馆1981年版，第2页。

② 梁启超：《清代学术概论》，载《饮冰室合集》第34集，中华书局1989年版，第72页。

致地跃然纸上。例如,1901年,他在《林译小说研究》序中说:“亚之不足抗欧,正以欧人日励于学,亚则昏昏沉沉,转以欧之所学为淫奇而不之许,又漫与之角,自以为可胜。……吾谓欲开民智,必立学堂;学堂功缓,不如立演说;演说又不易举,终之唯有译书。”面对国难当头,他勇于担当,不无悲壮地直言:“呜呼!今日神京不守,二圣西行,此吾曹衔羞蒙耻,呼天抢地之日,即尽译西人之书,岂足为补?虽然,大涧垂枯,而泉眼未涸,吾不敢不导之;燎原垂灭,而星火犹爝,吾不能不然之。”[①]1905年,他坦承翻译《鬼山狼侠传》的目的乃是“用以振作积弱之社会,颇足鼓动其死气”,相信“是书之仍有益于今日之社会可也”,并且强调:“余前译《英孝子火山报仇录》,自以为于社会至有益也。若是书奇谲不伦,大弗类于今日之社会,译之又似无益。不知世界中事,轻重恒相资为用。”[②]1907年,他在《剑底鸳鸯》序中更是明确指出:“今日之中国,衰耗之中国也。恨余无学,不能著书以勉我国人,则但有多译西产英雄之外传,俾吾种亦去其倦敝之习,追蹑于猛敌之后,老怀其以此少慰乎!”[③]上述译序,鲜明地体现了林纾强烈的社会责任感与自觉的担当意识。难怪他曾发自肺腑地慨叹:“纾年已老,报国无日,故日为叫旦之鸡,冀吾同胞警醒。恒于小说序中,摅其胸臆。非敢妄肆嗥吠,尚祈鉴我血诚。”[④]无疑,林纾是一个思想文化的启蒙者。正如有学者指出的那样,林纾“不仅是沟通中外的翻译家和卓有建树的评论家,也是对本国文化传统有着深刻反省意识的捍卫者”[⑤]。

在这里,需要补充说明的是,正因为林纾认为接受文学作品中的神怪描写并不与社会发展变革进程相矛盾,所以也就不难理解他本人

---

① 林纾:《林译》序,载陈平原、夏晓红编:《二十世纪中国小说理论资料》第1卷,北京大学出版社1997年版,第42页。

② 林纾:《鬼山狼侠传》叙,载陈平原、夏晓红编:《二十世纪中国小说理论资料》第1卷,北京大学出版社1997年版,第159—160页。

③ 林纾:《剑底鸳鸯》序,载陈平原、夏晓红编:《二十世纪中国小说理论资料》第1卷,北京大学出版社1997年版,第292页。

④ 林纾:《不如归》序,载陈平原、夏晓红编:《二十世纪中国小说理论资料》第1卷,北京大学出版社1997年版,第355页。

⑤ 陆建德:《海潮大声起木铎:再谈林纾的译述与渐进思想》,载中国社会科学院文学研究所编:《中国社会科学院文学研究所学刊》,中国社会科学出版社2012年版,第49页。

即是晚清洋务运动的坚定支持者。当然,他坚决反对把神怪行为搬演进现实生活中,某种程度上,这解释了他为什么对“义和团”的一些做法极为反感了。他早期的《闽中新乐府》,就已表明了他对乡间迷信和传统陋习的批判立场。

三

梳理林纾对莎士比亚的独特接受,并联系他的其他译序,其丰富的思想内涵给我们以深刻的启示,显示出其在当下仍不过时的重要价值和意义。

首先,本土文化立场是我们思考的起点与终点。我们自身所处的文化立场是触发思想的源泉和根本,而思考是源于外在触发物的碰撞而作用于内在需要的结果。思考只有根植于自身文化传统时,才会有深度和意义。中国文学中自古就有志怪传奇的传统,这一传统影响了一代又一代的文人雅士,诞生了众多妇孺皆知、耳熟能详的传世之作,例如《三国演义》《水浒传》《西游记》《聊斋志异》等,也渐渐形成了中华民族较为稳定的阅读欣赏习惯与审美趣味。作为传统中国文人的林纾,自然深受这一传统的熏陶。他对莎士比亚的个性化接受最能体现他的良苦用心。虽然他翻译的《吟边燕语》不是莎士比亚的原剧,而是查尔斯·兰姆姐弟的《莎士比亚故事集》,但这并不妨碍林纾对莎士比亚的基本审美判断。正是富有志怪传奇色彩的莎士比亚戏剧故事深深地吸引了林纾的注意力,才使他自然而然地从这个角度进入到莎士比亚五光十色的戏剧王国,不断地从翻译中吸纳丰富的外来信息,感受异域世界的精彩,并自觉地去比较、去思考。尽管他的翻译存在这样或那样的问题,还多为现代翻译家所诟病,但是他所表现出来的主动与本土化接受习惯接轨的努力仍然值得赞赏。与本土化阅读习惯衔接,移入外来文化,是跨文化接受传播顺利进行的基础和前提。正是这一翻译策略,不仅让林纾取得了无可争辩的巨大成功,激发了后来成为大家的诸如郭沫若、钱钟书等一大批作家和学者对莎士比亚的热爱,而且更为重要的是,自由、平等、民主等现代文明意识,尤其是作为现代思想文化意识重要构成部分的个性意识或自我意识，随着他的《吟边燕语》等多种译本有效地传播了进来，客观上促进了中国的世界化进程，对中国思想文化与文学创作的现代转型起到了最初的启蒙作用。同时，也正是林纾对莎士比亚戏剧故事志怪传奇特征的敏锐感知，让他能迅速抓住中西皆“好言神怪”而结果迥异的这一关键性问题借题发挥，加以比较，从而有意识地对西方歧视中国人的相关言论和“吾国新学家”否定自身文化传统的倾向提出质疑，旗帜鲜明地对“新”与“旧”及其与文明、发展的关系问题作出了自己的价值判断，表达了不盲从、不媚外、坚守本土文化传统的态度。凡此种种，都使他的翻译承载了难得的厚度和品味，拥有了独特的魅力和张力。因此，翻译《吟边燕语》是林纾关注传统和现实的结果，倾注着他对传统和现实的深入思考。

其次，林纾对外来作家作品的接受及其译序启示我们，对西学要保持健康的接受心态，正确处理好借鉴西学与发展自己的关系。林纾坚守文化传统，却不抱残守缺，封闭自己。他说“欧人志在维新，非新不学”，“若吾辈酸腐，嗜古如命，终身又安知有新理耶?”[①]但是在他看来，学习、借鉴西方文化不是融入西方，迷失自己，更不是放弃自己，而是为了丰富自己，强大自己。林纾100年前的警告，言犹在耳，振聋发聩。他一再提醒我们“恣肆于西学”，是“以彼新理，助我行文”，唯此“则异日学界中定更有光明之一日”[②]。法国现代著名批评家朗松有一段话，与林纾所言具有异曲同工之妙。他说：“我们感兴趣的并不是照原样复制外国思想”，“我们只是从中吸取为我们所用的东西。……我们是模仿他们的榜样而把‘我们自己的意思表达得更好。’”[③]因此，“我们在此重申吸收外来文化文学为我所用的原则，也是针对弥漫在

① 林纾：《斐洲烟水愁城录》序，载陈平原、夏晓红编：《二十世纪中国小说理论资料》第1卷，北京大学出版社1997年版，第158页。

② 林纾：《洪罕女郎传》跋语，载陈平原、夏晓红编：《二十世纪中国小说理论资料》第1卷，北京大学出版社1997年版，第181—182页。

③ ［法］朗松：《外国影响在法国文学发展中的作用》，载朗松，徐继曾译：《朗松文论选》，百花文艺出版社2009年版，第82页。

当下缺乏严肃思想和价值引导的接受倾向而发的。在消费文化盛行、喧嚣炒作普遍、价值迷失、思想缺席的语境里，学界对外来文学批评理论和作家作品的接受中缺乏必要的碰撞和争鸣，显得沉闷拘谨，没有活力。多元开放的时代不仅需要百花齐放，更需要百家争鸣。争鸣是观点的对峙，碰撞是思想的交锋。价值和意蕴总是在接受着不断地碰撞与争鸣中逐渐得以敞开和确立的"①。

然而，应该清醒地看到，100 年前困惑、干扰我们的一些问题，当下依然困惑、干扰着我们，特别是在借鉴西学与发展自己的关系问题上，总会出现一些认识的偏差与幼稚的盲从，以致失去正确的判断力。例如，目前有一股彻底否定中国教育的倾向甚嚣尘上，认为中国教育不如西方教育先进，急于让西方教育取代之。其实，不同国家民族在经济等方面确有先进落后之分，而在文化、教育等方面，本质上说很难进行先进落后、优秀低劣的严格区别。不同国家民族的文化、教育各有其生成的历史土壤和传统，各有其特色和优长，各有其存在的理由和价值，彼此之间应该加强对话，相互借鉴、相互补充，共同发展，硬要划定一个标准分出其高低优劣，则过于武断无理。如果硬要划定一个标准，这个标准一定是西方化的标准。我们现在十分热衷于国际化、全球化，从根本上说，国际化、全球化就是西方化的不同表述而已，骨子里的内涵还是西方中心。我们虽然已是世界第二大经济实体，但仍然没有完全摆脱内心深处的文化自卑意识，没有走出被西方影响的阴影。今天，我们正在由文化资源大国向着文化强国的"中国梦"迈进，这更需要我们重拾文化自信，强化文化身份认同，树立多元文化观。我们既要国际化、全球化，又需警惕掉入国际化、全球化的陷阱。

或许，这正是我们今天重谈林纾的意义所在。虽然是老生常谈，却常常被人忽视，甚至忘记。

（原文刊载于《文学评论》2016 年第 1 期）

---

① 李伟昉：《接受与变异：莎士比亚在近现代中国》，《中国社会科学》2011 年第 5 期。

朱东润《莎氏乐府谈》价值论

笔者曾在《接受与变异：莎士比亚在近现代中国》一文中，较为详细地梳理了莎士比亚在近现代中国曲折的接受历程，特别指出：莎士比亚自19世纪中期被引入后的近90年里，“中国对他的接受显得格外迟缓，进展不大”①。1907年，在《科学史教篇》《文化偏至论》和《摩罗诗力说》三篇长文中提及过莎士比亚的鲁迅，晚年的时候也曾指出：“严复提起过‘狭斯丕尔’，一提便完；梁启超说过‘莎士比亚’，也不见有人注意；田汉译了这人的一点作品，现在似乎不大流行了。”②王国维1907年10月在其主编的《教育世界》杂志第159号上发表的《莎士比传》（即《莎士比亚传》），是20世纪初朱东润《莎氏乐府谈》问世前颇值得关注的一篇文章。该文“对莎士比亚的生活经历、每个创作分期的特点及其成因都一一做了详细介绍，且列有莎士比亚的创作年表，每一戏剧后都注明林纾的译名。尤其难能可贵的是，王国维相当准确、深刻地把握和揭示了莎士比亚现实主义与浪漫主义相互交融的总的创作特色”，这篇《莎士比亚传》，名为“传”，实则评，“是笔者所看到的最早的中国人做出的最有价值的莎士比亚评论”③。

1917年秋至1919年夏，在广西省立第二中学（梧州中学）任英语教师的朱东润（1896—1988），一气呵成写了四篇《莎氏乐府谈》，连续

---

① 李伟昉：《接受与变异：莎士比亚在近现代中国》，《中国社会科学》2011年第5期。

② 鲁迅：《莎士比亚》，载《鲁迅全集》第5卷，人民文学出版社1981年版，第559页。

③ 李伟昉：《接受与变异：莎士比亚在近现代中国》，《中国社会科学》2011年第5期。

发表在上海《太平洋》杂志 1917 年第 1 卷第 5 号、第 6 号、第 8 号和 1918 年第 1 卷第 9 号上。这四篇以文言文写就的《莎氏乐府谈》，洋洋洒洒两万余言，充分显示了作者对莎士比亚的专业认知，是现存篇幅最长、论述最细致、最早独立成章的完整的莎士比亚评论。其评论范围涉及莎士比亚的简约生平、创作成就与不足、著作权①、演员、戏剧布景等方面，既有对《罗密欧与朱丽叶》和《裘利斯·恺撒》等名剧精彩细腻的文本分析，又有自觉的中西文学比较层面的真知灼见，首次让当时的读者对莎士比亚的基本面貌有了较之以往更具体、更详细的了解，不仅标志着近现代中国学界从学术学理层面接受和研讨莎士比亚的开始，而且较早的探寻了文学创作不同体裁的差异特征与跨文化翻译的接受规律，在中国莎士比亚接受史上具有重要的开拓性里程碑式的学术意义。

一、首次精彩细腻的莎剧文本分析

在中国莎士比亚接受史上，朱东润应该是第一个从审美的角度对莎士比亚戏剧文本进行较为详细介绍与评论的学者。从《莎氏乐府谈》看，《恺撒记》(《裘利斯·恺撒》)和《铸情记》(《罗密欧与朱丽叶》)是朱东润最喜欢的两部莎剧。他之所以对这两部作品情有独钟，除戏剧本身的艺术魅力外，应该与当时追求民主与科学、倡导个性解放、恋爱婚姻自由的时代大语境紧密相关。

---

① 值得注意的是，较为详细地介绍莎士比亚著作权这方面的内容，朱东润大概是最早的。他认为，欧美学者非常关注这个问题，“论极繁杂”，众说纷纭。概而言之，可分五类：一、认为莎剧为莎士比亚所创作；二、莎剧为莎士比亚所创作，但作者与我们今天所说的莎士比亚不是一个人；三、这些作品是莎士比亚在已有创作材料的基础上加工润色而成的；四、“培根说”，认为这些作品的归属人是当时的大文豪培根；五、折中派，认为这些作品是培根与莎士比亚共同完成的。他自己认为：第一和第四两派之说，各趋极端，不能相容。而极端之说，往往又可以两误。第二种说法，无证据以盾其后，也不过是空谈而已。“第三说、第五说折衷于数者之间，大约比较近于事实。要之，吾辈身居中国，对于此事，欲详行考据，博搜远引，良亦未能，取其近是者可矣。”在中国早期接受莎士比亚的特定语境里，以及西方学界众说纷纭的材料面前，朱东润尚能对这个问题感兴趣且有已见，已属难能可贵。见朱东润：《莎氏乐府谈》(一)，《太平洋》杂志 1917 年第 1 卷第 5 号。

(一)对《铸情记》介绍与评论

《莎氏乐府谈》(四)专论《铸情记》。朱东润认为“莎氏乐府之中,最可推为杰作、能使读者凄然下泪、感怆而不能自已者,其惟《铸情记》一篇”,因为“是篇,叙情之作也。爱情所至,罗密欧与朱丽叶同以一身殉之,从而死者又数人,乃其事仅仅在数日之中。真可谓绝悲极惨者矣”①。在前一篇文章中,朱东润提及《铸情记》的个别情节时,也说该剧为“惨剧”,“久经学者评定,为莎氏全集之冠”②。

对《铸情记》基本剧情梗概略作介绍后,朱东润便开始对剧中重要场景片段作细腻阅读。他共翻译并引用了两个场景,如第二幕第二场“花园夜语”多达39行,第三幕第三场罗密欧因杀人被放逐前私见劳伦斯神父的对白17行。为显示剧中女主人公朱丽叶是典型的“爱神之化身”,他大段引用“花园夜语”中朱丽叶的独白及其与罗密欧的对白。他认为,如果论其文笔且有价值可言者,这一场戏乃是剧中最优之处,因为它最充分地表现了男女主人公对真挚炽热爱情的自由追求,月夜花园,两个年轻人不顾两大家族的世代相仇,互诉衷肠,私订婚约。尤其是朱丽叶为了爱情宁愿放弃尊贵的姓氏,并表示自己的爱情像海一样深沉浩渺,爱意味着无穷尽的给予和奉献,淋漓尽致地展示了朱丽叶诗意葱茏的心灵世界。

朱东润对剧中次要人物也多有关注,并有精彩独到的见解。例如,他说:“果以情爱论,则罗密欧之死于情,与周立业(朱丽叶)之身殉,皆为第二义,最可称者其为巴黎子爵(巴里斯)乎。罗密欧周立业皆有所爱,而所爱者又能爱彼者也。至巴黎之爱周立业,则其情之挚、爱之专,乃一一在莎士比亚之言表。巴黎之爱女,明明知周立业之不能爱己也,而爱之不已,其卒也亦以一身流血于尸窟之中而不顾。然则,罗密欧之死,为周立业死也,周立业之死,为罗密欧死也。而巴黎之死,乃独为其绵绵不绝之情而死,固有以先于二人矣。”③在他看来,

① 朱东润:《莎氏乐府谈》(四),《太平洋》1918年第1卷第9号。
② 朱东润:《莎氏乐府谈》(三),《太平洋》1917年第1卷第8号。
③ 朱东润:《莎氏乐府谈》(四),《太平洋》1918年第1卷第9号。

巴里斯也是一个悲剧人物。朱丽叶已心有所许，根本不爱巴里斯，可巴里斯偏僻对朱丽叶可谓“情之挚、爱之专”，而且为了并不爱自己的人付出了生命的代价。他是为“绵绵不绝之情而死”的，而罗密欧是为朱丽叶死的，朱丽叶是为罗密欧而死的，他们彼此相爱，为爱而死。而巴里斯是单相思，偏偏是为孤情而死的。从这个意义上说，巴里斯死之义，乃是第一义，先于“第二义”之死的罗密欧与朱丽叶。

朱东润评论《铸情记》，不免提到了林纾《吟边燕语》中《铸情》篇存在的问题，“于其文情美妙之处，尚未尽达”①，且“其间不无误简、有违原书之意”②。例如，他指出第五幕第三场罗密欧与巴黎（巴里斯）在墓地的搏斗场景，认为林纾对罗密欧的译文塑造与理解有悖于莎士比亚原剧的思想，罗密欧绝非“犷野之暴徒”：

> 罗密欧入尸窟后，明知所爱之朱丽叶既死，悲痛已极，而忽遇巴黎子爵。巴黎方欲力挑之战，罗密欧顾谢曰：“吾不得已而至此，少年和易，勿更与垂死之人开衅，去矣。汝果念及死者，心为兢兢业，可以急去。且吾之罪深矣，毋挑吾怒而益致吾罪。嗟乎，少年，吾之怜汝，乃过于吾之自怜。须知吾行至此，但自裁耳，少年行矣。后此闲居，当念此狂痫之人，乃推汝生也。”今观其言，其沉郁悲痛为何如哉？及巴黎逼之必不肯舍，愤而相斗，巴黎死于刀下，固非罗密欧之所得已。乃林纾叙其事则曰：“罗密欧握铲及灯，方欲径启殡宫，忽闻有大声斥曰：‘鼠辈，乃冒死盗坟耶？’其人即巴黎子爵，将花夜至，散之朱丽叶坟台之上也。罗密欧亦斥曰：‘止，汝焉能阻吾者，汝不见太仆之死乎？’子爵大怒，直前鏖扑，不胜，亦死。”其叙罗密欧直一犷野之暴徒与莎氏笔下之人大相径庭矣。③

① 朱东润：《莎氏乐府谈》（三），《太平洋》1917 年第 1 卷第 8 号。
② 朱东润：《莎氏乐府谈》（四），《太平洋》1918 年第 1 卷第 9 号。
③ 朱东润：《莎氏乐府谈》（四），《太平洋》1918 年第 1 卷第 9 号。

显然,朱东润依据莎士比亚原剧,认为林纾描叙出来的罗密欧这一人物形象,完全不符合莎剧中那个热烈追求真挚爱情、心地善良宽容的罗密欧的性格特征。同样爱着朱丽叶的巴里斯发现眼前的盗尸掘墓者,就是杀朱丽叶表兄而遭放逐的蒙太古,而且朱丽叶恰恰是因表兄之死伤心过度而死的,不明真相的巴里斯大为愤怒,冲上前欲捉拿罗密欧。极度悲伤中的罗密欧在格斗中杀了巴里斯。当罗密欧得知所杀之人为巴里斯时,十分后悔自责。自杀前,他安葬了巴里斯,还祈求已死的提伯尔特的原谅。可见,罗密欧绝非野蛮屠夫形象。对林译细节不足的纠正,说明朱东润对莎剧的熟稔程度。这也解释了为什么朱东润每每引用莎士比亚时均由自己译出的缘故。

也许,朱东润的相关评论对于今天的学术界而言已是常识,但在当时却是令人耳目一新之论,无论是对读者更详细地了解《罗密欧与朱丽叶》,还是对补正、丰富林纾的《铸情》篇等,无疑都具有全新的意义和可贵的参考价值。

（二）对《恺撒记》的介绍与评论

朱东润对《恺撒记》的评论主要集中在《莎氏乐府谈》（二）和《莎氏乐府谈》（三）两篇中。关于剧名问题,他针对“多叙恺撒身后之事”的《恺撒记》应改名为《布鲁多记》的质疑观点指出:“不知此言非也。盖各种事实借由恺撒之骄功被刺而成,故布鲁多（勃鲁托斯）于开修士（凯歇斯）告别之际,必说三月十五之时。后此半篇幅言及于此者实多,正所以见恺撒之无往而不在也。其名为《恺撒记》,故不尽如世人之所谓,盖亦有其故。”[①]换言之,《恺撒记》一切都围绕着因何杀恺撒、杀恺撒的后果而展开,正可谓恺撒无处不在,就像是一根主线将布鲁多和安东尼两个主要人物有机地串联了起来。所以朱东润赞赏该剧以布鲁多、安东尼“二人为之经而以恺撒一人贯穿其间,结构之奇,得未曾有”[②]。

朱东润坦诚,《恺撒记》让他“每再三开卷不忍释乎。见书中之布

① 朱东润:《莎氏乐府谈》（三）,《太平洋》1917 年第 1 卷第 8 号。

② 朱东润:《莎氏乐府谈》（三）,《太平洋》1917 年第 1 卷第 8 号。

鲁多,多想象其为人,辄为之慨惜不已”①。他的评论也主要集中在人物形象的塑造方面。他认为《恺撒记》最精彩的看点在第三幕,“其文思最密而针锋亦最紧,殆为全书聚神会精之处”,“无此幕则无《恺撒记》”。② 特别是该幕第二场通过布鲁多与安东尼两个重要人物演说的相互比照,淋漓尽致地呈现了他们迥然相异的性格特征及其不同内涵,集中体现出了莎士比亚细腻刻画人物性格的精湛技艺。布鲁多与安东尼的演说“语语针锋相对,一丝不能放松”,“一方面以见布鲁多之廓落雄杰,一方面即以见安东尼之阴贼阴狠。其二人后此之一成一败,亦皆隐伏于此”。③ 他评论道:“第三幕之妙,妙在以布鲁多与安东尼对照。布鲁多以正直,安东尼以邪曲;布鲁多为君子,安东尼为小人;布鲁多之行尽公善,安东尼之言则为私利。然而正直者败而邪曲者胜,君子败而小人胜,为公善者败而为私利者胜。斯固非特布鲁多一人之厄,亦君子之道消矣。”④

在朱东润的接受中,布鲁多代表民主共和,恺撒象征专制独裁,安东尼则是专制独裁的维护者。朱东润是把布鲁多作为热爱国家、追求共和、反对独裁、有正义感与献身理想精神的人物来歌颂的,不仅在这个层面探讨了作品的思想价值内涵,而且寄托了自己开明的国家政治理想。那么,他是如何具体彰显布鲁多与安东尼两个人物不同的性格特征呢? 简言之,主要通过精心选译、重点引用他们的演讲片段来达到目的。例如,他首先选择翻译引用布鲁多的朋友、同党开修士鼓动布鲁多刺杀恺撒所讲的一段话作为铺垫,译文如下:

> 人生而自由,吾与足下以及恺撒所同之也,乃至饮食寒暑亦无不同。某年冬间,吾与恺撒同游泰波河,寒涛暴涨,望之骇目。恺撒谓吾曰:“开修士,若能凌此怒潮,偕吾同登彼岸乎?”吾闻言亦不置答,即跃身入水,呼令前来。恺撒亦下水。水势既急,吾二

① 朱东润:《莎氏乐府谈》(二),《太平洋》1917 年第 1 卷第 6 号。
② 朱东润:《莎氏乐府谈》(二),《太平洋》1917 年第 1 卷第 6 号。
③ 朱东润:《莎氏乐府谈》(三),《太平洋》1917 年第 1 卷第 8 号。
④ 朱东润:《莎氏乐府谈》(二),《太平洋》1917 年第 1 卷第 6 号。

人以双肘力持，拍水之声，朗朗可听。乃未及登岸，恺撒即号予月："开修士，速救吾，不然者，吾且溺。"吾追念先世曾于火中救人，之烈乃亦于泰波河中悉力以拯恺撒。今则恺撒凛凛如天神，而开修士乃降为小吏，见恺撒至，则必鞠躬起立，彼特领首示意而已。又在西班牙时，恺撒中疫，满身震悸，不能自主。荡熠一世之目光，亦黯然寡色，即其含有天忿，言为世法之口，方且呻吟不已。号其侍者予以清水，其声乃如失乳之婴。彼所谓天神者乃如此耳。悲乎、天乎，才力不逮有如恺撒。今则旋乾转坤，方玩天地于一人之手，此足令人异矣。……恺撒方如克鲁沙之大人，跨两足于世界，吾等则出没于其胯下，声名已辱，奄忽待死，顾其咎不在天，乃在吾辈一身，以人定亦能胜天也。即以布鲁多、恺撒二人名姓论之，恺撒之名何必远胜于汝。笔之于书，其悦目者一也，出之于口，其悦耳者一也。乃至权之于衡，则二名之轻重乃正一致。呼而号之，其能鼓动人心，又一者。嗟乎、天乎！彼恺撒者所饮食者何物，今乃俨然伟人乎？天失其政，罗马之光荣亦绝。乃使撅竖小子，岸然称雄，似济济多才之邦，乃仅仅此一人乎……①

这段文言译文生动传神，惟妙惟肖，相比现有的莎士比亚戏剧白话文译文，毫不逊色。开修士以亲身经历诉说曾经与自己平等的朋友恺撒，现在却凌驾于世界之上，"凛凛如天神"，傲视群雄，不可一世。朱东润选译这段话，意在烘托、营造布鲁多刺杀恺撒这一正义之举的氛围，借以表明布鲁多的行为完全是激于正义仁爱之心、反对专制独裁统治而起的。

接着，朱东润整段翻译引用了布鲁多在大庭广众面前的演说，表明刺杀恺撒的真实动机与果断决心：

罗马爱国之士咸无譁，静听予言。未言之前，当信予为正直之人，斯吾言乃愈可信。然后动其智虑，加以判决，则是非皦然

① 朱东润：《莎氏乐府谈》（二），《太平洋》1917年第1卷第6号。

矣。须知公等之中，果有笃爱恺撒者。布鲁多笃爱恺撒之心，亦不让彼。其所以起而去之者，非布鲁多不爱恺撒，以布鲁多之爱罗马乃远过于其爱恺撒也。且公等之中，宁愿恺撒生而终为奴虏乎，抑愿恺撒蘧死而各为自由之人乎？昔者恺撒爱吾，吾之为感泣；恺撒战胜，吾之为忻慰；恺撒忠勇，吾公之引慕。及恺撒蓄有异志，吾乃以死报之。感激者所以报爱吾之恩，忻慰者所以贺战胜之乐，引慕者所以钦忠勇之义。至其异志勃发，则有一死而已。且公等之中，有鄙夫而愿为奴隶者乎？有之，则吾此举为获罪于彼矣。有贱陋而不愿为罗马人者乎？有之，则吾此举为获罪于彼矣。有庸劣而不愿为爱国之人者乎？有之，则吾此举为获罪于彼矣。公等其有以语吾来。如斯则吾为无所获罪矣。须知恺撒既获辜以死，布鲁多亦不敢自恕。布鲁多所以处恺撒者，异日公等即可以处布鲁多。此次之举，录于元老院前皆张榜晓示，不掩恺撒之功，其致死之故，亦不伪饰也。……今安东尼奉恺撒之尸且来，吾亦当去。须知吾之此刃杀吾至友，以救罗马。果国中须以死刑加诸布鲁多之身，则此刃仍在也。①

布鲁多慷慨陈词，情真意切。他告诉大家，他杀恺撒完全是为了拯救罗马，维护共和，他爱恺撒，但更爱罗马。为了自由的罗马人永远不会沦为奴隶，他必须杀恺撒。如果哪一天国家需要他付出生命，他会毅然决然，在所不惜！对此，朱东润深有慨叹，不无见地地指出："布鲁多之演说雄直壮烈，为莎氏文中所仅见。"的确，莎士比亚力借雄直壮烈的演说，"竭力写其为人"②，突显布鲁多秉性刚正、壮怀激烈、追求民主、反对独裁的鲜明性格特征。

那么，安东尼的性格特征又是如何表现的呢？他自己这样说道：

罗马爱国之友人听之，吾之此来，所以葬恺撒，非所以誉死人

① 朱东润：《莎氏乐府谈》（二），《太平洋》1917年第1卷第6号。
② 朱东润：《莎氏乐府谈》（二），《太平洋》1917年第1卷第6号。

也。大抵人死以后,誉声常留于窀穸之中,而恶声则播于世界之上。今恺撒将葬,特以一语为其送葬之资可矣。布鲁多名人也,其言恺撒谓其蓄有异志,有异志者恶名也。而恺撒之所身受,亦复已甚。今者幸蒙布鲁多与诸名人许可,得于恺撒葬礼之前发其衷怀。恺撒者吾友也,其遇吾至厚,然而布鲁多乃谓其蓄有异志。而布鲁多又名人也。恺撒战胜四国,大腴国帑,赎虏之金,充于罗马之库中。此得为蓄有异志乎?恺撒路行,见贫者相对涕泣,辄为之垂泪。彼蓄有异志者,慈祥、恺恻,必不如此。然而布鲁多乃谓其蓄有异志,而布鲁多又名人也。吾尝奉王冕于恺撒至再至三,恺撒毅然却之。然而布鲁多乃谓其蓄有异志,而布鲁多又名人也。吾之此来,但白己意,初不敢悉反布鲁多之言。且公等前此固尝爱恺撒矣,今见其死而不一动,何也?岂公道之心已丧,而人失其故乎?虽然公等当恕吾,吾心已随恺撒同处棺椁中矣。①

并且,为了进一步煽动起民众对布鲁多的仇恨,安东尼继续说道:

吾至亲爱之友人听之。勿以吾言遽启大衅,当知刺恺撒者皆为名人。其所以出此之故,虽不尽知,然而既为名人,必有其所以然者。吾之此来,非所以动公等,而言辞钝拙又远不及布鲁多,但爱吾死友者深耳。彼辈知此,遂许吾来。无拳、无勇、无智、无虑,所能言者,公等已先知之。恺撒创口犹在,一一口中发一一音。果吾之才能如布鲁多者,则辩词所及,即罗马城中之石柱亦起而为恺撒复仇矣。②

安东尼为赢得公开讲话的权利,先是巧言令色,极力骗取布鲁多的信任,然后反戈一击,矛头直指布鲁多,让布鲁多猝不及防,陷于绝境。朱东润认为安东尼的演说极具张力,“阳拒阴合”,明誉暗毁,“一

① 朱东润:《莎氏乐府谈》(二),《太平洋》1917 年第 1 卷第 6 号。
② 朱东润:《莎氏乐府谈》(二),《太平洋》1917 年第 1 卷第 6 号。

面则谓布鲁多开修士皆为名士,吾等宁可自贬,决不能贬彼辈;一面复探梦出恺撒遗嘱以眩之于众”,意在激起公众对恺撒的同情,为恺撒复仇。所以“综观安东尼之语,处处自以正人自居,而其人直为小人,言中复以蓄有异志与名人二语,穿插成文,处处虚誉布鲁多,处处即所以毁之。当众人之心未动,则数恺撒之创痕以激之,及众人之心已动,则举恺撒之遗嘱以要之。言词变化入神,文笔亦如天来游龙,夭矫屈伸,诚文学之大观。读莎氏原文者,于此不可不留意也”①。

从上述布鲁多与安东尼演说的对比中,我们明显感到朱东润对布鲁多的激赏与赞美。而且,朱东润在《莎氏乐府谈》(三)中,言犹未尽地继续评论说:“第四幕第三场之最后一段亦最神妙,读之真百回不厌也。”为什么呢? 因为“大抵文字之妙,不在长枪大戟之际,而在轻描淡写之间。此画工之所谓神品也。此段数十行中复分两幅,前幅所以见布鲁多为温文尔雅之君子,非赳赳武夫所可比;后幅所以言恺撒之阴魂尚隐隐在侧”。接着,他不厌其烦地引用第四幕第三场帐内布鲁多与琴童及侍者在一起平等相待、慈爱有加、其乐融融的感人场景,共44行。他评论道:“区区数十行耳,而布鲁多之温厚,乃跃然如见,莎士比亚真绘影绘声之手也。若吾读者一时未能识其妙处,则词不达意之故,其罪或在译者,而万万不系于原文之工拙。”特别是莎士比亚对布鲁多的描写,“令人于布鲁多油然生其笃爱之心,即吾前译观之,其于琴童及侍者,慈祥恺悌之意,已露于纸上”,且“其仁民爱物之意存于心里”,“吾人爱布鲁多者深,更不得不谢莎士比亚之能曲曲写此妙人,乃愈觉莎士比亚之可爱也”。朱东润由此也不无惋惜地说:“细论之,布鲁多亦未必即为完人,观其不识安东尼之狙诈,以致大功败于垂成,卒以身殉于沙场之上可知矣。唯其如此,而布鲁多乃愈觉其可爱。盖完人者大抵能起人之敬意,而未必能起人之爱怀。”②在朱东润看来,完人只能让人敬而远之,未必让人心生爱恋。而布鲁多不仅刚直豪放、正义凛然,而且仁爱慈祥、平易温厚,同时又有着常人的缺点,太过单

---

① 朱东润:《莎氏乐府谈》(二),《太平洋》1917年第1卷第6号。

② 朱东润:《莎氏乐府谈》(三),《太平洋》1917年第1卷第8号。

纯，太过轻信，最终造成无法挽回的遗憾悲剧，所以这一形象才显得栩栩如生，真实可爱。对此，剧中即使阴鸷险戾的安东尼也不得不赞美布鲁多的为人："如此人者，始足为罗马人中之冠冕。众人之弑恺撒，徒为贪嗔所驱，独布鲁多为国家之故乃起而为之。此其得天者厚宜可以昭告于世人，始知必如此者乃可以为人也。"①

朱东润评论《恺撒记》和《铸情记》表现出来的最大亮点，就是在对剧作相关具体场景翻译展示的基础上进行解说与阐释，极大地增加了莎士比亚在中国接受的生动可感性。这是此前所没有的。朱东润之所以钟爱这两部作品，前已提及，除作品的艺术魅力外，与当时追求民主、倡导个性解放的时代大语境相关。显然，《铸情记》好理解。不过，在 1917 至 1918 年年初，朱东润为什么要以如此大量篇幅介绍、评论《恺撒记》呢？他为什么要这样接受《恺撒记》？其写作的真实动机是什么呢？我们知道，辛亥革命后，袁世凯于 1913 年 10 月就任"中华民国"第一任大总统，1915 年 12 月他复辟称帝，拟改国号中华帝国，变 1916 年为洪宪元年，随之爆发讨伐袁世凯的护国运动。1916 年 3 月，仅仅做了 83 天皇帝的袁世凯便被迫宣布取消帝制，不久抑郁成疾，不治而亡。我们翻阅朱东润自己写的《朱东润自传》，希望从中能找到与此重大事件相关的一些蛛丝马迹。果然，他自传这样回忆当年的情景：袁世凯复辟称帝时，远在英国伦敦的他从当地的报纸上看到了被称为"总统皇帝"的袁世凯的照片。"伦敦的中国留学生闹翻了，好多人都准备回国，当然我也是其中的一个。"他说："因为袁世凯称帝，我抛弃了一切，从伦敦赶回中国。"当他航海颠簸多日抵达新加坡时，从报纸上才获悉袁世凯已经死了，"中国的形势可以暂时安定下来，心里也稍为舒展"②。由此可知，1915 年留学英国的朱东润，得知袁世凯复辟称帝后，不顾一切，终止学业，1916 年年初便急忙踏上回国参加反袁称帝进步运动的旅程。他义无反顾地这样做，正是有感于"袁世凯的所作所为，必然导致专制政体复辟"，所以"为了推翻清王朝，建立共和

① 朱东润：《莎氏乐府谈》（三），《太平洋》1917 年第 1 卷第 8 号。

② 朱东润：《朱东润自传》，人民文学出版社 2009 年版，第 76 页。

政体，三哥献出了宝贵的生命，我有责任继承他的事业，维护共和政体”。① 原来，朱东润大幅评介《恺撒记》不是故作卖弄，随意为之，而是有的放矢，有感而发，即提高警惕，捍卫共和，严防专制独裁死灰复燃。朱东润鲜明进步的政治理想，由此可见一斑。我们对时值19岁血气方刚的朱东润不能不表示由衷的敬佩！

二、自觉的比较文学意识与可贵的理性评价立场

继王国维之后，朱东润高度评价莎士比亚的文学地位和艺术成就，其间不时体现出自觉的中西文学比较意识。他认为“莎氏乐府为世所艳称久矣，非特英人崇视莎士比亚，恍如天神；即若法若德诸国人士，莫不倾倒于其文名之下，以为非国人所能及”。莎士比亚戏剧中所塑造的人物，上至恺撒、李尔王，下至童奴、仆人、盗贼、贱吏，“无一不备，无一不奕奕有神，呼之欲出”。那么，莎士比亚的创作何以能达到这样出神入化、技艺超群的境界呢？朱东润认为，这固然是因为莎士比亚汪洋恣肆、无人能及的纵横才气，但更为重要的是其“体贴物情”“极细入微”的精湛技艺，“故能摇笔即来，而不至有模糊印象之叹也”。谈论莎士比亚，朱东润不会仅仅聚焦于莎士比亚本身，他能生发开来，自觉地将中西文学并置一起加以观照和比较，由此引发出他对中国古代文学创作中存在问题的联想和感慨。他说：“吾国人之著作，无论诗歌小说剧本诸种，皆偏重于专为个人写照之一部分，即偶尔写及别人，则为数既绝少。而此绝少数之人物，非前篇所称与后篇自相矛盾，即此书所载与彼书所载两方模糊。此其受病之故。亦有二，才大者不屑为，才小者欲为之亦不能也。独施耐庵之《水浒》则写一百八人，即有一百八人之面目，故其书至今为后人所艳称。然而其中亦自有不经力之处。”②

可贵的比较意识是贯穿在《莎氏乐府谈》全文之中的。一方面，朱

---

① 朱东润：《朱东润自传》，人民文学出版社2009年版，第67页。

② 朱东润：《莎氏乐府谈》（一），《太平洋》1917年第1卷第5号。

东润有意识地把莎士比亚的《铸情记》与《恺撒记》作出作家创作系统内的简洁比较，两相对照，彼此生发，从而产生深刻印象。例如他指出："果以《铸情记》与《恺撒记》二者比较论之，则《恺撒记》所记之事，英雄之事也，而《铸情记》所言者乃为儿女。所可记者，则布鲁多之为人与罗密欧之人，相去乃匆远。布鲁多有情人也，即其杀恺撒亦出于不得已。至罗密欧者更为多情之士，其所以手毙太仆及巴黎子爵二人者，亦为其所逼不能自已而至于此。其人皆可慕，其事尤可悲也。"另一方面，朱东润将莎剧与相关中国文学作品作不同文化文学系统之间的相互比较，从不同文化文学传统的宏观层面开拓读者认知视野，丰富读者阅读体验。例如他把莎剧与司马迁的《史记》和汉乐府诗《孔雀东南飞》作启发式、联系性观照："果以文境论之，则吾读《恺撒记》时，恍惚如读史公诸传；至于《铸情记》者，乃如读《孔雀东南飞》之篇。觉其文境绵邈幽咽，不得不为焦仲卿夫妇与罗密欧与朱丽叶等放声一叹也。"①

莎士比亚的戏剧创作，尤其让朱东润想到中国诗仙李白的诗歌创作，于是他从比较文学视野自觉地将两者加以比较认识。他认为，李白和莎士比亚"皆天才磅礴，此其所同也"，其不同之处乃在于"李氏诗歌全为自己写照，莎氏剧本则为剧中人物写照"。他进一步指出，这种差别又与诗歌和戏剧各自体裁的特点有关，"大抵诗歌可以陶写性情，故读李氏之诗集，可以概见其为人"，就像是以李氏之小影，笼罩在他的诗集之中。"至于剧本，则大不然。剧本之作，非所以咏叹时事描摹风景而已。其中必有无数之人物，而擅长于此道之作者"，其长处就在于能将"无数之人物，尽力描写，使之跃然纸上。故读莎氏之乐府，于莎氏之为人，未能尽知"，能知道的，就是这些人物，"人人具一面目"，"又无一重复，无一模糊"。② 如此比较，不仅让读者明白了莎士比亚和李白大气磅礴之才的共性特点与创作差异，而且从创作理论上探讨了两者创作差异的客观原因，进而使读者认识到戏剧和诗歌的体

① 朱东润：《莎氏乐府谈》（四），《太平洋》1918 年第 1 卷第 9 号。
② 朱东润：《莎氏乐府谈》（一），《太平洋》1917 年第 1 卷第 5 号。

裁特征及内在规律。

朱东润虽然在文中简约比较了莎士比亚与李白，但他同时也意识到，不能随意拿外国作家与本国作家作牵强比较，一味寻找彼此相同之处，因为即使有相同处，也是“各人有各人之面目，非可以偶然凑合”，否则会导致“谬误”。[①] 这说明朱东润的评论从一开始就是基于“差异”文化基础上对共性问题的探讨，显然与今天比较文学中国学派倡导“差异”研究、异质性研究、变异研究有不谋而合之处，具有了不起的前瞻性。纵观中国改革开放以来比较文学研究的发展历程，我们不难发现，初期受比较文学法国学派与美国学派的影响，我们的比较文学研究成果多半停留在中外文学影响关系研究和类同研究的层面上，换言之，就是侧重于“同”或“相似”的探讨，正所谓“东海西海，心里攸同，南学北学，道术未裂”。此后，比较文学研究开始积极转向对“和而不同”、跨文化跨文明研究中的差异性、异质性、变异性的强调与阐发。突出差异性、异质性与变异性，不是为了固步自封，孤芳自赏，而是为了更好地认识自己，提升文化自信，更好地与“他者”互通互补，互鉴共荣。

读《莎氏乐府谈》让我们时时感到，朱东润是立足于中国文学本位谈论莎士比亚的，他一方面谈论着莎士比亚，另一方面又关注着中国文学，甚至中国的现实社会，从中透出他拳拳爱国之心和强烈的社会责任感。例如，他有感于《铸情记》中蒙太古和凯普莱特两大家族的拔剑相斗，便联想到“吾国江浙之民孱弱极矣，即有所衅隙，亦不面较，其后乃稍稍中其阴私，而心中乃快然。狙诈之习，相效成风，反不如拔剑相斗者为佳也”[②]。在这里，朱东润显然不是鼓励中国民众为一己之私拔剑争斗，而是反对懦弱，反对阳奉阴违、私下较劲、暗中伤人而后自得其乐的虚伪做法，崇尚敢作敢当，豪气强悍。这里虽涉及国民性问题，但结合当时国弱被侵、民弱被欺的大语境，他的这番感慨，反衬托出其强国强民的爱国之志。

---

① 朱东润:《莎氏乐府谈》(一),《太平洋》1917 年第 1 卷第 5 号。

② 朱东润:《莎氏乐府谈》(四),《太平洋》1918 年第 1 卷第 9 号。

值得一提的是，朱东润虽然把莎士比亚作为伟大的天才作家来推崇，却又清醒地认识到莎士比亚“故万万非天神”“非有全知全能之人”而不掩饰其瑕疵，而且认为“莎氏之文字，果因此小疵而欲见其妩媚”“欲见其长”，体现出了不盲目崇拜西方经典作家的可贵的客观理性精神。朱东润一一罗列了莎氏创作中的六大不足，其中第六点颇耐人寻味。他说莎氏在竭力描写异国异时之人的时候，往往“笔端一纵，所描所写者乃适类本国之人”，并以《恺撒记》为例说：“首幕中所载之罗马市人拥聚之形，甚嚣尘上，乃大类当日英国之暴民，无复有罗马人毅勇沉挚之概。”由此，他也联系起中国一些小说家、戏剧家的创作出现的类似问题。他们在创作中“囿于所闻，故叙一外国人，则其人之性情乃与吾辈之乡邻相似；叙一外国风俗，又为吾里巷中之所习见。乃至以南人而叙北地之景象，则大抵无异于吴山浙水之间。北人之叙南事者亦然。此皆由于旅行之事业未发达，故刻画之间亦不能清晰。斯安得因莎士比亚以自解乎”①。在这里，朱东润实际上是建议创作者走万里路，装世界万千气象于胸中。只有视野开阔，广见博闻，积累阅历，既要坚守自己又能超越自己，这样才能左右逢源，会声会影，绚丽多彩。正如描写异国异域那样，最好能有异国异域的经历，这样写出来的异国异域形象才是真实可信的，而不会是带着本国面具的假异国异域形象。这里不仅涉及了阅历与创作的互动关系，也涉及了比较文学“印象的渊源”的理论问题。

那么，值得追问的是，为什么谈外国作家时，朱东润总是不忘中国文学呢？我们也可以从他的自传中找到答案，“读了外国的作品，不能不知道中国的作品”②，“我坚定地认为中文系的学生不能只知道中国文学和语言，同时还应知道外国文学和语言。我们学习外国文学和语言不仅是为了了解外国，而是为了更好地了解中国，更好地了解中国文学和语言”③。所以朱东润自幼学习英语，始终相信“这不是为外国

① 朱东润：《莎氏乐府谈》（一），《太平洋》1917 年第 1 卷第 5 号。
② 朱东润：《朱东润自传》，人民文学出版社 2009 年版，第 257 页。
③ 朱东润：《朱东润自传》，人民文学出版社 2009 年版，第 463 页。

人服务，而是为中国人服务”[①]。笔者在一篇文章中曾指出：“本土文化立场是我们思考的起点与终点。我们自身所处的文化立场是触发思想的源泉和根本，而思考是源于外在触发物的碰撞而作用于内在需要的结果。思考只有根植于自身文化传统时，才会有深度和意义。”[②]朱东润的《莎氏乐府谈》，就是基于本土文化立场、根植于自身文化传统思考的结晶和示范。

三、对跨文化翻译接受规律的初步探讨

众所周知，林纾根据查尔斯·兰姆姐弟《莎士比亚故事集》翻译的《吟边燕语》(1904)在当时影响很大。1928年，郭沫若在自传《我的童年》里就回忆说：“Lamb 的《Tales from Shakespeare》，林琴南译为《英国诗人吟边燕语》，也使我感受着无上的兴趣。它无形之间给了我很大的影响。后来我虽然也读过《Tempest》《Hamlet》《Romeo and Juliet》等莎氏的原作，但总觉得没有小时候所读的那种童话式的译述来得更亲切了。”[③]朱东润谈莎士比亚，自然绕不开林译《吟边燕语》。对《吟边燕语》的不足，朱东润直言不讳地指出，林纾的翻译文字“倩丽有余而雄直之气不足，好尚奇谲俶诡之事”。特别是《女变》(《李尔王》)《鬼诏》(《哈姆莱特》)两记，“悲壮怆凉之慨、高歌击筑之音，多所遗漏。此则读者所不能不致憾于林纾，并惜琴南先生之取材尚有待商者也”[④]。显然，朱东润在这里主要是基于自己对莎士比亚悲剧的理解，认为林纾没有能精准地传达出《李尔王》《哈姆莱特》的悲剧精神和内在“悲壮怆凉”之气，批评他过于对“奇谲俶诡之事”的“好尚”与渲染。朱东润对林纾的批评，应该说是准确的、专业的，是实事求是的。

更为重要的是，朱东润还进一步指出林译剧名也有不足。例如，“《肉券》一篇，人则依莎氏原文而名之曰《伟里市商人》(《威尼斯商

① 朱东润：《朱东润自传》，人民文学出版社 2009 年版，第 83 页。
② 李伟昉：《论林纾对莎士比亚的接受及其文化意义》，《文学评论》2016 年第 1 期。
③ 郭沫若：《少年时代》，人民文学出版社 1979 年版，第 114 页。
④ 朱东润：《莎氏乐府谈》(二)，《太平洋》1917 年第 1 卷第 6 号。

人》)矣,《仙狯》一篇,人又易之曰《中夏之梦》(《仲夏夜之梦》)矣。大抵林先生之定名失之于文,而后生直译,又未免过质。质固可尚而剧本之旨要在右。”而且,林译均以两字定剧名,这不符合中国读者阅读习惯。因为中国古代戏剧“多以三字为名,如《西厢记》《琵琶记》《牡丹亭》《桃花扇》之类。至于剧中曲折,始以二字名之,如‘小宴’‘惊梦’是也”。所以,他建议在使用林氏译名时,可“略加变通,如《肉券》则称为《肉券记》之类”①。为此,他在文中列出林纾《吟边燕语》的20个剧名,并为每个两字剧名后均添加了“记”字。在他看来,这样就符合了中国古代戏剧三字命名的传统。朱东润论及林纾的《吟边燕语》,既能明确不足,又能给出可操作的建议,不可谓不细致缜密。他的批评平易近人,不深奥难懂,往往能因小见大,从现象窥到规律性的东西。需要特别指出的是,朱东润自觉地依据本国文学传统,明确提出了跨文化翻译中应遵循的基本原则,即翻译应该注意兼顾译入国文学传统与读者的文化审美习惯,以便接受的顺畅与自然。这是我们今天关注朱东润莎评的时候,不能不予以强调的地方,因为这正是当下学术界热议的重要话题之一。朱东润的学术眼力具有令人叹服的预见性。

总之,朱东润是最早通过翻译引用莎士比亚戏剧原著进行莎评的莎学专家。他的评论注重艺术魅力的探讨,彰显了文本细读的可贵品格,又不失对作品思想价值内涵的揭示,体现出了客观务实、稳健执着的理性精神。这对于读者从抽象到具体、从故事到戏剧、从简单到立体管窥、认知莎士比亚,无疑具有重要的拓展价值。《莎氏乐府谈》也再次证明一个道理:凡成大家者,必有勤学敏锐的智慧,学贯中西的视野,道义担当的情怀,以及坚守本土文化立场的思考。

(原文刊载于《外国文学研究》2019 年第 2 期)

① 朱东润:《莎氏乐府谈》(二),《太平洋》1917 年第 1 卷第 6 号。

论梁实秋与莎士比亚的亲缘关系及其理论意义

在近现代中国，真正系统地、有计划地译介莎士比亚的戏剧，是从梁实秋开始的。梁实秋不仅是莎士比亚全集的翻译者，也是著名的莎评专家，他的翻译及其大量莎评文章，对于我们吸收人类优秀文化成果、推动中国莎学的发展功不可没。然而，梁实秋何以与莎士比亚结下如此深厚的亲缘关系呢？这是一个非常值得我们追问的问题，因为它触及了迄今为止仍被学界所忽略或所遮蔽的一些理论问题。弄清这些理论问题，既有助于认识梁实秋莎评的特点，又有助于客观公正全面地评价、认识梁实秋的文艺思想，从比较文学视野赋予梁实秋一个新的认知空间。

一

据梁实秋《清华八年》一文回忆，梁实秋最早接触莎士比亚的作品，是在清华读书期间。这期间他学习过不少外国文学作品，其中就包括莎士比亚的剧本《裘力斯·恺撒》和《威尼斯商人》等。但他说，对包括莎士比亚在内的不少外国文学名著也不是一开始就非常喜欢的。“在英文班上读这些文学名著，也觉得枯燥无味，莎士比亚的戏亦不能充分赏识，他的文字虽非死文字，究竟嫌古老些，哪有时人翻译出来的现代作品那样轻松?”①在《怀念胡适先生》一文中,他也说:“我从未想过翻译莎士比亚,觉得那是非常艰巨的事,应该让有能力的人去做。我在清华读书的时候,读过《哈姆雷特》、《朱利阿斯·西撒》(即《裘力斯·恺撒》)等几个戏,巢堃林教授教我们读魁勒·考赤的《莎士比亚历史剧本事》。在美国读书的时候上过哈佛的吉退之教授的课,他教我们读了《马克白》与《亨利四世》上篇,同时看过几部莎氏剧的上演。我对莎士比亚的认识仅此而已。翻译四十本《莎氏全集》是想都不敢想的事。”②

1926 年,回国后的梁实秋开始在《新月》上发表有关莎士比亚的译文,例如《莎士比亚时代之英国与伦敦》《莎士比亚传略》《莎士比亚的观众》等,从此莎士比亚成为他一生事业中的重要组成部分。1932 年—1939 年间,梁实秋发表 20 余篇莎评文章,为这时期国内撰写莎评最多的人;1945 年后又发表莎评 10 多篇。1930 年他开始着手翻译莎士比亚戏剧,至离开大陆到台湾前,共翻译出版《威尼斯商人》《哈姆雷特》《李尔王》等 8 部莎剧。在台湾,他又陆续译出莎士比亚的其余剧本、十四行诗和两部叙事诗。1967 年,他翻译的《莎士比亚全集》(四十册)在台湾出版,成为中国第一个也是迄今中国唯一一个独自翻译莎士比亚全集的翻译家。

那么,促使梁实秋与莎士比亚结下了如此深厚亲缘关系的原因是什么呢?

要说清这个问题,有几个人是不能回避的。他们对梁实秋与莎士比亚亲缘关系的建立具有重要影响。

第一个人便是胡适。胡适是梁实秋最为推崇的学者之一,他对梁实秋的学术活动产生了深刻的影响。梁实秋在《影响我的几本书》一文中说:“胡先生在我们同一时代,长我十一岁,我们很容易忽略其伟大,其实他是我们这一代人在思想学术道德人品上最为杰出的一

① 《梁实秋文集》第 3 卷,鹭江出版社 2002 年版,第 35 页。

② 《梁实秋文集》第 8 卷,鹭江出版社 2002 年版,第 433—434 页。

个。”[1]因此,他在《怀念胡适先生》一文中坦承,虽然胡适“长我十一岁”,但“我从未说过‘我的朋友胡适之’,我提起他的时候必称先生,晤面的时候亦必称先生。但并不完成是由于年龄的差异。……以学识的丰俭、见解的深浅而论,胡先生不只是长我十一岁,可以说长我二十一岁、三十一岁以至四十一岁”。[2] 在《影响我的几本书》中,他认为胡适影响他的地方有三:“一是他的明白清楚的白话文”;“二是他的思想方法”,“胡先生有一句话:‘不要被别人牵着鼻子走!’像是给人的当头棒喝。我从此不敢轻信人言。别人说的话,是者是之,非者非之,我心目中不存有偶像。……胡先生对于任何一件事都要寻根问底,不肯盲从。他常说他有考据癖,其实也就是独立思考的习惯”;“三是他的认真严肃的态度”。[3]

梁实秋译介莎士比亚更是受到胡适的影响。1930 年,一向热心于翻译事业的胡适就任由庚子赔款建立的中华教育文化基金会董事会编译委员会主任委员一职。他有一个庞大的翻译计划,莎士比亚戏剧翻译便是其中一项。他在日记中多次提及此事。例如,他在 1931 年 2 月 16 日的日记中写道:“与叶公超谈翻译事。实秋来信谈译莎翁集事。下午与孟和、子高谈译事。”[4]1931 年 2 月 21 日的日记中写道:“拟翻译《莎翁全集》计划。”[5]1931 年 2 月 25 日的日记中写道:“写信给一多、实秋,谈翻译《莎翁》计划。”[6]梁实秋在《关于莎士比亚的翻译》中也公开过胡适曾写给他的谈翻译莎士比亚全集的几封信,说明胡适对这个工作的积极倡导与热心扶持。其中一封信中说:“实秋兄:两信都收到了。编译事,我现已正式任事了。公超的单子已大致拟就,因须补注版本,故尚未交来。顷与 Richards 谈过,在上海时也与志摩谈过,拟请一多与你,与通伯,志摩,公超五人商酌翻译 Shakespeare 全集的事,期以五年十年,要成一部莎氏集定本。此意请与一多一商。

① 《梁实秋文集》第 5 卷,鹭江出版社 2002 年版,第 197 页。
② 《梁实秋文集》第 3 卷,鹭江出版社 2002 年版,第 425 页。
③ 《梁实秋文集》第 5 卷,鹭江出版社 2002 年版,第 198 页。
④ 《胡适全集》第 32 卷,安徽教育出版社 2003 年版,第 56—57 页。
⑤ 《胡适全集》第 32 卷,安徽教育出版社 2003 年版,第 62 页。
⑥ 《胡适全集》第 32 卷,安徽教育出版社 2003 年版,第 67 页。

重要的是决定用何种文体翻译莎翁。我主张先由一多志摩试译韵文体,另由你和通伯试译散文体。试验之后,我们才可以决定,或决定全用散文,或决定用两种文体。报酬的事当用最高报酬。此项书销路当不坏,也许还可以将来的版权保留。"①可见胡适考虑之周到细致,用心良苦。梁实秋不无感慨地说:"若没有胡先生的热心倡导,我根本不会走上翻译莎翁的路。胡先生自己对于莎士比亚并无深入的研究,但是他知道翻译莎翁之重要,并且他肯负责的细心的考虑这一个问题。"②后来,在回顾翻译莎士比亚全集的那段漫长的艰苦岁月时,梁实秋说:"在翻译莎氏之前我已经译了几本书,像最近重印的《阿伯拉与哀绿绮思的情书》《潘彼得》《织工马南传》皆是。还有一本《西塞罗文录》是从拉丁文翻译的。这时期我翻译没有标准和计划。只是拣自己喜欢的东西译。幸而胡适之先生提议翻译莎氏全集,使我有了翻译的方向,又偶因当初计议合力翻译的徐志摩、闻一多、叶公超、陈西滢四位临阵退出,遂使全集翻译的工作落在我一人头上。"③"我译莎翁剧,不是由于我的选择,是由于胡适之先生的倡导正合于我读第一流书的主张,我才接受了这个挑战。"④

其次,梁实秋说他翻译莎士比亚还得益于两个力量的支持,一个是他的父亲。他说:"抗战胜利后我回北平,有一天父亲拄着拐杖走到我的书房,问我莎剧译成多少,我很惭愧这八年中缴了白卷,父亲勉励我说:'无论如何要译完它。'我闻命,不敢忘。"这句话让梁实秋暗下决心,一定以译完《莎氏全集》来报答"父亲的期许"。另一个支持来自他的故妻程季淑。程季淑的支持让梁实秋终生不忘。他在《槐园梦忆》中至为动情地说:"如果不是妻子的决断与支持,他是不敢接受莎士比亚翻译这一份工作的。"⑤"我翻译莎氏,没有什么报酬可言,穷年累月,兀兀不休,其间也很少得到鼓励,漫漫长途中陪伴我、体贴我的

---

① 梁实秋主编:《莎士比亚诞辰四百周年纪念集》,台北国立编译馆1966年版,第562页。
② 梁实秋主编:《莎士比亚诞辰四百周年纪念集》,台北国立编译馆1966年版,第567页。
③ 《梁实秋文集》第5卷,鹭江出版社2002年版,第537页。
④ 《梁实秋文集》第5卷,鹭江出版社2002年版,第542页。
⑤ 《梁实秋文集》第3卷,鹭江出版社2002年版,第562页。

只有季淑一人。""她容忍我这么多年做这样没有急功近利可图的工作,而且给我制造身心愉快的环境,使我能安心的专于其事。"①程季淑的作用更是受到业内不少人士的褒奖。1967年8月6日,台湾各界庆祝梁实秋《莎氏全集》出版,"谢冰莹先生在庆祝会中致词,大声疾呼:'《莎氏全集》的翻译完成,应该一半归功于梁夫人!'"《世界画刊》的社长张自英也认为"梁先生的成就,一半应该归功于他的夫人"。梁实秋不无感慨地说:"他们二位异口同声说出了一个妻子对于她的丈夫之重要。"②

第三,梁实秋喜欢莎士比亚与18世纪英国著名批评家约翰孙有密切关系。这一点迄今没有被人关注过。约翰孙是西方著名的莎评专家,他为自己编辑出版的《莎士比亚戏剧集》(1765)所撰写的长篇序言,是18世纪莎评基调中的主旋律,是后世莎学研究者必读的经典。梁实秋在研究约翰孙的过程中发现他十分推崇莎士比亚。1932年,梁实秋在自己写的小册子《约翰孙》中认为,约翰孙的这篇序言是"最重要的一篇批评"③。他在该书序中说:"读过包斯威尔的《约翰孙传》的人,大概对于约翰孙都要发生强烈的爱慕了。至少我敢说我个人是如此的。"并且声明说:"读者若觉得我对于约翰孙的赞美多于指责,那也许是私人嗜好之不自觉的流露,要请读者原谅的。"也是在这个序里,他格外明确地表示了这样的观点:"一个时代有一个时代的特殊情形,但是主要的人性是大致不变的。"④他在《约翰孙》中不厌其烦地介绍了约翰孙关于人性的观点。人们常常提到梁实秋的"人性论"与白璧德的渊源关系,却忽视了与约翰孙批评观的渊源关系。这显然是片面的。梁实秋认为,约翰孙了不起的地方,在于"说破了莎士比亚之所以伟大的秘密",即"莎士比亚的作品是表现基本的、普遍的人

---

① 《梁实秋文集》第3卷,鹭江出版社2002年版,第592—593页。
② 《梁实秋文集》第3卷,鹭江出版社2002年版,第593页。
③ 《梁实秋文集》第8卷,鹭江出版社2002年版,第39页。
④ 《梁实秋文集》第8卷,鹭江出版社2002年版,第3—4页。

性”[①]。他“估量莎士比亚的作品,就完全是从这个出发点立论”[②]的。约翰孙的这一莎评思想深刻地影响了梁实秋对莎士比亚的认识。梁实秋正是在这个层面上接受并赞赏莎士比亚的。

上述几人在梁实秋与莎士比亚亲缘关系的建立上无疑起着重要的作用。然而,从另一方面看,所有这些因素从一定程度上说又都是外在的,因为所有外因都要通过内因起作用。梁实秋留学西方,深知莎士比亚在西方文学史上的地位和影响。但是,问题在于,西方有影响的大作家比比皆是,梁实秋何以最独独钟情于莎士比亚呢?胡适的倡导与组织,尽管对梁实秋来说是一个重要原因,但我认为也不是最终的决定作用。因为同样有胡适的倡导与组织,闻一多等人为什么就没有积极响应呢?因此,我认为,最关键的因素还是梁实秋本人,因为所有影响最终必须通过梁实秋“这一个”而不是“那一个”接受者主体的接受而实现。

二

众所周知,梁实秋接受古典主义,主要得益于他的老师、美国著名文艺批评家白璧德(1865—1933)。白璧德的基本思想是与古典的人文主义相呼应的新人文主义。白璧德强调理性和道德意志是人的基本美德,人之所以为人在于他有内心的理性控制。而文学基于对人性的表现,应该具有讲秩序、讲节制、讲分寸的特点。从古典主义者的立场出发,白璧德对文艺复兴以来出现的科学主义、浪漫主义及诸多文学革新运动都持否定态度。梁实秋说,他入哈佛大学后选修过白璧德的“英国十六世纪以后的文学批评”一课,认为白璧德“很有见解,不但有我们前所未闻的见解,而且是和我们自己的见解背道而驰”。因此他带着浓厚的兴趣认真阅读了白璧德的《新拉奥孔》《卢梭与浪漫主义》《批评家与美国生活》等著作,这使他突然感到白璧德的见解

① 《梁实秋文集》第8卷,鹭江出版社2002年版,第660页。

② 《梁实秋文集》第8卷,鹭江出版社2002年版,第39页。

“平正通达而且切中时弊”,“我平夙心中蕴结的一些浪漫情操几为之一扫而空”。①

然而,令我们感兴趣的是,具有鲜明古典倾向和情结的梁实秋,何以如此推崇具有浪漫特色的莎士比亚呢?

我认为在两个主要的方面,梁实秋对莎士比亚的创作产生了强烈共鸣和独特的价值认同,即情理和谐的理念与含蓄的道德意义。

(一)对情理和谐理念的追求

梁实秋虽然继承了白璧德的观点,强烈反对浪漫主义,但是他并没有将浪漫主义与古典主义的对立关系绝对化,换言之,他认为两者之间是相互对立又相互补充的关系。他说:“‘古典的’与‘浪漫的’两个名词,无论其具有若何之字源的意义,实皆不足以完全概括任何时代,任何国土,任何作家,任何作品。‘古典的’与‘浪漫的’两个名词不过是标明文学里面最根本的两种质地。这两种不同的质地可以在同一时代、同一国土、同一作家甚至同一作品里同时存在。”②他还说:“在一国的文学里,在一时代的文学里,甚至在一个人的文学里,都可以看出一方面是开扩的感情的主观力量,一方面是集中的理性的客观的力量,互相激荡。纯正的古典观察点,是要在二者之间体会得一个中庸之道。”③显然,古典主义从人的性恶论出发,注重个人的自身限制,认为个人只有经过理性的洗礼,才能成为有意义的社会存在物,个人对于社会的认同,是个人行为的目的;而浪漫主义则基于性善论,强调个人与社会的对立,崇尚情感,以个人摆脱社会的束缚为人类的解放。④ 综观梁实秋的文学思想,他并没有在古典主义和浪漫主义之间走极端,相反他试图在“古典”和“浪漫”之间寻找一种和谐,“得一个中庸之道”。他不反对情感的作用,但反对情感的泛滥,反对情感超越理性的限制。他提出文学的纪律的主张,就是针对情感的泛滥而发的,认为“最伟大的作家几乎没有是变态的,都是身心平均发展,无论

① 《梁实秋文集》第5卷,鹭江出版社2002年版,第200页。

② 《梁实秋文集》第1卷,鹭江出版社2002年版,第297—298页。

③ 《梁实秋文集》第1卷,鹭江出版社2002年版,第135页。

④ 刘锋杰:《中国现代六大批评家》,北京大学出版社2005年版,第160页。

其如何的情感特别丰富，想象特别发达，总不失其心理上的平衡。大诗人总不是疯人，好作品绝不是梦幻"①。"所以我屡次地说，古典主义者要注重理性，不是说把理性作为文学的惟一的材料，而是说把理性作为最高的节制的机关。浪漫的成分无论在什么人或是什么作品里恐怕都不能尽免，不过若把这浪漫的成分推崇过分，使成为一种主义，使情感成为文学的最领袖的原料，这便如同是一个生热病的状态。"为了让各种成分合理健康的发展，"不使任何成分呈畸形的现象，要做到这个地步，必须要有一个制裁的总枢纽，那便是理性"②。当然，"虽然最上乘的文学创作必涵有理性选择的成分，但徒有理性亦不能成为创作"③。为此，他批评"新古典派的批评家常常把理性与情感看做对待的两样东西，好像情感从门口进来，便要把理性从窗口挤出去一般"。其实，"文学作品应该是富有想象和情感的，理性不过是一个制裁，使想象与情感不超出于常态人性的范围以外。所以理性是超于情感的"④。

现在学界普遍有一个认识误区，就是认为梁实秋所持有的是以理制情的情理观。其实，我们认为，尽管梁实秋在选择两者的同时，给予理性以更重要的地位，但是这并不意味着突出理性至上的地位，而是为了使其起到制衡的作用，以便达到情理和谐的自然状态。正是在这个意义上，他认为"新古典主义者偏重理性敌视情感是不对的；卢梭推崇情感排斥理性，是同样的不对"⑤。这一点我们还可以从他的《约翰孙》一书中得到印证。他指出，约翰孙所说的"人性"的意思"大概就是文学是普遍的固定的人性的描写，而人性(nature)这一名词的涵义也不外就是人的理性与情感的总和"⑥。显然，梁实秋认为"人性"一词的涵义既不是单一的理性，也不是纯粹的情感，而是人的理性与情

---

① 《梁实秋文集》第1卷，鹭江出版社2002年版，第205页。
② 《梁实秋文集》第1卷，鹭江出版社2002年版，第140页。
③ 《梁实秋文集》第1卷，鹭江出版社2002年版，第122页。
④ 《梁实秋文集》第1卷，鹭江出版社2002年版，第265页。
⑤ 《梁实秋文集》第1卷，鹭江出版社2002年版，第277页。
⑥ 《梁实秋文集》第8卷，鹭江出版社2002年版，第39页。

感的总和。这种总和就是值得张扬的和谐的人性。

以此推论，在梁实秋看来，莎士比亚的作品里就同时具有“古典的”与“浪漫的”，也即“理性”与“情感”的“两种不同的质地”，并且莎士比亚艺术地表现了情与理两者不可偏废的、共融一体的、深刻的辩证思想。正是这一点，深深吸引了梁实秋的注意力。从中庸、和谐的角度解释莎士比亚，是他接受莎士比亚的显著特征。他在《莎士比亚的思想》一文中认为，莎士比亚“主张中庸之道”，“莎氏的思想是走的一个中间路线，一个实际可行的路线，很稳当”，他的戏剧所描写的“合于中庸”①。19世纪法国著名美学家丹纳在《英国文学史》中，也曾高度赞赏莎士比亚的作品中同时存在着“奇异的、痉挛的、压缩的、看得见的方面和和谐的、无限的、看不见的方面”，而且“一个方面巧妙地掩蔽了另一个方面，以至我们不知不觉地忘记了眼前的文字”。莎士比亚“具有不可思议的观察力”，他写作的时候，“不仅感受到我们所感受到的一切，而且还感受到许多我们所没有感受到的东西”②。在这里，梁实秋和丹纳的见解具有异曲同工之妙。

的确，莎士比亚的作品张扬个性解放，宣泄情感自由，但是他的作品深处却同样蕴涵着对人类理性精神的呼唤与期待。例如在他早期创作的快乐主义悲剧《罗密欧与朱丽叶》中，就同时让我们看到了这样“两个不同的方面”：一方面，作家尽情地礼赞了男女主人公奔放自由、独立不羁的个性解放精神；另一方面，作家又通过劳伦斯神父之口对罗密欧与朱丽叶说道：“这种狂暴的快乐，将会产生狂暴的结局，正像火和火药的亲吻，就在最得意的一刹那烟消云散。最甜的蜜糖可以使味觉麻木；不太热烈的爱情，才会维持久远。太快和太慢，结果都不会圆满。”尤其是，莎士比亚的历史剧、悲剧展示的尽是罪恶、贪婪、野心、杀戮等，哪有一点理性的踪影？然而，“描写罪恶为一事，描写罪恶之态度与观点，则为又一事”③。梁实秋从中敏锐地看出了莎士比亚的

---

① 《梁实秋文集》第1卷，鹭江出版社2002年版，第665页。

② 参见歌德等著，张可等译：《莎剧解读》，上海教育出版社1998年版，第42—43页。

③ 《梁实秋文集》第1卷，鹭江出版社2002年版，第167页。

态度:一方面触目惊心地展示了为了权势和金钱,弟弟谋害兄长,臣子暗杀君王,逆子恶女任意虐待、残害父亲等恶行;另一方面又客观地描写了这种放纵私欲、无限制的疯狂的个人情欲的追求,不仅危害国家利益,破坏他人幸福,而且也最终导致自身的毁灭,形象生动而又意味深长地表现了对人类理性精神与良知的满怀期待,以及人的行为欲望理应受理性限制以达到情、欲、理和谐相处的思想。

因此,梁实秋不同于国内其他任何学者的地方就在于,他没有把莎士比亚简单地框定在古典主义或者浪漫主义或者现实主义的流派里作狭隘的理解,而是从和谐、中庸的理念出发来感知、评论莎士比亚,并且把他作为一个具有超越性的、以表现人性为旨归的杰出的天才作家。这使得他的评论在一个以个性自由为标志、以反传统破秩序为使命的特定语境里面求常态、求和谐,就显得有些不合时宜,但也恰恰形成了他接受莎士比亚的个性特征。

(二)含蓄的道德意义

重视文学与道德的关系,是梁实秋文学批评思想中的一个重要组成部分,自然也是他看重莎士比亚作品的重要价值取向之一。他认为文学必须有益于人生,必须在感受到美感后能唤起对更深刻更严肃的思想的追求。好的批评家不仅要了解作者的艺术,还要了解作者的思想与情感的质地。他在《文学批评论》中指出:“我们不相信文学必须有浅薄的教训意味,但是却相信文学与道德有密切关系,因为文学是以人生为题材而以表现人性为目的的。人生是道德的,是有道德意味的,所以文学若不离人生,便不离道德,便有道德的价值。不道德的事可以做文学的题材,例如希腊悲剧的母子媾婚、子杀父等的丑恶事实,但是文学家运用事实的态度是总有道德的意味的。试看西洋最伟大的文学杰作,如荷马之《史诗》、歌德之《浮士德》、但丁之《神曲》、莎士比亚之悲剧……哪一部作品不是有道德的意义。”①然而他在《文艺与道德》一文中又认为“文艺作品里有情感,有思想,可是里面的思想往往是很难捉摸的,因为那思想与情感交织在一起,而且常是不自觉偶

---

① 《梁实秋文集》第1卷,鹭江出版社2002年版,第300页。

然流露出来的。所以许多文学家的作品，无人不认其为伟大，却无法在作品里找出思想体系"①。在梁实秋看来，作品里的道德意义不应该带有"浅薄的教训意味"，不带有强烈的直接的功利主义色彩，这种道德意义是蕴涵在人性的表现中而自然而然地呈现出来的，并且让读者在不知不觉中耳濡目染受到陶冶净化。所以他说，"文艺作品之内容，则为人生的写照、人性的发挥"，而"人生的写照、人性的发挥，永远不能离开道德……文艺之于读者的感应，其间更要引起道德的影响与陶冶的功能"。"所谓道德，其范围至为广阔，既不限于礼教，更有异于说教。吾人行事，何者应为，抉择之间，端在一心，那便是道德价值的运用。悲天悯人、同胞物与的精神，也正是道德的高度表现。"②

梁实秋的可贵之处在于，他在重视文学的道德意义的同时，更为强调文学自身的独立性和本真性，更为强调文学之所以为文学的那种特质，坚决反对基于实用的考虑将文学作为工具来使用，尤其反对把文学仅仅变为表现阶级性、政治性和时代性的工具。一句话，他反对从实用和功利的立场御用文学。这一点，他讲得很清楚："我们中国的传统看法，把文艺看成为有用的东西，多少是从实用的观点出发，并不充分承认其本身价值。从孔子所说'诗可以兴，可以观，可以群，可以怨，迩之事父，远之事君，多识于鸟兽草木之名'起，以至于周敦颐所谓之'文以载道'，都是把文艺当作教育工具看待。换言之，就是强调文艺之教育的功能，当然也就是强调文艺之道德的意味。直到晚近，文艺本身价值才逐渐被人认识，但是开明如梁任公先生的《小说与群治之关系》，仍未尽脱传统的功利观念的范围。"因此，在他看来，"文艺与道德有密切的关系，但那关系是内在的，不是目的与手段之间的主从关系。我们可以利用戏剧而从事社会教育……但是我们必须注意，这只是借用性质，借用就是借用，不是本来用途"。也正是基于此，他反对"文艺是斗争的武器"的说法，认为强调作家的"意识形态"，企图

① 《梁实秋文集》第3卷，鹭江出版社2002年版，第141页。

② 《梁实秋文集》第3卷，鹭江出版社2002年版，第139页。

确定作家的“阶级意识”，那是别有用心的。① 周扬在20世纪30年代撰写的文章《我们需要新的美学》中说，“我完全同意于梁先生所说，‘文艺应当鼓励读者思想，激励读者感动，引人类向上，有意无意地使人类向幸福迈去’的话”，“在主张文学的现实性和功利性一点，我们和梁实秋先生的意见大致是相同的，我以为这是一种健全的文学主张”。② 的确，梁实秋重视文学必须有益于人生，这本质上也带有一种功利性。仅从这一点上看，周扬是认同梁实秋的，也是不错的。但从另外一方面看，他们的区别也是明显的。梁实秋的功利性是间接的、内在的、含蓄的、自然而然的，不是直接的、外在的、刻意的。

这一点，我们还可以通过他的另一篇文章《何瑞思之〈诗的艺术〉》（即贺拉斯的《诗艺》）得到印证。梁实秋认为，贺拉斯“寓教于乐”的著名观点，大体上是遵守着亚里士多德的批评态度，欲求教训和愉快“两极端的调和”。但自有差异在：“亚里士多德主张诗以愉快为目的，须有伦理的制裁；何瑞思则以教训为诗的目的，愉快似为方法。”“何瑞思所谓的‘教训’，正是与亚里士多德所表现的伦理的精神相吻合。但是‘伦理的’不是‘教训的’，伦理的乃是人性的本质，教训乃是哲理的赤裸的表现。据亚里士多德的意思，诗的效用的终极，在于给我们以纯洁的平和的高尚的不悖于人性的愉快，而不是教训。”③ 显然，梁实秋愿意把文学与伦理相联系，却不肯将文学与教训相结合。由此，我们便不能简单地、轻率地把梁实秋视为一个文学上的说教者。“在接受亚里士多德的思想传统时，他也接受了亚里士多德的净化说。因此，文学的道德作用，实际上已被梁实秋转化成文学的净化功能。”④ 这就是梁实秋对文学与道德关系所持有的己见。正是这一与众不同的己见，使他处在了与当时许多人对立的位置，被排斥在主流之外。当然，他当年的这一己见今天已经成为共识。所以他的认识于今看来，也就具有了难能可贵的历史的前瞻性。

---

① 《梁实秋文集》第3卷，鹭江出版社2002年版，第140—141页。
② 周扬：《周扬文集》第1卷，人民文学出版社1984年版，第223页。
③ 《梁实秋文集》第1卷，鹭江出版社2002年版，第155—156页。
④ 刘锋杰：《中国现代六大批评家》，北京大学出版社2005年版，第189页。

从这个角度出发,我们不能不说,一向被视为古典主义者的梁实秋,其所谓古典主义观念是有别于出现在17世纪法国的崇尚理性、抑制情感的古典主义的(即新古典主义)。指出这一点,仅想纠正学界的一种认识,即梁实秋是一个坚定的古典主义者。对此,梁实秋自己有着自觉、清醒的认识。他在研究约翰孙的时候曾指出过,新古典主义虽然是从古典主义中嬗变而来,但新古典主义与古典主义有两大区别。第一,亚里士多德所谓的"模仿"是指人性的模仿,新古典主义者所谓的"模仿"是对古典作品的模仿。而约翰孙站在新古典主义的潮流当中,却能独具慧眼,首先反对典籍的模仿。"他不但不赞成模仿典籍,他还主张创造","在一方面承认旧材料固然有重新来写的价值,因为真理永远不会变成陈腐的,但是在另一方面,他觉得创造是更有价值的","这是约翰孙的批评超轶新古典主义的藩篱之最重要的一点,亦可说是约翰孙在批评史上最大的贡献"。第二,新古典主义严格遵守规律,而约翰孙虽然和一般的新古典主义者一样,也崇尚理性,重视常识,相信权威,主张树立共同遵守的批评原则,"但他绝不盲从规律,他知道规律的用途的范围"。他反对一味崇拜古老的东西,反对迷信规则而不加区别。他认为批评法则有些是根本不可缺少的,有些则是仅仅有用的,方便一时的;有些是根据理性和必要性制定的;有些则是出于专横的古老习惯;有的是因为符合自然秩序和理智的活动而受到不可动摇的支持;有的则是偶然形成,或根据先例规定的,所以容易引起争辩,不能一成不变。在他看来,古典主义者所奉为天经地义的规则未必都是合理的,有的与其遵守倒不如违反更好些。因此他认为:"约翰孙是不信任规律的,所以他能认识莎士比亚的伟大,他说:'最伟大的英国戏剧家便不靠规律,完全靠了天才去探求生活与自然,从没有迷途惶惑的样子'。"①正是在上述两方面,梁实秋肯定和赞赏约翰孙,也因此一样肯定和赞赏莎士比亚,因为莎士比亚具有化腐朽为神奇的卓越本领和不受规则束缚的大家风范。这种认识充分表现出了梁实秋有别于新古典主义的旨趣。

---

① 《梁实秋文集》第8卷,鹭江出版社2002年版,第33—38页。

进一步说，也正是这种不同于新古典主义的旨趣，使得梁实秋在文学与道德的关系问题上与他所敬重的约翰孙之间出现了分歧。我们知道，重视文艺的社会效果，强调文艺的教化作用，是西方新古典主义批评家的共同立场。基于这样的审美立场，许多新古典主义批评家对莎士比亚百般挑剔，横加指责，特别是指责莎士比亚的作品缺乏道德意义。即使一些开明的古典主义者也不例外。在西方莎评史上，约翰孙这位一向以极力为莎士比亚辩护而享有盛誉的批评家，在这方面也不能原谅莎士比亚。他认为艺术在于反映自然，但绝非是有什么就反映什么，艺术家首先要弄清楚自然中哪些可以反映，哪些不可以反映，如果把世界描写得乌七八糟，这种描写就没有任何价值。一个作家理应永远有责任使世界变得更好，而莎士比亚"比较严重的过失"，则在于"没有给善恶以公平合理的分布，也不随时注意使好人表示不赞成坏人；他使他的人物无动于衷地经历了是和非，最后让他们自生自灭，再不过问，使他们的榜样凭着偶然性去影响读者"。因此他批评莎士比亚牺牲美德，迁就权宜，过分看重给读者以快感，而不大考虑如何给读者以教导，因此他的写作似乎没有任何道德目的。① 梁实秋当年在《约翰孙》一书中特别指出了这一点：

> 在《莎士比亚》序里他说："文字的目的在于教训，诗的目的在于以愉快的方法来教训。"他是以愉快为手段，以教训为任务。约翰孙明知道古代作品颇多不含有教训意味的，他在《漫谭报》第二十九期上说："古代诗人诚然不能说都是道德的教训者，他们的教训应该当做天才的驰骋看，其用意在于供给愉快而非教训。"但是他觉得这是不足效法的，他是以文学与道德应有密切关系的。……根据这个道德的观点，约翰孙对于莎士比亚也是不能宽恕的。在《莎士比亚》序里他说："他（莎士比亚）太留心要令人愉快，而疏忽了教训，他似乎是在写的时候没有道德的用意。"②

① 杨周翰编选：《莎士比亚评论汇编》（上），中国社会科学出版社 1979 年版，第 47 页。

② 《梁实秋文集》第 8 卷，鹭江出版社 2002 年版，第 41—42 页。

梁实秋认为,约翰孙既然以人性为文学的对象,自然要注重文学之伦理的价值,这也正是人文主义的一贯的哲学,但是他有时把道德的价值看得太过分,这样就难免流于浅薄的教训主义。应该说,约翰孙对莎士比亚创作中存在的一些缺点的批评大多符合事实,但唯有缺乏道德目的这一批评有失公允。因此,梁实秋在这一点上不能同意约翰孙的观点。毕竟“作品的价值的高下并不完全视教训而定”①。况且,如果莎士比亚的作品真的善恶不分,是非不明,能历经各代的批评洗礼流传到今天,并能赢得世界性的伟大声誉吗?

所以,我们认为,梁实秋虽然一向被认为是坚定的古典主义者,但是他的古典主义观念又的确在某些方面有别于新古典主义的观念。正因为这样,他不能同意包括约翰孙在内的西方新古典主义批评家对莎士比亚创作缺乏道德目的的指责。他同样是基于人性与理性的原则和视角,但他却从莎剧中看到了众多以理性至上的新古典主义批评家们看不到的理性内涵,这种理性内涵就是认知,认知中必含有道德意义。他坚定地认同西方莎评的主流见解,相信莎士比亚的剧本包含着意味深长的道德意义,这种道德意义就蕴涵在人性的深刻表现中。梁实秋指出:“莎士比亚的性格是富于想象的,但是他的想象的成分是可注意的。他的想象是伦理的(ethical),是集中的,是向人心的深处想;不是浪漫的,不是放肆的,不是向狂诞处想。他对于‘人’特别的感觉兴趣。他对于各阶层的人都感觉兴趣,于是运用他的想象力去求了解;他对于各方面的生活都感觉兴趣,于是运用他的想象力去求体验。他的作品便是此种了解与体验的实录。”②梁实秋的艺术感觉是独特的、深刻的。他敏锐地注意到了莎士比亚富于想象的、深处的、伦理的人性的内容。因此即使莎士比亚运用辞藻意象“颇有浪漫的浓郁的诗的气息”,但是他的取材及处置材料的方法,又很接近于“写实一

① 《梁实秋文集》第8卷,鹭江出版社2002年版,第42页。
② 《梁实秋文集》第8卷,鹭江出版社2002年版,第596页。

派”。[①]“我们必须有这样的了解,才能正确的完整的认识莎士比亚的艺术之特殊与伟大。”[②]“在他的作品里,戏剧的骨骼和诗的装潢得到匀称的布置。所以他的戏剧可以在书斋里读,亦可到舞台上演。在读的时候,我们可以玩味他的美的诗句,可以领悟他的道德的意义;在演的时候,我们可以接受较鲜明的印象,可以感到情感上的刺激。”[③]因此,梁实秋认为莎士比亚的作品生动形象地展示出了人性的不同层面,富有内在的含蓄的道德意义,他采用的艺术方法是显示的而不附加任何补充说明,它是形象的感知,它是心灵的顿悟。这使莎士比亚的作品在人类社会里自然具有了永恒的、严肃深刻的思想意义与道德伦理价值。

也许,19世纪德国浪漫主义作家威廉·席勒格的评论可以作为我们进一步认识梁实秋对于莎士比亚创作态度的形象注脚。席勒格指出,莎士比亚的思想一般不在词藻方面,而是在事实方面,“他像一个全人类的代表,在未受到任何指点的各种情况下,用一切个人的身份去行动去说话。他赋予他笔下的想象人物以独立自在的活力,从而使他们在任何场合都按照大自然的一般规律而行动:他在自己的梦中建立了经验世界,这个经验世界被人坚信不疑地认作是根据清醒的目的建筑起来的。他笔下的人物并非仅仅为了观众的缘故去做什么或说什么,这种本领是使人难以设想并且永远学不到的;他只是通过显示的办法而不附加任何补充说明,把暗藏在这些人物内心深处的隐秘传达给观众”[④]。

三

通过上述探讨,我们可以清楚地看到,梁实秋接受莎士比亚是外因与内因相互作用的结果,而且内因起着至关重要的作用。由此我们

① 《梁实秋文集》第8卷,鹭江出版社2002年版,第597页。
② 《梁实秋文集》第8卷,鹭江出版社2002年版,第604页。
③ 《梁实秋文集》第8卷,鹭江出版社2002年版,第597页。
④ 参见歌德等著,张可等译:《莎剧解读》,上海教育出版社1998年版,第301页。

想阐释梁实秋接受莎士比亚所具有的理论意义，指出他并不像学界所普遍认为的那样是一个彻底的、坚定的古典主义者。因为，第一，他不是理性至上主义者，更非感情至上主义者，他不极端，他追求的终极境界是情与理的和谐状态。他后来赠友人刘真所写的“古典头脑，浪漫心肠”，也许是对他自己所做的一个最生动形象的注脚，否则也无法解释他从中庸角度对莎士比亚的评论。第二，梁实秋既重视道德内涵，又反对道德说教，在文学与道德关系的把握上表现出了相当稳健、理性的态度。这种稳健、理性的态度，同样显示了梁实秋对和谐平衡理念的价值追求。长期以来，我们的文学批评似乎总是在两个极端上徘徊，总是试图在寻找合适定位而又飘忽不定。我们曾经先是受“左”的思潮的干扰，于是社会历史批评大行其道，其极端做法致使文学批评变成了阶级分析和政治批评，文学自身的主体性受到了藐视和损害。这个沉痛的历史教训不能不汲取。然而，矫枉过正。新时期以来，随着西方各种形式主义文学理论的引入和运用，我们的文学批评又出现了另一种情况，即以对文学独立价值的张扬来试图消解社会历史批评的影响，颠覆其原有的合理价值，于是在某种程度上又造成了文学批评中精神与道德的失落，这种精神与道德的缺席，使得文学批评变成了一些批评者手中随意组合的无聊的文字游戏，也使得原本合理需要的审美性变成了失根的片面追求。因此，如何让文学批评真正走出误区而获得更加稳健有序的发展，梁实秋的批评思想在今天无疑具有借鉴价值和启迪意义。

（原文刊载于《外国文学研究》2008 年第 1 期）

梁实秋莎评的人性论特征及其意义

我们如果要对20世纪上半叶评论过莎士比亚的中国学人作一番梳理和检视的话，就不难发现，梁实秋是其中十分引人注目、特立独行的一位批评家。仅1932年—1939年间，梁实秋就发表20余篇莎评文章，成为这个时期国内撰写莎评最多的人。这些文章虽然评论内容各有不同，但是有一点是相同的，那就是他评论莎士比亚的立足点是基于人性论。众所周知，在20世纪二三十年代，梁实秋因宣扬"人性论"受到以鲁迅为代表的进步文人的联合围攻，被鲁迅骂为"丧家的资本家的乏走狗"。因此在相当长的一个时期里，梁实秋的名字是与臭名昭著的"人性论"和"丧家的资本家的乏走狗"紧紧联系在一起的。当然，经过长时间的沉淀，尤其是随着梁实秋的离世，大陆学者开始对他进行客观理性的评价，对他在许多方面所作的成就与贡献也都开始给予肯定，许多是是非非都在逐步得以澄清，正如有学者所指出的，"随着改革开放的深入，多元化的文化空间是不能使梁实秋缺席的"①。

梁实秋莎评的人性论基点

人性论是梁实秋文学批评的理论基石，他的莎士比亚评论同样立足于此。他说，"伟大的文学乃是基于固定的普遍的人性，从人心深处流出来的情思才是好的文学，文学难得的是忠实——忠于人性"，"人

① 高旭东：《梁实秋在古典与现代之间》，文津出版社2005年版，第2页。

性是测量文学的惟一的标准”。[①] 他还说,“批评之任务在确定作品之价值,而价值之确定,又有赖乎常态标准之认识”,“批评的主要的努力还是在于根据常态的人生经验来判断作品的价值”。[②] 梁实秋认为,人性是普遍的、固定的、永久不变的,文学的任务就在于描写这种根本的人性,文学表现人性才有永久性,才能经得起时间的检验,并不断以莎士比亚为例说明这个道理。他指出:莎士比亚所以永恒不朽,正是由于他的作品表现了基本的具有普遍意义的人性。他竭力为莎士比亚的人性立场辩护,指出他是基于人性的立场来揭示人生与社会的,他的描写具有适合人类的普遍性,不具体属于或代表哪一个阶级。

在 1926 年 10 月 27 日《晨报副刊》发表的《文学批评辩》一文中,梁实秋认为,文学乃人性的产物,“《依里亚德》在今天尚有人读,莎士比亚的戏剧,到现在还有人演,因为普遍的人性是一切伟大的作品之基础,所以文学作品的伟大,无论其属于什么时代或什么国土,完全可以在一个固定的标准之下衡量起来。无论各时各地的风土、人情、地理、气候是如何的不同,总有一点普遍的质素,用柏拉图的话说,便是‘多中之一’”[③]。他在《李尔王》辩中说:“莎士比亚的重要作品,没有一部其主题不是与人生有密切关系的。莎士比亚把握人的基本情感,所以他才成为‘不是某一时代的,而是为一切时代的’。《哈姆莱特》写复仇,《马克白》写罪恶,《奥赛罗》写嫉妒,《李尔王》写愤怒,这全是人类的基本情感。”[④]1933 年他在《文学杂志》第一卷第二期撰写《莎士比亚是诗人还是戏剧家?》一文中又指出:“莎士比亚的性格是富于想象的,但是他的想象的成分是可注意的。他的想象是伦理的(ethical),是集中的,是向人心的深处想;不是浪漫的,不是放肆的,不是向狂诞处想。他对于‘人’特别的感觉兴趣。他对于各阶层的人都感觉兴趣,于是运用他的想象力去求了解;他对于各方面的生活都感觉兴趣,于是运用他的想象力去求体验。他的作品便是此种了解与体

① 《梁实秋文集》第 1 卷,鹭江出版社 2002 年版,第 312 页。
② 《梁实秋文集》第 1 卷,鹭江出版社 2002 年版,第 302 页。
③ 《梁实秋文集》第 1 卷,鹭江出版社 2002 年版,第 125 页。
④ 《梁实秋文集》第 1 卷,鹭江出版社 2002 年版,第 694 页。

验的实录。”①梁实秋的艺术感觉是独特的、深刻的。他敏锐地注意到了莎士比亚富于想象的深处的伦理的人性的内容。例如，1936 年他在《李尔王》序中认为《李尔王》之所以伟大，重要原因之一就是该剧的“题材是有普遍性永久性的”，“这戏里描写的乃是古今中外无人不密切感觉的父母与子女的关系。父母子女之间的伦常的关系乃是最足以动人情感的一种题材，莎士比亚其他悲剧的题材往往不是常人所能体验的，而《李尔王》的取材则绝对的有普遍性。所谓孝道与忤逆，这是最平凡不过的一件事，所以这题材可以说是伟大的，因为它描写的是一段基本的人性”。② 1937 年，他在《暴风雨》序中还说，“莎士比亚在《暴风雨》里描写的依然是那深邃繁复的人性——人性的某几方面”，但“他依然是驰骋着他的想象”。③

翻阅梁实秋的莎评文章，这种人性论的批评随处可见。广而言之，梁实秋的人性论批评与西方文学批评传统有着内在联系。这一点无须多言。从细处看，人性论不仅来自他的老师白璧德，更来自 18 世纪英国著名批评家塞缪尔·约翰孙（1709—1784）。人们常常提到梁实秋的人性论与白璧德的渊源关系，却忽视了与约翰孙批评观的事实联系。然而，这正是我们探知梁实秋批评观的有据可查的另一重要来源。

约翰孙对梁实秋莎评观的影响

约翰孙对梁实秋莎评观的形成有深刻的内在的影响。这种影响不仅从他对约翰孙关于莎士比亚评论的认同上可以看出，也可以从他早年出版的著作《约翰孙》中对约翰孙批评观的介绍和肯定上看出。

约翰孙是 18 世纪欧洲文学批评史上一位具有很高的声誉的著名批评家，他的超卓见解不仅对后世的文学批评产生了极为深远的影响，而且成为 18 世纪莎评基调中的主旋律，是后世莎学研究者必读的

① 《梁实秋文集》第 8 卷，鹭江出版社 2002 年版，第 596 页。
② 《梁实秋文集》第 8 卷，鹭江出版社 2002 年版，第 491—492 页。
③ 《梁实秋文集》第 8 卷，鹭江出版社 2002 年版，第 258 页。

经典。他为编辑、出版《莎士比亚戏剧集》(1765)所撰写的长篇序言集中了约翰孙批评观的精华,尤其是他的莎评中的"人性"的基本观点。他明确指出文学批评应求援于人性[①]。据此,他认为,莎士比亚所以能赢得人们的普遍喜爱,获得超越时空的价值,最根本的原因就在于他"忠于普遍的人性"[②],"给具有普遍性的事物以正确的表现"[③]。莎士比亚超越所有近代作家,"是独一无二的自然诗人","是一位向他的读者举起风俗习惯和生活的真实镜子的诗人"[④],他的戏剧是"生活的镜子",是"用凡人的语言所表达的凡人的思想感情"[⑤],真实地揭示了人性最普遍的存在状态。他指出:"莎士比亚把遥远的东西带到我们的身边,使奇特的事物变为我们熟悉的东西;他所表现的事件可能不会发生,但是,假若真正发生了这个事件,那么它所引起的效果很可能正如莎士比亚所刻画的那样;我们可以说他不仅表现了在实际危难中人性的活动,而且也表现了在受到不可能遭到的折磨时人性的活动。"[⑥]所以,从表现普遍人性的真实状态的角度来强调、揭示莎士比亚的永恒魅力,是约翰孙对莎士比亚研究的一大历史性的跨越和贡献。

约翰孙的批评观深刻地左右着梁实秋对莎士比亚的评论。1932年,梁实秋在自己写的小册子《约翰孙》中认为,"约翰孙是英国文学上一个划时代的人物",是"一个值得研究的对象"[⑦],他写的序言是"最重要的一篇批评"[⑧]。这篇序言引起了"许多学者对于莎士比亚研究的热情"[⑨]。他在《约翰孙》序中说:"读过包斯威尔的《约翰孙传》的人,大概对于约翰孙都要发生强烈的爱慕了。至少我敢说我个人是

---

① 杨周翰编选:《莎士比亚评论汇编》(上),中国社会科学出版社1979年版,第43页。
② 杨周翰编选:《莎士比亚评论汇编》(上),中国社会科学出版社1979年版,第42页。
③ 杨周翰编选:《莎士比亚评论汇编》(上),中国社会科学出版社1979年版,第38页。
④ 杨周翰编选:《莎士比亚评论汇编》(上),中国社会科学出版社1979年版,第39页。
⑤ 杨周翰编选:《莎士比亚评论汇编》(上),中国社会科学出版社1979年版,第41页。
⑥ 杨周翰编选:《莎士比亚评论汇编》(上),中国社会科学出版社1979年版,第41页。
⑦ 《梁实秋文集》第8卷,鹭江出版社2002年版,第3页。
⑧ 《梁实秋文集》第8卷,鹭江出版社2002年版,第39页。
⑨ 《梁实秋文集》第8卷,鹭江出版社2002年版,第23页。

如此的”，并且声明说：“读者若觉得我对于约翰孙的赞美多于指责，那也许是私人嗜好之不自觉的流露，要请读者原谅的。”也是在这个序里，他格外明确地表示了这样的观点：“一个时代有一个时代的特殊情形，但是主要的人性是大致不变的，所以我们若以无偏见的态度去研究一时代的文学，这种研究永远是有兴味的工作。”①梁实秋在《约翰孙》中反复援引约翰孙关于“人性”的观点，例如：

最伟大优美之艺术厥为人性之模仿。

凡曾仔细研究人性，并且善于描写的人，最易有永久的声誉。

理性与人性是一律的不变的。

人性是永远一样的。②

梁实秋认为，约翰孙所说的“人性”的意思，“大概就是文学是普遍的固定的人性的描写，而人性（nature）这一名词的涵义也不外就是人的理性与情感的总和。文学的材料即是人生，而文学的精义即是人性的描写。”他说约翰孙“估量莎士比亚的作品，就完全是从这个出发点立论”③的。他阐发道：“约翰孙的宇宙观并不是以为宇宙是停止的，一成不变的，他是以为宇宙一切变动中存有不变动者在。人性即是变动中之不变动者，即是‘多中之一’。文学价值即在于这永远不变动之真理的描写。所以约翰孙特别注重文学家对于生活现象之选择的工夫，宜择其普遍者，而遗其琐细特别者。”④因此，梁实秋在1937年第十一期《北平晨报·文艺》上发表的《莎士比亚之伟大》一文中，引用了约翰孙针对莎士比亚的两段重要评论：

惟有普遍人性之适当的表现才能使大众得到快乐，并且长久的快乐。特殊的情形只有少数人知道，所以只有少数人能够判断

① 《梁实秋文集》第8卷，鹭江出版社2002年版，第3—4页。
② 《梁实秋文集》第8卷，鹭江出版社2002年版，第39页。
③ 《梁实秋文集》第8卷，鹭江出版社2002年版，第39页。
④ 《梁实秋文集》第8卷，鹭江出版社2002年版，第40页。

其表现是否逼真。幻想的创造之离奇的穿插也许能予人以暂时的快乐，因为一般人没有不好奇的；但是奇异的快乐不久就要消失，人心只能安稳的停留在固定的真理上面。

莎士比亚是一个表现人生的诗人，在这一点上他胜过了一切作家，至少胜过了一批近代作家。他忠实的把生活反映出来给读者看。他所描写的人物，不沾染某一地点的特殊风味而为其他各处人所未经验者；也不带少数人能懂的某一种特殊职业或学术的意味；也不受偶然的时髦或暂时的风尚之影响。他所描写的人物，是普遍人性之真实的产物，这种产物是世界永远产生的，我们永远能观察到的。他所描写的人物，其语言动作均受一些普遍的情感与原则之支配，此种情感与原则能激动一切人的心，能激动全社会的进行。别的诗人的作品里，其人物往往是个性特著的单人，在莎士比亚里，往往是类型。①

我们所以引用这两段话，意在说明：一是梁实秋对该观点关注之早，二是梁实秋在《约翰孙》和其他文章中对该观点都作过重点引述。他认为约翰孙“说破了莎士比亚之所以伟大的秘密。莎士比亚的作品是表现基本的、普遍的人性”②。足见约翰孙对梁实秋的影响。

当然，在梁实秋那里，“人性”一词的涵义既不是单一的理性，也不是纯粹的情感，而是人的理性与情感的总和。这种总和就是值得张扬的和谐的人性。这也是梁实秋对约翰孙观点的直接继承。

值得注意的是，我们从包斯威尔《约翰孙传》对约翰孙的一段经典评论，也可以明显感受到约翰孙对梁实秋莎评活动的实际影响。包斯威尔说，约翰孙把莎士比亚“这位不朽诗人的优缺点都作了淋漓尽致的表现”，“世人赞扬莎士比亚，如同咨询顾问，全根据自己的个人喜好和见解，而约翰孙则如同法官审判，严肃认真，不带偏见，一言九鼎，深得人们敬佩。他好比一个解说员，可他所做的一切早已超出复述的范

① 《梁实秋文集》第 8 卷，鹭江出版社 2002 年版，第 659—660 页。
② 《梁实秋文集》第 8 卷，鹭江出版社 2002 年版，第 660 页。

围。虽然他涉及的领域不能说全面广泛，可他就问题的探讨却十分深刻。这可以从后来步其后尘的一些杰出批评家的著作里得到确认。约翰孙的编辑本，对每一部剧情内容加以简明介绍，突出它的艺术特色，内容丰富”。① 如果将这段话与梁实秋莎评实绩结合起来，我们就不难发现：第一，梁实秋的确非常认同约翰孙；第二，梁实秋此后从相同的几个方面对莎士比亚每一剧本作简明介绍的思路受到了约翰孙编辑本的影响；第三，梁实秋对莎士比亚的辩证态度明显受到约翰孙的影响，他在高度赞扬莎士比亚时不讳言他的缺点。例如在《莎士比亚之伟大》一文中，他认为：“批评莎士比亚而能不偏不倚的最难得”，“莎士比亚是一个伟大的诗人，但有许多错误。我们不能因为发现了他有错误，便抹杀他的伟大；亦不能因为震于他的伟大，便抹杀他的错误。约翰孙在序里表示的态度最公正。”②

梁实秋人性论莎评的意义

探讨梁实秋莎评的人性论特征及其形成原因当然是重要的，但仅止于此又是不够的，我们还需要进一步思考、追问梁实秋莎评人性论特征的意义是什么，而这一意义只有在比较中才能得以彰显。通览梁实秋赴台前在大陆同时期其他批评家对莎士比亚的评论，我们大致可以归为两种批评价值取向：政治层面的批评与学术层面的批评。受当时中国救亡图存、变革社会的特定社会历史语境的影响，中国知识分子多推崇现实主义文学并自觉地与社会政治使命紧密地结合在一起，这使得基于政治层面的批评明显居于主导地位。

以茅盾的莎评为例。在中国莎士比亚接受批评史上，茅盾的莎评是不可低估的，因为他的莎评是直接服务于当时中国现实与文学创作的，所以颇具代表性。作为“文学研究会”“左联”的重要成员和“为人生而艺术”的文坛领袖之一，茅盾把莎士比亚定位于现实主义作家，积

① 包斯威尔著，蔡田明译：《约翰生传》，国际文化出版公司 2005 年版，第 83 页。

② 《梁实秋文集》第 8 卷，鹭江出版社 2002 年版，第 659—660 页。

极倡导对莎士比亚的传播与研究，对莎士比亚现实主义价值的看重成为他莎评的特色和最引人注目之处。1934 年，茅盾以“味茗”为署名发表在 8 月 20 日《文史》第 1 卷第 3 号上的《莎士比亚与现实主义》一文，成段转述了苏联专家狄纳莫夫 1933 年的论文《再多些莎士比亚主义》的主要观点，第一次向中国读者介绍了马克思、恩格斯对莎士比亚的评价，第一次借马克思、恩格斯的评价将莎士比亚与现实主义联系起来，为当时和后来莎士比亚在中国的批评定下了基调。值得注意的是，正是在这篇文章里，茅盾首次向中国读者介绍了“莎士比亚化”这一重要术语及其内涵。他说：“所谓苏维埃作家的‘莎士比亚化’，就是要能够找出活的真实的意象，以表现那正在进行中的发展和运动”，“就是要升到现代思想的顶点，彻底了解什么是科学，什么是知识，文化，以及马克司（马克思），恩格尔（恩格斯），列宁，斯太林（斯大林）的学说，然后思想不会枯窘，然后作品的内容将同时既清楚而又繁复，就像活的语言那样同时明快而又繁复”，“就是做自己阶级的勇烈的战士，以艺术为武器”，“就是站在人生的头阵，战斗著，创造著，工作著，挣扎著”，“就是找寻新的更有力的艺术创作的形式，抛弃那‘炫奇斗巧’的空虚的装饰主义，创造出思想与形式两俱完善的艺术品”。① 其实，“莎士比亚化”是一个内涵丰富的词汇，现实主义只是其中一个重要的方面。茅盾当时将“莎士比亚化”趋同于现实主义化的接受倾向，充分表现了他对来自红色社会主义国家的声音的坚信，尽管这种坚信后来证明具有一定的历史局限性。

上述倾向在茅盾 1939 年 10 月发表在《文艺月刊》第 2 卷第 2 期的《莎士比亚出生三七五周年纪念》一文中表现得尤为突出。在这篇重要的莎士比亚研究论文中，茅盾遵循着“从今日的现实的各大课题及明日的目的”的思路，从三个方面阐述了莎士比亚作为一个伟大的现实主义作家的现实意义。第一，莎士比亚对人类的愚昧、残暴、偏见、虚伪、嫉妒、奸诈“从来不抱冷淡的旁观者的态度”，他所表现出来的“为求真理的胜利而不惜牺牲个人的精神”，“正是各时代的求进步

① 《茅盾全集》第 33 卷，人民文学出版社 2001 年版，第 317—318 页。

的人们所亲切而宝贵的德行”。他塑造的不朽人物是“针对着人类的残暴、伪善和奸诈的而奋斗而挣扎(虽然大部分是失败的)‘造像’。他们唤起了对于更光明的未来的要求,他们主张着个性的更充分自由的发展。这就是莎士比亚的作品虽然是三世纪前的人生写照,但至今仍葆有活力而且为我们多爱好的原因了”。第二,“莎士比亚这位心理学家,用他深刻的观察和犀利的笔尖,剥落了他那时代的一切虚伪者的面具”,而“剥落这一切的面具,还是现代的文艺战士的任务,这又是莎士比亚的作品为什么对于我们是亲切的原因了”。第三,“在今日,法西斯的群魔比起莎士比亚所写的那些‘恶棍’,更其野蛮,更其没有人性。现在也是一个‘黑暗时代’,一切的虚伪,残暴,愚昧,偏见,在到处横行,然而同时,莎士比亚‘理想’的那些为了光明而斗争的英雄们,在今日已是现实的人,而且在世界各处,这斗争的火花已经预示着最后胜利的必然性。在今日纪念莎士比亚的三百七十五周年的生平,学习莎士比亚以加强我们的反法西斯的文化斗争的力量,是我们的主要课题”。[①] 在这里,茅盾把莎士比亚的现实价值和意义发挥到了淋漓尽致的程度,他对莎士比亚完全现实化的接受与评论具有鲜明的社会政治功利性。

较之茅盾、梁实秋对莎士比亚的批评则完全呈现为另一种状态。他的一系列莎评的出现,给当时已经社会政治化了的莎士比亚又赋予了另外一种生动鲜活的面目,也使他成为20世纪上半叶从学术层面一以贯之地研究莎士比亚的最具代表性的学者之一。这种本着学理探究、寻找普遍价值的学术性的批评,就是梁实秋莎评人性论特征背后所彰显的意义。如前所引,梁实秋认为莎士比亚的作品“没有一部其主题不是与人生有密切关系的。莎士比亚把握人的基本情感,所以他才成为‘不是某一时代的,而是为一切时代的’”[②]。由此,他反对把莎士比亚归属到某一个阶级里面去的狭隘做法。在他看来,“把一个作家硬派到某一阶级,从而断定其为某一阶级的代言人,从而断定其

---

① 《茅盾全集》第33卷,人民文学出版社2001年版,第469—471页。

② 《梁实秋文集》第1卷,鹭江出版社2002年版,第694页。

作品必系忠于某一阶级，更从而断定其任务必为拥护某一阶级并且反对与某一阶级对抗之阶级，其实是很牵强的”①。因为一篇作品当中，究竟哪一段是作者自己的意见，哪一段是作家描写别人的，很不可容易判断。特别“像戏剧小说之类，内中便颇多客观的描写，我们万万不可断章取义，硬派定某一句某一段是作者的自白。那是武断。可是有很多人陷入于此种错误”。他确信“莎士比亚作品的一个特殊处即：在作品中他很少鲜明的流露他个人的意见。……莎士比亚是给社会人生竖起了一面镜子，他不是一个主观的、抒情的、自我中心的诗人”②。因此，他辩证地指出，“莎士比亚作品中之讽刺的成分是有的，他的讽刺是向人性的缺陷及社会的不公道而发，这期间并无阶级的限制。任何伟大作家，对于人间疾苦都不能没有深厚的同情，然而他们的胸襟是廓大的，他们的同情是超阶级的”③，“任何阶级都有他的弱点，那弱点便都是可以成为文学家的讽刺的对象的”④。梁实秋的可贵之处在于，他强调文学自身的独立性和本真性，反对基于实用的考虑将文学作为工具来使用，尤其反对把文学仅仅变为表现阶级性、政治性和时代性的工具。他指出：“文艺与道德有密切的关系，但那关系是内在的，不是目的与手段之间的主从关系。我们可以利用戏剧而从事社会教育……但是我们必须注意，这只是借用性质，借用就是借用，不是本来用途。”因此，他反对“文艺是斗争的武器”⑤的说法。应该说，梁实秋这一在当时不被理解不被接受的观点，的确不无合理之处，今天已被理解和接受了。

总之，梁实秋基于人性论探寻莎士比亚戏剧创作的普世价值与艺术魅力，是他作为一个学者自由的学术选择，也是他辛勤耕耘、孜孜以求的目标。他的莎评是中国莎评史上不可分割的有机组成部分，是中国莎评中一份值得珍视的宝贵遗产。关注梁实秋的莎评研究，不仅有

---

① 《梁实秋文集》第8卷，鹭江出版社2002年版，第642页。

② 《梁实秋文集》第8卷，鹭江出版社2002年版，第615—616页。

③ 《梁实秋文集》第8卷，鹭江出版社2002年版，第644—645页。

④ 《梁实秋文集》第8卷，鹭江出版社2002年版，第648页。

⑤ 《梁实秋文集》第3卷，鹭江出版社2002年版，第140—141页。

助于我们探讨他的莎士比亚研究的价值和意义,而且通过他的研究可以展示莎士比亚在 20 世纪上半叶一个中国学者那里的存在状态,一种不同于现实政治的功利接受的命运礼遇。

(原文刊载于《外国文学研究》2011 年第 2 期)

梁实秋莎评特色论

引言:问题的提出

梁实秋不仅是中国第一位《莎士比亚全集》的翻译者,而且是一位著名的莎评专家。作为《莎士比亚全集》的翻译者,梁实秋越来越多地受到关注,不断有学者将他的莎译本同朱生豪的莎译本加以比较研究,对其翻译的特点及其优长予以充分肯定。而作为莎评专家的梁实秋,学界对他的认知实际上还停留在表层,缺乏学理上的梳理与探究。这不能不说是一个缺憾。本文拟对梁实秋的莎评特色作集中探讨,旨在为推动国内的梁实秋莎评研究抛砖引玉。

梁实秋的莎评文章主要包括两大类:一类是他为自己翻译的 37 部莎剧、两部长诗及十四行诗集所写的译序;一类是他撰写的内容各异的莎评文章,例如有综述西方莎评内容的,有介绍莎士比亚书目和译本的,也有探讨莎剧中具体问题的,等等。其中,他在大陆的莎评成果主要集中在 1932 年—1939 年。这个时期,他共发表 20 余篇莎评文章,是同期国内撰写莎评最多的学者。通观梁实秋的莎评,浓郁的人性论色彩、学术史的视野与对整体研究的关注以及温和、理性的辩证性,是其最显著的三大特色。

一、浓郁的人性论色彩

众所周知,人性论是梁实秋文学批评的理论基石。他说,“伟大的文学乃是基于固定的普遍的人性,从人心深处流出来的情思才是好的文学,文学难得的是忠实——忠于人性”,“人性是测量文学的惟一的标准”。[①] 他认为莎士比亚所以能够永恒不朽,正是由于他的作品表现了基本的具有普遍意义的人性。他说:“莎士比亚的重要作品,没有一部其主题不是与人生有密切关系的。莎士比亚把握人的基本情感,所以他才成为‘不是某一时代的,而是为一切时代的’。《哈姆莱特》写复仇,《马克白》写罪恶,《奥赛罗》写嫉妒,《李尔王》写愤怒,这全是人类的基本情感。”[②]而“普遍的人性是一切伟大的作品之基础,……无论其属于什么时代或什么国土,完全可以在一个固定的标准之下衡量起来。无论各时各地的风土、人情、地理、气候是如何的不同,总有一点普遍的质素”[③]。

梁实秋的人性论批评,沿袭了西方文学批评传统,特别传承了他的老师白璧德、18 世纪英国著名批评家塞缪尔·约翰孙的人性理论。约翰孙的人性论批评观对梁实秋产生了深刻的内在的影响。

约翰孙的超卓见解不仅对后世的文学批评产生了极为深远的影响,而且成为 18 世纪莎评基调中的主旋律,是后世莎学研究者必读的经典。约翰孙为编辑、出版《莎士比亚戏剧集》(1765)所撰写的长篇序言集中了他批评观的精华。他明确指出文学批评应求援于人性,认为莎士比亚所以能赢得人们的普遍喜爱,获得超越时空的价值,最根本的原因就在于他“忠于普遍的人性”,“给具有普遍性的事物以正确的表现”。他的戏剧是“生活的镜子”,是“用凡人的语言所表达的凡人的思想感情”[④],真实地揭示了人性最普遍的存在状态。而从表现普遍人性的真实状态的角度来强调、揭示莎士比亚的永恒魅力,是约翰孙对莎士比亚研究的一大贡献。

约翰孙的批评观深刻地左右着梁实秋对莎士比亚的评论。1932

---

① 梁实秋:《文学与革命》,载《梁实秋文集》第 1 卷,鹭江出版社 2002 年版,第 312 页。

② 梁实秋:《李尔王》辩,载《梁实秋文集》第 1 卷,鹭江出版社 2002 年版,第 694 页。

③ 梁实秋:《文学批评辩》,载《梁实秋文集》第 1 卷,鹭江出版社 2002 年版,第 125 页。

④ 约翰孙:《莎士比亚戏剧集》序言,载杨周翰编选:《莎士比亚评论汇编》(上),中国社会科学出版社 1979 年版,第 38 页、41 页、42 页。

年，梁实秋在自己写的小册子《约翰孙》中认为，约翰孙的这篇序言是“最重要的一篇批评”①。他在书序中明确表示了这样的观点：“一个时代有一个时代的特殊情形，但是主要的人性是大致不变的。”②他在《约翰孙》中还反复援引约翰孙关于“人性”的观点，“最伟大优美之艺术厥为人性之模仿”，“凡曾仔细研究人性，并且善于描写的人，最易有永久的声誉”，“人性是永远一样的”，等等。梁实秋认为，约翰孙所说的“人性”的意思，“大概就是文学是普遍的固定的人性的描写，而人性(nature)这一名词的涵义也不外就是人的理性与情感的总和。文学的材料即是人生，而文学的精义即是人性的描写”。他说约翰孙“估量莎士比亚的作品，就完全是从这个出发点立论”③的。因此，梁实秋在1937年发表的《莎士比亚之伟大》一文中，再次引用了约翰孙针对莎士比亚的一段重要评论：

> 莎士比亚是一个表现人生的诗人，在这一点上他胜过了一切作家，至少胜过了一切近代作家。他忠实地把生活反映出来给读者看。他所描写的人物，不沾染某一地点的特殊风味而为其他各处人所未经验者；也不带少数人能懂的某一种特殊职业或学术的意味；也不受偶然的时髦或暂时的风尚之影响。他所描写的人物，是普遍人性之真实的产物，这种产物是世界永远产生的，我们永远能观察到的。他所描写的人物，其语言动作均受一些普遍的情感与原则之支配，此种情感与原则能激动一切人的心，能激动全社会的进行。别的诗人的作品里，其人物往往是个性特著的单人，在莎士比亚那里，往往是类型。④

值得注意的是，我们从包斯威尔《约翰孙传》对约翰孙的一段经典

---

① 梁实秋：《约翰孙》，载《梁实秋文集》第8卷，鹭江出版社2002年版，第39页。

② 梁实秋：《约翰孙》序，载《梁实秋文集》第8卷，鹭江出版社2002年版，第3—4页。

③ 梁实秋：《约翰孙》，载《梁实秋文集》第8卷，鹭江出版社2002年版，第39页。

④ 梁实秋：《莎士比亚之伟大》，载《梁实秋文集》第8卷，鹭江出版社2002年版，第659—660页。

评论,也可以明显感受到约翰孙对梁实秋莎评活动的实际影响。包斯威尔说,约翰孙把莎士比亚“这位不朽诗人的优缺点都作了淋漓尽致的表现”,“世人赞扬莎士比亚,如同咨询顾问,全根据自己的个人喜好和见解,而约翰孙则如同法官审判,严肃认真,不带偏见,一言九鼎,深得人们敬佩。他好比一个解说员,可他所做的一切早已超出复述的范围。虽然他涉及的领域不能说全面广泛,可他就问题的探讨却十分深刻。这可以从后来步其后尘的一些杰出批评家的著作里得到确认。约翰孙的编辑本,对每一部剧情内容加以简明介绍,突出它的艺术特色,内容丰富”。① 如果将这段话与梁实秋莎评实绩结合起来,我们就不难发现,第一,梁实秋的确非常认同约翰孙。第二,梁实秋此后从相同的几个方面对莎士比亚每一剧本作简明介绍的思路受到了约翰孙编辑本的影响。第三,梁实秋对莎士比亚的辩证态度明显受到约翰孙的影响,他在高度赞扬莎士比亚时不讳言他的缺点。例如在《莎士比亚之伟大》中谈到浪漫派莎评的不足时认为,浪漫派莎评把莎士比亚偶像化,把他赞扬到一个超人的地步,“我们却要留心的加以检讨。批评莎士比亚而能不偏不倚的最难得”。“莎士比亚是一个伟大的诗人,但有许多错误。我们不能因为发现了他有错误,便抹杀他的伟大;亦不能因为震于他的伟大,便抹杀他的错误。约翰孙在序里表示的态度最公正。”②第四,梁实秋的莎评看似复述、介绍成分多,实则内容丰富,深蕴功力,而且他的文章颇有现代学术研究的特点,即学术史的视野与整体研究的关注。

当然,梁实秋人性论批评观的局限性也是不言而喻的,这在他早期与鲁迅的论争中就表现得十分突出,不再赘述。

二、学术史的视野与对整体研究的关注

梁实秋在作于1932年的文章《介绍两本莎士比亚书目》中说:“现

---

① 包斯威尔著,蔡田明译:《约翰生传》,国际文化出版公司2005年版,第83页。

② 梁实秋:《莎士比亚之伟大》,载《梁实秋文集》第8卷,鹭江出版社2002年版,第659—660页。

在大家都说我们的新文学是受外国文学影响了,其实仅是现代的外国文学给我们相当的刺激,好比是前哨的接触,离主力的冲突尚远。萧伯纳、高尔士、倭绥虽已与我们混得厮熟,而于其更伟大之作家如莎士比亚者,恐怕尚少深刻之认识。一般人大概只是习闻莎士比亚的大名而莫测高深。”为此,他为有志于研究莎士比亚的人积极介绍、推荐莎士比亚书目,“因为要研究莎士比亚,莎士比亚书目是不能少的工具”①。梁实秋是较早介绍、关注莎士比亚书目的中国学者。他已经意识到,对莎士比亚的介绍和研究应该置身于在一个学术史的大视野下来进行,应该知道西方几百年来是怎样评说莎士比亚的。由此我们发现,梁实秋莎评呈现出第二个特色,即学术视野的开阔性和对西方莎学研究的整体把握。这种批评使他的评论常常旁征博引,信手拈来,左右逢源,显示了对西方莎学如数家珍的博大视野。他发表于1933 年的两篇长文《莎士比亚在十八世纪》和《哈姆雷特问题之研究》就是从学术史的角度整体把握西方莎士比亚研究的。

《莎士比亚在十八世纪》是在这样一个具体背景下完成的。1933年,张沅长在武汉大学《文哲季刊》第 2 卷第 2 号上发表了一篇题为《莎学》的文章,首次在中国明确提出了“莎学”的概念,并将它与中国的“红学”相提并论,而且还介绍了西方莎评的主要派别以及兰姆、赫兹列特、柯勒律治等莎评家。这篇文章引起了梁实秋的兴趣,但读后却令他“颇感失望”。于是他在天津《益世报·文学周刊》上撰文《莎士比亚在十八世纪》以作呼应。他认为张文有三点不足:一是大题小做,太过简单;二是不扼要,杂乱无章;三是论断含糊笼统。鉴于此,他认为“学术研究的文字,当求其精到深刻”。西洋文学已经被西方人“整理得很像个样子,中国人难以再有什么研究的贡献”,“那么便该先去努力接受西洋文学学者已经贡献的成绩”。② 为此,梁实秋专门介绍了英国学者斯密士 1928 年出版的著作《莎士比亚在十八世纪》。

---

① 梁实秋:《介绍两本莎士比亚书目》,载《梁实秋文集》第 8 卷,鹭江出版社 2002 年版,第562—563 页。

② 梁实秋:《莎士比亚在十八世纪》,载《梁实秋文集》第 8 卷,鹭江出版社 2002 年版,第565—567 页。

应该说,梁实秋的《莎士比亚在十八世纪》还属于译介性质,其内容对于今天研究莎士比亚的中国学者来说已是耳熟能详的常识,但在当时这些介绍还是颇为新鲜的,为当时的莎士比亚爱好者开启了一扇窗户,让他们了解到西方人在18世纪研究莎士比亚的总体情况。梁实秋的介绍中,除了有关西方学者对莎士比亚版本的贡献以及提供的相关研究书目等内容外,还让我们在两个方面获取了非常具体的信息。第一,18世纪是西方莎士比亚研究的一个重要转折时期,也就是梁实秋所说的从旧派批评到新派批评的转折,即莎士比亚批评开始由古典主义审美批评向浪漫主义审美批评的过渡。第二,约翰孙在这个莎评转折时期具有重要的历史地位:他既是旧派批评的集大成者和最后代表,又是新派批评的开端者。旧派批评的特点之一就是专就莎士比亚全部作品立论,而不以单个剧作为对象,所以其方法是概括的、不是分析的;新派批评的主要趋势之一,是由莎剧中的人物研究进而研究到莎士比亚本人。这一主要趋势实由约翰孙发其端。① 梁实秋这篇文章,扩大、丰富了张沅长提出的"莎学"概念的内涵,使人们对"莎学"有了更为具体、感性的认知。

从作者的研究思路看,《哈姆雷特问题之研究》当是《莎士比亚在十八世纪》的姐妹篇,两者具有接续关系。因为梁实秋在上述文章末尾处已经点出了"哈姆雷特问题",并且指出随着新方法的运用,这一问题的结论更显分歧;同时,《哈姆雷特问题之研究》探讨的是19世纪莎评的相关话题。

《哈姆雷特问题之研究》站在国际莎学研究学术史的高度,条分缕析了西方关于哈姆雷特问题的来龙去脉以及有代表性的诸家观点。这篇文章最引起我们关注的地方是梁实秋表现出来的问题意识,或者说他对莎士比亚研究中一些重要学术问题的敏锐把握和积极探究。他指出,当托马斯·汉莫1736年提出哈姆雷特问题,即哈姆雷特为何不能迅速地把篡位者杀死,而是一再表现出"延迟"的问题后,便引起

① 梁实秋:《莎士比亚在十八世纪》,载《梁实秋文集》第8卷,鹭江出版社2002年版,第576页。

了众多西方学者的探讨。其中最值得注意的是浪漫派莎评。梁实秋不仅较为详尽地介绍了麦克兹、歌德、柯勒律治、赫兹列特、道登、施莱格尔、里茨等人的批评观点,认为浪漫派莎评"把哈姆雷特当作一个软弱而不适于报仇的青年,这是一个基本观念"①;而且又指出了浪漫派莎评存在的问题:"所有的浪漫派的批评都不能免于主观的毛病。批评者虽然口口声声说是要寻求莎士比亚的原意,而实际上只是说明自己的印象罢了。个人自由的运用想象力,于是各人有各人想象中的哈姆雷特,结果不但不能解决问题,反倒节外生枝地添出许多问题来。"②尽管还有些批评不是从主观的认识来寻求解释,而从剧情中寻求客观的"延迟"的理由,但仍然是以想象的方法去寻找客观的论据,仍不免于浪漫的气息。所以他认为"浪漫的解释无论如何美妙动听,但是缺乏证据。各派解释之互相冲突,便足以证明想象的主观的方法是不可靠的"③。

在梁实秋看来,浪漫派的解释仅仅是臆测;他们有意无意地存有这样一个预设:在哈姆雷特的"延迟"里一定含有莎士比亚的某种深意,这其中一定有一个谜。这种预设让批评家们猜了一百多年,"人人都以为自己猜着了,而人人猜测的都不相同"。因此,晚近的《哈姆雷特》批评有了一个很重要的态度的改变,即承认哈姆雷特问题的存在,而不假设这是莎士比亚有意制造的一个谜。梁实秋认同这一新观点并解释道,莎士比亚创作该剧并不曾准备留给一百年以后的批评家去推敲,他编戏原是为舞台上演的,都是用来供观众娱乐的,而且当时的观众成分很复杂,一般来说知识程度都很低,所以他不会让观众去解谜。由此他得出一个结论:"越是伟大的文学作品,越没有谜,伟大作

---

① 梁实秋:《哈姆雷特问题之研究》,载《梁实秋文集》第8卷,鹭江出版社2002年版,第582—583页。

② 梁实秋:《哈姆雷特问题之研究》,载《梁实秋文集》第8卷,鹭江出版社2002年版,第583页。

③ 梁实秋:《哈姆雷特问题之研究》,载《梁实秋文集》第8卷,鹭江出版社2002年版,第584页。

品永远是简单清楚的。”[①]

然而，梁实秋清楚，“我们假设没有谜在《哈姆雷特》里面，但问题仍然存在。假如我们不能合理的解决这个问题，那么我们的假设没有谜，和传统的假设有谜，便无优劣可分”[②]。于是，他从版本学角度，对《哈姆雷特》的版本历史进行了简约的梳理，然后认为，哈姆雷特故事在莎士比亚手里并不是一下子化腐朽为神奇的，而是在慢慢进化着，但始终没有进化到一个最完备无瑕的境界。莎士比亚编哈姆雷特故事，最初是根据传统故事略加润饰编排就匆匆上演。刊于1603年的第一版四开本便是莎士比亚初稿的盗印本。莎士比亚对盗印本中出现的错误深为不满，也对自己的初稿颇不满意，所以翌年立刻刊行了第二版四开本，且在标题页上特别声明这是“按照完美的真本重印，内容较前增加一倍”。“由第一版四开本到第二版四开本，是《哈姆雷特》在莎士比亚手里的一大进化，由简陋的报仇流血的戏剧变成一出深刻蕴藉的戏剧。”第一版是初稿，是传统的哈姆雷特，第二版是定稿，是真正的莎士比亚风味的哈姆雷特。两个版本相比，剧中情节并无多大的改变，只是第二版添加了许多心理解释的大段独白。“假如莎士比亚从没有改编第一版为第二版，则哈姆雷特问题根本不致发生，即使发生亦不致若是之复杂。”可见，“哈姆雷特问题是随着莎士比亚的改编剧本而起来的”，“所谓哈姆雷特问题者，所谓哈姆雷特之谜者，不过是起源于莎士比亚编剧时之疏误而已”，“现代的莎士比亚批评家差不多都采取了这一种基本观点”。[③]

如果说，梁实秋写作《哈姆雷特问题之研究》一文，仅仅是为了梳理“哈姆雷特问题”，那么它的意义也只能停留在介绍和开阔视野的层面上。但是梁实秋在此基础上另有更深一层的“感想”，由此也更突显了文章高屋建瓴的价值：

---

① 梁实秋：《哈姆雷特问题之研究》，载《梁实秋文集》第8卷，鹭江出版社2002年版，第585页。

② 梁实秋：《哈姆雷特问题之研究》，载《梁实秋文集》第8卷，鹭江出版社2002年版，第586页。

③ 梁实秋：《哈姆雷特问题之研究》，载《梁实秋文集》第8卷，鹭江出版社2002年版，第588—589页。

> (一)哈姆雷特问题之研究,不但其本身是饶有兴味的一段工作,由此我们还可明白几种批评方法的上下优劣,我们可以看出浪漫派的批评是如何的不可靠,文学批评是如何的需要研究的根据。(二)莎士比亚并不是绝对的没有疵谬的作家,一切作家都不可被当作偶像看待,一个最伟大的作家之最杰出的作品也是有许多缺漏遗憾的。①

作为批评家的梁实秋透过哈姆雷特问题的研究,对批评方法自然有着更为特殊的敏感与更为自觉的鉴别和接受。他看重"研究的根据"在文学批评中的价值,因此主张用版本考据和比较方法来研究问题,这样的方法"有事实根据","不是主观的悬想"。② 更值得注意的是,梁实秋提出了评价作家作品的原则与标准的重要性。他主张对作家作品应该给予实事求是的评价和研究,不隐恶,不溢美,反对将作家偶像化,因为即使"一个最伟大的作家之最杰出的作品也是有许多缺漏遗憾的"。如果一味地把莎士比亚因疏漏而造成的作品中的瑕疵作为作家有意设下的思想之谜去研究,不但无助于事实真相的揭示,反而有损于作家的伟大。梁实秋研究莎士比亚和翻译莎士比亚都以一贯之地坚持着这种批评态度。

需要指出的是,梁实秋对浪漫派莎评的批评,与他从美国归来后文学思想的转变有关。出国前他对浪漫主义颇有好感,但在哈佛大学选修了白璧德的"英国十六世纪以后的文学批评"课程后,他认为白璧德"很有见解,不但有我们前所未闻的见解,而且是和我们自己的见解背道而驰"。于是他带着浓厚的兴趣认真阅读了白璧德的《新拉奥孔》《卢梭与浪漫主义》《批评家与美国生活》等著作,这使他"平夙心

① 梁实秋:《哈姆雷特问题之研究》,载《梁实秋文集》第8卷,鹭江出版社2002年版,第593页。

② 梁实秋:《哈姆雷特问题之研究》,载《梁实秋文集》第8卷,鹭江出版社2002年版,第592页。

中蕴结的一些浪漫情操几为之一扫而空"①,从而转向古典主义。不过,他并没有在古典主义和浪漫主义之间走极端,相反他试图在两者之间寻找一种平衡与和谐:"在一国的文学里,在一时代的文学里,甚至在一个人的文学里,都可以看出一方面是开扩的感情的主观力量,一方面是集中的理性的客观的力量,互相激荡。纯正的古典观察点,是要在二者之间体会得一个中庸之道。"②梁实秋不反对情感的作用,但反对情感的泛滥,反对情感超越理性的限制。他提出文学的纪律的主张,就是针对情感的泛滥而发的。因此,他看到浪漫派批评家探讨哈姆莱特"延迟"的原因时,都过于情感化,自然不能苟同。

三、温和、理性的均衡感

梁实秋基于学术立场探讨莎士比亚,这使他的文章不偏激,不武断,表现出温和、理性的均衡感。例如从中庸、和谐的角度解释莎士比亚,是梁实秋接受莎士比亚的显著特征之一。他在《莎士比亚的思想》一文中认为,莎士比亚"主张中庸之道","莎氏的思想走的是一个中间路线,一个实际可行的路线,很稳当",他的戏剧所描写的"合于中庸"。③ 梁实秋不同于国内其他任何学者的地方就在于,他没有把莎士比亚简单地框定在古典主义或者浪漫主义或者现实主义的流派里作狭隘的理解,而是从和谐、中庸的理念出发来感知、评论莎士比亚,并且把他作为一个具有超越性的以表现人性为旨归的杰出的天才作家。在一个以个性自由为标志、以反传统破秩序为使命的特定语境里,他的评论反而求常态、求和谐,显得有些不合时宜,但这也恰恰形成了他的莎评的个性特征。

我们还可以从两个方面来看梁实秋温和、理性的批评特点。

---

① 梁实秋:《影响我的几本书》,载《梁实秋文集》第5卷,鹭江出版社2002年版,第200页。

② 梁实秋:《文学的纪律》,载《梁实秋文集》第1卷,鹭江出版社2002年版,第135页。

③ 梁实秋:《莎士比亚的思想》,载《梁实秋文集》第1卷,鹭江出版社2002年版,第665页。

第一,他对人性与阶级性关系问题的看法。如果我们客观冷静而又细细地考察一下,便会发现,宣称文学没有阶级性的梁实秋其实是承认文学有阶级性的,只是对文学来说,阶级性是次要的,而人性则是主要的。梁实秋在《人性与阶级性》一文中以莎士比亚的悲剧《马克白》为例,指出:

> 若在新的观点之下加以剖析,我们一定不能轻轻放过莎士比亚与哲姆斯皇帝的关系,我们一定要在说明莎士比亚如何受皇帝保护,如何谄媚皇帝,如何附会迷信等问题上大做文章,这样的文章做出来当然有趣,且与理解剧中某几部分是大有裨益的。但是,这是研究,不是研究的全部;这是批评的资料,不是批评的本身。说明了莎士比亚的阶级性,并不能说明莎士比亚作品的全部意义。……莎士比亚写《马克白》是为哲姆斯开心的,现在哲姆斯死了,我们看着也感觉喜悦,这也是莎士比亚所不及料的。莎士比亚在《马克白》中描写的是什么样的心理,用的是什么样的艺术手段,这便是阶级问题以外的问题。《马克白》的外部历史与其内在的研究,是截然二事。'阶级'云云,是历史方面背景方面的一部分研究,真正的批评是要发挥这剧中的人性。①

在这里,梁实秋认为阶级性只是历史背景研究的一部分,属于外部研究,"我们并不反对任何人来做这样的工作,不过若有人以为这即是批评,非如此便非批评,那么我们是不敢苟同的了"。"因为单是阶级并不能确定一作家或作品的意识与艺术,至少民族性遗传性教育训练等也是形成文学的内容与形式之不可免的因子。"②而人性则属于内部研究,"文学的精髓是人性描写。人性与阶级性可以同时并存的,但是我们要认清这轻重表里之别"③。"我们估量文学的性质与价值,

---

① 梁实秋:《人性与阶级性》,载《梁实秋文集》第1卷,鹭江出版社2002年版,第488—489页。

② 梁实秋:《人性与阶级性》,载《梁实秋文集》第1卷,鹭江出版社2002年版,第488页。

③ 梁实秋:《人性与阶级性》,载《梁实秋文集》第1卷,鹭江出版社2002年版,第489页。

是只就文学作品本身立论。"①实际上,梁实秋提出了文学研究中一个非常重要的问题,即如何正确处理好文学的外部研究与内部研究的关系,他强调文学本身才是文学批评的重心。而强调文学的阶级性的做法,"错误在把阶级的束缚加在文学上面,错误在把文学当做阶级斗争的工具而否认其本身的价值"②。他反对把文学当作宣传品,当作阶级斗争的工具,"我们不能承认宣传式的文字便是文学"③。可见,他完全是站在文学的立场来维护文学的独立价值。"左翼批评家"强调作家阶级性的问题,"当然未尝不可",只是用如此简单的尺度去衡量呈现出"很复杂的"形态的文艺,"未必能估计出它的真价值"。梁实秋认为"莎士比亚是属于资产阶级的,这是不避讳的事实,可是若说他的作品便都是为了有利于本阶级而作,那便不尽然"。为此他发表《〈威尼斯商人〉的意义》一文辩称:"我们现在论《威尼斯商人》的意义,只能就剧本立言,看看我们从剧本中能体会到什么意义;至于莎士比亚本来的意义,我们是不易揣测的。"④对于剧中犹太人被压迫的动人描写,他不说莎士比亚有意要为被压迫民族吐气,只说"莎士比亚描写了犹太人被压迫的事实。夏洛克并不是怎样完好无缺的人,但他是一个血肉做的人,他值得我们同情"。他大段援引海涅关于夏洛克的著名论断后指出:"莎士比亚并不曾完全站在夏洛克这一面,也不曾站在安东尼那一面,他是很客观的描写了这一段冲突,很公正的描写了在冲突中双方所表现出来的情感。莎士比亚不代表哪一个阶级,他代表的是人道。"⑤

由此,梁实秋认为,如果我们随意从莎剧对话中挑出某一段某一

① 梁实秋:《文学是有阶级性的吗?》,载《梁实秋文集》第1卷,鹭江出版社2002年版,第323页。

② 梁实秋:《文学是有阶级性的吗?》,载《梁实秋文集》第1卷,鹭江出版社2002年版,第322页。

③ 梁实秋:《文学是有阶级性的吗?》,载《梁实秋文集》第1卷,鹭江出版社2002年版,第324页。

④ 梁实秋:《〈威尼斯商人〉的意义》,载《梁实秋文集》第1卷,鹭江出版社2002年版,第666页。

⑤ 梁实秋:《〈威尼斯商人〉的意义》,载《梁实秋文集》第1卷,鹭江出版社2002年版,第670页。

句话，就硬说这是作者本人思想情感的表达，便是断章取义。梁实秋承认莎士比亚的作品有讽刺的成分，但他并不认为莎士比亚有什么阶级偏见。“莎士比亚的讽刺是向人性的缺陷及社会的不公道而发，这期间并无阶级的限制。任何伟大作家，对于人间疾苦都不能没有深厚的同情，然而他们的胸襟是廓大的，他们的同情是超阶级的。”①他在《莎士比亚与劳动阶级》一文中说：“莎士比亚讥笑了劳动阶级，如他讥笑了其他阶级一样。任何阶级都有他的弱点，那弱点便都是可以成为文学家的讽刺的对象的。并且我还可以说，莎士比亚时代的观众，里面也杂有劳动阶级，而那时候的劳动阶级很喜欢看莎士比亚的戏，并不感觉到莎士比亚特别的和劳动阶级过不去。”②显然如果我们仅仅或主要着眼于阶级分析的方法而忽略其他方面的考察，那么往往会将复杂的作品简单化或单一化。而经久传世的作品之所以伟大与不朽，的确在于其具有超阶级、跨时空的特质。

梁实秋以人性论反对“左翼”文学的唯阶级论以及将文学当作阶级斗争工具的批评，具有相当的合理性。“从理论层面上看，无论是唯人性论还是唯阶级论，都是片面的，梁实秋后期的理论调整，就是在不否定阶级论与时代性的基础上张扬人性论，并且在论及阶级性的时候还要考虑民族性、遗传性等复杂因素，使其理论显得更为合理。而且梁实秋将阶级、民族、遗传等看作文学的外部研究，而要人关注作品本身的研究，就已经有点‘新批评’的味道了，尽管梁实秋在这条路上走得并不远。我们知道，白璧德的另一学生艾略特就成为新批评派的先驱者。尤其是当整个文坛都被‘左翼’文人所震慑的时候，梁实秋的反潮流应该给予特别的关注。”③

第二，梁实秋不刻意挖掘莎士比亚戏剧作品的主题，不对其作任意拔高，而往往是力图从剧本创作的历史语境出发分析剧本的初始动

① 梁实秋：《关于莎士比亚》，载《梁实秋文集》第8卷，鹭江出版社2002年版，第644—645页。

② 梁实秋：《莎士比亚与劳动阶级》，载《梁实秋文集》第8卷，鹭江出版社2002年版，第648页。

③ 高旭东：《梁实秋在古典与浪漫之间》，文津出版社2005年版，第168—169页。

机,并在此基础上延伸、探寻其潜存和蕴涵的意义。这样的莎士比亚评论是辩证的、中肯的。这不仅体现了学术研究的客观性与层次性,而且为读者更真实更亲切地接近、解读莎剧提供了一个较为全面的视野。例如1933年,梁实秋撰文《〈马克白〉的历史》一文,详细介绍美国康乃尔大学著名莎学专家亚当斯教授关于《马克白》与英王哲姆斯一世关系的考证与研究,认为莎士比亚此剧“是为庆贺斯图亚特王朝并且是为奉承哲姆斯而作”,因哲姆斯“登基之始与英民情感尚疏,人民亦多不知这位新王的家族历史。哲姆斯是很得意地遥奉11世纪班柯为其始祖,爱丁堡之人民或已熟闻之,伦敦之人民则毫不知情。所以莎士比亚在《马克白》一剧表扬哲姆斯先祖之丰功伟绩,并礼颂此王家血脉之绵延不衰”。但从该剧的构造及文笔而言,其为急就章亦殆无疑义。亨脱说得好:“‘此剧颇似草稿性质,虽然不能说是未竣工的作品,但须要修润引申之处甚多。’”然而该剧“于罪人心理之刻画最为深入,故能成为不朽之作。凡稍通英文学者,谅无不熟读斯篇者也”。所以梁实秋希望借此为爱读《马克白》的读者提供一个“参证”①。后来他在《马克白》序中也说,莎士比亚当初写作该剧虽是为供王室娱乐,但这丝毫无损于它的价值。“此剧不仅奉承了哲姆斯,三百年来已供给了无数的观众以享乐,此剧原来之贵族的色彩早已随着历史而消失其重要了。巫术的描写,在当初是剧中重要的一部分。但就我们现在看来,重要的是描写犯罪心理的部分”,“由野心而犹豫,而坚决,而恐怖,而猜疑,而疯狂,这一串的心理变化,在这戏里都有了深刻的描写,这便是《马克白》的意义”。而对这种意义的阐释,梁实秋认为朗斯伯莱的批评最具代表性:“罪恶一旦掌握了一个人的灵魂,其逐渐使人变质的力量是如何伟大。这种力量在不同的性格上产生出不同的悲惨的效果,对于此种效果加以研究是非常饶有心理的与戏剧的意味的。”②

---

① 梁实秋:《〈马克白〉的历史》,载《梁实秋文集》第8卷,鹭江出版社2002年版,第605—611页。

② 梁实秋:《马克白》序,载《梁实秋文集》第8卷,鹭江出版社2002年版,第475页。

梁实秋1933年在一篇文章中说:“我总以为尽力保持莎士比亚的本来面目为妙。普通人常把莎士比亚偶像化,以为猥亵的字句足使作品减色,其实莎士比亚的作品除其永久价值以外,亦自有其时代精神地方色彩,妄事删削,大可不必。”①在这里,梁实秋虽然谈的是翻译,却同样体现了他一贯的批评原则。他希望“尽力保持莎士比亚的本来面目”,正是为了使读者不忽略其创作的具体语境和时代情况,能更动态地、完整地认识莎士比亚经典化的过程,而不把他神话化。但梁实秋同时强调,不管莎士比亚当初创作动机如何,他所表现的那些奉承的具有特定局限性的东西又早已随历史的变迁被人忽略,而真正使他得以永恒的,是他在描写中所表现出来的具有超时空普遍意义的人性的内容。当然,人们可以对这种人性的普遍性从不同角度不同层面做出不同的解读,得出具有个性的看法。正是在这个过程中,莎士比亚才成为具有超阶级性的说不尽的莎士比亚。这种实事求是的态度尤为可贵。

结语:梁实秋莎评的意义

中国新时期以来,西方形形色色的批评理论、批评方法的移入和运用,使得国内莎评无论就其关注的广度,还是研究的深度都有了长足的进展,是以往任何时期都不能比拟的。在如此丰硕的研究成果的比照下,也许梁实秋的莎评文章似乎真的显得有些陈旧、一般,特别在有些方面还停留在评介的层面上。但是,只要我们把梁实秋的莎评放在20世纪上半叶中国莎士比亚批评史的视阈里,并以实事求是的历史的眼光、比较的眼光加以审视,就不能否认梁实秋莎评的独特性与可贵性,就不能忽略梁实秋莎评的价值和意义。

20世纪30年代,救亡图存、变革社会的时代需求,决定着中国在文学创作、文学译介、文学研究等领域对文学的社会政治功利性的强

① 梁实秋:《莎翁名著〈哈姆雷特〉的两种译本》,载《梁实秋文集》第8卷,鹭江出版社2002年版,第556—557页。

调,无疑使当时的文学创作与批评活动折射出强烈的政治实用意识。自然,政治的、革命的、阶级的意识成为批评活动中压倒一切的主导意识。以天下兴亡为己任的中国知识分子,理所当然地多推崇现实主义文学并自觉地与社会政治使命紧密地结合在一起,主要基于现实政治的批评而非学术探究的批评也因此成为时代的主旋律。体现在莎士比亚批评上,政治层面的莎士比亚研究显然压倒了学术层面的莎士比亚研究,更多的是强调他创作的现实主义倾向和为现实服务的意义。在这方面,作为"文学研究会""左联"的重要成员和"为人生而艺术"的文坛领袖之一,茅盾的莎评极具代表性。他于 1934 年发表的《莎士比亚与现实主义》和 1939 年发表的《莎士比亚出生三七五周年纪念》两篇文章,就是直接服务于当时中国现实与文学创作的。前者通过介绍苏维埃作家的"莎士比亚化"内涵,号召人们"做自己阶级的勇烈的战士,以艺术为武器","站在人生的头阵,战斗著,创造著,工作著,挣扎著"。[①] 后者阐述了莎士比亚作为一个伟大的现实主义作家的现实意义:抗击黑暗、野蛮和残暴,为求真理不惜牺牲个人生命,"加强我们的反法西斯的文化斗争的力量",对"最后胜利的必然性"充满信心。[②] 茅盾把莎士比亚的现实价值和意义发挥到了淋漓尽致的程度。

较之茅盾,梁实秋对莎士比亚的批评则完全呈现为另一种状态。他的一系列莎评赋予当时已经社会政治色彩化了的莎士比亚另外一种生动鲜活的面目,为读者提供了另一视角,使多元化的莎士比亚批评成为可能。梁实秋莎评的出现,无疑具有这样一种象征意义:在现实功用思想突出、社会政治诉求强烈的氛围下,依然有学人热心于探究丰富的人性,表现出了对学术探寻的尊重。

梁实秋的莎评主要是基于学术的探讨。他所关注的是世界范围内莎士比亚研究的观点与问题,体现出来的是对西方莎学研究自觉的整体把握。他的莎评文章虽然主要取译介的方式,但终究是经过他个

---

① 茅盾:《莎士比亚与现实主义》,载《茅盾全集》第 33 卷,人民文学出版社 2001 年版,第 317—318 页。

② 茅盾:《莎士比亚出生三七五周年纪念》,载《茅盾全集》第 33 卷,人民文学出版社 2001 年版,第 469—471 页。

人的视角和感受而写就的，其间融会着他的宝贵见解，因此也就具有了不同于他人的个性化特点。这个特点就是超然于当时社会政治主流的、不带功利性的文学批评。从这个角度说，不管梁实秋是对别人观点的介绍和引进，还是个人的独立研究，所传递出来的都是具有批评价值的信息。他在20世纪30年代就能从学术史研究的角度审视和梳理西方莎士比亚研究成果，较为系统翔实地介绍莎士比亚创作的方方面面，让当时的中国读者极为新鲜地、也较为全面地认识了莎士比亚的魅力以及西方莎学发展概况，大大开阔了读者的阅读与认知视野。中国有意识地译介西方莎评成果（以杨周翰先生主编的《莎士比亚评论汇编》为代表）是后来的事。由于梁实秋坚持学术探究，所以他总能自觉地从剧本本身出发探寻其初始意义、人性意义；他既能看到莎士比亚现实主义的一面，又不忽略其浪漫主义的特质；他对莎士比亚的伟大给予充分认知，却又毫不讳言他的瑕疵。他不极端、不偏激，没有让学术研究迁就于现实政治的直接需要，力求客观全面，表现出了可贵的求真务实的精神。他的莎评在中国莎士比亚评论的初期具有引导、启蒙的意义，事实上大大推动了莎士比亚在中国的传播和研究，也为后来中国莎评的健康发展提供了有益的借鉴。

如果我们再将梁实秋莎评置于20世纪上半叶西方莎评大背景下加以审视，就更能看出其意义。较前几个世纪，20世纪上半叶西方莎评最突出的特点，就是从艺术的内部规律方面，大大丰富、加强并深化了对莎士比亚戏剧艺术的探讨。历史学派批评、比较文学批评、原型派批评、心理学派批评、新批评、意象—语义派批评等呈现出争奇斗艳的景观。梁实秋的莎评虽然在当时的中国批评环境中属于另类，居于边缘，却无疑应和了西方世界莎评向内转的主流批评倾向，并对20世纪80年代后的中国文学批评界产生了深刻影响。梁实秋坚持文本批评，认为“最好的研究文学的方法是在作品里去研究，不是到作品外面去研究”①。作为文学研究者，他所强调的是文学应该具有的相对独

① 梁实秋：《文学批评论》结论，载《梁实秋文集》第1卷，鹭江出版社2002年版，第302页。

立性，即文学之所以是文学且能得以永久的本真所在，而不是浅薄的功利主义说教，"作品的价值的高下并不完全视教训而定"①。不过，他同样坚持认为，文学必须有益于人生，必须在感受到美感后能唤起对更深刻、更严肃的思想的追求。好的批评家不仅要了解作者的艺术，还要了解作者的思想与情感的质地。他同样重视莎士比亚创作的道德意义，但这种道德意义不是直接说教，而是对人性的深刻探讨。梁实秋既注重文本，又不唯文本，既重视道德内涵，又反对道德说教，既能主动汲取西方文学批评精华，又能清醒守护本土文论传统血脉，表现出了相当稳健的态度和一种成熟的均衡感。梁实秋对和谐平衡理念的追求，对于中国文学批评界来说尤具借鉴价值和启迪意义。

总之，梁实秋的莎评是中国莎评史上不可分割的有机组成部分，是一份值得珍视的宝贵遗产。我们探讨梁实秋的莎评特色，既是为了揭示梁实秋对莎士比亚的个性化接受及其在中国莎评史上的意义，也是对新世纪真正有价值的多元化莎士比亚批评的期待。

（原文刊载于《外国文学评论》2010 年第 2 期）

① 梁实秋：《约翰孙》，载《梁实秋文集》第 8 卷，鹭江出版社 2002 年版，第 42 页。

第三编
英国哥特小说研究

《奥特朗托城堡》文本价值论

《奥特朗托城堡》是18世纪英国小说家瓦尔蒲尔的代表作，被西方文学评论界公认为是哥特小说的开创之作。自20世纪90年代以来，国内有越来越多的学者开始关注、研究哥特小说，《奥特朗托城堡》自然因其显赫的“第一”身份而总是被首先论及。不过，细加检视便又不难发现，这种论及多停留在一般性介绍的层面上，有深度的专论成果并不多见。因此，对《奥特朗托城堡》仍有进一步探究的必要。

一

《奥特朗托城堡》这部作品之所以重要，首先在于它因开启西方哥特小说创作先河而获得的文本价值的新颖性与独特性。首版面世的《奥特朗托城堡》(即1764年12月24日)封面上，作者没有署名，而是自称翻译Onuphrio Muralto的意大利文作品*The Castle of Otranto*：*A Story*的译者William Marshal。译者在序言中说，该作品是在英格兰北部一个古天主教家庭的书房里发现的，最初印于1529年的那不勒斯，他推测写作时间可能是在1095年“十字军”第一次远征与1243年最后一次远征之间,或略稍晚一些,其主要事件发生于基督教世界最黑暗的时期,风格纯然是意大利式的。[①] 值得注意的是,在第一版中,小说的副标题只是“A Story”,没有出现“Gothic”一词。小说一经出版便引起了巨大的轰动。接着,在时隔几个月即1765年4月11日,小说又发行第二版。在第二版序言中,瓦尔蒲尔一反小说前版序言中的说法,强调他是小说的真正作者;并且他在小说副标题“Story”前增加了“Gothic”一词,变成了:“A Gothic Story”。由此他成为将“Gothic”使用在小说题目中的第一个英国作家,标志着一个新的融恐怖的暗示、死的超自然意象与传统的骑士和浪漫主题于一体的小说类型的产生。正如有西方学者所说,瓦尔蒲尔最先将“哥特”一词引入文学领域,他笔下的“城堡是哥特式的,恐怖和迷信是哥特式的,骑士制度和中世纪是哥特式的……尤为重要的是,瓦尔蒲尔伴随着他的哥特式的鬼怪故事和草莓山庄的建筑脱颖而出了”[②]。

那么,瓦尔蒲尔为何最初不愿承认《奥特朗托城堡》是自己创作的作品呢?这主要是因为,18世纪后,自然科学的突飞猛进与启蒙运动的高涨,为欧洲奠定了科学理性的世界观,这一日益深入人心的科学理性的世界观使得关于鬼怪的幻想世界的探索成了迷信与无知,谈鬼说怪自然被视为不合时宜的事情而遭人耻笑。但是,从另一个层面看,“18世纪中后期的英国迷信活动仍旧人气很旺,甚至积聚了进一步回潮的能量。特别是在下层民众中,‘鬼’仍旧极有市场,神怪故事相当畅销”。瓦尔蒲尔虽然在第一版序言中煞费苦心地“对书的来历和内容做了一番考古性解释和评说,使叙事中的超自然奇异内容有了某种历史合理性,既不过分唐突18世纪英国人的理性思维,又顺理成章地把鬼神再次引入文学,迎合了当时许多英国新教徒想从‘黑暗’中世纪里挖掘出货真价实的神秘事物的不自觉的愿望”[③],但是,让他以

---

① W. S. Lewis ed. , *The Castle of Otranto*, Oxford: Oxford University Press, 1969, p. 3.

② Devendra P · Varma, *The Gothic Flame*, London: The Scarecrow Press, 1987, p. 12.

③ 参见黄梅《推敲“自我”:小说在18世纪的英国》,生活·读书·新知三联书店2003年版,第373—374页。

自己的真实身份向社会公开这种倾向,仍又不免顾虑重重,这使他采用了匿名出版作品的迂回策略。

然而,令瓦尔蒲尔喜出望外的是,出版后的小说很快为公众所接受。这让他大受鼓舞,更坚定了对神秘恐怖事物的美学潜力和市场潜力的看好,遂在第二版中抛头露面,洋洋得意地表述自己的创作理念,并且抬出莎士比亚为自己的创作寻求合法的依据。在他看来,莎士比亚是杰出的描写自然与超自然的大师,他的《哈姆莱特》《裘力斯·恺撒》等作品就是他仿效的榜样。① 且不说他学到了多少莎士比亚的精髓,但他既定的目的却是实实在在地达到了。在崇尚理性的历史语境下,瓦尔蒲尔成功地借助他虚构的奥特朗托这座幽暗的、迷宫般的哥特式建筑,创造了一种恐怖氛围,从而挑战了仁爱、秩序、理性的启蒙价值观。

《奥特朗托城堡》聚集了大量的鬼怪幽灵和超自然的描写,给人留下了深刻印象。不过这些描写并不仅仅是用来吓唬人的,也不仅仅是为了激发人们的想象力,更为重要的是还充满着道德的内涵。对此,詹姆斯·诺顿指出:"按照 18 世纪基督教标准看,魔鬼崇拜意味着罪恶,可是瓦尔普对人物入迷的魔鬼崇拜的描写,特别是他们竭力恢复信用、道德、正义以及基督教公正的时候,实际上是对罪恶的抵制。超自然因素作为上帝的代言人起着调节的作用,以修复因曼弗雷德及其男性家族所造成的社会的和政治的罪恶。超自然因素无疑削弱了作品的真实性和可信度,但作者的意图正相反,他运用超自然主义创造了历史的真实性,相信中世纪社会导致了迷信的产生。"②

对于《奥特朗托城堡》的文本意义的揭示,詹姆斯·诺顿和休·奥纳的看法可谓深中肯綮。詹姆斯·诺顿说,瓦尔普的"哥特式复古倾向不仅将一个新的词汇引入英国文化辞典,而且针对文艺复兴理想美的价值和理性主义启蒙理论,引发了一次革命性的抉择视野。哥特式

---

① W. S. Lewis ed., *The Castle of Otranto*, Oxford: Oxford University Press, 1969, pp. 8—9.

② Diane Long Hoeveler and Tamar Heller ed., *Approaches to Teaching Gothic Fiction*, New York: The Modern Language Association of America, 2003, pp. 95—96.

审美赋予了怪异和非理性以文化价值”[①]。休·奥纳认为:“《奥特朗托城堡》的重要性并不局限于它对恐怖小说的影响,通过将情感小说的传统手法(在这些小说中,理查生的《克拉丽莎》、斯特恩的《感伤的旅行》和戈尔德斯密思的《威克菲尔德的牧师》以及麦肯济的《有情人》都是最著名的令人哀痛的例子)运用于久远时代的怪异与浪漫故事,瓦尔普打破了小说来自当代背景的束缚,开启了历史想象之门。无论它的情节怎样可笑,对话如何夸张做作,超自然手法如何荒谬,《奥特朗托城堡》仍然是对那种历史样式的首次尝试,该样式将被19世纪的司各特及其后继者们十分显眼地继承发展着。”[②]

瓦尔普同时代的不少作家、批评家也都对《奥特朗托城堡》的新颖性与独特性,给予了充分肯定。其中,克拉拉·丽甫(1729—1807)、伊莲娜·芬娜(1743—1813)和司各特(1771—1832)的看法最具代表性。克拉拉·丽甫曾受瓦尔普影响创作了小说《英国老男爵》,同样采用了“一个哥特故事”的副标题。她虽然对《奥特朗托城堡》中部分内容有所批评,但作了总体上的高度评价,认为这部小说构思了一个融合古代罗曼司和现代小说最吸引人的事件,显示出了一种属于自己的风格与特色:以“一个哥特故事”的命名为特征,呈现了一幅哥特时代生活习俗的画卷[③]。为孩子写有多部教育读物的作家伊莲娜·芬娜,1784年撰文说:“我经常读《奥特朗托城堡》,每次都伴随着更多的愉快,并且每次阅读都会被新的美所吸引。这个故事如此引人入胜,如此令人恐怖,以至于让人无法抵挡其急速而来的悲剧性结局的诱惑。因此第一次阅读该小说的人,一经满足了对事件的迫不及待的好奇心,便会立刻再一次细读它,以慢慢品味其感伤的情绪,从而获得快感。”[④]

著名历史小说家司各特还在做学生的时候,就阅读过《奥特朗托

---

① Diane Long Hoeveler and Tamar Heller ed., *Approaches to Teaching Gothic Fiction*, New York: The Modern Language Association of America, 2003, p. 92.

② Hugh Honour, *Horace Walpole*, London: Longmans, Green & Co. Ltd, 1957, p. 20.

③ Peter Sabor, *Horace Walpole: the Critical heritage*, London: Routledge Kegan Paul Ltd, 1987, p. 76.

④ Peter Sabor, *Horace Walpole: the Critical heritage*, London: Routledge Kegan Paul Ltd, 1987, p. 82.

城堡》,年轻时曾模仿瓦尔蒲尔的小说写过两部未完成的罗曼史作品。他1811年发表《奥特朗托城堡》专评,认为该小说"不仅是一部值得注意的最为有趣的传奇故事,而且是现代第一部试图在古代骑士浪漫故事的基础上建立有趣虚构作品的小说"①。1824年,司各特又撰文指出,《奥特朗托城堡》追求的绝不仅仅是"激起惊异和恐怖的艺术","他的目的在于描绘出一幅封建时代家庭生活和风俗的图画,使它像真实存在的一样,还要画出影响和激荡着它的超自然力量的行为,就像当时被人们以虔诚和轻信的态度接受的迷信一样"。② 在评论中,司各特格外强调作者"设法使叙述的自然部分和神奇事迹的部分联系在一起"的特点,认为正是"由于这种联系,就使那些神奇事迹显得更加突出和惊人,虽然我们冷静的理智承认它们是不可能发生的"。这样处理可以"让读者更易于接受与登场人物的信仰和感情相符合的怪异现象","直到他们在一刹那间和那些生活在更粗野时代的人们感情上有了共鸣,'深信每件怪事都是真实的'"。③

司各特的评论在众多的评论中所以显得到位、深刻,还在于对《奥特朗托城堡》的叙事文体的定位和特定时代环境相结合,同时将瓦尔蒲尔与稍后另一位哥特小说经典作家拉德克利夫的创作特点进行了比较评论。他认为,浪漫叙事文体分两种:第一种是讲述可能发生的事情,所以在任何时期都能使人相信;第二种所讲述的,虽然被更开化的时代认为是不可能发生的,但它却符合于更早时期的信仰。《奥特朗托城堡》就属于后一种类型。而拉德克利夫曾经努力在上述两种不同文体中间寻求折中方式,"她总是在自己传奇的最后章节里,用自然的原因来解释书中发生的神奇事迹。对于这种改进'哥特式'小说的办法,许多人表示激烈反对,因此我们认为自己倒是喜欢瓦尔蒲尔那种更单纯而令人难忘的叙述,它描绘的超自然事件就像十一二世纪的人们所相信和接受的那个样子"④。

---

① Peter Sabor. *Horace Walpole: the Critical heritage*. London: Routledge, 1987, p. 88.

② 文美惠编选:《司各特研究》,外语教学与研究出版社1982年版,第315页。

③ 文美惠编选:《司各特研究》,外语教学与研究出版社1982年版,第315—316页。

④ 文美惠编选:《司各特研究》,外语教学与研究出版社1982年版,第316—317页。

当然,在当时质疑甚至否定《奥特朗托城堡》的评论也有。英国著名文学批评家威廉·赫士列特(1778—1830)就是其中的一个代表。在《论英国小说家》(1820)中,他对《奥特朗托城堡》作了如此否定性的评论:"《奥特朗托城堡》(这本书被认为是这类作品的首创者),据我看,是枯燥无味、薄弱无力的。它是按照虚假的原则写成的。伸进院子来而整天停留在那里的大手臂,是演哑剧用的纸板做成的机器,它们使人感到惊骇,但对于想象力不起作用。它们是事实上不可能的事情;是一个固定物,而不再是一个幻影。……看透了这些由幻影和模糊的形貌所引起的愚昧与恐怖的幻想,我们就使轻信与迷信失去了根据;就像在别种情况下,由于勉强凑成骗局,结果由于漏出机关,反而会引起观众的轻视与嘲笑。"①如果纯粹立足于现实主义文学的真实性原则,赫士列特的看法不无道理;但从另一个层面而言,他的批评又有失公允,因为他恰恰忽略了司各特的批评视野,没有把《奥特朗托城堡》置于特定的时代氛围中来加以考察。看来,赫士列特还没有准确把握《奥特朗托城堡》这一新的小说类型的特质。也难怪,任何新事物的出现,开始总是会受到质疑和不满的。

二

善于设置迷宫般的悬念和不断交叉移动的多重视角叙事,是《奥特朗托城堡》这一文本能唤起读者浓厚阅读兴趣的又一重要原因。

《奥特朗托城堡》讲述的故事并不复杂,诚如马克曼·埃利斯所说,其主要情节是叙述奥特朗托的亲王曼弗雷德的故事。② 而构成推进整个故事的主要动因是作品开头交代的一则古老寓言。这则古老寓言说:"奥特朗托城堡及其亲王权位将从现今的家族易手他人,当真

---

① [英]赫士列特:《论英国小说家》,载《古典文艺理论译丛》第4辑,人民文学出版社1962年版,第209—210页。

② Markman Ellis, *The History of Gothic Fiction*, Edinburgh: Edinburgh University Press, 2000, p. 31.

正的主人长大时就会予以接管。"①作品一开始就以预言的方式给我们设下了一个极具吸引力的悬念:作为城堡亲王的曼弗雷德为何不是真正的城堡主人?真正的城堡主人又是谁呢?这里面究竟发生了一些什么事情?不管怎样,正是害怕这个寓言变成现实,现在城堡的拥有者曼弗雷德便急于安排体弱多病的儿子康拉德与维森萨侯爵的女儿伊莎贝拉结婚生子。然而儿子在结婚当天被不知从何处飞来的巨大头盔莫名砸死。这个巨盔是小说中即将出现的一系列超自然现象(例如画中人从画幅中走出;庞大头盔上的那簇羽毛不时地配合着挂在城堡大门外自动作响的铜钟猛烈地颤动摇晃;巨手、巨脚、巨剑的出现;滴血的雕像;突然显现于坍塌的城堡护墙废墟之中的受害者的身影等)的第一个标志。小说细腻描写了曼弗雷德目睹这一系列超自然现象的反应:"他看到自己的孩子身躯粉碎,几乎全身压在一顶庞大的头盔下面,这顶头盔比常人所戴的头盔要大上百倍,上面还覆盖着与之相配的一大簇黑色羽毛。这恐怖的景象,加上对这种不幸是如何发生的一无所知,尤其是眼前这个庞大的东西,使得亲王简直说不出一句话。不过他的沉默持续得很久,不只是因痛苦而产生的。他的眼光一直盯在眼前的景象上,徒劳地希望它只是一种幻象;他的注意力与其说是集中在自己的丧子之痛上,倒不如说是沉湎于对导致儿子死亡的那巨大物体的沉思默想中。他触摸着、查看着那顶致命的头盔;甚至年轻的小亲王损伤流血的尸体,也不能将曼弗雷德的眼光从面前那奇怪的不祥之物上转开。"②他"注目凝视着那顶不祥的头盔,丝毫不理会因这一奇怪事件而聚集在他身边的一大群人。他所说的不多的几句话,都仅仅是询问情况:有没有人知道这顶头盔是从哪里来的?没有任何人能够给他提供任何一点线索。不过既然这一点是他唯一感兴趣的问题,它很快也就成了其他所有旁观者所关心的问题了,而他们的种种猜测又十分荒唐无稽,正如同这场灾难的闻所未闻一样"③。

---

① [英]瓦尔蒲尔著,伍厚恺译,《奥特朗托城堡》,四川人民出版社 2001 年版,第 2 页。
② [英]瓦尔蒲尔著,伍厚恺译:《奥特朗托城堡》,四川人民出版社 2001 年版,第 3 页。
③ [英]瓦尔蒲尔著,伍厚恺译:《奥特朗托城堡》,四川人民出版社 2001 年版,第 4 页。

应该说,面对此情此景,不仅是曼弗雷德以及周围的人,而且包括读者都要禁不住问同样的问题:头盔是从哪里落下来的呢?为何不偏不倚正好将新郎砸死呢?既然曼弗雷德的如意算盘遭到挫折,那他接下来会怎么办呢?更令人不可思议的是,为什么又在此时突然冒出了一个陌生的农民呢?他怎么会在很短的时间里就知道了这顶头盔是圣尼古拉斯教堂阿方索黑色大理石雕像上的头盔呢?他是谁?难道他的出现意味着什么?莫非康拉德之死与这个农民的出现跟前面提到的那个寓言有某种内在的联系?他真如仆人所猜测的那样是乔装改扮的王子吗?那个从前的亲王阿方索与曼弗雷德、与奥特朗托城堡是怎样的关系?小说一开始就设置了大量的疑问和谜团,营造了一种神秘莫测的怪诞氛围,成为紧紧吸引读者注意力的重要因素,也构成小说需要进一步叙述的显在动因。于是,小说叙事的兴趣焦点自然导向曼弗雷德与陌生农民这两个神秘的、令人困惑的家庭历史。

披露曼弗雷德的家史与探究西奥多的来历是在曲折中交替叙述的,其间不断被其他因素打断,且不断设下叙事悬念,这就使原本很简单的故事被作者有张有弛叙述得明明暗暗、隐隐藏藏,产生了一波三折、曲尽其妙的艺术效果。

小说对曼弗雷德家族统治奥特朗托城堡的合法性的叙述是扑朔迷离的。虽然作品开篇提到那个众人都相信的古老寓言,但又认为这个寓言似乎是神秘的矛盾的,很难说有什么道理。直至那个前来索要伊莎贝拉小姐和奥特朗托城堡的使者(实际上就是弗雷德里克)的到来,才初步揭开了两个谜团。第一,伊莎贝拉完全是在被动状态下落入曼弗雷德之手的;第二,奥特朗托城堡是曼弗雷德从阿方索的最亲近后裔弗雷德里克亲王手里攫取的。然而,这是真的吗?内中详情又是怎样的呢?小说从曼弗雷德的角度又作了一次巧妙的叙述。首先,曼弗雷德明白弗雷德里克的要求是正当的。没有后嗣的阿方索去世后,弗雷德里克的祖上很想夺回奥特朗托城堡的继承权,但碍于曼弗雷德父亲、祖父两代的强大势力,维森萨家族只得忍气接受现实。后来弗雷德里克在妻子生伊莎贝拉难产而死后,便参加“十字军”远征去了圣地,在同异教徒的一次战斗中受伤被俘,后传言去世。曼弗雷德听到这个消息后，便收买了伊莎贝拉的保护人，把她骗到城堡，并打算把她嫁给儿子，因为“这门亲事可以把两个家族对奥特朗托封邑的继承权融为一体”①。正是出于这个动机，儿子死后他便突然决定自己娶伊莎贝拉为妻；也正是出于这个考虑，他现在又决定要竭力取得弗雷德里克对这桩婚姻的认可。但是，在弗雷德里克面前，曼弗雷德根本不承认本家族侵夺城堡的事实，坚称城堡是由于阿方索死前没有子嗣才传给自己的祖父里卡多的。

然而，曼弗雷德的倒行逆施弄得自己家破人亡，群情激愤。直到阿方索的幻影宣布西奥多是他的真正后嗣后，曼弗雷德的精神防线才彻底崩溃了，不得不以悲痛的忏悔之心交代他所知道的秘密。原来阿方索是被曼弗雷德的祖父里卡多毒死的，然后里卡多又伪造了一份宣布自己为合法继承人的虚假遗嘱，以达到篡位目的。“一场风暴袭击了他，他因为良心负罪而向圣尼古拉斯发誓，假如他能活着返回奥特朗托，便要修建一座教堂和两所修道院。这项祭品被接受了：圣尼古拉斯在他的梦中显灵，许诺让里卡多的后代统治奥特朗托，直到合法的主人长大能接管城堡，而且里卡多的家族又没有了男性后嗣为止。”②至此，这个结局印证了前面开头所传寓言的真实性。

再看西奥多。他是在曼弗雷德之子被巨盔砸死后闻讯赶来的，开始没有人知道他是谁，小说称他为一个“从邻村跑来的年轻农夫”。这个年轻农民解释了头盔的来历后，就被曼弗雷德认定为“魔怪”“妖巫”，怒斥他偷了阿方索墓上的头盔砸死了儿子。曼弗雷德命仆人把他羁押在那顶巨盔之下，扬言要处死他。事实上，这个农民一出现，就成为曼弗雷德的眼中钉、肉中刺，成为保护弱者并阻挡他实施邪恶计划的正义的化身。曼弗雷德为了继承领地权，打算休妻而娶伊莎贝拉为妻，然而，陌生农民奇迹般地挪开压在身上的巨盔，在漆黑的地下道里帮助伊莎贝拉逃到圣尼古拉教堂避难。更让曼弗雷德愤怒的是，他怀疑这个年轻人与伊莎贝拉有奸情。因此他气急败坏地审问年轻人，

---

① ［英］瓦尔蒲尔著，伍厚恺译：《奥特朗托城堡》，四川人民出版社2001年版，第49页。

② ［英］瓦尔蒲尔著，伍厚恺译：《奥特朗托城堡》，四川人民出版社2001年版，第104页。

并叫来杰罗姆神父为他作忏悔，以便从中弄清年轻人的来历。真是无心插柳柳成荫。当西奥多跪下来祈祷时，他的衬衣滑到了肩膀下面，露出一个血红色箭矢的印记。这竟又意外地促成了一个父子相认的惊喜场面。惊讶万分的曼弗雷德还没来得及发问，就出现了前已提到的弗雷德里克赶来要求曼弗雷德归还女儿和城堡的一幕。这个疑问被暂时悬置了起来。事后，西奥多在曼弗雷德的追逼下作了如下叙述：

> 在五岁的时候，我和母亲一起到了阿尔及尔，我们是被海盗从西西里掠走的。在母亲去世前，她在我衣服下面靠腋部绑了一封遗书，告诉我说我乃是法尔柯纳拉伯爵的儿子。我一直给海盗当奴隶，直到两年之前，我服侍我的主人在海上巡游，一艘基督徒的船打败了海盗才救出了我。我对船长说明了我的身份，他慷慨地放我在西西里上了海岸。可是，唉！我非但没有找到父亲，反而获悉在他远离意大利的时候，他在海滨的邸宅已被劫掠我母亲和我的那些海盗们扫荡殆尽了。他的城堡被大火夷为一片平地，父亲归来之后又把剩余的财产变卖一空，并在那不勒斯王国皈依了宗教，至于具体地点则没有人能告诉我。我一贫如洗、举目无亲，此生几乎无缘再享受到父亲拥抱的幸福了。我一有机会就马上搭船去了那不勒斯，在那里漫游了六天之后，一直漂流到了这片国土上，靠自己的双手劳作来维持生计。①

在这里，西奥多的交代只涉及了他与父亲关系的一些细节，却丝毫没有触及他与阿方索亲王家族的关系。那么，他究竟与阿方索亲王家族有没有关系呢？那个一直被人们议论、也曾让曼弗雷德寝食难安的西奥多与阿方索雕像很相像的问题，仅仅是无端的瞎猜？庸人自扰？显然，既然杰罗姆——法尔柯纳拉伯爵——与阿方索亲王家族没

① ［英］瓦尔蒲尔著，伍厚恺译：《奥特朗托城堡》，四川人民出版社 2001 年版，第 72—73 页。

有血缘关系的话，那么了解西奥多母亲的身世，就应该成为揭开真相的关键一环。真相首先是借超自然的描写揭示出来的：阿方索的冤魂显形并当众宣布西奥多是他的真正后嗣。在这种情况下，杰罗姆神父才顺势全部袒露了西奥多为阿方索后嗣的真相。当年去圣地时，阿方索的船与载着里卡多及其随从的船被风暴打散了。阿方索亲王被风暴阻滞在西西里达三个月之久。在那里他爱上了一个名叫维多利亚的美丽姑娘，并与之结婚。但他又认为这种爱情同他为圣战而做出的誓言相矛盾，所以决定暂时保守这个秘密，将来征战结束返回家园后再公诸众。事实上，他离开妻子的时候，妻子已经有孕在身，后生下一女。维多利亚尚未度过分娩的剧痛，就听到了丈夫去世、里卡多继位的消息。后来维多利亚所生的女儿，长大后嫁给了杰罗姆。维多利亚去世后，这个秘密就一直牢牢地锁在杰罗姆的心里。[①] 杰罗姆的讲述，向人们解开了书中最后一个、也是最关键的一个谜团，最终为西奥多而不是弗雷德里克名正言顺地接管奥特朗托城堡铺平了道路。一个恐怖的奥特朗托城堡的故事终于画上了圆满的句号。

可见，《奥特朗托城堡》之所以显得情节曲折，引人入胜，与处处悬念、不断交叉移动的多重视角叙事密切相关。从一定程度上说，这部小说就是由悬念构成的，一个又一个悬念不断地困扰着读者，并吸引读者带着揭秘的好奇心理读下去，进而也推动着叙述继续下去。在这里，主宰一切的全知叙述者没有越俎代庖，而是不露声色地将有关真相分别交由不同的当事人的视角娓娓叙述而出。从叙事学的角度看，由于作者较好地把握住了几个叙述人的限知性，故造成了不同叙述人在有关内容方面的叙述空白，而这些叙述空白必须由相关的知情叙述人来补充完成，这样就避免了相关信息的过早泄露，从而产生了一波三折、婉转有致的叙述效果。因此，当我们从阿方索幽灵那里得知西奥多就是阿方索的真正后嗣，是奥特朗托城堡真正继承人的时候，悬念并未解开，相反，随之而来的更大的悬念紧紧吸引读者去探究其中

---

① ［英］瓦尔蒲尔著，伍厚恺译：《奥特朗托城堡》，四川人民出版社 2001 年版，第 104—105 页。

所发生的故事。西奥多的故事,他本人只讲述了他所知道的身世的一部分,另一部分则是由他的父亲杰罗姆叙述出来的。杰罗姆的叙述真正揭开了他自己与儿子和阿方索关系的来龙去脉,并与曼弗雷德交代其祖父谋杀阿方索、攫夺城堡的真相交相呼应。多重视角的交叉移动,不仅使作品的叙事结构参差错落,而且在交替的曲线中共同完成了对作品悬念的破解。

所以,《奥特朗托城堡》一经面世便引起读者强烈的阅读兴趣,获得了巨大成功,绝不是偶然的。我们今天探讨《奥特朗托城堡》,首先需要了解它因开启西方哥特小说创作先河而获得的文本价值的新颖性与独特性,同时还应知晓其在叙事艺术上的匠心独运。而且,进一步说,《奥特朗托城堡》这一文本,理应提醒、促使我们重新审视、思考那些类似的以情节取胜的成功小说的魅力和价值,以确立它们在文学史上应有的却久被忽视的地位。

小说自诞生迄今,大致经历了由重故事情节到重典型人物塑造再到重人物心理意识三大阶段。但长期以来,我们看重的是典型人物塑造的阶段,常常把这一阶段视为小说艺术由幼稚走向成熟的标志,并以是否塑造了典型人物作为衡量小说艺术水准的圭臬。这样我们也就常常把成功地塑造了典型人物的小说称为高雅的经典作品,而无形中把追求情节曲折复杂、故事性强的作品归为通俗作品,而这些通俗作品又常常被视为是等而下之的二三流作品而得不到应有的重视。其结果是在研究领域相当程度地忽视了这类作品的实事存在与艺术价值。笔者以为,以故事情节取胜的作品不仅仅是作为小说发展历程中的一个阶段而存在,它更以小说的一种表现形态而存在。作为一种创作形态,它有其自身所特有的一套审美标准与价值趣味,没有必要非得人为地以典型人物的塑造作为衡量它的唯一标准。小说创作出来主要是供人娱乐的,讲究叙事艺术的故事性永远是小说的基础。英国著名批评家艾弗·埃文斯说:“小说家不仅讲述一个故事,而且通过故事描写一些东西。同故事一道,小说还刻画人物,或社会背景,或如在较现代的作品里,对一种意识流进行记录。”但是,“不管小说家抱有什么样的野心,他最好还得记住:他开初是一个讲故事的人,而这个根源他是永远不能完全逃避的。这样,小说可以描述为:以一个故事为基础的一种散文记事"[①]。可见,"讲故事"作为小说的基本属性,是任何创作者都不能也不应该"完全逃避"的一个"根源",同样是研究者在审视、评价小说时不应忽视的一个"根源"。尤其是面对以故事情节为主要审美特征的小说形态时,更要立足于这一审美形态的批评原则,去实事求是地加以评价。

美国小说批评家阿米斯曾不无宽容地指出:即使一部小说很幼稚,但是当它激励和满足了人们的好奇本能时,当它用一连串的冒险和奇历给读者带来愉悦时,它也完成了某种任务。[②] 因此,只要好看,只要能为读者带来一段美好的时光,同时又蕴涵着重要的思想意义,能使读者获得一些人生启迪与教益,就是有价值的好作品,就可以获得永恒或普遍的艺术生命,也因此同样可以成为一种"经典"。

(原文刊载于《四川大学学报》2009 年第 6 期)

---

① [英]埃文斯著,蔡文显译:《英国文学简史》,人民文学出版社 1984 年版,第 237—238 页。

② [美]阿米斯著,傅志强译:《小说美学》,北京燕山出版社 1987 年版,第 74 页。

试论《修道士》的“哥特式”特征

《修道士》是刘易斯19岁时创作的一部哥特小说,也是他的成名作和代表作,1796年一经问世便引起了巨大轰动,成为18世纪最受欢迎、最畅销的经典哥特小说之一。他本人也以“修道士刘易斯”之名闻名于世。但是,这部小说也曾引起过轩然大波,招致许多非议,一些人指责该小说是一部违背道德、亵渎神灵的书,甚至还有人扬言要将作者告上法庭。因此刘易斯后来不得不对小说进行许多删改。这部小说融合了超自然性、恐怖性和情欲等因素,以16世纪西班牙首都马德里卡普琴斯修道院为背景,讲述了一个关于野心、暴力、乱伦和谋杀的故事,对纵欲和兽行作了英国小说中史无前例的大胆描写。作为英国和西方世界的一部经典哥特小说,其“哥特式”特征突出表现在三个方面:一是对恶魔式修道士的塑造;二是对情节结构的设置与营造;三是对心理世界描写的拓展和挖掘。

一、对恶魔式修道士形象的塑造

我们曾虔诚地认为,基督徒的神圣性就在于他们是虔诚信仰上帝的,他们的一言一行都符合上帝的意志。而上帝要求于他们的就是清心寡欲,内心纯洁而一心一意地投身于他。然而,这是一个多么虚无缥缈的梦幻,是一段多么艰难而又遥不可及的天路历程啊!于是在西方,出现了不计其数、琳琅满目的表现“僧侣与世俗人的二元对立,天国与地上王国的二元对立,灵魂与肉欲的二元对立”①的文学作品,在西方文学形形色色、争奇斗艳的人物画廊里,出现了一系列修道士这类诡秘特异、独树一帜的人物形象。例如,在中世纪,著名教父奥古斯丁就在其《忏悔录》中,以赤诚的态度袒露了其自身追求情欲的罪恶以及战胜罪恶的心灵历程;中世纪爱情小说《阿伯拉与爱洛绮丝的情书》更是直接表现了宗教与情欲的剧烈冲突。不过,这两部作品的价值指向是真、爱、美,前者表现出的真诚和忏悔精神充溢着一种诗意葱茏的美德,而后者则把罪恶与爱悦水乳交融般地结合在一起,成为抒发“甜蜜的罪恶”的范本。后来,19 世纪雨果《巴黎圣母院》中的副主教克罗德·孚罗诺、美国著名浪漫主义作家霍桑《红字》中的狄梅斯苔尔等形象,都以其各自命运的不可逆转性,演绎了一幕幕惊心动魄、痛苦凄惨的人性异化悲剧,撩开了人类另一个诡异世界的神秘的面纱。但是,在这类人物形象的家族系列中,真正表现出在宗教与情欲的激烈冲突中,直取罪恶与暴行的恶魔式修道士形象的作品,则应该始于刘易斯的《修道士》。这部小说中的修道士安布罗斯是一个从善到恶直至罪恶深重、不能自拔的彻底堕落的恶魔形象,他从被动诱惑到主动犯罪直至走向毁灭深渊的过程,都深深打上了“哥特式”的烙印。《修道士》的突出成就也首先表现在对主人公安布罗斯这样一个恶魔式修道士形象的塑造上。

不过,在塑造安布罗斯这一形象时,作者并未一味丑化他,也未把他简单化为性格单一、内心苍白的抽象符号,而是巧妙化用变相的浮士德题材,表现了安布罗斯的堕落和犯罪,为我们精心塑造了一个立体丰满的、被毁灭性的矛盾冲突所扭曲和异化的性格鲜明而复杂的艺术典型。他一方面虔诚可敬,道貌岸然,理性使他充满魅力;另一方面又虚荣自负,兽欲十足,非理性使他面目可憎。在他身上,宗教与情欲相冲突,理性与非理性相交织,人性与兽行相杂陈。他原本英俊倜傥,学识渊博,极富辩才,颇受西班牙人的敬慕和崇拜,许多达官贵人都以他做忏悔师为荣。他正直善良,信守誓约,忠于上帝,一直过着修道士

① [英]罗素著,何兆武等译:《西方哲学史》上卷,商务印书馆 2001 年版,第 377 页。

的隐居生活。除了献身上帝的幸福外,他不知道还会有什么其他的幸福,更不知道女人能给他带来快乐。

但是,他在魔鬼派来的美女马蒂尔德的诱惑下,体验了从未体验过的快乐,他那潜伏在内心深处的强烈欲望便如开闸的洪流势不可挡,昔日牢不可破的宗教的屏障顷刻间土崩瓦解。在灵与肉的搏杀中,情欲战胜了宗教,他沉溺于肉欲中而无力自拔。但出于掩饰心中的渴望而不被外人发现,此时的他,表面上装得比任何时候都更虔诚、更圣洁,内心却要背弃誓约,不愿再献身上帝,甚至愤怒地把他崇拜的圣母画像从墙上扯下,扔在地上,并用脚践踏。他变得表里不一,口是心非。他曾为征服了马蒂尔德的心而得意和满足,但很快便厌倦了马蒂尔德,对她除了发泄自己的兽欲外,已无任何新鲜的情感可言。堕落的他,开始贪婪地捕猎着每一个前来忏悔的女子。

当天真无邪的少女安东尼娅进入他的视线时,他便盘算占有她的计划。为得到安东尼娅,他违背了决不离开修道院的誓约,亲自去安东尼娅家为她病中的母亲埃尔维拉祈祷,但他的心思全在安东尼娅身上。他不断地借机勾引诱惑安东尼娅,尽管他知道勾引一个纯洁、天真的女孩子是一种犯罪行为,但膨胀的情欲使他不愿意放弃她。当他的企图被安东尼娅的母亲识破后,他恼羞成怒,并发誓要报复她。因此,在他深夜潜入安东尼娅的卧室,对酣睡中的安东尼娅施暴而被埃尔维拉发现后,竟残忍地将她杀害。而后,又与马蒂尔德勾结,借助魔术,把安东尼娅藏入墓穴,以达到长期霸占她的目的。他把自己所犯的罪孽都归咎于安东尼娅的美丽,把无端的狂怒和虐待都倾泻在她身上。可怜的安东尼娅在被安布罗斯奸污后,又被他丧心病狂地杀害。殊不知,在他杀害的这两个女人中,一个是他的母亲!一个是他的妹妹!

安布罗斯这一形象蕴含着深刻典型的社会意义和独特的审美价值。首先,作者对宗教法规的反人道性和荼毒、残害生灵的本质给予了尖锐严厉的揭露与批判。安布罗斯的毁灭就是由修道院的教育和生活对他良好天性、心理、人格的破坏与扭曲所致。作者在小说中指出,安布罗斯“生来有进取心,有魄力、无所畏惧,如果在军营里,甚至可能会立下赫赫战功”。他也不缺乏慷慨和宽厚。“他思维敏捷,才能卓尔不群,判断果断稳健,这些品质如果用在治国上,本可以使他青史留名。”总之,如果他的青年时代在世间度过,他一定会显示出许多光辉品格。然而,不幸的是,还是孩子时他就失去了父母,被辗转遗弃在修道院门口。后来,他被前任卡普琴斯修道院长收留。正是这位院长,竭力诱导孩子相信,幸福就在修道院里。于是,留在修道院就成为安布罗斯的最大抱负。在这里,“他的教员们竭力压抑他身上天生的美德……他们拒绝人世间的仁慈,而把自私视为圭臬。他们教育安布罗斯把对他人的错误的同情看作是滔天大罪,并竭力使他性格中的直率变为奴性的谦卑。……那些修道士们在根除他的善德、禁锢他的感情的同时,又让各种罪恶在他身上达到极限:让他傲慢、自负、虚荣、野心勃勃;让他妒忌所有与他地位同等的人,并蔑视他们的长处;当受到冒犯时决不宽容,残酷报复”。从中我们不难看到,宗教教条和修道士的神职身份不仅葬送了安布罗斯作为人理应具有的人性本能特征的情感渴求与幸福,而且还毒害了他的感情。这种内在的剧烈冲突造成了他精神的极度痛苦和近乎疯狂的变态心理,最终久受压抑的情感演变为了可怕的淫欲,由一个清心寡欲的修道士变成了阴险狠毒的恶魔。从这一角度看,安布罗斯既是罪犯,又是宗教的受害者。作为罪犯,作者以无可辩驳的事实彰显了他良知的完全泯灭和人性的彻底堕落,并揭示了这样一个触目惊心的“发现”,即在常人看来最安全的修道院,实际上是滋生罪恶的危险之地;而最值得人们景仰的“圣徒”,竟然是一个伪君子、强奸犯和杀人凶手！而对被宗教教义毒化而成为受害者的安布罗斯,作者又充满了惋惜、伤感和同情之心。

其次,安布罗斯这一形象又昭示人们:情欲是危险的深渊,情欲一旦失控必将遭到毁灭。在理性与非理性、宗教与情欲、人性与兽性之间,安布罗斯完全抛弃了宗教、理性和人性,彻底被情欲、非理性和兽性所控制,变得丧心病狂,无所顾忌。在某种程度上说,扮成美女马蒂尔德的魔鬼就是情欲的象征,正是这个情欲魔鬼既引诱了安布罗斯,同时又毁灭了安布罗斯。因此作者最后给安布罗斯设置了一个颇具讽刺意味的结局,即不厌其烦地详细描写了他被魔鬼从高空扔下、摔在岩石上又滚落于河边后的缓慢而痛苦的死亡过程:“他浑身是血,一大群昆虫很快爬满了他的全身,都纷纷叮在伤口上吸吮他的血,而他却无力驱赶它们,只好遭受这种难以忍受的痛苦过程。栖息在岩石上的鹰也飞过来,争相撕裂着他的肉体,他的眼珠也被鹰用钩形嘴啄出。……在可怕的死亡来临之前,已注定要使他忍受更大的痛苦。”作者以如此严厉的惩罚来结束他罪恶的生命,本身就是对纵欲与暴行的惩罚。

二、对情节结构的设置与营造

《修道士》不仅在人物塑造方面充满着“哥特式”特征,而且在情节结构的设置与营造上亦然。除了构成安布罗斯故事的主线外,小说中还交织着雷蒙德的历险情节及其与恋人阿格尼丝历经痛苦与死亡的磨难后终成眷属的附属故事。

在小说第三章中,雷蒙德绘声绘色地自述了他在森林边的小客栈遇劫脱险的情节以及强盗对谷仓仆人们肆意屠杀的场面,读来令人胆战心惊,毛骨悚然。脱险并救出男爵夫人后,雷蒙德作为恩人被盛情邀请至林登堡作客。正是在这里,他认识了男爵夫人的侄女阿格尼丝。阿格尼丝纯洁无瑕,情感真挚,为人善良,但不幸的是,她一生下来就注定要被送到修道院接受教育。然而本能告诉她不应该成为修女。她向往所有青春的自由和乐趣,鄙视修女们那些荒唐可笑的仪式。后来在林登堡,她与豪爽侠义、英俊潇洒的侯爵雷蒙德相爱。然而他们的爱情遭到阿格尼丝姑妈的阻挠。因此,他们制订出逃计划,但阴差阳错,计划落空。阿格尼丝被强行送入圣·克莱尔修道院。雷蒙德决计帮阿格尼丝逃离修道院,可是,他写给阿格尼丝的出逃信无意中被安布罗斯发现。安布罗斯无视阿格尼丝的苦苦哀求,竟将她交给多米娜女修道院长来严惩。阿格尼丝从此陷入苦难而悲惨的深渊。多米娜凶狠残忍,冷酷无情,把阿格尼丝打入修道院下面腐尸遍地、气味恶臭、暗无天日的墓穴,让她与腐尸蛆虫为伴,让她饱受饥饿、寒冷、病魔的折磨,毁灭她任何得救的机会。后来,她的暴行终于受到应有的惩罚。阿格尼丝也终于重见天日，获得新生。

应该说，这个附属情节与主情节之间在思想主旨上有着内在的一致性，起着进一步丰富、扩展并深化主情节所揭示的思想的作用。作者对圣·克莱尔女修道院的描写，特别是对残暴无情的多米娜院长的描写是通过阿格尼丝这一视角完成的，而安布罗斯又是连接这一视角的关键因素，因为正是他的冷酷无情，才把阿格尼丝推入非人的恐怖绝境，从而让我们看到了与男修道院毗邻的圣·克莱尔女修道院的令人发指的残暴黑幕。作者形象地揭示出，不管是男修道院还是女修道院，都是压抑人性、摧残生命的渊薮，不管是男修道院长还是女修道院长，一样是残忍冷酷、罪不容诛的恶魔，都是阻挠阿格尼丝和雷蒙德爱情幸福的邪恶力量。强烈的反宗教情绪从安布罗斯和多米娜这两个人物的可耻结局与圣·克莱尔修道院的被焚毁中清楚地流露出来。

值得一提的是，在这个故事中还套着一个令人恐怖的血性修女的传说。这个传说将可信的现实与超自然现象结合起来，产生了哥特式小说特有的怪诞神秘色彩和强烈的恐怖效果。这个传说中的血性修女每五年出现一次，她身着沾满血迹的衣服，一手拿灯，一手握匕首，在哥特式建筑林登堡里不停地呻吟、游荡。雷蒙德和阿格尼丝决定利用这个传说实现其逃离林登堡的计划。然而，血性修女幽灵果真出现，等待中的雷蒙德误以为是阿格尼丝所扮，他拥着这个幽灵，风驰电掣般飞出林登堡。结果在悬崖峭壁边车毁人伤，险些成为幽灵的牺牲品。幽灵的出现打乱了他们出逃的计划。此后，雷蒙德答应了幽灵提出的要求，才摆脱了骚扰。

这个传说虽然恐怖荒诞，但从作者对血性修女的身世和经历的交代中，我们不难领悟出在恐怖荒诞的背后所蕴含的对修道院、对人性的禁锢以及因纵欲导致犯罪的双重谴责。这又与作品主旨相交叠，客观上起到了对主旨的多角度、多层面的立体表达效果。

对超自然性的描写，在小说中还有很多，诸如中毒将亡的马蒂尔德深夜在墓穴中做了什么竟使自己病体康复、马蒂尔德使用的魔镜以及马蒂尔德在地下墓穴施魔法召唤幽灵以助安布罗斯占有安东尼娅的情节，都显得神秘恐怖，不可思议，令人毛骨悚然，不寒而栗。

在结构布局上,小说也弥漫着恐怖色彩。小说一开始,便为我们营造了一个盛况空前的布道场面。听众云集在金碧辉煌的卡普琴斯大教堂,只为一睹他们心中无限景仰的圣人、修道院长安布罗斯的风采与魅力。目睹过这一盛况的人向初来者津津乐道:“所有听过他演说的人都为他的雄辩口才而叹服,其盛况就像首次在剧院演出一部新喜剧,座无虚席,人流如潮。”①作者也调动一切艺术手段将安布罗斯的气宇不凡和天才的雄辩口才描写到了极致。请看这段描写:

> 当他演讲时,所有人的注意力都不可抗拒地被紧紧吸引住了,拥挤的教堂内鸦雀无声。甚至连洛伦佐也无法抗拒这种魅力,此时他几乎忘掉了坐在他身边的安东尼娅,全神贯注地听着。安布罗斯院长用简洁而清楚的语言细说着修道生活的美好。他以令人信服的方式解释了宗教经典中的一些深奥的内容。当他痛斥人类的罪恶并描绘人类将遭受的惩罚时,他那深沉而独特的声音立刻变得暴风骤雨般的恐怖。每个人都在回想着自己过去的罪过,并战栗不已;仿佛末日审判就要到来,天主挟着雷电就要把他击成粉尘,他即将坠入永久毁灭的深渊。但是当安布罗斯转换话题谈到清白良知的优美可贵,谈到那个灵魂不受谴责的永恒的灿烂远景,谈到那个在充满灵光的神圣所在为人们所期待已久的回报时,听众们紧张的神经顿时松弛下来。这番话给他们以安慰,他们坚信天主是无比仁慈的。安布罗斯那优美的声音,把听众们带入了他所描绘的充满了光明、幸福和美好的梦幻般的仙境。②

同时,作者还借小说中一人物之口说:“在他的一生中,从未违反过众所周知的教规;在他的名望和品质上也找不到任何哪怕是最小的瑕疵,他根本不知道男人和女人的区别是什么。因此公众把他视为圣

① [英]刘易斯著,李伟昉译:《修道士》,上海译文出版社2002年版,第9页。
② [英]刘易斯著,李伟昉译:《修道士》,上海译文出版社2002年版,第11页。

徒来敬重。”①作者如此渲染、铺垫，就是为他后来的堕落和毁灭制造巨大的反差，酝酿痛苦与恐怖的效果，从而震撼读者。事实上，刘易斯在小说的第一章已通过几个视角为主人公的堕落和故事的悲惨结局设下了悬念，并有意识地似乎是不露痕迹地为读者泄露了些微信息。

首先，是作者的视角。安布罗斯的外貌描绘虽然首先是通过前去听讲道的利奥娜拉和安东尼娅的眼睛表现出来的，但其中却渗透着很强的叙述者的声音和意识：

他，一副贵族派头，身体高大，相貌不凡，英俊倜傥，长着一个鹰钩鼻，黑亮的眼睛炯炯有神，那两道黑黑的眉毛几乎连在一起。他皮肤黝黑；学习和祈祷已完全使他的脸色变得苍白。他的光滑的无皱纹的前额透着宁静和安详，他面貌的每一部分都洋溢着满足感，似乎在显示着他是一个无忧无虑的、逍遥自在的人。他向听众谦卑地鞠了一躬，但在他的面容和举止上仍有些足以让听众敬畏的严厉。②

注意，观者或者说是叙述者在这里用“鹰钩鼻”“黑亮”“黑黑的眉毛”“黝黑”“似乎”等几个词是颇为耐人寻味的。“鹰钩鼻”给人的感觉是阴鸷、孤傲、严厉、自以为是，“黑亮”“黑黑的眉毛”“黝黑”则给人以幽暗、深不可测的神秘感，而“似乎”则更带给人一种似是而非之感，其潜台词似乎是要将“无忧无虑”“逍遥自在”“宁静和安详”消解掉。然后，作者又通过描述人物的话语内容以及听众的反应来折射安布罗斯的性格特点。这可以从前面已经引述过的一段话中感受到：“当他痛斥人类的罪恶并描绘人类将遭受的惩罚时，他那深沉而独特的声音立刻变得暴风骤雨般的恐怖。每个人都在回想着自己过去的罪过，并战栗不已；仿佛末日审判就要到来，天主挟着雷电就要把他击成粉尘，他即将坠入永久毁灭的深渊。”这也是为引发新的矛盾冲突作铺垫，以

① ［英］刘易斯著，李伟昉译：《修道士》，上海译文出版社 2002 年版，第 10 页。
② ［英］刘易斯著，李伟昉译：《修道士》，上海译文出版社 2002 年版，第 11 页。

照应后续情节。

其次,是利奥娜拉的视角。利奥娜拉是安东尼娅的姨妈。作为亲耳聆听安布罗斯布道的目击者之一,她道出了当时自己作为一个旁观者的某种不愉快的心理直觉:"我一点也不喜欢这位安布罗斯先生。他长着一副令我毛骨悚然的阴森的面孔!如若让他做我的忏悔神父,无论在什么情况下,我一点也不敢坦率地承认我的过错。我真不愿意看到人世间竟会有这副铁板面孔,而且也希望不看到第二个这样的人。他描述的魔鬼,天主保佑我,几乎快吓死我了,他谈论罪人时仿佛随时准备要吃掉他们似的。"①

再次,是洛伦佐的视角。布道结束后,洛伦左在空荡寂寥的大教堂里睡着了。梦中,他梦见自己和一见钟情的安东尼娅在缭绕着美妙歌声与管风琴旋律的金碧辉煌的大教堂举行婚礼,正当他要亲吻新娘时,一个"体态庞大""面色黝黑""眼睛阴鸷可怖""嘴里喷着火焰"、额上写着"傲慢、淫欲、残酷"几个大字的丑陋怪物突然阻挡在他们中间,企图要把新娘拽下"喷射着云状火焰的地狱"。② 他被噩梦惊醒后,便融入大教堂无边的黑暗里。这个梦几乎可以视为整个故事恐怖的一个隐喻和象征。

第四,是那个吉卜赛女人为安东尼娅作的不祥占卜:

> 主啊!这是怎样一个手心!
> 纯洁,娇嫩,年轻,美丽,漂亮,
> 完美的心灵,轻盈的体态,你将得到好人的祝福;
> 但哎呀,这条线显示灾难就在你身边徘徊;
> 好色的人和狡猾的魔鬼将共同导致你的毁灭;
> 痛苦和悲哀迫使你离开人世,
> 你的心灵将很快进入天堂,
> 要避免此种不幸,

---

① [英]刘易斯著,李伟昉译:《修道士》,上海译文出版社 2002 年版,第 13—14 页。
② [英]刘易斯著,李伟昉译:《修道士》,上海译文出版社 2002 年版,第 17—18 页。

你务必牢记我的话。
当你遇见一个美德超群、异乎寻常的人，
他行为无瑕疵，因而也不能宽恕别人的过失，
把吉普赛人的话记在心里：
虽然他看起来那么善良和蔼，
但美丽的外表常常隐藏内心膨胀的欲望和傲慢！
可爱的少女，我含泪离你而去！
但愿我的预言不会使你悲伤，
宁愿心平气和地等待降临的不幸，
在一个比现实更好的世界里期盼永恒的幸福。①

正是这些不谐和音强烈吸引着读者读下去，要探个究竟，直至谜底最后揭开！小说在结构上又恰好暗合了希腊古典悲剧的营造气氛、情节逆转、暴露真相的情节结构模式。而且，整部作品的叙事结构利用了密室、地下通道和封闭的地下室，这种暗无天日的生活有助于暗示安布罗斯的坟墓般生活的复杂性质。② 小说的形式与小说的内容在这里完全构成了相辅相成的统一体。

三、对心理世界描写的拓展和挖掘

普罗提诺曾说过："我们每一个人都是一个精神的世界。"③细腻表现人物心理世界是小说，特别是西方小说极为关注的重要课题。雨果曾诗意盎然地说，世界上最广阔的是海洋，比海洋更广阔的是天空，比天空更广阔的是人的心灵。物质世界在小说里受逻辑的物理时空限制，而人的内心世界则可以超越它，进入一个飘忽不定、没有界限的心理时空，小说在叙述心理世界上有无限的可能性。黑格尔在论"冲

① ［英］刘易斯著，李伟昉译：《修道士》，上海译文出版社2002年版，第26—27页。
② ［英］桑德斯著，高万隆等译：《牛津简明英国文学史》，人民文学出版社2000年版，第501页。
③ 参见洛思著，孙毅译：《神学的灵泉》，中国致公出版社2001年版，第190页。

突”时特别强调人物“心灵性的差异”，认为这才是“真正重要的矛盾”。[①] 他甚至极端地说：“只有心灵才是真实的，只有心灵才涵盖一切，所以一切美只有涉及这较高境界而且由这较高境界产生出来时，才真正是美的。”[②]陀思妥耶夫斯基也认为，“描绘人的内心深处的全部隐秘”，才是“最高意义上的现实主义”。[③]

《修道士》的作者尤为关注和表现他笔下人物的精神世界的层面，因此在心理描写的细腻、深刻方面取得了很高的艺术成就。这是小说能从“通俗”走向“经典”的重要原因之一。可以说，安布罗斯这一形象主要是通过精神世界层面的揭示得以完成的。小说不仅详细地描述了矛盾的安布罗斯走向毁灭的全过程，而且还将他那隐秘曲折、复杂微妙的深层精神世界淋漓尽致地和盘托出，展露无遗，从而使我们清晰地窥见他在每一次命运的重要抉择关头所伴随的心理骚动、感受和变化。这种心理骚动、感受和变化的描写，使安布罗斯这一形象具有了相当的心理深度和厚度。正是这种心理深度和厚度，让小说获得了极大的心理学意义和很高的审美价值。

从表面上看，除了献身上帝的幸福外，安布罗斯不知道还会有什么其他的幸福，更不知道女人能给他带来快乐。但是，正如叔本华所说：“这种平静和幸福只是开在被征服的意志之上的鲜花。培植鲜花的土壤是与生命意志永恒的斗争。”[④]在安布罗斯的灵魂深处，其实早已潜藏着另一种声音。这种声音，我们是从他参加完盛大的布道回到其住处后的一段扪心自问中听到的：

> 我的讲道对听众的影响是多么巨大！有多少人围在我身旁！他们对我是多么崇拜……但且慢！我会不会经不起诱惑，偏离我一直遵循的正道？难道我不是一个有七情六欲的人，也会犯错

---

① [德]黑格尔著，朱光潜译：《美学》第1卷，商务印书馆1984年版，第262页。

② [德]黑格尔著，朱光潜译：《美学》第1卷，商务印书馆1984年版，第5页。

③ [俄]巴赫金著，白春仁等译：《陀思妥耶夫斯基创作问题》，载《巴赫金全集》第5卷，河北教育出版社1998年版，第366—367页。

④ 参见基弗著，姜瑞璋译：《古罗马风化史》，辽宁教育出版社2000年版，第162页。

误？我必须放弃修道院寂寞的生活。马德里有那么多漂亮的贵妇都要来修道院，不愿用别的忏悔神父，都指明让我做她们的忏悔神父。但是，我必须习惯于这些人的诱惑，抵制奢侈和欲望的引诱。我应当在这注定要我来的地方遇到这么多漂亮的女性，正像圣母你一样漂亮！①

他禁不住把视线移向对面墙上的一幅圣女像，又自言自语道：

她的表情多么漂亮！她转头的姿势多么诱人！……我要能用手抚弄她那金色的卷发，亲吻她那白皙的胸脯该多好！上帝啊，我必须抵挡这种诱惑吗？难道我就不能用30年的痛苦来换取对她的一次拥抱吗？我不能放弃……我多么傻！究竟为什么我要因爱慕这画而痛苦呢？滚开，这些可耻的想法！我得记住，我与女人永远无缘。没有一个凡人能如此完美。但即使真有这样一个人的话，也绝对抵抗不了这种诱惑，除了我安布罗斯。我说的是诱惑吗？它对我来说又算什么。当我被信奉为超凡脱俗的人后，那些妇人违反道德的举止使我恶心。当然不是这圣人的美貌吸引了我，而是这画家的技巧打动了我，我喜欢的是这幅画展示的圣洁的神性！②

从这段内心独白中，我们不难看到，安布罗斯本质上和其他普通人一样具有七情六欲，他从根本上不能做到对自己周围那么多“漂亮的女性”视而不见，无动于衷，其内心深处也藏有不愿意过“修道院寂寞的生活”的念头，但是他那超群出众、高人一等的傲慢感和神职身份又使他清楚地意识到“我与女人永远无缘”，必须抑制肉欲的诱惑。然而，他对圣女像的赞美与感受又分明充满着世俗的渴望，不过，为了驱赶“这些可耻的想法”，他又自欺地违心认为吸引、打动他的并不是

① ［英］刘易斯著，李伟昉译：《修道士》，上海译文出版社2002年版，第28—29页。

② ［英］刘易斯著，李伟昉译：《修道士》，上海译文出版社2002年版，第29页。

“这圣人的美貌”，而是“画家的技巧”和那幅画展示出的“圣洁的神性”。因此，这段极具内在张力的内心独白给我们揭示出了一个既克制压抑又敏感脆弱的充满着心灵骚动和人格分裂的矛盾形象。

安布罗斯对人性爱情的向往，在他得知马蒂尔德女扮男装的真实身份后变得更为强烈。最初，他意识到了马蒂尔德真实身份暴露后问题的严重性和后果的不堪设想，也试图下决心将她赶出修道院。但当马蒂尔德撕开衣服，把匕首直逼胸膛以自杀相威胁时，他心软了；而且就在这一时刻，他第一次看到了马蒂尔德柔嫩洁白的乳房。一种以前从未有过的难以名状的混合着渴望与快感的感觉充塞心头。一股猛烈的不可抵挡的欲火顿时燃遍全身，他热血沸腾，千万种欲望诱惑着、激荡着他的狂想。他开始陷入极度的矛盾痛苦中，挣扎在“罪的沉沦与上帝的拯救的中间状态”①：

> 他的心里乱极了，各种情绪在相互厮杀、彼此争搏，他说不清哪一种能占上风。他打不定主意应该怎样处理这件事。他意识到，谨慎、宗教、得体强制使他必须让马蒂尔德离开修道院；但另一方面，他也有足够理由同意她留下，而且他非常愿意她留下。他无法回避马蒂尔德对他的赞美，她的爱使他的虚荣心得到了极大的满足，因为他无意中征服了一颗全西班牙最高贵的骑士也征服不了的心。他不禁回忆起曾和她在一起的幸福时刻，然而一想到即将面临的分别，他的心里又空荡寂寞，充满忧伤。为了使马蒂尔德留下来，他居然还想到，鉴于她的富有，如若留下她，那么她的赐予对修道院将是一笔必不可少的财源。②

注意，这是安布罗斯第一次遭遇到的具体的、活生生的人的苦恼问题。丹麦基督教思想家克尔凯郭尔曾这样说过，只有当人在内心提出一个苦恼的问题，即“他自身之隶属于这个世界对于他意义何在，以

---

① 刘小枫：《拯救与逍遥》，生活·读书·新知三联书店2001年版，第6页。

② ［英］刘易斯著，李伟昉译：《修道士》，上海译文出版社2002年版，第48页。

及由此他对于这个世界意义何在”时,“内在的人才在这些苦恼中降临了”。[①] 也惟有“在这种苦恼中”,他才“要求一个解释,一种证明”,这种证明能向他阐明“一切存在物的意义,以及他自己的意义”[②]。现在,安布罗斯就突然意识到了他身边的马蒂尔德这个女人对于他的意义,以及他自身存在的意义。作者将笔触深入到他的内心世界,让他自我拷问:

> 留下她又会给我带来什么呢?我当然可以相信她的话。忘掉她的性别,仍视她为自己的朋友和信徒,不是很容易的事吗?显然,她的爱一如她描绘的那样纯洁。如果是出于情欲,那她怎么能隐匿这么长的时间呢?难道她不能使用计谋去获得满足吗?不,恰恰相反,她竭力掩饰着她的性别;仅仅因为害怕暴露,也出于对我的信任,她才吐露了自己的秘密。她遵守教规同我一样严格。在此以前,她没有企图唤起我潜伏的感情,更没有与我谈过爱的话题。如果渴望得到我的爱,而不是尊重,她就不必如此小心地隐藏自己的妩媚。直到现在我还没有看到她的面容。噢,仅从我看到的来判断,那张脸一定很可爱,那身体一定很漂亮![③]

这两段精神世界的剖析是小说的关键处,是理解安布罗斯命运转折的点睛之笔,因为它决定了安布罗斯日后为爱情所付出的沉重代价。如果说,开始他还在考虑马蒂尔德的去留问题,那么接下来的自言自语,就是在为留下她寻找合理的依据。所有这些都表明,马蒂尔德已经主宰了他的灵魂。他的“醒悟”已经注定了他的毁灭。就这样,他在魔鬼派来的美女马蒂尔德的诱惑下,体验了从未体验过的人生快乐,他那潜伏在灵魂深处的强烈欲望便如开闸的洪流势不可挡,昔日牢不可破的宗教的屏障顷刻间土崩瓦解。在灵与肉的搏杀中,情欲战

---

① [丹]克尔凯郭尔著,鲁路译:《基督徒的激情》,中央编译出版社 2001 年版,第 23—24 页。

② [丹]克尔凯郭尔著,鲁路译:《基督徒的激情》,中央编译出版社 2001 年版,第 25 页。

③ [英]刘易斯著,李伟昉译:《修道士》,上海译文出版社 2002 年版,第 48 页。

胜了誓约,他沉溺于肉欲中而无力自拔。

但是,出于掩饰心中的渴望而不被外人发现的目的,此时的他,表面上装得比任何时候都更为虔诚、更为圣洁,内心却要背弃誓约,不愿意再献身上帝,甚至愤怒地把他崇拜的圣母画像从墙上扯下,扔在地上,并用脚践踏。他变得表里不一,口是心非。

然而,很快他就对马蒂尔德性格和情绪的突然变化百思不解,并从心理上开始疏远她,厌恶她。因为她常常摆出一副傲慢的神情,说话时不再含蓄委婉,而是命令式的,他几天前所认识的那个温柔多情、体贴顺从的假罗萨里奥,开始变得冷酷可怕。已经尝到了甜蜜爱情滋味的安布罗斯再也无法压抑自己,更无法回到原来的宁静状态,于是又开始了新的爱情渴求。

因此,当安东尼娅进入他的视线时,就深深为她的纯朴和天真所打动。那时,她在他心中丝毫没有引起欲望的撩拨和骚动,他所感到的是一种交集着温柔、赞赏和尊敬的情感。她纯洁羞涩,与放纵、淫荡的马蒂尔德迥然不同,他甚至感到,吻一下她那玫瑰般的红润嘴唇,也比享有马蒂尔德的肉体千百次要甜蜜得多。他遐想着能和她在一起,欢乐时与她共享,痛苦时给她安慰,如果世界上有这样的幸福,那就是他的运气。然而当他意识到,所有这些幸福的遐想都是可望而不可即的虚无缥缈的幻景时,他痛苦而又绝望地扪心自问:"难道我不能解除誓约,对着天地宣布我的爱吗?"①"一颗眼泪落在了他的面颊上。"②

小说在表现安布罗斯心理时,不仅表现他与外部的冲突,而且更注意呈现其内部的自我冲突,让人物在内外双重冲突的挤压下去驰骋拼搏,去展示生存还是毁灭的惊心动魄!宗教原则与世俗生活的冲突构成了安布罗斯与外部世界的主要矛盾,但其内心又经常处在紧张不安的斗争与冲突中。这后者特别明显地表现在如何对待安东尼娅的问题上。一方面,他因爱而千方百计想引诱安东尼娅,另一方面又总觉得这是一种很卑鄙的犯罪行为。但是,不愿放弃她的心理,终又变

① [英]刘易斯著,李伟昉译:《修道士》,上海译文出版社2002年版,第179页。
② [英]刘易斯著,李伟昉译:《修道士》,上海译文出版社2002年版,第180页。

成疯狂的情欲，使他孤注一掷，铤而走险。尤其是当他强暴安东尼娅后，看着她心碎肠断、悲泣可怜的样子，听着她“让我回家吧”①的哀求，他确实不想再折磨她了，并动了恻隐之心，开始考虑她的去留问题。然而，也仅仅是瞬间，他清醒地意识到，放她出去，就等于自我曝光，等于自掘坟墓，因此他不得不把这个他心里真爱着、却又被他残酷蹂躏的安东尼娅囚禁在地牢里，决不能给其自由。

从作者对这一人物细腻而精心的塑造中，我们不难看到，宗教法规和修道士的神职身份不仅葬送了安布罗斯作为人理应具有的人性本能特征的情感渴求与幸福享受，而且还毒害了他的善良天性。这种内外结合的剧烈冲突造成了他精神的极度痛苦和近乎疯狂的变态心理，最终久受压抑的情感演变成为可怕的淫欲，由一个清心寡欲的修道士变成了阴险狠毒的杀人恶魔。作者由此尖锐地揭露、批判了宗教法规的反人道性和荼毒、残害生灵的本质，触目惊心地揭示出了“人生的潜在可能性恰恰在于光明变黑暗、天使变魔鬼的辩证法”②，更细腻而感伤地展示了安布罗斯追求、向往爱情幸福的心路历程，形象地表明了叔本华曾说过的一个人生真理：“对人类的大多数来说，过那种苦行生活是不可能的。”③

需要指出的是，刘易斯并非仅仅停留在一般心理学意义上去描写安布罗斯的心理世界，而是特别强调对他痛苦与恐惧的精神世界的揭示和渲染，深入挖掘了沉潜于他心灵深处因羞涩感和罪恶意识而产生的痛苦与恐惧，以及因痛苦与恐惧而丧失理智、泯灭人性的过程。我们不难发现，安布罗斯每一次偷欢、每一次作恶后，总会情不自禁地想起他曾经一往情深的上帝，上帝的严厉惩罚就像立即降临似的顷刻引起了他的恐惧与不安。譬如，初尝禁果后的安布罗斯旋即被羞耻心所占据，“迷惘混乱与懊悔自责交织，淫逸放纵与焦虑不安杂错。他无限悔恨地回想起他曾拥有的安详的心态和崇高的德行。他已经沉溺于

① [英]刘易斯著，李伟昉译：《修道士》，上海译文出版社2002年版，第282页。
② 刘小枫：《拯救与逍遥》，生活·读书·新知三联书店2001年版，第6页。
③ 参见基弗著，姜瑞璋译：《古罗马风化史》，辽宁教育出版社2000年版，第162页。

罪孽,而二十四小时前还对这种罪孽深恶痛绝。他不安地想到,无论是他抑或马蒂尔德,只要稍有不慎就会将他用三十年的时间树立起来的名声和威望毁于一旦,使他成为曾把他作为偶像来崇拜的人们所唾骂的对象。良知为他清晰地展示了他的假誓和错误,他情不自禁地设想身陷囹圄后所遭受的可怕惩罚”①。又如,安布罗斯杀害埃尔维拉仓皇逃回修道院后,就“陷入痛苦的悔恨和即将被发现的惊恐不安中”②。他“一想到自己朝罪恶的深处越滑越快,就浑身战栗。他刚刚犯下的滔天罪行使他内心充满了真正的恐惧。被害的埃尔维拉不断地在他眼前出现,而且他已经在遭受良心的巨大折磨了”③。

事实上,安布罗斯从第一次堕入情欲之网直到死亡,始终生活在灵魂的分裂和精神的恐惧之中。虽然他也不断地有过片刻的快乐,但瞬间又被背叛上帝的羞耻感、忏悔意识和罪恶感所淹没。当他愈是接近上帝的时候,便愈能够意识到自己的罪行以及拯救自己的必要性。本来,“羞愧感是人在背离神圣生命陷入罪的沦落之中后对自己存在的破碎的直接感悟,确认自己本然生命的欠缺和有限性。羞愧感已经在启发生命感觉的转向,对本然生命的忘恩负义豁然开悟,向上帝重新敞开心扉”④。而“罪感意向引发的不是生命的自弃感,而是个体生命修复自身与神圣生命的原初关系”,“是把人与上帝重新联系起来的第一个环节,……沦落要走向赎回,罪人只有回到上帝身边才能重生”。⑤ 但是,我们丝毫没有看到忏悔后的安布罗斯有任何“回到上帝身边”“修复自身与神圣生命的原初关系”的“转向”,相反,在内心原始冲动的巨大作用下,他的灵魂愈来愈趋向混沌和黑暗,也愈来愈远离上帝和誓约,投入到变本加厉的疯狂和兽性的残暴之中。被缉拿打入地牢后,他拒不认罪,遂遭到刑具拷打。然而,“脱臼的四肢,血肉模糊的手指,以及撕裂着的指甲所带给他的剧痛远远比不过他心灵上所

---

① [英]刘易斯著,李伟昉译:《修道士》,上海译文出版社2002年版,第169页。
② [英]刘易斯著,李伟昉译:《修道士》,上海译文出版社2002年版,第228页。
③ [英]刘易斯著,李伟昉译:《修道士》,上海译文出版社2002年版,第229页。
④ 刘小枫:《拯救与逍遥》,生活·读书·新知三联书店2001年版,第149页。
⑤ 刘小枫:《拯救与逍遥》,生活·读书·新知三联书店2001年版,第157—158页。

受到的痛苦。他明白不管承认与否,法官们都不会放过他,他这才感觉到,他的固执和不合作使他付出了极大代价,一想到还要遭此酷刑,便不禁毛骨悚然,这促使他想接受忏悔。可是,忏悔后又怎样呢?”“他一想到将临的宗教审判所的公开判决,以及被活活烧死的残像更惊恐万状,不寒而栗。而且死后也要永受火焰炙烤,他不安地把注意力全集中在死亡以后的问题上,这也不能使他回避,他非常害怕上帝的惩罚。”①“他极为哀痛,为他犯罪所受到的惩罚而哀痛,并不是因为罪孽本身。”“他害怕入眠,因为他一闭上眼睛,白天留在脑海里的可怕的幻象就不期而至。现在,幻象又出现了。他发觉自己正处在一个燃烧着大火并散发着硫磺气味的洞穴里,魔怪命令他的打手将该洞团团围住,并把他扔进各种痛苦的熔炉中,每一种可怕的痛苦都胜过以往。在这种骇人的景象中,埃尔维拉和她女儿的鬼魂在徘徊漫游着,它们向魔怪列举着他的罪状,对他大加谴责,要魔鬼用更严酷的方式折磨他。这种幻象一直浮现在他的睡梦中,直至被惊醒才消失。他从地上站起,伸直身子,他的额头上冒着冷汗,眼睛里流露出惊恐之色。而现实中,他的境遇与梦中相比也好不了多少。他焦虑不安地来回踱着,眼睛直直地盯着周围的黑暗,不时地叫道:‘哦!对有罪的人来说,夜晚太恐怖了!’”②他深知自己罪恶累累,永远不会得到上帝的宽恕,但又极为害怕永堕地狱,饱受惩罚,最后在执行“火刑”的关键时刻,竟把自己的灵魂出卖给魔鬼,以此想换取生命和自由,但最终还是痛苦地死于魔爪之下。作者以极其敏感细腻的笔触,惊心动魄地描写了安布罗斯面对宗教与情欲的两难选择而引发的痛苦与骚动、死亡与恐惧、变态与疯狂。

刘易斯对痛苦、恐怖、邪恶心理的描写,对沉溺于孤独、自恋情绪状态下的彷徨矛盾世界的剖析,对潜意识畸形变态心理与罪恶意识的挖掘等,对后世许多著名作家的文学创作都产生了深远的影响。这正是刘易斯对心理世界描写的开拓性贡献。19 世纪美国著名作家、被誉

---

① [英]刘易斯著,李伟昉译:《修道士》,上海译文出版社 2002 年版,第 309 页。
② [英]刘易斯著,李伟昉译:《修道士》,上海译文出版社 2002 年版,第 310 页。

为世界推理探案小说鼻祖的爱伦·坡，其作品中对恐怖、痛苦与邪恶乐此不疲的玩味，对变态心理与罪恶意识的探讨，以及对疯狂与死亡的价值取向，都明显受到刘易斯的影响。而爱伦·坡又以自己的作品深深影响了后来许多文学大家。俄国的陀思妥耶夫斯基就曾惊叹道："爱伦·坡几乎总是撷取最不寻常的现实，总是把自己塑造的主角置放于那最不寻常的外在的或心里的情境当中，真是难以想象，他是以怎样的一种洞察力，以怎样令人折服的一种准确性，去传神叙写这种不寻常人物的心理状态呀！"①陀思妥耶夫斯基的创作就具有这种鲜明特征。巴赫金就曾这样说过："陀思妥耶夫斯基总是把人放在门槛上来描绘，或者换句话说，放在危机状态中来描绘。"②雨果的浪漫主义小说经典《巴黎圣母院》中的克罗德·孚罗诺副主教就是直接从安布罗斯这一形象中脱胎而出的。特别是雨果对克罗德·孚罗诺副主教内心冲突的细腻描写，几乎疯狂的精神心理变态的探幽析微，以及最终由渴望情感生活的爱欲走向毁灭的淫欲的过程的展示，都清晰地留下了《修道士》的影响痕迹。

法国比较文学的泰斗梵·第根在其《比较文学论》中曾说，比较文学应该让一个大位置给那些在文学史上只稍稍提到或竟不提的二三流作家，因为他们在作为"放送者"或"传递者"时，也扮演着一个重要角色。③ 刘易斯正是这样一个不占主流地位而又分明扮演着一个"放送者"和"传递者"的重要角色。

总之，《修道士》之所以深受读者的欢迎，无疑是因为它揭示了宗教和道德的邪恶，暴露了人性中的阴暗面，表现了善恶冲突及道德上的探索，但更在于小说所具有的那种惊心动魄的"哥特式"风格和强烈的震撼力量，在于它激起了恐惧与怜悯这种人类最基本的情感。

亚里士多德曾经指出，真正的悲剧应该给我们"一种它特别能给

---

① ［美］爱伦·坡著，朱璞煊译：《爱伦·坡的诡异王国》，中国对外翻译出版公司2000年版，第88页。

② ［俄］巴赫金著，白春仁等译：《关于陀思妥耶夫斯基一书的修订》，载《巴赫金全集》第5卷，河北教育出版社1998年版，第386页。

③ ［法］梵·第根著，戴望舒译：《比较文学论》，台湾商务印书馆1995年版，第65页。

的快感”，就是从痛苦之中，从恐惧之中激起我们的恐惧与怜悯之情，使之“惊心动魄”[①]。因为“恐惧乃是一种痛苦的或苦恼的情绪”，“怜悯乃是一种痛苦”。[②] 为了表现这种痛苦并使观众或读者感到痛苦，创作者就要研究哪些行动是可怕的或可怜的。“这样的行动一定发生在亲属之间、仇敌之间或非亲属非仇敌的人们之间。如果是仇敌害仇敌，这样的行动和企图，都不能引起我们的怜悯之情，只是被杀者的痛苦有些使人难受罢了；如果双方是非亲属非仇敌的人，也不行；只有当亲属之间发生苦难事件时才行，例如弟兄对弟兄、儿子对父亲、母亲对儿子或儿子对母亲施行杀害或企图杀害，或作这类的事——这些事件才是诗人所应追求的。”[③]18 世纪法国著名启蒙戏剧家博马舍认为：“在我读古代悲剧的时候，我就被一种个人的愤怒的感情所侵扰，我反对残酷的诸神，他们让如此可怕的灾祸堆在无辜者的身上。……在那些剧本里，每件事在我看来都似乎是奇怪而且可恶的：不加约束的激情，万恶的罪行……在全部这类悲剧中，我们经历不到别的，只有毁灭、血海……最后无非是达到下毒、谋杀、乱伦、弑亲的结尾。”[④]

而亚里士多德要求创作者所应当研究和摹仿的，正是这些可怕与可怜的行动，并要求创作者用这些“毁灭”“血海”“下毒”“谋杀”“乱伦”“弑亲”等痛苦的、丑恶的、恐怖的行为和事件来让观众或读者“取乐”，从恐惧和惊心动魄、毛骨悚然的情绪之中“惊”出“愉快”，体验到由痛感转化来的快感与美感。这也正与 18 世纪英国著名批评家爱迪生、伯克等人的理论主张相一致。爱迪生在《想象的快感》中，把“伟大”“新奇”与“美”并列为三种引起快感的对象。他发现世间有些东西是如此骇人或不快，它引起的恐怖或厌恶可能压倒它产生的快感，

① ［希腊］亚里士多德著，罗念生译：《诗学》，载《诗学·诗艺》，人民文学出版社 1984 年版，第 43 页。

② ［希腊］亚里士多德：《修辞学》，参见缪朗山《西方文艺理论史纲》，中国人民大学出版社 1985 年版，第 88 页。

③ ［希腊］亚里士多德著，罗念生译：《诗学》，载《诗学·诗艺》，人民文学出版社 1984 年，第 44 页。

④ ［法］博马舍：《论严肃戏剧》，载伍蠡甫主编：《西方文论选》上卷，上海译文出版社 1979 年版，第 399—400 页。

但在它给予我们的厌恶中却又混杂着一点愉快。他已感觉到，神秘、恐怖与可喜、快感之间存在着一种内在的审美联系。伯克在《关于崇高与美的观念的根源的哲学探讨》(1757)中更是认为："凡是能以某种方式引起苦痛或危险观念的事物，即凡是能以某种方式令人恐怖的，涉及可恐怖的对象的，或是类似恐怖那样发挥作用的事物，就是崇高的一个来源。"①比如朦胧、模糊、空虚、黑暗、孤独以及形式上的粗犷不羁，庞大的体积，宽阔的幅度，无法驾驭的威力等，都属于崇高感。② 他还引用弥尔顿的诗证明崇高的可恐怖性：

他们越过
许多黑暗凄凉的溪谷，
许多忧伤哀怨的地域，
许多严寒酷热的高山，
岩石、湖泊、洞穴、沼泽、泥淖、窖窟，
死亡的阴影，
死亡的世界。③

伯克在严格的美学意义上使用"崇高"一词，真正把崇高引入审美领域，使此前很少论及的崇高与美并列，成为审美上两个基本范畴之一。

而恐怖、危险、痛苦、死亡等恰恰是哥特小说所极力追求的心理的和艺术的审美效果。《修道士》完全达到了这种审美效果。它所引起的恐惧与怜悯，是一种特殊的包含着痛感的求知的快活和有益的道德与价值判断，它可以强化心灵，启发人并教育人，使人真正懂得并正视，有德的人允许非理性的情欲、冲动有其适当的位置，但使它们与他们的理智保持和谐，避免冲突。而美德则应当居于完全的压抑与完全

① 参见朱光潜：《西方美学史》上卷，人民文学出版社1984年版，第237页。
② 参见单世联《西方美学初步》，广东人民出版社1999年版，第238页。
③ 参见单世联《西方美学初步》，广东人民出版社1999年版，第239页。

的放纵之间的感情的中间状态。当人们避免极端的行为或能理智地采取适度的方式时,他就能获得美德和幸福。①

《修道士》为社会提供了一种无害的、读者易于接受的并且能够调节生理和心态的途径。可以说,刘易斯是西方小说史上第一位将恐怖与丑纳入美学范畴的作家,在对恐怖与邪恶乐此不疲的玩味中,他完成了人的道德和精神上的升华与净化的审美作用。由于采用了超自然的素材,运用虚构、想象、超现实与现实相结合等艺术手法描写超凡的事件,展现极端的情形和场景,塑造恶魔般的人物,致力于表现人物的内心世界,探索神秘体验,强调情感、想象、直觉以及人身上其他各种非理性的因素,刘易斯的《修道士》开拓了小说创作的新领域,丰富了小说创作的艺术表现手法,对后世西方文学创作产生了极为深远的影响。难怪有人说,哥特小说影响的余波及其"耸人听闻的手法的重要方面,从勃朗特到狄更斯时期直至当代的英语文学,可以连续地被感受到"②。

当然,需要指出的是,《修道士》毕竟是一个年仅19岁的作者的处女作,存在一些不足之处,也是不足为奇的。譬如,在刻画安布罗斯这一形象过程中,刘易斯始终对他不能享受正常性爱快乐而深表惋惜和同情,他对这种压抑所导致的行为,态度也越来越模糊。尽管他有强烈的反叛宗教的意识,但又难以承受宗教与社会环境的压力,最终把安布罗斯的堕落与犯罪归咎于魔鬼的诱惑,这无疑是为安布罗斯开脱罪责,一定程度上削弱了小说的思想性。这也反映了作者的困惑与矛盾。

(原文刊载于《外国文学评论》2002年第2期)

① 参见单世联:《西方美学初步》,广东人民出版社1999年版,第68页。

② [英]桑德斯著,高万隆等译:《牛津简明英国文学史》,人民文学出版社2000年版,第498页。

《弗兰肯斯坦》叙事艺术论

19世纪英国女作家玛丽·雪莱的著名小说《弗兰肯斯坦》(又译为《现代普罗米修斯》《科学怪人》),不仅是英国最著名的哥特小说之一,而且还是西方第一部著名的科学幻想作品。它不仅以其主题思想的预见性令人惊叹,即对责任和现在被称为"科学"的知识体系作出了极有价值的道德探索[①],而且在叙事艺术上也取得了独具一格、引人注目的成就。这一成就给我们留下了深刻印象,并吸引我们去探究、去回味。

一、叙事视角的运用

(一)第一人称视角叙事

第一人称视角叙事和全知视角叙事一样,在西方有着悠久的传统。早在荷马史诗《奥德赛》中就已经有了第一人称视角叙事的运用。在英国,被誉为"英国诗歌之父"的乔叟在其著名的《坎特伯雷故事集》中大量使用了第一人称叙事视角,并且受《天方夜谭》《十日谈》的影响,采用了故事套故事的叙事结构。有"英国和欧洲小说之父"称誉的笛福对第一人称厚爱有加,他在那部使其一举成名处女作《鲁滨孙漂流记》中,就非常成功地运用了第一人称叙事视角。此后,不少作家

① [英]桑德斯著,高万隆等译:《牛津简明英国文学史》,人民文学出版社2000年版,第505页。

如斯威夫特在《格列弗游记》，理查生在《帕米拉》《克拉丽莎》中都成熟地运用了这一人称。因此可以说，第一人称视角的运用，在英国也是渊源有自。当然，这种第一人称视角的广泛运用，与西方张扬个性、突显自我的文化传统密不可分。

因此，在西方，一部作品选用第一人称视角叙事并不令人惊讶，惊讶的倒是在这种视角叙事中能呈现出一种独特性。《弗兰肯斯坦》就是这样一部独具特色的以第一人称视角叙事作品。

《弗兰肯斯坦》由探险家沃尔顿致姐姐萨维尔夫人的四封书信组成。在这个以四封书信组成的叙事文本中，包含了三大叙述层面，这三个层面的叙述均是典型的第一人称视角，由此形成一个层层递增的叙述层次。

关于叙述层次，热奈特是这样表述的："叙事讲述的任何事件都处于一个故事层，下面紧接着产生该叙事的叙述行为所处的故事层。"①他将起始的层次称为故事外层或超故事层。巴尔则称这一层次的叙述为"母体叙述"。她认为："母体叙述是包含着'嵌入'或'次叙述'的叙述。'母体'一词来源于拉丁词 mater（母亲，子宫），它含有'其他东西从中源起'（《韦伯斯特大学词典》）的意思。在语言学上，'母句'（matrix sentence）指的是嵌入一个从属句的句子。"②《弗兰肯斯坦》第一层面的叙述就属于这样的"母体叙述"。小说第一层面的叙述中心是探险家沃尔顿，他在信中给姐姐讲述自己在北极的探险经历以及遇见弗兰肯斯坦的事，这个层面实际上就是为下一个故事层面提供叙述者及其相关背景，是故事展开的"序幕"。第二层面的叙述中心是弗兰肯斯坦，他向沃尔顿讲述自己的不幸经历（他如何创造怪物、怪物如何杀害其亲人、他又如何追捕怪物），这个层面是主叙述层，构成了作品的主干。第三层面是小说的第 11 章至第 16 章，叙述中心是"怪物"，他向其创造者弗兰肯斯坦陈述自己诞生后遭人歧视、孤独悲惨的经

① [法]热奈特著，王文融译：《叙事话语　新叙事话语》，中国社会科学出版社 1990 年版，第 158 页。谭君强著：《叙事理论与审美文化》，中国社会科学出版社 2002 年版，第 40 页。

② [英]玛丽·雪莱著，伍厚恺译：《现代普罗米修斯》，四川人民出版社 1997 年版，第 19—20 页。

历,这个层面是次叙述层。但从本质看,在构成作品主体的第四封信中,尽管多是弗兰肯斯坦和“怪物”的自述,但真正的叙述者实际上又只有一个,即沃尔顿,因为所有故事均是从他的笔下记录出来的。这一点,他自己交代得十分清楚:

> 我决定每天晚上当自己没有紧迫事务缠身的时候,尽可能按照他的原话把他白天讲述的事情记下来。万一我忙得没有时间,至少也要作些笔记。这些记录无疑会给你带来极大的乐趣;而对于我来说,我认识他,听过他亲口讲述,在将来的某一天,我又会带着怎样的兴味和同情来重读这些记录啊!①

不过,他也再三强调,这些记录都是经过当事人弗兰肯斯坦的修改和补充的。因此,作为读者的我们,始终跟萨维尔夫人一起又是在聆听沃尔顿的叙述。然而,一经弗兰肯斯坦和怪物分别以“我”的身份叙述的时候,沃尔顿这个故事记录者的“我”便立刻消融在弗兰肯斯坦的“我”与怪物的“我”中,他们以一种让人不容怀疑的“直接性”和“即刻性”面对着我们,倾诉其不寻常的经历与强烈的痛苦情感。这种“我”中有“我”、叙述中含叙述的叙事方式,不仅使得弗兰肯斯坦不可思议的荒诞恐怖经历变得真实可信,而且又给读者带来了扑朔迷离、真幻莫测的叙述接受效应。

《弗兰肯斯坦》所表现出的最不可思议的荒诞之处,就是科学家弗兰肯斯坦与他创造的魔鬼之间不可调和的矛盾冲突。绝对不可能发生的理性认知与耳闻目睹的感性认知之间的紧张关系和强烈错位,构成了该作品鲜明的怪诞风格。而作品讲述的这个故事所依托的真实,主要是人物心理世界的真实。在这一真实的心理世界的框架下,一个被编织、虚构得极为天衣无缝的真实的假故事就这样诞生了。在小说中,叙述者沃尔顿是把自己所亲历的最奇异而痛苦的这个事件作为真

---

① [英]玛丽·雪莱著,伍厚恺译:《现代普罗米修斯》,四川人民出版社1997年版,第19—20页。

实事件记录下来的，他后来一再强调“我们遇到了如此奇怪的一件事”。显然，这里的“我们”，明确无误地是指包括“我”在内的其他船员都知道这件奇怪的事，而“我”作为目睹者和见证人，只不过是“没法制止自己把他记录下来”罢了，并且他在信里还一再向姐姐交代，他所记录给她看的内容，当事人弗兰肯斯坦“在不少地方亲自作了修改和补充”，目的是“不愿流传于后代的是个残缺不全的东西”[①]。应该说，当事人的“修改和补充”与目击者的参与，已经足以让那位没有出现在作品中的远在家乡的姐姐相信该事的真实性。但是，尽管如此，当叙述者向他的姐姐讲述了这个故事后，潜意识里还是觉得姐姐对此可能依然表示怀疑，所以他又特别郑重指出：“他（指弗兰肯斯坦——引者注）的故事情节连贯，叙述的时候就像在讲朴素的事实；不过我得承认，不管他讲得多么诚恳而有条理，他给我看的费利克斯和沙菲之间的通信，以及我们从船上看到的那个怪物的身影，比他自己所声称的更令我确信那是事实。这样看来，真的有这么一个怪物了。我无法怀疑在一点；不过我还是惊讶和感叹得难以自持。”[②]这里值得注意的是，作为故事接受者和部分事实见证人的“我”，一方面声称弗兰肯斯坦在“叙述的时候就像在讲朴素的事实”，自己也确信“那是事实”，“我无法怀疑在一点”，然而另一方面却又掩饰不住自己复杂矛盾心理地认为“我还是惊讶和感叹得难以自持”。这种叙述上的含糊、矛盾、对立态度所造成的感官认识上的非幻似幻、似幻非幻的迷离效果，正是“隐含作者”幻笔巧妙运用的结果，也是产生不可抵御的情节魅力之所在。“隐含作者”出于真实感的考虑，更特意安排了沃尔顿奇遇怪人并与怪人面对面谈话的场面，从而不仅亲耳聆听了从怪人口中自述的他与他的创造者之间发生的故事及其所犯罪行，而且又进一步确证了弗兰肯斯坦讲述的可靠性。当“我”看到怪人从船舱的窗口跳出去，被波涛卷走，消失在黑暗的远方的时候，心里该有何感想呢？那位远在

① ［英］玛丽·雪莱著，伍厚恺译：《现代普罗米修斯》，四川人民出版社 1997 年版，第 203 页。

② ［英］玛丽·雪莱著，伍厚恺译：《现代普罗米修斯》，四川人民出版社 1997 年版，第 202 页。

千里之遥的姐姐如若读到这里，是否还心存疑窦呢？小说至此戛然而止，给读者留下了一个巨大的谜团和"未定点"，等待着读者去解谜、去判断。

在这里，第一人称叙事视角的成功运用，是增加《弗兰肯斯坦》荒诞色彩的重要因素之一。因为原本荒诞的故事经第一人称视角讲出，就不太像小说，倒更像是真实的生活经历，但读者的理性往往又马上会质疑这种"像真实"。它们之间形成的张力关系，必然导致作品更加强烈的荒诞感。塞米利安在分析亨利·詹姆斯的小说《拧螺丝》时，讲过一段十分精彩的话，也许有助于我们从一个角度来认识《弗兰肯斯坦》这部第一人称视角叙事中所产生的怪诞，故引录于此：

> 詹姆斯没有必要去证实这个年轻女人是否真正看到了这些鬼，她从自己有限的知识出发讲了这个故事，事件被抹上了她个人的情感色彩。只要故事是从她的角度来写的，我们就只能接受她对自己经历的解释。假如她说那些是鬼，那只是她认为是鬼，这是非常重要的。而读者勿须接受她的解释。对读者来说，那可能不是鬼，他可以对事件提出自己的评价，他可以说那是歇斯底里的幻觉，或者以其他什么理论来加以解释。詹姆斯使故事获得了多义性，从而导致对它的不同解释。可以说，多义性是所有鬼的故事的一个组成部分。①

尤为难能可贵的是，在叙事上，《弗兰肯斯坦》始终严格遵循着第一人称视角的叙事规范，决不让沃尔顿这个"我"说超出自己知道范围的事，换言之，我们没有发现这部作品中有"跳角"或"越界"的现象。例如"弗兰肯斯坦"这个名字的说出就别具匠心。作者深知，第一人称叙述是限知的，因此一开始沃尔顿与我们一样不认识那个从海里救上来的人姓甚名谁，故向姐姐称他为"陌生人"。当"陌生人"从第一章自述经历时，也并未先自报姓名，而是开口说："就出生地而言，我是日

---

① ［美］塞米利安著，宋协立译：《现代小说美学》，陕西人民出版社1987年版，第56页。

内瓦人……”直到第三章，他这样讲述大学时代自己的冲动时才说道：“弗兰肯斯坦的灵魂高叫道，别人已经做了那么多的事情——我要完成得更多……我将开辟出一条新路，探索人们还不知道的力量，向世界展示创造力的最幽深的奥秘。”①既真实再现了自己当年的想法和雄心，又巧妙地交待出了自己的名字，这种叙述策略远比开头“我叫某某”的介绍法来得更为自然、生动、真切，令人难忘。

农舍一家人的故事是怪物叙述的中心场面。在这一部分的故事中，作者同样让怪物始终保持着他自己视角的一元性。例如，怪物最初观察农舍里的三个人时，并不知道他们叫什么，是什么关系，所以只称呼年轻女人、年轻男人、那个老人，后来模仿他们渐渐学会了发音，解开了声音和事物的连接之谜，了解了他们的谈话中最常说到的一些东西的名称，这才终于知道（也告诉我们）小屋主人们的名字：“年轻人和他的同伴每个人都有几个名字，而老人只有一个，那就是‘父亲’。那个姑娘叫‘姐姐’，或者‘阿加莎’；那个青年叫‘费利克斯’，‘弟弟’，或者‘儿子’。”②而且，由于叙述主体限知角度控制得好，又常常留下空白与悬念，吸引读者的阅读兴趣。例如，怪物发现，费利克斯常常显得并不快乐，“我可看不出他们有什么理由不高兴”，“可是这些优美的生命为什么会不快乐呢？在我看来，他们有一所可爱的房子和种种享受；在寒冷时有炉火来温暖他们，饥饿时有精美的食物；他们穿着极好的衣服；更愉快的是，他们能彼此作伴，互相交谈，每天大家都以亲切慈爱的态度相待。他们的眼泪意味着什么呢？”③后来，他又发现，随着一个骑着马的“陌生女子”的到来，费利克斯阴云尽扫，笑逐颜开。这是个什么样的“陌生女子”呢？作者没有客观描写，而是借怪物的视线描绘出来：“女子看见他就撩起了面纱，于是我看见了具有天使般的

① ［英］玛丽·雪莱著，伍厚恺译：《现代普罗米修斯》，四川人民出版社 1997 年版，第 38 页。

② ［英］玛丽·雪莱著，伍厚恺译：《现代普罗米修斯》，四川人民出版社 1997 年版，第 104 页。

③ ［英］玛丽·雪莱著，伍厚恺译：《现代普罗米修斯》，四川人民出版社 1997 年版，第 102—103 页。

美，带来天使般的表情的一张脸。她的头发乌黑发亮，辫成了很奇怪的形状；她的眼睛也是黑色的，活泼有神，又很温柔，她的容貌匀称端正，皮肤极为白皙，两颊还微微泛起可爱的红晕。"①而"陌生女子"的名字，作者是这样交代的：

> 当他们分手的时候，费利克斯吻着陌生女子的手说："晚安，可爱的沙菲。"②

"费利克斯吻着陌生女子的手"的叙述声音的发出者是怪物，显然说明他当时并不知道"陌生女子"的名字。"晚安，可爱的沙菲"则叙述的是费利克斯的声音，他自然是知情者。他向沙菲道晚安时，怪物，当然也包括读者记住了这个"陌生女子"的名字。那么，为什么沙菲的到来就能使费利克斯满心喜悦呢？这里面一定有故事。作者就是这样精心安排叙事，不断激发起读者的阅读期待，让读者寻着怪物的视线去发现，而作者自己则隐藏在故事背后。

塞米利安在谈到第一人称视角的运用时曾说："具有强烈的情感色彩的生活经历最好让当事人亲自来讲，这样，故事就有更强烈的情感色彩，读起来有如从心灵中撕裂出来的供白。……第三人称是不可能达到这种令人痛苦的情感强度的。"③"具有强烈的情感色彩的生活经历"之所以能让故事"有更强烈的情感色彩"，让读者唤起"有如从心灵中撕裂出来的供白"的感觉，正是因为经当事人"我"之口叙述而非由第三人称说出，往往能产生现在时、直接性、逼真性的效果，"赋予故事以即刻生动性"④。这种叙述把"叙述"变为"倾诉"，格外强调主体对事件的体验和印象，常让人觉得那些过去的事并不太遥远，叙述

---

① ［英］玛丽·雪莱著，伍厚恺译：《现代普罗米修斯》，四川人民出版社 1997 年版，第 108 页。

② ［英］玛丽·雪莱著，伍厚恺译：《现代普罗米修斯》，四川人民出版社 1997 年版，第 109 页。

③ ［美］塞米利安著，宋协立译：《现代小说美学》，陕西人民出版社 1987 年版，第 55 页。

④ ［美］塞米利安著，宋协立译：《现代小说美学》，陕西人民出版社 1987 年版，第 68 页。

者就在此刻向我们述说昨天的事。[①] 当然,“叙述自我”急于倾诉“经验自我”,乃是基于“叙述自我”的现实经验和强烈情感的需要。正如明代大思想家李挚在谈论作文的感受时说的那样:“且夫世之真能文者,比其初皆非有意于文也。其胸中有如许无状可怪之事,其喉间有如许欲吐不敢吐之物,其口头又时时有许多欲语而莫可所以告语之处,蓄极积久,势不可遏。一旦见景生情,触目兴叹;夺他人之酒杯,浇自己之垒块;诉心中之不平,感数奇于千载。”[②]弗兰肯斯坦所以深怀痛苦向沃尔顿讲述自己的故事,既为了表达自己对既往的鲁莽与轻率行为的悔恨和检讨,也为了让听者从其灾难中引出教训,有所裨益。他的叙述与其自身有一种生命本体上的联系,揭示着他的“叙述自我”与“经验自我”痛苦复杂的张力关系。他的生命意义的获得也有赖于叙述行为的完成,在这种意义上,不仅叙述者,甚至叙述行为本身也参与了作品意义的生成。因此,这里的第一人称视角的运用,绝不仅仅是为了表面上直抒胸臆的方便,而且更为重要的是,它是叙述主体“有意识的美学抉择的结果”[③]。

(二)见证人视角叙事

前面说过,《弗兰肯斯坦》是一部典型的以第一人称视角叙事的作品,这是没有疑义的。不过,如果换一个角度看,它又是一部颇为典型的以见证人视角且由见证人本人叙事的作品。作品虽然由沃尔顿的四封信组成,但沃尔顿并不是中心人物,他仅仅是弗兰肯斯坦这一真正主角故事的见证人,换言之,他仅仅属于一个线索人物。没有他,弗兰肯斯坦不会进入我们的视线,弗兰肯斯坦的故事更无从展开。他是弗兰肯斯坦倾诉自己不幸遭遇的承载者、记录者和转述者。然而这也仅仅是沃尔顿作为见证人的一个层面。还有一个层面,从某种程度上说具有更为重要的意义,即他与弗兰肯斯坦所创造的怪物之间发生了

---

① 徐岱:《小说叙事学》,中国社会科学出版社 1992 年版,第 285 页。

② 李挚:《杂说》,载张建业主编:《李贽文集》第 1 卷,社会科学文献出版社 2000 年版,第 91 页。

③ [法]热奈特著,王文融译:《叙事话语　新叙事话语》,中国社会科学出版社 1990 年版,第 174 页。

一次明明白白、不容置疑的遭遇和对话，也就是说他见证了怪物的真实存在。如果说当初听了弗兰肯斯坦“这个奇异而可怕的故事”后，他虽然“无法怀疑这一点”，但心中“还是惊讶和感叹得难以自持”。但这次意外的遭遇和对话，不仅让他验证了弗兰肯斯坦所讲述故事的真实性、恐怖性与悲惨性，而且也使他更加确信不疑地将此事告诉给他的姐姐。因此，沃尔顿是作者为了让弗兰肯斯坦的故事获得更为令人信服的真实感而精心设置的一个角色。

总之，《弗兰肯斯坦》虽然是单一的第一人称叙事，但这个第一人称叙事却包含着三个各不相同的“我”的视角叙述的转换，其中，沃尔顿船长“我”的叙述又分别是弗兰肯斯坦的故事和怪人结局故事的见证人视角叙事。小说这种“我”中有“我”的层叠式的叙事结构不仅使叙述层次分明，立体感强，而且给小说蒙上了一层神秘离奇、如真似幻的色彩。

二、叙事时间的巧妙安排

前文说过，任何一部叙事文学作品都内含着叙事时间与故事时间。这两种时间之间微妙复杂的关系，构成了叙事文本中的“时间倒错”。“时间倒错”是由叙事中的“预叙”或“倒叙”引起的。倒叙是指对往事的追述，即“对故事发展到现阶段之前的事件的一切事后追述”①，而预叙则是对未来事件的暗示式预期，即指“事先讲述或提及以后事件的一切叙述活动”②。

在《弗兰肯斯坦》中，预叙和倒叙这些“时间倒错”现象都十分突出。由于预叙在《弗兰肯斯坦》中的运用这一部分内容，我们已在前面做过交代，此处不再赘述。我们这里仅对小说里的倒叙和重复叙事作一扼要分析。

---

① [法]热奈特著，王文融译：《叙事话语　新叙事话语》，中国社会科学出版社 1990 年版，第 17 页。

② [法]热奈特著，王文融译：《叙事话语　新叙事话语》，中国社会科学出版社 1990 年版，第 17 页。

《弗兰肯斯坦》由探险家沃尔顿致姐姐萨维尔夫人的四封书信组成，其中的主体部分——第四封信又分为三个部分，即开头、正文24章和续前信。从沃尔顿的叙述本身看，四封信依次叙述了他自己在外的航海历程、奇遇弗兰肯斯坦、听弗兰肯斯坦的自述、见证弗兰肯斯坦的死和怪物的消失，是典型的以自然时间顺序叙事。不过，在这个叙事文本中，其内在的叙事结构是相当复杂的，因为正文的24章所包含的主叙述层和次叙述层都是由倒叙来分别完成的。也就是说，第1章—10章与第18章—24章是弗兰肯斯坦的追叙，追叙其身世、造人过程、所造怪物给他和家人及其友人带来的灾难，为主叙述；第11章—17章是怪物的追叙，追叙其诞生后遭人歧视并复仇的经历，为次叙述，主叙述和次叙述两大层次结合起来就是倒叙在整个作品中所占的篇幅。从第一叙事时间（沃尔顿偶遇弗兰肯斯坦）的起点先后插入弗兰肯斯坦和怪物的自述，最后止于和第一叙事时间相衔接，其间悠长的倒叙构成了作品毋庸置疑的主体。这是一部相当典型的整体性倒叙的作品。而作品的第一叙述层，即母体叙述层或超叙述层则更多地起到一个构成叙述框架，并显示出成为预叙的故事结局而已。

《弗兰肯斯坦》中的重复叙事也颇为引人注目。例如，怪物诞生后所遭遇的孤独、歧视与不公的处境，在文本中实际上被叙述了两次：一次是怪物向弗兰肯斯坦的详细叙述，另一次是怪物死前对沃尔顿的简要叙述。这种重复，从怪物的角度说，是为了强调出他对人类同情与关爱的强烈渴求，以及对他的创造者陷他于孤独绝境之中的满腔憎恨和报复心理；但从沃尔顿的角度而言，则是基于深度的叙述功能的需要，即从旁进一步证实弗兰肯斯坦故事讲述的真实性与可靠性。

综观《弗兰肯斯坦》，其强烈的引人入胜的阅读魅力、其带给读者心灵世界的空前震撼力量以及文本所散发出的浓浓的荒诞气息等，均与它那别具一格的叙事方式紧密相关。因此，从艺术的层面说，玛丽·雪莱在叙事艺术上的匠心独运成就了她的名著《弗兰肯斯坦》。这一点尤为重要，是我们阅读《弗兰肯斯坦》时万万不可忽视的。

（原文刊载于《外国文学研究》2005年第4期）

《诗学》:哥特式小说创作的理论渊源

在18世纪60年代至19世纪20年代的英国文坛,哥特式小说曾风行一时,成为一个颇为引人注目、特立独异的文学现象。这类小说的突出特点就是大肆描写恐怖、怪诞、神秘、暴力、邪恶、乱伦等极端事件,"容不得任何中间的、寻常的、平凡的、一般的东西;这里的一切都被夸大到惊世骇俗的地步",因此又被称为"黑色小说"①。正是这种"黑色"性质,使哥特式小说始终被放在世界小说发展史上非经典的边缘地带,一直评价不高。例如美国著名学者瓦特在其经典性学术著作《小说的兴起》中,就认为恐怖的哥特式小说"没有多少内在的价值","只是极为明显地表现了书商和书刊经营者们,力图迎合读者不加鉴别的希望悠然地沉醉于角色的感伤情调和浪漫故事之中的要求,而施行的那种使文学堕落的影响"。② 更有学者将哥特式小说作为"英国文学中最反动的现象"③来加以批判。

在中国,对哥特式小说的译介和研究,相对而言显得相当滞后,而被国内大多数读者所陌生。究其原因,也与我们对它的误解分不开。过去,我们往往按照既定的政治标准和阅读思维定式来选择、审视文学作品,凡是没有描写革命理想、不能鼓舞人心并直接正面陶冶人的

① 巴赫金著,白春仁等译:《巴赫金全集》第3卷,河北教育出版社1998年版,第220页。

② [英]瓦特著,高原等译:《小说的兴起》,生活·读书·新知三联书店1992年版,第335页。

③ [俄]阿尔泰莫诺夫等著,方闻等译:《十八世纪外国文学史》,上海文艺出版社1958年版,第179页。

情操的作品，都被视为格调不高、价值不大甚至是不健康、消极颓废的作品而受到批判或“悬置”起来，从而形成了我们固有的狭隘的“期待视界”。哥特式小说就属这类格调不高、价值不大的作品。

其实，从理论形态的层面来考察、探究哥特式小说这一“黑色”创作的学理依据和存在价值，其渊源可以追溯到2000多年前古希腊文学理论家亚里士多德的《诗学》。它为我们理解、接受哥特式小说提供了一份弥足珍贵的理论依据。从西方文艺理论和美学史上看，亚里士多德是大力倡导文学作品表现恐怖、罪恶、凶杀、惊奇与苦难等，并对其描写价值与功用作理论探讨的理论先驱。在《诗学》中，他所以重视对这类内容的描写，就在于它们能最大限度地引起人们的恐惧与怜悯之情：“悲剧所摹仿的行动，不但要完整，而且要能引起恐惧与怜悯之情。如果一桩桩事件是意外的发生而彼此间又有因果关系，那就最能(更能)产生这样的效果。这样的事件比自然发生，即偶然发生的事件，更为惊人(甚至偶然发生的事件，如果似有用意，似乎也非常惊人……)，这样的情节比较好。”①

如何才能实现恐惧与怜悯之情呢？在他看来，“恐惧与怜悯之情可借‘形象’来引起，也可借情节的安排来引起”，不过“以后一办法为佳”②。真正的悲剧应该给我们“一种它特别能给的快感”，就是从痛苦之中，从恐惧之中激起我们的恐惧与怜悯之情，使之“惊心动魄”③。因为“恐惧乃是一种痛苦的或苦恼的事绪”，“怜悯乃是一种痛苦”④。为此，他特别强调悲剧中的“苦难”，并把“苦难”视为悲剧情节的三大重要成分之一(另外两个是“突转”与“发现”)。所谓“苦难”，就是

---

① [希腊]亚里士多德著，罗念生译：《诗学》，载《诗学・诗艺》，人民文学出版社1984年版，第31—32页。

② [希腊]亚里士多德著，罗念生译：《诗学》，载《诗学・诗艺》，人民文学出版社1984年版，第42页。

③ [希腊]亚里士多德著，罗念生译：《诗学》，载《诗学・诗艺》，人民文学出版社1984年版，第43页。

④ [希腊]亚里士多德：《修辞学》，载缪朗山《西方文艺理论史纲》，中国人民大学出版社1985年版，第88页。

"毁灭或痛苦的行动,例如死亡、剧烈的痛苦、伤害和这类的事件"①。为了表现这种"苦难"并使观众或读者感到痛苦,研究哪些情节即哪些行动是可怕的或可怜的,就成为作家的当务之急。亚里士多德对此有清楚的说明。他认为,如果谋杀发生在仇敌之间,则不能引起我们的怜悯之情,只是被杀者的痛苦有些使人难受罢了;如果仇杀的双方是非亲属非仇敌的人,也不行,因为这样的行动只是意外发生且无因果关系。因此,他明确主张:"只有当亲属之间发生苦难事件时才行,例如弟兄对弟兄、儿子对父亲、母亲对儿子或儿子对母亲施行杀害或企图杀害,或做这类的事——这些事件才是诗人所应追求的。"②

可见,亚里士多德格外强调对足以引起恐惧与怜悯之情的苦难事件的摹仿,特别推重表现"惊奇"而又似乎不合情理的亲人之间的血腥残杀,就在于它"更能产生悲剧的效果",更能"使人惊心动魄",③更能给人带来悲剧的审美快感,让人自我反省,取得教训,从而使人从中得到情感宣泄、思想陶冶和道德净化,并最终使人得到"善"或"美德"。显然,亚里士多德绝不是主张为凶杀而凶杀,为邪恶而邪恶,他要揭示和提升的恰恰是"黑色"背后所蕴涵的功能和意义。他清醒地意识到,"衡量诗与衡量政治正确与否,标准不一样"④,"如果诗人写的是不可能发生的事,他固然犯了错误,但是,如果他这样写,达到了艺术的目的,能使这一部分或另一部分诗更为惊人,那么这个错误是有理由可辩护的"⑤。因此,文学的目的在于激起人们的情感,并使种种恐惧、痛苦、怜悯之情得到宣泄,人们不仅从仇杀、乱伦、罪恶的艺术摹仿中获得了审美的快感,而且也得到了一种"净化"。

---

① [希腊]亚里士多德著,罗念生译:《诗学》,载《诗学·诗艺》,人民文学出版社 1984 年版,第 36 页。

② [希腊]亚里士多德著,罗念生译:《诗学》,载《诗学·诗艺》,人民文学出版社 1984 年版,第 43—44 页。

③ [希腊]亚里士多德著,罗念生译:《诗学》,载《诗学·诗艺》,人民文学出版社 1984 年版,第 22 页。

④ [希腊]亚里士多德著,罗念生译:《诗学》,载《诗学·诗艺》,人民文学出版社 1984 年版,第 92 页。

⑤ [希腊]亚里士多德著,罗念生译:《诗学》,载《诗学·诗艺》,人民文学出版社 1984 年版,第 93 页。

亚里士多德的探讨不仅具有巨大的理论价值,而且具有了不起的叛逆意识与开创性。这一点很重要。因为,众所周知,亚里士多德的老师、西方文艺理论史上第一个文学批评家柏拉图主张“以美为美”,坚决反对诗人描写邪恶、放荡、卑鄙和性欲等。因为描写这些内容,就是有伤风化,就是“培养发育人性中低劣的部分,摧残理性的部分”①。本来,这些内容“都理应枯萎”,而诗人“却灌溉它们,滋养它们”,“逢迎人心的无理性的部分”②,柏拉图据此作为诗人的“最大的罪状”,宣布将他们赶出他的理想国。所以,柏拉图认为,如果让读者接触罪恶的形象,就有如牛羊卧毒草中咀嚼反刍,近墨者黑,不知不觉间读者的心灵便会受到伤害。他甚至建议从《荷马史诗》乃至词汇中剔除可怕的“阴暗”“凄惨”“游魂幻影”“阴间”“地狱”“死人”“尸首”等词,因为“它们使人听了毛骨悚然”,更重要的是“我们担心这种恐惧会使我们的护卫者软弱消沉,不像我们所需要的那样坚强勇敢”③。故而,他倡导人们远离描写罪恶和性欲等作品,经常耳濡目染于优美的作品,“使他们如坐春风如沾化雨,潜移默化,不知不觉之间受到熏陶,从童年时,就和优美、理智融合为一”④。

而亚里士多德则从净化效果的独特角度,从其师拒斥和否定的内容中看出了价值和意义,亚里士多德曾明确而深刻地提出过化丑为美的艺术观点:“经验证明了这样一点:事物本身看上去尽管引起痛感,但惟妙惟肖的图像看上去却能引起我们的快感,例如尸首或最可鄙的动物形象(其原因也是由于求知不仅对哲学家是最快乐的事,对一般人亦然……我们看见那些图像所以感到快乐,就因为我们一面在看,一面在求知……)。”⑤

---

① [希腊]柏拉图:《理想国》,载伍蠡甫主编:《西方文论选》上卷,上海译文出版社1979年版,第38页。

② [希腊]柏拉图:《理想国》,载伍蠡甫主编:《西方文论选》上卷,上海译文出版社1979年版,第38页。

③ [希腊]柏拉图著,郭斌和等译:《理想国》,商务印书馆1997年版,第83—84页。

④ [希腊]柏拉图著,郭斌和等译:《理想国》,商务印书馆1997年版,第107页。

⑤ [希腊]亚里士多德著,罗念生译:《诗学》,载《诗学·诗艺》,人民文学出版社1984年版,第11页。

引起“痛感”的东西，甚至是“最可鄙”的形象，何以能转化为审美的快感呢？亚里士多德曾在《尼各马科伦理学》中解释说，“思维的快感”远比一切更为纯洁，“只要是一方面有被思想的东西、被感觉的东西，另一方面有判别力和思辨力，那么在活动中将有快感（快乐）存在”。[①] 这里再清楚不过地表达了，所谓化丑为美的“审美的快感”，其实就是一种“思维的快感”，或者称之为“思想的快感”。以丑为美并非把丑本身视为美，而是当人们能从丑恶中看到最本质的东西，即思想到“被思想的东西”，感觉到“被感觉的东西”，同时又具备“判别力和思辨力”的时候，“丑”才能化为“美”，才能产生“快感”。这一“快感”是要达到一种合乎理性的和有价值的精神状态。柏拉图未能看到文学艺术中的“丑”所具有的这种特殊的审美转化功能，更未认识到其中那合乎理性的和有价值的精神内核与实质。因此，亚里士多德这一理论创见，不仅总结了古希腊文学艺术的实践，而且开启了西方文学艺术化丑为美的理论先河，其深刻的美学内涵，对西方后世产生了尤为深远持久的影响。19 世纪后期象征主义先驱波德莱尔之论，“丑恶经过艺术的表现化而为美，带有韵律和节奏的痛苦使精神充满了一种平静的快乐，这是艺术的奇妙的特权之一”[②]，正是亚里士多德思想的直接继承。

综上所述，我们可以把亚里士多德《诗学》中的有关思想视为是西方哥特式小说创作的理论渊源与理论依据。《诗学》注意并充分肯定了“黑色”文学创作的存在价值与审美特性，为我们理解这类创作提供了强有力的理论支持。借用这一理论，我们来观照哥特式小说这种所谓“黑色小说”，不仅能大大拓展我们阅读、鉴赏、思维的空间，更有助于清除我们意识中积存已久的“死角”，从根本上彻底改变对哥特式小说的认识偏见。

其实，只要深入走进哥特式小说的世界，我们就会发现，像《奥特朗托城堡》《瓦塞克》《尤多弗之谜》《修道士》《弗兰肯斯坦》《漫游者

---

① 参见范明生《西方美学通史》第 1 卷，上海文艺出版社 1999 年版，第 490—491 页。

② 参见龚翰熊《20 世纪西方文学思潮》，河北人民出版社 1999 年版，第 15 页。

梅莫斯》等重要作品，虽然处处弥漫着浓厚的“黑色”氛围，充斥着恐怖、暴力、凶杀、邪恶等大量的非理性内容，但是，在这些似乎是有意为之的“黑色”与非理性内容的背后，却内在地隐藏着丰富深刻的理性内容。例如，司各特早就指出过，如果认为沃波尔在《奥特朗托城堡》这部小说中所追求的仅仅是“激起惊异和恐怖的艺术”，那是不公正的。因为作者的目的还“在于描绘出一幅封建时代家庭生活和风俗的图画，使它像真实存在的一样，还要画出影响和激荡着它的超自然力量的行为，就像当时被人们以虔诚和轻信的态度接受的迷信一样”①。玛丽·雪莱在《弗兰肯斯坦》的前言里也明确指出：“我并不认为自己仅仅是在编织着一系列超自然的恐怖事件”，而是要“致力于保存人类本性中基本要素的真相，而又无所顾忌地对其组合加以创新”；并且认为这与“希腊悲剧史诗《伊利亚特》、莎士比亚的《暴风雨》，尤其是弥尔顿的《失乐园》一样遵循着同一个原则。”②这部哥特小说不仅开创了西方近现代科学幻想小说的先河，而且蕴涵着对20世纪西方现代主义文学极富启示意义的重要思想主题，那就是科学技术的发明与成果对人造成的异化，人不但不能支配自己的创造物造福于人类，反而却被置于可怕、痛苦、死亡的荒诞境地。这无疑是以揭示现代社会严重异化问题为主要特征的西方现代派文学的滥觞。其主题的预见性令人惊叹！英国当代著名学者安德鲁·桑德斯就精辟地指出，“《弗兰肯斯坦》绝不是对历史、绘画和神话中的恐惧的沉思；它的魅力和力量在于它的预见性的思考”③，“它是对责任和现在被称为‘科学’的知识体系的一种道德上的探索”④。西方女性主义批评家则认为，这部小说是女作家本人被压抑的自传，而作品中的怪人象征了没有父母的痛苦。“使改变父母模式成为可能的技术进步的实现，也将具有毁灭地

① 文美惠：《司各特研究》，外语教学与研究出版社1982年版，第315页。

② Mary Shelley, *Preface, Frankenstein, or Modern Prometheus*, London: J. M. Dent & Sons, Ltd, 1933, p. 1.

③ ［英］桑德斯著，高万隆等译：《牛津简明英国文学史》，人民文学出版社2000年版，第506页。

④ ［英］桑德斯著，高万隆等译：《牛津简明英国文学史》，人民文学出版社2000年版，第505页。

球生命的威胁力。令人吃惊的是,这个带有对科学技术的爱与憎关系问题的、可与父母模式问题相匹敌的当代问题早已在玛丽·雪莱的小说中有所表现。在那里,发现生命奥秘的伟大科学创造了一个因为不能找到或变成父母而充满险恶报复冲动的可怕动物。"①而著名后殖民主义女性批评家斯皮瓦克则"提议不把《弗兰肯斯坦》归入这样的范畴"②,因为她从中感到了作者"对工程化社会之功利主义幻想的含蓄的批评"③;更为重要的是,她从"帝国主义乃英国文化主要的重要部分,也是英国的社会使命"④这一独特的新视角,认定这部作品中"夹杂着大量的偶然流露出来的帝国主义情感"⑤。一部作品被如此从不同角度不断地加以解读和阐释,足见其内涵之丰富。也从一个侧面证明了,优秀的哥特式小说并非是那种仅仅沉醉于空虚无聊的感官刺激的庸俗之作。它们同样是我们认识世界、观照人生、洞悉人性的一面镜子,一面特殊的镜子,具有其自身不可忽视的审美价值和独特的"净化"功能。

哥特式小说的价值与意义还突出体现在它的渗透性与影响力上。法国著名比较文学学者梵·第根在《比较文学论》中曾指出,创作了多部恐怖和神秘小说的拉德克利夫等作家,"在文学的情感和思想之改变上说,他们的力量比但丁等辈更强"⑥。这一评价看似有点言过其实,但确是深刻之论。巴赫金也在欧洲小说发展史的广阔视野中,从巴洛克小说的角度,谈及过哥特式小说的影响。他认为,"几乎一切类型的现代小说,本源上都是来自巴洛克小说的不同因素","后来这些

---

① [美]芭芭拉·约翰逊:《我的怪物/我的自我》,载张京媛主编:《当代女性主义文学批评》,北京大学出版社1992年版,第93页。

② [印]斯皮瓦克:《三位女性的文本以及对帝国主义的批判》,载吉尔伯特等编撰,杨乃乔等译:《后殖民批评》,北京大学出版社2001年版,第237页。

③ [印]斯皮瓦克:《三位女性的文本以及对帝国主义的批判》,载吉尔伯特等编撰,杨乃乔等译:《后殖民批评》,北京大学出版社2001年版,第239页。

④ [印]斯皮瓦克:《三位女性的文本以及对帝国主义的批判》,载吉尔伯特等编撰,杨乃乔等译:《后殖民批评》,北京大学出版社2001年版,第222页。

⑤ [印]斯皮瓦克:《三位女性的文本以及对帝国主义的批判》,载吉尔伯特等编撰,杨乃乔等译:《后殖民批评》,北京大学出版社2001年版,第228页。

⑥ [法]梵·第根著,戴望舒译:《比较文学论》,台湾商务印书馆1995年版,第65页。

因素便发展为独立的类型而分别存在”。[①] 而哥特式小说就是巴洛克型考验小说发展中的一个重要分支。它“如同巴洛克小说一样,是以这种或那种考验思想主题组织起来”[②]的,“这一思想的积极作用,在外表上表现为它能把紧张多样的惊险性,同深刻的问题性、复杂的心理在小说中有机地结合起来”,从而“有着巨大的意义”。[③] 经典的哥特式小说正是以“紧张多样的惊险性”“深刻的问题性”和“复杂的心理”影响了后来诸如司各特、拜伦、雪莱、勃朗特姐妹、爱伦·坡、霍桑、福克纳、霍夫曼、雨果、巴尔扎克、陀思妥耶夫斯基等大作家的创作。他们“或直接创作过脍炙人口的哥特故事,或将其手法大量运用于自己的创作中,取得了很高的艺术成就,并且使哥特小说得以从通俗小说这一文学领域的‘边缘地位’进入文学发展的中心和主流”[④]。巴尔扎克第一部为“他的作家声誉奠定了基础”,并“预报了作者要在全部作品中提供给世界的几乎包罗万象的现代社会的画卷”[⑤]的《驴皮记》,以及《长寿药水》等,就成功地借用了哥特式小说的题材和表现手法,而其《改邪归正的梅莫特》更是从梅图林的《漫游者梅莫斯》中直接生发出来的。

从这个意义上重新审视世界小说史,我们就不难发现,许多经典作家的经典作品中都或多或少地含有哥特式小说的“黑色”因素。或许,在某种程度上可以说,正是这种“黑色”性铸就了那些作品的经典性和生命力,也才更深刻、更内在地凸现了世界的荒诞性和人性的复杂性,从而唤起人们浓厚的阅读兴趣和恒久的沉思与警醒。

(原文刊载于《四川大学学报》2004 年第 4 期)

---

① [俄]巴赫金著,白春仁等译:《长篇小说的话语》,《巴赫金全集》第 3 卷,河北教育出版社 1998 年版,第 177 页。

② [俄]巴赫金著,白春仁等译:《长篇小说的话语》,《巴赫金全集》第 3 卷,河北教育出版社 1998 年版,第 180 页。

③ [俄]巴赫金著,白春仁等译:《长篇小说的话语》,《巴赫金全集》第 3 卷,河北教育出版社 1998 年版,第 179 页。

④ 肖明翰:《英美文学中的哥特传统》,《外国文学评论》2001 年第 2 期。

⑤ [丹]勃兰兑斯著,李宗杰译:《十九世纪文学主流》第 5 分册,人民文学出版社 1982 年版,第 199—201 页。

崇高理论:哥特式小说创作的基础与思想资源

哥特式小说创作能在18世纪60年代至19世纪初的英国文坛蔚然成风,并很快波及德、美等国,成为一个颇为引人注目、特立独异的文学现象,其原因固然有很多,但其中一个重要原因无论如何是不能忽视的,那就是西方的崇高理论对它的强大支持。这一理论是我们理解和把握哥特式小说的兴起、创作内涵以及读者接受心理机制的弥足珍贵的思想资源。

一

我们知道,哥特式小说最鲜明的审美特征就是恐怖、痛苦与惊险,特别专注于不寻常的、极端的事件的描写,着力追求强烈的文学效果。而这恰恰是崇高理论探讨的重要内容之一。古罗马文论家朗吉弩斯是西方最早从审美的范畴提出崇高概念的批评家,他的《论崇高》对后来一系列崇高理论的发展产生了深远影响,这与哥特式小说的兴起有密切联系。朗吉弩斯的《论崇高》虽然是从文学风格的角度谈起的,但它不限于只谈文学风格,更重要的是它涉及了崇高这一美学范畴的特征和本质问题。他认为:

> 我们赞赏——当然不是小溪,尽管它们清澈,有用——尼罗河、多瑙河、莱茵河以及远远高于这一切的大海。我们为自己点

燃的小簇火焰一直明亮、稳定，然而我们并不因此就认为它比常常被遮暗的天堂的火焰光灿烂，或者认为它比爆发中的埃特纳火山口更壮观——从深深的内部抛掷出岩石和整座的小山，有时甚至喷射出巨大的火焰流。关于这一切事物，我只能这么说，有用的以及实际上很必要的东西是廉价的；赢得我们惊叹的永远是不寻常的事物。①

在朗吉弩斯看来，崇高就是那些巨大的、恢弘的、不同寻常的事物，以及人的心灵对这些不同寻常的事物的热烈追求和永恒惊叹！这一观点标志着西方文学理论发展中一个新的转折点，突出体现在他对文学的功能提出了迥异于前人的观点。他既不像柏拉图那样强调文学为政治服务，也不像贺拉斯那样偏重文学的寓教功能，而是进一步推进了亚里士多德所提出的文学的独特的审美功能："不平凡的文章，对听众所产生的效果不是说服而是狂喜，奇特的文章永远比只有说服力或是只能供娱乐的东西具有更大的感动力。"②这种对文学强烈效果的要求，像一根红线贯串全书。不过，这一崇高理论在此后相当长的时期未引起重视。17 世纪的布瓦洛虽将《论崇高》译为法语，并撰写《朗吉弩斯〈论崇高〉读后感》，开始把奇特、奇迹、惊人的东西与崇高联系起来，但因其思想倾向和当时盛行的古典主义美学要求相抵触，所以，崇高这一美学范畴还是未受到青睐。直至 18 世纪启蒙主义时代，新兴资产阶级在政治上反对封建专制制度，在艺术上反对新古典主义的虚伪纤巧，崇高的美学风格才如一股清新的风，四处飞扬。朗吉弩斯的《论崇高》也从此开始大受推崇，并产生深刻影响。

二

在 18 世纪启蒙主义时代的英国，爱迪生（1672—1719）和伯克

① ［罗马］朗吉弩斯著，刘象愚等译：《论崇高》，载拉曼·塞尔登编：《文学批评理论——从柏拉图到现在》，北京大学出版社 2000 年版，第 160 页。

② 参见朱光潜《西方美学史》上卷，人民文学出版社 1984 年版，第 112 页。

(1729—1797)这两个经验主义美学家不仅深受朗吉弩斯崇高论美学思想的影响,而且又影响了德国康德的崇高理论,同时更与英国哥特式小说的产生直接相关。爱迪生在《想象的快感》中,把“伟大”“新奇”与“美”并列为三种引起快感的对象。他发现世间有些东西是如此骇人或不快,它引起的恐怖或厌恶可能压倒它产生的快感,但在它给予我们的厌恶中却又混杂着一点愉快。他已感觉到神秘、恐怖与可喜、快感之间存在着一种内在的审美联系。

在朗吉弩斯和爱迪生的基础上,伯克进一步对崇高作了深入系统、别开生面的探讨和研究。他的《论崇高与美两种观念的根源》(1756)被公认为是康德之前西方论述崇高与美这两种审美范畴的最重要的美学理论著作,为康德崇高理论思想的建立奠定了坚实的基础。伯克从人的生理、心理机制入手,把人类的基本情欲分为“自体保存”和“社会交往”两类。崇高感就与这种要求维持个体生命本能的“自体保存”相联系,它是产生崇高感的生理、心理基础。因为“自体保存”的情欲一般只在生命受到威胁时才被激发起来,激起它们的一定是某种痛苦和危险,它们在情绪上一般都表现为恐怖和惊惧,而这种恐怖和惊惧正是崇高感的主要心理内容。因此,伯克认为:

> 凡是能以某种方式引起苦痛或危险观念的事物,即凡是能以某种方式令人恐怖的,涉及可恐怖的对象的,或是类似恐怖那样发挥作用的事物,就是崇高的一个来源。①

不过,并非任何痛苦和危险都能产生崇高感。“如果危险或苦痛太紧迫,它们就不能产生任何愉快,而只是恐怖。但是如果处在某种距离以外,或是受到了某种缓和,危险和苦痛也可以变成愉快的。”②这就是说,实际的痛苦和危险只能令人恐怖,产生痛感,而崇高感却是一种夹杂着痛感的快感,它来自痛苦与恐怖的消除,是由痛感转化而

① 参见朱光潜《西方美学史》上卷,人民文学出版社1984年版,第237页。
② 参见朱光潜《西方美学史》上卷,人民文学出版社1984年版,第237页。

来的审美快感。在论及欣赏能引发崇高感的痛苦和危险时,伯克十分注重"同情"这一因素在欣赏过程中的审美作用:

> 由于同情,我们才关怀旁人所关怀的事物,才被感动旁人的东西所感动。……同情应该看做一种代替,这就是设身处在旁人的地位,在许多事情上旁人怎样感受,我们也就怎样感受。因此,这种情欲可能还带有自身保存的性质。……主要地就是根据这种同情的原则,诗歌、绘画以及其他感人的艺术才能把情感由一个人心里移注到另一个人心里,而且往往能在烦恼、灾难乃至死亡的根子上接上欢乐的枝苗。大家都看到,有一些在现实生活中令人震惊的事物,放在悲剧和其他类似的艺术表现里,却可以成为高度快感的来源。①

在他看来,烦恼、灾难和死亡之所以能产生快感,除与之保持有一定距离外,主要是同情在发挥作用。由于这种同情,我们根本不可能对他人的痛苦和灾难视而不见,无动于衷,而是设身处地地与他人一起感受。在感受中,还有"自身保存的性质"在里面,这使我们在看到他人遭受痛苦和厄运时能有所思,从而获得某种快感与启迪。由此,伯克在他的美学中正式引入了审美快感这个概念,认为"任何堪称引起恐怖的事物都能作为崇高的基础","我也注意到任何产生快感——确定的和本原快感的事物都可以同美联系在一起"②,这实质上也是一种净化说。因为伯克认为痛苦和恐怖"清除了感官中危险的讨厌的障碍物,所以能引起愉快"③。此说与后人对亚里士多德的净化说的阐释颇为一致,而且也为相类似的阐释开辟了道路。④

尤为难能可贵的是,伯克详细探讨了能产生快感的崇高本身的性

① 参见朱光潜《西方美学史》上卷,人民文学出版社 1984 年版,第 239 页。

② [英]伯克著,李善庆译:《崇高与美——伯克美学论文选》,生活·读书·新知三联书店 1990 年版,第 151 页。

③ [英]鲍桑葵著,张今译:《美学史》,商务印书馆 1985 年版,第 265 页。

④ 范明生:《西方美学通史》第 3 卷,上海文艺出版社 1999 年版,第 437 页。

质特征。首先，他认为崇高的对象都具有可恐怖性，“凡是可恐怖的也就是崇高的”，“惊惧是崇高的最高度效果”。[①] 崇高的对象之所以成为崇高，关键就表现在它能在人的心理上直接造成或引起压倒一切的恐怖感。这种恐怖感具有压倒一切的力量，它是非理性的、直觉的，不仅不能“由推理产生，而且还使人来不及推理”，因为当这种恐怖感独占心灵时，“心的一切活动都由某种程度的恐怖而停顿”[②]，从而完全丧失了任何进行推理等运用理性思维的能力。而这种恐怖感所以能使人丧失推理能力，乃在于它强烈害怕痛苦和死亡。因此，恐怖在一切情况下总是或隐或现地成为引发崇高的主导因素。接着，他对引起恐怖感的崇高在自然界和人类社会生活中所体现出来的种种具体的感性性质，作了独到而细腻的精彩分析。第一，体积无限巨大，例如无边无际的沙漠、一望无垠的天空、浩瀚深邃的大海等。第二，声响和寂静，例如滂沱的大雨、狂怒的风暴、雷电或炮击的轰鸣声，都足以引起恐怖感。“单靠声音的力量使想象力变得惊恐与混乱，精神处于犹豫与慌乱中，连最有修养的人也难免失去自我克制。”[③]那种具有强大力度的声音突然开始或突然停止，也足以令人毛骨悚然，危险感骤起。[④]还有一种在必要的位置上间歇出现的捉摸不定的声音，比完全寂静无声更令人恐惧。[⑤] 第三，朦胧、晦暗、模糊不清的形象较之明朗清晰的形象更容易激发崇高感，因为它们具有更大的力量来唤起人的想象。所以，“黑暗比光亮更能产生崇高的观念”[⑥]，“黑夜比白天更显得崇

① 参见朱光潜《西方美学史》上卷，人民文学出版社 1984 年版，第 242 页。

② 参见朱光潜《西方美学史》上卷，人民文学出版社 1984 年版，第 242 页。

③ [英]伯克著，李善庆译：《崇高与美——伯克美学论文选》，生活·读书·新知三联书店 1990 年版，第 94 页。

④ [英]伯克著，李善庆译：《崇高与美——伯克美学论文选》，生活·读书·新知三联书店 1990 年版，第 95 页。

⑤ [英]伯克著，李善庆译：《崇高与美——伯克美学论文选》，生活·读书·新知三联书店 1990 年版，第 96 页。

⑥ [英]伯克著，李善庆译：《崇高与美——伯克美学论文选》，生活·读书·新知三联书店 1990 年版，第 90 页。

高、庄严”[①]。与此相关，就颜色而言，崇高的对象不宜采用柔和、明亮的色彩，而必须偏重于黯淡的或深色的，如黑色、褐色、深紫色等。这也是崇高的根源之一。此外，伯克还认为，凹凸不平、粗糙、无序也能使人产生恐怖的感觉。

在这里，我们需要特别指出的是，第一，伯克的崇高论与朗吉弩斯的崇高论有根本上的区别。朗吉弩斯是把崇高与“永恒的爱”“真正的伟大”“神圣的东西”“惊心动魄”等积极的社会价值联系起来，因此，他对崇高的理解是积极的、理性的。而伯克，虽然有时也把崇高与伟大联系起来，但从其具体论述来看，他主要是把崇高等同于恐怖，把崇高感等同于恐怖感；而且，他主要是从感觉出发，将感觉作为认识的泉源和基础，把“由客观的崇高事物而引起的崇高感，仅仅归结为心理—生理上的恐怖感，全然排除了崇高感中的理性因素，实质上将崇高感看作是非理性、更严格说是反理性的”。其次，伯克在其崇高论中，明确反对法国美学家杜博斯的“画比诗较明晰，所以也较优越”的观点，崇尚朦胧、模糊、黑暗、孤独、不和谐，以及形式上的粗犷不羁、杂乱无序、庞大的体积、无法驾驭的力量等，强烈显示出他在价值观念上的反理性倾向与反常心态，表现出新兴的浪漫主义的审美趣味。因此，伯克的崇高论具有颠覆主体的性质，是新起的浪漫主义者挑战古典主义文艺思想的一面旗帜，“从优美过渡到崇高，其最基本、最有力的因素是导致优美的和谐瓦解的不和谐因素”[②]。从这里我们也可以清楚地看出，伯克的崇高论对反理性、反古典主义的哥特式小说创作的理论支撑与明显影响。因为此后率先在英国出现的哥特式小说就强烈地表现出了对黑暗、模糊、恐怖、孤独、不和谐、混乱无序等的偏好与钟情。

作为德国古典美学的开创者和奠基人的康德（1724—1804），是西方美学理论史上崇高论的集大成者。有关这方面的论述集中体现在他前批判时期的《对美感和崇高感的观察》（1764）和批判时期的《判

---

① ［英］伯克著，李善庆译：《崇高与美——伯克美学论文选》，生活·读书·新知三联书店1990年版，第92页。

② 牛宏宝：《西方现代美学》，上海人民出版社2002年版，第58页。

断力批判》(1790)两部著作中。在《对美感和崇高感的观察》中,康德把崇高感分为“恐惧的崇高”“高贵的崇高”“壮丽的崇高”三种,这三种崇高都是把对象放在主体心灵中的反映的角度去理解的,依次反映了对象在主体心灵中引起震撼的强度。他还阐述了知性原则和道德品质在崇高中的地位,并且进一步阐述了知性原则和道德品质在崇高中的相互关系。这为批判时期审美的合规律性与合目的性统一的基本原则作了有益探索。

在《判断力批判》中,康德不仅对伯克美学作了评述,认为伯克是用经验的方法去研究美学的人中间的“最优秀的作者”①,而且进一步系统接受伯克著作中关于崇高思想的论述,并在此基础上,把崇高分为“数学的崇高”和“力学的崇高”两种。他对于后者的分析尤为精到。他说:“自然界当它在审美判断中被看做强力,而又对我们没有强制力时,就是力学的崇高。”②接着,他又这样描述“力学的崇高”及其审美心态:

> 险峻高悬的、仿佛威胁着人的山崖,天边高高堆聚挟带着闪电雷鸣的云层,火山以其毁灭一切的暴力,飓风连同它所抛下的废墟,无边无际的被激怒的海洋,一条巨大河流的一个高高的瀑布,诸如此类,都使我们与之对抗的能力在和它们的强力相比较时成了毫无意义的渺小。但只要我们处于安全地带,那么这些景象越是可怕,就只会越是吸引人;而我们愿意把这些对象称之为崇高,因为它们把心灵的力量提高到超出其日常的中庸,并让我们心中一种完全不同性质的抵抗能力显露出来,它使我们有勇气能与自然界的这种表面的万能相较量。③

这就是说,一方面,对象的可怕,作为一种“强力”,是“力学的崇

① [德]康德著,宗白华译:《判断力批判》,商务印书馆1964年版,第119页。
② 杨祖陶等编译:《康德三大批判精粹》,人民出版社2001年版,第477页。
③ 杨祖陶等编译:《康德三大批判精粹》,人民出版社2001年版,第478页。

高”产生的不可缺少的条件；另一方面，只有在我们处于可怕的对象不能对我们造成实际的威胁和伤害的“安全地带”，并与对象发生审美关系时，才能产生“力学的崇高”。而且对象越是可怕，就越是吸引人。之所以如此，关键就在于它能把我们“心灵的力量提高到超出其日常的中庸，并让我们心中一种完全不同性质的抵抗能力显露出来”，从而“使我们有勇气能与自然界的这种表面的万能相较量”。这里所说的那种“完全不同性质的抵抗能力”，不是指实在的抵抗力，而是特指一种精神力量，一种“非感性的尺度”①，它使我们具有一种优越感，在这种优越感上又让我们建立起完全不同于受到外在自然的威胁和攻击时所产生的那种“自我保存”的“自我保存”。这种“自我保存”不是阻止或摆脱自然暴力的实际侵害，只是让我们面对危险时保持人格力量的伟大和自我尊严感的神圣！

总之，康德的崇高理论是在伯克的思想基础上发展起来的，但又突破了博克从生理心理学角度进行研究的局限，把崇高放在自己的批判哲学体系框架中进行研究，得出崇高不在物而来自主体心灵、崇高是表现道德情操的心意情绪等结论。他把崇高感引向了主体的道德领域，在这里，崇高的鉴赏者“不再是一个纯粹静观的审美主体，而是一个具有实践意向的道德主体，一个在崇高的对象中体验到自身力量的能动主体，这个主体已经超越了自然的必然性领域，在内心里培植起了一种自由的、积极向上的人格力量”②。这体现了康德对人的主体性价值的肯定和高扬。因此，崇高理论到了康德那里得到了极大的充实和提高。难怪有学者认为，这是18世纪末期最完整深入的崇高理论，迄今为止，也没有发现哪一家在崇高理论方面超越康德的。③

席勒（1759—1805）的崇高理论也是18世纪末期西方重要的美学理论成果。这一成果主要体现在他1793年—1795年完成的两篇《论崇高》的论文中。他认为，崇高是人的自由本质的体现。面对崇高的

---

① 杨祖陶等编译：《康德三大批判精粹》，人民出版社2001年版，第478页。

② 吴琼：《西方美学史》，上海人民出版社2000年版，第402页。

③ 曹俊峰等：《西方美学通史》第4卷，上海文艺出版社1999年版，第145页。

对象，我们的感性本性与理性本性呈现为相互矛盾的不协调性，即我们的感性本性感觉受到了限制，而理性本性却感觉到一种超越客体之上的独立性。崇高的产生就是这种主体独立性的结果。他还强调指出，“如果要使巨大的可怕的东西对我们具有审美价值，这种意识就绝对必须占压倒优势”①，因为在这样的表象面前，不是它征服了我，“而是我自己征服了自己”②，由此“精神才感到振奋并且感到高过了自己平常的水平”③。

席勒重新把崇高分为“理论的崇高”和“实践的崇高”两种，并且进一步将能引起痛苦感的“实践的崇高”细分为“观照的崇高”和“激情的崇高”。他认为，一切异乎寻常的、神秘的、难以捉摸的东西，还有黑暗等，都是观照的崇高对象。与之相对的另一种对象，对人的可怕性客观地表现为痛苦本身，而且使判断的主体将全部精力投诸道德状态中，同时从可怕的东西中创造出崇高来，这种客体就是“激情的崇高”对象。他认为，“激情的崇高”的产生依赖于两个先决条件：一是有一个生动的痛苦表象，以便引起适当强度的同情的情感激动；二是具备反抗痛苦的表象，以便在意识中唤起内在的精神自由。对象通过前者才能成为激情的，经由后者才能同时成为崇高的。从中产生出一切悲剧艺术的两个基本法则：一是表现受苦的自然；二是表现在痛苦时的道德的主动性。“痛苦本身从来就不可能是表现的最终目的，也从来就不可能是我们在悲剧作品中所感到的快感的直接源泉。激情的东西，只有在它是崇高的东西时才是美学的。”④这样，席勒就把崇高与悲剧联系起来，使悲剧的本质在美学上获得了价值肯定，并开启了谢林和黑格尔关于悲剧的论述的先河。这一分类显然有别于康德。

---

① ［德］席勒著，张玉能译：《秀美与尊严——席勒艺术和美学文集》，文化艺术出版社1996年版，第88页。

② ［德］席勒著，张玉能译：《秀美与尊严——席勒艺术和美学文集》，文化艺术出版社1996年版，第99页。

③ ［德］席勒著，张玉能译：《秀美与尊严——席勒艺术和美学文集》，文化艺术出版社1996年版，第88页。

④ ［德］席勒著，张玉能译：《秀美与尊严——席勒艺术和美学文集》，文化艺术出版社1996年版，第160页。

康德的分类源于经验的概括，其崇高理论是要把审美引向道德领域，却又否认它们之间有必然的关联，因此他认为崇高只能是一种主体性意义上的道德的象征。而席勒的分类则是建立在主体对自然对象的不同关系之上的，他直接视崇高为自由的表现，是道德主体的力量的见证，因为崇高感就根源于理性的道德主体的介入。

对崇高的作用，席勒更是强调有加。在他看来，崇高是证实人心中超越感觉能力的感性手段，是证明人是具有理性能力的意愿着的生物，它能引导主体超越感性世界的界限，从现象世界进入理念世界。他把崇高看作是"一面镜子"，"在这面镜子中他看出他心中绝对伟大的东西"①，从而使人成为真正自由的存在物。同时，崇高还是完整的审美教育的不可缺少的重要组成部分。因为"我们的使命是，即使在面临一切感性限制的情况下也要按照纯粹精神的法典行事，所以崇高就应该联合美，以便使审美教育成为一个完整的整体，并使人类心灵的感受能力按照我们使命的范围扩展，因而也就扩展到感性世界之外"②。他认为，只有将美与崇高结合为一个整体的审美教育，才能使人性真正趋于完整。至此，席勒一改以往把崇高与美视为截然对立的观念，开始将两者在自由的显现上有机地统一起来。

因此，席勒的崇高理论在康德的基础上推进了一大步，即始终立足于人的主体性的自由，将崇高看作是使人从自然向自由飞升的必由之路，是人实现其自我完善的必需。③ 这就是席勒崇高理论的重要价值之所在。

三

进入 19 世纪后，英国文艺理论家布拉德雷（1851—1935）关于崇

---

① ［德］席勒著，张玉能译：《秀美与尊严——席勒艺术和美学文集》，文化艺术出版社 1996 年版，第 208 页。

② ［德］席勒著，张玉能译：《秀美与尊严——席勒艺术和美学文集》，文化艺术出版社 1996 年版，第 213 页。

③ 吴琼：《西方美学史》，上海人民出版社 2000 年版，第 469 页。

高的论述值得一提。布拉德雷在论悲剧时也涉及崇高问题。他认为，悲剧的主人公理应是崇高的人，即使是反面主人公，比如像犯有可怕的弑君之罪的麦克白这样的人也不例外，他与哈姆莱特、李尔王处于同一水平，因为他有着可怕的勇气，处在内心的震颤之中。他说："崇高通过克服我们的有限或使之受到震荡而唤醒对无限或绝对的意识。"[①]在他看来，悲剧主人公所以是崇高的，主要是因为在各种崇高中没有伦理方面的差异，每一个主人公都有着崇高的无限性。应该说，他指出崇高是对有限的克服和对无限的意识，表明他是从精神的角度来审视崇高的，更强调崇高与主体的联系，这是对的；但认为在崇高中没有伦理方面的差别，则无疑是错误的[②]。不过，抛开他的这一错误观点不谈，认为反面人物身上也具有崇高性的看法，又无疑有助于我们对包括哥特式小说在内的文学作品中反面艺术形象或悲剧艺术形象的鉴赏与批判。

法国当代著名思想家、后现代理论代表人物之一的利奥塔(1924—1998)的崇高论也值得一提。他认为，崇高感是在自由形式表现的缺失时出现的，"它呼应着无形式"，"甚至正是当表现形式的想象力发现自己缺失时，这样一种感觉出现了"。[③] 崇高感揭示出来的匮乏对于概念的力量来说，"是一个否定的符号"[④]；当崇高时，话语就易于受到内容的缺失和形式的破碎与不完善。这源于话语能力与存在的不相容，话语不能表达存在，它无法将自身的形式要素归属到某一对象上。他还强调认为："自然首先是显示某种东西的，故而它把自己传达给我们，其次，自然显示给我们不止一个，而是许多东西。"[⑤]由此，在崇高感中形成各种能力互相"异争"的局面，但它们总是围绕着某种"此在—现在"的刺激所引起、所展开。对于这种刺激来说，不仅应该发现多种解释的可能性，而且这些多种可能性是不可能一样的，

① 张玉能等：《西方美学通史》第5卷，上海文艺出版社1999年版，第689页。
② 张玉能等：《西方美学通史》第5卷，上海文艺出版社1999年版，第690页。
③ 朱立元等：《西方美学通史》第7卷，上海文艺出版社1999年版，第781页。
④ 朱立元等：《西方美学通史》第7卷，上海文艺出版社1999年版，第781页。
⑤ 朱立元等：《西方美学通史》第7卷，上海文艺出版社1999年版，第783页。

每种解释都有其自身存在的理由,因为"对于通过自由的偶然性来说,则要考虑到条件系列中的异质的位置"①。因此,主体在刺激中,并非处于"被动性"状态,而是处于"易感性"状态,即对"此在—现在"的刺激的欢迎。"这种无序,对我来说,是一种易感性,一种强占。"②这种"易感性"是与主动性、参与性紧密相连的。在这里,我们看到了康德对利奥塔的影响。

四

综上所述,我们认为,西方的崇高理论,虽然诞生于古罗马的朗吉弩斯,但直到18世纪中后期的伯克、康德、席勒那里,才真正产生世界性的影响,并且矗立起了一座崇高理论的高峰,此后其余脉仍绵延不断。而产生于18世纪后期的哥特式小说,从一开始就自觉不自觉地接受了崇高理论的影响,加之深受文学固有传统与当时社会历史背景的影响,遂盛极一时。因此,从理论这一层面说,崇高理论不仅是哥特式小说创作的理论基础与思想资源,而且是帮助我们阅读、理解、鉴赏哥特式小说的重要指南和向导,为我们真正走进哥特式小说的世界,提供了绝好的理论依据和鉴赏的心理学的美学的基础。它启示我们:文学中表现恐怖、惊险等内容并非就是庸俗低级,并非就是仅仅在追求感官刺激,恰恰相反,因恐怖、惊险、黑暗等引起的痛感可以转化为审美快感。更为重要的是,它能在主体心中培植起一种自由的、积极向上的人格力量,是构成审美教育的一个不可分割的组成部分。

然而,长期以来,我们很少从这一理论视野和背景下来观照包括英国在内的西方哥特式小说创作的内涵。过去,我们往往按照既定的政治标准和阅读思维定势来选择、审视文学作品,凡是没有描写革命理想、不能鼓舞人心并直接正面陶冶人的情操的作品,都被视为格调不高、价值不大甚至是不健康、消极颓废的作品而受到批判或"悬置"

---

① 朱立元等:《西方美学通史》第7卷,上海文艺出版社1999年版,第785页。
② 朱立元等:《西方美学通史》第7卷,上海文艺出版社1999年版,第786页。

起来,从而形成了我们固有的狭隘的“期待视界”。迄今为止,我们对哥特式小说如此隔膜、冷淡,缺乏应有的译介和研究,对其在世界小说发展史中的重要地位与影响缺乏足够的重视,在很大程度上与这一误解分不开。其实,从表面看,西方哥特式小说虽然描写恐怖、神秘、惊险、暴力、凶杀、邪恶,充斥着大量的非理性内容,但是,在这些似乎是有意为之的非理性内容的背后,却内在地隐藏着丰富的理性内容,是我们认识世界、观照人生、洞悉人性的又一面特殊的镜子,具有其自身的审美价值和独特的净化功能。因此,我们应该运用现象学还原的方法,抛却既有成见,直接面对哥特式小说本身,与它交流沟通,在交流沟通的“易感性”状态中让其自身的魅力和价值得以“敞开”,进而扩大、丰富、更新我们已有的“期待视界”,获得另一番艺术的审美快感,最终把我们“心灵的力量提高到超出其日常的中庸”,显露出那种“完全不同性质的抵抗力”①,从而增强抗“恶”的免疫力。这就是我们把崇高理论视为哥特式小说创作的理论基础和思想资源的初衷。

（原文刊载于《河南大学学报》2003 年第 3 期）

① 杨祖陶、邓晓芒编译:《康德三大批判精粹》,人民出版社 2001 年版,第 478 页。

第四编
比较文学研究实践

镶嵌在瑰宝上的明珠
——谈莎士比亚对《圣经》典故的运用

莎士比亚的戏剧创作与《圣经》有着密切的联系。这主要表现在他对《圣经》典故的运用上。探讨《圣经》典故在莎剧中的运用,对我们从新的角度深入认识莎士比亚戏剧的思想艺术成就,借鉴莎士比亚的艺术创作经验,都具有积极意义。

众所周知,《圣经》是一部宗教经典,同时又是世界文学宝库中一颗璀璨的明珠,是世界上,尤其欧美各国流传最广、影响极大的文学名著。《圣经》和古希腊文学一起,成为哺育西方文学艺术的两只乳房。近代西方许多文坛巨匠、艺术大师无不深受《圣经》的影响。纵观莎士比亚的戏剧创作,几乎每部戏剧的故事情节中都交织着对《圣经》典故的运用。这些运用自然贴切,浑然一体,令人称奇叫绝,叹为观止。如果将其归类考察,约略可分为以下主要几种情况。

一、运用《圣经》典故揭示、突出人物性格的某一特征

在莎士比亚的剧作中,对于人物性格的刻画,常常由于恰到好处

地运用《圣经》典故,而使人物性格更加形神兼备,情趣盎然,给人留下回味无穷的艺术魅力。这一特色在《威尼斯商人》中表现得最为明显。剧中的安东尼奥十分憎恨夏洛克,并指责他不该放高利贷。而夏洛克更因安东尼奥不收利息借钱给困难的人,以至于压低了自己的高利贷利息而视其为眼中钉、肉中刺。在第一幕第三场中,安东尼奥因朋友急等钱用,决定破例向夏洛克借款三千,并言利息照他要的计算:

夏洛克　当雅各替他的舅父接班牧羊的时候——这个雅各是我们圣祖亚伯兰的后裔。他的聪明的母亲设计使他做第三代的族长,是的,他是第三代——

安东尼奥　为什么说起他呢?他也是取利息的吗?

夏洛克　不,不是取利息,不是像你们所说的那样直接取利息。听好雅各用些什么手段:拉班跟他约定,生下来的小羊凡是有条纹斑点的,都归雅各所有,作为他牧羊的酬劳;到晚秋的时候,那些母羊因为淫情发动,跟公羊交合,这个狡猾的牧人就乘着这些毛畜正在进行传种工作的当儿,削好了几根木棒,插在淫浪的母羊的面前,它们这样怀下了孕,一到生产的时候,产下的小羊都是有斑纹的,所有都归雅各所有。这是致富的妙法,上帝也祝福他;只要不是偷窃,会打算盘总是好事。

在这里,通过夏洛克狡猾地借用《旧约·创世纪》的典故来为自己进行诡辩,神情活现地表现了他为金钱不择手段的极度的贪欲,从而曝光了他要金钱"像母羊生小羊一样地快快生利息"的深层心态。

在第三幕第一场里,夏洛克问朋友杜伯尔是否已找到他女儿杰西卡的行踪,因为女儿不仅与一个基督徒私奔,还带走了他价值两千块钱的钻石和其他贵重珠宝。当杜伯尔告诉他"我所到的地方,往往听见人家说起她,可是总找不到她"的时候,他便暴跳如雷,愤怒地嚷道:"哎呀,糟糕!糟糕!糟糕!我在法兰克府出两千块钱买来的那颗金刚钻也丢啦！诅咒到现在才降落到咱们民族头上；我到现在才觉得它的厉害。我希望我的女儿死在我的脚下，那些珠宝都挂在她的耳朵上；我希望她就在我的脚下入土安葬，那些银钱都放在她的棺材里"！据《旧约·玛拉基书》第三章第九节载：上帝因以色列人夺取他的供物，便指责他们负主，声言"诅咒就临到你们身上"。夏洛克在失去金刚钻后突然惊呼上帝诅咒的厉害，似乎有些语出蹊跷，突如其来，犹如悬泉陡落，瀑布高挂，使人不得不被吸引着探寻它那无穷的底蕴，不禁为莎士比亚刻画人物性格特征的匠心独运和简洁精美的笔法所折服。作者如此安排，正是为了强调"那颗金刚钻"在夏洛克这个吝啬鬼心中占有神圣不可侵犯的"供物"地位。也正是从这一细节上，充分地表现出夏洛克不仅对外人而且对其女儿也极为刻薄，毫无人性。

在《亨利五世》中也不乏其例。如第三幕第三场，亨利王向敌方城上的总督发出最后通牒，令其快降，否则"你们那些赤裸裸的婴孩，被高高地挑在枪尖子上，底下，发疯的母亲们在没命嘶号，那惨叫声直冲云霄，好比当年希律王大屠杀时的犹太妇女一样。你们怎么回答？你们愿意投降、避免这场惨剧呢，还是执迷不悟、自取杀身之祸"？《新约·马太福音》第二章载：耶稣因"圣灵感孕"而降世后，当时统治犹太的大希律王闻知他将成为犹太人之王，十分不安，就召见东方博士，令其找到耶稣。但是，知情后的东方博士并未告诉希律王耶稣的住址。其后天使托梦约瑟，携妻子和耶稣逃至埃及。那大希律王见东方博士一直未归，知道自己上当，受了愚弄，便恼羞成怒，派人四处搜查耶稣的下落，未遂，就杀掉了附近村庄的所有两周岁以下的男孩。后来，"希律王式的杀戮"成为成语，指极其残忍的意欲斩草除根的屠杀。莎士比亚在此借用该典意在写出亨利五世的另一面，即在战场上意志如钢、冷峻似铁、残酷无情的性格特征，展示了作者多侧面、多角度描写人物性格的一贯创作特色。

二、运用《圣经》典故表现剧中人物在特定环境氛围下的情绪和心理状态，取得了极佳的戏剧效果

在《哈姆莱特》第三幕第三场，克劳狄斯有这么一段独白："啊！

我的罪恶的戾气已经上达于天;我的灵魂上附着一个元始以来最初的诅咒,杀害兄弟的暴行!我不能祈祷,虽然我的愿望像决心一样强烈;我的更坚强的罪恶击败了我的坚强的意愿。像一个人同时要做两件事情,我因为不知道应该先从什么地方下手而徘徊歧途,结果反弄得一事无成。要是这一只可诅咒的手上染满了一层比它本身还厚的兄弟的血,难道天下所有甘霖,都不能把它洗涤得雪一样洁白吗?……"《旧约·创世纪》第四章载:亚当夏娃的长子该隐和次子亚伯一并给上帝敬献供物,上帝悦纳了亚伯的供物而未看中该隐的。该隐便心生嫉妒而残杀害其弟。上帝因此诅咒该隐:"你兄弟的血有声音从地里向我忠告,地开了口,从你手里接受你兄弟的血,现在你必从这里受诅咒。你种地,地不再给你效力,你必流离飘荡在地上。"借此典将克劳狄斯杀死自己的兄长后的那种难以摆脱、驱遣的沉重负罪感和极度的良心折磨的惊惧不得安宁的内心世界,淋漓尽致地和盘托出。又如,第五幕第一场"墓地"里,两小丑在谈论世间的不平后谈到了亚当以"掘地"为生,揭示了掘墓者不以掘坟为卑而以世家最悠久者自况的得意情态;同时也给荒凉的墓地谈话增添了一份情趣,从而具体折射出莎士比亚融插科打诨的喜剧因素于悲剧之中的创作特色。

《麦克白》第五幕第五场,麦克白在听到妻子死去的消息时,有一段著名的"喧哗和骚动"的独白:

> 她反正要死的,迟早总会有听到这个消息的一天。明天,明天,再一个明天,一天接着一天地蹑步前进,直到最后一秒钟的时间;我们所有的昨天,不过是替傻子们照亮了死亡的土壤中去的路。熄灭了吧,熄灭了吧,短暂的烛光!人生不过是一个行走的影子,一个在舞台上指手画脚的拙劣的伶人,登场片刻,就在无声无息中悄然退下;它是一个愚人所讲的故事,充满着喧哗与骚动,却找不到一点意义。

这段独白中援引了《旧约·诗篇》第一百四十篇第四节的"我们的日子如同影子一样转瞬即逝"、第九十篇第九节的"我们度过的岁月如同一个讲述完了的故事”和《传道书》第十二章第八节的“虚空，虚空，万事都是虚空”，对于透视麦克白的思想深层面的裂变具有重要的美学价值。当麦克白听到夫人死讯之后，是那样无动于衷，血腥的道路已使他的感情完全麻木了，特别是再不能为悲惨所动。他那“太多的人情的乳臭”已消失殆尽；曾经那么热烈牢固地占据他心灵的爱情，早已让位于罪恶。在他目前所处的状态中，死亡和时间都变得毫无意义。我们看到，“她反正要死”是和“迟早总会有听到这个消息”连在一起的；时间的概念也变得凌乱无序了。“明天”，好像就在现在的时间里爬行、蠕动，而过去——“我们所有的昨天”——也被他喻为生活的形象而把它视为现在。他的思想已经集中在时间进程的乏味地重复和意义全无上面，而这就是人生。于是就从在黑暗中漫无目的地行走，到夜间手执火炬的引路人，一直到蜡烛；又从浓妆艳抹的戏子念叨着并非自己的台词，一直到白痴的语无伦次的嚷嚷声。莎士比亚非常巧妙地化用经文自然地融进麦克白的独白中，异常深刻地揭示出麦克白在生命行将结束之前四面楚歌、孤独无助和悲凄绝望，震撼人心地表现出这位双手沾满血迹的野心家在众叛亲离、穷途末路中的悔悟，以及痛感悔悟已晚、无可奈何后对于人生信念的彻底崩溃和精神意志的大毁灭！

在《理查二世》中，这样的例子更是俯拾即是。譬如，第三幕第二场，被理查二世放逐的波林勃洛克率兵三千反叛国王，直捣英格兰。一些贵族也纷纷加入叛军。在这危急时刻，理查王又闻听其近侍各特、布莱、格林等也与叛军讲和的坏消息，于是怒火中烧，愤然疾呼：“……三个犹大，每一个都比犹大恶三倍！他们会讲和吗？为了这一件过失，愿可怕的地狱向他们有罪的灵魂宣战。”在第四幕第一场，理查二世被迫向波林勃洛克交让王位时，说：“……我很记得这些人的面貌，他们不都是我的臣子吗？他们不是曾经向我高呼‘万福’吗？犹大也是这样的对待基督；可是在基督的十二门徒之中，只有一个人不忠于他；我在一万两千个臣子中间，却找不到一个忠心的人。”在上述两处，莎士比亚一再借用《圣经》中“犹大卖主”之典，表现出理查王被臣子出卖、王权将失的怒不可遏的心情和不胜悲哀的孤境。

三、运用《圣经》典故以起到咒骂或讽刺的作用

《旧约 · 出埃及记》第十二章载：因埃及新王虐待以色列人，上帝便降罚埃及，凡埃及一切头胎生的人或牲畜等皆遭瘟死。在《皆大欢喜》第二幕第五场里，杰奎斯就曾用此典故来暗咒。

用《圣经》典故暗讽人物的典型例子是在《哈姆莱特》这部著名悲剧里。第二幕第二场，大臣波洛涅斯报告哈姆莱特“那班戏子们”已经来到，并称赞他们是“全世界最好的伶人……无论在演出规律的或是自由的剧本方面，他们都是惟一的演员”。紧接着就是这样一段对话：

哈姆莱特　以色列的士师耶弗他啊，你有一件怎样的宝贝！
波洛涅斯　他有什么宝贝，殿下？
哈姆莱特　嗨，
　　　　　他有一个独生娇女，
　　　　　爱她胜过掌上明珠。
波洛涅斯　还在提我的女儿。
哈姆莱特　我念得对不对，耶弗他老头儿？
波洛涅斯　要是您叫我耶弗他，殿下，那么我有一个爱如掌珠的娇女。
哈姆莱特　不，下面不是这样的。
波洛涅斯　那么应当是怎样的呢，殿下？
哈姆莱特　嗨，
　　　　　上天不佑，劫数临头。
　　　　　下面你知道还有，
　　　　　偏偏凑巧，谁也难保——
　　　　　……

耶弗他是《旧约 · 士师记》中大能的勇士，为基列和一妓女所生。基列的妻子所生的几个儿子长大后，遂以妓女之子不能承受父业为由

将他赶走。后来,亚扪人侵略以色列时,长老们又将他请回,委以元帅之职,率民与亚扪人作战。耶弗他向耶和华恳求并许愿:“你若将亚扪人交在我手中,我从亚扪人那里平平安安回来的时候,无论什么人,先从我家门出来迎接我,就必归你,我也必将为他献上燔祭。”果然,他凯旋时,其娇爱的独生女兴高采烈地持鼓跳舞首先前来迎接。无奈,耶弗他只得诚守诺言,愁苦之中,乃以其女献祭。哈姆莱特的这段话语,既是“疯”话,也是对奥菲利娅一片深情的隐秘曲折的表达;同时,还暗中表达了哈姆莱特对波洛涅斯的厌恶之情。

四、运用《圣经》典故借以表达作者对剧中某一人物的态度,或敬慕、称颂,或憎恶、鞭挞

亨利五世是莎士比亚心目中理想的贤明君主形象。下面不妨看看作者是如何运用《圣经》典故自然流露出对他的称颂倾向的。在《亨利四世》下篇末尾处,福斯塔夫倚仗他和哈尔王子(即位后称亨利五世)过去的特殊关系,欲求新国王能一笔勾销处盗贼以绞刑的法令。他一见到亨利五世,还以为他是当年自己的酒友,出言十分放肆无礼,当众称国王为“我的好孩子”“我的心肝”。岂料国王清晰地、冷冷地对他说道:“我不认识你,老头儿,跪下来向上天祈祷吧;苍苍的白发罩在一个弄人小丑的头上,是多么不称它的庄严!我长久梦见这样一个人,这样肥肠脑满,这样年老而邪恶;可是现在觉醒过来,我就憎恶我自己所做的梦。从此以后,不要尽让你的身体肥胖,多多勤修你自己的德行吧……”《旧约·诗篇》第七十三章第二十节说:“人睡醒了,怎样看梦,主啊,你醒了,也必照样轻看他们的影像。”作者援比经文,一方面说明目前的亨利五世再也不是过去那个生活放荡、终日吃喝玩乐、无所不为的哈尔王子了,他已幡然悔悟,洗心革面,成为一个励精图治的贤明君王;另一方面也旗帜鲜明、一针见血地鞭笞了福斯塔夫的邪恶的行径,表现了新国王对其旧日伴友毫不包庇留情的严正态度。在《亨利五世》第二幕第二场,又有这样一段对话:

剑　桥　从来没有一个君王像陛下这样受到臣民的爱戴，为臣民所敬畏。在您的仁政下，还有谁口出怨言，满腹牢骚的——照我看，绝无仅有。

葛　雷　说得对，当初先王有过许多仇人，他们都早忘了旧恨，心悦诚服，本着职责和热忱，来为您效忠。

亨利王　那我们有着千万个值得感谢的理由了；我们就是忘了怎样使用自己的手，也决不会忘却了论功行赏，报答那些替国家出力的人。

亨利王所言“忘了怎样使用自己的手”，典出《旧约·诗篇》第一百三十七篇：“耶路撒冷啊，我若忘记你，情愿我的右手忘记技巧。”这里用意甚明，如同人不可能会忘记如何使用自己的手那样，亨利王也决不会忘记那些为国家浴血奋战、功勋卓著的人，着意强调了他的德行和仁政。

这与利用经文对笑里藏刀、骄横残暴、险诈恶毒、嗜杀成性的理查三世的抨击、鞭挞恰成鲜明的对照。

值得一提的是，莎士比亚对亨利四世的态度较为复杂，远非称颂或批评二字所能概括。亨利四世能制止内乱，统率全国，建立中央集权，对国家和人民有利。作者对此持肯定态度。但他毕竟是用虚伪的谦恭下士的手段，特别是通过流血的方式取得王位的，对此，作者颇有微词，流露出反对篡权夺位的思想。《理查二世》中作者就曾两次引用《圣经》典故表达这种看法。

莎士比亚对《圣经》典故的运用极具美学价值，值得我们认真学习借鉴。

首先，在莎剧构成的广袤无垠、星汉灿烂的天幕上，清晰地留下了《圣经》的光环。据统计，他每一部戏剧运用《圣经》的平均数为 14 次。驾轻就熟地运用圣经语言这一事实，充分说明了莎士比亚有着超凡的文学敏感性和卓越的表达技巧。从剧本的客观效果看，莎士比亚大量运用《圣经》典故本身，并不是为了炫耀他对《圣经》的耳熟能详，而是为了使其艺术语言更加生动形象，灵活有力和多姿多彩，为了对塑造人物性格、烘托特定环境氛围成功地起到辅助和强化作用;同时也更加含蓄地使自己的爱憎褒贬倾向在字里行间得以自然而然地流露,而不是用简单的"传声筒"直接喊出来。这正是马克思、恩格斯最为称道的"莎士比亚化"的精髓和具体表现之一。

其次,莎士比亚对《圣经》典故的运用,给作品带来了含蓄蕴藉、意味隽永的美感效应。莱辛曾说,艺术家的作品之所以创造出来,并不是让人一看了之,还要让人玩索,而且长期地反复玩索。如何才能达此境界呢?接受美学的代表人物沃尔夫岗·伊塞尔认为,文学作品中的每个句子之间都有一定的意向性,使读者或多或少地能估计到下一句可能会出现什么,但是杰出的作家能时常让下一个句子并不与读者的期待完全一致,它在一定程度上修正、甚至完全改变了读者的期待,迫使读者回味已经读过的东西。简言之,只有在文学作品的结构中留下"未定点",即空白,让读者用想象去填补,用思考来获得,才能使作品给人以享受。莎士比亚的作品成功地达到了这一审美境界。他的作品往往使读者不能一览无余,而是耐人咀嚼,引人回味。通过读者的阅读、欣赏,启发调动读者的想象力和思考力,将读者吸引到参与作品所展示的广阔、深邃、优美的境界中去,借助读者的巨大艺术创造能力,来使作品艺术形象和典型意义获得更大程度的开掘、丰富和延伸,从而形成了"读不尽的莎士比亚"的特异丰采和无穷魅力。巧妙地运用《圣经》典故,无疑是莎剧获得这一风采和魅力的重要因素之一。我们目前有不少作品不是读后即忘,毫无印象,就是枯燥乏味,难以卒读,这与留给读者思考回味的余地太少,"语直、意浅、脉露"恐怕不无关系。欲改变这一状况,就应该开阔视野,不断加强创作者自身的艺术修养,借鉴外国文学大师的成功的经验,以丰富自己的文学表现技巧,更好地服务于时代和人民。

(原文刊载于《河南大学学报》1991 年第 2 期)

论莎士比亚戏剧创作思想的基督教渊源

关于基督教经典《圣经》,19世纪末英国著名生物学家赫胥黎曾说过:“三百年来,英国历史里最好的、最高贵的一切,其生命都和此书交织在一起,这是个伟大的历史事实。”[①]此话一点都不为过。作为其中“这个伟大的历史事实”之一,英国文学史上最伟大的天才戏剧家莎士比亚的思想和创作就和《圣经》不可分割地“交织在一起”。英国学者柏格思曾经指出:“莎士比亚汲取《圣经》的井泉如此之深,甚至可以说,没有《圣经》便没有莎士比亚的作品。”[②]英国当代评论家海伦·加德纳也视莎士比亚悲剧为“基督教悲剧”,认为他的作品“所揭示的神秘,都是从基督教的观念和表述中产生出来的,它的一些最有代表性的特点,都是与基督教的宗教感情和基督教的理解相联系的”[③]。可以说,基督教思想是莎士比亚戏剧创作思想的渊源之一。

作为文艺复兴时期人文主义文学的代表作家,莎士比亚的戏剧既具有当时先进的人文主义文学所共有的那种反对封建桎梏、争取个性解放和社会进步的强烈的时代精神,同时又贯穿着作家鲜明的仁慈、宽恕和博爱的精神。这种精神既来自古希腊罗马文学的传统,更来自基督教经典《圣经》。《圣经》自始至终都鲜明地贯穿着仁爱、宽恕和

① 参见杨周翰《十七世纪英国文学》,北京大学出版社1985年版,第14页。
② 参见朱维之《基督教与文学》,上海书店1992年版,第64页。
③ [英]加德纳著,沈弘等译:《宗教与文学》,四川人民出版社1989年版,第74页。

博爱的基督精神。基督教是爱的宗教。《圣经》中关于仁慈、宽恕和博爱的箴言和训诫比比皆是。它告诉人们,有了爱,一切过错和仇恨都可化解,“恨,能挑起事端,爱,能遮掩一切过错”;“吃素菜,彼此相爱,强如吃肥牛,彼此相恨”。只有有了爱,人才能生活在光明幸福之中,而且爱是把一切完善和谐地联系在一起的纽带。《新约·加拉太书》中云:“要通过爱心彼此服侍,因为全部的法律合成一句话,那就是爱人如己。”这一点在《新约》中表现得尤为突出。当然,《旧约》也讲宽恕和爱,但它只宽恕那些有悔改之意和信仰上帝的人,而不宽恕那些作恶而无悔改之意的人。因此,这些思想对作为一个真正基督徒的莎士比亚来说,无疑会产生深刻而持久的影响。事实上,仁慈、宽恕和博爱一直就是莎士比亚戏剧竭力表现的主题。也正是这一主题,构成了他的戏剧的鲜明个性。

《威尼斯商人》堪称是一部集中体现仁慈、宽恕和博爱精神的喜剧杰作。全剧以爱情与友谊为主题,贯穿着对于真诚的爱的赞颂。安东尼奥是被着力歌颂的人物,作家称他是“一个心肠最仁慈的人,热心为善,多情尚义”,而且“在他身上存留着比任何意大利人更多的古代罗马的侠义精神”。不过,剧中的安东尼奥是以基督徒的身份出现的,他的思想和行为同样符合基督徒精神。他按照《圣经》的教导办事,借钱给别人只为解人所难,不为取利。他本着一个基督徒的精神,为朋友担负债务。在法庭上,他坚持正义,甘愿照约受罚,而且面对苦难,默默忍受,表现出耶稣基督曾经表现过的那种死而无怨的美德。显然,莎士比亚在这里更多的是以理想基督徒为模型塑造了安东尼奥这一艺术形象。同样,在被海涅赞誉为“希腊精神的后开之花——文艺复兴的代表”的鲍西娅身上,也体现出了一种无私的仁爱精神。她和安东尼奥一样也具有理想基督徒的品质。这突出地表现在她在法庭上,用基督教的仁爱精神来劝说夏洛克行善的那一段关于慈悲与公道的话里:

> 慈悲不是出于勉强,它是像甘霖一样从天上降下尘世;它不但给幸福于受施的人,也同样给幸福于施与人,它有超乎一切的

无上威力,比皇冠更足以显出一个帝王的高贵:御林不过象征着世俗的权威,使人民对于君王的尊严凛然生畏,慈悲的力量却高出于权力之上,它深藏在帝王的内心,是一种属于上帝的德性,执法的人尚能把慈悲调剂着公道,人间的权力就和上帝的神力没有差别。所以,犹太人,虽然你所要求的是公道,可是请你想一想,要是直播的按照公道执行起赏罚来,谁也没有死去得救的希望,我们既然祈祷着上帝的慈悲,就应该按照祈祷的指点,自己做一些慈悲的事。①

从鲍西娅要求夏洛克"祈祷上帝的慈悲""按照祈祷的指点……做一些慈悲的事"不难看出,对她来说,善行出自仁慈,而仁慈则源于祈祷。这一段话使她颇像一个循循善诱地劝人敬仰上帝的神父。等到对夏洛克进行判决时,鲍西娅仍不忘慈悲为怀,要求公爵和安东尼奥对夏洛克从宽发落。当她从威尼斯返回贝尔蒙特,看到自己窗口的灯光时,又禁不住感叹道:"那灯光是多家里发出来的。一支小小的蜡烛,它的光照耀得多么远!一件善事也正像这支蜡烛一样,在这罪恶的世界上发出广大的光辉。"②这段话可以说是全剧的点睛之笔。它集中体现了作家所要歌颂的仁爱和无私奉献精神。而这段话恰恰源自《新约·马太福音》第五章第十四节至第十六节:"你们是世上的光。城造在山上,是不能隐藏的。人点灯,不放在斗底下,是放在灯台上,就照亮一家人。你们的光也应当这样照在人前,叫他们看见你们的好行为。"

在其他喜剧如《无事生非》《皆大欢喜》《第十二夜》中,虽然也以爱情为主题,但由于莎士比亚从基督教思想中汲取了博爱精神,这就使他具有了在更高的思想境界上超越同时代作家之处,即他虽强调个性解放、争取爱情自由、享受尘世幸福,但更强调利他主义和无私奉献精神。例如在《第十二夜》中,爱使女主人公薇奥拉变得无私忘我,为

① 《莎士比亚全集》第3卷,人民文学出版社1978年版,第76页。
② 《莎士比亚全集》第3卷,人民文学出版社1978年版,第90页。

了自己所爱的人幸福，她竭尽全力，甚至不惜牺牲自己的情感与幸福，堪称是作家理想女性中思想境界最高的一个艺术形象。

如果说，莎士比亚的喜剧表现的是爱可以征服一切，有了爱，人人都能"终成眷属""皆大欢喜"的话，那么，他的历史剧则明确告诉我们：丧失掉仁慈、宽恕和博爱，国家就会分裂，人民就要受难，就会酿成君臣反目、兄弟相残、父女为仇的灾祸。立足于此，作家对那些昏庸无道、残暴不仁的国王进行了严厉地谴责，对封建主的叛乱和篡位夺权的阴谋给予了无情地鞭挞。理查三世就是作家揭露的一个暴君典型。他之所以残害无辜，仇恨一切美好事物，不仁不义，是由变态的心理导致的一种爱心的缺乏。他为一己之利，除掉了他的三哥和忠诚于国王的大臣，杀掉了安娜的丈夫及其父亲。他说："老头们称作神圣的爱，也许人人有，人人相同，可我却没有爱，我一向独来独往。"[①]作家最终让他死无葬身之地。而对亨利王这样知错改过、以仁治国、以德待人、以爱救世、知贤善养、赏罚分明、深入民众、体恤下情的君王，他则推崇备至，褒奖有加。

莎士比亚在他的悲剧创作中，同样没有放弃对仁爱、宽恕精神的执着追求。海伦·加德纳指出，除了莎士比亚，"没有任何一个作家对宽恕这一主题有如此充满想象力的理解，并如此令人难忘地表现了这一主题"[②]。在早期悲剧《罗密欧与朱丽叶》中，那位帮助一对青年情侣结合的劳伦斯神父就是仁爱的象征。剧作结尾时，正是由于他的劝说，才使两个世代相仇的家族言归于好，从而体现了宽恕与和解的基督精神。这种宽恕与和解精神与古希腊悲剧中冤冤相报的复仇形成了鲜明的对比。1600 年以后，由于作家对社会罪恶认识的日益深刻，也由于作家对那些从个性解放发展为自我为中心的极端利己主义，以及由此造成的社会道德风习的蜕变的强烈悲愤和不满，他对基督教思想中仁慈、宽恕、博爱精神有了更自觉、更强烈的认同感和归属感。于是，我们在他的一系列悲剧中，一方面触目惊心地目睹了，为了权势和

---

① 《莎士比亚全集》第 6 卷，人民文学出版社 1978 年版，第 336 页。

② ［英］加德纳著，沈弘等译：《宗教与文学》，四川人民出版社 1989 年版，第 73 页。

金钱,为了一己私欲,弟弟谋害兄长,臣子暗杀君王,逆子恶女任意虐待、残害父亲等恶行,而且这种放纵私欲、无限制的疯狂的个人追求,必然导致危害国家利益,破坏他人幸福,也最终导致自身个性的毁灭;另一方面,作家满怀期望地肯定和歌颂了体现仁爱、宽恕精神的行为。例如,在《哈姆莱特》中,雷欧提斯轻信奸王克劳狄斯的谗言和挑拨,弑杀王子,为父亲和妹妹报仇。但是当他看到由于邪恶而引起的惨剧——王后误饮毒酒而亡,自己和王子都中了致命的剑伤时,他才良心发现,承认自己"正像一只自投罗网的山鹬,我用诡计害人,反而害了自己,这也是我的应得的报应"①。他当场揭发了奸王的罪恶。当王子刺死奸王时,他说:"他死得应该。这毒药是他亲手调下的。"并向王子表示:"尊贵的哈姆莱特,让我们互相宽恕;我不怪你杀死我和我的父亲,你也不要怪我杀死你!"哈姆莱特回答他:"愿上天赦免你的错误!我也跟着你来了。"②死前,两人的矛盾消除了,彼此达成了谅解。

在《李尔王》中,考狄利娅是一个闪耀着人文主义思想光辉的女性形象,同时,在她身上又体现了基督的仁爱精神。"父爱测验"时,尽管她心中也深爱着父亲,但她不愿违心地像两个姐姐那样夸大其词、阿谀逢迎父亲,决不会为了权利和财富而违背诚实、尊严和实事求是的原则,坚信一个人拥有精神财富远胜过拥有物质财富。因此,当她失去财富和嫁妆,并被逐出家门的时候,却能够坦然面对不幸,毫无怨言,依然一如既往地爱着父亲。前来求婚的法兰西王得知原委后,感动地盛赞她说:"最美丽的考狄利娅!你因为贫穷,所以是最富有的;你因为被遗弃,所以是最可宝贵的;你因为遭人轻视,所以最蒙我的怜爱。"③这一段话正是莎士比亚对基督教思想的彰显,显然受《新约·哥林多后书》第八章第九节的启发和影响:"你们知道我们主耶稣基督的恩典。他们本来富足,却为你们成了贫穷,教你们因他的贫穷,可以成为富足。"李尔王的侍臣后来在劝慰发疯的老王时也说:"你那两个

① 《莎士比亚全集》第9卷,人民文学出版社1978年版,第141页。
② 《莎士比亚全集》第3卷,人民文学出版社1978年版,第142页。
③ 《莎士比亚全集》第9卷,人民文学出版社1978年版,第158页。

不孝的女儿,已经使天道人伦受到诅咒,可是你还有一个女儿,却已经把天道人伦从这样的诅咒中间拯救出来了。”[①]莎士比亚在这里又一次用耶稣基督教拯教人世的神学喻示来刻画考狄利娅这一形象的崇高。爱得伽也是剧中一个善良、宽厚的艺术形象。他待人忠厚,从不会算计别人,也不疑心别人算计他。他的弟弟爱德蒙为独揽财产继承权,在父亲面前挑拨离间、恶毒陷害他,使他不得不扮作疯丐流浪荒野。父亲落难失明后,他不计前嫌,照料父亲,把父亲从绝望中挽救过来。最后他在比武中又战胜并宽恕爱德蒙。在剧中,他的一连串宽厚的举动成为人文主义处理人伦关系的典范。还有剧中那个刚正不阿的忠臣肯特。他秉性刚直,不惧李尔的专制君权,敢于冒死相谏,劝李尔收回分土授国的成命。即使遭到放逐,他也不改初衷,乔装打扮,前去服侍把他视为逆臣的李尔。在他身上体现了无私、忘我的忠诚。李尔宁愿精神分裂,肯特宁愿沦为乞丐,爱得伽宁愿变成疯子,考狄利娅宁愿被绞死都不愿自杀,其根本原因在于他们要留在这个世界上以爱抗恶。“整部《李尔王》的悲剧世界(或曰苦难世界)都在期待爱的力量”[②]。正如英国著名莎评专家奈茨所评论的那样:“这种爱就像一切最值得赢得的贵重的东西一样,要你竭尽全力才能赢得。你得承认你确有这种爱的需要;你得真正虔诚、谦卑;你得忍痛除掉一切和至善不协调的东西;一句话,你得准备忍受一切。”[③]《李尔王》“所揭示的爱就有这个含义;人生要没有爱便成为相互竞争的利己主义,成为毫无意义的混乱;爱是理智清醒的条件,爱是人格成长的中心动力,它不受唯我主义与逃脱责任的妨碍,它是真正的自我肯定的人生与活力的唯一基础”[④]。总之,这些人物在思想原则、行为处事上与高纳里尔、爱德蒙等人恰成鲜明对比。尽管他们受尽磨难,甚至牺牲,但他们所代表

① 《莎士比亚全集》第9卷,人民文学出版社1978年版,第250页。

② 刘小枫:《拯救与逍遥》上,生活·读书·新知三联书店2001年版,第168页。

③ 参见杨周翰编选《莎士比亚评论汇编》(下),中国社会科学出版社1981年版,第297页。

④ 参见杨周翰编选《莎士比亚评论汇编》(下),中国社会科学出版社1981年版,第313页。

的仁爱原则却终究战胜极端利己主义，取得道义上的胜利，从而也体现出作家在利己主义泛滥肆虐的情况下，对人所抱有的坚定信念，以及重建人文主义理想的人际关系模式的愿望和企图。因此，我们说，这些人物犹如一丝辉映着阳光的芳草鲜花，给尔虞我诈的资本主义人际关系的荒漠，带来了些微清新沁人的气息。

进入后期创作的莎士比亚，其仁爱、宽恕、和解的基督教思想也更加得以彰显，流露出对基督教思想浓厚的依恋之情，并且成为这一时期创作的重要思想特征。《辛白林》中那个曾给男女主人公带来巨大灾难的阿埃基摩跪倒在地，请求一死，波塞摩斯却宽宏大量地说："我在你身上所有的权力，就是赦免你；宽恕你是我对你唯一的报复。活着吧，愿你再不要用同样的手段对待别人。"①《暴风雨》是莎士比亚思想探索的最后一部著作，被认为是他的"诗的遗嘱"。作品中的主人公米兰公爵普洛斯彼罗被弟弟安东尼奥勾结那不勒斯王阿隆佐赶下王位，驱逐出境。他带着独生女米兰达流落到一座荒岛。多年后，安东尼奥等人乘船出海，遇上暴风雨，被普洛斯彼罗用魔法摄至岛上，但他没有以恶报恶，而是宽恕了弟弟，并且促成了女儿与仇人阿隆佐的儿子斐迪南的爱情和婚姻。安东尼奥也受良心谴责，将王位归还给哥哥。值得注意的是，莎士比亚的后期创作无一例外都是用婚姻的缔结来表示最终的和解。更有深意的是《暴风雨》和《冬天的故事》。前者，那不勒斯国王曾伤害过普洛斯彼罗，可他的儿子斐迪南却对普洛斯彼罗的女儿米兰达一见钟情并与之喜结良缘；后者，两个国王曾结下深仇，可他们的下一辈，弗罗利泽和潘狄塔却结下爱情。与莎士比亚的早期喜剧一样，婚姻有助于渲染喜剧的欢乐气氛，但在这里它又有着特定的象征意义。婚姻是爱的结合，对于那些犯过错误的父辈来说，儿辈的婚姻可以作为他们赎罪的手段，用下一辈人的爱的结合来抵偿他们那一辈人的仇恨。对于年轻人来说，婚姻象征着过去的一切恩怨将化为乌有，互敬互爱的人类关系将重新恢复，灿烂温暖的阳光将普照愉快的新生活。这是戏剧中的现实，又是作家理想的未来。

---

① 《莎士比亚全集》第 10 卷，人民文学出版社 1978 年版，第 263—264 页。

博爱与宽恕是基督教思想中的救赎理论的核心内容。基督教思想的精神实质是对黑暗现实的否定,并把这种现实的黑暗归根于人性的堕落,因而它把改造这种现实的变革之路内在道德化,以救人来救世,以救人的心灵来救人,社会变革内化为个人人格的自我完善和个人人生价值的自我实现。在这一点上,莎士比亚深受基督教的影响,并把基督对人类的爱看作是爱的最高形式。纵观莎士比亚的戏剧创作,我们不难看出,其思想核心是仁慈、宽恕和博爱,他坚信,发扬这种精神,就能消除人性恶,摆脱偏见与纷争,唤起人心的向善,从而迎来一个人类普遍和谐共处的繁荣幸福的理想世界。由于他对这一伦理道德的执着追求,更具有理想主义的色彩,更符合人类普遍的善良祈愿,因此,几个世纪以来他赢得了全世界人民的共同尊敬和爱戴,他的作品也获得了不朽的价值和恒久的魅力。

从对莎士比亚创作思想的基督教渊源的探讨中,我们也清醒地发现,莎士比亚和当时其他人文主义者一样,具有鲜明的"人文主义—基督教"双重文化价值意识,正是这种双重文化价值意识,发展成为后来"西方文学的基本价值指向"①和西方文化模式。看清了这一事实,也就能纠正我们以往所持的人文主义与基督教之间只有冲突和对立而无认同与融合的观点的认识偏颇,从而"对我们正确评价文艺复兴运动、正确认识近代以来的欧洲文化传统和文学传统大有裨益"②。

(原文刊载于《贵州师范大学学报》2002 年第 3 期)

① 蒋承勇:《现代文化视野中的西方文学》,上海社会科学院出版社 1998 年,第 76 页。
② 蒋承勇:《现代文化视野中的西方文学》,上海社会科学院出版社 1998 年,第 77 页。

《榆树下的恋情》对《圣经》的化用

《榆树下的恋情》(1927)是美国现代戏剧创始人尤金·奥尼尔(1888—1953)早期的一部悲剧杰作。剧本批判了维多利亚时代清教徒的道德,对剧中主人公伊弗雷姆·卡伯特所代表的任性贪欲和冷酷作了辛辣无情的嘲讽与鞭挞。悲剧发生在新英格兰的一个农场,75岁的农场主卡伯特是美国早期移民的典型代表,他不肯去西部淘金发财,宁肯留在东部耕地,硬在沙石堆上开出田亩,勤种勤收,养成一种贪婪、冷漠的性格,对人对己都同样冷酷无情。他残忍盘剥,将两个前妻虐待至死,致使她们所生的3个儿子对他都恨之入骨。为了有一个更称心的儿子能继承并扩充家产,他又娶一位年轻貌美的新妻阿比。第一个妻子所生的两个儿子眼看继承农庄及财产的希望随着新继母的到来而破灭,愤恨离去。第二个妻子所生的儿子埃本因不愿放弃对农庄财产的权利而留下来,他认为财产本属于他母亲,是老头子把母亲逼死而霸占其财产。他对父亲怀恨在心,对继母也十分仇视,但又不由自主地被阿比的女性魅力所吸引,受她引诱发生性关系并生下一子。然而这个埃本所生的孩子却只能以他弟弟的身份出现。卡伯特讨嫌埃本,决心让这个婴儿继承财产。这样,埃本的亲生儿子实际变成了他的仇敌,他疑心阿比引诱他只是为了生个儿子夺取继承权,遂对她转爱为恨。阿比为表白自己的真诚爱心忍痛杀子。事情败露后埃本自认也有罪过,便自动承担责任,同阿比一起走向法庭接受制裁,只剩下老卡伯特孤零零地留在农场中。

由于奥尼尔在剧中以相当多的笔墨表现了"恋母忌父"的俄狄浦

斯情结,“恋母忌父”一直被公认为剧本最鲜明的特征,学者们多从这一角度切入探讨其悲剧意义。其实只要细加阅读就会发现,该剧还有另一个未被注意的重要特点,一个对塑造人物形象、深化剧作主旨无疑具有不可替代作用的特征,即作家对《圣经》独特而绝妙的化用。这种独特的妙用主要是围绕卡伯特实现的。

首先,奥尼尔有意识地在特定语境中化用《圣经》语言,以获得反讽效果。例如在第二幕第一场中,阿比出于图谋占有农场的私欲引诱埃本,遭到奚落后找到卡伯特,告发埃本“找那个婊子明妮去了”。卡伯特说:“他是个造孽的人……生下来就是。色情迷住了他的心坎。”[①]殊不知,早在埃本占有明妮之前,卡伯特就与明妮不清不白,而且就在他斥责儿子贪恋女色时,还用调情的眼神注视着阿比,酸溜溜地说:“你是我的锦葵花!瞧,你长得多美!你的眼睛纯洁温柔,嘴唇这样红润。你的乳房就像两只小鹿,肚脐像只圆酒杯,肚子又像一堆麦子……(他连拉不断地亲吻她的手)。”套用了《雅歌》第七章第二节至第三节:“你的肚脐如圆杯,不缺调和的酒;你的腰如一堆麦子,周围有百合花。你的两乳好像一对小鹿,就是母鹿孪生的。”众所周知,《雅歌》是《圣经》中的诗歌集,以坦率而纯真的言语赞美情侣间的倾慕和夫妻间的情爱。它所描写的高洁而奇妙的人间情爱引人领悟基督对世人更伟大的神圣之爱,教诲世间男女在神所设立的婚姻中保持圣洁,享受圆满婚姻的幸福。然而,卡伯特在此处套用《雅歌》却极具反讽意味,因为他本是一个玷污圣洁婚姻关系的人——他从未真心爱过妻子,甚至折磨死了两个前妻,对新娶的阿比也毫无情感可言,仅把她视同传宗接代的工具。在谈到财产归属问题时他心中根本没有阿比,竟然说:“只要我能带走,我就永远会带在身边的!要不然,只要我力所能及,在我临死的时候,我要放一把火,看着它烧光……这所房子,每粒玉米,每棵树,一根干草也不留!我要坐着,看着这些东西和我一道同归于尽,谁也别想得到我的东西!”可见卡伯特借用《雅歌》向阿比表白爱心完全

---

① [美]奥尼尔著,欧阳基等译:《榆树下的恋情　漫长的旅程》,湖南人民出版社1983年版,第52页。其他引文均出自此书,不再另注。

是虚情假意，不但未表现纯真之情，反倒暴露了令人作呕的伪善面目。

又如，还是在这一场中，阿比意识到只有生个儿子才能得到卡伯特的财产时，狡黠地对丈夫说："也许上帝会赐给我们一个儿子吧！"卡伯特脸上流露出喜悦的自豪感，用一种虔诚信徒的语调回答——

> 阿比，这是上帝的赐福……万能的上帝对我的赐福……阿比，再向上帝祷告吧！今天是安息日！我和你一道祷告！两个人祷告总比一个人强。"上帝啊！你倾听了拉结的祷告，她怀孕了，生一个儿子。"上帝啊，你也倾听阿比的祷告吧！

拉结是雅各的妻子，因不能生育而祷告上帝赐福，上帝顾念她，使她怀孕生下约瑟。然而上帝却不会应允卡伯特一类伪善者。因此，虽然阿比生了儿子，却是埃本而非卡伯特所生；当阿比闷死婴孩并与埃本一同被抓走后，卡伯特更是孑然一身，莫说"儿子"，就连妻子也一道失去，全部希望连同祷告都归于幻灭。这对卡伯特无疑是一种含有悲剧意味的讽刺。

奥尼尔对《圣经》的另一种成功运用是通过卡伯特被扭曲的宗教观念表现出来，这种扭曲与《圣经》本身的意蕴形成强烈的对照，昭示观众被扭曲而缺乏仁爱的宗教乃是导致悲剧的重要原因。众所周知，《圣经》中的上帝是个仁慈、宽厚、充满爱心的在天之父，而卡伯特的上帝则是个冷漠、严酷的天上君主，甚至能按卡伯特的意愿惩罚任何人。当得知两个儿子彼得和西米恩不再为他干活而欲去西部淘金时，他谴责他们是"金子狂"："加利福尼亚造孽的、唾手可得的金子狂！金子使你们变成了疯子"，并高举双臂凶恶地嚷道："上帝啊，来狠狠地惩罚这些不孝的儿子吧"！埃本气愤地回敬他："你和你的上帝！总是咒骂家里的人，……老是教他的信徒去造孽！让你的上帝见鬼去吧！"正是这个上帝扭曲了他的人性，使他变得格外残忍、冷酷，毫无仁爱之心。他对这一点全然自知且乐此不疲，因为他认为冷酷、残忍、漠视感情是天经地义的，神圣不可侵犯。试看他对阿比连篇累牍的表白：

> 如果你在乱石堆里能种出庄稼来,那一定是上帝附身了。……上帝并不是软骨头。我逐渐成了硬汉子。人们总是说:"他是一条硬汉子啊。"好像做了硬汉子就造孽似的。……上帝是硬汉子,不是软骨头!上帝就在石头里!"把我的教堂建筑在岩石上……用石头建造起来,我就在石头里。"这就是彼得心目中的上帝。石头!我把石头拾起来,堆砌成墙,你可以看出,我一生的岁月是怎样度过的。每天我举着一块块石头,爬山越岭,上上下下,把我的地围筑起来。在这块地里,我从无到有,种出了庄稼……就像上帝的意志,就像是上帝的仆人。那可不是轻而易举的事啊!那是很艰苦的,上帝也使我成了硬汉子。

这一大段不连贯的表白极力强调的是不惧受苦的美德,流露出的是占有欲和冷酷的心,以及他自己的孤独。其中最关键的词是"石头"。这个原本被以色列人尊崇的可爱之物,到卡伯特那里却变成可怕而冷酷的上帝化身。他用石头围筑起来的农场就像一座监狱,令人望而生畏,感到窒息。虽然他崇尚的勇于承受苦难体现了基督教观念,但基督教推崇的受苦受难与仁爱之心相一致,耶稣基督在十字架上牺牲自我、拯救人类便是最高楷模。然而,在卡伯特身上却看不到任何利他主义,取而代之的只有对基督教观念的极端扭曲,只有贪欲和冷酷。埃本、彼得和西米恩在血缘上虽都是他的儿子,在经济上却是他的雇工。他专横刻薄,毫无心肝地把他们当牛马使用,一如西米恩所说:"你把我三十年的岁月都埋葬在这里了……撒在你这里了……我的鲜血,我的骨头,我的汗水……在你这里腐烂……养肥了你……丰实了你的灵魂……"他恨他的儿子们,因为觉得他们是软骨头,"对这个农场垂涎三尺,却不懂得它的真正意义"。在他看来,农场永远是他的,谁也别想侵占,做儿子的只能为它劳累终生。贪欲和冷漠扭曲了他的性格,扼杀了他与家人的正常情感,以致骨肉至亲也成了势不两立的冤家对头。

在这种可怕的氛围中,卡伯特常感到孤寂难耐:"这个屋里真冷,叫人心神不安。有种东西在暗地里捣鬼……就在角落里。"终于有一天他告诉西米恩:“我整天就听见母鸡咯咯叫,公鸡喔喔啼。老是听见母牛哞哞叫,其他一切东西吵吵闹闹,直闹得我再也受不了。春天来了,可我觉得糟透了……可别胡思乱想,认为我要死了。我起过誓要活到一百岁。我会做到,就是要使你们造孽的贪心不能得逞!现在我驾车走了,就像先知们所做的那样,在春天里出去寻找上帝的福音。”这是又一例对《圣经》曲解式化用。如果说他指的先知是《旧约》中的何西阿,那么他所寻找的福音就是结婚。据《何西阿书》载,上帝曾晓谕以色列先知何西阿娶一个淫妇歌篾为妻,尽管这个女人对他不忠实,还是要把她赎回来。上帝让先知娶淫妇为妻,喻示了他对背弃自己而追随异神的以色列的宽宏与厚爱。何西阿是《圣经》中第一位用婚姻象征上帝与其子民关系的人,后来《新约》也把教会比作基督的新妇,以示上帝对信徒有着永远不变的慈爱。“何西阿”在希伯来文中有“拯救”之意,其婚姻生活体现了上帝的救赎之恩,他因此被称为“爱的使者”或“爱的先知”。而卡伯特娶那个被儿子埃本称为娼妓的阿比却不是出于救赎之爱,而完全是出于自己的贪欲。他根本不会为任何人带来福音,而只是仁爱的扼杀者。由于他的所作所为亵渎了何西阿仁爱、宽宏的信息,扭曲了《圣经》原意,最终落得个恶有恶报、自食其果的可悲下场,印证了《何西阿书》第八章第七节的名言:“他们所种的是风,所收的是暴风。”

奥尼尔曾沉痛地说:“人们永远不满足地想占有身外之物,并想以此来掌握自己的灵魂,哪知道这样一来反而丧失了自己的灵魂,当然也就失去了身外之物。”①《榆树下的恋情》就深刻地表现了这一思想。奥尼尔通过巧妙地化用《圣经》话语,大力倡导仁爱,呼吁恢复宗教真义,消除贪欲和严酷,并揭示出贪欲和严酷必将导致爱心萎缩、人性丧失乃至人类毁灭的可悲后果。

(原文收录于梁工主编《圣经与欧美作家作品》,宗教文化出版社2000年版)

① 陈慧:《弗洛伊德与文坛》,花城出版社1998年版,第227页。

西方叙事理论观照下的中国六朝志怪小说

当下中国学界运用西方叙事理论研究中国古典小说已是一个相当普遍的现象，它为我们在当代多元文学理论语境中审视本民族文学提供了一个新的认知视角。但是自觉运用这一理论来观照中国六朝志怪小说却不多见。下面我们以被学界所公认为集六朝志怪小说之大成的《搜神记》中的几个经典名篇为例，从客观性叙事特征、重复叙事、叙事时间中的时距等三个层面来观照、解读其已经取得的但迄今又常常被忽视的叙事艺术成就。

一、客观性叙事特征

客观性叙事特征，不仅是当代西方叙事理论而且是现当代西方小说美学极为崇尚的创作理念之一。布斯在《小说修辞学》中认为："至少到目前为止，二十世纪中压倒一切的呼唤，是对某种客观性的呼唤。"①值得注意的是，布斯虽然批评了所谓"中立""公正""冷静"的客观性叙事，但他又崇尚这样一种客观性叙事，即作家可以"沉默"，可以"退场"，但作家却可以通过意象、象征，通过调节戏剧化视点等一系列方法流露出他的态度，从而实现作家和读者的"秘密交流"。因此，作家创作时可以持客观性叙事态度，但这种客观性叙事态度中必然

① ［美］布斯著，付礼军译：《小说修辞学》，广西人民出版社 1987 年版，第 74 页。

“存在一些深层的价值”①,因为“作家的判断总是存在的,对那些知道怎样发现这种判断的人来讲,它的痕迹总是明显的。……我们决不要忘记,纵使作家可以在一定范围内选择他的伪装,他绝不可能使自己消失”②。

众所周知,六朝志怪小说主要源自史传文学,这一特点决定了它在叙事过程中深受史官修史时所持有的“不隐恶,不溢美”的客观态度的影响。这种影响在小说中的具体体现是,叙述者对所叙故事不进行干预,决不随意在情节进展中插入议论,不公开表明自己的观点,而是将故事按照生活实际展现给读者,读者在接受故事时几乎没有感觉到有一个讲述者在场。叙述者只是偶尔在故事结尾处做些简单的评论或解释,呈现出最大程度的隐蔽。这种叙述者的内隐,决定了六朝志怪小说的客观性叙事特征和接受效果。叙事理论通常把叙述者对故事所做的评论或解释称之为叙述干预。叙述干预一般是通过叙述者对人物、事件,甚至文本本身加以评论、解释的方式来进行的。查特曼将干预分为对故事的干预和对话语的干预两种。赵毅衡认为查特曼的分法“忽视了叙述者对内容的控制能力”,故又将它分为“指点干预”(对叙述形式的干预)和“评论干预”(对叙述内容的干预)两种③。评论干预直接涉及道德规范、文化精神、价值信仰等意识形态方面的判断。六朝志怪小说中出现的主要是评论干预,但不多见。如上所述,六朝志怪小说的评论干预主要放在文本末尾,其优长就是不会造成叙述流的中断,能够使叙述自然顺畅地一气呵成,且能彰显主旨。

当然,如前所述,这种客观叙事决不意味着作者对其讲述的故事和人物持超然于是非爱憎之外的冷漠态度。“在小说创作中,作者的彻底的客观态度显然是一种幻象”④,叙述者或者代表作者的叙述者,叙述什么以及如何叙述,其实都是有所选择的,这种叙述选择本身就

---

① [美]布斯著,付礼军译:《小说修辞学》,广西人民出版社1987年版,第75页。

② [美]布斯著,付礼军译:《小说修辞学》,广西人民出版社1987年版,第24页。

③ 赵毅衡:《当说者被说的时候:比较叙述学导论》,中国人民大学出版社1998年版,第29页。

④ [美]塞米利安著,宋协立译:《现代小说美学》,陕西人民出版社1987年版,第38页。

带有一定的主观倾向性。说到底它是意识形态在话语中的反映，或者说是意识形态生成的重要手段。因此，叙述者“对于自己笔下的人物和事件都有自己的观点，并且在叙述中渗透着自己的美学评价，客观叙述只不过将自己的评价隐藏在情节结构和隐喻象征中，让读者通过情节自己去领悟而已”①。中国史传叙事传统中所谓“秉笔直书”“直书其事，褒贬自现”，实际上从材料组合、修辞方法、语境语调等方面均隐含着一定的思想价值取向，也就是说文本自身内部存在着一个“既有视界”，读者必须对情节、人物言行、细节、象征寓意、语境语调等进行多角度、多层面的细读，方能与文本视界沟通，达成一致，于隐晦微妙处读出作者的思想倾向。如干宝《搜神记》中的《韩凭夫妇》，开头两句“宋康王舍人韩凭，娶妻何氏，美，康王夺之。凭怨，王囚之，沦为城旦”，概述了故事的人物关系、背景、起因。接下来，故事主要由三个场景组成：失去自由的韩凭读了妻子写给他的信后伤心而死；何氏闻知丈夫自杀，也趁“与王登台”之机跳楼自杀；两株盘根错节、互相盈抱的大树与树上一对哀鸣的鸳鸯。最后又概述“相思树”的来历，并以“睢阳有韩凭城，其歌谣至今犹存”为证，说明所述故事的真实性。总之，小说的“概述”与“场景”部分，均保持着叙述的客观性，作者没有站出来发表评论，阻断情节，使情节能够连贯发展，一气呵成。然而，作者的倾向性却是十分清楚的。首先，作者采用了史家惯用的“春秋笔法”，一字寓褒贬。小说中的“夺”“怨”“囚”“怒”，字字千斤，爱憎在焉。夺妻囚夫，掠要私书，还不允许夫妻死后葬在一起，足见宋康王之荒淫好色，残暴霸道。其次，冢墓生树相依相抱、魂化鸳鸯交颈悲鸣的意象，既寄寓着对韩凭夫妻不幸遭遇的满腔同情，又是对他们爱情忠贞壮烈的礼赞，更是对造成这一悲剧的杀人暴君的愤怒抗议！

六朝志怪小说由于受史传文学的影响，从一开始就具有明显的客观化叙事特征，这种客观化叙事特征给像《韩凭夫妇》那样的经典文本带来了审美的艺术张力，也为读者留下了许多艺术想象与思考的空间。这一被现代西方小说美学极为崇尚的创作理念，在中国早期的小

① 石昌渝：《中国小说源流论》，生活·读书·新知三联书店 1994 年版，第 45 页。

说创作中就已初露端倪。可惜的是，这一优长，并未在后来的小说发展中发扬光大，而是逐渐被强烈的主观性倾向所替代。但这一经历至少说明了中国小说并非一开始就是主观性叙事的事实。

二、重复叙事的魅力

法国著名叙事理论家热奈特在探讨叙事频率时曾说："时至今日，小说评论家和理论家极少研究我所说的叙事频率，即叙事与故事间的频率关系（简言之重复关系）。然而它是叙述时间性的主要方面之一，而且在普通语言中恰恰以语体范畴为语言学家们所熟知。"①"频率"原是物理学上的一个概念，指单位时间内有规律的运动，热奈特首先借用这一概念来表示叙事与故事间的重复关系，这是他为文学文本的研究作出的一个了不起的贡献。热奈特将叙事频率概括为四种类型：（一）讲述一次发生过一次的事。这是叙事频率中最基本、最常见的类型，也称之为单一性叙述。（二）讲述 n 次发生过 n 次的事。由于它叙述的次数与事件的次数相等，故也属于单一性叙述。（三）讲述 n 次发生过一次的事。（四）讲述一次发生过 n 次的事。在这里，我们只涉及第三种类型，即叙述 n 次发生过一次的事。热奈特将这种类型称为"重复叙事"②。

热奈特之所以重视"重复叙事"，是因为他敏锐地发现了"'重复'事实上是思想的构筑"③。因此，在小说中采用重复叙事，无疑是为了获得某种特殊的效果。"这种重复的效果是使不断发展、流逝的生活事件中某些东西有节奏地重复显示，从而提示出一种恒定的意义或产生某种象征意蕴。"④希利斯·米勒在《小说与重复》中认为，重复主要

① ［法］热奈特著，王文融译：《叙事话语　新叙事话语》，中国社会科学出版社 1990 年版，第 73 页。

② ［法］热奈特著，王文融译：《叙事话语　新叙事话语》，中国社会科学出版社 1990 年版，第 75 页。

③ ［法］热奈特著，王文融译：《叙事话语　新叙事话语》，中国社会科学出版社 1990 年版，第 73 页。

④ 童庆炳主编：《文学理论教程》，高等教育出版社 1998 年版，第 316 页。

有两种形式：一是“从细小处着眼，我们可以看到言语成分的重复”，二是“从大处看，事件或场景在本文中被复制着”。解读重复实际上是侧重于分析修辞形式与意义的关系，因为无论什么样的读者，他们对小说的解释，“在一定程度上得通过这一途径来实现：识别作品中那些重复出现的现象，并进而理解由这些现象衍生的意义”①。

在六朝志怪小说的一些经典名篇中，这种对同一事件和相同话语重复叙述的现象十分突出，可惜迄今尚未受到应有的关注和探讨。我们以干宝《搜神记》中的《三王墓》为例略述之。

在《搜神记》之前，《三王墓》之本事已见于《列士传》《吴越春秋》《列异传》诸书，但故事都很简略。到干宝笔下，故事的叙述却发生了根本性的变化。干宝将一个原来 200 多字的“粗陈梗概”的故事，扩充、演绎成一则 500 多字的更为生动形象、细腻传神，具有很强叙事特征的作品，这是干宝了不起的地方，也是他虚构想象天才的突出展示。特别引人注目的是，他对事件的悲剧原因作了根本性的调整，因此使事件本身富有了更强烈、更鲜明的悲剧色彩。在《列异传》中，莫邪的悲剧是因其“以雌剑献君，藏其雄者”而引起的，而在《搜神记》中则清楚地写明是铸剑“三年乃成”而引起的。作者将“三年而成”中的“而”改为“乃”字，极有深意。从表面上看，“三年而成”，与“三年乃成”均表达铸剑所花费时间的漫长，但在感情语气和韵味的表达上却差别颇大，一个“乃”字曲尽其妙地透出了楚王的极大不满，故后有“王怒，欲杀之”的交代。也正因为如此，作者有意将“三年乃成”重复 3 次，“王怒”重复 5 次，“杀”字重复 5 次。“三年乃成”，既说明莫邪为楚王铸剑之精心与细致，又强调精心与细致是莫邪招来杀身之祸的原因，因为他的精心与细致反被楚王认为是故意拖延时间，莫邪的清白无辜与楚王的残暴无理尽寓其中。同时，在叙述中，干将莫邪为楚王铸剑反遭杀害这一事件在短短文本中也竟被从不同的角度重复 5 次，这是前所未有的，也是作者的精心安排。作者先是客观交代，概括叙述这一

① ［美］米勒：《小说与重复》，载朱立元总主编：《20 世纪西方美学经典文本》第 3 卷（《结构与解放》），复旦大学出版社 2001 年版，第 553—555 页。

结果，接着让莫邪告知妻子这件事，然后以场景描写法呈现莫邪向楚王献剑，王怒杀之的经过，后来莫邪之子赤比长大问其母："吾父所在？"母亲再次诉说此事，最后是赤比告诉伙客。作者所以这样不厌其烦地重复同一事件和相同话语，显然意在强调莫邪精心为楚王铸剑却横遭杀戮，暴露楚王之淫威、残暴、毫无人性，同时也为了突显赤比复仇的迫切性、正义感与悲壮色彩，从而使作品的复仇主题得到强化，深深地印在了读者的心中。

三、对叙事时距的运用

在叙事学里，叙事时距指的是故事时间与叙事时间长短的比较，通常表现为概述、场景、停顿、省略等四种基本形式。概述是叙述者对故事情节、时空背景等最本质内容的简洁交代，故事时间明显长于叙事时间。热奈特认为，直到 19 世纪末，概述始终是两个场景之间最通常的过渡形式，犹如舞台的背景，因此它是小说叙事的最佳结缔组织。① 场景即叙事故事的实况，主要由对话和行动描写构成，叙事时间大致等于故事时间。停顿是指当叙事描写集中于某一因素时而造成的故事进展过程的延宕，如静态的描写、叙述者的议论等，这时故事时间等于零，叙述时间无限长于故事时间。省略是指故事情节线索的某一部分被省去不提，有时它以具体时间标志显示出来，有时则完全不用任何标志，但读者在阅读时能感觉到省略。正是上述四种形式的反复交替运用，建构起了小说疏密有致的基本叙事节奏。研究时距作为一种技术问题本身并无价值，其真正价值所在，恰恰是不仅能帮助我们确认作品的节奏，而且更重要的是让我们领悟到叙事者真正的关注点和价值取向。

从具有代表性的六朝志怪小说中，我们发现，上述四种叙述形式不仅样样具备，而且交替运用得十分娴熟自如。《搜神记》中的名篇

① ［法］热奈特著，王文融译：《叙事话语　新叙事话语》，中国社会科学出版社 1990 年版，第 61 页。

《弦超》就是如此。《弦超》写的是人神之恋。作品情节紧紧围绕一个“梦”字展开，组成“做梦”“圆梦”“梦破”“续梦”4个主要场景。作品开篇简笔交代了故事中的人物身份，故事发生的时间、地点后，便写弦超梦中所见情景：一仙女从天上翩然下凡自愿来从之，并诉说自己的身世。弦超面对绝美玉女，神清气爽，心情激动，以至于梦醒时还觉得恍如梦中，那美丽的身影依然在眼前时隐时现，挥之不去。这一情景把主人公眷恋、缠绵的情感写得细腻真切、活灵活现。第二个场景写生活中的“圆梦”：弦超果然与梦中仙女邂逅。这是梦的实现，也是最幸福的结合。这一场景主要写弦超所见所闻。首先是浓墨重彩描绘仙女的容貌、服饰、用车及车上装载的精美器具、珍馐美味等，这些内容的描写本身又意味着故事进程的暂时停顿；接着写“与超共饮食”及对超的一席话。仙女坦言与他“宜为夫妇”，乃是“宿时感运”，不仅以后衣食住行无须担忧，而且“亦无妒忌之性，不害君婚姻之义”。于是他们成为夫妇。在这里，叙述节奏的舒缓与主人公陶醉在天赐良缘、大喜过望的幸福氛围中的心情相吻合。第三个场景是“梦破”：由于弦超不慎泄露了他和玉女的关系，怕招致非议，玉女不得不离去。作者细致地描写玉女向弦超诉说伤别离情，又呼侍御“下酒饮啖”，还为超织衫赠诗，然后涕泣流离。一场离别写得那么黯然神伤，牵肠挂肚，那么悲悲切切，哀婉动人，以至于别后的弦超仍“忧感积日，殆至委顿”。第四个场景是“续梦”：写他们5年后重逢，接续旧好。由于这4个场景是作品的重心所在，描写也较为细腻，因此叙述节奏显得舒缓平稳，叙述时间与故事时间大致相当。

概要的运用，在作品中除开头背景交代外还有4处。第一处是文中的“如此三四夕”，这一短短的概述句，概括了主人公梦后几天的状态，写尽了他对梦境的留恋与痴情，文字既含蓄简洁，又韵味十足。第二处是对赠诗中心内容的概述，因其诗文“二百余言，不能悉录”，所以仅以“应运来相之”等句来说明“此其诗之大较”。当然，这里也有省略的运用，从“其文二百余言，不能悉录”一句中可以看出。第三处是当弦超接受父母之命娶妻后，他和玉女的生活也从此发生转折，再不能像以往那样悠然自得地整日相守在一起，作品再一次用“分日而燕，分夕而寝，夜来晨去，悠忽若飞”等概述句概括他们紧张而不安定的生活状态。第四处是文末对两人重续旧好后具体幽会时间的概述。尤其是最后两处，作品的叙述节奏显得十分急促和紧凑，这是对他们生活常态发生逆转后的生存状态的反映，从中透出一缕浓浓的惆怅与无奈。由于他们做夫妇的七八年和别后五年间不是描写重点，故统统省略。

从以上分析我们不难看出，《弦超》虽然篇幅不长，但概要、场景、停顿、省略四种叙述形式一应俱全，交错运用自如得体，使叙述节奏不仅显得张弛有序、疏密有致，而且使四大场景环环相连，醒目突出，有力彰显了作品的价值取向。从表面看，作品是写人神的浪漫婚恋，但深处反映的却是对自由、平等、幸福爱情生活的无限神往，对现实环境中父母包办婚姻的一腔幽怨，曲折地表现了当时寒士庶民在门第婚姻压抑下的人性潜意识中的本能欲望。

综上所述，我们不难发现，六朝志怪小说虽然属于“丛残小语”“尺寸短书”，其叙事艺术比起后来的小说也的确显得粗糙和简单，但也并非就是随意为之，它同样具有耐人寻味、值得一书的叙述意味，同样具有骄人的不可忽视的叙事艺术成就。西方叙事理论所提供的理论视角，启发我们发掘出了蕴含于“丛残小语”“尺寸短书”中的一些常为我们当代人津津乐道的叙事艺术的因子，让我们领略了六朝志怪小说固有的艺术魅力与风采。

（原文刊载于《河南社会科学》2005 年第 5 期）

英国哥特小说与六朝志怪小说的可比性及其研究价值

一、问题的提出

人类各民族之间由于在生存环境、生活方式、历史传统、民族信仰、审美思维等方面的差异，便生成出了各不相同的有着鲜明本民族特色的文化。这种不同民族文化之间的差异是不言而喻的，但是，不同民族在思想、情感、行为等诸多方面表现出来的共性，又决定了它们在文化上具有可通约性。正如摩尔根所说："人类是出于同源，因此具有同一的智力原理、同一的物质形式，所以，在相同文化状态中的人类经验的成果，在一切时代与地域中都是基本相同的。人类的智力原理，虽然由于能力各有不同而有细微的差别，但其对理想标准的追求则始终是一致的。因此，它的活动在人类进步的一切阶段都是同一的。人类智力原理的一致性，实在是说明人类同源的最好的证据。"①英国著名人类文化学家泰勒认为，从广义的角度来进行研究的时候，人类的性格和习惯就会出现相似和一致的现象，因为"人类在本质上是一样的，虽然是处在不同的文化阶段上"②。法国著名人类文化学家列维—布留尔也指出："文献和事实材料收集得越多，这些事实的某种相同性就越加触目。随着研究者们在地球上遥远的地方，有时是在

① [美]摩尔根著，杨东莼译：《古代社会》，商务印书馆1997年版，第556页。

② [英]泰勒著，连树声译：《原始文化》，上海文艺出版社1992年版，第6—7页。

完全相反的角落发现了，或者更正确地说研究了越来越多的不发达民族，也就在其中的若干民族之间发现了一些令人惊奇的相似点，有时竟至在极小的细枝末节上达到完全相同的地步。"①中国著名学者钱钟书也说过："东海西海，心理攸同；南学北学，道术未裂。"②

人类各民族的文化是这样，作为各民族文化中重要组成部分的文学，自然也不例外。许多民族的文学作品被翻译为不同的文字在世界上广为传播，成为不同民族公认的世界性文学经典，就充分证明了不同民族之间在文学审美上的共同认识。而作为一个年轻学科——诞生于19世纪末的比较文学，所以能迅速在世界范围里发展壮大，乃至于成为当今的一大显学，更是不可辩驳地证明了不同民族文学之间相同性现象的实际存在。

中外众多的文学研究者在比较文学这一极具诱惑力的迷人领域里，辛勤耕耘，发现着、开拓着、探讨着。尽管许多问题、许多现象已被解决和理清，但我们不难发现，迄今仍然还有不少文学现象尚未被认知或有待于进一步认知。不同民族中共有的鬼怪小说，就是其中一个有待于进一步研究的颇有意义的课题。

鬼怪小说是人类文学创作中的一个十分特殊的表现形态。说它特殊，就在于它是现实生活世界中的人们对于另一个不可知的虚幻的异域世界的臆想与营造的产物。对于这另一个不可知的虚幻的异域世界，不同的民族都拥有着属于自己民族特色的臆想与营造。"这个不可见，不可触摸的世界并不是像小说那样出于一人的臆想，而是存在于一个民族，一个社会，一个时代的臆想中。不管这民族是如何成熟地坚持唯物观点，有严密的逻辑思维，有发达的科学知识，那些自古传下来的幽灵总在这臆想世界上游荡，出没于我们各种人生中，而且它对现实生活中的人有这样大的吸引力。那无法信其有，又无法辨其无的虚幻世界似乎是与我们这现实世界不可分的。"③

---

① ［法］列维—布留尔著，丁由译：《原始思维》，商务印书馆1981年版，第8页。
② 钱钟书：《谈艺录》（增补本），中华书局1984年版，第1页。
③ 应锦襄等：《世界文学格局中的中国小说》，北京大学出版社1997年版，第109页。

英国哥特小说与中国六朝志怪小说就是其中颇为典型的各具自身民族特色的鬼怪小说。

然而,比较研究这两种各具自身民族特色且彼此毫无事实影响关系的鬼怪小说,还是一个颇具挑战性的研究课题。其挑战性首先就表现在:必须要切实找到或者确立它们的可比性。比较文学平行研究理论认为,研究两个毫无事实影响关系的对象,必须首先要发现并研究它们两者之间在内容、形式、主题、情节、形象、情调、叙事艺术等方面所表现出来的相似与契合之处,“在讨论中西比较文学时,我们应该建立起一个新观念,重建探讨两种文学的‘可比性’,脚踏实地地痛下一番功夫”①。因此,强调可比性,是本文立论的逻辑起点。

英国哥特小说与六朝志怪小说的比较研究,不仅是涉及跨越中西方异质文化体系的小说之间的比较,而且还是跨时代的比较,因为两者在时间上相差了1000多年。并且,一边是成熟的英国小说,一边是作为中国小说雏形的“丛残小语”“尺寸短书”,仅就这两种小说及其实际存在的情况来说,它们之间真能比较吗?真会有什么相似与契合之处吗?

的确,在比较文学史上,就有学者对属于不同文化渊源的文学之间的可比性持怀疑态度。其中,美国著名比较文学学者韦斯坦因的观点最具代表性。他认为:“我不否认有些研究是可以的……但却对把文学现象的平行研究扩大到两个不同的文明之间仍然迟疑不决。因为在我看来,只有在一个单一的文明范围内,才能在思想、感情、想象力中发现有意识或无意识地维系传统的共同因素。……而企图在西方和中东或远东的诗歌之间发现相似的模式则较难言之成理。”②当然,这种看法是站不住脚的。韦斯坦因后来也改变了这一看法。本文一开始已经申明,跨越不同文化系统的文学之间,无论它们存在着怎样的差异,也不管是处在怎样不同的历史阶段,都必然存在着某些共

① 袁鹤翔:《中西比较文学定义的探讨》,载黄维梁等编:《中国比较文学学科理论的垦拓》,北京大学出版社1998年版,第69页。

② [美]韦斯坦因著,刘象愚译:《比较文学与文学理论》,辽宁人民出版社1987年版,第5—6页。

同性的审美思维和艺术表现的因素。人类在本质上的相同,使它们具有了可比性的心理依据和理论基础。歌德早在1827年就作过这样的论断:"中国人在思想、行为和情感方面几乎和我们一样,使我们很快就感到他们是我们的同类人。"①黑格尔也认为:"在艺术类型方面,各民族的构思方式和表现方式往往彼此相混,使得我们认为特属于某一民族世界观的那种基本类型在时代较早或较晚的民族中也一样可以发见。"②钱钟书在谈到比较文学时认为,"中西文学超出实际联系范围的平行研究不仅是可能的,而且是极有价值的","这种比较惟其是在不同文化系统的背景上进行,所以得出的结论具有普遍意义"。③乐黛云也精辟地指出,由于人类有着共同的生命形式(如个人与个人、个人与集体、男人与女人、人类与自然等)和共同的体验形式(如欢乐与忧愁、希望与绝望、聚合与分离、爱恋与憎恶等),又由于文学的本质都在于赋予混沌的存在以某种形式、意义和价值,所以各种不同文化体系中的文学又总是相通的,从而使得从国际的角度,突破语言和单一文化传统的局限来研究文学的共同特点及其规律成为可能④。

笔者认为,遵循比较文学平行研究中寻同的学理依据⑤,中国六朝志怪小说与英国哥特小说的可比性不容置疑,因为两者都属于跨越不同文化体系的文学作品,且在类型上又均属鬼怪小说。志怪与哥特这两个表面上看似不同的概念中,恰恰含蕴着某些相容的东西。这正是我们首先要寻找的共性或相似性。

二、英国哥特小说与六朝志怪小说的可比性

从两者产生的大背景看,它们具有类似的历史境遇。这种类似的历史境遇,带来了它们在创作思维上的某些共性审美特征。

---

① [德]爱克曼辑录著,朱光潜译:《歌德谈话录》,人民文学出版社1982年版,第112页。
② [德]黑格尔著,朱光潜译:《美学》第2卷,商务印书馆1979年版,第29页。
③ 张隆溪:《钱钟书谈比较文学与文学比较》,《读书》1981年第10期。
④ 乐黛云:《比较文学原理》,中华书局1989年版,第1—2页。
⑤ 曹顺庆等:《比较文学论》,四川教育出版社2002年版,第58页。

首先，两者都是社会动荡、主流意识形态遭到挑战的产物。具体说，英国哥特小说是反对启蒙理性与古典主义原则的产物，而中国六朝志怪小说则是一统天下的儒术独尊格局被打破的结果。

历经激烈动荡的17世纪，英国进入相对稳定的18世纪。由于资产阶级革命的胜利，英国政府对内大力发展工商业，至18世纪中期开始工业革命；对外则进行大规模殖民扩张，并发展成为近代最大的殖民国家。资本主义制度的稳步发展，使得文学艺术领域也力倡新古典主义和理性精神。新古典主义和理性精神成为当时主流意识形态。代表近代资产阶级意识形态的小说创作，以普通个人的日常生活与情感为关注的中心，表现出写实主义与理性主义的特色。产生这一现象的根本原因，正在于18世纪"资本主义经济的空前发展和中产阶级的崛起、以及随启蒙运动而进行的资产阶级文化的总体建设"①。对此，埃得枷在《小说的艺术》中有更为详细的论述："异想天开的传奇故事曾经是通例，而今却成了特例，因为小说现在的目的是要强化现实而不是逃避现实。如果说我们偶尔也得有自己的奇闻逸事，那么我们坚持要把它们认作奇闻逸事。小说的一般进程是从不可能的进到或然的再进到可能的，我们希望我们的小说家们现在尽力地撒谎，但谎要撒得像是真情实事。反传奇的、理性化的18世纪精神使得这种转变变成了可能。因此，我们最好是在这个富于创生性的世纪去寻找现代小说的胚芽。"②于是我们看到，像笛福、菲尔丁、理查逊等这些著名英国小说家，都常常是用"历史"(history)、"生平"(life)、"日记"(journal)、"回忆录"(memoir)之类的词来冠以自己的作品，以区别于具有传奇色彩的小说。因而，用可信的文笔描写世态人情，构成了18世纪前半期英国小说的基本特征。但是至18世纪后半期，工业革命的迅速发展，不仅导致工业资产阶级与工业无产阶级的对立和斗争，而且带来了城市与农村富贫的巨大悬殊，原本圈地运动造成的衰败荒芜的农村景象，更成为工业化罪恶的铁证。国内各种矛盾愈来愈尖

① 龚翰熊：《欧洲小说史》，四川大学出版社1997年版，第87页。
② 龚翰熊：《欧洲小说史》，四川大学出版社1997年版，第94页。

锐,人民的反抗斗争此起彼伏。同时,随着资本主义的发展,广大中小资产阶级也深感自己的生活和社会地位岌岌可危,不满现状,满怀忧惧,但又无可奈何,因此,只能自怨自艾,沉溺于个人的痛苦、悲哀与不安之中。这样,启蒙思想家按照理性原则提出的自由、平等、博爱的社会理想首先在英国陷入困境,他们所推崇的人类理性的力量也因此遭到怀疑。哥特小说的出现,从根本上说,就是这种精神状态的曲折反映。正如英国著名文学评论家安德鲁·桑德斯所言,哥特小说一反常态,拒绝描写日常生活,喜好"峭壁和深渊、折磨与恐怖、巫术、恋尸癖以及心神不定。它沉浸于鬼魂出没、突然死亡、地牢、妖术、幻觉和预言之中。哥特式小说,从根本上说,过去和现在都是对舒适与安全、政治稳定和商业繁荣的负面反应。最首要的是,它反抗理性的支配"①。

同样,六朝志怪小说也产生于魏晋南北朝这一中国历史上最为动荡混乱的独尊儒术格局被打破,信仰产生危机、崩溃的时期。自建安至隋朝建立前夕的近 4 个世纪,30 多个朝代与政权如走马灯般地交替更迭,阶级的、民族的矛盾以及统治阶级内部的矛盾斗争尖锐激烈,整个社会处在分裂混乱的状态,这严重地破坏了社会经济的发展,使广大人民蒙受了巨大而深重的灾难,繁盛的中原大地竟出现了"出门无所见,白骨蔽平原"(王粲《七哀诗》)、"白骨露于野,千里无鸡鸣"(曹操《蒿里行》)的凄惨荒凉景象。这是一个大动荡的岁月,一个苦难深重的年代!面对如此动乱凄惨、黑暗残酷、随时威胁着人们宝贵生命的生存环境,无奈的人们痛感生命朝不保夕,命运无常,内心深处充满了无限的焦虑与失望。于是,他们便借助于早已存在的志怪方式与形态,通过丰富的幻想构筑起各种不同的"他界",将自己的反抗精神和追求理想的愿望寄托于其中并曲折隐秘地显示出来。只要能摆脱现世的羁绊,补偿真实生活的不满而一遂心愿,"即使是黄粱一梦、迷途半晌,也算是时空交错下的奇遇","人心飞驰的终点"。② 因此,优秀

① [英]桑德斯著,高万隆等译:《牛津简明英国文学史》,人民文学出版社 2000 年版,第 498 页。

② 颜慧琪:《六朝志怪小说异类姻缘故事研究》,台湾文津出版社 1994 年版,第 56 页。

的志怪小说是生活在战乱苦难时代里的人们关怀生命，表达对和平、稳定、幸福生活理想的憧憬与追求的载体。大混乱、大动荡和大苦难造就了六朝志怪小说，“怪”与“乱”密不可分，“怪”是乱世里催生出的一朵诱人的“异花”。此前以及此后，志怪小说创作都没有达到这样大规模、密集化的程度，也再没有出现过如此繁荣兴盛的景象，就充分说明了六朝乱世的空前绝后。

其次，两者的产生均与宗教有关。宗教给它们的创作从主题、题材、人物塑造到驰骋文学想象诸方面带来了深刻的影响，但英国哥特小说主要接受的是基督教的影响，而中国六朝志怪小说则主要接受的是佛教与道教的影响。总之，类似的历史境遇，使英国哥特小说与六朝志怪小说成为中西方不同民族的作家，借鬼怪幻想表达内心无限的焦虑与失望、展示人在现实中难以如愿的情感和欲望的载体。

从作为文学的文本看，英国哥特小说与中国六朝志怪小说至少在五个方面呈现出共性倾向。

第一，都具有突出的怪诞特征。这种怪诞主要表现在三大共有形态上，即人鬼相通、现实与异境相连和死而复生。不仅如此，两者在将怪诞与现实有机相融的过程中，又常常表现出共同的寓幻于真和寓真于幻式的“奇情恣笔”的叙事艺术特征与审美运行机制，既大大唤起了读者强烈的好奇心，又拓展了丰富的想象空间，从而产生了“山重水复疑无路，柳暗花明又一村”的叙述张力和审美效果。更为重要的是，它们在将怪诞与现实有机相融中，都充分显示了矛盾内涵的反常性，有力地彰显了对立因素之间不可调和的冲突的内在意义。英国哥特小说与六朝志怪小说所展示的“怪诞的世界是——也不是——我们自己的世界。怪诞之所以使我们感到模棱两可，不能明确地肯定它的性质，是因为我们意识到，我们熟悉的，并且似乎是和谐的世界在某种无形的力量的冲击下变得陌生了。莫名其妙的力量破坏了这个世界，粉碎了它的统一性”①。由此，英国哥特小说与六朝志怪小说创作将人

① ［德］凯泽尔著，曾忠禄等译：《美人和野兽：文学艺术中的怪诞》，华岳文艺出版社 1987 年版，第 29 页。

的生活理想与情感世界转移、寄托、融进鬼怪幻想并借鬼怪幻想来折射人的心理动机。它们借鬼怪幻想共同展示了人在现实困境中难以如愿的种种情感和欲望，渴盼在幻想中重建那个被破坏了的、令人神往的伊甸园，并从根本上复原其统一性。鬼怪故事，本质上就是人类愿望的幻想满足，就是“解决现世具体问题的一种策略”①。唯其如此，英国哥特小说与六朝志怪小说显示了作为鬼怪小说殊途同归的真谛，获得了经久不衰的艺术魅力和意味深长的审美价值。

第二，都以展示非常态性环境、钟爱夜晚为其显著特征。诸如墓穴、洞穴、地狱等这些非常态性环境描写本身，虽然在两种小说里有所差异，但毛骨悚然的恐怖性，却又是它们共有的接受效果。作者所以把故事情节常常安排在夜间，乃是因为人们一向认为鬼怪总是出没于夜晚的。“从原始社会开始，人们相信鬼灵有三个特点：(一)鬼灵是虚幻不实的影像，(二)这个影像的活动极为轻灵缥缈，(三)这种影像似的鬼灵总是在黑夜活动。”②同时还因为夜晚总是充满了无限的神秘性和恐怖感，因此更能激发人们丰富的想象力。当然，恐怖氛围的形成是特定时间、特定空间与特定行动互动的结果。这是英国哥特小说与六朝志怪小说特有的审美基质。

第三，均通过怪诞曲折、隐秘象征的方式，表现出了重大而深刻的相同主题。这是人类面对一系列相似的问题和生存困境所做出的相同思索与选择。例如，两者虽均通过因果报应主题，来彰显鲜明的道德伦理观念与善恶是非的评价，充满了惩恶扬善的思想精神。又如，两者都有着鲜明的爱情主题，而且所呈现出来的爱欲描写，都是久受压抑的结果，因此都张扬着对合理的爱欲追求的肯定以及反传统的叛逆精神，体现出了一个共性的思想价值特征，即它们的作用并不是为了“加强占统治地位的意识形态，而是在显示其威力的同时，对它提出质疑”③。

---

① 葛兆光：《中国宗教与文学论集》，清华大学出版社 1998 年版，第 28 页。

② 马焯荣：《中西宗教与文学》，岳麓书社 1991 年版，第 255 页。

③ [美]米勒著，申丹译：《解读叙事》，北京大学出版社 2002 年版，第 12 页。

第四，两类小说中出现的人物形象可谓形形色色，林林总总，不过，它们中有四类人物形象不仅是其共有的，而且也最突出，最引人注目：暴君形象、教徒形象、不幸女子的形象、鬼怪形象。总的来看，前两类集中揭露人性的邪恶、人性的贪欲，实际上是从道德的角度对人性问题所进行的思考与探索，后两类则更多地反映了人性的正常要求。在人物塑造的总体思想倾向上，它们都典型地呈现着善恶分明的两极，这种善恶分明的两极，不仅体现在人物之间的鲜明对比上，而且体现在作家对人物评价的鲜明态度上。在刻画人物的艺术方法上也有不谋而合之处，如简笔勾勒人物外貌与性格特征或通过他人眼光来描绘人物；以诗歌作为刻画人物、揭示心理、营造氛围的重要手段；在不可调和的矛盾冲突中写人物等。由于两者均为鬼怪小说，所以又都十分注意勾画异类形象，突出他们作为异类的身份特征，给人以强烈的神秘幻异色彩。

第五，在叙事上，都具有共同的表现形态，如对叙事视角的选择与运用、对叙事时间的相似处理等。其中最值得一提的是，重复叙事在两种小说文本中都有着突出的运用，这种情况表明了不同民族或国家的创作者对重复叙事的意义的共同自觉，充分显示出重复这种“有意味的形式，即一种情感的描绘性表现”①，“‘重复’事实上是思想的构筑”②。

总之，我们在这里如此罗列英国哥特小说与中国六朝志怪小说的相似之处，就是为了说明它们之间具有可比性，避免盲目比附的弊端。这是对其加以平行研究的基础，更是进一步探究其异质性、促成相互对话的必要准备。当然，就可比性这一范畴而言，指出两个对象之间可比性的存在，也并不是终极目的，重要的是对这一可比性加以思索和追问，进而得出有价值的结论——这才是可比性自身的价值和意义。那么，我们探讨英国哥特小说与中国六朝志怪小说的可比性，其

① ［美］朗格著，刘大基等译：《情感与形式》，中国社会科学出版社1986年版，第50页。

② ［法］热奈特著，王文融译：《叙事话语 新叙事话语》，中国社会科学出版社1990年版，第73页。

价值和意义又何在呢?

三、英国哥特小说与六朝志怪小说可比性的研究价值

(一)英国哥特小说与中国六朝志怪小说这两种小说尽管地处欧亚两大陆,时间相错千余年,但的确在人生理想、审美思维、艺术表现诸方面存在着一致性,这一事实就是它们能够跨越历史时空进行对话交流、相互理解的坚实基础。中西方不同国家和民族渴望并事实上频繁的文化交流往来,也无可辩驳地说明了质异文化间的沟通与理解是完全可能的。我们通过这一个案研究,既是为了寻求建构平等多彩、互通有无的理想的世界文学的路径,也旨在证明中西方民族虽然信仰不同、文化传统迥异,但仍然拥有共同性原则以及相互理解的心理基础。

同时,从一个文学侧面也想回应以亨廷顿为代表的一些西方学者故意夸大西方与非西方文明或文化间的冲突和对抗性的观点。亨廷顿站在"西方中心论"的立场上,尤其强调、夸大中国与西方的冲突和对抗性,认为:"属于不同文明的国家和集团之间的关系不仅不会是紧密的,反而常常是对抗性的。……未来的危险冲突可能会在西方的傲慢、伊斯兰国家的不宽容和中国的武断的相互作用下发生。"①他耸人听闻,片面地强调差异,把引起不同民族间灾难性的战争甚至世界大战的政治经济等方面的因素,统统归结于文明的因素,其实质就是在强调自身的优越性和征服感。尽管他也宣称,"在未来的岁月里,世界上将不会出现一个单一的普世文化,而是将有许多不同的文化和文明相互并存"②,并提出在多极文明的世界里需要一种"共同性原则",即不同文明的人民都应寻求和扩大与其他文明在价值观、实践等方面的

① [美]亨廷顿著,周琪等译:《文明的冲突与世界秩序的重建》,新华出版社 1999 年版,第 199 页。

② [美]亨廷顿著,周琪等译:《文明的冲突与世界秩序的重建》,新华出版社 1999 年版,第 2 页。

共同性[①],还申明他“唤起人们对文明冲突的危险性的注意,将有助于促进整个世界上‘文明的对话’”[②],但是,他骨子里并没有将其他民族真正放在平等对话的地位上来看待,更忽视了世界其他民族文明或文化中求真向善、反对邪恶、爱好和平、渴望平等的积极的一面,字里行间透露着对中国等文明或文化的恐惧与敌视。正如有学者在批评后现代主义的文化不可通约论这一观念时所指出的那样,“这种观念表面上看来可能会走向民族文化的多元共存,其实最后刚好相反,它成为种族主义的基础”[③],而种族主义走向极端,就成为文化冲突的根据[④]。所以,不真正学会尊重任何其他民族的文明或文化,而是处心积虑地欲征服甚至毁灭之,这是“一种无法弥补的过错,其罪恶不亚于把人当作动物来对待”[⑤]。

(二)从各自文学发展史的角度看,英国哥特小说与六朝志怪小说虽然都居于边缘地位,但显示出了强大的生命力,不仅张扬着颠覆当时主流的倾向,日后又都为其主流文学注入了新鲜血液,作出了重大贡献,甚至挤入主流文学的行列。这证明了法国比较文学泰斗梵·第根的那个论断:比较文学应该让一个大位置给那些在文学史上只稍稍提到或竟不提的二三流作家,因为他们在文学史上常常扮演着“放送者”与“传递者”的不可替代的重要角色[⑥]。这一事实说明,文学新质的生长点往往不在中心,而在边缘。不受拘束的边缘往往是文学的生命力最活跃、最旺盛之处。而处于边缘的文学恰恰是我们以往研究视野中关注不够、较为薄弱的环节。

(三)作为以情节取胜的英国哥特小说与六朝志怪小说,其可比性启示我们,应该重新审视以情节取胜的小说的价值,确立它在文学史

---

① [美]亨廷顿著,周琪等译:《文明的冲突与世界秩序的重建》,新华出版社 1999 年版,第 370 页。

② [美]亨廷顿著,周琪等译:《文明的冲突与世界秩序的重建》序言,新华出版社 1999 年版,第 3 页。

③ 方汉文:《比较文化论》,广西师范大学出版社 2003 年版,第 56 页。

④ 方汉文:《比较文化论》,广西师范大学出版社 2003 年版,第 58 页。

⑤ [英]艾略特著,杨民生等译:《基督教与文化》,四川人民出版社 1989 年版,第 142 页。

⑥ [法]梵·第根:《比较文学论》,台湾商务印书馆 1995 年版,第 65 页。

上应有的地位。小说自诞生迄今,大致经历了由重故事情节到重典型人物塑造再到重人物心理意识三大阶段。但长期以来,我们看重的是典型人物塑造阶段,常常把这一阶段视为小说艺术由幼稚走向成熟的标志,并以是否塑造了典型人物作为衡量小说艺术水准的圭臬。曾几何时,以解构故事、解构人物为特色的西方现代派小说,因不符合典型人物塑造的传统审美标准,加之对其表现思想所做出的价值判断上的偏差,而受到我们研究批评界的歧视和抵制。当然,现在我们已不再排斥现代派小说,对它的研究也在不断深入,其中不少小说已被作为经典作品写进自己编写的文学史。但是,许多优秀的以故事情节取胜的小说,似乎还没有这样幸运。只要检视一下我们自己编写的外国文学史,就不难发现许多在西方以情节取胜的名著所受冷落的事实。究其原因,我们还是认为以故事情节取胜的小说毕竟是处于小说艺术发展中的低级、幼稚阶段,无论在反映社会生活的深度与广度,还是在塑造人物的典型程度上,都远不能与以巴尔扎克、托尔斯泰等为代表的小说艺术巅峰时期的作品相媲美。这样我们也就常常把成功地塑造了典型人物的小说称为高雅的经典作品,而无形中把追求情节曲折复杂、故事性强的作品归为通俗作品,而这些通俗作品又常常被视为是等而下之的二三流作品而得不到应有的重视。其结果是在研究领域中一定程度地忽视了这类作品的事实存在与艺术价值。这样一来,在相当程度上,由于审视、取舍作品的标准过于单一,缺乏审美趣味的多样性,编写出来的一些文学史在内容、格局等方面就显得单一、沉闷,陈陈相因,难以在更大的范围内显示出文学发展过程中应有的丰富性和层次感,自然也就无法满足读者不同的欣赏口味与审美需求。

其实,以故事情节取胜的作品并不仅仅是作为小说发展历程中的一个阶段而存在的,更为重要的是,它还以小说的一种表现形态而存在。以故事情节取胜的作品在任何时候都大量存在着,并不因小说发展到了以塑造典型人物的阶段而不景气,甚至归于寂灭。事实上,小说作为叙事艺术即使发展到成熟阶段,也完全没有泯灭以故事情节取胜的小说。这就说明,重故事情节的小说不一定就是幼稚的表现,而是一种创作形态。作为一种创作形态,它有其自身所特有的一套审美趣味与审美价值,也有属于自己的读者群,理应和重人物的作品一样,具有同等重要的意义,没有必要非得人为地在它们之间划分出高低优劣的等级。在小说艺术创作的花园里,理应是百花齐放,万紫千红,不该强求一律。创作是这样,审美鉴赏亦然。应该说,小说创作出来主要是供人娱乐的,就是要好看,具有能吸引人的可读性。故事性永远是小说的基础。从常规情况看,读者阅读一部作品首先关注的是故事性,吸引读者阅读的因素固然很多,但故事性始终当是其中的主要因素之一。英国著名批评家艾弗·埃文斯说,"小说家不仅讲述一个故事,而且通过故事描写一些东西。同故事一道,小说还刻画人物,或社会背景,或如在较现代的作品里,对一种意识流进行记录",但是,"不管小说家抱有什么样的野心,他最好还得记住:他开初是一个讲故事的人,而这个根源他是永远不能完全逃避的。这样,小说可以描述为以一个故事为基础的一种散文记事"。① 可见,"讲故事"作为小说的基本属性,是任何创作者都不能也不应该"完全逃避"的一个"根源",同样是研究者在审视、评价小说时不应忽视的一个"根源"。尤其是面对以故事情节为主要审美特征的这样一种小说形态时,更要立足于这一审美形态的批评原则,去实事求是地加以评价。阿米斯曾不无宽容地说:即使一部小说很幼稚,但是当它激励和满足了人们的好奇本能时,当它用一连串的冒险和奇历给读者带来愉悦时,它也完成了某种任务②。因此,只要好看,只要能为读者带来一段美好的时光,同时又蕴涵着并非是短暂的或不重要的思想意义,能使读者获得一些人生启迪与教益,就是有价值的好作品,就可以获得永恒或普遍的艺术生命。况且,真正优秀的以情节取胜的作品,也还写出了同样令人难忘的艺术形象。如《修道士》《弗兰肯斯坦》这两部优秀的英国哥特小说,不仅以其曲折离奇、引人入胜的情节,而且以其所刻画的具有相当典型意义的艺术形象,给读者留下了极其深刻、耐人寻味的印象。当然,我

---

① [英]埃文斯著,蔡文显译:《英国文学简史》,人民文学出版社 1984 年版,第 237—238 页。

② [美]阿米斯著,傅志强译:《小说美学》,北京燕山出版社 1987 年版,第 74 页。

们坚决反对一味追求情节离奇而又无病呻吟的无聊之作。

自然,与英国哥特小说相比,六朝志怪小说还不能说是很成熟形态的小说,但这并不影响它同样作为以志怪为特色的故事性小说的性质,也不影响它在中国小说发展史上的奠基意义。我们重视英国哥特小说与六朝志怪小说的同质性,也正是为了客观地呈现它们作为故事性小说的性质、价值和意义。

(原文刊载于《河南大学学报》2004 年第 4 期)

怪诞：英国哥特小说与六朝志怪小说审美比较论

一、怪诞的内涵及其审美属性

“艺术作品乃属于它们的存在本身，因为它们的存在就是表现。”[①]作为鬼怪小说的英国哥特小说与中国六朝志怪小说，给人最强烈、最深刻的印象，就是它们怪诞的存在本身。怪诞作为一个审美范畴，其最突出的特征就是“把人和非人的东西怪异的结合”[②]起来而呈现出来的状态，或者说“怪诞的标志就是幻想与现实之间的有意识的融合”[③]。英国哥特小说与六朝志怪小说都相当典型地表现了这一特征。

在西方，18世纪以前，怪诞一词的意思主要是“奇特的”“不自然的”“超自然的”“古怪的”“奇怪的”“好笑的”“荒唐的”“滑稽的”等。而至18世纪后，不少人已开始意识到怪诞中还含有一定的现实和真理的成分。雨果在《克伦威尔》序言（1827）中以很大的篇幅探讨怪诞问题的时候，已不再将怪诞纯粹归之于幻想性，而是注意把它同现实性联系在一起。汤姆森认为这是一个非常重要的观点，“因为它把怪

① ［德］加达默尔著，洪汉鼎译：《真理与方法》，上海译文出版社1999年版，第203页。

② ［德］凯泽尔著，曾忠禄等译：《美人和野兽：文学艺术中的怪诞》，华岳文艺出版社1987年版，第14页。

③ ［英］汤姆森著，孙乃修译：《论怪诞》，昆仑出版社1992年版，第32页。

诞引入与幻想艺术对立的现实主义艺术领域”①。他认为“把怪诞看成是一种本质上自相矛盾的东西,是对立面的一种激烈的冲突,因此,至少就它的某些表现形式而言,也可以把它看作对人类生存本身那种困境作的恰如其分的表述”②。这样,他为怪诞下了两个最简洁也最抽象的定义:

> 怪诞乃是作品和效应中的对立因素之间不可调和的冲突。
>
> 怪诞是有着矛盾内涵的反常性。③

他自己解释说,第一个定义主要揭示的是怪诞的模式或结构,第二个定义侧重于怪诞的内容,但“这两个定义不过是同一内容的不同表述方式而已”④。

其实,对怪诞与真实或者曰幻与真的关系问题,早在中国明代的批评家和作家那里就备受关注,并多有论述。其中,文学家袁于令对小说创作中“幻”与“真”关系的论述最为著名。他在《西游记》题辞中说:“文不幻不文,幻不极不幻。是知天下极幻之事,乃极真之事;极幻之理,乃极真之理。”⑤袁于令通过《西游记》的创作实践,总结出了小说创作的虚构内涵和原则。他强调“文不幻不文”,“极幻之事,乃极真之事;极幻之理,乃极真之理”,就是要突出小说创作离不开“极幻”,没有“极幻”,就不称其为创作。表面上看,这种强调似乎过于偏激,但他并非仅仅在一味追求失去现实生活基础的“极幻”,而是明确要求寓“真”、寓“理”于“极幻”,因此他理解并追求的“极幻”,是有“真”有“理”的“极幻”。“极幻之理,乃极真之理”,就道出了“幻”与“真”中的“情理”关系。

---

① [英]汤姆森著,孙乃修译:《论怪诞》,昆仑出版社1992年版,第23—24页。

② [英]汤姆森著,孙乃修译:《论怪诞》,昆仑出版社1992年版,第14页。

③ [英]汤姆森著,孙乃修译:《论怪诞》,昆仑出版社1992年版,第37页。

④ [英]汤姆森著,孙乃修译:《论怪诞》,昆仑出版社1992年版,第37页。

⑤ 袁于令:《西游记题辞》,载黄霖、韩同文选注《中国历代小说论著选》(修订本)上册,江西人民出版社2000年版,第278页。

二、英国哥特小说与六朝志怪小说的同质性

上面我们从理论层面了解了怪诞的内涵及其审美属性后，下面我们来探讨六朝志怪小说与英国哥特小说中怪诞的表现形态。

以往我们对六朝志怪小说与英国哥特小说重视不足，研究不够，从思想认识上说，就是认为它们是“反常的”“不自然的”“怪诞的”“虚幻的”“滑稽的”“好笑的”东西等，有些内容甚至是无聊的、消极的糟粕。然而，我们所以视怪诞为反常性，乃是基于它与我们的经验世界的背离和不容。怪诞的东西在任何时候都是在现实的观照下，或者说与现实相联系时，才能显出其怪诞的特质。文学里表现的怪诞亦然。正如汤姆森所说：“假如一篇文学文本‘发生’在作者所创造的幻想世界里，也根本不想与现实有任何联系，那么怪诞也就无从说起。”①因此，当人们渐渐开始辩证地意识到，怪诞中还含有一定的现实和真理的成分时，便不再将怪诞纯粹归之于幻想性的、甚至是无意义的存在，而是一种“有着矛盾内涵的反常性”，是对某些“对立因素之间不可调和的冲突”的隐喻。正是由于怪诞这种格外刺人眼目的“反常性”，显示着一定的“矛盾内涵”与“冲突”，且这种“矛盾内涵”与“冲突”和人及其生活的现实世界密切相关，才获得了重要的审美价值和意义。

英国哥特小说与六朝志怪小说都是典型的幻想与现实的有意识融合的结果。这既是它们富有怪诞性、浪漫性特征的突出标志，又是中西方作者有意识自觉追求的一种共同目标和表意境界，充分显示了人类在思维方式上具有共通性（通约性）的一面。

英国哥特小说与六朝志怪小说在将怪诞与现实有机相融的过程中，常常表现出共同的寓幻于真和寓真于幻式的“奇情恣笔”的叙事艺术特征与审美运行机制，既大大唤起了读者强烈的好奇心，又拓展了丰富的想象空间，从而产生了“山重水复疑无路，柳暗花明又一村”的叙述张力和审美效果。

---

① ［英］汤姆森著，孙乃修译：《论怪诞》，昆仑出版社1992年版，第32页。

（一）寓幻于真。六朝志怪小说与英国哥特小说作为鬼怪类小说，其呈现出来的浓郁的怪诞色彩，究其原因，在很大程度上是因作者在叙事状物过程中融怪诞与现实于一炉所致。人鬼交往本身，就是一边联系着现实，另一边沟通着超现实。所谓寓幻于真，就是在“真”的表层结构下面寄存、维系着一个“幻”的深层结构，或者说它是假借“真”的外壳描叙怪异之事，其核心价值所在是“幻”，也就是怪诞。“幻”与“真”之间，是一气呵成的浑然整体，彼此不能切割。怪诞奇幻的东西完全被作者作为俨然真实的存在现象而栩栩如生、活灵活现地展示在人们目前，“其人其事近在耳目间、实实在在，而又渺渺茫茫，实中见幻，平中见奇，给人一种虚幻性的现实”①。这个“幻”又是对人类生活本质真实的巧妙折射，是对人类心理结构中共性追求的隐秘表达。这种本质真实的表达，具有超越时空、跨越民族种族界限的恒久性和稳定性。于是，这种表达也就自然能够进入人类审美活动的视域范围内，而具有了独特的审美价值和认知意义。这类写法的代表作，在六朝志怪小说中主要有《搜神记》中的《紫玉》《王道平》《卢充》等；《搜神后记》中的《伯裘》《徐玄方女》等；《幽明录》中的《刘晨阮肇》《黄原》《洛中穴》等；《冤魂志》中的《孙元弼》等。在英国哥特小说中，《瓦塞克》和《弗兰肯斯坦》等则是寓幻于真的翘楚之作。

《紫玉》②是六朝志怪小说中描写爱情的经典名篇之一。紫玉与韩重钟情相爱，因横遭父亲吴王的阻拦抑郁而死，韩重游学归来，“哭泣哀恸”，“往吊于墓前”。紫玉鬼魂竟“从墓出”，“要重还冢”，“留三日三夜，尽夫妇之礼”。之后，依照玉魂吩咐，韩重携所赠之物，向吴王报告此事，不料身获“造讹言”“玷污亡灵”“发冢取物”之罪。玉知此事，便至家中，跪对父王说明原委，母亲悲喜交集，“出而抱之，玉如烟然”。小说中韩重哭冢前的情节描叙是写实的，令人信服的，其后的情节发展无疑是怪诞幻异的。“玉如烟然”使读者感受到了一种强烈的虚幻氛围。小说所以显得奇谲幻异，就在于作者是把后一幕根本不可

① 李剑国：《唐前志怪小说史》，南开大学出版社 1984 年版，第 357—358 页。

② 李剑国：《唐前志怪小说辑释》，台湾文史哲出版社 1995 年版，第 283—285 页。

能发生在人类现实生活中的场景,完全当作一种真实存在加以表现的。韩重哭冢竟使恋人死而复生走出坟墓,并且韩重入墓与紫玉鬼魂悲叙生离死别之情,倾诉坚贞永恒之爱,柔情缱绻,三夕欢会,感人至深,荡气回肠;之后韩重与紫玉还能自由出入墓穴等,不是现实胜似现实,奇幻与真实的交融,简直让人真假难辨。这种怪异的设计,从根本上说是作者自觉虚构创造的结果,即使认为六朝时期的志怪作者是将鬼神故事当作"真实的故事"来叙述,"但是当叙述本身成为一个持久性的行为时,它就和'真实'拉开了距离,而这一持久性行为的心理依据就潜藏在'真实'的故事背后,沉淀为故事的结构和某些要素"①。而且,小说情节前后连贯,因果关系分明,缺一不可,它们是一个不容分割的逻辑整体。如果删掉后面的情节,那么留下来的部分充其量不过是一个一般的平庸的爱情悲剧故事,而它所真正要表达的对传统婚姻道德伦理樊篱的挑战与冲击、对自由真挚始终不渝爱情的大胆追求的顽强执著精神将丧失殆尽,带给读者的心灵震撼力和艺术魅力也将大打折扣。故而正是这段不同寻常的怪异情节构成了小说的重心所在,小说所要表达的最重要的思想蕴涵全寄寓其中,而前面的情节则只是后续情节进展必要的背景交代。有了这一背景交代,其后所发生的一切也才有所依傍,人们才可以对这段远远超出自我生活经验世界的超现实事件加以诠释和认知,也让人真实地感到了紫玉对自由爱情的追求和这种追求被吴王阻挠而实际上不能实现之间的不可调和的矛盾内涵与悲剧冲突。这种不可调和的悲剧冲突,只有在怪诞的世界里以幻想的方式加以解决。这种解决凸显了对熟悉的现实世界进行破坏和重建的努力。这种解决的结果,也必然使原本熟悉、可信的世界因环境的某种压力发生异化而突然变得陌生、疏离,进而唤起人们对其中原因的思索。

同样,《瓦塞克》和《弗兰肯斯坦》也是典型的寓幻于真的哥特小说。若从情节演进的层面看,《瓦塞克》可主要分为三大场景:第一,瓦塞克王国的场景,这其实是一个地上世界;第二,法克雷丁酋长王国的

① 童庆炳、程正民主编:《文艺心理学教程》,高等教育出版社2001年版,第219页。

场景，借小说中小矮人的歌词，这是一个“山顶”世界；第三，地狱王国的场景，这是一个地下世界。瓦塞克是贯穿这三大场景或者三个世界的中心主人公，而使瓦塞克导向法克雷丁酋长王国和地狱王国的则是那位神秘印度人的召唤（这个神秘的印度人就是诱惑瓦塞克的魔鬼），这一召唤正好契合瓦塞克通过渴望神奇冒险满足追求权势、霸占财富的贪婪和野心。这三大场景的突出特征可以用一个“幻”字来概括。作者在这部作品中是如何寓幻于真的呢？首先，小说的副标题“一个阿拉伯的传说”，已明确告诉读者，小说所叙的是一个传说。但作者在具体描写这个传说过程中却是以实有之事的面貌来呈现的。“瓦塞克是阿巴西帝斯族的第九代哈里发。他是莫塔塞姆的儿子，哈龙·阿里·拉什德的孙子。”①小说开头的介绍一下子就把读者带到一种特定的真实环境中。瓦塞克作为暴君所具有的贪婪、残暴、野心以及为达到目的不择手段的性格展示，都令人感到不容置疑的真实性。但他另外的一些特征及行为表现又显现出怪诞性。例如，他发怒时，其中一只眼睛射出的光无人敢正视，因为凡是不幸接触到这一可怕目光的人，不是失魂落魄，便是当场气绝身亡。为搞清楚神秘印度人送给他的剑上所刻的古怪的变化无常的文字，他焦虑烦躁，竟患上口渴症。于是便经常发生这样滑稽可笑的一幕：“尽管那些大臣争先恐后地把接满的泉水不断地送给瓦塞克，也还是满足不了哈里发的干渴，最后他干脆爬到泉边，撅起屁股，把嘴直接伸到水里狂饮不止，像永远不解渴似的。”②当被告知那柄神奇之剑和其他珍宝均来自一个叫伊斯塔卡尔城的地方，更加刺激了他对神秘事物的追求，占有欲也随之不断膨胀。于是他受神秘人的诱惑，率众开始向那个神奇处所进发。终于历经暴风雨的侵袭和野兽的肆虐后，瓦塞克一行在高耸入云、笔直陡峭的悬崖边，被两个小矮人迎进酋长王国，即“山顶”世界。

这是一个在整体上属于怪诞的世界，显示了作者是一位大胆神奇的虚构创造的天才。在这里，无论瓦塞克往哪里走，看到的都是“盲

---

① William Beckford, *Vathek and Other Stories*, London: Pickering Limited, 1993, p. 29.

② William Beckford, *Vathek and Other Stories*, London: Pickering Limited, 1993, p. 37.

人、半盲的人、没有鼻子的精明人、没有耳朵的少女”，“盲人们手拉手摸索着往前走；瘸子们也彼此搀扶着，艰难走过来；那些缺胳膊少腿的人相互用仅有的一只手臂打招呼。一道瀑布的旁边聚集了一群聋子，其中有从缅甸的勃固来的，他们的耳朵硕大而好看，但毫无用处。还有许多驼背、歪脖的人，甚至还有头上长着光亮的尖角的怪人。可谓千奇百怪，应有尽有”。[①] 作者还用幻异之笔描叙人物“幻”的特征，例如，写酋长之女努隆尼哈时，说“她的踪迹就像克什米尔山间稀有的蓝蝴蝶一样，飘忽不定，富于变化，难以捉摸”[②]。连瓦塞克身边的大总管也说，这个山顶世界里住的女人都是有美丽女人外形的魔鬼[③]。事实上，努隆尼哈就是一个女魔鬼，而且有意勾引瓦塞克，使瓦塞克疯狂地爱上她，遂又有怪异的人魔（鬼）之恋。地狱场景的描写更是作者幻异笔法营造出来的超自然的恐怖世界。这幻异之笔首先突出表现在地狱世界与现实世界的相连通上。在叙述者看来，地狱入口就在山谷最里边的群山之巅裂缝处，通往下面的路由光滑的大理石阶梯组成，一直延伸到深渊之底。在每一个台阶上都插有两根火把，火光闪闪，冒出的烟气在洞穴的拱顶下面缭绕，形成一团乌云。其次，地狱里人人像水晶透明的心口里，都有一团火围着心脏无情地燃烧着。总之，《瓦塞克》借人之外形与人之情感、心理、感受等的“真”大写幻异之事，瓦塞克与神秘印度人的关系以及由此演绎出的人魔（鬼）恋爱等一系列荒诞之事，无疑都是幻笔所致，并构成了小说的主要内容。人物从“地上世界”自然进入飘渺的“山顶世界”再自然进入虚无的“地狱世界”，情节也由幻——大幻——极幻，幻中寓真，真真幻幻，前后浑然天成，构成一个因果分明的逻辑整体。这一逻辑整体以极为怪诞的方式，通过国王瓦塞克贪欲的无限膨胀、永远难填与痛感人世间财富权势的有限匮乏之间的矛盾冲突，嘲讽了利令智昏的瓦塞克欲攫取超自然世界的狂妄与尊大，正昭示了小说结尾的那段话：“哈里发瓦塞克为

---

① William Beckford, *Vathek and Other Stories*, London: Pickering Limited, 1993, p. 64.

② William Beckford, *Vathek and Other Stories*, London: Pickering Limited, 1993, p. 65.

③ William Beckford, *Vathek and Other Stories*, London: Pickering Limited, 1993, p. 63.

了攫取他不应获得的权势，终于犯下滔天罪恶，落了个永堕地狱、遭受烈焰熬煎的悲惨下场。”①该小说的怪诞背后对贪欲毁灭人性的理性思索，无疑具有强烈的现世意义。

《弗兰肯斯坦》是西方小说史上第一部真正具有科幻性质的哥特小说，因此较之《瓦塞克》的怪诞，《弗兰肯斯坦》有过之而无不及。在人魔（鬼）故事里，这部作品也算是最阴郁、最惨烈的一部。《弗兰肯斯坦》所表现出的最不可思议的怪诞之处，就是科学家弗兰肯斯坦与他创造的魔鬼之间不可调和的矛盾冲突。绝对不可能发生的理性认知与耳闻目睹的感性认知之间的紧张关系和强烈错位，构成了该作品鲜明的怪诞风格。而作品讲述的这个故事所依托的真实，主要是人物心理世界的真实。在这一真实的心理世界的框架下，一个被编织、虚构得极为天衣无缝的真实的假故事就这样诞生了。在小说中，叙述者沃尔顿是把自己所亲历的最奇异而痛苦的这个事件作为真实事件记录下来的，他后来一再强调“我们遇到了如此奇怪的一件事”。显然，这里的“我们”，明确无误地是指包括“我”在内的其他船员都知道这件奇怪的事，而“我”作为目睹者和见证人，只不过是“没法制止自己把他记录下来”罢了，并且他在信里还一再向姐姐交代，他所记录给她看的内容，当事人弗兰肯斯坦“在不少地方亲自作了修改和补充”，目的是“不愿流传于后代的是个残缺不全的东西”。② 应该说，当事人的“修改和补充”与目击者的参与，已经足以让那位没有出现在作品中的远在家乡的姐姐相信该事的真实性。但是，尽管如此，当叙述者向他的姐姐讲述了这个故事后，潜意识里还是觉得姐姐对此可能依然表示怀疑，所以他又特别郑重指出：“他（指弗兰肯斯坦——引者注）的故事情节连贯，叙述的时候就像在讲朴素的事实；不过我得承认，不管他讲得多么诚恳而有条理，他给我看的费利克斯和沙菲之间的通信，以及我们从船上看到的那个怪物的身影，比他的自己所声称的更令我确

① William Beckford, *Vathek and Other Stories*, London: Pickering Limited, 1993, p. 97.

② ［英］玛丽·雪莱著，伍厚恺译：《现代普罗米修斯》，四川人民出版社 1997 年版，第 203 页。

信那是事实。这样看来，真的有这么一个怪物了。我无法怀疑这一点；不过我还是惊讶和感叹得难以自持。”①这里值得注意的是，作为故事接受者和部分事实见证人的“我”，一方面声称弗兰肯斯坦在“叙述的时候就像在讲朴素的事实”，自己也确信“那是事实”，“我无法怀疑这一点”，然而另一方面却又掩饰不住自己复杂矛盾心理地认为“我还是惊讶和感叹得难以自持”。这种叙述上的含糊、矛盾、对立态度所造成的感官认识上的非幻似幻、似幻非幻的迷离效果，正是“隐含作者”幻笔巧妙运用的结果，也是产生不可抵御的情节魅力之所在。“隐含作者”出于真实感的考虑，更特意安排了沃尔顿奇遇怪人并与怪人面对面谈话的场面，从而不仅亲耳聆听了从怪人口中自述的他与他的创造者之间发生的故事及其所犯罪行，而且又进一步确证了弗兰肯斯坦讲述的可靠性。当“我”看到怪人从船舱的窗口跳出去，被波涛卷走，消失在黑暗的远方的时候，心里该有何感想呢？那位远在千里之遥的姐姐如若读到这里，是否还心存疑窦呢？小说在这里戛然而止，给读者留下了一个巨大的谜团和“未定点”，等待着读者去解谜、去判断……这就是在怪诞情节的设置上所显示出来的叙事者的匠心独运。

值得一提的是，第一人称叙事视角的成功运用，也是增加《弗兰肯斯坦》怪诞色彩的重要因素之一，因为原本怪诞的故事经第一人称视角讲出，就不太像小说，倒更像是真实的生活经历，但读者的理性往往又马上会质疑这种“像真实”。它们之间形成的张力关系，必然导致作品更加强烈的怪诞感。塞米利安在分析亨利·詹姆斯的小说《拧螺丝》时，讲过一段十分精彩的话，也许有助于我们从一个角度来认识《弗兰肯斯坦》这部第一人称作品中的怪诞，故引录于此：

詹姆斯没有必要去证实这个年轻女人是否真正看到了这些鬼，她从自己有限的知识出发讲了这个故事，事件被抹上了她个人的情感色彩。只要故事是从她的角度来写的，我们就只能接受

① ［英］玛丽·雪莱著，伍厚恺译：《现代普罗米修斯》，四川人民出版社1997年版，第202页。

她对自己经历的解释。假如她说那些是鬼，那只是她认为是鬼，这是非常重要的。而读者勿需接受她的解释。对读者来说，那可能不是鬼，他可以对事件提出自己的评价，他可以说那是歇斯底里的幻觉，或者以其他什么理论来加以解释。詹姆斯使故事获得了多义性，从而导致对它的不同解释。可以说，多义性是所有鬼的故事的一个组成部分。①

（二）寓真于幻。其具体表现在于：在“幻”的表层结构下面寄存、维系着一个“真”的深层结构，其核心价值所在是“真”而不是“幻”。其中“幻”的成分只是作为事件氛围的烘托或者节外生枝式的夸张演绎而存在，它是在叙述真实事件时又时时加以幻异的笔法，是为了增加作品的可读性和趣味性，吸引读者的注意力，激发读者活跃的想象力，进一步彰显深化主题，获得作者所期待的震撼人心的艺术感染力和强烈的艺术效果。例如，《搜神记》中《韩凭夫妇》《三王墓》，《幽明录》中的《卖粉儿》等作品是这一类写法的代表作。《韩凭夫妇》②采用的就是寓真于幻的写法。它明显分为两部分。在第一部分中，作者完全是以写实笔法来写的，而且这是一个生活中完全可能发生的真实故事，没有人不相信。韩凭妻何氏，美丽贤淑，身为国君的宋康王竟无理将其霸占。韩凭因“怨”被“囚”，自杀身亡，何氏也因悲愤“遂自投台”，殉情而死。何氏死前留下遗书，“愿以尸骨赐凭合葬”。然而康王恼羞成怒，不愿成全这对恩爱夫妻，故意“使里人埋之，冢相望也”，且恶毒说道：“尔夫妇相爱不已，若能使冢合，则吾弗阻也”。故事写至此，似乎也可以结束了。不过，试想一下，作品如果就此打住，那还何幻之有！那还叫志怪小说吗？于是作者笔法陡转，形成作品的第二部分，即充满奇思妙想的怪异场景：“宿昔之间，便有大梓木生于二冢之端，经日而大盈抱，屈体相就，根交于下，枝错于上。又有鸳鸯，雄雌各一，恒栖树上，晨夕不去，交颈悲鸣，音声感人。”这一夸张幻笔，实际上

① ［美］塞米利安著，宋协立译：《现代小说美学》，陕西人民出版社 1987 年版，第 56 页。
② 李剑国：《唐前志怪小说辑释》，台湾文史哲出版社 1995 年版，第 247 页。

是作者在故事结束后添加的一笔,虽然无人相信它的真实性,但就其获得的艺术效果而言,却不仅使作品染上了浓郁的浪漫主义幻异色彩,而且有力地彰显了作者强烈爱憎褒贬的思想倾向及其美好的主观愿望。

在英国哥特小说中,《奥特朗托城堡》和刘易斯的《修道士》是典型的寓真于幻的作品。《修道士》中虔诚献身上帝的安布罗斯因禁不住情欲的诱惑而沉沦堕落,犯下强奸杀人的重罪。就这一故事本身,其真实性不可怀疑,在现实生活中,它是一件完全可能发生的事,尤其在西方宗教社会环境下具有高度的典型性。小说着力要表现的是故事层面的"真",这是小说的价值核心。一切都在围绕着这个"真"来演绎。在故事真实性的基础上,又充满着许多怪诞的描述。流血修女的故事与马蒂尔德的故事就是其中最著名、最精彩、最典型的怪诞篇章。小说出版后,曾遭到英国著名诗人、批评家柯勒律治的尖锐抨击。他认为《修道士》是"对上帝的亵渎",意味着"道德的堕落",是一部"完全不适合读者阅读的作品",因为"它对善良的年轻人是一剂毒药,而对放荡者则能挑逗起他们的淫欲"。[①] 但他在尖锐批评的同时又不得不承认,"流血修女的故事是一个真正恐怖的故事",而"马蒂尔德这一人物形象——诱惑安布罗斯的主要代表,向我们显示了作者的杰出创造"。[②] 柯勒律治所以称流血修女故事恐怖,马蒂尔德形象是一个杰作,从描述的角度看,她们正是作者怪诞笔法创造的结果。这也是柯勒律治认为《修道士》想象丰富、热烈、强有力的重要原因[③]。

流血修女的故事是雷蒙德自述其真实经历时连带出来的一则小故事,换言之,它是交织、融汇在雷蒙德一段难忘经历中的插曲。作者描写这一故事的怪诞笔法集中体现在流血修女深夜恐怖活动的具体

---

① Markman Ellis, *The History of Gothic Fiction*, Edinburgh: Edinburgh University Press, 2000, p. 110.

② S. T. Colerige, *The blaspheny of the Monk*, Victor Sage ed., *The Gothick Novel*, London: The Macmillan Press, 1990, pp. 39–40.

③ Markman Ellis, *The History of Gothic Fiction*, Edinburgh: Edinburgh University Press, 2000, p. 110.

呈现上。她被情人杀死后，由于尸骨未被埋葬，她那不息的灵魂便继续住在城堡。她依然身着滴着血的宗教衣服，一只手摸着带血的匕首，另一只手拎着照路的灯，沿着城堡徘徊游荡，“拱顶的房子里回荡着刺耳的呻吟……嘴里唠唠叨叨，语无伦次，混杂着祈祷和亵渎神明的言词……”①。更为奇幻的是，正是这个流血修女，居然神秘莫测般地闯入雷蒙德和阿格尼丝的生活世界，并打乱他们预定的出逃计划。由于雷蒙德不明真相，深夜误把冲向他的流血修女当成假扮流血修女的阿格尼丝，并热切地说：“你是我的！我是你的！”因此，后来雷蒙德不断在夜晚遭到修女的骚扰。多亏一位陌生人施魔法制服修女，并将她的身世告诉雷蒙德。雷蒙德答应修女的要求，把这个是他祖父的祖姑母的裸露在外的腐烂尸骨埋葬在他们家族的墓地，流血修女的恐怖故事才告结束。如果从作品中删去这一情节，作品的完整性和主题的表达并不会受到损害（当然该故事所蕴涵的对修道院压抑人性以及因纵欲导致犯罪的双重谴责又与作品的大主旨相呼应），只是作品的现实性因素会加强，而奇幻性和恐怖性的特点将会遭到削弱。因此，这个故事的作用主要在于将超自然现象与可信的现实融在一起，增加作品的神秘奇幻色彩和强烈的恐怖效果，强化作品的阅读吸引力。不过，我们也不能忽视另外一个问题，即这个故事一旦删去，就会影响到作品的结构，也就是说，作品的结构会因该故事的不在而引起相应的变化。例如，假如不是因为真流血修女的骚扰，雷蒙德就会带着装扮成假流血修女的阿格尼丝成功出逃，这样一来自然也就不会再有发生在圣克莱尔女修道院阴暗残暴的一面和阿格尼丝在地牢墓穴受难的描写。

作者描写马蒂尔德故事的怪诞笔法主要体现在这一人物的“人”与“魔”性质的交叠上。她本是女魔，先女扮男装进入修道院，继而向安布罗斯谎说自己的不幸经历与爱情痛苦，后在关键时刻救安布罗斯性命，遂与安布罗斯演绎了一幕奇异而动人的人魔之恋。作者在她身上既表现了作为人间女子温柔美丽的一面，又表现了魔鬼超能可怕的

---

① ［英］刘易斯著，李伟昉译：《修道士》，上海译文出版社 2002 年版，第 129 页。

一面。马蒂尔德还是情欲的象征,正是这个情欲,既成全了安布罗斯,同时又毁灭了安布罗斯。因此在马蒂尔德身上既体现着不可抗拒的诱惑力,又体现着深不可测的恐怖性。如果仅就这一形象本身说,体现的是寓幻于真的写法,而就作品整体看,体现的仍是寓真于幻的特点。

当然,《弗兰肯斯坦》的幻中所蕴藏的真——如果创造者的发明创造不能完全为自己所控制并造福于人类,就必然产生无法预料的灾难性后果,迄今还给人以深刻的警示性,让人始终不敢忘却。

总之,无论是寓幻于真还是寓真于幻,都是要将怪诞与现实有意识地结合起来,只是侧重点有所不同而已,但这分明的两极经艺术的处理已浑融为一个逻辑整体,你中有我,我中有你,相互依存,缺一不可。英国哥特小说与六朝志怪小说所展示的"怪诞的世界是——也不是——我们自己的世界。怪诞之所以使我们感到模棱两可,不能明确地肯定它的性质,是因为我们意识到,我们熟悉的,并且似乎是和谐的世界在某种无形的力量的冲击下变得陌生了。莫名其妙的力量破坏了这个世界,粉碎了它的统一性"①。由此,英国哥特小说与六朝志怪小说创作获得了将人的生活理想与情感世界转移、寄托、融进怪诞幻想并借怪诞幻想来折射人的心理动机。它们借怪诞幻想共同展示了人在现实困境中难以如愿的种种情感和欲望,渴盼在幻想中重建那个被破坏了的令人神往的伊甸园,并从根本上复原其统一性。这正是英国哥特小说与六朝志怪小说的创作通则,也是其作为小说艺术殊途同归的真谛。因此,它们都获得了经久不衰的艺术魅力和意味深长的审美价值。

三、怪诞:英国哥特小说与六朝志怪小说的异质性

然而,英国哥特小说与六朝志怪小说的怪诞表现又具有本质的差异。这突出表现在:志怪小说于怪诞中显温情,令人流连忘返;哥特小

① [德]凯泽尔著,曾忠禄等译:《美人和野兽:文学艺术中的怪诞》,华岳文艺出版社 1987 年版,第 29 页。

说则于怪诞中见恐怖，让人毛骨悚然。而且恐怖是哥特小说的主导性特征；志怪小说多是开始颇让人有些紧张、压抑、恐怖，但随后演绎出来的故事却不都是恐怖的，而是别有洞天，柳暗花明又一村，散发出浓浓而温馨的人情味。前者以《搜神记》中的《紫玉》《王道平》《卢充》等，《搜神后记》中的《袁相根硕》《仙馆玉浆》《桃花源》《韶舞》《穴中人世》等，《幽明录》中的《洛中洞穴》《黄原》等为代表，后者以《修道士》《瓦塞克》《弗兰肯斯坦》等为代表。以英国哥特小说与六朝志怪小说共同表现的洞穴、墓穴为例说明之。

志怪小说《洛中洞穴》①写洛下有一洞穴，深不可测。一妇女为杀其夫，便谎称从未见此洞穴，希望丈夫带自己去看一看。至穴边，当丈夫探头往穴内窥视时，妻子竟将其推下，“经多时至底”。随后，妻子又投掷食物于内以祭之。不言而喻，这个妻杀夫的情节是恐怖的。但问题在于，这个故事并未结束，其后发生的故事便把开头的恐怖给冲淡了，稀释了，化解了。那个丈夫被推入“其深不测”“经多时至底”的洞穴后竟未死，此乃一奇。更为叫奇的是，此人在穴底又见一穴，便缘穴而行，“匍匐从就，崎岖反侧”，遂入“一都”：这里“郛郭修整，宫馆壮丽，台榭房宇，悉以金魄为饰，虽无日月，而明逾三光；人皆长三丈，被羽毛，奏奇乐，非世间所闻”。人物进入的这个境界，简直就是一个人们梦寐以求的“踏破铁鞋无觅处”的美丽无比的天堂世界，此乃二奇。第三奇，则是此人在这里求得了“与天地等寿”的长生不老之“珠”。至此，原本悲剧的丈夫却获得了长生不老的大幸。可见，小说的关注点或曰着眼点并非开始的恐怖，而是结局的快乐。这是典型的以恐怖始、以欢喜终的例子，从本质上说它不是恐怖作品。

英国哥特小说则完全不是这样，其恐怖贯穿始终。在《瓦塞克》这部哥特小说中，有一段非常类似于洞天福地类志怪小说的片段，但它从根本上并没有改变小说恐怖的整体特征。我们不妨分析一下这一片段的描写。当努隆尼哈与众伙伴吃晚饭时，发现远处山顶上有缕缕蓝幽幽的光在神秘地闪烁着，于是她好奇地寻着光亮的地方来到一处

① 《鲁迅全集》第 8 卷，人民文学出版社 1973 年版，第 369—370 页。

又窄又黑的峡谷里，接着又顺着波光粼粼的溪流走到峡谷的开口处，终于发现那光原是从一个洞穴内岩石缝隙里插着石蜡做的火把处发出的。而那些火把释放出的一种浓烈而幽香的气味，使她一度昏昏沉沉地倒在洞穴入口处。当她在昏朦状态下走进洞穴后，意想不到的奇迹出现了：

> 她向里面望去，看到一个金色的大水池，里面蓄满了水，冒出的水蒸气在她脸上凝结成一层薄薄的玫瑰露。洞穴里不时传来一阵阵柔和的音乐声，宛如仙乐一般令人神往。水池边摆放有皇家的器物，精美的王冠和苍鹰的羽毛上缀满了光彩夺目的红宝石。正当她全神专注于这些高贵华丽的东西时，那令人销魂的音乐戛然而止了……①

很快，这一幕便消失了，努隆尼哈再次被融入浓浓的黑暗中。在这里，始而阴森恐怖、继而豁然开朗仙境顿出、终而消失的模式，的确与洞天福地类志怪小说非常相似，并且在某些细节描写上也颇为相同，例如人物在靠近洞穴过程中都伴随有淙淙的流水等。但这也仅仅是表面上的相似。这种相似中的内在旨趣却有天壤之别。首先，在洞天福地类志怪小说中，人物都是在白天发现并进入洞穴（当然在《洛中洞穴》里，主人公是白天被推入洞穴的），而在《瓦塞克》中却是在夜晚进入洞穴；其次，《瓦塞克》中的这一幕是作为对人物贪欲的诱惑与刺激而设置的，它不是仙境，而是恐怖地狱的入口，它最终导向的依然是恐怖的地狱。其着眼点是恐怖，作品中“浓浓的黑暗”的环境描写已经透露出了这一信息。而《洛中洞穴》类志怪小说的价值指向则是理想世界。这是六朝志怪小说与英国哥特小说的本质区别之一。

墓穴，也是英国哥特小说与六朝志怪小说情有独钟的描写对象。墓穴，在两者那里，得到了典型的表现，成为最具特色、也最具意味的场景或意象。

---

① William Beckford, *Vathek and Other Stories*, London: Pickering Limited, 1993, p. 69.

不过,墓穴本身虽具有恐怖性质,但在六朝志怪小说与英国哥特小说中所表现出的墓穴意象却又大异其趣。志怪小说之所以把故事的发生地选择并安排在墓地,主要不是为了渲染恐怖效果,而是为了给阴阳两界的情人或夫妻提供一个再续情缘的地方,是互诉衷肠、表达相思的载体。它是一种自由之境,意味着生命、爱悦、温情,是爱情战胜死亡的象征。因此,六朝志怪小说中描写的墓穴从不涉及死人骨头等可怕的东西。墓穴内的景象和现实生活没有什么两样。作者借墓穴这一非常环境,既要表达对生死相恋、真诚忠贞的爱情的追求与渴盼、肯定与歌颂,又要借它显示对造成爱情婚姻悲剧的不合理的伦理道德规范和社会等级制度的不满与抗议。而英国哥特小说所以选择并安排墓穴作为展现人物活动的地方或背景,或者是为了暴露暴力、凶杀等罪恶的需要,因为墓穴本身就是死亡的象征;或者是为了达到与实现某项神秘的工作所需要的外部环境的和谐,以反衬其事件本身的神秘恐怖。为了配合这一旨意的完成,作者调动一切可以利用的艺术手段来极力渲染墓穴的可怕环境,展示这个腐尸遍地、毫无生命迹象的死人世界,以取得最佳的恐怖效果,来刺激、震撼读者的心灵。因此,英国哥特小说中的墓穴描写,更多地意味着爱情的扭曲、良知的泯灭、人性的堕落。

总观六朝志怪小说与英国哥特小说怪诞的表现,虽然两者许多奇丽诡谲的想象都表现在出乎人们意料之外的奇幻之处,并且表现出了基本模式的同质性,但英国哥特小说中的怪诞多与恐怖性质联系紧密,恐怖已然成了怪诞中一个不可忽视的重要因素。这与古希腊文学理论家亚里士多德的《诗学》以及西方的崇高理论等对表现恐怖的大力倡导与充分肯定其审美价值的理念有关。而六朝志怪小说中的怪诞则多在"怪异"本身上做文章,所显示出来的多是一种奇幻美,一种较为温馨的情趣。这是中国儒家"温柔敦厚""中和之美"的诗教观念与审美理想所致。可见,中西方诗教观念与审美理想等方面的不同,必然会造成文学表现上的差异。

(原文刊载于《英语研究》2006 年第 3 期)

关于东方文学比较研究的思考

在当今世界日趋全球化和文化多元共生共荣的形势下，在不同国家与民族间扩大文化认知、加强文化交流、增进文化互补，已是大势所趋，势在必行，并且应该达成默契，成为共识。特别是，我们不仅应该继续重视和增进同已熟悉国家与民族文化间的交往，而且更应该关注、加强和扩大同以往被我们关注不够、甚至实际上被弱化、被边缘化的、表面上知道其实陌生的国家与民族间的文化交往与研究。东方文化文学之间的相互比较与对话，就是一个亟待加强与重视的研究领域。加强与重视这个领域，不仅是基于我们自己作为东方人从整体上认知“东方”概念内涵的实际需要，而且是我们在全球化、多元化视野下积极建构与“西方学”平等对话的“东方学”的重要前提。

一

目前，东方文学的翻译和研究相对于西方文学的翻译与研究，显得很不对称，差距日趋增大。中国著名东方文学研究学者王向远几年前对这一现状就有如下总结：“在西方文学方面，在主要语种英、法、德、俄的文学译介上，我们已经进入了古典作品的大量复译，译本多样化，对当下文坛及作家作品同步跟进、及时反应和及时译介的阶段；而在东方文学方面，除了日本文学外，古典文学的翻译尚且不齐，当代文学的译介完全是支离破碎的状态，中国读者对东方国家的文坛，基本处于雾里看花、模糊不清、支离破碎的隔膜状态，缺乏对当下东方各国文坛即时反应的能力。"[1]他认为造成中国外国文学翻译和研究领域如此明显倾向与不平衡的主要原因，就是重西方轻东方，因此呼吁东方文学"理应成为一个受到普遍重视的强势学科"[2]。著名学者曹顺庆也认为，西方中心论的偏见"不但在许多西方学者头脑中根深蒂固，甚至在不少东方学者的头脑中也势力强大"，例如，"现在许多人喜欢讲全球化时代，但是，他们心中的思维'全球化'，往往是'西化'"。[3]"在这种交流中，我们舍近求远，更重视和西方的往来，而清谈中日或东亚自身的交流与建立。我们缺少一种东亚或亚洲的中心感，总是无法摆脱那种西方的中心主义和中心观。"[4]

西方中心观念所以根深蒂固，归根结底还是东西方发展严重失衡的结果。近代以来，以英法美等国为代表的西方，因较早的工业革命和现代化进程，在政治、经济、军事、外交、文化等领域开始全方位引导、影响着世界的发展，被普遍认为是代表着最先进、最发达、最文明的主流世界。而包括中国在内的许多东方国家，虽然也曾有过悠久的历史、辉煌的文明与伟大的盛世，但从近代以来多沦为西方列强的殖民地或半殖民地，这种屈辱的历史印记，被塑造、定格为一个落后、贫穷、愚昧、野蛮的边缘世界。当这个东方世界不甘落后奋起直追的时候，西方自然成为它效仿、追随的目标。西方民主、自由、平等、博爱等观念作为普世价值观，以压倒一切的强势话语在世界上被强势传播和推广。于是，西方中心、西方优势成为共识，西方框架、西方思维开始左右、主宰我们，让我们处于一种巨大的无所不在、无所不包的被影响的洪流之中。在这种态势之下，近现代东方文学也深受西方文学的浸润和影响。正是这种影响的强大吸引力，让我们对西方文学的关注度远远超过对东方文学的关注度。从影响角度说，我们对日本文学的关注相比较而言多于东方其他国家，同样与日本现代化进程早、近代以

---

① 王向远：《中国的东方文学理应成为强势学科》，《广东社会科学》2007 年第 2 期。

② 王向远：《中国的东方文学理应成为强势学科》，《广东社会科学》2007 年第 2 期。

③ 曹顺庆主编：《中外文论史》第 1 卷，巴蜀书社 2012 年版，第 2 页。

④ 阎连科：《因为爱　所以爱：让文学穿越我们彼此的隔离与阴影》，《中国比较文学》2014 年第 2 期。

来对中国影响大等因素息息相关。

然而，东方国家在近代的落伍并不能成为其遮蔽甚至取代东方文化的理由。东方文化作为人类文明或世界文明的重要组成部分，不仅在历史上曾为人类文明作出过伟大贡献，给予西方文化以重要影响，而且自身也生生不息，不断自我更新、自我净化，依然有着旺盛的生命活力，对世界的和平与发展发挥着重要作用。个别西方国家别有用心，企图以历史虚无主义来抹杀、诋毁东方文化的成就与贡献，同时用西方中心论建构起一整套话语体系，强调、抬高西方对世界的独有贡献，为主宰、称霸世界提供合法依据。但是，西方文化不应一枝独秀。历史悠久的东方文化博大精深，内蕴丰厚，需要我们积极主动地认真挖掘，发扬光大。为此，我们必须走出"被影响"的阴影，克服内心深处的文化自卑意识，重拾东方文化自信，确证身份意识，强化文化认同感，树立多元文化观。

那么，我们如何才能有效地加强东方文学的研究和传播呢？笔者认为，东方文学研究要走出弱势，彰显特色，自成体系，并且真正能够与西方文学展开平等有效的对话，需要积极规划，全盘考虑。前提条件是，我们必须逐渐摆脱以西方思维研究东方文学的习惯，从根本上着眼于东方文化传统，认真审视东方文学自身的特质、价值和意义。

二

法国著名比较文学学者梵·第根的代表性著作《比较文学论》中关于欧洲文学比较研究的思路，可以为我们的东方文学比较研究提供一些有益的借鉴。梵·第根把欧洲比较文学关系研究的内容划分为三种：一是古希腊与古罗马文学之间的关系；二是古希腊罗马文学与欧洲文学之间的关系；三是近代欧洲国家文学之间的相互关系。这是典型的在欧洲"古希腊—基督教文化圈"内进行的渊源研究。这三种研究将欧洲文学作为一个整体加以观照，既强调了欧洲文学的源头，又注重了欧洲文学内部的相互交流与影响关系，重点清晰，层次分明，线路多维，形成了网状结构。加之欧洲长期以来作为世界文化文学的中心，自然备受瞩目，成果众多。相比之下，东方文学研究还没有形成整体观照，没有形成体系结构，常常是零星散状，单打独斗，难以聚焦，难成规模，只见树木不见森林。

因此，笔者建议，东方文学比较研究可以从下面三个层面展开。

第一，我们需要摸清自己的家底，较为全方位地梳理东方文学的纵向发展，即东方各国文学内部的继承性发展。丰富东方各国别文学史研究成果，是东方文学比较研究得以展开的基础。具体来说，就是要有目的、有计划地聚集相关研究力量，按国别对相关国家的文学史予以整理和研究，特别是对一些还不完整、不成体系甚至尚属空白的国别文学史加强整理和研究。这需要研究者对相关国家的文学发展状况及其社会历史宗教文化背景等知识了如指掌，然后梳理、分析、判断、综合，做出开拓性的有价值的工作。这将是一个长期、艰苦、耐得住寂寞的过程。相比之下，中国的西方文学研究之所以呈现繁荣景观，重要指标之一就是我们许多学者已经撰写了为数不少的西方主要国家的国别文学史，例如古希腊文学史、古罗马文学史、英国文学史、法国文学史、美国文学史、德国文学史、意大利文学史、俄国文学史、西班牙文学史等，每种国别文学史都可以找到多种不同的版本，可谓琳琅满目，覆盖性强。而目前，东方各国家的国别文学史则主要集中于日本、印度、伊朗（波斯）、朝韩、泰国、印度尼西亚和阿拉伯等一些国家，其他不少国家的文学史要么不能构成体系，要么一鳞半爪，要么鲜有人问津。而且，在中国高校，西方文学课的讲授覆盖率，远远高于东方文学课。因为一直以来受“西方中心论”的影响，西方文学就是高校外国文学课中讲授的重点，东方文学内容的讲与不讲，则要根据所在高校师资的具体情况而定。师资、研究队伍与传播力的长期薄弱状况，自然使大多数读者对东方文学的内容模糊不清，更不能形成整体认知。所以，没有较为完备的东方各国别文学史的积累与研究成果，难以对作为整体的东方文学进行深一步的比较拓展。比较文学作为一门学科之所以能首先诞生在欧洲，并在欧洲迅速发展，其重要原因之一是，经过文艺复兴、古典主义到浪漫主义，欧洲各国文学及其研究均已获得了高度发展。

第二，重点梳理东方各国文学之间的相互接触的影响关系与无影响的平行关系。这个层面的研究是东方文学比较研究的核心内容。在东方各国文学之间关系的比较研究上，我们应该厘清思路，例如，这一研究领域如何具体展开？哪些比较研究相对更有价值和意义？这些研究能在哪些方面可能丰富、更新我们的传统认知？等等。首先，东方文学在发展过程中，并非各自处于封闭状态，而是在相互交流中发展的。这部分研究可以分两个大方面进行。一个方面就是中国文学与其他东方国家文学关系的研究。这一研究领域有待进一步加强和拓展。亚洲文学方面，过去我们在中日文学关系、中国与印度文学关系等研究领域成果较为丰硕，中国与东南亚、南亚、西亚国家的文学关系需要深入系统地展开研究；中国与非洲国家的文学关系研究也相对薄弱、单一。另一个方面是中国之外的东方各国文学之间的关系研究。这一研究领域同样薄弱。在东方文学研究中，因为东方各国语言、文化差异较大，所以固守自己的一亩三分地而不大关注其他国家文学状况的研究者比较普遍，以至于隔行如隔山，造成学术交流不畅。因此，我们有必要推动东方各国文学之间影响关系的比较研究。其次，在关注东方各国文学之间相互接触的影响关系时，还不能忽略东方各国文学之间无影响的平行关系研究。东方各国在史诗、诗歌、小说、戏剧等文学形态方面成果丰富，尤其是古代东方文学，其成果及价值远非西方文学所能比。因而我们可以从文类、主题、人物形象、审美意象等方面对东方各国文学进行平行比较，从而找出东方文学特有的一些创作规律、审美形态及其丰厚意蕴，形成东方文学自己的特色与话语，从而完成与“西方学”平等对话、有效互补的真正意义上的“东方学”的建构，拿出响当当的实绩、令人瞩目的成果引导话语，改变西方对东方的固有偏见。

需要注意的是，西方文学具有共通的“二希”文化基础，以及因统一的罗马帝国而形成的审美、价值观等方面的趋同，基本上没有跨越异质性的文化圈。而东方文学的情况则比较复杂，它具有多元性，汇聚着几个大的区别巨大、各具特色的文化圈，例如汉文化圈、印度文化圈、阿拉伯—伊斯兰文化圈、撒哈拉沙漠以南的非洲文化圈等，其文学形式与审美之间的差异也远远超过西方。因此,要更好研究东方文学,不仅要认真梳理东方各国文学之间的相互影响,而且要对其实际存在的异质性加以探讨。这种情况无疑决定了东方文学研究的复杂性与困难度。其复杂性和难度在于,这种研究不是在同一个文化圈或两个文化圈内进行的,而是需要在跨越几个文化圈基础上进行的综合研究。我们常常强调中西方文学研究的异质性,而对东方文学内部的巨大差异性则关注不够。从文学的丰富性及异质性角度来看,东方文学内部同样具有巨大的可比性。对东方文化中的各文化圈间异质性的文学特征的平行研究,应该成为国际比较文学研究的新领域。对研究者而言,涉足这一领域可能需要更为广博的知识储备和认知视野,因为他面临并需要处理的问题,显然要比中西文学关系研究更为复杂和棘手。然而,这是必须迈出去的一步。对这一值得大力挖掘的被冷落已久却极富价值和内涵的领域的拓展研究,不仅能充分展示作为世界文化重要组成部分的东方文化的丰富多彩与独特魅力,而且能充分呈现出文化多元、价值多元的差异存在与平等对话的宽容沟通理念。

2012 年四川巴蜀书社出版曹顺庆主编的四卷本《中外文论史》,在跨文化平行比较研究方面作出了开拓性的重要贡献,给了我们东方文学比较研究十分有益的启示。该著最令人称道的鲜明特色是,不仅跳出了“西方中心论”,而且由原来的中西两极比较思维转向中外总体文学式的全方位的多极比较思维,全书横跨欧、亚、非、美四大洲,超越了多个不同文化圈,涵盖了中国、希腊、罗马、埃及、印度、阿拉伯、波斯、意大利、英国、法国、德国、日本、朝鲜、越南、泰国、美国等多个国家的文论,真正实现了跨越古今中外不同文明的文论的比较研究,客观深刻地揭示了古今中外文论的共通性与异质性,视野宏阔,大气磅礴,充满了平等对话的精神和学术探寻的意识。相信该著的学术研究范式会在学界产生广泛影响。

第三,注重作为整体的东方文学与西方文学的相互交流情况。东方文学内部在相互交流的发展过程中,还与西方文学发生着不断的碰撞与交流。特别是近现代东方文学受到西方文学的深刻影响,已融入世界文学发展的大潮中,形成你中有我、我中有你的复杂格局。这种整体研究既可以从宏观角度探讨东西方文学的影响渊源、共性审美特征及其异质性事实存在，也可以选择东方文学内部相关文化圈中的作家作品同西方作家作品进行研究。在比较研究中，当然要重视那些获得诺贝尔文学奖的作家，如南非当代著名作家库切、土耳其当代著名作家帕慕克等，但也不能忽略其他有代表性的作家。这些作家深受西方文化文学思潮影响，却又在创作中有意识地顽强地保护着自身民族的一些传统文化基因，显示出置身于东西方不同文化冲突中的矛盾纠结、痛苦抗争和清醒的身份认同意识。因此，重视东西方文学的碰撞与交流，有助于更好地探寻东方文学的共性审美特征，更好地确认东方文学的特质和意义，建构成熟自律的东方文学，这样才能作为完整的生命有机体同强大的西方文学展开对话，进而可以领略东西方各异质文化圈的不同文化精神，认识到东西方各异质文化文学的特色及其互识的必要性和互补的巨大价值。我们今天强调"东方学"视野下的东方文学研究，不是西方学者所建构的有偏见的"东方学"视野下的东方文学研究，而是东方学者眼中货真价实的东方文学研究。这一研究本身就充满着积极的对话性和身份的认同感，其背后所体现出来的是加强东方文化战略、提升东方文化软实力的时代要求，是这个世界追求和平、和谐共生、携手并进的共同期盼。

三

我们前面已经对有效展开东方文学比较研究提供了三条思路。不过，要真正完成这个系统而整体的研究工程，其中有两个无法回避的关键性环节或重要问题，在这里必须再次重申和强调，即异质性研究和综合性研究。

先说异质性研究。在"东方"概念所囊括的亚洲和非洲北部地区中，国家与民族众多，各自都有灿烂的历史文明，各自都有属于自己的风俗习惯，而这种因彼此间的巨大差异而自然形成的异质性特征，构成了东方文学瑰丽多姿的丰富形态。而对这一巨大的差异性形态，前已述及，我们以往的东方文学研究则显得关注不够。然而，异质性是我们必须面对的重大课题，因为它是我们区分、识别不同国家不同民族个性的显著标志，也是最能引起我们的兴趣和关注之所在。关注异质性，就是宽容对待异己的客观存在，就是理性认同世界的丰富多元。关注异质性，也正是当下我们强调文学生态的应有之意。东方文学并非一种风格的文学，而是多元的文学。东方文学作品中鲜明地反映着属于各自不同国家民族的生活方式与风俗习惯，承载着属于各自不同国家民族的文化传统与审美趣味。只有对东方文学中所表现出来的不同国家民族的个性特征以及丰富的异质细节、场景等，进行细致入微的体味、理解和观照，才能深刻感悟异质性及其存在价值。因此，加大东方文学作品翻译和传播的力度，拓展东方文学作品研究的新领域，是让异质性之花绽放的必备要件。

而综合性研究，不仅仅是指从不同的角度把东方国家民族文学中的不同属性采集在一起加以考量，更是指寻找东方众多国家民族文学间的共通点，将其联系整合成为一个整体，进而从总体高度相互认知、互通有无。异质性引发吸引力和关注度，综合性则旨在沟通交往和积极对话，沟通产生共鸣，进而认同一致，协同进步。过去我们认为古代东方文学作为一个整体，在思维方式的内倾化、直觉化和追求主体内在的主观真实方面，在惩恶劝善、载道教化方面，在和谐、温雅、恬静的整体艺术风格和审美理想等方面，都具有明显的共性特征。这些特征显然有别于注重外在客观真实、强调灵与肉剧烈冲突、张扬自我中心等的西方文学传统。这就是从综合性研究的角度得出的结论。然而，"近现代东方文学受到西方文学的深刻影响，虽然东方作家努力复兴民族传统，但近现代东方文学的主流趋势是日渐步入世界文学进程，是一种与古代东方文学不同的新文学。当然，传统影响的痕迹仍然深深烙印在新文学里"①。那么，作为已经发生新质变化的近现代东方文学，其共性特征又表现在何处？传统影响的痕迹作为共性特征又是如何呈现在近现代东方文学作品中的？这些都需要从综合性角度作

① 孟昭毅、黎跃进编著：《简明东方文学史》（修订版），北京大学出版社2012年版，第9页。

出进一步的新探讨。

值得一提的是，作为仅有一百多年短暂历史的比较文学学科，之所以能成为颇有活力、广受瞩目的学科之一并取得世所公认的骄人成就，其研究理念与方法深刻地影响了世界文学及相关领域的研究，就在于对异质性研究和综合性研究的价值追求。这种价值追求既保护个性差异，又强调沟通对话，体现的是民主和谐的现代文明意识。

2014 年 3 月 27 日，中国国家主席习近平在巴黎出席中法建交 50 周年庆祝大会上的讲话中明确指出，文明是多彩的，文明是平等的，文明是宽容的。是的，世界文明有多种多样，不应该一花独放，多种多样的世界文明不应该厚此薄彼，而应该是共荣共存，包容海涵。我们期盼着东西方文明和平交融的暖春的到来，期盼着这个世界不再有歧视，期盼着这个世界不再因文明的差异而导致暴力冲突和血腥战争。

（原文刊载于《河南大学学报》2015 年第 6 期）

论汤显祖澳门之行的意义

1591 年 5 月，晚明政治家和著名传奇剧作家汤显祖因上疏《论辅臣科臣疏》抨击朝政而激怒万历皇帝，被贬到广东雷州半岛最南端的徐闻县。由于身患疟疾，他在家里多呆了 4 个来月，9 月才启程赶往徐闻。一路南下，他不仅饱览了南国沿途许多美丽的风景，写下了不少诗篇，而且在 11 月初，从广州乘船绕道抵达了香山澳，也就是今天的澳门。

大约公元前 3 世纪，也就是秦始皇一统中国的时候，澳门被正式纳入中国版图。在古代，澳门称濠镜、濠镜澳、濠江、镜海、妈阁等，明朝时属香山县（今珠海市）管辖，所以又称香山澳，也可以写成“香山嶴”或“香嶴”。“澳”与“嶴”“嶴”字的共同意思，就是水边可以停船的港湾。从 1553 年开始，有葡萄牙人来到澳门居住。从 1557 年开始，也就是明朝嘉靖三十六年，葡萄牙人以晾晒货物为借口，以租赁的形式取得了在澳门的居住权，澳门从此成为中国最早和西方发生全面接触的地方。从 1557 年到 1591 年，34 年过去了，澳门已经成为沟通东西方经济的重要口岸，是晚明对外贸易的主要通道。这是汤显祖澳门之行的大背景。

那么，汤显祖怎么想起来要绕道去澳门呢？主要有两个原因：第一，汤显祖受好奇心驱使，想去看看大明帝国唯一对外开放的窗口究竟是个什么样儿。当然，一路走来，也是为了散心，排遣被贬的郁闷。第二，他患有疟疾，一直未能痊愈，到广东后还时有发作。他听说外国商人带进来的西药，治疗疟疾比传统中药见效，所以就想到澳门购买一些西药来治病。

其实，这些已经都不重要了，重要的是，400 年前的澳门之行对汤显祖的影响及其背后的意义。400 年后，特别是在我们隆重纪念世界文化名人汤显祖去世 400 周年之际，再来全面、细致、理性地审视与梳理汤显祖的澳门之行，突然发现其意义是无论如何不能被遗忘的，它已经烙上了深深的历史印记。此次澳门之行，让汤显祖眼界大开，可以说是他生命史上一次十分难得的意外收获，不仅对他的思想与创作产生了重要影响，而且从某种程度上说，是一件具有标志性意义的事情。

那么，汤显祖的澳门之行，究竟有着什么不同寻常的意义呢？

一、中西方生活方式有差异

汤显祖不愧是一个有心人。他来到澳门，观察细致，很快就对澳门的异域风情有了一些重要发现。他看到，居住在这里的“番鬼”们（“番鬼”是澳门当地人对外国人的称呼），他们的生活方式和我们内地自给自足的农耕生活不一样。这些葡萄牙商人，不住在田园，而是住在城内漂亮的洋房里，穿着华丽的民族服装，佩戴着珠光宝气，不务农田，不养蚕种桑，专门从事贸易活动。他们把在海外采购来的珍奇异宝，带进中国澳门交易发财。对专门从事买卖活动这种生活方式，汤显祖感到很是新奇，也很陌生，于是便主动记录着西方的这种生活方式，进而自觉对中西生活方式加以比较认识。他从中认识到，中国人固守一方，自给自足，看重稳定；而外国人则贸易为生，漂泊不定，四海为家。

《香嶴逢贾胡》一诗就反映了这种认识：

> 不住田园不树桑，珴珂衣锦下云樯。
> 明珠海上传星气，白玉河边看月光。①

① 汤显祖：《香嶴逢贾胡》，载《汤显祖集》（一），上海人民出版社 1973 年版，第 428 页。

这首诗既记录了中西方不同的生活方式，又写尽了海上贸易的繁荣景象。明珠与白玉这些奇珍异宝的交易使河水海水都染上了珠宝气，甚至让人分辨不清哪是星光和月光了，可见，珍贵的珠宝、白玉都可以和星月争辉了。应该说，诗人在澳门待的时间不长，走马观花，浮光掠影，却能迅速捕捉到外国商人“不住田园不树桑”的生活特点，足见其眼光、思想的敏锐与对外界了解的渴望。

而行走在街上的葡萄牙女郎又是怎样的一种风采呢？汤显祖在诗中的描绘更是文字生香：

> 花面蛮姬十五强，蔷薇露水拂朝妆。
> 尽头西海新生月，口出东林倒挂香。①

他说，葡萄牙少女一个个长得面如桃花，衣服上都沾洒着玫瑰香水儿。这些美丽的少女宛如西海边上刚刚升起来的新月，而口中呼出的香气，就像是早晨树林中的倒挂鸟张着尾翅而放出的香气。诗中的“尽头西海新生月”一句，说明汤显祖对葡萄牙的自然地理位置是有所了解的：地处欧洲最西端，面对浩瀚的大西洋。这一句诗，和葡萄牙文学之父贾梅士《葡国魂》中的诗句“陆终于此，海始于斯”，有异曲同工之妙。

贾梅士（1524？—1580），被公认为葡萄牙最伟大的诗人之一。今天澳门最大的公园白鸽巢公园，又名贾梅士公园，公园内有一个贾梅士洞，安放着他的半身铜像。这位生于四百多年前的诗人，传说因冒犯宫廷官吏，被流放至澳门，隐居此洞，创作了葡萄牙史诗《葡国魂》的一部分。当年，汤显祖是否知道并读过贾梅士的《葡国魂》呢？我们不得而知。只是两者表达有相似之处而已。特别是“尽头西海新生月”一句，不仅透出了42岁的汤显祖的孤独寂寞的心情，隐含着对朝廷政

① 汤显祖：《听香山译者》之二，载《汤显祖集》（一），上海人民出版社1973年版，第427页。

局的深深失望，而且与《香奁逢贾胡》一诗相呼应，表现出汤显祖对西方世界迫切认知的愿望。

二、国外经商生活方式开始影响沿海地区

汤显祖不仅看到了西方人不同于我们的生活方式，而且发现这种经商生活方式已开始影响、扩散到澳门周边的一些沿海地方。例如，番禺这个地方由于和澳门相邻，已深受葡萄牙等外国人的影响，不再守着以农为本的传统观念，一改旧有的安定封闭的生活方式，经商蔚然成风。番禺人为了寻求生意的盈利，也开始不惜离乡背井，抛妻别小，乘船10天，战狂风斗恶浪，去“真腊”（柬埔寨）做生意。汤显祖把这件事也写进了诗中：

槟榔舶上问郎行，笑指贞蒲十日程。
不用他乡起离思，总无莺燕杜鹃声。①

汤显祖《看番禺人入真腊》这首诗，反映的就是番禺人的海外经商经历。他们冒着巨大风险在海外谋生，却能笑着从容面对，无须思乡，生动形象地表现了番禺人勇于拼搏、乐观豁达的精神风貌。

值得一提的是，从汉武帝开始徐闻开海，就建立了一条海上丝绸之路。徐闻也就自然成了汉代海上丝绸之路的始发港口之一。万历初年开辟了自广州启航经澳门到菲律宾马尼拉，然后中转一直到拉丁美洲的航线。生活在周边的不少人，都通过这条航线获得了财富，同时客观上也促进了菲律宾的开发与发展。明代从隆庆、万历朝开始，放松了海禁政策，中国民间对海外贸易得到了加强，由汤显祖《看番禺人入真腊》这首诗也可见一斑。

同时，《看番禺人入真腊》所反映出来的经商活动，不仅说明了像

① 汤显祖：《看番禺人入真腊》，载《汤显祖集》（一），上海人民出版社1973年版，第427页。

番禺这样沿海地区人们的生活方式的变化，而且从一个侧面透露了明朝中后期资本主义萌芽的一些重要迹象。受澳门影响，加之特殊的地理位置，当内地人还过着传统的务农为本的小农经济生活方式时，东南沿海的商品经济已有较快发展，明显优越于内地。对商品经济这一从封建社会向资本主义社会转型时期重要经济特征的无意识的揭示，是汤显祖《看番禺人入真腊》这首诗最重要的价值所在。当然，在汤显祖时代，资本主义萌芽还显得十分稚嫩与柔弱。伴随着自由的经商活动与资本主义的萌芽，势必突显出对思想自由、个性解放的时代吁求。这自然也会对汤显祖的思想与创作产生积极影响。

三、流露出了对西方天主教的拒斥态度

1593 年春，汤显祖回家乡，在经过端州（今肇庆）的时候，拜谒了当时著名的传教士利玛窦。利玛窦（1552—1610），是意大利天主教耶稣会传教士、学者，通晓汉语，是天主教在中国传教的最早开拓者之一，被认为是沟通中西文化的第一人。1582 年 8 月，他来到澳门，此后在肇庆、韶州、南京、北京等地传播天主教教义，广交中国官员和社会名流。他不仅系统地学习、研究中国传统文化，并将中国传统文化介绍给西方，而且带来了欧洲文艺复兴的成果，特别是将天文、地理、数学、几何等西方科学知识传播到中国，客观上对促进中国认识西方文明作出了重要贡献。1601 年，利玛窦进入北京，此后常住北京，1610 年去世。按照当时惯例，西方传教士若死于内地，都要移葬澳门。万历皇帝破例准许利玛窦葬在北京，因此他成为第一个葬在北京的西方传教士。利玛窦墓现位于北京西城区车公庄大街北京市行政学院（市委党校）院内，属于全国重点文物保护单位。

汤显祖当年拜访利玛窦，并留下了诗作《端州逢西域两生破佛立义，偶成二首》。其中一首这样写道：

二子西来迹已奇，黄金作使更何疑？

自言天竺原无佛，说与莲花教主知。[①]

对诗中所说“西来”的“二子”，即“西域两生”，指欧洲天主教徒是没有疑问的，但是具体指谁，学界却有不同看法。学者一般认为，“二子”中有一个就是利玛窦。当然也有学者对此说提出了质疑。还有学者经过详细考证后认为，汤显祖确实见到了利玛窦，不过，见面的地方应该是韶州而不是端州，写端州可能是笔误或勘误。无论是在端州还是韶州，利玛窦的住所都是当时当地文化人所关注的中心，因为他带来的科学书籍和仪器，以及外国人会说汉语，都让国人充满了好奇。如果说，汤显祖与利玛窦两个文化名人的相见是历史事实的话，那么这次交往，有交流，也有交锋。从汤显祖的诗中来看，利玛窦会谈中对汤显祖进行了称颂天主、破除佛教的传教宣传，并强调说，西方的天竺国原本就没有佛。汤显祖听后，颇不以为然，针锋相对地对利玛窦说，这话不妨去说给坐在莲花宝座上的佛祖听听吧。言外之意，相信佛的汤显祖是不同意此说的，也表明了他对天主教的拒斥态度。

利玛窦在传播天主教教义的时候，不仅注意利用科学来传教的思路，而且尽量利用、糅合中国的儒家学说，来达到他的迎合儒学、补充儒学、最后实现取代儒学的目的。为此，他的策略是先联合儒家，破除对佛教的偶像崇拜。所以，汤显祖和利玛窦的这次会面，具有重要的历史意义。它显示了中西方文人文化交流初期的一次碰撞，预示了西方宗教在中国传播必将遭遇挫折。这大概也是西方传教士对多数中国民众拜佛而不信西洋宗教心怀忌妒、愤愤不平的原因吧。

汤显祖对天主教的拒斥态度，表面看有信佛的原因，但根本上还是儒家思想传统在起作用。“对天主教的排斥并非简单的仇外心理所致，一方面是由于对宇宙世界和人事有不同的体验并以不同的思维路向进行哲学思考，另一方面则是他们担心儒学道统有可能被天学取

① 汤显祖：《端州逢西域两生破佛立义，偶成二首》，载《汤显祖集》（一），上海人民出版社1973年版，第440页。

代，不过两者相较，这种文化本位主义也许是更重要的原因。”①汤显祖流露出来的拒斥天主教的态度，是比较早的，具有某种预见性，因为“明末士大夫对天学采取明确的拒斥和批判态度在时间上要晚得多”②。

当然，汤显祖在这次会谈中，也有可能从利玛窦那里了解到欧洲正在发生的文艺复兴运动以及人文主义文学思潮的一些信息和动态，会对他反封建、求个性的民主思想有所启发。此次汤显祖逢西域两生虽然不是在澳门，不过，我们还是把这件事作为了汤显祖澳门印象的重要组成部分。因为这些传教士都是经澳门进入内地的，而且汤显祖在澳门的时候，对传教士也应该有所观察，不会陌生，否则，他也不会贸然拜访利玛窦。其实，汤显祖见到的两个传教士中，有没有利玛窦本人已经不重要了，重要的是，他和西方传教士的交流与交锋是历史事实。这才是问题的关键所在。

需要指出的是，汤显祖虽然命途多舛，后来的出世思想有所加深，但是到死也不曾皈依佛教。他临终前写下《诀世语》，嘱咐家人，自己死后，不要请僧人念佛超度。这里面似乎有“天竺原无佛”一说的影响。他曾经认为，外面所有国家都是信仰佛教的。接触了天主教徒，方知情况并非如此，这对他应该有所触动吧。

四、关注并反对鸦片交易

鸦片战争以前，外国商船来华贸易，均是先经停澳门，一边进行交易，一边等候批准，然后才能再进入广州贸易。细心的汤显祖敏锐地观察到，澳门港进进出出的外国商船络绎不绝，这些商船不仅进行珠宝、香料等贸易，而且还有大量鸦片从船上被搬卸下来。他不仅看到西方殖民者在澳门贩卖鸦片的事实，而且指出了明朝政府与西方殖民者进行鸦片交易的事实。在澳门，他听说万历皇帝常常派人到这里高

① 张国刚：《从中西初识到礼仪之争》，人民出版社 2003 年版，第 381 页。
② 张国刚：《从中西初识到礼仪之争》，人民出版社 2003 年版，第 378 页。

价采购由鸦片等成分制成、用于纵欲之乐的“红丸”，甚至不惜“千金一片”。因此，汤显祖写诗对皇帝的这一做法给予了毫不客气地批评：

不绝如丝戏海龙，大鱼春涨吐芙蓉。
千金一片浑闲事，愿得为云护九重。①

诗中的“海龙”指海神海龙王；“大鱼”指画有龙或鳌鱼图案标志的大海船；当时航路受季风影响，由印度和马六甲东来的外国商船都在春夏两季到达，所以说“春涨”；“芙蓉”就是鸦片，“吐芙蓉”是说鸦片从船上被源源不断地搬卸下来，场面壮观；“九重”指万历皇帝。明初，鸦片还是被作为贵重的药物来使用，到明中期后便由药物变为春药。万历皇帝就食用鸦片，他荒淫纵欲，并且长达28年不上朝理政。写《香山验香所采香口号》这首诗的时候，汤显祖虽然是受贬之臣，却“处江湖之远则忧其君”，对皇帝吸食鸦片影响健康表示担心，很希望像云追随龙一样护佑皇帝，字里行间曲尽其妙地表达了汤显祖既批评嘲讽又护君忠君的复杂心态。

从《香山验香所采香口号》这首诗中，我们可以感受到汤显祖对鸦片的鲜明态度，他是坚决反对吸食鸦片的。一方面，他公开、大胆地表示“千金一片浑闲事”，批评皇帝耗费千金购买鸦片，纯粹是不务正业；另一方面，他揭露外国商人大摇大摆、明目张胆地把鸦片贩运到中国，靠损害中国人的健康而牟取暴利，对此汤显祖深表担忧与谴责。这一鲜明态度，正体现了汤显祖秉性耿直、刚正不阿的性格特征。汤显祖一生所经历的科考波折、仕途不顺、被贬徐闻的不幸命运，无不与这一性格特征息息相关。也正因为此，才更加突显了汤显祖不趋炎附势、不投机谄媚，忧时济世、仗义执言的精神品质与高贵气节，不仅《明史·汤显祖传》表达了对汤显祖由衷的钦佩，而且他也赢得了后人的高度赞誉。

① 汤显祖：《香山验香所采香口号》，载《汤显祖集》（一），上海人民出版社1973年版，第427页。

1620年，在位仅一个月的明光宗朱常洛，因病情严重，服用了红丸，结果头一天服用，第二天就死亡了。这是鸦片进口在统治者内部造成的一场风波。由此可见，服用鸦片在当时所造成的危害已经显现。所以说，汤显祖《香山验香所采香口号》这首诗，具有敏锐的时代感，预示了某种不祥的征兆。

五、对传奇经典《牡丹亭》创作的深刻影响

汤显祖的澳门之行，不仅为我们留下了记录当时澳门异域风情与华夷贸易的诗篇，而且他创作的经典传奇《牡丹亭》也因烙上了澳门的印记而独具韵味。

400多年前，葡萄牙人强行占据了澳门，也把天主教带到了澳门。1562年，葡萄牙人历经数年，在澳门大巴街附近的一座山上，建了一座教堂，取名“圣保罗”教堂。葡语“圣保罗”的发音，接近当地方言中的“三巴”，所以也称“大三巴教堂”。教堂于1595年和1601年先后两次失火被焚毁。1602年，圣保罗教堂再次重建，历时35年，于1637年建成，是当时远东地区最大的天主教堂。1835年10月26日，又一场大火将其焚毁，仅剩下了教堂前的68级石阶，以及花岗石建成的教堂正门大墙墙壁，俗称前壁。教堂成为遗址之后，因为这个大墙前壁类似中国传统牌坊而得名“大三巴牌坊”。大三巴牌坊是西方文明进入中国的历史见证。它在巴洛克式建筑中糅合了东方建筑的一些特点，体现出东西方文化的交融，在全世界的天主教堂中具有独一无二的特色。它现在是澳门的标志性建筑，是澳门的象征。鸦片，最早就是从大三巴下的港口贩运进来的。

顺便交代一下，“巴洛克”一词原意是“畸形的珍珠”，指奇异古怪。巴洛克式建筑是17世纪欧洲的一种建筑风格，主要特点是强调曲面与椭圆形空间，注重华贵富丽的装饰与雕刻，追求动感与色彩。

当年，汤显祖应该看到了教堂的全貌，因为他是1591年年底去的澳门，这时教堂还没有被大火焚毁，所以他有幸一饱眼福，并对这座巍峨壮观、精美绝伦的建筑留下了深刻难忘的印象。时隔7年，他仍然

带着深刻新鲜的印象，把这座教堂写进了《牡丹亭》。剧中所写的“多宝寺”，就是当年澳门的圣保罗教堂。

《牡丹亭》应该是最早出现澳门风光的中国戏剧作品。《牡丹亭》中有3出戏都与澳门直接相关，即第六出《怅眺》、第二十一出《谒遇》和第二十二出《旅寄》。第六出《怅眺》中提到，家住岭南广州的秀才柳梦梅，家境贫寒，却满腹经纶，志向远大，因苦于无人赏识，便求教于好友韩才子，谋求出路。韩才子向柳梦梅介绍朝廷钦差识宝使臣苗舜宾老先生，说他乐于助人，为人仗义，爱惜人才，现正在香山嶴多宝寺参加各种宝物的展销会，劝柳梦梅前去拜见。这一出戏为柳梦梅前往澳门，提供了一个可信的理由，为剧情的进一步发展做了铺垫。

第二十一出《谒遇》，开篇就点出了“香山嶴里巴”，交代了这出戏就发生在澳门的圣保罗教堂。

> 一领破袈裟，香山嶴里巴。多生多宝多菩萨，多多照证光光乍。
>
> 小僧广州府香山嶴多宝寺一个住持。这寺原是番鬼们建造，以便迎接收宝官员。兹有钦差苗爷任满，祭宝于多宝菩萨位前，不免迎接。①

柳梦梅为拜见苗舜宾，专程来到了香山嶴多宝寺。苗舜宾正在这里为朝廷重金选购各种精美宝物。苗舜宾在这里接待了柳梦梅，并陪他观赏各种宝物。观赏过程中，柳梦梅侃侃而谈，说眼前这些价值万金的宝物饥不可食，寒不可衣，不过是一堆残砖碎瓦而已，不算真宝贝，真宝贝应该是能安邦治国的人才。柳梦梅毛遂自荐，说自己就是一个真宝。柳梦梅一席话，让苗大人对他刮目相看，准备把他推荐给圣上。柳梦梅说自己是一介贫寒书生，没钱去京城面见皇帝。苗大人当即表示，古人尚且黄金赠壮士，我当慷慨出资，助你远行，并且说了

---

① 汤显祖：《牡丹亭》，载《汤显祖戏曲集》（上），上海古籍出版社2010年版，第319页。

一句耐人寻味的话:“由来宝色无真假,只在淘金的会捡沙。”①这里说的其实就是慧人识才,伯乐相马,体现了汤显祖的人才观,即宝物有价,人才无价,唯有人才才是稀世之宝。可见,汤显祖希望朝廷重视人才,让人才有用武之地。这既是对理想世界的寄托,也是对现实无奈的喟叹。他把自己的希望,都融进了人物形象的塑造之中,所以《谒遇》是《牡丹亭》中至关重要的一场戏,它不仅借澳门祭赛宝物表达了作者的人才观,而且是核心情节即将展开的不可缺少的重要前奏,也为剧情提供了一个广阔的历史背景。

第二十二出《旅寄》,交代柳梦梅离开澳门。柳梦梅正因为得到苗舜宾的慷慨相助,才能离开澳门,日夜兼程,赶路进京。时值冬天,柳梦梅风雪之中患寒疾,又不慎落水,被杜丽娘原来的家庭教师陈最良救起,安排他住进南安太守家的梅花观。继而才有了他游园捡画像、与丽娘鬼魂幽会、掘尸还魂等一系列重要情节的深入发展。

因此,澳门之行对汤显祖创作《牡丹亭》有重要影响。澳门之行,成就了《牡丹亭》,使之成为一部具有开放性结构特征的经典传奇。我们难以想象,没有澳门之行,《牡丹亭》会采用一种什么写法。

总之,汤显祖的澳门之行,让他有机会艺术地记录四百年前封闭状态下一个中国文人眼中的外国人及其生活方式,折射一个中国文人最初主动睁眼看世界的历史瞬间,也从一个侧面反映了明王朝后期封建统治阶级的穷奢极欲与昏庸贪婪,及其与西方殖民者进行鸦片交易的事实,预示了山雨欲来风满楼的近代中国屈辱史的必然降临。同时,汤显祖的澳门之行,给传奇剧《牡丹亭》的创作涂上了一抹异域的风情而独具韵味,其相关的诗歌作品也成为记载澳门中西交往情况最早的文学文献,具有重要史料价值。可以说,汤显祖是中国最早有意识主动了解西方文化的古代文人。

汤显祖的澳门之行也启示我们,对世界发展态势需要保持敏锐与警觉。汤显祖来澳门这件事,虽然在后来的国家政治文化层面和文人

① 汤显祖:《牡丹亭》,载《汤显祖戏曲集》(上),上海古籍出版社2010年版,第322—323页。

接受传播层面并未引起足够重视,但具有某种标志性意义。我们过去认为,林则徐是近代中国睁眼看世界的第一人,可是在林则徐的 200 百年前,汤显祖已经透过澳门初步感知了西方世界。他具有自觉的比较意识、广阔的视野和开放的心态。他见证了澳门这一段特殊的历史与变化,也为他的人生与创作开启了一扇连接世界的窗户。可惜的是,我们并没有以此为契机,去进一步主动认知世界。假如那时明朝政府就能够积极了解西方,关注西方世界既起的先进科学技术,并学习借鉴西方的先进发达经验,而不是迟钝麻木、鼠目寸光、盲目排外,也许近代屈辱的历史就不会发生。

(原文刊载于《河南大学学报》2017 年第 5 期)

第五编
比较文学理论研究

比较文学中的实证方法与审美批评

法国实证主义哲学的创立者孔德在其《实证哲学教程》中鲜明地提出，哲学的基点就是“实证”，即科学的精神和方法。这种科学的精神和方法从本质上说，就是以“确凿的事实和这些事实之间确实的稳定关系为基础”，“强调事实，强调对事实的观察分析，强调寻找事物的变化规律，强调发现同类事物的共性”。[①] 这种实证的思想精神和方法对此后的人文社会科学研究，尤其是对文学研究产生了深远影响。首先，它不仅对比较文学这一学科的兴起与形成产生了重大影响，而且也成为比较文学法国学派影响研究最重要的研究方法，以至于人们一提到法国比较文学，首先想到的便是实证方法。实证方法已和法国比较文学融为一个密不可分的有机整体。其次，实证方法不再仅仅为法国文学研究所独有，而是成为超越国界的一切学术研究所必不可少的方法之一，“不再是严格的国别概念，而是体现一种空间性或区域性

---

① 参见罗芃等《法国文化史》，北京大学出版社 1997 年版，第 255 页。

的概念，更准确地说是一种方法论的属性概念”①。

就比较文学领域而言，实证能够成为法国比较文学影响研究最重要的方法，除实证主义传统的影响外，最重要的原因，就是众多学者对以往文学比较中出现的问题以及对比较文学学科理性认知的结果。法国学派第一位代表人物巴登斯贝格在《比较文学：名称与实质》的著名论文中，对他之前150年里人们对文学“比较什么”和“如何比较”的问题提出了质疑。他明确指出：“仅仅对两个不同的对象同时看上一眼就作比较，仅仅靠记忆和印象的拼凑，靠一些主观臆想把可能游移不定的东西扯在一起来找类似点，这样的比较绝不可能产生论断的明晰性。”这种比较不过是“那种没有价值的对比”，是“那些隐约相似的作品或人物之间进行对比的故弄玄虚的游戏”。② 用今天的话说，他坚决反对把比较文学变为不同文学作品之间无原则的瞎比，更反对不同文学作品之间进行空泛的无来由的所谓审美分析。为了使比较文学不致陷入不着边际的空谈，巴登斯贝格开始身体力行地进行欧洲各国文学之间渊源与影响的实证性考察，认为只有这种对细微迹象的实证考察，以及在此基础上所获得的切合实际的结论，才能把比较文学整顿为一门科学的、符合文学史的最严格的要求的学科。这一做法为此后诸多法国学者所推崇。梵·第根明确提出“比较文学是文学史的一个分支”③，并把精细和准确的考证规定为比较文学的研究方法，坚信如果没有这种精细的考证，比较文学便只能给人们一些近似之说和空泛的概论。梵·第根所以持比较文学属于文学史的分支的观点，除了想避免研究中的“近似之说”和“空泛的概论”的毛病外，还基于下面这样的考虑：“它可以在各方面延长一个国家的文学史所获得的结果，将这些结果和别的诸国家的文学史家们所获得的结果联在一起，于是这各种影响的复杂的网络，便组成了一个独立的领域，它绝对不想去代替各种本国的文学史：它只补充那些本国的文学史并把它们

---

① 曹顺庆等：《比较文学学科理论研究》，巴蜀书社2001年版，第143—144页。

② ［法］巴登斯贝格：《比较文学：名称与实质》，载干永昌等选编：《比较文学研究译文集》，上海译文出版社1985年版，第32—33页。

③ ［法］梵·第根著，戴望舒译：《比较文学论》，商务印书馆1937年版，第202页。

联合在一起。同时,它在它们之间以及它们之上,纺织成一个更普遍的文学史的网。"①伽列也十分强调"并非随便什么事物,随便什么时间地点都可以拿来比较",如果仅把相似的东西罗列在一起,就有可能造成任性的、虚构的、空洞的对比,而不是从文学作品本身去寻求它的发展过程与发展规律。他宣称,比较文学重在研究不同国家和民族的作家和作品之间"曾存在过的跨国度的精神交往与实际联系",从这个意义上说,"比较文学不是文学的比较"。② 基亚又在此基础上提出了"比较文学是国际间的文学关系史"③的著名观点。上述认识决定了法国学者对实证方法的看重。

客观地说,尽管法国比较文学有其自身无法避免的众所周知的局限性,但法国学者在实证方法的引导下对比较文学学科体系的完备与规范上所作出的扎实稳健的种种努力,体现了实事求是的态度与科学严谨的学风,于比较文学的规范发展贡献巨大。难怪美国学者韦勒克不无感慨地说,没有巴登斯贝格、梵·第根、阿扎尔与伽列这些"法国比较文学大师在半个多世纪内作出的努力","可能今天就不会有叫'比较文学'的一门学科",更"不太可能有比较文学研究近年来在美国和其他地方的蓬勃发展"。④

然而,正是这种实证方法,又不断受到挑战和质疑。这种挑战和质疑,从某种程度上说,反映了人们对实证方法狭隘的理解。早在20世纪初,意大利著名美学家克罗齐就对实证方法提出过质疑,认为"每件艺术作品是件独特而个别的结构,是精神的表达,因此是一种创造,而不是一种模仿"⑤。假如企图用事实联系来说明影响,最多只能停

① [法]梵·第根著,戴望舒译:《比较文学论》,商务印书馆1937年版,第13—14页。

② [法]伽列:《比较文学》初版序言,载北京师范大学中文系比较文学研究组选编:《比较文学研究资料》,北京师范大学出版社1986年版,第42页。

③ [法]基亚:《比较文学》,载干永昌等选编:《比较文学研究译文集》,上海译文出版社1985年版,第79页。

④ [美]韦勒克:《比较文学的新动向》,载干永昌等选编:《比较文学研究译文集》,上海译文出版社1985年版,第191页。

⑤ [美]卫姆塞特、布鲁克斯著,颜元叔译:《西洋文学批评史》,中国人民大学出版社1987年版,第480页。

留在作品的外缘，因此他倡导价值的判断，而不是让作品淹没在渊源和影响的简单历史综合之中。20世纪50年代末期，实证方法更是遭到了以美国学者韦勒克为代表的一些学者的尖锐批评。韦勒克在那篇被称为比较文学美国学派宣言书的《比较文学的危机》的著名报告中，把法国学派运用的实证方法列为比较文学出现持久危机的三大症状之一加以痛斥，认为有必要对比较文学的研究方法进行重新探讨。之后，韦勒克在《比较文学的名称和实质》和《今日之比较文学》两篇文章中，虽然不赞成国际学界将《比较文学的危机》理解为美国比较文学学派的宣言书，但他仍然强调指出，他的文章"所针对的不是一个国家而是一种方法"①。那么，韦勒克何以对实证方法如此深恶痛绝呢？韦勒克认为，法国学者"把陈旧过时的方法论包袱强加于比较文学研究，并压上十九世纪事实主义，唯科学主义和历史相对主义的重荷"，这样，比较文学"只能研究渊源与影响、原因与结果，而无法从总体上研究单独一部艺术作品"②，这种方法除了可能说明一个作家熟悉和阅读过另一个作家的作品之外，再不可能为作品研究提供更有价值的东西。在他看来，"艺术作品不只是渊源和影响的总和，它是一个整体。在这个整体中，从别处衍生出来的原材料不再是毫无生气的东西，而是与新的结构融为一体了"③。而"真正的文学研究所关心的不是毫无生气的事实，而是标准和质量"④，如果把比较文学局限于研究两国文学之间的"贸易交往"，"使比较文学变得仅仅注意研究外部情况"，那么比较文学只能成为"研究国外渊源和作家声誉的附属学科而已"。⑤ 原来，韦勒克所以对实证方法深为不满，究其根本是由于它把

① [美]韦勒克：《今日之比较文学》，载干永昌等选编：《比较文学研究译文集》，上海译文出版社1985年版，第164页。

② [美]韦勒克：《比较文学的危机》，载干永昌等选编：《比较文学研究译文集》，上海译文出版社1985年版，第123页。

③ [美]韦勒克：《比较文学的危机》，载干永昌等选编：《比较文学研究译文集》，上海译文出版社1985年版，第125页。

④ [美]韦勒克：《比较文学的危机》，载干永昌等选编：《比较文学研究译文集》，上海译文出版社1985年版，第131页。

⑤ [美]韦勒克：《比较文学的危机》，载干永昌等选编：《比较文学研究译文集》，上海译文出版社1985年版，第124页。

文学研究引向了对文学外部的研究,而对文学外部的研究则偏离了文学的审美批评原则,从而造成无视或排斥文学价值判断与美学分析的结果。这位新批评派理论家为了将比较文学研究导向"文学性"的内部研究,也为了打破法国学派一统天下的垄断局面,不惜把实证方法摆到了与审美批评截然对立的位置而加以批判。显然在这一点上,韦勒克的观点与克罗齐是一脉相承的。但是,韦勒克的批评是值得商榷的。因为研究不同民族文学之间的精神交往与相互关系,并不能说明审美批评的缺席,更不意味着对"文学性"的忽视。对"文学性"的考察,原本就可以从不同的角度来进行审视。韦勒克的新批评身份使他在很大程度上看轻、贬低了法国比较文学研究的意义,暴露了不应有的狭隘与偏见。时至今日,他的观点实际上仍然在产生着影响,以至于人们在谈及法国比较文学的实证方法时,往往强调它应与审美批评方法相结合,而对它自身是否就包孕着一定的审美批评成分则并未予以深入探究。

那么,以实证为圭臬的法国学派在比较文学研究中真的只注重资料考据、事实联系和因果关系,而完全忽视或根本不讲审美批评吗?换言之,作为一种科学的、客观的实证方法与纯属精神现象的审美分析真的水火不容吗?

历史地看,我们注意到,法国学者们从未反对或排斥过文学研究中的审美介入。被同时誉为法国"比较文学之父"的维尔曼和安贝尔,都十分关注对文学作品的鉴赏和对美的本质的研究。安贝尔就认为,"文学科学"是由文学哲学与文学历史两个部分构成,它既要把"文学提高到科学的方法和科学的范畴的水平",又要"对作品的美发表意见"。[①] 在圣伯夫(Charles Augustin Sainte-Beuve,1804—1869)的身上,更是交织着实证主义、历史主义和浪漫主义三种不同的倾向。他"一方面是理论上倡导实证批评,追寻一种'文学的科学',旨在为'精神的自然史'服务;另一方面,其具体的批评实践,则把注意力集中于'作

① [法]法约尔著,怀宇译:《法国文学评论史》,四川文艺出版社1991年版,第170—171页。

家的性格特征'上,强调一种'趣味'批评和历史批评,他要去探寻'天才的火花','诗人的精髓'"①。瑞士比较文学专家弗朗西斯·约斯特曾精辟地洞见:"在十九世纪,比较文学既成为学术上的一门学科,又是一种批评的体系,这多半是由现代批评的奠基者之一的圣伯夫首先承认的。"②法国文艺批评泰斗丹纳在《艺术哲学》中申明他"从事实出发","不提出教训而寻求规律、证明规律"的主张,并用文化"三要素"即"种族、环境和时代"来框定文学发展的动因,这些无疑都是典型的实证主义方法论,表现出了鲜明的"惟事实主义"和"惟科学主义"的特征,但同时他又注重时代精神的探寻,辉映着黑格尔的历史观与美学观的星光。③ 文学史家朗松在其《科学精神与文学史方法》一文中提出,在文学研究方法论上,要坚持"客观的求知精神","服从事实的立场";而在《文学与科学》一文中他又明确指出,在批评原则上,不能把文学与科学混为一谈,否则就等于把文学分解为生理学、心理学或社会学来运用,这是不足取的。总之,上述学者"学术思维的双重性,不仅是法国现代文学批评,同时也是比较文学研究兴起与形成时期理论与实践样态上突出的标识"④。

当然,20世纪30年代法国学派理论集大成者梵·第根的理论表述,似乎让人们感觉到了他对文学审美的排斥。他指出:"'比较'这两个字应该摆脱全部美学的涵义,而取得一个科学的涵义。"这里的确再清楚不过地反映了他的实证主义倾向和立场。这也正是美国学派指责、抨击法国学派实证主义的最确凿的"罪状",也是我们论证这一学派只讲实证忽视审美时经常援引的显例。但是,梵·第根又接着说:"比较文学的性质,正如一切历史科学的性质一样,是把尽可能多的来源不同的事实采纳在一起,以便充分地把每一个事实加以解释;是扩大认识的基础,以便找到尽可能多的种种结果的原因。"⑤请注

① 曹顺庆等:《比较文学学科理论研究》,巴蜀书社2001年版,第130页。
② [瑞士]约斯特著,廖鸿钧译:《比较文学导论》,湖南文艺出版社1988年版,第9页。
③ 曹顺庆等:《比较文学学科理论研究》,巴蜀书社2001年版,第125页。
④ 曹顺庆等:《比较文学学科理论研究》,巴蜀书社2001年版,第131页。
⑤ [法]梵·第根著,戴望舒译:《比较文学论》,商务印书馆1937年版,第17页。

意，梵·第根在这里同样讲得很清楚，比较文学研究并不止于“把尽可能多的来源不同的事实采纳在一起”，也不仅仅是“找到尽可能多的种种结果的原因”，而是在这一过程中还要“充分地”将“采纳在一起”的“每一个事实”“加以解释”。既然研究者在尽可能多地收集、考证、鉴别、归纳和梳理事实的过程中还要“解释”，就必然会有所取舍，必然带有不容怀疑的判断和价值取向，必然关注作为“终端”的接受者在接受、消化、过滤过程中表现出来的“新生点”“创造性叛逆”及其意义和价值，怎么可能会“摆脱全部美学涵义”呢？也许，梵·第根“摆脱全部美学涵义”的表述过于极端，却也正说明了他担心比较文学陷入混乱的无边界的状态及其对比较文学作为一个学科的科学性、公正性的维护的初衷。稍后的伽列虽然也强调比较文学“主要不是评定作品的原有价值，而是侧重于每个民族、每个作家所借鉴的那种种发展演变”①，但是他在用语上显然非常慎重，“主要”和“侧重”所强调的都只是研究重点，而并不能说明是对审美介入的排斥和否定，因为对“作家所借鉴的种种发展演变”的揭示，例如对影响作家人格、思想、人物塑造、艺术手法、表现技巧等的渊源研究，不可能不涉及审美分析与价值判断。对此，美国学派代表人物之一的雷马克已敏锐地洞见到许多法国学者的比较研究中处处可见微妙的、有见地的精美篇章，“显示了对文学作品美学价值的直觉的洞察力”，而且这种“清晰的、吸引人的风格具有一种艺术的魅力”，“正是美国同行们有时似乎缺少的东西”。②勃洛克也认为，阿扎尔的鸿篇巨制《十八世纪欧洲思潮》《从孟德斯鸠到莱辛》等至今仍是比较文学的经典著作，因为它们“对于文学价值，表现了同样的敏感性”，“为我们指出了比较文学的一种可能形式”。③这些评论都证明了审美因素在法国比较文学研究中的存在。

---

① ［法］伽列：《比较文学》初版序言，载北京师范大学中文系比较文学研究组选编：《比较文学研究资料》，北京师范大学出版社 1986 年版，第 43 页。

② ［美］亨利·雷马克：《比较文学的法国学派和美国学派》，载北京师范大学中文系比较文学研究组选编：《比较文学研究资料》，北京师范大学出版社 1986 年版，第 68 页。

③ ［美］勃洛克：《比较文学的新动向》，载干永昌等选编：《比较文学研究译文集》，上海译文出版社 1985 年版，第 190 页。

20世纪60年代后,法国学者更注意强调了实证研究中的文学批评和美学鉴赏。这一发展趋势,既是法国学派与美国学派彼此对话、相互补充的结果,同时也是其自身逻辑发展的必然。安田朴的名著《比较不是理由》,被美国学者认为是在一场学术论争的暴风雨过去后象征着学术界和平的彩虹。他明确地提出比较文学要将"历史方法与批评精神结合起来","案卷研究与文本阐释结合起来","社会学家的审慎与美学家的大胆结合起来",从而最终"赋予我们的学科以一种有价值的课题和一些恰当的方法"。[①] 这三个"结合"十分突出地揭示了比较文学研究中实证与审美批评缺一不可的关系。布吕奈尔等著的《什么是比较文学》也认为:"比较文学是从历史、批评和哲学的角度,对不同语言间或不同文化间的文学现象进行的分析性的描述、条理性和区别性的对比和综合性的说明,目的是更好地理解作为人类精神的特殊功能的文学。"[②]这部学术专著在方法论的意义上更具有开放性和宽容性,它广泛地吸收了西方文学理论和文学批评的新成果,反映了世界比较文学发展的新趋势。因此,从上述梳理中,我们不难看到,法国比较文学并非纯然地一味地只关注事实的求证而不讲批评;而且它所倡导的实证方法是几代学者理性探索后所达成的共识,于比较文学研究有其内在的学理价值,具有支撑性的重要意义,绝不会随时代的前进、学科的发展而时过境迁。

换一个角度看,以审美批评为特色的比较文学美国学派的研究离不开实证的事实,也反证了法国学派与审美批评并非水火不容的关系。美国学派是在法国学派的基础上发展起来的,是对法国学派研究领域的拓展。它认为,比较文学既是一国文学与另一国或多国文学的比较,同时又可以将文学同人类其他表现领域进行比较。一国文学与另一国或多国文学的比较中,既包括了无影响关系的平行比较研究,又含有影响关系的比较研究。平行比较研究要求确立平行比较对象

---

① [法]艾金伯勒:《比较文学的目的、方法、规划》,载干永昌等选编:《比较文学研究译文集》,上海译文出版社1985年版,第102—103页。

② [法]布吕奈尔等著,葛雷等译:《什么是比较文学》,北京大学出版社1989年版,第229页。

之间的相似性，即可比性，而这个可比性有时是显而易见的，有时则隐藏在事物的内部。找不到可比性，平行审美比较便失去了依据和理由，必然陷入主观臆断的泥潭。因此，要找寻可比性事实的存在，实证精神和方法就无法缺席，这种实证的精神和方法突出体现在对比较双方差异背后的共性事实的令人信服的发现和挖掘上。在这一过程中，实证方法和审美批评方法在同时起着作用。在文学与诸如哲学、宗教、艺术、心理学等跨学科研究中，依然离不开确凿的事实和这些事实之间确实的关系这个基础。我们无法想象，不找寻文学与哲学、宗教、艺术、心理学等学科之间的联系事实，这种跨学科研究将何以展开？审美批评的基础将何以建立？可见，在平行比较研究与跨学科研究中，同样要求事实说话，强调对研究对象共有事实的观察分析，强调寻找事物的变化规律，强调发现同类事物的共性，这一切都离不开实证的方法。事实上，不只是比较文学研究，一切文学研究乃至学术研究都离不开实证的方法，正如安田朴所说，"美学的一切都要从确凿的研究那儿获得"①。因此，审美批评作为一种批评方法，也必然是包含着实证精神的批评。

就国内而言，长期以来，我们由于过度强调了法国学派的实证和美国学派的审美的差别，所以不大注意并重视法国学派比较研究中的审美因素与美国学派比较研究中的实证因素的实际存在。这种情况的产生，从更深的层面上说，与我们头脑中根深蒂固的关于"文学史"与"文学批评"观念的划分与理解不无关系。众所周知，文学研究一向被划分为"文学史""文学理论"与"文学批评"三个不同的主要领域。尤其是其中对"文学史"与"文学批评"的划分，对于我们理解这两个领域的不同性质与任务，无疑起到了积极的引导作用。但也毋庸讳言，这种划分虽然有其合理依据与积极作用，但它在具体实践中所产生的弊病也是不容忽视的，其突出表现就是实际上造成了不少人对"文学史"与"文学批评"互不关涉的误解。这种误解和模糊认识又在

① [法]艾金伯勒：《比较文学的目的、方法、规划》，载干永昌等选编：《比较文学研究译文集》，上海译文出版社 1985 年版，第 108 页。

相当大的程度上影响了国内不少文学史著作和教材的写作模式，致使这些著作和教材大都成了单向度的作家作品与思潮流派的简单罗列和梳理，而不同程度地存在着批评精神的缺失。这大概是目前国内文学史著述虽然多如牛毛却少有个性特色的主要原因之一。也正是基于这种认识，作为被划入“文学史的分支”的法国比较文学，就自然而然地被认为是缺乏审美批评的学派。这种认识是有害的。事实上，大凡优秀的文学史著述都不只是作家作品与思潮流派的简单罗列和介绍，同样贯注着鲜明的审美批评的原则。夏志清写于20世纪50年代的颇具比较文学视野的《中国现代小说史》，就是一个十分突出的例子。他的小说史写作尽管在某些方面我们不能苟同，但因其中包孕着鲜明深刻的审美批评成分而显得生机勃勃，别具一格，避免了我们常见的那种概括式的浮光掠影的文学史之作的空泛与肤浅。他将优美作品的发现和评审视作文学史写作实践的一大要务，从而突破了“文学史”与“文学批评”之间人为的藩篱，难怪有学者称他的文学史写作“是一种文体上的创新”①。其实，韦勒克在《比较文学的危机》中就曾对“文学史”与“审美批评”两者的密切关系从理论上给予过充分肯定，甚至认为“文学史和艺术批评之间不存在着任何界线”，“即使是文学史中最简单的问题也需要判断的行为”，“没有选择标准，不描绘人物特点并对之作出评价，就无法写出文学史”。② 他还指出，在文学研究中，理论、批评和历史必须通力合作才能完成它的描述、阐释和评价文学作品的中心任务。③ 然而，值得玩味的是，就是这位如此通明的学者，却对作为文学史分支的法国比较文学的实证方法作出了那样绝对的、苛刻的责难，这不能不说是他自身观点的矛盾性显现。这也是他的文章在当时受到众多欧美学者赞誉时又同样遭到不少学者批评的原因之一吧。笔者认为，就法国比较文学影响研究而言，我们无须

---

① 刘锋杰：《想像张爱玲》，安徽教育出版社2004年版，第187页。

② ［美］韦勒克：《比较文学的危机》，载北京师范大学中文系比较文学研究组选编：《比较文学研究资料》，北京师范大学出版社1986年版，第58—59页。

③ ［美］韦勒克：《比较文学的危机》，载北京师范大学中文系比较文学研究组选编：《比较文学研究资料》，北京师范大学出版社1986年版，第58—59页。

斤斤计较或纠缠于它的文学史分支或文学研究的性质和身份，只要它的结论有益于文学史和文学批评，有益于拓展对文学作品自身主动影响或接受影响的事实及其特点的认识，就是有价值的研究。

当下，我们重提比较文学研究中实证方法与审美批评的话题，就是因为过去一段时间以来对审美批评的过度偏重造成了对实证的某种轻视。结果，实证的空疏造成了不少研究言而无据、信口开河的混乱事实，也是造成当下被称为 X+Y 式的或阿狗与阿猫式的瞎比乱比现象的重要原因之一，并由此败坏了比较文学的声誉。陈思和先生曾举一本目前通行的比较文学教材里的一段话为例，指出过实证空疏所带来的弊病。他认为其中“关于浪漫主义思潮在中国被接受的论述几乎每一句话都需要仔细商榷”，因为“既然创造社成员是以感伤情绪来取舍外国文学，为何不喜欢感伤小说《新爱洛绮丝》而喜欢愤世嫉俗的《忏悔录》？创造社成员何时何地说过对《浮士德》时代的歌德不感兴趣？如果真是这样，郭沫若为何后来翻译这部文学名著？他们选择介绍雪莱是否就意味着拒绝拜伦？他们什么时候表示过对雨果不感兴趣？如果不感兴趣为什么王独清要自称是‘雨果第二’呢？”①他认为，如果没有第一手资料来证实，以不经过考核的结论为前提，然后推断出不负责任的证据的方法是站不住脚的。可见，缺乏实证的文学史和审美批评势必偏离事实并使批评导向主观臆断性，从而使话语和结论失去扎实稳健的可信度。应该说，在学术研究领域，特别是比较文学研究领域，需要大力强调、提倡具有实证精神内涵的研究。我们强调、提倡实证，并非是要把文学等同于科学，而是因为它体现出了一种科学求真的精神与严谨务实的学风。这种科学求真的精神与严谨务实的学风是一切学术研究所必不可少的。这种精神与学风在今天不是太多了，而是太少了。这一点，在后现代主义思潮颠覆、解构科学和理性的语境下更应引起学界的高度重视。

总之，包括比较文学在内的一切学术研究，虽然重点各异，方法有别，但都存在着实证与批评交融的研究格局：实证中有批评，批评中含

---

① 陈思和：《谈虎谈兔》，广西师范大学出版社 2001 年版，第 36 页。

实证。无论过分强调哪一端而忽视另一端存在的做法都是不可取的。毕竟,任何文学研究“都要求同时应用分析方法和关系方法”①,注重“历史价值与批评价值的相互作用”②。

(原文刊载于《文学评论》2005 年第 5 期)

① [美]勃洛克:《比较文学的新动向》,载干永昌等选编:《比较文学研究译文集》,上海译文出版社 1985 年版,第 194 页。

② [美]勃洛克:《比较文学的新动向》,载干永昌等选编:《比较文学研究译文集》,上海译文出版社 1985 年版,第 204 页。

比较文学:文学史分支的学理依据

提到法国比较文学,我们自然会想起伽列(或译卡雷)定位比较文学的那句名言:比较文学是文学史的分支。不过,这个观点并非始于伽列,在他之前的法国学派的代表人物梵·第根就持该观点。美国著名批评家韦勒克在《比较文学的名称和实质》一文中曾明确指出过这一点:"梵·第根的定义是这样的:'比较文学的目的实质是研究不同文学相互间的关系。'基亚在他那本从思想上与内容上紧步梵·第根后尘的小册子里把比较文学简洁地叫作'国际文学关系史',而伽列在为基亚这本小册子所写的序中把比较文学称作'文学史的一支',说它研究'国际精神之间的关系,研究拜伦与普希金、歌德与卡莱尔、瓦尔特·司各特和维尼之间存在的事实联系,研究不同文学的作家的灵感,生平以及作品间的事实联系'。"①梵·第根在《比较文学论》的最后部分中非常清楚地说道,比较文学最终是要走向"国际文学史"②。所以,基亚也好,伽列也好,他们对比较文学的看法都深受梵·第根的影响。

那么,比较文学究竟是文学史的分支还是属于文学批评?这个问题让我们想起了比较文学法国学派与美国学派曾有过的激烈争论,它显示了两个学派对比较文学的不同定位和思考。而挑起这场争论的

---

① [美]韦勒克:《比较文学的名称和实质》,载北京师范大学中文系比较文学研究组选编:《比较文学研究资料》,北京师范大学出版社 1986 年版,第 26 页。

② [法]梵·第根著,戴望舒译:《比较文学论》,商务印书馆 1937 年版,第 201 页。

代表人物正是美国的韦勒克。1958 年他在国际比较文学学会第二届大会上发表题为《比较文学的危机》的报告,对法国比较文学进行了尖锐的批评。他的批评主要基于三个原因:第一,“我们学科的处境岌岌可危,其严重标志是,未能确定明确的研究内容和专门的方法论。巴登斯贝格、梵·第根、伽列和基亚所公布的纲领,也并未完成这一基本任务”①。第二,法国比较文学的影响研究是文学的外部研究,“把‘比较文学’局限于研究两国文学之间的‘贸易交往’这一愿望,使比较文学变得仅仅注意研究外部情况”,最终使“‘比较文学’成了只不过是研究国外渊源和作家声誉的附属学科而已”。② 因此,“在内容方面,比较文学会变得鸡零狗碎,既不连贯,相互之间又毫无关系,成为经常与有意义的总体割裂的交互关系之网。这种狭义上的比较文学家,就只能研究渊源与影响、原因与结果,而无法从总体上研究单独一部艺术作品。因为没有一部作品可完全归于外国的影响,或者被视为一个仅仅对外国产生影响的辐射中心”③。后来,他在《比较文学的名称和实质》一文中又强调指出:“比较文学在只研究两种文学关系的狭窄含义上也不能成为一门有意义的学科,因为那样,它就必然变成两种文学之间的‘外贸’,变成对文学作品支离破碎的探讨。就不可能对个别艺术品进行深入研究。就会使比较文学成为文学史的一个附属的学科。”④第三,这种外部研究是法国为自身民族“争夺文化声誉的舌战”,“是对外贸易的商品”,“是民族借贷的统计”,是“民族心理的指示器”。⑤

长期以来,我们认同了威勒克的批评,认为比较文学不应该是文

① [美]韦勒克:《比较文学的危机》,载干永昌等选编:《比较文学研究译文集》,上海译文出版社 1985 年版,第 122 页。

② [美]韦勒克:《比较文学的危机》,载干永昌等选编:《比较文学研究译文集》,上海译文出版社 1985 年版,第 124 页。

③ [美]韦勒克:《比较文学的危机》,载干永昌等选编:《比较文学研究译文集》,上海译文出版社 1985 年版,第 123 页。

④ [美]韦勒克:《比较文学的名称和实质》,载北京师范大学中文系比较文学研究组选编:《比较文学研究资料》,北京师范大学出版社 1986 年版,第 27 页。

⑤ [美]韦勒克:《比较文学的危机》,载干永昌等选编:《比较文学研究译文集》,上海译文出版社 1985 年版,第 134 页。

学史的分支，应该属于文学批评，而恰恰忽略了或者没有认真追问比较文学是文学史分支这一观点的内涵与学理依据，也没有真正对威勒克的批评提出过任何质疑。于是有些问题仍然处于被遮蔽的状态，人们的疑惑也没有得到合理的解释。因此我们对相关问题有重新认识的必要。

一

梵·第根持比较文学是文学史分支的观点，有他自己的构想。他在《比较文学论》导言中，勾画了认识作品的一个认知视野不断开阔、深入的方式与价值指向：阅读—文学批评—文学史—比较文学。他认为，读者最初接触作品后，就开始了文学批评的阶段，只不过这种文学批评“有时是主断派的、争论派的或哲学派的，有时是印象派的，但往往总是主观而并非完全史料性的”。所以“文学史”的作用出现了，“它重新把作品和作者安置在时间和空间之中，把作品和作者之可以解释者均加以解释”①。他指出：

> 来到一个特定的文学作品面前，文学史家有一个广阔的课题要完成。他将在作者本人的生涯中或在他本人以外去研究那部著作的“本原”：它的前驱，它的源流，帮助它产生的影响，以及其他等等；它的“创世纪”，即它逐渐长成的阶段，从有时竟是很悠远的最初观念起，一直到它出版时为止；它的“内容”：故事、思想、情绪，以及其他等等；它的艺术：结构、风格、格律；它的“际遇”：在读者大众间的成功、批评界的好评、重版，以及有时是迟发的影响。
>
> 我们刚才已讲起某一部书在著作时所受到的影响以及它的前驱；其次讲起它所给予别人的影响以及它的后辈。的确，一种心智的产物是罕有孤立的。不论作者有意无意，像一幅画，一座雕像，一首奏鸣曲一样，一部书也是归入一个系列之中的。它有

① [法]梵·第根著，戴望舒译：《比较文学论》，商务印书馆1937年版，第5页。

着前驱者；它也会有后继者。文学史应该把它安置在它所从属的门类、艺术形式和传统之中，并估量著作者的因袭和创造而鉴定作者的独创性。为要了解拉马丁的《默想集》的新的贡献，那必须认识以前的悲歌和哲理诗。同样，在研究一部作品的后继者的时候，我们便格外容易看出那作品的价值。卢梭的《忏悔录》不仅本身重要而已，它还因为它所引起的那一大批感伤的自叙传而显得重要。有一些名著还不如说是集前人之大成；有一些名著是开发端绪；有许多的名著却大都是两者兼而有之。总之，接受到的和给予别人的那些“影响”的作用，是文学史的一个主要的因子。①

我们所以引录上述两段话，是因为其中透露了几个非常重要的信息。第一，梵·第根是基于文学史的立场和视野来研究文学作家作品的，他是要在了解一部作品本身的基础上，发挥文学史的作用，再将作品和作家重新置于时间和空间之中，“把作品和作者之可以解释者均加以解释”。第二，比较文学要研究的对象包括一部作品的“本原”和“创世纪”、内容和艺术、际遇和影响等。第三，梵·第根阐述了比较文学从属于文学史范畴的学理依据。他认为，作为“心智的产物”的优秀文学作品，“罕有孤立”存在的情况，它通常总是会有所继承和借鉴，也有所发展和创造，只有将作品置于特定的“门类、艺术形式和传统之中”加以比较研究，才能更好地“估量著作者的因袭和创造”，从而“鉴定作者的独创性”“新的贡献”和“价值”。在这里，梵·第根不仅强调了“接受到的和给予别人的那些‘影响’”，同时也注意到了“创造”“独创性”“新的贡献”与“价值”。

由此，梵·第根揭示了比较文学是文学史分支的谜底，从根本上指出了比较文学研究的终极目标：

既然那组成对于一件作品或一位作家的完全研究之各部分，可以单凭本国文学史着手，而不及于那接受到或给予别人的诸影

① [法]梵·第根著，戴望舒译：《比较文学论》，商务印书馆 1937 年版，第 7 页。

响之探讨和分析的,那么就让这种探讨自立门户,具有它的确切的目标,它的专家,它的方法,这想来也并无不合吧。它可以在各方面延长一个国家的文学史所获得的结果,将这些结果和别的诸国家的文学史家们所获得的结果联在一起,于是这各种影响的复杂的网线,便组成了一个独立的领域,它绝对不想去代替各种本国的文学史;它只补充那些本国的文学史并把它们联合在一起。同时,它在它们之间以及它们之上,纺织一个更普遍的文学史的网。这个门类是存在的;它是这部书的研究对象;它名为"比较文学"①。

可见,对梵·第根的比较文学的认识应该有两个层面。第一,比较文学是不同国家文学之间的影响关系的研究,我们对这个层面的理解没有问题。第二,在前者研究的基础上,要描绘、呈现国际文学间相互影响的网络图,实现真正意义上的你中有我、我中有你的世界文学的理想。它有别于国别文学史而且不会取代国别文学史,而是要扩大国别文学史的范围,弥补国别文学史关注不到的范围和领域。国别文学史主要关注的是一国文学的发展演变及其成就。比较文学是要把各个不同的国别文学史原来各自独立的世界打开一个窗口,从影响的层面将它们有机地联系起来。梵·第根等法国学者坚持比较文学是史的分支,是国际文学关系史的立场就在于此。恰恰是这个非常重要的层面的认识,被我们长时期地忽视了。

应该说,比较文学是文学批评研究,但又不限于批评。如果仅限于文学批评,那么比较文学的特殊研究领域也就丧失了,它和一般意义上的文学批评也就没有了本质的区别。虽然它是跨国家跨文化的文学批评,但总归还是批评范畴。比较文学不仅要对一国文学对另一国文学的影响进行梳理和研究,而且要在诸多个案影响研究的基础上,使不同国家的文学在有事实影响联系的层面上,形成一个既保持独立个性又有相互关系的整体意义上的国际文学史。它是"史",但不

① [法]梵·第根著,戴望舒译:《比较文学论》,商务印书馆 1937 年版,第 13—14 页。

同于一般的国别文学史，而是在各个国别文学史之间架起沟通桥梁的使视野更为开阔的一种国际文学史。这种文学史又是一般文学史所不涉及的，因为它不仅包括各国别文学中的重要作家，也“让一个地位给本国文学史只稍稍提到或竟不提的那些第二流或第三流的作家，因为他们在作为‘放送者’或‘传递者’说来，却也演着一个重要的角色”①。这个有机整体的国际文学史，“有许多极大的部分都还没有开垦过”②，这正是比较文学追求的目标，也是法国学者为比较文学划定的研究内容和研究领域。这一研究内容和研究领域无疑是明确而清晰的。

然而，韦勒克对此偏偏视而不见，认为比较文学所以产生危机，就是因为“梵·第根以及他的前辈们和追随者，都从 19 世纪实证主义事实主义观点来看待文学研究，把它看作是对渊源和影响的研究。他们相信因果关系的解释，相信由考证动机、主题、人物、情景和情节等同先前其他作品的关系所得到的启示。……但他们难得问一问，这些联系现象除了可能说明一个作家熟悉和阅读过另一个作家的作品之外，还说明了什么？”③我们认为，韦勒克对梵·第根等法国学者的指责，显然是不符合事实的。梵·第根的构想已然很清楚明白地“说明了什么”。

二

其实，韦勒克对法国比较文学的合理性、真实用意及其贡献，还是有所察觉的。正是在《比较文学的危机》中，他评价说：“比较文学在克服国别文学史所造成的人为的孤立方面，有着很大的功绩。它认为连贯的西方文学传统，交织在无数相互关系的蛛网中。这一思想显而

---

① ［法］梵·第根著，戴望舒译：《比较文学论》，商务印书馆 1937 年版，第 73 页。

② ［法］梵·第根著，戴望舒译：《比较文学论》，商务印书馆 1937 年版，第 212 页。

③ ［美］韦勒克：《比较文学的危机》，载干永昌等选编：《比较文学研究译文集》，上海译文出版社 1985 年版，第 125 页。

易见是正确的(并得到大量根据的证实)。”①既然韦勒克认为法国比较文学研究连贯了“西方文学传统”,“在克服国别文学史所造成的人为的孤立方面,有着很大的功绩”,为什么他又对“这一思想”的“正确”性给予尖锐地抨击呢?我们该如何看待这一明显的矛盾性呢?

如前所述,韦勒克从三大方面对法国比较文学研究作了尖锐的批评。但是如果我们对这三个方面的批评再做进一步的归纳和分析,就不难发现,韦勒克所以肯定法国比较文学的同时又对其大加挞伐,究其根本,就在于他是站在新批评的立场来批评法国比较文学的。作为美国著名的新批评理论家,韦勒克对文献和文学理论有广博的知识,独到的见解,一贯反对19世纪后期文学研究中的实证主义和唯科学主义倾向,强调文学本身、文学内部的价值,而不是有影响的外部事实关系的梳理和研究。他要求批评者摒弃毫无生气的事实,去关注并领悟文学作品的价值和品质,使文学作品本身成为研究的中心。他和沃伦合著的《文学理论》,清楚地显示了他偏重对文学艺术作品本身研究的倾向。在他看来,“文学作品是丰碑而不是文献”②,不是为研究历史提供线索的文献,而应该是文献研究的中心,具有独特的审美价值。他把文学作品视为一个“千差万别的整体”,“是符号和意义的分层结构,这个分层结构完全有别于作家创作时及接受影响时的思想过程”。③ 他认为“文学史和文学研究只有一个对象,那就是文学”,而在法国学者那里,比较文学研究是一种文学外部的研究,不是文学本身的研究,它远离了中心,偏离了本质。他指出:

> 就方法论而言,文学研究如不决心将文学作为有别于人类其他活动及产物的学科来研究,就不可能有什么进展。为此,我们必须正视“文学性”这个问题,它是美学的中心问题,是文学艺术

---

① [美]韦勒克:《比较文学的危机》,载干永昌等选编:《比较文学研究译文集》,上海译文出版社1985年版,第123页。

② [美]韦勒克:《比较文学的名称和实质》,载北京师范大学中文系比较文学研究组选编:《比较文学研究资料》,北京师范大学出版社1986年版,第29页。

③ [美]韦勒克:《比较文学的危机》,载干永昌等选编:《比较文学研究译文集》,上海译文出版社1985年版,第133页。

的本质。……在作者心理跟艺术作品之间，在生活、社会同审美对象之间，存在着一条被人们正确地称为“本体论的沟渠”。我已把艺术作品的研究称之为“内在”，而把对艺术作品与作家思想的关系、艺术作品与社会的关系的研究称之为“外在”。可是这种区别并不意味着渊源关系的研究应当忽略和歧视，……我绝不否认艺术与人的关系，也决不同意在历史研究和对形式的研究之间树起一道障碍。①

这一段话，可以解释韦勒克在评价法国比较文学时所表现出来的矛盾性。首先，文学研究必须正视、强调“文学性”这个问题，因为这是“美学的中心问题”，是“文学艺术的本质”。他虽然把文学研究分为“内在”研究和“外在”研究，但他重点关注和强调的是内在研究，内在研究才能显示作品的内涵与价值，才能彰显作品的独特性与创新性，只有内在研究才是最有价值的研究。他认为法国比较文学研究恰恰忽视了“文学性”这个他所强调的中心与本质，忽视了对文学作品的内在价值的关注和追问，而偏偏表现出了对外在研究的浓厚兴趣与热衷。这是韦勒克最不能容忍的。当然，正如他所说，区别内在与外在研究，“并不意味着渊源关系的研究应当忽略和歧视”，“也决不同意在历史研究和对形式的研究之间树起一道障碍”。基于此，他不能不承认法国比较文学研究的贡献与功绩。但是在他心目中，法国比较文学仅仅是文学的外在研究，这种热衷于两国文学之间“贸易交往”的外在研究，“只能研究渊源与影响、原因与结果”，而“文学研究中关于‘原因’的整个观念也完全是标新立异的，批评不当的”，“没有一个人能够说明一件艺术品形成的‘原因’是另一件艺术品，尽管可以在两者之间找到不少平行和类似之处。后来的艺术品没有前者可能无法形成，但不能说明产生它的原因是前者。文学中这类研究的整个概念是外缘的，往往被狭隘的民族主义侵蚀，造成计算文化财富的多寡、在精

① ［美］韦勒克：《比较文学的危机》，载干永昌等选编：《比较文学研究译文集》，上海译文出版社1985年版，第133页。

神领域计算借贷的弊端”,因为“因果关系的解释是没有什么结果的,只能引起无限的倒退”。①

应该说,韦勒克坚守文学研究的文学性原则以及维护文学的独立性与本真性的态度,是十分难能可贵的,对我们今天的理论界那种文化的政治的研究代替文学的研究的现象来说,依然具有振聋发聩的现实意义。纵观20世纪文学批评,我们不难发现两次不同的转向。20世纪上半期,是国际文学研究由外向内转变的时期,以形式主义和新批评为代表的潮流,扭转了19世纪文学批评的传统而转向以文本细读研究为特点的文学内部研究。韦勒克特别强调文学的内部研究是文学研究的中心,就是这种转向的具体表现。这一态势至20世纪50年代后开始渐渐发生变化。加拿大著名学者弗莱倡导的原型批评,又开始把文学研究引向文学的外部。20世纪70年代后这种趋势已成气候,精神分析批评、接受美学和读者反映批评、文化批评、新历史主义批评等,都是从不同角度强调了语境或背景对于理解和阐释文学作品的重要意义。文学研究的向外转自然都指向了文化。从文学研究到文化研究,几乎是当代文学研究各种派别的共同趋势。中国20世纪90年代后鲜明的比较文学研究的理论化倾向,就是这种文化热的开始。尽管这次转向有其合理依据与重要意义,但其间也不是没有问题,例如出现文化研究代替文学研究、比较诗学研究代替比较文学研究的倾向,甚至出现了文学将走向死亡的声音。这种倾向值得商榷。

其实,无论是向内转还是向外转都只能起到纠偏的作用,单纯的或者是纯粹的内转和外转都是有缺陷的。孤立的文学内部研究不能真正全面深刻地理解文学,更不能真正说明其价值和意义,因为它割裂了文学赖于产生的土壤和条件。只有内外前后相互参照,才能显示其价值和意义。而一味地外部研究自然又脱离了文学,不再属于文学研究。真正的文学研究是内外高度结合的,只要外部研究是为了文学的目的,其最终价值指向的是文学,有利于文学的解读和认知,就仍然

① [美]韦勒克:《比较文学的名称和实质》,载北京师范大学中文系比较文学研究组选编:《比较文学研究资料》,北京师范大学出版社1986年版,第40—41页。

是文学研究的重要有机组成部分。这种外部研究是对有魅力的作品的延伸研究，是对构成一部成功作品诸多因素中的一些不易被人察觉或被人忽略的因素的研究。

但是，恰恰在这个问题上，韦勒克显然又具有某种局限性和狭隘性。他在挑战法国、试图拓展比较文学研究范围的同时，又不由自主地人为地对文学研究加以限定，反对文化的社会的心理的内容进入文学研究领域。他一方面宣称“人人都有权研讨任何问题”①，表现出宽容豁达的气度，一方面却又表现出一种十足的霸气：“文学研究界今天首先应当认识到确定研究内容和中心的必要性。应当把文学研究同思想史的研究，同宗教及政治观念和情绪的研究区分开来，而这些研究往往被建议用来替代文学研究。很多文学研究方面，特别是比较文学研究方面的著名人物，根本不是真正对文学感兴趣，而是热衷于研究公众舆论史、旅游报道和关于民族特点的见解。总之，对一般文化史感兴趣。文学研究这个概念被他们扩大到竟与整个人类史等同起来了。”②他对“伽列和基亚最近的尝试”也不能令他满意，因为“他们忽然把比较文学的范围扩大到包括对民族幻想的研究，以及对国家之间相互渗透的固定看法的研究。听听法国人对德国人或英国人的看法当然很好，可是这样的研究仍然属于文学研究范围吗”？他认为这不是文学研究，而是“民族心理学，是社会学”，“比较文学研究范围的扩大”，势必付出“把文学研究融入社会心理学研究和文化史研究这样的代价”。③ 以文化研究取代文学研究，当然是不可取的，也是我们坚决反对的，但是没有文化的社会的心理的内容融入的文学研究，也注定不会深刻全面。韦勒克所说的“伽列和基亚最近的尝试”，指的就是形象学研究。形象学研究，今天已经被公认为是比较文学研究中一个

① ［美］韦勒克：《比较文学的危机》，载干永昌等选编：《比较文学研究译文集》，上海译文出版社 1985 年版，第 130 页。

② ［美］韦勒克：《比较文学的危机》，载干永昌等选编：《比较文学研究译文集》，上海译文出版社 1985 年版，第 132—133 页。

③ ［美］韦勒克：《比较文学的危机》，载干永昌等选编：《比较文学研究译文集》，上海译文出版社 1985 年版，第 124—125 页。

非常重要的组成部分。形象学研究成果的大量涌现,正是在更为深广的文化历史的背景下理解文学跨文化接受的需要。这些努力不仅没有脱离文学,而且都是为了更好地理解文学,与文学的问题息息相关。

再换个角度看,韦勒克抵制影响研究,又并非如他所说的那样完全基于文学的立场,而是还掺杂了一些非客观的主观因素。他说:"法、德、意等国很多比较文学研究中的基本爱国主义动机,造成了比较文学成为文化功劳簿这样一种奇怪现象,产生了为自己国家摆功的强烈愿望——竭力证明本国施与他国方面的影响,或者用更加微妙的办法,论证本国对一个外国大师的吸取和'理解',胜过其他任何国家。"①他所以这样认为,是因为,作为一个美国人,他强烈地感到"这一半是由于美国值得炫耀的东西比人家少,一半由于它对文化政治不如别的国家感兴趣"②。美国是一个年轻的国家,仅有两百多年的历史,其早期作品与英国一脉相承,根本无法与文学传统悠久、文学大师辈出的法国相媲美。若一味囿于影响研究,那么美国只能研究自己如何接受外来文学的影响,处于被动地位。这难免让韦勒克多少有点不自在,所以他把法国比较文学的影响研究看成一种"文化扩张",并希望这种"文化扩张的幻想将会消失,就像通过文学研究来谋求世界性和解的幻想将会消失一样"③。但是,他说美国"对文化政治不如别的国家感兴趣",则无异于自欺之谈,没有人相信!

三

韦勒克和梵·第根关于比较文学的观点,看似尖锐对立,但若细察,我们认为,他们两人的理论主张还是有共通之处的。

---

① [美]韦勒克:《比较文学的危机》,载干永昌等选编:《比较文学研究译文集》,上海译文出版社1985年版,第129页。

② [美]韦勒克:《比较文学的危机》,载干永昌等选编:《比较文学研究译文集》,上海译文出版社1985年版,第129页。

③ [美]韦勒克:《比较文学的危机》,载干永昌等选编:《比较文学研究译文集》,上海译文出版社1985年版,第134页。

第一,他们都注重文学研究。梵·第根认为比较文学研究不同文学之间的相互关系。这里强调的虽是“相互关系”,但毕竟是“文学”的相互关系,因此依然是文学研究范畴。比较文学的相互关系中虽然有相似或模仿之处,但这种相似或模仿不是照搬原样,而是一种创造的刺激。探讨作品中某种相似或模仿的源泉,必须发现作品如何创造性地吸取养分,消化成为作者自己独特的东西。巴尔登斯伯格在《巴尔扎克作品中的外国方向》一文中就指出,巴尔扎克的创作曾受到歌德《少年维特之烦恼》《浮士德》以及司各特等许多作家的影响。不过,这些外国文学渊源并没有“窒息他的天才,相反,还帮助了他,使他的天才更加发扬了”①。显然,巴尔登斯伯格虽然探究的是巴尔扎克创作的外国渊源,但同时又强调了巴尔扎克文学创作的独特性与创造性。如前所述,韦勒克也强调文学研究必须正视“文学性”。所以,从大处看,他们都坚守文学立场。

第二,他们都重视文学的整体研究。韦勒克说:“在我看来,唯一正确的概念无疑是‘有机体’这个概念。它把艺术作品看作是千差万别的整体,是一个符号的结构,这些符号包含并要求具有意义和价值。”②由此,他批评法国学者的比较文学研究在内容方面“变得鸡零狗碎,既不连贯,相互之间又毫无关系,成为经常与有意义的总体割裂的交互关系之网”③。实际上,法国比较文学研究也是一种整体意义上的研究,具有整体性研究的特点,不是鸡零狗碎式的研究。“有机体”或“整体性”应该包括影响与受影响的内容。梵·第根认为,比较文学并不仅仅局限于两国文学的影响研究,它的最终目标是“各方面延长一个国家的文学史所获得的结果,将这些结果和别的诸国家的文学史家们所获得的结果联在一起”,“纺织一个更普遍的文学史的网”,从而走向“国际文学史”。这个国际文学史“绝对不想去代替各

① [法]基亚著,颜保译:《比较文学》,北京大学出版社 1983 年版,第 88 页。

② [美]韦勒克:《比较文学的危机》,载干永昌等选编:《比较文学研究译文集》,上海译文出版社 1985 年版,第 134 页。

③ [美]韦勒克:《比较文学的危机》,载干永昌等选编:《比较文学研究译文集》,上海译文出版社 1985 年版,第 123 页。

种本国的文学史”，而是一个相互间有联系、有意义的网络整体。韦勒克说“这种批评意味着对价值与质量的重视，对艺术品本身及其历史性的理解的重视，因此要求批评史具有这样一种理解力。最后，它还要求有一种国际的角度，能够看到整个文学史与文学研究的未来理想。比较文学当然要克服民族的偏见与地方主义，但并不因此无视或减少不同民族文学传统的存在和活力”①。在这里，“全球文学史”与“更普遍的文学史的网”相似，“绝对不想去代替各种本国的文学史”与“不因此无视或减少不同民族文学传统的存在和活力”的基本精神一致。

过去，我们对比较文学法国学派与美国学派区分得过于分明，往往有意无意地忽略了它们之间的一致性和共融性。谈到法国学派就认为它重在实证，讲到美国学派则强调其审美批评，而事实上法国学派在实证性的影响研究中根本不可能抛弃美学分析和价值判断，美国学派在无影响的平行研究、跨学科研究中，也不可能离开实证方法，否则比较文学研究也就失去了它自身的意义。同样，在看待法国学者提出的比较文学是文学史分支的问题上，我们仍然需要摆脱二元对立的思维定式，不要纠缠于比较文学是批评还是史的分支，批评与史并非泾渭分明，而是相互依存的关系。法国学者界定比较文学是文学史的分支，如前所述，自有其学理上的依据，况且他们没有排斥批评，更没有无视独创性。韦勒克强调文学的独创性，认为在文学作品这个整体中，“从别处衍生出来的原材料不再是毫无生气的东西，而是与新的结构溶为一体了”②。法国学者在谈论影响时，也常常是和独特性、创造力量联系在一起的。除了前面我们已经引述梵·第根关于“独创性”与“价值”的那段话外，他还认为：“我们所属的这一系民族的文学之通史，向我们显示出这一系民族是如何地互相补充，文学艺术是如何地靠了这永远的充溢而有着一种永远新鲜的血。每一个国家，每一位

① ［美］韦勒克：《比较文学的名称和实质》，载北京师范大学中文系比较文学研究组选编：《比较文学研究资料》，北京师范大学出版社1986年版，第41页。

② ［美］韦勒克：《比较文学的危机》，载干永昌等选编：《比较文学研究译文集》，上海译文出版社1985年版，第125页。

作家都轮流着到这舞台包括全人类的戏剧中来演他们的角色,表现他们的思想,做他们的梦”,由此“恢复了它的真正的世界性”。[①] 著名批评家朗松在《外国影响在法国文学发展中的作用》一文中也认为,外来影响的作用是双重的,“一方面,我们可以看到这个作用在于使民族精神超越自我,将它丰富起来,从而帮助它向前发展”,“别人已有而我们欠缺的东西这个明确的意识指引着我们的创造力量向前冲击”。[②]“另一个同样重要的作用,是在某些时刻还我自立的权利。外来影响不止一次地起着解放我们的作用。”[③]他还说:“我们感兴趣的并不是照原样复制外国思想,复制外国诗歌,带着产生它们的民族的印记,带着取悦于产生它们的民族的东西。我们只是从中吸取为我们所用的东西。我们对外国思想或者外国诗歌的看法,不管是正确还是错误,只要能符合我们心中那未曾表达的梦幻就行。……我们是模仿他们的榜样而把‘我们自己的意思表达得更好。’”[④]可见,法国学者在比较文学研究的思路上,既强调了文学史的功能,又突显了批评的价值,体现了稳健求真、辩证客观的学术精神。

事实上,韦勒克同样认为,比较文学是在文学史与文学批评的基础上建立起来的。文学史和文学批评之间不存在着任何绝对的分界线,即使文学史中最简单的问题,也需要作出判断、比较、分析、区别和筛选,而这些均属于批评活动。“我们既需要文学史,也需要文学批评。我们需要一个广阔的视野和角度,这只有比较文学能够提供。”[⑤]法国学者孜孜以求的正是这样的“广阔视野”。韦勒克与法国学者在这个问题上又是不谋而合的。

---

① [法]梵·第根著,戴望舒译:《比较文学论》,商务印书馆1937年版,第252页。

② [法]朗松:《外国影响在法国文学发展中的作用》,载朗松著,徐继曾译:《朗松文论选》,百花文艺出版社2009年版,第78—79页。

③ [法]朗松:《外国影响在法国文学发展中的作用》,载朗松著,徐继曾译:《朗松文论选》,百花文艺出版社2009年版,第80页。

④ [法]朗松:《外国影响在法国文学发展中的作用》,载朗松著,徐继曾译:《朗松文论选》,百花文艺出版社2009年版,第82页。

⑤ [美]韦勒克:《比较文学的名称和实质》,载北京师范大学中文系比较文学研究组选编:《比较文学研究资料》,北京师范大学出版社1986年版,第41页。

总之,法国学者提出比较文学是文学史分支的观点,有其合理的学理依据,我们应该公正、理性地加以全面认知。这不仅有利于我们站在一个客观公正的立场上,正确评价法美两国学者论争的是是非非,而且可以真正让我们获得一个更高的视点,来清醒审视矛盾双方内在追求的一致性与共通性,从而洞悉、肯定法国学者的可贵构想,提供建设性意见和建议,共同推动比较文学学科健康和谐地向前发展。

(原文刊载于《文学评论》2010 年第 5 期)

论跨学科研究与影响研究的关系

——从美国比较文学定义谈起

长期以来,学界普遍认为法国比较文学是影响研究,影响研究就是注重影响事实的求证,而美国比较文学则是平行研究,平行研究强调类比分析,重视审美评价。跨学科研究作为美国学派与法国学派之间根本分歧的标志,自然被归入平行研究的范围,似乎跨学科研究与影响研究无关。这种二元对立的思维定势,把法国比较文学与美国比较文学区分得泾渭分明,甚至把它们放在了相互割裂、彼此不容的位置,致使人们错误地认为比较文学中的跨学科研究与影响研究完全分属两种不同的研究类型。因此,学界很少认真思考、客观梳理这两种不同的研究类型之间实际存在着的一致性和辩证关联,国内外目前也很难看到专论跨学科研究与影响研究关系问题的学术成果。因此,从理论上理清跨学科研究与影响研究之间的关系,不仅有利于全面完整地认识法国比较文学和美国比较文学及其相容性,而且有利于比较文学学科的科学建构与健康发展,无论从学科发展,还是具体研究实践上看,都具有重要的理论借鉴价值和现实指导意义。

一

为了更好地说明问题,让我们重新回到比较文学美国学派的那个著名定义上。雷马克在《比较文学的定义和功用》一文中指出:

> 比较文学是超越一国范围之外的文学研究，并且研究文学和其它知识及信仰领域之间的关系，例如艺术（如绘画、雕刻、建筑、音乐）、哲学、历史、社会科学（如政治、经济、社会学）、自然科学、宗教等等。质言之，比较文学是一国文学与另一国文学或多国文学的比较，是文学与人类其它表现领域的比较。①

这个定义“被美国大多数比较文学研究者们所接受，但在很重要的一部分比较学者当中却可能引起争议，我们姑且把这部分学者概称为‘法国学派’”。雷马克认为美国学派和法国学派对于比较文学的看法“有些是根本性的，还有些是强调的重点不同”。那么，哪些属于“强调的重点不同”，哪些属于“根本性”的不同呢？雷马克对自己定义的两个部分分别作了阐释，明确指出了与法国学派的显著区别。

首先，就定义的第一部分而言，雷马克认为，美国学派和法国学派虽然都赞同“比较文学是超出国界的文学研究，但在实际应用当中，他们各自强调的重点却有一些重要差别。法国人较为注重可以依靠事实根据加以解决的问题（甚至常常要依据具体的文献），他们基本上把文学批评排斥在比较文学领域之外。他们颇为蔑视‘仅仅’作比较、‘仅仅’指出异同的研究”②。众所周知，法国比较文学学者对比较文学的界定是：“比较文学是文学史的一个分支：它研究在拜伦与普希金，歌德与卡莱尔、瓦尔特，司各特与维尼之间，在属于一种以上文学背景的不同作品、不同构思以至不同作家的生平之间所曾存在过的跨国度的精神交往与实际联系。”③法国学派注重不同国家文学之间的“精神交往”和“实际联系”，是明显存在联系的影响关系的研究。然而，美国学者对此不以为然。雷马克所谓“超出国界”的比较文学研

① ［美］雷马克：《比较文学的定义和功用》，载北京师范大学中文系比较文学研究组编：《比较文学研究资料》，北京师范大学出版社1986年版，第1页。

② ［美］雷马克：《比较文学的定义和功用》，载北京师范大学中文系比较文学研究组编：《比较文学研究资料》，北京师范大学出版社1986年版，第1页。

③ ［法］伽列：《比较文学》初版序言，《比较文学研究资料》，第43页。

究，虽然包含了法国学派的“精神交往”和“实际联系”的比较研究，但显然更关注“异同的研究”，更强调“类比分析”和“平行比较”，因为：

> 影响研究如果主要限于找出和证明某种影响的存在，却忽略更重要的艺术理解和评价的问题，那么对于阐明文学作品的实质所做的贡献，就可能不及互相并没有影响或重点不在于指出这种影响的各种对作家、作品、文体、倾向性、文学传统等等的研究。纯比较性的题目其实是一个不可穷尽的宝藏，现代学者们几乎还一点也没有碰过，他们似乎忘记了我们这门学科的名字叫“比较文学”，不是“影响文学”①。

雷马克认为“法国人对文学研究‘可靠性’的要求现在已经显得陈腐了”，而“这种保守态度的根子显然在实证主义”②。韦勒克在《比较文学的危机》一文中也认为，比较文学学科之所以岌岌可危，就是因为它没有“明确的研究内容和专门的方法论”。法国学者“把陈旧过时的方法论包袱强加于比较文学研究，并压上十九世纪事实主义、唯科学主义和历史相对主义的重荷”，这样，比较文学“只能研究渊源与影响、原因与结果，而无法从总体上研究单独一部艺术作品”。③ 在《今日之比较文学》这篇文章中，韦勒克又明确指出，《比较文学的危机》“所针对的不是一个国家，而是一种方法”④。可见，美国学派反对影响研究，反对实证方法。

其次，就定义的第二部分，即文学与其他学科领域之间的关系而言，雷马克认为：“在这个问题上，我们遇到的不是强调重点的不同，而

---

① ［美］雷马克：《比较文学的定义和功用》，载北京师范大学中文系比较文学研究组编：《比较文学研究资料》，北京师范大学出版社1986年版，第2页。

② ［美］雷马克：《比较文学的定义和功用》，载北京师范大学中文系比较文学研究组编：《比较文学研究资料》，北京师范大学出版社1986年版，第2页。

③ ［美］韦勒克：《比较文学的危机》，载干永昌等选编：《比较文学研究译文集》，上海译文出版社1985年版，第122—123页。

④ ［美］韦勒克：《今日之比较文学》，《比较文学研究译文集》，载干永昌等选编：《比较文学研究译文集》，上海译文出版社1985年版，第164页。

是‘美国学派’与‘法国学派’之间阵线分明的根本分歧。”①因为“梵·第根、基亚、艾金昂伯尔和冉纳都没有在书中讨论文学与其他领域的关系”,而且他们也“不认为这类研究属于比较文学的范围”。②在雷马克看来,跨学科研究才是比较文学美国学派的最大亮点,因为这是法国学派不曾关注的领域,故成为两个学派之间的“根本分歧”所在。雷马克如此看重跨学科研究,是因为它“能更好、更全面地把文学作为一个整体来理解而不是看成某部分或彼此孤立的几部分文学”③。

需要指出的是,雷马克所说的“梵·第根、基亚、艾金昂伯尔和冉纳都没有在书中讨论文学与其他领域的关系”的话,容易让人产生法国学者没有谈论过跨学科问题的误解。事实上,跨学科问题研究也并非美国学者的专利,梵·第根、基亚、艾金昂伯尔和冉纳没有谈论的话题,不等于其他法国学者没有谈论过。例如,早在19世纪末20世纪初,法国著名文学批评家和文学史家朗松就写过一篇《文学与科学》(1895)的长文,专门提出了“文学与科学之间的关系问题”,认为“没有什么问题比这问题在今天重新提出更加有益的了,假如我们能利用我们最近的经验来予以解决,我们也许就有可能使文学摆脱某些偏见,摆脱某些迷信”。文章指出:“文学受科学的影响不自今日始。近三百年以前,文学发展就因科学发展而有所改变。”④朗松还以古典主义文学和自然主义文学等为例,详细探讨了科学对文学的影响。

不过,话又说回来,美国学派的比较文学定义大大扩展了法国学派的研究视野,不仅把研究引向了有影响关系以外的无影响的领域,而且把文学与人类知识和活动的其他领域更为系统、更为自觉地联系了起来,使跨学科研究正式成为比较文学研究的一个独立的领域,体

---

① [美]雷马克:《比较文学的定义和功用》,载北京师范大学中文系比较文学研究组编:《比较文学研究资料》,北京师范大学出版社1986年版,第4页。

② [美]雷马克:《比较文学的定义和功用》,载北京师范大学中文系比较文学研究组编:《比较文学研究资料》,北京师范大学出版社1986年版,第2页。

③ [美]雷马克:《比较文学的定义和功用》,载北京师范大学中文系比较文学研究组编:《比较文学研究资料》,北京师范大学出版社1986年版,第7页。

④ [法]朗松著,徐继曾译:《朗松文论选》,百花文艺出版社2009年版,第85页。

现了美国学派的学术开拓精神，也是美国学派对比较文学学科作出的贡献。

问题在于，美国跨学科研究具体展开的路径是什么？是平行的异同对照和类比分析，还是实证的影响研究？跨学科研究与影响研究之间真是只有“根本分歧”而没有相通之处吗？

二

如果从雷马克的比较文学定义表述本身看，我们发现，美国学派并没有排斥影响研究，它与法国学派之间有相融合性和共通性。第一，“比较文学是超越一国范围之外的文学研究”，或者“比较文学是一国文学与另一国文学或多国文学的比较”的表述，说明美国学派没有为比较文学研究设限，只要跨越国家界限的文学都可以进行比较。也就是说，这种比较既可以在有“精神交往”和“实际联系”的文学之间进行，也可以在没有“精神交往”和“实际联系”的文学之间进行。在前一个层面，美国学派与法国学派有相融合性。第二，“研究文学和其它知识及信仰领域之间的关系”或“文学与人类其它表现领域的比较”同样显示，跨学科研究既可以在有实际联系的影响层面进行，也可以在无影响关系的平行层面进行。这一点也可以在雷马克的另一篇文章《比较文学的法国学派和美国学派》中的一段话里得到印证：

> 在美国占统治地位的比较文学观念在大体上一直包括“比较艺术”研究或与这类研究紧密相关，它甚至还和文学与科学、文学与心理学、文学与政治、文学与宗教等课题联系在一起，因为即便撇开相互影响的问题，这些通过类比和对照进行的比较也一定会生动地显示出上述各领域特殊的本质和作用。①

① ［美］雷马克：《比较文学的法国学派和美国学派》，载北京师范大学中文系比较文学研究组编：《比较文学研究资料》，北京师范大学出版社 1986 年版，第 73 页。

雷马克在这里明确指出，跨学科研究可以“通过类比和对照”的方法进行，也可以采用影响研究的方法进行。他所说的“即便撇开相互影响的问题”，并不是要否定影响方法，而是强调如果不从影响的层面而是从类比和对照的层面进行研究同样有价值，不是只有影响研究一条途径可供选择。从影响的角度说，法国学派和美国学派都关注影响关系，所不同的是，法国学派关注跨国界文学之间的影响关系，美国学派看重的则是文学学科与非文学学科之间的影响关系。这样看来，应该说，美国学者提出的比较文学研究，特别是跨学科研究，从一开始就不是在完全推翻或摆脱法国影响研究的基础上进行的，而是在既有认同又有批评基础上的拓展研究，其间兼具平行比较与审美批评。不过，值得一提的是，研究成果表明，跨学科研究多是沿着影响研究的思路进行，这也是跨学科研究与影响研究共通性之所在。

例如，美国学者玛丽·盖塞的《文学与艺术》是一篇探讨文学和艺术之间关系的经典论文。她认为：“进行文学与艺术的比较研究似乎有三种基本途径：形式与内容的关系、影响以及综合。”①在这三种基本途径中，我们特别需要注意“影响”和“综合”，因为它们实际上是跨学科研究的重要方法。玛丽·盖塞不仅重视综合，而且重视影响。重视综合，体现了美国学派的主张。雷马克认为：“我们必须综合，除非我们宁愿让文学研究永远支离破碎。只要我们有雄心加入人类的精神生活和情感生活，我们就必须随时把文学研究中得出的见解和成果集中起来，把有意义的结论贡献给别的学科，贡献给全民族和全世界。”②要综合，自然离不开分析类比，“这种分析类比研究不仅像对属于不同国度的两部或多部杰作进行平行比较可能做到的那样有助于认识作品的美学价值和提供一般性解释，而且有助于从文学史的角度

① [美]玛丽·盖塞：《文学与艺术》，载北京师范大学中文系比较文学研究组编：《比较文学研究资料》，北京师范大学出版社1986年版，第482页。

② [美]雷马克：《比较文学的定义和功用》，载北京师范大学中文系比较文学研究组编：《比较文学研究资料》，北京师范大学出版社1986年版，第3页。

进行研究并做出结论”①。重视影响则是法国学派精神的体现。“严肃的艺术家和批评家都随时意识到,文学与艺术间存在着‘天然的姻缘’,而且几乎毫无例外地承认,这种姻缘本身就包含着构成比较分析之基础的对应、影响和互相借鉴。”②玛丽·盖塞十分清楚,跨学科影响关系的梳理离不开实证,没有实证一切无从谈起。

美国学者里恩·艾德尔的《文学与心理学》也是一篇经典的跨学科研究论文,体现了影响研究的思路和实证的方法。论文开篇就指出文学与心理学,尤其是精神分析学有着共同的基础,“它们均涉及人的动机和行为,以及人创造和利用象征的能力。在这一过程中,两者都进入了对人的主观方面的研究”。但他更看重的是精神分析学对文学的影响,认为“随着心理学中精神分析学的渗入,文学对这方面知识的需要也日渐增长”,因此,“考察文学与心理学,一方面必须探讨精神分析如何直接影响了运用想象的创作,另一方面又必须讨论文学批评和传记写作对心理学方面及精神分析方面的应用”③。他认为:“要把精神分析运动对现代文学的全部影响记录下来将会是一个可观的任务。名作家中极少人能真正避开精神分析观念直接或间接的影响。有些作家亲身经历过精神分析。然而大多数作家还是通过阅读主要理论家的著作、大量的评论和普及读物而濡染了精神分析学的思想。”而且他认为,精神分析学在三个方面对文学研究“作出了重要贡献:一是批评,二是创作过程的研究,三是传记写作”④。

上述两篇文章正如雷马克所言:“在美国发表的比较文学研究著作中有许多实际上是符合法国派的观念的。”⑤雷马克虽然批评法国

---

① [美]雷马克:《比较文学的法国学派和美国学派》,载北京师范大学中文系比较文学研究组编:《比较文学研究资料》,北京师范大学出版社1986年版,第71页。

② [美]玛丽·盖塞:《文学与艺术》,载北京师范大学中文系比较文学研究组编:《比较文学研究资料》,北京师范大学出版社1986年版,第495—496页。

③ [美]里恩·艾德尔:《文学与心理学》,载北京师范大学中文系比较文学研究组编:《比较文学研究资料》,北京师范大学出版社1986年版,第579页。

④ [美]里恩·艾德尔:《文学与心理学》,载北京师范大学中文系比较文学研究组编:《比较文学研究资料》,北京师范大学出版社1986年版,第586页。

⑤ [美]雷马克:《比较文学的法国学派和美国学派》,载北京师范大学中文系比较文学研究组编:《比较文学研究资料》,北京师范大学出版社1986年版,第70页。

学派，却也能客观、公正、清醒地评价它，劝告美国学者“必须注意”，不要“随便地放弃法国人喜欢研究的那些问题”①。虽然他认为法国人对文学研究“可靠性”的要求现在已经有些陈腐，但是，包括美国学者在内的跨学科研究实践都无法回避“可靠性”，离不开确凿的事实以及这些事实之间实际存在着的关系这一基础。我们无法想象，不找寻文学与哲学、宗教、艺术、心理学等学科之间的实际联系，不对实证方法加以运用，这种跨学科研究将何以展开？审美批评的基础将何以建立？毕竟“美学的一切都要从确凿的研究那儿获得”②，“任何适当的文学研究都要求同时应用分析方法和关系方法”③。

三

我们再来看看国内比较文学教材对跨学科研究的介绍情况。目前国内通行的比较文学教材，在介绍跨学科研究时，基本上都是侧重于影响关系的梳理。例如乐黛云主编的《中西比较文学教程》④，陈惇、刘象愚主编的《比较文学概论》⑤，曹顺庆主编的《比较文学教程》⑥，张铁夫、季水河主编的《新编比较文学教程》⑦，杨乃乔主编的《比较文学概论》⑧，高旭东主编的《比较文学实用教程》⑨，等等。我们以陈惇、刘象愚主编的《比较文学概论》中的“跨学科的文学研究”一章和张铁夫、季水河主编的《新编比较文学教程》中的“跨学科研

① ［美］雷马克：《比较文学的定义和功用》，载北京师范大学中文系比较文学研究组编：《比较文学研究资料》，北京师范大学出版社 1986 年版，第 4 页。

② ［法］艾金伯勒：《比较文学的目的、方法、规划》，载干永昌等选编：《比较文学研究译文集》，上海译文出版社 1985 年版，第 108 页。

③ ［美］勃洛克：《比较文学的新动向》，载干永昌等选编：《比较文学研究译文集》，上海译文出版社 1985 年版，第 193—194 页。

④ 乐黛云主编：《中西比较文学教程》，高等教育出版社 1988 年版。

⑤ 陈惇、刘象愚主编：《比较文学概论》，北京师范大学出版社 2000 年版。

⑥ 曹顺庆主编：《比较文学教程》，高等教育出版社 2006 年版。

⑦ 张铁夫、季水河主编：《新编比较文学教程》，湖南教育出版社 2009 年版。

⑧ 杨乃乔主编：《比较文学概论》，北京大学出版社 2002 年版。

⑨ 高旭东主编：《比较文学实用教程》，北京大学出版社 2011 年版。

究”一章为例说明这一事实。

《比较文学概论》中的“跨学科的文学研究”共分五节，分别是文学与艺术、文学与宗教、文学与语言学、文学与心理学、文学与哲学和文学与科学。在谈到文学与艺术的关系时，教材认为“文学与绘画、雕塑、音乐等艺术门类之间存在着天然的姻缘联系，人们往往把它们称为姊妹艺术。尽管它们各有其特殊的表现形式和独特的艺术规律，但它们之间存在着互相孕育、互相阐发、互相影响、互相借鉴等密切的联系。比较它们的异同，研究它们相互之间的密切联系，早已成为学者们感兴趣的课题”①。然后从四个方面以大量实例说明了文学和艺术之间的密切联系。在“文学与宗教”一节中，教材认为两者具有密切的内在联系，特别是在文学的产生和发展过程中，宗教起过重要的作用，并分别以丰富的实例介绍了《圣经》对西方文学的影响及佛教对中国古典文学的影响。在“文学与语言学”一节中，教材主要讨论了两个问题：第一，文学创作、文学运动与语言研究的关系，认为它们之间互相影响，互为因果；第二，文学研究与语言学的关系，特别强调了语言学对文学研究的巨大影响，“从俄国形式主义、布拉格学派到结构主义等，都在现代语言学的影响下兴起，一度占领了西方文学品牌的主导地位”②。在“文学与心理学”一节中，教材认为文学与心理学关系的论述可以追溯到柏拉图和亚里士多德，到现代，“弗洛伊德关于无意识、泛性欲的心理分析学说和对梦的解析的问世，以及荣格关于种族记忆、集体无意识和原型理论的建立，把文学和心理学的关系变得格外密切”。因此，“比较学者对文学与心理学关系的研究主要从以下四方面入手：对作家的个性和心理的研究；对创作过程的研究；对文学作品中表现的心理学类型和法则的研究；对读者心理的研究”③。接着，教材对上述四个方面作了细致梳理。“文学与哲学”一节的立足点也是两者的相互关系，一方面文学家的创作可以为哲学提供条件，另一

① 陈惇、刘象愚主编：《比较文学概论》，北京师范大学出版社2000年版，第257页。
② 陈惇、刘象愚主编：《比较文学概论》，北京师范大学出版社2000年版，第296页。
③ 陈惇、刘象愚主编：《比较文学概论》，北京师范大学出版社2000年版，第307—308页。

方面哲学总是作为一种世界观和方法论的理论体系对文学产生影响。“文学与哲学相互联系的最直接的显而易见的方式是哲学内容与文学形式的结合。哲学家利用文学形式来表达他的哲学理论;文学家在自己的创作中表现了某种哲学思想。”①“文学与科学”一节同样主要着眼于两者的相互影响和启发,认为“文学不仅可以像科学那样在本原上来自‘思想实验’,而且可以在创作观念或过程中采用实验的方法,或者直接借用,或者加以发展。五四新文学中的一大批作家深受弗洛伊德主义的影响,写白日梦、变态性心理,表现了鲜明的实验色彩”②。而且,两者的紧密联系“还表现在二者杂交产生的一些混合文类上,比较典型的有前科学时代的种种炼金术文本和现代科学诞生之后出现的科幻小说,此外还有科学诗、科学散文,等等”③。

《新编比较文学教程》的“跨学科研究”一章中的两节“文学与人文科学”“文学与自然科学”,同样是从相互影响的层面来探讨其关系,而且小标题提示得十分清楚。例如在“文学与哲学”部分,清楚地显示出“哲学对文学的影响”和“文学对哲学的影响”的小标题;在“文学与宗教”部分,标出“宗教对文学的影响”和“文学对宗教的影响”;在“文学与心理学”部分,标明“心理学对文学的影响”和“文学对心理学的影响”;在“文学与艺术”部分,标出“艺术对文学的影响”和“文学对艺术的影响”。在“文学与自然科学”一节,依然是双向影响探讨的思路。例如“自然科学对文学的影响”:第一,自然科学的进步与文学的发展;第二,自然科学成果在文学中的应用;第三,自然科学方法对文学创作的影响;第四,自然科学方法对文学批评的影响。“文学对自然科学的影响”:第一,文学心理对科学创造的影响;第二,文学成果对科学创造的启迪;第三,文学批评标准在科学评价中的运用。

国内比较文学教材中跨学科研究内容的介绍,所以呈现出如此集中而清晰的影响研究的理路与方法,一方面得益于丰富的跨学科研究

① 陈惇、刘象愚主编:《比较文学概论》,北京师范大学出版社 2000 年版,第 314 页。
② 陈惇、刘象愚主编:《比较文学概论》,北京师范大学出版社 2000 年版,第 331 页。
③ 陈惇、刘象愚主编:《比较文学概论》,北京师范大学出版社 2000 年版,第 333 页。

学术成果，这些学术成果具体而深入地展示了不同国家众多的作家作品与相关学科之间的相互影响及其意义，例如《超学科比较文学研究》[①]《基督教与文学》[②]《佛教与中国古代文学的关系》[③]《中西文学与哲学宗教》[④]《莎士比亚与〈圣经〉》[⑤]《西方现代派文学与〈圣经〉》[⑥]等；另一方面，究其根本，还在于跨学科自身的特征与规律所致，"人类各种艺术、各学科之间，曾经具有一种同源共生的关系，而在人类知识进化的过程中，它们逐渐拥有了自己独立的领域，相互间具有了异质性，但仍然保持着千丝万缕的联系，它们相互影响、促进。对这种复杂关系的发掘、清理，便成为比较文学的跨学科研究的起点"[⑦]。

综上所述，我们认为，比较文学美国学派倡导的跨学科研究超越了法国学派影响研究的疆域，却未能也无法从根本上绕过影响研究的范式及其实证方法。跨学科研究成果和国内通行的比较文学教材显示，跨学科研究更多的是关注文学学科和哲学、宗教、艺术、心理学、语言学等非文学学科之间的相互启发和影响，而不是纯粹的无影响类似的平行比较研究。因此，美国学派的跨学科研究不仅与影响研究相互关联，而且从方法论上讲仍然是一种影响研究，或者说是一种跨学科的影响研究。长期以来，学界把比较文学美国学派习惯地笼统冠以"平行研究"，而跨学科研究作为美国学派标志性的研究内容，也自然而然地被涵括在"平行研究"内，无形中遮蔽了跨学科"影响研究"的特点，有以偏概全的不足，的确值得我们作认真系统地梳理和辩证缜密地思考。

（原文刊载于《汉语言文学研究》2013 年第 2 期）

---

① 乐黛云、王宁主编：《超学科比较文学研究》，中国社会科学出版社 1989 年版。

② 朱维之编著：《基督教与文学》，上海书店 1992 年版。

③ 钱仲联：《佛教与中国古代文学的关系》，载北京师范大学中文系比较文学研究组编：《比较文学研究资料》，北京师范大学出版社 1986 年版。

④ 高旭东：《中西文学与哲学宗教》，北京大学出版社 2004 年版。

⑤ 梁工主编：《莎士比亚与〈圣经〉》，商务印书馆 2005 年版。

⑥ 孙彩霞：《西方现代派文学与〈圣经〉》，中国社会科学出版社 2005 年版。

⑦ 曹顺庆主编：《比较文学教程》，高等教育出版社 2006 年版，第 203 页。

论朗松对比较文学影响研究的奠基性贡献

——以《文学史方法》为中心

引　言

谈到比较文学影响研究,我们自然会想到流传学(即誉舆学)、渊源学(即源流学)、媒介学等基本研究范式,这些基本研究范式已被学界广泛使用,其影响也远远超出比较文学研究领域。而对这些基本研究范式较早作出集中而清晰界说与总结的学者,正是法国著名比较文学专家梵·第根。他在1931年出版的代表性学术专著《比较文学论》中,分别列专章从放送者、接受者、传递者的层面,详尽地探讨了流传学、渊源学和媒介学的基本特征及其内容。

梵·第根首先对放送者、接受者、传递者作出界定:"在一切场合之中,我们可以第一去考察那穿过文学疆界的经过路线底起点:作家,著作,思想。这便是人们所谓'放送者'。其次是到达点:某一作家,某一作品或某一页,某一思想或某一情感。这便是人们所谓'接受者'。可是那经过路线往往是由一个媒介者沟通的个人或集团,原文的翻译或模仿。这便是人们所谓'传递者'。一个国家的接受者在另一个说起来往往担当着'传递者'的任务。"①"我们应该把'放送者''接受

① [法]梵·第根著,戴望舒译:《比较文学论》,商务印书馆1937年版,第64—65页。

者’或甚至‘传递者’的这些因子隔绝，以便个别地去探讨它们，并确切而有范围地证明那些影响或假借。”①继而，梵·第根清楚地强调了这三种研究范式各自所关注的重点和指向：“如果他是置身在放送者的观点上，他可以研究一件作品、一位作家、一种文体、一种国别文学在外国的‘成功’、它们在那儿所生的‘影响’，以及在那儿以它们为模范的各种模仿（在这些种种不同的表现之间，本位是在放送者那里的）；如果他是置身在接受者的观点上的，那么他便要去探讨一位作家或一件作品的可以任意变化的‘源流’，而这时本位便在接受者那里了。最后，他会碰到那些促进影响之转移的‘媒介者’；那时每个主题的本位便在传递者那里了。”②由此他认为：“一位作家在外国的影响之研究，是和他的评价和他的‘际遇’之研究，有着那么密切的关系，竟至这两者往往是不可能分开的。我们可以把这一类的研究称为‘誉舆学’。”③关于渊源学，他说：“思想、主题和艺术形式之从一国文学到另一国文学的过渡，是照着种种形态而通过去的。这一次，我们已不复置身于出发点上，却置身于到达点上了。这时所提出的问题便是如此：探讨某一作者的这个思想、这个主题、这个作风、这个艺术形式是从哪里来的？这是‘源流’的探讨，它主要是在于从接受者出发去找寻放送者。我们给这种研究定名为‘源流学’。”④而“在两国文学交换之形态间，我们应该让一个地位——而且是一个重要的地位——给促进一种外国文学所有的著作、思想和形式在一个国家中的传播，以及它们之被一国文学的采纳的那些‘媒介者’。我们可以称这类研究为‘中介学’”⑤。梵·第根的界定与论析明晰详尽，富有权威性，因此，他被公认为比较文学法国学派的集大成者和泰斗级人物。

众所周知，任何学说的产生、学派的创立都有一个渐进的发展过程，这个过程分为不断吸纳、不断壮大、不断成长、不断整合的阶段，其

---

① ［法］梵·第根著，戴望舒译：《比较文学论》，商务印书馆 1937 年版，第 66 页。
② ［法］梵·第根著，戴望舒译：《比较文学论》，商务印书馆 1937 年版，第 75 页。
③ ［法］梵·第根著，戴望舒译：《比较文学论》，商务印书馆 1937 年版，第 136 页。
④ ［法］梵·第根著，戴望舒译：《比较文学论》，商务印书馆 1937 年版，第 170 页。
⑤ ［法］梵·第根著，戴望舒译：《比较文学论》，商务印书馆 1937 年版，第 182 页。

间若干先驱者们宝贵闪光的思想被有选择地继承、沉淀下来,成为一个学说或者一个学派的重要基因。梵·第根作为比较文学法国学派的集大成者,他的理论中就融合、渗透着其他先驱者的思想因子。居斯塔夫·朗松(1857—1934)正是其中一位无法绕开的重要先驱者。朗松是19世纪末20世纪初法国著名文学史专家,代表性著作有3卷本《法国文学史》(1894)等。他被巴登斯贝格、梵·第根、基亚等比较文学专家尊为比较文学法国学派著名的先驱性人物,他对法国学派影响研究作出了奠基性的学术贡献。这里我们主要以他的代表性论文《文学史方法》(1910)为中心,从影响研究基本范式、实证与审美、影响与创新等三个层面来探讨其学术贡献。

一、朗松对影响研究基本范式的学术构想

在《文学史方法》这篇长文中,朗松认为,要认识一部作品,首先是要知道它在什么地方,并通过文献目录学的修正和补充,明白我们应该研究哪些作品;其次就是要就作品本身“提出一系列问题”,“要使我们的印象和思想通过一系列不同的操作,把这些印象和思想加以改造,予以明确”。[①] 如果我们把他提供的9点思路归拢一下,就会发现,他已经对比较文学影响研究的基本框架和基本方法做出了建设性的学术勾画,隐含了后来被梵·第根总结出来的流传学、渊源学、媒介学研究的基本因素。

在朗松的研究设计中,流传学方法的雏形已经显露。朗松指出:“作品取得了怎样的成就?产生了什么样的影响?影响与成就并不总是吻合一致的。决定其文学影响的研究恰恰与对其源流的研究反其道而行之,但方法则是一样的。对其社会影响的研究更为重要,也更难以弄清。记载版次和印刷次数的目录学可以显示书的流通情况。”[②]我们可以看到作品“在流通过程触及了怎样的人,至少是哪些

① [法]朗松著,徐继曾译:《朗松文论选》,百花文艺出版社2009年版,第18页。
② [法]朗松著,徐继曾译:《朗松文论选》,百花文艺出版社2009年版,第19—20页。

阶级、哪些地区的人。最后，报刊上的书评、私人间的通信、个人日记。有时还有读者所作的眉批、议会中的辩论，报刊上的论战，甚至司法案件，都会提供一些信息，使我们知道读者是怎样阅读此书，它在他们思想上又留下什么痕迹”①。在这里，梵·第根所说的专门针对作品取得的成就和对社会的影响而进行的研究，实际上就是流传学方法研究。他从四个方面提出了研究作品成就及其社会影响的基本思路：第一，从版次、印刷次数看作品受欢迎的程度；第二，考察作品在哪些人群和地域中广为传播接受；第三，从书评、私人信件、日记等环节入手，从中探寻作品给人们的思想留下的影响痕迹，这些都是流传学研究中应该回答的基本问题；第四，他认为对“文学影响的研究”，与对“源流的研究”路径正好相反，但使用的都是实证方法。值得注意的是，朗松意识到，探讨文学作品对社会的影响是一个非常重要且有难度的课题，需要在“更难以弄清”处寻找可循的痕迹。这暗示了实证的重要性。

在谈及“文学影响的研究”时，朗松看到了“影响与成就并不总是吻合一致”②的情况。这一点很重要。因为文学史上经常出现这样的情况，在特定历史语境下，广泛流行并产生社会影响的作品不一定是成就最大的作品，恰恰是一些二三流作品。这些作品虽非经典，但是它们在某些方面对经典的诞生起过积极的作用，并有所贡献，这正是值得比较文学研究的重要课题。朗松看到了这个常常被忽视却有自身独特价值的领域，所以他从比较文学角度为挖掘这类作品在文学史上曾经起到过的烘托、铺垫和过渡作用，提供了一个重要的价值定位与学理依据。朗松指出，“杰作是在别的一些文学作品之后出现的，这些作品也应该予以考虑”③，应该给这些“较次的、被遗忘了的作品以尽可能多的篇幅”，因为“正是这些作品烘托出那些杰作，为它们做了铺垫、显示其出现的理由，并阐明这些杰作的来源与价值，从而表明从

① ［法］朗松著，徐继曾译：《朗松文论选》，百花文艺出版社 2009 年版，第 20 页。

② ［法］朗松著，徐继曾译：《朗松文论选》，百花文艺出版社 2009 年版，第 19 页。

③ ［法］朗松著，徐继曾译：《朗松文论选》，百花文艺出版社 2009 年版，第 27 页。

一部杰作到下一部杰作之间的过渡”。[①] 对此，稍后的梵・第根也作了相似的表述，与朗松遥相呼应。基于有些作家在外国产生影响的作品“往往又不是那最重要的几部”[②]的实际情况，梵・第根认为比较文学研究的一个重要特点，“便是让一个大地位给本国文学史所只稍稍提到或竟不提的第二流或第三流的作家，因为他们在作为‘放送者’或‘传递者’说来，却也演着一个重要的角色”[③]。朗松所言“较次的、被遗忘了的作品”的“过渡”作用，正是梵・第根所谓的“放送者”“传递者”角色的作用。这足以说明，有时候“比较文学家的价值表，是和各本国文学史家的价值表绝对不相同的”[④]。

在谈论作家创作来源问题时，朗松也触及了渊源学的核心内容。首先，他认为渊源学研究的重心与流传学正好相反，它关注的中心是接受者而不是放送者。其次，提醒研究者把握作为接受者的作家的创作心态，注意传记材料，与传记研究结合起来。例如“作品是怎样写成的？作者是在怎样的情况之下，又是以怎样的心情面对这样的境况？这就要请教传记了”[⑤]。第三，注意作家创作来源的探究：“作品是利用什么材料写的？这就要探索它的来源：对这来源两字应作广义的理解，不要只去寻找明显的模仿和赤裸裸的抄袭之处，而应去寻找口头或书面传统的一切印记，一切痕迹。在这一方面，应该把可感知的一切暗示和色彩都推至极度。”[⑥]朗松指出，对于作家创作来源的探索，不能仅仅停留在那些明显的模仿痕迹的层面，还要追溯那些“口头”的，特别是“书面传统的一切印记，一切痕迹”[⑦]。这里涉及了比较文学影响研究中非常重要的“口传的渊源”和“文字的渊源”。第四，告诫来源研究需要避免的问题：“我们可能会不恰当地把所有观察到的事实的应用范围加以扩大。我们注意到了一个类似关系，就把这种类

① ［法］朗松著，徐继曾译：《朗松文论选》，百花文艺出版社 2009 年版，第 20 页。
② ［法］梵・第根著，戴望舒译：《比较文学论》，商务印书馆 1937 年版，第 72 页。
③ ［法］梵・第根著，戴望舒译：《比较文学论》，商务印书馆 1937 年版，第 73 页。
④ ［法］梵・第根著，戴望舒译：《比较文学论》，商务印书馆 1937 年版，第 73 页。
⑤ ［法］梵・第根著，戴望舒译：《比较文学论》，商务印书馆 1937 年版，第 19 页。
⑥ ［法］朗松著，徐继曾译：《朗松文论选》，百花文艺出版社 2009 年版，第 19 页。
⑦ ［法］朗松著，徐继曾译：《朗松文论选》，百花文艺出版社 2009 年版，第 19 页。

似关系说成是从属关系。‘X 相似于 Y’就变成了‘X 抄袭或模仿 Y’。有时我们注意到了一个从属关系,就说这种从属关系是直接的或瞬即的:‘X 从 Y 中得到启发’;然而我们忘了曾经有过或者可能会有一个 Y 是从 Y 中得到启发,而 X 则是仅仅从 Y 中得到启发的。”①关于警惕类似不等于影响的问题,梵·第根也有相似的看法。他说,当对作品进行比较的时候,“因为它们的类似使人推测到有影响在关系着。为要作这种对比,那么这些类似必须在形式上很确实,或在表现的思想上很贴切,而决非偶合。……有些很显著的类似,一眼看去好像是从一种影响而来,可是一加以更深切的检讨,我们就看出绝对不然了”②。显然,两人都反对把类似视为影响的结果。

朗松在针对文本问题发表看法时,还部分地涉及了媒介学的一些核心元素。例如他提出相关研究中必须考虑:“文本是否真实?如不真实,是错误地归之于某一作者?还是完全伪造?”“文本是否纯正而完全,有无篡改与删节?”③这里虽然没有提及译文,但是所涉问题的性质显然与译文有关联,因为译文与原著相比,常常会与“纯正”“完全”有差别,甚至因种种原因存在“篡改与删节”的现象。对这些出入和差异进行探讨,显然是媒介学的范畴。朗松还提醒注意文本版次之间的差别及其所体现的审美趣味、艺术原则、思想方法等问题:“自初版至作者所定最后一版之间有何修改?各种异文中体现了在思想和审美趣味方面的哪些演变?”④这其中隐含了互文研究的方法特征。朗松进一步指出,这种研究不仅要确定“文本字面上的意义”,即“通过弄清隐晦的关系,历史的或人物传记方面的影射来确定词句的意义”,而且要确定“文本文学上的意义,即确定其在知识、感情及艺术各方面的价值”,“可以在一个强调成分、弦外之音、表达方式中看出作者深刻严密的意图,它们时常修正、充实文本表面的意义,甚至与之适得

① [法]朗松著,徐继曾译:《朗松文论选》,百花文艺出版社 2009 年版,第 23 页。
② [法]梵·第根著,戴望舒译:《比较文学论》,商务印书馆 1937 年版,第 161 页。
③ [法]朗松著,徐继曾译:《朗松文论选》,百花文艺出版社 2009 年版,第 18 页。
④ [法]朗松著,徐继曾译:《朗松文论选》,百花文艺出版社 2009 年版,第 18 页。

其反”。①

从上面的梳理不难看到，朗松的相关论述虽然较之梵·第根还显得不系统、不全面，但初步勾画了流传学、源流学、媒介学研究的大致范围、研究内容、研究途径等基本要素，是法国比较文学理论渐趋成熟并自成一体的重要依据之一，对影响研究学派的创立，特别是对梵·第根的《比较文学论》富有建设性的启发与贡献。可惜的是，以往我们国内学界在介绍法国学派理论的形成历史时，很少提到朗松的名字，更少提到他在这方面的具体贡献。这是有缺憾的不完整的叙述。

二、朗松文学史方法中的“实证”与“审美”

法国学者在比较文学研究方面，多主张采用科学严谨的历史批评方法。这种科学严谨的历史批评方法，具体体现在研究实践上，其显著特征就是实证性。朗松主张以历史方法研究文学史，历史地考察和处理文学作品的来源和影响问题，无疑具有明显的实证特征。不过，他认为：“构成我们的‘特殊事实’的那些作品所具有的感情色彩和美学意义，决定了我们在研究它们时不能不动感情，不能不运用想象，不能不诉诸鉴赏趣味。”②他强调文学研究中的历史方法，但又意识到文学研究不同于历史研究；重视“特殊事实”，又不忽略“感情色彩”“美学意义”与“鉴赏趣味”。他说：“人们希望文学史能像自然科学那样基础坚实，将鉴赏趣味的各种印象和专断判断中的先验的东西排除出去。但是，经验否定了这样的意图。”③我们必须清醒地认识到，“历史学家面对一份资料，努力估量资料中有多少个人成分，以便将之排除”，而“作品的感情力量或美学力量却正系于这些个人成分”，这些属于个人成分的“感觉、激情、趣味、美”等，“我们要把它们保留下来”。④“如果说文学作品之所以有异于历史资料，是由于它能在我们

① ［法］朗松著，徐继曾译：《朗松文论选》，百花文艺出版社2009年版，第18—19页。
② ［法］朗松著，徐继曾译：《朗松文论选》，百花文艺出版社2009年版，第6页。
③ ［法］朗松著，徐继曾译：《朗松文论选》，百花文艺出版社2009年版，第13页。
④ ［法］朗松著，徐继曾译：《朗松文论选》，百花文艺出版社2009年版，第6页。

心中激起美学的或感情的反映的话，那么，它在性质中蕴含这种特点，在方法上如不加以考虑，那就既奇怪又矛盾了。”①因此，他下结论道：“完全消除主观成分既不应该，也不可能，而印象主义就是我们工作的基础。如果我们不考虑我们自己的反应，那就只能记下别人的反应。这些反应对我们来说是客观的，但就我们所要认识的作品来说，则是主观的反应。”②

需要指出的是，朗松对“鉴赏趣味”（即“审美感”）并非泛泛而论，而是对其内涵与作用有相当独到精辟的论析。他说：“我们所谓的鉴赏趣味是情感、习惯和偏见的混合物，我们的精神品质的一切成分都为它提供一些东西。这个鉴赏趣味把我们的习惯风尚，把我们的信仰，把我们的激情都通通地带入了文学印象之中。历史可以把我们的审美感从我们身上分离开来，或者至少使我们的审美感接受我们心中的历史概念的约束。鉴赏趣味的作用在于掌握将某一作品与一种特定的理想、一种特殊的技巧相联系的各种关系，在于掌握将每一种理想或每一种技巧与作家的精神或与社会的生活相联系的各种关系。”③基于“鉴赏趣味”的重要性，朗松建议“在文学中跟在艺术中一样，我们应该有两套鉴赏趣味，一套是个人的趣味，由它来挑选我们的乐趣，选择我们身边的图书和画册；另一套是历史的趣味，用它来进行我们的研究，这个趣味可以区别各种风格的艺术，它按照风格完美的程度感知每一部作品的艺术”④。在这里，朗松对“鉴赏趣味”的肯定态度溢于言表，并无排斥之意。

不过，朗松确实又敏锐地感到，影响研究“既不能够消除我们个人的反应，而保留这样的反应又可能有某种危险”⑤。他认为既要“用上主观的情感与趣味”，“又应该对主观的东西加以提防和控制，免得借口描绘蒙田或维尼，结果成了描绘我们自己。一部文学作品首先应该

---

① ［法］朗松著，徐继曾译：《朗松文论选》，百花文艺出版社 2009 年版，第 9 页。
② ［法］朗松著，徐继曾译：《朗松文论选》，百花文艺出版社 2009 年版，第 10 页。
③ ［法］朗松著，徐继曾译：《朗松文论选》，百花文艺出版社 2009 年版，第 12—13 页。
④ ［法］朗松著，徐继曾译：《朗松文论选》，百花文艺出版社 2009 年版，第 13 页。
⑤ ［法］朗松著，徐继曾译：《朗松文论选》，百花文艺出版社 2009 年版，第 6 页。

还原到它诞生的时代,通过它与作者及这时代的关系来予以认识。文学史必须历史地予以处理,这是显而易见的道理"。① 我们不厌其详地引用朗松的这些相关话语,就是想同时呈现他清醒、理性状态下存在于深层次意识中的一种矛盾、纠结心态。实际上,这种矛盾、纠结心态,不仅困扰着朗松,而且困扰着后来的梵·第根、基亚等法国比较文学学者。

何以会出现这种情况呢?这是需要追问的一个关键问题。我们知道,法国比较文学研究以实证为鲜明特色。比较文学中的实证,主要就是通过对具体文学作品的客观分析而不是主观阐释,去发掘其中的真实蕴涵,这种真实蕴涵是作家独特的精神创造,寄托着作家的审美理想。因而实证过程中,"收集资料不是我们的目的,只是一种手段","所有各种方法的价值都由作者的聪明才智的大小来决定。我们也要思想,但我们只要正确的思想"。② 朗松之所以清楚地认识到实证方法与审美鉴赏缺一不可,却又在两者之间关系的把握上显得很纠结,其根本原因在于,他深知在处理实证方法与审美鉴赏关系的问题上,是需要格外慎重小心的,稍不注意,过分的"主观的情感与趣味"就会损害文本的客观真实性,势必影响结论的可靠性。因此,朗松比较文学思想中有两个重要方面特别值得一提,这不仅关乎比较文学研究的内涵和质量,而且是理解法国学者强调实证研究方法的重要学理依据。第一,朗松强调文本研究,注重对文本本身的追问,文本才是第一研究主体,一切合乎事实的结论都应该出自文本。他认为,"我们应该对文本作直接的解释。绝不要像我们经常无意识地所做的那样,用等值物来替代文本"③,"'某甲写的是 a;而 a 跟 b 是一回事;因此某甲之所以想到 b,那是因为……'而我们就不会过问 a,其实 a 才是唯一真正的文本;我们只在 b 上下功夫,而 b 是我们在判断同一性时贪图方便,过分信任而制成的伪文本"④。这也正与他自己倡导的对源流研

① [法]朗松著,徐继曾译:《朗松文论选》,百花文艺出版社 2009 年版,第 19 页。
② [法]朗松著,徐继曾译:《朗松文论选》,百花文艺出版社 2009 年版,第 30 页。
③ [法]朗松著,徐继曾译:《朗松文论选》,百花文艺出版社 2009 年版,第 23 页。
④ [法]朗松著,徐继曾译:《朗松文论选》,百花文艺出版社 2009 年版,第 23—24 页。

究接收终端的关注相呼应、相一致。第二，强调研究充分依据事实，并合理地运用事实。朗松所说的“特殊事实”，特指具有影响关系的事实证据。他强调影响研究不能想当然推论，“在形式逻辑的每一步推理之后，都必须返回事实，从事实中取得充分的资料以决定下一步该如何进行。千万不要未予极度的警惕就从推论中得出推论”①。由于人们常常有“把事实和作品的意义予以扩大”的倾向，为了“不要损害意义的正确性”，“我们应该小心谨慎地把它加以限定”②，既不能把看到的作品之间的类似关系想当然地视为有影响的从属关系，又不能将可能是多元交叉复杂的影响关系简单化为单一直接的影响关系。影响研究必须杜绝此类结果的出现，即让“可能性变成了似真性，或然性变成了明摆的事实，假说变成了业已得到证明的真理”③。可见，朗松基于反对比较研究的随意性，强调实证的科学精神。实证方法的运用对提升研究结果内涵的可信度具有重要意义，因此，朗松的观点对今天学术界存在的浮夸臆测、随意比较的现象仍具有振聋发聩的警示意义。

但是话还要说回来，朗松虽然强调实证，却不轻视、排斥其他批评方法，包括文学研究中的价值判断和审美批评，相反，他主张多种方法并用。他在《圣伯夫之后》一文中说：“在选择文学研究的方法时，切忌过于简单化。文学中无所不包，要想如实地认识文学，我们的脑子也得无所不包才行。科学方法、美学感、对生活的直觉，全都有用。”④朗松强调文学研究的科学性，并非以科学要求文学，“任何一门科学也不能按照另一门科学的样子来裁剪；科学的进步在于它们相互之间的独立性，这种独立性使它们每一门都服从于它所研究的对象。文学史要想具有一点科学性，首先就应该避免滑稽可笑地模仿任何别的科学”⑤。进而他阐发道——

---

① ［法］朗松著，徐继曾译：《朗松文论选》，百花文艺出版社 2009 年版，第 23 页。
② ［法］朗松著，徐继曾译：《朗松文论选》，百花文艺出版社 2009 年版，第 25 页。
③ ［法］朗松著，徐继曾译：《朗松文论选》，百花文艺出版社 2009 年版，第 28 页。
④ ［法］朗松著，徐继曾译：《朗松文论选》，百花文艺出版社 2009 年版，第 562 页。
⑤ ［法］朗松著，徐继曾译：《朗松文论选》，百花文艺出版社 2009 年版，第 14 页。

如果说科学方法的首要要求是使我们的精神受制于对象，根据我们所要认识的事物的性质来组织各种认识手段，那么，在我们的研究当中承认并摆正印象主义的作用就比否定它的作用更加合乎科学了。你否定一个客观现实并不就取消了这个客观事实，这个不可能清除的个人因素会悄悄地进入我们的工作之中，无规律地起它的作用。既然印象主义是使我们感觉到作品的力量与美的唯一的方法，我们就老老实实地把它用之于这个方面并坚决地把它局限于这个方面。在我们运用印象主义的时候，应该善于将它识别、予以评价、予以检查、予以限制——这是使用它的四个条件。关键在于不把知道与感到相混淆，要倍加小心，才能使感觉成为知道的一个合法的手段。①

"识别""检查""评价""限制"，"不把知道与感到相混淆"，正深刻而准确地反映出了朗松对实证与审美关系的辩证认知。20 世纪 60 年代后，法国比较文学学者对实证研究中美学鉴赏因素的强调，既是法国学派与美国学派彼此对话、相互补充的结果，更是其自身内在学术传统自然传承的体现。艾金伯勒在其名著《比较不是理由》中，明确地提出比较文学要将"历史方法与批评精神结合起来"，"案卷研究与文本阐释结合起来"，"社会学家的审慎与美学家的大胆结合起来"，从而最终"赋予我们的学科以一种有价值的课题和一些恰当的方法"。② 这三个"结合"与朗松的比较文学思想精神是不谋而合的。

三、朗松比较文学思想中的"影响"与"独创"

强调影响、注重独创，是法国文学研究，也应该是比较文学研究的

① ［法］朗松著，徐继曾译：《朗松文论选》，百花文艺出版社 2009 年版，第 11—12 页。

② 干永昌、廖鸿钧、倪蕊琴选编：《比较文学研究译文集》，上海译文出版社 1985 年版，第 102—103 页。

学术传统。从实际情况看，法国学者在探讨影响时，总是和独特性、创造性联系在一起的。就朗松而言，这一点尤为明显。他虽然关注影响，但同时也十分强调差别，非常在意独创。他认为对文学作品的研究必须“一方面找出个性，指出它与众不同、不可略去、不可分解的那一方面，另一方面又要把一部杰作放回到那个系列之中，将这天才的作家看作为某一环境的产物，某一群体的代表”①。因为“即使那些个别既伟大又优秀的人物，我们的研究也不能局限于对于个人的研究”，“如果我们只关注他们自身，我们就无法对他们有所认识。最有独创性的作家大多在他身上既装载着前几代的沉淀，又作为当代各项运动的总汇：他身上有四分之三的东西不是他自己的。要发现他本人，那就必须把所有那些外来成分从他们身上剥离。应该认识延伸到他身上的那段过去，渗透到他身上的现在；这时我们才能得出他真正独创的东西，把它确定下来，予以测度”。② 如果说影响是一种继承和接受，那么独创就是继承和接受中衍生出来的不同于已有的一种新质，这种新质属于创作者的独特贡献。正如朗松所说：“历史学家在一般事实之间探索差别，我们则在人与人之间探索差别。我们希图确定个人的独创之处，也就是一些特殊的、独一无二、无法类比的现象。”③他还重申：“我们的主要工作在于认识文学作品，进行比较，以区别其中属于个人的东西与属于集体的东西，区别创新与传统，确定这些东西与我国智力生活、精神生活及社会生活的关系，以及与欧洲文学及文化发展的关系。”④在《外国影响在法国文学发展中的作用》一文中，朗松更是将接受影响与个性表达结合在一起加以推崇。他指出，外来影响的作用是双重的，“一方面，我们可以看到这个作用在于使民族精神超越自我，将它丰富起来，从而帮助它向前发展”，“别人已有而我们欠缺的东西这个明确的意识指引着我们的创造力量向前冲击”。⑤ 另一

① ［法］朗松著，徐继曾译：《朗松文论选》，百花文艺出版社 2009 年版，第 8 页。
② ［法］朗松著，徐继曾译：《朗松文论选》，百花文艺出版社 2009 年版，第 7 页。
③ ［法］朗松著，徐继曾译：《朗松文论选》，百花文艺出版社 2009 年版，第 7 页。
④ ［法］朗松著，徐继曾译：《朗松文论选》，百花文艺出版社 2009 年版，第 17 页。
⑤ ［法］朗松著，徐继曾译：《朗松文论选》，百花文艺出版社 2009 年版，第 78—79 页。

个方面是“外来影响不止一次地起着解放我们的作用”①，“我们感兴趣的并不是照原样复制外国思想，复制外国诗歌，……我们只是从中吸取为我们所用的东西。我们对外国思想或者外国诗歌的看法，不管是正确还是错误，只要能符合我们心中那未曾表达的梦幻就行。……我们是模仿他们的榜样而把‘我们自己的意思表达得更好’”②。

梵·第根在《比较文学论》中，对影响与独创的关系也有精彩的阐述，其中明显看到他对朗松观点的继承。他说：“一种心智的产物是罕有孤立的。不论作者有意无意，像一幅画，一座雕像，一首奏鸣曲一样，一部书也是归入一个系列之中的。它有着前驱者；它也会有后继者。文学史应该把它安置在它所从属的门类、艺术形式和传统之中，并估量著作者的因袭和创造而鉴定作者的独创性。为要了解拉马丁的《默想集》的新的贡献，那必须认识以前的悲歌和哲理诗。同样，在研究一部作品的后继者的时候，我们便格外容易看出那作品的价值。卢梭的《忏悔录》不仅本身重要而已，它还因为它所引起的那一大批感伤的自叙传而显得重要。有一些名著还不如说是集前人之大成；有一些名著是开发端绪；有许多的名著却大都是两者兼而有之。”③在梵·第根看来，作为心智产物的文学名著，总会有所继承和借鉴，也有所发展和创造，只有将作品置于特定的“门类、艺术形式和传统之中”加以比较研究，才能更好地“估量著作者的因袭和创造”，从而“鉴定作者的独创性”“新的贡献”和“价值”。

从比较的角度看，朗松是把“与众不同”的“个性”和在特定“系列之中”谈作家作品并置在一起讨论的。他认为只有在“系列之中”看“过去”和“现在”，才能区别“属于个人的东西”和“集体的东西”，才能在“传统”中发现作家“真正独创的东西”。梵·第根也是把“因袭”和“创造”放在一起来讨论的。他认为“心智的产物”不是孤立存在的，而是存在于“一个系列之中”，考察它的“前驱者”和“后继者”，才能“鉴定作者的独创性”。我们梳理这些观点，意在说明法国学者倡导的

---

① ［法］朗松著，徐继曾译：《朗松文论选》，百花文艺出版社2009年版，第80页。
② ［法］朗松著，徐继曾译：《朗松文论选》，百花文艺出版社2009年版，第82页。
③ ［法］梵·第根著，戴望舒译：《比较文学论》，商务印书馆1937年版，第7页。

影响研究，并不像作为常识告诉给我们的那样仅仅关注影响和接受本身。以往我们把法国学者所强调、偏重的实证特征，片面地理解成了“唯一”的特征，“唯一”认知的结果，必然遮蔽了其他的一些相关重要信息，妨碍了对法国学派全面客观的观照。例如，我们经常引用梵·第根下面这段话，作为批评法国学派重实证而轻审美批评的确证：“‘比较’这两个字应该摆脱全部美学的涵义，而取得一个科学的涵义。”①但是，我们却又常常忽略了它前面的这段话：“真正的‘比较文学’的特质，正如一切历史科学的特质一样，是把尽可能多的来源不同的事实采纳在一起，以便充分地把每一个事实加以解释；是扩大认识的基础，以便找到尽可能多的种种结果的原因。”②请注意，梵·第根的比较研究并不止于“把尽可能多的来源不同的事实采纳在一起”，也不仅仅是“找到尽可能多的种种结果的原因”，而是在这一过程中还要“充分地”将“采纳在一起”的“每一个事实”“加以解释”。既然研究者在尽可能多地收集、考证、鉴别、归纳和梳理事实的过程中还要“解释”，就必然会有所取舍，必然少不了价值判断，必然关注作为“终端”的接受者在接受、消化、过滤过程中表现出来的“新生点”及其意义，怎么可能会“摆脱全部美学涵义”呢？或许，梵·第根“摆脱全部美学涵义”的表述过于极端，却也正表明了他担心比较文学陷入混乱的无边界的状态及其对比较文学作为一个学科的科学性、公正性的维护的初衷。同样，我们更多的是关注他对“影响”的论述，而忘掉了他对“独创”的态度。他认为文学名著常常既是“集前人之大成”，又是“开发端绪”，这就不仅强调了接受和影响，同时也注意到了“独创性”和“新的贡献”。

朗松不仅在批评理论上倡导影响与独创的有机联系，在批评实践上也是这样践行的。例如，《龙萨怎样创造？》这篇1906年发表在《大学评论》上的长文，就是一篇颇为经典的实证影响研究论文。朗松以文艺复兴时期法国“七星诗社”代表诗人龙萨的《择茔颂》一诗为中

---

① ［法］梵·第根著，戴望舒译：《比较文学论》，商务印书馆1937年版，第17页。

② ［法］梵·第根著，戴望舒译：《比较文学论》，商务印书馆1937年版，第17页。

心，既以详尽的史料细腻梳理、严谨论证了《择茔颂》在主题内容、意象选用、表达方式等方面所受到的古希腊罗马以及近代意大利诗歌的具体影响，又关注了创造过程本身及其所获得的新效果、新质地，实证特征突出，审美意味明显。他认为“龙萨的想象力中充满了古代诗歌，头脑中随时都会出现维吉尔或贺拉斯的诗歌形式。……这首诗的魅力正在于其中古诗的浮光掠影，其间又混有一些意大利的微光。龙萨捡起范本也自由，撇开范本也自由，他这里撷取一点思想，那里借用一个形容词，但直奔他自己的目标，既不终止，也不拐弯。他勾画了一个既有田园风光又有神话色彩的背景，在这背景当中表现他的感觉，表现旺多姆地区风光之美，表现诗人的自豪之感”①。因此，他强调自己的研究旨在让“读者可以通过本文看出龙萨创造的途径，并通过这里的分析看他是采了什么样的花来酿蜜，而当读者看到那些范本给了他怎样的刺激以后，也就更能理解，更能体会他诗句的独创的韵味”②。

结　语

综上所述，我们围绕朗松的长文《文学史方法》，从与影响研究直接相关的基本理路、实证与审美、影响与独创等三个层面，简明扼要地探讨了朗松的比较文学思想及其对影响研究这一批评范式的形成所作出的奠基性的学术贡献。朗松的比较文学思想也昭示我们从整体性、系统性的高度重新审视比较文学法国学派的学术必要性。试想，一个仅仅探讨“借贷”、关注“线路”的影响研究学派，就能在世界范围内对众多学科的学术研究产生广泛的影响吗？显然不是。比较文学法国学派的特色是“同源性”实证研究，这是它的主攻性、标志性的特征与贡献。但这不等于、更不能说明其研究中缺乏审美鉴赏以及对独创性的追求。我们从朗松的比较文学思想及其对梵·第根的明显影响上可以看到，他们对审美批评、独特个性、独创性均有清晰的阐述，

① ［法］朗松著，徐继曾译：《朗松文论选》，百花文艺出版社2009年版，第145页。
② ［法］朗松著，徐继曾译：《朗松文论选》，百花文艺出版社2009年版，第128页。

并理所当然地成为影响研究中不可偏废的有机组成部分。无视这个事实存在，就不能完整、全面、客观、准确地把握比较文学法国学派丰厚的理论内涵，对它的偏见也就无法从根本上得到纠正。我们探讨朗松比较文学思想的意义就在于此。

（原文刊载于《外国文学研究》2016年第2期）

人类命运共同体的价值理念与全球视野的结构转向

——以比较文学研究视角为中心

中国国家主席习近平在博鳌亚洲论坛2015年年会上发表的主旨演讲中，提出并全面系统地阐述了中国的“命运共同体”观念，例如必须坚持各国相互尊重、平等相待，坚持合作共赢、共同发展，坚持实现共同、综合、合作、可持续的安全，坚持不同文明兼容并蓄、交流互鉴等，呼吁各国携手共建人类命运共同体。他指出：“不同文明没有优劣之分，只有特色之别。要促进不同文明不同发展模式交流对话，在竞争比较中取长补短，在交流互鉴中共同发展，让文明交流互鉴成为增进各国人民友谊的桥梁、推动人类社会进步的动力、维护世界和平的纽带。”①2016年，习近平在G20杭州峰会致开幕词时呼吁：“同为地球村居民，我们要树立人类命运共同体意识。”②在党的十九大报告中，他再次强调坚持和平发展道路，积极推进人类命运共同体的构建。这一价值理念显示了开放性的眼光与世界性的胸怀。人类只有一个地球，各国共处一个世界；同时人类又面临着诸多共同的严峻挑战，这使得人类社会作为一个相互依存的共同体应该取得共识。人类命运共同体理念的本质内涵，就是“和谐共处”。然而，“和谐共处”谈何容

① 习近平：《迈向命运共同体 开创亚洲新未来》，新华网2015年3月28日。

② 习近平：《构建创新、活力、联动、包容的世界经济》，新华网2016年9月4日。

易！当今我们面临的全球化进程，就考验、挑战着人类社会的智慧与选择。

一、全球化时代的挑战

全球化深刻地改变着人类的生存方式、生产方式与思维方式。伴随着全球经济的快速发展、统一的世界市场的形成和互联网等信息技术的不断更新，世界逐渐变成狭小的“地球村”，不同国家、不同民族间的交往日益达到前所未有的频繁，彼此在政治、经济、贸易、文化等方面开放包容，互相依存，联系愈加紧密，逐渐形成谁也离不开谁的命运共同体。在这种态势下，世界被视为一个有机整体，全球意识自然呼之欲出。随着全球化意识的扩张，种种难以避免的严峻挑战也令人类经受着前所未有的考验，例如金融危机的多米诺效应、恐怖主义的全球蔓延、气候变暖的生存威胁、分离主义与暴力冲突的全球影响，以及网络安全，等等。其中，如何应对全球化带来的文化或文明的冲突，就是令人关注的焦点之一。这关涉着全球化时代里不同国家、不同信仰的人们如何更好地相处。这一敏感问题引起了国际上相关领域众多学者乃至国家首脑的广泛关注，纷纷寻求解决之道。

那么，全球化何以会带来文化或文明的冲突呢？首先，全球化进程虽然是一个必然的历史趋势，且不同历史时期的全球化进程情况各异，但它从来都不是自发形成的，而是由不同历史阶段的世界强国推动的发展进程。近代以来，特别是第二次世界大战以来形成的林林总总的国际组织与贸易协定等，无不是强国主宰的结果。在此过程中，强国总是不断地对他国施加政治经济影响，表面上看似平等的国际组织与贸易协定背后，实际上隐藏着诸多不平等的因素。少数强国始终处在左右大局的强势地位，其他众多弱小国家要跻身于某些国际贸易组织，不得不妥协或让步，但依然艰难地为本国利益据理力争。从这个意义上说，全球化根本不能消弭强国与弱国之间的国家界限，它带来的不是真正的世界主义、国际主义，而是更为强大的民族主义。19世纪出现的所谓世界主义，实质上就是民族主义的表现形式。因此，全球化的过程,也是民族性彰显的过程,各个国家都把自身利益的获得视为国际关系的首要原则。其次,全球化时代,人们相互依赖,但是为了追求各自的利益,竞争激烈。因为只有竞争才能脱颖而出,才能获得丰厚资本。在竞争过程中,强国依然处在优势地位,而弱国则处于劣势或被动地位。第三,追逐利益的人是有文化属性的,他们都带着各自国家民族文化的印记。而经济发达、国力强盛的国家,往往依仗着自己的强势、优势地位不仅对他国施加政治经济影响,而且施加价值观念上的文化影响。这种强势文化与强势心理在全球化语境中必然造成不同价值观念、意识形态乃至民族国家之间的冲突。所以,从根本上说,经济全球化、一体化是可能的,却无法让原本多元的文化趋于一元化。问题的关键就在于,经济全球化的世界,又同时面临着文化的多元化诉求,所以矛盾、冲突在所难免。

正因为如此,一些西方学者便基于"西方中心论"的价值立场,故意放大西方与非西方文化或文明间的对立与碰撞。例如已故美国哈佛大学著名学者亨廷顿就格外强调中国与西方的对抗与冲突,指出"属于不同文明的国家和集团之间的关系不仅不会是紧密的,反而常常是对抗性的。……未来的危险冲突可能会在西方的傲慢、伊斯兰国家的不宽容和中国的武断的相互作用下发生"①。他片面扩大差异性,把引发国家之间的血腥战争甚至世界大战的原因,一并归咎于文明或文化。但即便这样,他也不得不相信,"在未来的岁月里,世界上将不会出现一个单一的普世文化,而是将有许多不同的文化和文明相互并存"②。由此他提出建立一种多元文明中的"共同性原则",即不同文明背景的人们都应该积极找寻与不同于自己的其他文明在价值观念、行为方式等层面的共同因素③,同时他还重申:"唤起人们对文

---

① [美]亨廷顿著,周琪等译:《文明的冲突与世界秩序的重建》,新华出版社 1999 年版,第 199 页。

② [美]亨廷顿著,周琪等译:《文明的冲突与世界秩序的重建》序言,新华出版社 1999 年版,第 2 页。

③ [美]亨廷顿著,周琪等译:《文明的冲突与世界秩序的重建》,新华出版社 1999 年版,第 370 页。

明冲突的危险性的注意，将有助于促进整个世界上‘文明的对话’。”①既然承认“共同性原则”和“文明的对话”，也就意味着，文明或文化间的合作、相融是必须面对的重要课题。

因此，全球化并不能让某一种单一文明或文化统领世界而泯灭其他不同的文明或文化。我们应该辩证理性地处理好经济全球化与民族文化多元化的关系，保护不同民族文化的独特性，并促进不同文化传统之间，包括强国与强国之间、弱国与弱国之间、强国与弱国之间的互动和欣赏。美国比较文学学者玛丽·普拉特也认为，虽然“世界加快了融合的步伐，人流、信息、货币、商品以及文化产品的流通日益迅速，并由此导致了意识上的种种变化”，但更为重要的是，“第三世界开始参与到第一世界的对话中，并且第一世界认识到自身的构成要素之中也包括与外界的接触关系”。② 需要更为广阔多样市场空间的全球化时代，让世界发达的强国也不能离开第三世界的发展中国家而独立生存、发展。一国或几国独大、主宰世界的格局毕竟已经成为历史。强国也需要调整心态，放下身段，遇事相商。只有坚持对话，求同存异，才能和谐共生，同谋发展。如果继续坚持霸权，延续冷战思维，势必危及世界和平与稳定。

那么，在全球化时代，作为一门国际性学科的比较文学，又能为构建人类命运共同体起到什么样的作用呢？

二、沟通：比较文学的历史进程

从比较文学作为一门学科的历史看，它自诞生伊始就起着发现联系、寻求沟通与对话的桥梁作用。比较文学首先就是基于19世纪欧洲国家浪漫主义文学运动相互影响的结果。没有欧洲国家之间文学的联系和互动，也不会有比较文学的出现。比较文学法国学派提出了

---

① ［美］亨廷顿著，周琪等译：《文明的冲突与世界秩序的重建》序言，新华出版社1999年版，第3页。

② ［美］普拉特：《比较文学与世界公民》，载查尔斯·伯恩海默编，王柏华等译：《多元文化时代的比较文学》，北京大学出版社2015年版，第64页。

以“事实联系”为基础的影响研究，它旨在以实证方法探讨两个国家或民族的文学之间的影响关系。既然是跨越不同国家文学间影响关系的研究，那么这一研究必须要具有跨文化视域。在19世纪，欧洲文学研究者的视域已经开始试图跨越国家文学界限，将欧洲范围内的各国文学及其发展作为一个整体来研究。正如日本学者大塚幸男所说："18世纪末至19世纪初期掀起的浪漫主义潮流，因其国际性特征的缘由，形成了即使在研究一国文学之际，也不能无视它同外国文学关系的风气。这样，便催发了比较文学这门新兴学科的萌生。"①

作为集法国比较文学理论之大成的泰斗梵·第根，之所以坚持比较文学是文学史分支的观点，就与国际性特征密切相关。他在专著《比较文学论》的导言中指出，比较文学研究"可以在各方面延长一个国家的文学史所获得的结果，将这些结果和别的诸国家的文学史家们所获得的结果联在一起，于是这各种影响的复杂的网线，便组成了一个独立的领域，它绝对不想去代替各种本国的文学史；它只补充那些本国的文学史并把它们联合在一起。同时，它在它们之间以及它们之上，纺织一个更普遍的文学史的网"②。从这段话可以看出，梵·第根真正关注的是在不同国家文学之间影响关系研究的基础上，"能够描绘、呈现出国际文学间相互影响的网络图，实现真正意义上的你中有我、我中有你的世界文学的理想。比较文学有别于国别文学史而且不会取代国别文学史，它是要扩大国别文学史的范围，弥补国别文学史关注不到的范围和领域，最终把各个不同的国别文学史原来各自独立的世界打开一个窗口，从影响的层面将它们有机地联系起来"③。这就从根本上揭示了比较文学研究的终极目标。

1896年，法国学者贝茨首次提出了比较文学应该探讨不同民族之间如何互相观察的设想。这一研究方向，就是后来被称为形象学的研究领域。继而梵·第根也认为："比较文学家应该考察的，不是他们实

① [日]大塚幸男著，陈秋峰、杨国华译：《比较文学原理》，陕西人民出版社1985年版，第12页。

② [法]梵·第根著，戴望舒译：《比较文学论》，商务印书馆1937年版，第13页。

③ 李伟昉：《比较文学：文学史分支的学理依据》，《文学评论》2010年第5期。

在是怎样,却是他们被别人认为怎样;他应该从这被传说所改变了的面目出发。"[①]20 世纪 50 年代初,伽列再次提出,可以将"不同民族之间的相互理解以及旅行和见闻等等所构成的历史"[②]列入比较文学的研究范畴。伽列的得意门生基亚更直截了当地指出:"比较文学的任务就是要研究对某个国家的种种阐述的产生及发展情况","在这方面,比较文学可以帮助两国进行某种民族的心理分析——在了解了存在于彼此之间的那些成见的来源之后,双方也会各自加深对自己的了解,而对某些相同的先入之见也就更能谅解了"。[③] 他认为影响研究向形象学的靠拢,"是近五十年来法国的一种远景变化,它使比较文学产生了真正的更新,给它打开了一个新的研究方向"[④]。因此,形象学研究方向的出现,就是旨在从文化上对有矛盾的国家之间进行沟通的一种有益尝试和努力。

当然,起初美国学派对形象学研究多有抵触。例如,美国著名学者韦勒克就曾说:"伽列和基亚最近的尝试,也同样不能令人信服。他们忽然把比较文学的范围扩大到包括民族幻想的研究,以及对国家之间互相渗透的固定看法的研究……这样的研究仍然属于文学研究范围吗?确切地说,这岂不成了公众舆论研究?""这是民族心理学,是社会学。"[⑤]不过,形象学研究在批评声中获得了长足发展。特别是从 20 世纪 90 年代起,形象学作为比较文学一个分支学科在中国迅速崛起,成果引人瞩目。

需要指出的是,法国学派的影响研究强调的是不同国家文学之间的"事实联系",而不大关注并无事实联系的作家或作品之间的异同研究。而且,这种研究视野当时也还只主要局限于西欧文化系统之内,而排斥东欧的斯拉夫文学以及包括中国文学在内的东方文学,这就必

---

① [法]梵·第根著,戴望舒译:《比较文学论》,商务印书馆 1937 年版,第 73 页。

② [法]伽列:《比较文学》初版序言,载北京师范大学中文系比较文学研究组选编:《比较文学研究资料》,北京师范大学出版社 1986 年版,第 43 页。

③ [法]基亚著,颜保译:《比较文学》,北京大学出版社 1983 年版,第 16 页。

④ [法]基亚著,颜保译:《比较文学》,北京大学出版社 1983 年版,第 106—107 页。

⑤ [美]韦勒克著,黄源深译:《比较文学的危机》,载干永昌等编选:《比较文学研究译文集》,上海译文出版社 1985 年版,第 124 页。

然缩小比较文学研究的疆域，阻碍欧洲文学与欧洲以外其他国家文学之间的交流与对话。因此，到20世纪50年代末，迅速崛起的美国学派对法国学派唯"事实联系"的影响研究提出了批评。以韦勒克、雷马克和韦斯坦因等为代表的美国学派打破了狭隘的以欧洲为中心的地方主义，把比较文学从对跨国界的有事实联系的文学关系的研究，扩展到了无事实联系的跨国界的文学异同研究以及跨学科研究，极大地拓宽了比较文学的研究领域。不过，最初仍然有美国学者对于跨越异质文化的比较文学研究不以为然。例如，美国著名比较文学学者韦斯坦因就指出："我不否认有些研究是可以的……但对把文学现象的平行研究扩大到两个不同的文明之间仍然迟疑不决。因为在我看来，只有在一个单一的文明范围内，才能在思想、感情、想象力中发现有意识或无意识地维系传统的共同因素。……而企图在西方和中东或远东的诗歌之间发现相似的模式则较难言之成理。"①当然，这一观点无法用学理依据来支撑。韦斯坦因后来也否定了自己早期的狭隘观点。

20世纪80年代后，随着中国大陆比较文学学科的复兴，中国比较文学学者更加重视东西方文学比较研究，强调"跨文明研究"，关注"异质性"和"互补性"。这是因为无论法国学派还是美国学派，均属于同一个大文化背景，即古希腊—希伯来文化之树所诞生出来的欧美文化圈。西方学者从来也没有遭遇过像中国学者所面临的中国文化与西方文化的巨大差异，以及由此差异而导致的强烈的文化危机意识，因此，他们基本上没有对异质文化间的文学比较进行过认真深入地探讨。而中国的比较文学学者自然要面对跨异质文明的问题，他们也必然会自觉地站在自己的文化立场上，担当起东西方异质文明之间的文化对话沟通和文化互补交融的责任与使命。

从本质上讲，历经100多年不断更新与发展的比较文学学科，不仅探讨不同国家文学与文化间的相互影响关系，而且更加彰显不同国家文学与文化间的差异和对话，进而构建互识互补、和谐共存的世界

---

① [美]韦斯坦因著，刘象愚译：《比较文学与文学理论》，辽宁人民出版社1987年版，第5—6页。

文学。由国际性出发，比较文学研究关注由单一文化内部的影响关系，扩大至无影响的平行关系，再到跨越异质文明间的比较研究，由形象学研究又拓展至文化研究等，无不是基于对强调东西方文学文化的沟通与对话。然而，我们必须清醒地认识到，这个发展过程是渐进的、艰难的，因为一来是欧洲中心论对这个世界的影响太大、太深了；二来是由于比较文学学科本身不断调整、更新研究对象及范围而不得不应对一次次被质疑的挑战。但这也正是比较文学研究大有可为及其重要意义彰显之所在。由于人类命运共同体这一理念与具有全球视野和平等对话意识的比较文学研究的目标不谋而合，自然应当成为我们共同遵循的学术原则。

三、比较文学：跨文化对话的桥梁

早在 1993 年，时任美国比较文学协会会长伯恩海默以《世纪之交的比较文学》为题，发表了比较文学学科现状与发展的报告。这份报告最引人瞩目之处，是对新世纪比较文学研究的大方向提出了颇具价值的两点建议。其一，比较文学研究应该摒弃欧洲中心主义，将比较文学研究扩大到东西方，加强“西方文化传统（包括高层的和大众的）和非西方文化传统之间的比较”①。同时，比较文学还应当“积极参与经典形成的比较研究和对经典的重新思考”，“激发人们去进一步扩展经典”。② 其二，比较文学研究还应该关注文学赖以产生的文化语境，坚持多元文化论。伯恩海默的报告不仅在美国，而且在国际比较文学界引起了广泛的共鸣，从根本上说，这是对已经存在的东西方不平等结构以及西方对其他国家权力关系的颠覆，意味着 21 世纪的比较文学研究在关键性目标上共识的达成。

事实上，在美国比较文学界，破除欧洲中心论、强调文学多样性的

---

① ［美］伯恩海默：《世纪之交的比较文学》，载查尔斯·伯恩海默编著，王柏华等译：《多元文化时代的比较文学》，北京大学出版社 2015 年版，第 46 页。

② ［美］伯恩海默编著，王柏华等译：《多元文化时代的比较文学》，北京大学出版社 2015 年版，第 49 页。

工作,已经有不少学者在做。正如21世纪之初任美国比较文学协会会长、哈佛大学比较文学系主任大卫·丹穆若什所说,比较文学学科"正经历着一次重要的范式转换。经济、传媒和文化的全球化正在对学术生活和学术工作的许多方面发生着深刻的影响,而最具戏剧性的影响则发生在比较文学领域"。因为"以前的比较研究大多聚焦于少数'大师'的经典,当代的比较研究则容纳任何地区、任何时代发表的任何文学作品"①。因此,"在过去十年间,世界文学的视野已有很大的拓展,其关注的焦点不再局限于原先的欧洲大国、大家的经典著作,也转向了其他国家的文学作品,这是当代比较文学研究领域中最显著的变化"②。丹穆若什在《什么是世界文学?》一书中,对世界文学这个"经典性"的问题给出了新的解释,认为世界文学应该是"民族文学间的椭圆形折射",它"不是指一套经典文本,而是指一种阅读模式——一种以超然的态度进入与我们自身时空不同的世界的形式"。③ 他强调世界文学具有多样性特征,并没有一套固定的模式,有多少种民族的视角,就有多少种世界文学。因为所有的文学作品都是在民族文学的范畴内诞生的,即使这些文学作品"进入了世界文学的传播中,它们身上依然承载着源于民族的标志,而这些痕迹将会越来越扩散,作品的传播离发源地越远,它所发生的折射也就变得越尖锐"④。正是这种多样性的世界文学,才成为比较文学关注的对象。这一观念不仅拓展了以往世界文学的固有领域,而且开垦了比较文学研究的新视野,是对世界文学乃至欧洲少数名家一统天下的传统观念的解构。丹穆若什指出,当下比较文学学者所做的这些努力,都是旨在推动比较文学研究从欧洲中心到真正全球视野的结构转向。国际著名学者、美国

---

① [美]丹穆若什:《21世纪的比较文学》前言,载丹穆若什等主编:《新方向:比较文学与世界文学读本》,北京大学出版社2010年版,第3页。

② [美]丹穆若什:《后经典、超经典时代的世界文学》,载苏源熙编著,任一鸣等译:《全球化时代的比较文学》,北京大学出版社2015年版,第54页。

③ [美]丹穆若什著,查明建等译:《什么是世界文学?》,北京大学出版社2014年版,第309页。

④ [美]丹穆若什著,查明建等译:《什么是世界文学?》,北京大学出版社2014年版,第311页。

哥伦比亚大学比较文学与社会中心主任斯皮瓦克提出的轰动一时的比较文学"学科之死"的观点,其实并不是说比较文学没有存在的必要了,恰恰相反,她是在强调过去那种以欧美为中心的旧的比较文学研究模式已经行不通了,因为那种强权话语、强势视角与多元文化主义格格不入。① 她期盼的也是一种从欧洲中心到全球视野的新的比较文学研究的出现。丹穆若什对此回应道:"当前比较文学向全球或星际视野的扩展与其说意味着我们学科的死亡,毋宁说意味着比较文学学科建立之初就已经存在的观念的再生。"②

2010 年英语世界出版的权威性《诺顿理论批评文选》(第二版),首次收入了美籍中国思想家、美学家李泽厚的论文《美学四讲》。《美学四讲》虽然不是李泽厚最经典的代表作,但它的入选却标志着"经典化"过程的开始,可以视为西方主流学界主动打破西方中心主义藩篱的一个善意之举,是英语文学理论界对中国当代文学理论关注与认可的开始,"预示着曾长期为欧美理论家所把持的国际文学和文化理论界也开始认识到西方中心主义的缺陷了,他们需要听到来自西方世界以外的理论家的声音,尽管这些声音中依然夹杂着不少西方的影响,但带有更多的来自非西方国家的经验、本土特色和文化精神"③。

在全球化时代,中国比较文学研究任重而道远。习近平总书记在哲学社会科学工作座谈会上的讲话中特别强调,必须"着力构建中国特色哲学社会科学","注意加强话语体系建设",从根本上扭转中国在国际上"有理说不清、说了传不开的境地"。为此,"这项工作要从学科建设做起,每个学科都要构建成体系的学科理论和概念"④。中国比较文学学科及其研究应该在这方面率先垂范,发挥积极的引领作用。所以我们首先需要继续加强与国际比较文学与理论界的交流与

① [印]斯皮瓦克著,张旭译:《一门学科之死》,北京大学出版社 2014 年版。

② [美]丹穆若什:《一个学科的再生:比较文学的全球起源》,载丹穆若什等主编:《新方向:比较文学与世界文学读本》,北京大学出版社 2010 年版,第 41 页。

③ 王宁:《再论中国文学理论批评的国际化战略及路径》,《清华大学学报》2016 年第 2 期。

④ 习近平:《在哲学社会科学工作座谈会上的讲话》,人民网 2016 年 5 月 17 日。

对话。例如,近年来,我们已经在通过不同的渠道和方式加强与美国比较文学界同行的交流,并得到了美国比较文学界的积极响应和共鸣。正如丹穆若什在自己主编的《新方向:比较文学与世界文学读本》一书的前言中所表达的那样:"本读本的一个特殊目的就是在近年来卓然兴起的比较文学领域中增进中美两国的对话","中美两国学者有许多相互学习的地方","编者希望本读本将促进中西文化间的学术对话,期待读者能在字里行间发现将在自己的研究中予以探索的众多路径"。[①] 丹穆若什既明确提出了中美两国学者间加强互通与交流的诉求,又坦诚地表达了彼此间在许多方面可以相互学习的良好愿望。为了让中国学术界及时了解美国学者的最新成果,我们先后翻译出版了《新方向:比较文学与世界文学读本》《全球化时代的比较文学》《多元文化时代的比较文学》《一门学科之死》等著作。同时,我们开始更加有意识地主动把自己的声音和见解传递出去,让西方主流学界能更多地了解我们比较文学研究、理论研究的动态和观点。

在这方面,曹顺庆和张江两位著名学者为我们树立了积极主动与国际学术界开展对话的典范。2013 年,国际著名出版社斯普林格在海德堡、伦敦、纽约同时出版了曹顺庆的英文专著《比较文学变异学》[②]。该书在质疑比较文学法国学派实证性的影响研究不能有效解决形象学及跨文明语境研究中的变异问题,以及美国学派平行研究的求同思维模式不能有效回答跨文明语境研究中的异质性问题的基础上,首次从跨语际变异学、跨文化变异学、跨文明变异学等层面,系统而详尽地阐发了中国学者关于比较文学变异学理论的核心内涵与特点,这是中国学者继比较文学法国学派和美国学派之后,对世界比较文学学科理论建构的重要突破与创新成果。该著一出版便受到国际学界的广泛关注。譬如,欧洲科学院院士多明格斯、美国科学院院士苏源熙等著名学者在其专著《比较文学引介:新动向与运用》中,称作者为"比较

---

① [美]丹穆若什等主编:《新方向:比较文学与世界文学读本》,北京大学出版社 2010 年版,第 9—10 页。

② Cao Shunqing, *The Variation Theory of Comparative Literature*, Springer Heidelberg New York Dordrecht London: Springer-Verlag Berlin Heidelberg, 2013.

文学一种必然的研究方向做出了重要贡献”①;丹穆若什在致作者的信中称:“对变异的强调提供了很好的一个视角,一则超越了亨廷顿式简单的文化冲突模式,再则也跨越了普遍的同质化趋向。”佛克玛为该著所写的序言中也强调,它对于中国学者“跨越语言障碍以及摆脱文化封闭性局限来说,是一次极有益的尝试”,它“旨在与国外学者展开对话”,而且“是对已有的过于强调影响研究的法国学派和受新批评影响只关注于审美阐释的美国学派不足的回应。我们的中国同行正确地意识到了之前比较文学研究的缺憾,并完全有权予以修改和完善”。② 2018 年 3 月,在奥地利萨尔兹堡举办的欧洲科学与艺术院年会及接受新院士典礼仪式上,曹顺庆以他在比较文学研究领域的突出成就和世界性影响,当选为欧洲科学与艺术院院士。张江与美国著名文论家希利斯・米勒以两轮往来通信方式展开的对话,刊发在国际比较文学协会和美国比较文学学会主办的《比较文学研究》2016 年第 52 卷第 2 期和第 3 期上。③ 这是《比较文学研究》自创刊以来首次连续发表一位中国文论家与西方文论家的通信对话,显示着中国学者“已经不满足于仅仅被动地被西方和国际学界‘发现’”,不再“满足于仅仅实践西方现有的文学批评理论”,而是通过质疑和对话“提出中国批评家的理论建构”。④ 另外,聂珍钊提出的跨学科的文学伦理学批评,近年来不断获得国际学界的高度评价与赞誉;2016 年中国学者张隆溪第一次被选举为国际比较文学学会主席,同时,中国还获得了 2019 年国际比较文学学会第 22 届年会的举办权。这些事实证明,中国比较文学在国际比较文学领域正在发挥着越来越重要的作用。

---

① Cesar Dominguez, Haun Saussy and Dario Villanueva, *Introducing Comparative Literature: New Trends and Applications*, London: Routledge, 2015, p. 50.

② Cao Shunqing, *The Variation Theory of Comparative Literature*, Springer Heidelberg New York Dordrecht London: Springer-Verlag Berlin Heidelberg, 2013, Foreword V.

③ 通信中译文参见张江:《确定的文本与确定的主题——致希利斯・米勒》、希利斯・米勒:《“解构性阅读”与“修辞性阅读”——致张江》,《文艺研究》2015 年第 7 期;张江:《普遍意义的批评方法——致希利斯・米勒》、米勒:《希利斯・米勒致张江的第二封信》,《文学评论》2015 年第 4 期。

④ 王宁:《再论中国文学理论批评的国际化战略及路径》,《清华大学学报》2016 年第 2 期。

其次,我们还要继续加强东方文化文学内部的沟通与对话,一方面是中国文学与其他东方国家文学关系的研究,另一方面是中国之外的东方各国文学之间的关系研究。在关注东方各国文学之间的相互影响事实时,也不能遗漏对东方各国文学之间无影响的平行关系的探讨。同时,也要"注重作为整体的东方文学与西方文学的相互交流情况。东方文学内部在相互交流的过程中,还与西方文学发生着不断的碰撞与融合。特别是近现代东方文学受到西方文学的深刻影响,已融入世界文学发展的大潮中。这种整体研究既可以从宏观角度探讨东西方文学的影响渊源、共性审美特征及其异质性事实存在,也可以选择东方文学内部相关文化圈中的作家作品同西方作家作品进行研究"①。

再者,要真正使具有多样性特征的"世界文学"阅读模式成为现实,我们就必须打破大语种和小语种的老套观念,重视培养和造就一大批小语种专业翻译人才,使欧美主要国家以外的多样化的民族文学得以广泛的翻译和传播。这是不断拓展经典文学范围的重要前提与基础。长期以来,由于受"欧洲中心论"的影响,我们奉行的关于世界文学的经典教育观,主要就是把文学经典限定在欧美主要国家的狭隘范围内,东方文学则主要集中在印度与日本等几个主要国家上,且常常是只见树木不见森林,颇不成体系。这种情况只要翻看一下我们编写的各种外国文学史教材的目录即可一目了然。不能不承认,近40年来,我们的外国文学史教材编写在内容上陈陈相因,观点相似,求变、拓展、创新速度较为缓慢。要改变这一状况,首先必须打破传统的外国文学经典教育观,加强对世界上不同国家多样化优秀文学作品的大力翻译,然后以翻译带动阅读和研究,持续不断地从不同角度对翻译过来的文学作品加以阅读和研究。经典需要创造,更需要阅读和阐释。唯此,那些具有多样化个性特征、且能彰显出人类普遍价值内涵的优秀文学作品,才能有可能在持续的多元化阅读与研究中成为经典。近年来,世界文学之所以日益成为国际比较文学界的热议话题,

① 李伟昉:《关于东方文学比较研究的思考》,《河南大学学报》2015年第6期。

就在于彰显了比较文学研究在世界更大范围内对共同性与具有普遍价值的追求与揭示。从这个意义上说,“作为比较文学研究对象的世界文学,不是从文本层面意义上而言的,而是指世界文学共同体中的文学性和文学性间性关系”①。所以,不重视翻译、研究丰富多彩的世界文学,比较文学研究的范围不仅得不到拓展,而且会削弱它自身的价值与意义。

总之,在迈向人类命运共同体的过程中,不同国家间的文化虽然会面临这样或那样的冲突与挑战,但是只要我们积极应对,进行有效的对话,以平等态度、宽容心态来聚同化异,就可以减少或避免冲突。唯其如此,和谐共处的和平环境才能得到维护和持续。比较文学研究就是从文化、学术层面,努力践行不同国家间平等对话原则并传播正能量的有效途径之一。中国比较文学更应该为人类命运共同体的理想作出自己应有的贡献。

(原文刊载于《河南大学学报》2018 年第 6 期)

① 查明建:《比较文学视野中的世界文学:问题与启迪》,《中国比较文学》2013 年第 4 期。

◆学术年谱

李伟昉，文学博士，博士后，二级教授，博士生导师，2008 年—2018 年任河南大学文学院院长，现任河南大学学报编辑部主任、主编。河南大学中国语言文学博士点一级学科带头人，享受国务院政府特殊津贴专家，国家“万人计划”哲学社会科学领军人才，中宣部“文化名家暨‘四个一批’人才”，“新世纪百千万人才工程”国家级人选，“国家级有突出贡献中青年专家”，中国比较文学与世界文学学科领域第一个全国优秀博士学位论文奖获得者，教育部高等学校中国语言文学类专业教学指导委员会委员，河南省优秀专家，河南省学术技术带头人，河南省高等学校教学名师，河南省特聘教授，河南省杰出专业技术人才，首批河南省高层次人才特殊支持“中原千人计划”教学名师，首批“河南社科名家”，河南大学“杰出人才特区支持计划”特聘教授，英国剑桥大学、美国哈佛大学访问学者，中国比较文学学会常务理事、教学研究分会副会长，中国外国文学学会理事、教学研究分会副会长，中国外国文学学会莎士比亚研究分会常务理事，主持主讲国家级精品资源共享课程“比较文学”，主持主讲国家级视频公开课“莎士比亚在近现代中国”，主持完成两项国家社科基金项目，主持 1 项国家社科基金重点项目，国家社科基金重大项目首席专家，出版学术专著 7 部，译著 1 部，获省部级科研奖励 9 项，在《中国社会科学》《文学评论》《外国文学评论》《外国文学研究》等重要学术刊物上发表论文多篇。

1963 年，出生于河南省开封市。小学在馆驿街小学就读，初高中在第五中学和第二十五中学就读。

一、学习与工作之初

1982 年 9 月至 1986 年 6 月，就读于河南大学中文系，获文学学士学位。7 月，留校从事比较文学与世界文学专业的教学与研究工作。1987 年 9 月至 1988 年 6 月，在信阳市潢川县传店乡初中支教。1990 年 9 月至 1991 年 6 月，在上海师范大学“世界文学助教进修班”学习。1991 年 3 月，在《河南大学学报》第 2 期发表论文《镶嵌在瑰宝上的明珠：谈莎士比亚对〈圣经〉典故的运用》，被认为是国内学界第一篇论证莎士比亚在戏剧创作中化用《圣经》典故的论文。1998 年 1 月，加入中国共产党。2000 年 10 月，主编教材《比较文学概观》由河南大学出版社出版。

2001 年 9 月，考入四川大学，开始攻读比较文学与世界文学专业博士学位。2002 年 6 月，翻译英国哥特小说《修道士》由上海译文出版社出版。9 月，赴台湾佛光大学讲学，为硕士研究生开设“莎士比亚研究”与“西洋戏剧史”两门课程。2003 年 1 月，由台湾返回学校。

2004 年 6 月，毕业获文学博士学位。7 月至 8 月，在香港中文大学做访问交流。12 月，专著《英国哥特小说与中国六朝志怪小说比较研究》《说不尽的莎士比亚》由中国社会科学出版社出版。同月，进入河南大学中国语言文学专业博士后科研流动站做研究。

二、视野拓展与不断成长

2005 年 1 月，专著《黑色经典：英国哥特小说论》由中国社会科学出版社出版。4 月，入选河南省创新人才。5 月，专著《英国哥特小说与中国六朝志怪小说比较研究》获“河南省社会科学优秀成果奖一等奖”。6 月，入选省教育厅学术技术带头人。7 月，被学校任命为文学院副院长。9 月，作为教师代表在河南大学 2005 级本科生开学典礼上发言。

2006 年 3 月至 6 月，在北京语言大学出国培训班学习。6 月，《黑色经典：英国哥特小说论》获“河南省社会科学优秀成果奖二等奖”。7 月，获批国家社科基金项目“梁实秋莎评研究”。10 月，获批中国博士后科研基金项目。12 月，入选河南省学术技术带头人。

2007 年 4 月，《说不尽的莎士比亚》获“河南省第四届文学艺术优秀成果奖”。6 月，入选全国优秀博士学位论文，成为中国比较文学与世界文学学科领域第一个全国百篇优秀博士学位论文奖获得者。10 月，接受教育部教学评估，并顺利完成任务。11 月，受国家留学基金资助，赴英国剑桥大学作为期一年的访问学者。12 月，获“河南大学首届突出贡献奖”。

2008 年 6 月，教育部《中国研究生》杂志专题采访报道并配发封面照片。11 月，剑桥大学访学归来。同月，被学校任命为河南大学文学院院长。

2009 年 1 月，受学校委派开始筹备河南大学学术期刊《汉语言文学研究》创刊事宜。6 月，获"河南省高等学校教学名师"称号，同时被评为开封市优秀教师。8 月，入选教育部国家级教学团队，本人为核心成员。9 月，作为教师代表在河南大学庆祝第 25 个教师节大会上发言。11 月，获"河南省优秀青年社科专家"称号。

2010 年 3 月，《汉语言文学研究》正式创刊，兼任主编。7 月，主持主讲"比较文学"获批国家级精品课程。8 月，参加韩国首尔召开的第 19 届国际比较文学大会并作大会发言：*On the Relationship Between Liang Shiqiu and Shakespeare and its Theoretical Significance*. 9 月，作为教师代表在河南大学 2010 级研究生开学典礼上发言。10 月，获批教育部"国培计划"专家。12 月，作为河南大学首批中层正职干部赴美作为期 3 周的学习考察。

2011 年 3 月，主持《汉语言文学研究》创刊一周年学术研讨会。5 月，主持"纪念李嘉言先生百年诞辰"学术研讨会。6 月，被中共河南省委、省人民政府评选为第八批河南省优秀专家。7 月，入选河南省"四个一批"人才，入选河南大学师德标兵。8 月，被中共河南省委高校工委、中共河南省教育厅党组授予"优秀共产党员"称号，被评为河南大学优秀共产党员。10 月，承办中国高等教育学会外国文学专业委员会 2011 年年会暨"回归文本与重温经典"学术研讨会，专著《梁实秋莎评研究》由商务印书馆出版。同月，主持"开封：都市想象与文化记忆"国际学术研讨会。11 月，随河南大学代表团赴台湾铭传大学、中国文化大学等高校参观交流并做学术报告。12 月，当选首届河南大学国际交流促进会副会长。

2012 年 2 月，主持"中文专业文学课程体系与教学内容改革研究与实践"获河南省教育厅优秀教学成果奖一等奖。2012 年 2 月至 2012 年 5 月，应邀赴美国哈佛大学东亚系做访问研究。5 月，获河南省高校哲学社会科学优秀中青年学者。6 月，获批国家社科基金项目

"比较文学实证方法与审美批评关系研究"。8月,在新疆石河子大学承办的中国外国文学学会教学研究分会学术研讨会上,当选为教学研究分会副会长。同月,承办中国比较文学学会教学研究分会第五届年会,并当选为教学研究会副会长。9月,《梁实秋莎评研究》获"河南省社会科学优秀成果奖三等奖"。

2013年5月,获河南省教育厅哲学社会科学研究优秀学者。8月,主讲"莎士比亚在近现代中国的接受"获批国家级视频公开课。10月,入选"新世纪百千万人才工程"国家级人选,被授予"国家级有突出贡献中青年专家"荣誉称号。11月,在第三届武汉大学莎士比亚国际学术研讨会上作英文大会主题报告:*A Tortuous Process: Shakespeare's Reception in Modern China*. 12月,主持主讲的"比较文学"课程获批国家级精品资源共享课。同月,主持纪念河南大学"羽帆诗社"成立三十周年暨《羽帆诗选》出版新闻发布会。

2014年4月,受聘河南省比较文学与世界文学专业特聘教授。同月,获享受国务院政府特殊津贴专家荣誉称号。6月,获河南省高等院校哲学社会科学年度人物。同月,在延安干部学院参加中共中央组织部、中华人民共和国人力资源和社会保障部组织的"新世纪百千万人才工程"国家级人选专题培训班,并代表学员在专题培训班结业仪式上作"延安精神的当代意义"的大会发言。9月,作为教师代表在河南大学2014级学生开学典礼暨军训动员大会上发言。10月,主编教材《简明比较文学教程》由高等教育出版社出版。12月,入选河南省"比较文学与世界文学专业教学团队"首席专家,并入选河南省"经典阐释与文学文化比较研究创新团队"首席专家。同月,被选为河南大学党委委员。

2015年3月,应邀赴澳门科技大学与澳门大学做访问研究和讲学。8月,承办中国外国文学学会教学研究分会2015年学术研讨会。9月,在大别山干部学院参加中共河南省委组织部第一期党性教育专题培训班。11月,应邀赴澳门科技大学与澳门大学进行为期一个月的讲学。12月,作为主要撰稿人参与的《中外文论史》(4卷本)获"第七届高等学校科学研究优秀成果奖(人文社会科学)二等奖"。

2016年4月，应邀出席重庆市莎士比亚研究会第九届年会暨莎士比亚452周年诞辰纪念大会，并作“林纾与莎士比亚”的大会发言。5月，随河南大学代表团访问澳大利亚维多利亚大学、科廷大学和柬埔寨王家研究院。同月，专著《西方文学经典与比较文学研究》由复旦大学出版社出版。7月，出席在英国斯特拉福镇与伦敦举行的世界莎士比亚大会，提交论文《论林纾对莎士比亚的接受及其文化意义》。8月，被河南省教育厅任命为河南省高等学校2016—2020年戏剧与影视学类专业教学指导委员会主任委员，同时被任命为河南省高等学校2016—2020年中国语言文学类专业教学指导委员会副主任委员。9月，参加上海东华大学主办的“上海莎士比亚国际论坛”，并作“谈出席世界莎士比亚大会的观感”的大会发言。10月，论文《关于东方文学比较研究的思考》获“河南省社会科学优秀成果奖三等奖”。11月，在北京大学参加“纪念莎士比亚逝世400周年学术研讨会暨中国外国文学学会莎士比亚研究分会年会”，并当选为研究分会常务理事。

2017年3月，入选河南大学“杰出人才特区支持计划”特聘教授。4月，主编教材《比较文学》由北京师范大学出版社出版。5月，出席在美国维斯利安大学举办的“第四届中美高层学术论坛”，主持并作大会发言：*The Mission of Research on Globalization and Comparative Literature.* 6月，获批国家社科基金重点项目“比较视域中的哥特小说创作传统及其文化意蕴研究”。8月，专著《比较文学中的实证方法与审美批评关系研究》由中国社会科学出版社出版。同月，承办中国比较文学学会第12届年会暨国际学术研讨会，并当选为学会常务理事。同月，论文《论林纾对莎士比亚的接受及其文化意义》获“河南省社会科学优秀成果奖二等奖”。10月，应邀赴澳门大学与澳门科技大学进行为期一个月的讲学。12月，入选中宣部“文化名家暨‘四个一批’人才”。

2018年1月，获河南省杰出专业技术人才。3月，入选国家“万人计划”哲学社会科学领军人才。同月，在中央党校参加为期一个月的中宣部、教育部哲学社会科学教学科研骨干研修班。6月，在北京京西宾馆参加中共中央宣传部宣传思想文化领域高层次人才专题研修班。7月，新主持主讲的课程“莎士比亚在近现代中国”获省级精品在线开放课程。同月，由河南大学文学院院长转任河南大学学报编辑部主任、主编，并应邀参加在日本北九州国际会议中心召开的第八届文学伦理学批评国际学术会议并作大会发言：*A Study of La Pere Goriot in the Perspective of Ethnical Literary Criticism*. 8 月，入选河南省首届高层次人才特殊支持"中原千人计划"教学名师。9 月，承办主持中国外国文学学会莎士比亚研究分会 2018 年年会。10 月，参加北京钓鱼台国宾馆第五届太湖世界文化论坛，并作"人类命运共同体的价值理念与全球视野的结构转向"的大会发言。同月，受聘教育部中国语言文学类专业教学指导委员会委员。11 月，应邀赴澳门科技大学与澳门大学讲学。12 月，专著《比较文学中的实证方法与审美批评关系研究》获"河南省社会科学优秀成果奖一等奖"。

2019 年 2 月，入选中共河南省委宣传部、河南省社科联组织评选的首批"河南社科名家"。5 月，承办主持"数字人文时代的文学研究"暨第五届全国学术期刊文学编辑论坛，同时设立分论坛"《汉语言文学研究》创刊十周年纪念座谈"。同月，主持主讲的"莎士比亚在近现代中国"课程在中国大学 MOOC 上线。7 月，应邀参加在澳门大学召开的国际比较文学学会第 22 届年会并作大会发言：*The Variation Theory and Chinese School of Comparative Literature*。10 月，辞去《汉语言文学研究》主编。11 月，应邀赴澳门科技大学与澳门大学讲学。同月，作为首席专家，获批国家社科基金重大项目"莎士比亚戏剧本源系统整理与传承比较研究"。